Älteste Dampfbahnen

Lokomotive „Beuth" 1841

Geschichte des Deutschen Museums

Wilhelm Füßl und Helmuth Trischler (Hrsg.)

GESCHICHTE DES DEUTSCHEN MUSEUMS

AKTEURE, ARTEFAKTE, AUSSTELLUNGEN

Für Eure Unterstützung
all die Jahre
herzlichsten Dank

Eure Anne

Die Deutsche Bibliothek verzeichnet diese Publikation in der Deutschen Nationalbibliografie; detaillierte bibliografische Daten sind im Internet über http://dnb.ddb.de abrufbar.

Umschlagabbildung Titelbild: Hauptgebäude des Deutschen Museums (Foto: Anton Brandl, München)
Umschlagabbildung Rückseite: Eingangshalle zu den provisorischen Ausstellungen des Deutschen Museums, 1906
Vorsatz: Demonstration der Puffing Billy, ca. 1938
Nachsatz: Vorführung in der Raumfahrt-Abteilung, 2002

© Prestel Verlag, München · Berlin · London · New York, 2003
© für die Abbildungen Deutsches Museum, München 2003, mit Ausnahme von Abb. 31: Bayerische Staatsbibliothek, München 2003

Prestel Verlag
Königinstraße 9
D-80539 München
Telefon +49 (89) 38 17 09-0
Telefax +49 (89) 38 17 09-35
www.prestel.de
info@prestel.de

Deutsches Museum
Museumsinsel 1
D-80538 München
www.deutsches-museum.de

Konzept und Realisation: Wilhelm Füßl, Helmuth Trischler
Textredaktion: Andrea Lucas

Verlagslektorat: Victoria Salley, Anne-Kathrin Funck
Herstellung: Fotosatz Huber/Verlagsservice G. Pfeifer, Germering
Umschlaggestaltung: Susanne Rüber
Reproduktion: Fotosatz Huber/Verlagsservice G. Pfeifer, Germering
Druck und Bindung: Pustet, Regensburg

Gedruckt in Deutschland auf chlorfrei gebleichtem Papier

ISBN 3-7913-3025-X

Inhaltsverzeichnis

VORWORT

Institutionen mit einer gewissen Tradition pflegen ihre Geschichte üblicherweise mit einer Festschrift zu würdigen. Runde Jubiläen sind dabei willkommene Anlässe, das eigene Archiv zu durchforsten und einen unterhaltsamen Band mit vielen Fotos und wenig Text zusammenzustellen. Häufig erschöpft sich Geschichte dabei in einer Aneinanderreihung von Erfolgen und zeigt sich als ein Fortschreiten zum ständig Besseren.

Der vorliegende Band will dies nicht. Der Anlass ist ein runder Geburtstag, insofern mag er hier und da vorschnell als Festschrift im konventionellen Sinne wahrgenommen werden. In der Zielsetzung der Autoren ist er dagegen – so lautete der interne Arbeitstitel in der mehrjährigen Entstehungsphase – eine »kritische Festschrift«: ein reflektierender Beitrag zur Selbstvergewisserung der eigenen Institution in ihrem historischen Gewordensein im 20. Jahrhundert, dem Jahrhundert des Deutschen Museums. Dieses Gewordensein hat seine Eigendynamik und seine Kontingenzen; es erweist sich daher weder allein als das Ergebnis absichtsvollen Handelns wichtiger Entscheidungsträger noch ausschließlich als das Resultat strategischer Planung. Die daraus resultierenden Ergebnisse sind im Kurzzeitgedächtnis des Deutschen Museums als gegenwarts- und zukunftsorientierte Unternehmung üblicherweise nicht gespeichert. Gleichwohl bestimmen sie implizit und explizit das Handeln der Akteure, wie im Jubiläumsjahr der vielfache Rückgriff auf Oskar von Miller und die Gründungsmission des Museums einmal mehr plakativ verdeutlicht hat. Geschichtliches Wissen in diesem Verständnis ist Handlungswissen. Es vermittelt Orientierung in einer komplexen Organisation, auf die ständig eine Vielfalt von Einflüssen aus Politik und Gesellschaft, Wissenschaft, Wirtschaft und Technik einwirken. Es hilft, sich die gewachsenen Stärken der eigenen Institution zu verdeutlichen, aber auch deren spezifische Schwächen und strukturelle Problemlagen besser zu verstehen und in der Folge vielleicht auch beseitigen zu können.

Der Band trägt der Rolle des Deutschen Museums als eines international führenden Technikmuseums Rechnung und stellt die Leitfrage, wie sich dieses Museum vor dem Hintergrund der politischen, wirtschaftlichen, gesellschaftlichen, kulturellen und wissenschaftlich-technischen Entwicklung im Kaiserreich, in der Weimarer Republik, in den Jahren der braunen Diktatur und in der Bundesrepublik entwickelt hat. Die Grundthese ist dabei, dass das

Deutsche Museum zwar eine historisch-institutionelle Eigenentwicklung genommen hat, die aber eng mit dem Gemenge von gesamtgesellschaftlichen Wirkungsfaktoren verknüpft gewesen ist, deren Summe den historischen Wandel im 20. Jahrhundert bestimmt hat. Von besonderem Interesse ist dabei die Frage, warum es manchen Einflüssen weitgehend hilflos und anderen resistent gegenüberstand, welche institutionellen Bedingungen und Faktoren des Museums für eine offene Auseinandersetzung mit den zentralen Entwicklungsprozessen in diesem Jahrhundert eher dienlich und welche eher hinderlich waren.

Um das sich wandelnde Verhältnis von institutioneller Autonomie und gesellschaftlicher Prägung besser bestimmen zu können, ist der Band zweigeteilt. Der erste Teil operiert mit Längsschnitten. In diesen teils von internen, teils von externen Zäsuren gebildeten Großepochen der Museumsgeschichte dominieren die zentralen Handlungsebenen: die Ebene der Vorstände und Verwaltungsräte des Museums und ihre Verhandlungs- und Kooperationspartner in den Spitzen von Wissenschaft, Wirtschaft und Politik zum einen, die Ebene der zentralen Handlungsfelder des Museums zum anderen: die Organisationsentwicklung, die Ausstellungen und Sammlungen, die Bildungs- und Forschungsarbeit im Allgemeinen. Diese eher makrohistorische Betrachtungsweise wird ergänzt durch den vornehmlich mikrohistorisch gestalteten Zugriff im zweiten Teil. Hier wechselt die Perspektive. In Querschnitten werden die wichtigsten Aufgabenfelder thematisiert. Im Vordergrund stehen naturgemäß die Ausstellungen, die in Fallstudien zur Chemie, zum Bergbau und zur Schifffahrt in ihrer Entstehung und Entwicklung behandelt werden, ergänzt durch Blicke auf die Bildung und die Forschung sowie Forschungsunterstützung. Eingerahmt werden diese beiden Teile durch einen vorgeschalteten Blick von innen, der die Gegenwart und Zukunft des Deutschen Museums betrachtet, und einen nachgeschalteten Blick von außen, der dessen Einfluss auf die internationale Museumslandschaft ausleuchtet. Der Anhang schließlich liefert zentrale Fakten und Daten zur Museumsgeschichte im Überblick.

Das Deutsche Museum ist, wie andere Museen auch, ein Ort, in dem sich Strukturen und Prozesse treffen. Manche Ausstellungen tragen den Stempel ihrer Zeit; sie stehen deutlich erkennbar für jeweils historisch diskursbestimmende Themen und wirkungsmächtige Faktoren. Der oft betonte Zusammenhang zwischen der Museumsgründung und der Aufwertung des Ingenieurberufs macht dies deutlich. Allerdings neigen Museen naturgemäß dazu, auf gesellschaftliche Prozesse mit einer gewissen Zeitverzögerung zu reagieren. Neue Entwicklungen dringen erst allmählich in das Wahrnehmungsfeld der Museen vor, führen langsam zum Aufbau eines entsprechenden Sammlungsbestands und werden nach einer weiteren guten Weile in einer Ausstellung geformt. Dieser Rezeptionsvorgang mag im Einzelnen zwei Jahrzehnte umfassen, wie der ehemalige Direktor des Londoner Science Museums, Sir Neil Cossons, argumentiert, oder auch mehr. In jedem Fall tritt hier ein Strukturproblem vieler Technikmuseen hervor, welches das Deutsche Museum von der Gründung bis in die Gegenwart in besonderem Maße geprägt hat: die Aktualisierung des Museums als öffentlicher Raum der Präsentation der Ergebnisse von Naturwissenschaft und Technik, die in ihrer sich beschleunigenden Entwicklung dem Museum immer wieder davonzulaufen drohen. Die Geschichte des Deutschen Museums lässt sich, das zeigen die Beiträge dieses Bandes immer wieder, auch als die Geschichte des stetigen Bemühens lesen, mit immer neuen Methoden die große Herausforderung, wissenschaftlich-technische Aktualität zu meistern und – darüber hinaus – die Balance zwischen Geschichte und Gegenwart bzw. Zukunft zu halten.

Das Deutsche Museum ist ebenso ein Ort der Konstruktion von Wirklichkeit. Das Museum hat im Verlauf seiner Geschichte aus verschiedensten Gründen zahlreiche relevante Themenfelder des schier unendlich großen Themenvorrats von Naturwissenschaft und Technik vernachlässigt, teilweise bewusst, teilweise unbewusst. Allein schon durch das Aufgreifen oder Weglassen solcher Themen in den Ausstellungen wird eine technisch-wissenschaftliche Wirklichkeit geschaffen, die vom Besucher unbemerkt rezipiert wird und damit in das kulturelle Gedächtnis unserer Gesellschaft übergeht. Zudem kamen und kommen in einer Einrichtung wie dem Deutschen Museum Ausstellungen erst nach langen Vorüberlegungen zustande. Nachdem sie mit einem hohen Aufwand an Geld und Personal aufgebaut worden sind, werden sie in der Regel erst nach Jahrzehnten überarbeitet oder erneuert. Die Abteilung ›Starkstromtechnik‹ etwa wurde 1953 eingerichtet; sie ist von einem grafischen ›Face Lifting‹ abgesehen bis heute nahezu unverändert geblieben. Noch älter ist das Schaubergwerk des Deutschen Museums, das zur Eröffnung des Neubaus auf der Insel 1925 aufgebaut wurde und ebenfalls keine zentralen Veränderungen, allenfalls Ergänzungen, erfahren hat. Was Bergarbeit bedeutet und wie es untertage aussieht, dies haben Millionen von deutschen und ausländischen Besuchern durch die museal konstruierte Wirklichkeit im Deutschen Museum erfahren. Das bergbauliche Technikbild ist weitestgehend museal vermittelt.

Der museale Konstruktionscharakter von Wissenschaft und Technik gilt auch für die Präsentation von Einzelobjekten. Als besonders wichtig erachtete ›Meisterwerke‹ wurden schon in den Anfangsjahren des Museums weihevoll ausgestellt. Der erste Telegraf von Samuel Thomas von Soemmering, das Telefon von Johann Philipp Reis oder die Magdeburger Halbkugeln Otto von Guerickes wurden gezielt inszeniert und wirkten schon durch ihre Art der Darstellung als ikonengleiche Verkörperung wissenschaftlich-technischer

Ingeniosität. Die Magdeburger Halbkugeln stehen in der im Mai 2003 eröffneten Dauerausstellung zur ›Geschichte des Deutschen Museums‹ denn
auch in einer raumhohen Vitrine; sie verweisen auf die wirklichkeitsprägende
Kraft musealer Inszenierung. Ihnen direkt gegenüber ist ein beliebiger Wafer
ausgestellt, kaum 20 cm groß, ein Massenprodukt der Mikroelektronik, das
allein durch seine Inszenierung in einer ebenso hohen Vitrine vorgeblich zu
einem Meisterwerk wird. Objekte sind das, was ein Museum aus ihnen
macht und wie sie von der Öffentlichkeit in einem langen Rezeptionsprozess
wahrgenommen werden. Art und Gestaltung von Einzelobjekten, von Zusammenhängen und gezielte Verknüpfungen von Einzelabteilungen schaffen
ein Bild von Technik und Wissenschaft, das langfristig in den Köpfen von
Besuchern erhalten bleibt.

Das Deutsche Museum hat die historische Wirkungsmächtigkeit der Konstruktion von Technik auch dadurch verstärkt, dass es das Erscheinungsbild
technischer Museen maßgeblich geprägt hat. In den ersten Jahrzehnten seines
Bestehens wirkte es vor allem als weltweit vielfach kopiertes Vorbild, später
dann auch als Vexierbild, von dem es sich abzugrenzen galt – vor allem in der
Betonung der gesellschaftlichen Wirkungen von Technik, wie dies die sozialhistorisch orientierten Museen seit den 1970er-Jahren versucht haben. Zudem war das Deutsche Museum in seinem gleichsam spielerischen Zugang zu
technischen Prozessen und naturwissenschaftlichen Erkenntnissen ein früher
Protagonist dessen, was wir heute konzeptionell als »Public Understanding of
Science« und institutionell als »Science Centre« kennen.

Als ›Analyseort‹ liefert das Deutsche Museum mithin aus sehr unterschiedlichen Perspektiven wichtige Aufschlüsse über die Geschichte von Wissenschaft und Technik und ihrer Wahrnehmung im 20. Jahrhundert. Diese Geschichte ist aber nicht linear verlaufen. Vielmehr verweisen die Beiträge dieses
Bandes auf wellenförmige Prozesse, auf Verstärkungen oder Abschwächun-
gen einzelner Tendenzen in den hier betrachteten Phasen. So wurde beispielsweise die Bibliothek in ihrer Gründungsphase als eine Zentralbibliothek für
die Technik konzipiert, ein hoher Anspruch, den sie nicht einlösen konnte.
Durch eine enorm breite Sammlungstätigkeit in den ersten drei Jahrzehnten
des 20. Jahrhunderts ist sie heute aber eine Spezialbibliothek für die Wissen-
schafts- und Technikgeschichte dieser Epoche geworden. Und die historische
Forschung war bereits in den Gründungsjahren als Aufgabe des Museums
formuliert worden. Die Fokussierung auf die Gestaltung der Ausstellungen
und deren Wiederaufbau nach dem Zweiten Weltkrieg verhinderten jedoch,
dass diese Forschung wirksam werden konnte. Sie ist erst in den letzten Jahrzehnten national und international sichtbar geworden. Ähnliches gilt für die
Museumspädagogik, die zwar durch den Museumsvorstand und Reformpädagogen Georg Kerschensteiner bereits in den 1920er-Jahren programma-

tisch und zukunftsweisend formuliert worden war, aber erst im Zuge des bildungspolitischen Aufbruchs der 1960er-Jahre auf breiter Front Anwendung gefunden hat. Auch diesem historischen Auseinanderfallen von Programmatik und Realisierung auf der Arbeitsebene des Museums spüren die Beiträge dieses Bandes nach.

München, im August 2003   Wilhelm Füßl
                                                         Helmuth Trischler

»Auf dem Weg zu sich selbst« – 100 Jahre Deutsches Museum

Wolf Peter Fehlhammer

›Museum‹ ist jedenfalls im Deutschen kein ausschließlich positiv belegter Begriff. Lang ist die Liste weniger böse als eher belustigt-abwertend gemeinter alltagssprachlicher Formeln um und mit diesem Terminus, bezeichnend auch die in seinem Umfeld postwendend sich einstellende Überholt- und Veraltetheitskonnotation. Das geflügelte italienische ›museo-mausoleo‹ macht gleich gar keine Umschweife mehr. Fügt man jedoch ›Deutsches‹ hinzu, ist alles gänzlich ins Gegenteil verkehrt. Niemand käme auf Attribute wie ›verstaubt‹, ›langweilig‹, ›tot‹, ›ausgestopft‹. Vielmehr kann es einem passieren, dass schon bei der bloßen Nennung des Namens jemand am Nachbartisch in spitze Entzückungsrufe ausbricht. Was für ein Zauberwort – offenbar – in deutschen Ohren! Mit ihm scheinen sich nur glückselige Kindheitserinnerungen zu verbinden.

Dabei bleibt auf seltsame Weise ungesagt, was hier eigentlich ausgestellt wird. Oskar von Millers herrlich doppelbödiges und gleichzeitig programmatisches »(deutsches) Museum von Meisterwerken der Naturwissenschaft und Technik« war schnell, schon 1905, auf dem Altar der Kaiserbegeisterung geopfert.[1] Die ›politisch korrektere‹ Kurzform und später ›starke Marke‹ behauptet sich. Fortan finden nur noch Eingeweihte – und das sind erstaunlich viele (!) – zielsicher das Gesuchte. Die Verengung des anfangs breit kosmopolitisch angelegten Experiments beginnt früh …

Andererseits: ›Deutsches Museum‹ konnte alles sein, selbst die Summe der »Deutschen Erinnerungsorte«, wie Etienne François und Hagen Schulze, die Herausgeber der den »lieux de mémoire« Pierre Noras nachempfundenen Sammlung von Essays über das deutsche kollektive Gedächtnis meinen,[2] und mit seiner Geschichte im »kurzen deutschen 20. Jahrhundert« ist es das irgendwie auch.

Dass andere Länder besagte Ressentiments nicht hegen, sich ihrer ›musées‹ herzlich und unbefangen erfreuen oder gar Gesetze erlassen müssen, auf dass *nicht* ein jeder seinen candy shop oder Metzgerladen ein Zucker- bzw. Fleisch-›Múzeum‹ nennt, sei neidvoll angemerkt. Auch die englischsprachige Welt ist in Liebe entbrannt; Neil Cossons, der frühere Direktor des Londoner

---

1 Aus: Der Reichsbote, Berlin, v. 21. 10. 1905. Zitiert in Kultur & Technik 2 (1978), H. 2, S. 17.
2 Etienne François/Hagen Schulze (Hrsg.): Deutsche Erinnerungsorte. Bd. 1–3. München 2001.

Science Museum und jetzige English Heritage-Präsident, sieht im zunehmend adjektivischen Gebrauch des Wortes »museum« fast so etwas wie eine Heiligsprechung. Und überhaupt: »the museum has become such an open-ended compendium of everything we may wish to have around us that definition has become a real issue«.[3]

Die Vorbehalte der Deutschen gegenüber ihren Museen allgemein, ihre Berührungsängste – oder sind es übersteigerte Erwartungshaltungen? – sitzen freilich tiefer, ihre Annäherung, wenn sie denn sein soll, ist linkisch akademisch. Allein schon wie sie »in den Katalog verkrochen« dieselben durchstreifen, hat Thomas Bernhard köstlich karikiert,[4] und Umberto Eco apostrophiert ihre historiografischen Aversionen gegen jede Art von Inszenierungskünsten gar »auf grimmige Weise deutsch«.[5] Dazu passt die Erfahrung der Berliner Wissenschaftsjournalistin Renate Bader mit deutschen Studenten. Das »I like them tough to read« im Zusammenhang mit der journalistischen Aufbereitung von wissenschaftlichen Texten bringt es auf den Punkt.[6] Wenn es zu leicht wird, gar Spaß macht, kann es nicht die wahre Wissenschaft (und kein richtiges Museum) sein. Sagen wir es doch ›ewig gültig‹ mit einem Zitat aus »Wilhelm Meister«: »Es ist der Charakter der Deutschen, dass sie über allem schwer werden«.[7]

Warum dann aber nicht über dem Deutschen Museum? Vielleicht weil es ein Glückskind ist und recht gut hingekriegt hat, was ihm sein Gründungsschirmherr, Prinz Ludwig von Bayern, der spätere König Ludwig III., prophezeite, nämlich dass bald jedermann wissen werde, was man unter ›Deutschem Museum‹ versteht:[8] Eben kein ›nationales Denkmal‹, sondern ein Haus, mit dem sich bis auf den heutigen Tag deutschlandweit angenehmste Jugenderinnerungen verbinden und – Münchens größte Sehenswürdigkeit.

Lieblingsmuseum

Wie Recht Ludwig hatte. Seinen Weltruf hatte das Deutsche Museum bereits in den Provisorien im Alten Nationalmuseum und in der Schwere-Reiter-Kaserne begründet; mit dem Bezug des Gabriel von Seidl-Baus 1925 war es

3 Neil Cossons: Museums in the New Millennium. In: Svante Lindqvist (Hrsg.): Museums of Modern Science. Canton, M. A. 2000, S. 3–15, hier S. 5.

4 Thomas Bernhard: Alte Meister. Komödie. Frankfurt a. M. 1988, S. 49.

5 Umberto Eco: Über Gott und die Welt. Essays und Glossen. München 1985, S. 69.

6 Renate Bader: Science and culture in Germany: is there a case? In: John Durant/Jane Gregory (Hrsg.): Science and Culture in Europe. London 1993, S. 47.

7 Johann Wolfgang von Goethe: Wilhelm Meister. Bd. 4. Bielefeld 1959, S. 390.

8 DMA, VB 1905, zit. in: Kultur & Technik 2 (1978), H. 2, S. 14.

das größte und modernste Museum seiner Art und obendrein mit einer Lage gesegnet, die ihresgleichen sucht: auf einer Insel inmitten der Isar und gleichzeitig zentral, baulich auftrumpfend und doch ein einziges Idyll – Grundvoraussetzungen für den anhaltenden Erfolg, zu dem freilich die neuen Inhalte und eine neue Didaktik das Ihrige beitrugen. Die Rede war vom größten und modernsten Museum seiner Art, neu in dem Sinne, in dem alles irgendwo schon angelegt ist, en miniature, aber der wirklichen Umsetzung harrt, der zeitgemäßen und richtig dimensionierten. So sehe ich Oskar von Millers Genietat, und dies tut den zarten Pflänzchen hier und dort, in Paris, London, Berlin, keinen Abbruch. Das Volk rannte in das erste Technikmuseum und berauschte sich an den Verheißungen eines neuen Zeitalters. Und es durfte sich vergnügen, selber Kurbeln drehen und Knöpfe drücken, vielleicht nicht wirklich experimentieren ... – Hunderte Male hat man von Millers Intentionen gepriesen, hinterfragt, kritisiert, das vorweggenommene ›Learning by Doing‹, sein ›Schuss Oktoberfest‹, seine Vorliebe für Weihnachtskrippen, die hemdsärmelige Schlichtheit seines Konzepts – sicher nicht ganz gefeit vor einer Persiflage wie sie Torsten Hägerstrand mit seinem »all the sickles (Sicheln) and scythes (Sensen) in one place, all saddles together in another place« dem Stockholmer Tekniska Museet (übrigens auch eine Kopie des ›Deutschen‹) angedeihen ließ,[9] wären da nicht eben die dazwischen gestreuten hands-on-Module zur Erklärung der Funktionsweisen.

In dieses Museum ging man damals und geht man heute ohne Schwellenangst und bar jeden bildungsbürgerlichen Imponiergehabes und läuft sich müde. Insofern mag durchaus ein Rezeptionsverhalten vorherrschen, das Graf und Treinen süffisant als »aktives Dösen und kulturelles windowshopping« beschrieben haben,[10] und das überhaupt nicht zusammengeht mit Bernhards und Ecos Bildern deutscher Selbstdisziplin.

»Die guten Jahre« nennt Hans-Liudger Dienel in seiner kleinen Geschichte des Deutschen Museums die Zeit von der Einweihung bis zur Zerstörung und verweist auf die universelle Vorbildfunktion.[11] Das Haus war so offen und so international, wie es damals nur sein konnte. Lieblingsmuseum also auch für die herbeieilenden Henry Ford oder Niels Bohr, vor allem aber für die vielen Museumsgründer, die sich hier Anregung holten und ›ihn‹, die ab-

---

9 Torsten Hägerstrand: Presence and Absence: A Look at Conceptual Choices and Bodily Necessities. In: Regional Studies 18.5 (1983), zitiert in Svante Lindqvist: An Olympic Stadium of Technology. Deutsches Museum and Sweden's Tekniska Museet. In: History and Technology 10 (1993), S. 37–45, hier S. 45.

10 Bernhard Graf/Heiner Treinen: Besucher im Technischen Museum. Berlin 1983; Neil Cossons (Anm. 3, S. 8) sieht das Publikum gar in einer »uncontrolled Brownian motion«.

11 Hans-Liudger Dienel: Das Deutsche Museum und seine Geschichte. München 1998, S. 59 und dort zitierte Literatur.

solute Autorität für die Einrichtung technischer Museen, gleich mitnahmen nach Prag, Kairo, Chicago oder Tokio, auf dass er ihnen dort ›ihr Deutsches Museum‹ aus der Taufe hob.[12] Noch heute verweisen Kollegen vor Ort mit Stolz auf diese ihre Uranfänge. An diese Tradition konnte das Deutsche Museum trotz vielfältiger internationaler Beratungstätigkeit und einem gewaltig vergrößerten Angebot nie mehr ganz anknüpfen. Beides, die verlorenen Jahre und die explosionsartige Ausbreitung von Technikmuseen und Science Centres weltweit haben seinem globalen Alleinstellungsmerkmal zumindest arg zugesetzt.

»Normalbetrieb«

»Der Wiederaufbau des Deutschen Museums dauerte bis in die 1960er-Jahre. Erstmalig in seiner Geschichte ging fortan das Museum in eine Art ›Normalbetrieb‹ über«, schreibt Dienel und folgt hierin der allgemeinen Einschätzung.[13] Verwechsle man Normalbetrieb nur nicht mit Hoch-Zeit! Sicher waren schließlich Neunzehntel der Ausstellungsflächen wieder zugänglich, aber konnte man nach den Jahren der Erstarrung im Nationalsozialismus von Weltoffenheit sprechen?

Ich und meine Generation hätten es gerne getan, denn zehn Jahre zurückgerechnet und zehn weitere nach vorn, das war unsere Zeit. ›Bleierne Zeit‹ hieß das später, die ich natürlich nicht so empfand! Wir waren voller Optimismus und Tatendrang und darin bestärkt durch die samstagnachmittäglichen Heilsbotschaften im Amerikahaus. ›Deutscher‹ und auf etwas anderem Niveau steuerten die Jugendkonzerte im Kongress- und die ›Auer‹-Vorträge im Gutenbergsaal des Deutschen Museums das Ihrige bei. Und in dem Maße wie die hässlichsten Ruinen verschwanden, wuchs in uns das Gefühl schier unendlicher Möglichkeiten.

In der Tat müssen der gesellschaftliche Einfluss des Museums und seine biografienprägende Rolle damals ausnehmend stark gewesen sein, wenn auch das Material hierüber anekdotisch bleibt, d. h. keine quantitativen Aussagen zulässt. Jedenfalls fehlen in der Sammlung von ›Bekenntnissen‹ größerer und großer Namen zum Deutschen Museum auch die Münchner Nobelpreisträger nicht. Rudolf Mößbauer und Robert Huber haben immer wieder betont, wie sehr sie in ihren frühen Jahren von diesem Haus beeinflusst waren und was sie ihm an berufsstiftender Motivation verdanken. In einem Dokumen-

---

12 S. hierzu Tracy Marks: Hort der Musen. Das Museum of Science and Industry in Chicago. In: Kultur & Technik 27 (2003), H. 2, S. 44–49; s. auch den Artikel von Finn in diesem Band.

13 Hans-Liudger Dienel (Anm. 11), S. 88; s. jetzt auch Otto Mayr: Wiederaufbau. Das Deutsche Museum 1945–1970. München 2003.

tarfilm zum Museumsjubiläum 1978 überschlagen sich Adolf von Butenandt, Feodor Lynen und Ernst Otto Fischer förmlich vor Begeisterung für diese Ausnahmeinstitution.

Da ist die lustige Erinnerung an den Göttinger Professor, der mit seiner »Bilder-gibt's-in-jeder-Stadt.-Das-Deutsche-Museum-ist-ein-Unikum.-Kommen-Sie-mit!«-Aufforderung an die Kollegen flugs die Konkurrenz der Alten Pinakothek ausschaltete, da hören wir vom geliebten Physikunterricht im Museum und einer außerordentlichen Begegnung mit »dem so geschätzten Herrn Oskar von Miller« und sind bewegt von jenem überstarken »aber ich glaube, München ist eigentlich ohne das Deutsche Museum gar nicht denkbar«.

Lieblingsmuseum auch eines Heinz Maier-Leibnitz, der bei jeder Gelegenheit erzählte, dass ihn dessen Ausstellungen und die reichhaltige Bibliothek auf Dauer geprägt hätten und ursächlich gewesen seien für seine Berufswahl.[14] Dieser kleine biografisch-anekdotische Exkurs schließt mit Werner Heisenberg, dem großen Physiker, der ein ausgesprochener Freund des Museums war und selbstverständlich in unserem Ehrensaal seinen Platz hat. Man weiß aber auch um seine innige Beziehung zur Kunst, und so greife ich hier vor, wenn ich ihn zum Apologeten mache für die uns immer wichtiger werdende emotionale Komponente der Wissensvermittlung:

> »Man kann vielleicht mit einem gewissen Recht sagen, dass die Stadt München sich mehr als irgendeine andere Industriestadt der Welt darum bemüht habe, der Technik ihre menschliche Seite abzugewinnen, die Seite, an der sie auch die Kunst berührt. Den bleibenden Ausdruck hat diese spezifisch münchnerische Art des Fortschrittsglaubens im Deutschen Museum gefunden. Es greift ein in die erst unserer Zeit ganz bewusste Auseinandersetzung zwischen dem Menschen und der von ihm geschaffenen Technik. Und deshalb entsprach eben diese Antwort oder dieser Versuch einer Antwort dem Geiste der Kunststadt an der Isar«.[15]

Im Museum selbst war man weniger optimistisch. Erste mutige Bestandsaufnahmen in der Nachkriegszeit hatten ernüchternde bis erschreckende Defizite ergeben; man war im Vergleich zu anderen Häusern von Weltrang weit zurückgefallen. Rudolf von Miller, Oskars jüngster Sohn, der seit 1948 die Geschicke des Museums zumindest mitleitete, ab 1966 dies aber klar federführend tat, berief 1964 einen Planungsausschuss ein, der bis 1970 seltsam erfolglos arbeitete und sich dann sang- und klanglos auflöste.[16] Zu unrealis-

---

14 Wolf P. Fehlhammer: Nachruf auf Professor Maier-Leibnitz. In: DMA, JB 2000, München 2001, S. 163.

15 Werner Heisenberg, zitiert z.B. in: Erika Drave/Gebhard Streicher: Münchner Augenblicke. Köln 1984, S. 76.

16 S. hierzu O. Mayr (Anm. 13).

tisch, weil unzeitgemäß, aber auch zu unbeweglich waren die Forderungen an die Öffentliche Hand, wiewohl sie in der Mehrzahl einer völlig richtigen Einschätzung bestehender Mängel und künftigen Bedarfs entsprangen und das Haus und seine Leitungen bis in die Gegenwart beschäftigen.

Sicher waren die Probleme in Teilen (nach)kriegsbedingt, klafften Riesenlücken bei bedeutenden Objekten der über Deutschland hinweggegangenen internationalen wissenschaftlich-technischen Entwicklung, waren die Ausstellungen mehr Industrieschauen als wissenschaftlich fundierte Publikationen (was übrigens schon 1948 zu deutlicher Kritik bei den Mitzeichnern des Königsteiner Abkommens führte), ja schlimmer noch, man zweifelte an der Erfüllbarkeit der vordringlichsten Aufgabe, dem Bildungsauftrag.

In weiten Teilen jedoch handelte es sich um Scheinprobleme: Die Museumskonzeption als solche war von Anfang an heftigst umstritten. Alois Riedlers, des Berliner Maschinenbauprofessors gut gemeinte alternative Präsentationsphilosophie mit »dem Menschen und seiner Arbeitswelt im Mittelpunkt« hatte Oskar von Miller nicht lange fackelnd verworfen.[17] Ich komme auf deren Unausführbarkeit zurück. Was nicht heißen soll, dass man auf der Struktur klassischer Fachdisziplinen beharren musste, die an den Universitäten längst exotischste ›liaisons‹ eingingen, und was den Planungsausschuss ehrt, der nach dem äußeren Wiederaufbau die innere Erneuerung mit Verve angehen wollte. Aber dass der Ehrensaal nicht mehr funktionierte mit seiner schwer-weihevollen Grands-Hommes-Anmutung, ist heute kaum vorstellbar angesichts der freudigen Akzeptanz bei jeglicher Art Bespielung und zu fast jeder Kondition. Längst wird er als Münchens schönster Vortragssaal gehandelt, ist die Totalverwandlung ins Kult-Objekt glücklich vollzogen!

Absolut köstlich – und darauf hat auch Wilhelm Füßl in seinem Nachruf auf Rudolf von Miller hingewiesen[18] – ist die Kongruenz der Einzelposten auf dessen und des Museums Wunschlisten samt Lösungsvorschlägen über vier Jahrzehnte hinweg. Die ungute Eingangssituation mit der zu kleinen Halle und ihre (später Pei-inspirierte) Erweiterung in den großen Museumshof hinein, die Suche nach 12.000 m^2 neuer Fläche durch Überdachung der Bibliotheksinnenhöfe und teilweiser Umwidmung von Bibliotheksräumen zur Befriedigung des wachsenden Ausstellungsanspruchs, zur Schaffung von Sonderausstellungsbereichen und neuen Depotflächen, zur Einrichtung von Studiendepots und eines 600 bis 800 Personen fassenden Auditoriums. Wie vertraut uns das heute alles klingt bis in die Zahlen hi-

---

17 Vgl. Wilhelm Füßl: Konstruktion technischer Kultur: Sammlungspolitik des Deutschen Museums in den Aufbaujahren 1903–1909. In: Ulf Hashagen/Oskar Blumtritt/Helmuth Trischler (Hrsg.): Circa 1903. Artefakte in der Gründungszeit des Deutschen Museums. München 2003, S. 33–53.
18 Wilhelm Füßl: Nachruf auf Rudolf von Miller. In: DMA, JB 1996, S. 23–24.

nein, selbst die Drohung einer Standortverlagerung nach Garching, nachdem der gigantische Umbauplan gescheitert war. Ja, sogar sein Wunsch nach einer Öffnung des Museums an Feiertagen wird augenzwinkernd vermeldet, hatten wir der Belegschaft doch gerade eben zum Oster- und Pfingstsonntag noch den Fronleichnamstag abgeluchst. »Rudolf von Millers Wirken«, schließt Füßl, »verdankt das Museum die bleibende Verwissenschaftlichung in den Sammlungen, die Schaffung wichtiger moderner Abteilungen wie der Raumfahrt, der Astrophysik, der Kerntechnik und der Informatik sowie die Installation der historischen Forschung«. Seine oft gestellte und wohl nie zu seiner Zufriedenheit beantwortete Frage »Wie kann das Museum mit der rasanten Entwicklung von Naturwissenschaft und Technik Schritt halten?«, wohlgemerkt: »wie?« und nicht etwa nur »soll ein Museum überhaupt zeitgenössische Wissenschaft und Technik zeigen?«, hätte bestens in die 1996er Londoner Konferenz »Here and Now: Contemporary Science and Technology in Museums« gepasst, wo sie allerdings auch unbeantwortet geblieben wäre. Dennoch zeitigte diese Tagung ein überraschend einhelliges Votum ›pro‹, und mein bekennender Beitrag »Contemporary Science in Science Museums – a must!« hätte allein schon mit Anleihen aus den Gründungsreden Oskar von Millers, vor allem aber mit der unvermuteten Modernität Prinz Ludwigs von Bayern bestritten werden können.[19] Ihn rufe ich zum Kronzeugen auf für die Gegenwarts-Orientiertheit des soeben gegründeten *und* des 100 Jahre alt gewordenen Deutschen Museums. Mit seinem »Worauf zielt die Versammlung ab? Sie wünscht, dass die Meisterwerke der Gegenwart im Museum gesammelt werden« rührt er wohl das Thema immer kürzerer Innovationszyklen an, und dann sein Halbsatz von den aktuellsten technischen Erfindungen, die jedoch nur angewandt werden sollten, nachdem sie überprüft und für verlässlich befunden worden seien,[20] – ist er nicht ein Ausbund an politischer Korrektheit zu Beginn und noch am Ende des 20. Jahrhunderts? Aber auch Zeitgenossen wie Joachim Radkau weisen auf den wahrhaft visionären Charakter dieser Gründung hin, die den Aufstieg Bayerns zum High-Tech-Staat und Münchens zur High-Tech-Metropole praktisch vorwegnimmt.[21] Und Wolf-

---

19 Vgl. z. B. Chronik des Deutschen Museums von Meisterwerken der Naturwissenschaft und Technik 1903–1925. München 1927, S. 13, 32. S. Wolf P. Fehlhammer: Contemporary science in science museums – a must! In: Graham Farmelo/Janet Carding (Hrsg.): Here and Now: Contemporary Science and Technology in Museums and Science Centres. London, 1997, S. 41–50.

20 Chronik des Deutschen Museums (Anm. 19), S. 3.

21 Joachim Radkau: Zwischen Massenproduktion und Magie. Das Deutsche Museum. Zur Dialektik von Technikmuseen und Technikgeschichte. In: Kultur & Technik 16 (1992), H. 2, S. 50–58. Vgl. im Übrigen Stephan Deutinger: Vom Agrarland zum High-Tech-Staat. Zur Geschichte des Forschungsstandorts Bayern 1945–1980. München 2001.

gang Frühwald thematisiert in seiner Eröffnungsrede für das Deutsche Museum Bonn 1995 diesen Bayern immanenten Widerspruch zwischen dem Agrarland und seiner konservativ gesinnten Bevölkerung einerseits und einer überraschenden Aufgeschlossenheit für, ja Lust auf Technik andererseits, »den Ludwig I. wie ein Regierungsprogramm gepflegt habe«.[22]

Unerklärlicherweise fand nichts davon Eingang in die vielfach geänderten Satzungen des Deutschen Museums, die – ich habe das aufgezeigt – durchaus dem museologischen Fortschritt und dem technikkritischen Zeitgeist Rechnung trugen und auch die so wichtige Idee der Forschung aufnahmen.[23] Jedoch keine der starken Aussagen, nicht eine Vokabel über Neues, Heutiges, Aktuelles, die Ur-Gründungsidee. Hier war entschieden nachzubessern!

Aber es war ja »Normalbetrieb«, was im Deutschen schon mal Nabelschau heißen kann. So hatten sie sich das allerdings nicht vorgestellt, die von Millers und auch nicht der frühere Prinz und spätere König Ludwig III., ein König im Schillerschen Sinne, dessen Herzenswunsch es war, »dass das neue Museum der Stadt, in der es begründet worden ist, dann dem Lande, dem Deutschen Reiche und der ganzen Menschheit zugute kommen möge«.[24]

Hoch(auf)gesteckte Ziele

Was frappiert, ist die Nervosität selbst der Großen und Erfolgreichen unserer Branche, ihr ständiges Sich-in-Frage-Stellen, das sich in unzähligen Symposien und Artikeln über ihre Zukunft niederschlägt. Offenbar ist Hans Beltings wiederholtes Plädoyer für ein größeres Selbstbewusstsein des Museums nicht beim Adressaten angelangt. Gottfried Korff hat einleitend zu einem Podiumsgespräch auf der Mannheimer Tagung 2000 mit dem schönen Titel »Zauberformeln des Zeitgeistes« Ähnliches amüsiert vermerkt und gleichzeitig von der erfolgreichsten Bildungsinstitution der Moderne gesprochen.[25] Ein Ausfluss dieser Unsicherheit sind Anforderungen an sich selbst, die überzogen bis nicht einlösbar scheinen. Ich will im Folgenden vier diskutieren.

Die erste ist ausreichend witzig durch Tip 1 von 10 in der Gästeliste »Reif fürs Museum« des FOCUS skizziert, der da lautet: »Vorweg die Warnung: Museumsleute sind berufsmäßige Exhibitionisten und müssen aus allem und

---

22 Wolfgang Frühwald: Der Herr der Erde. In: MPG Spiegel 2 (1996), S. 59–64.

23 Fehlhammer (Anm. 19), S. 43.

24 Chronik des Deutschen Museums (Anm. 19), S. 4, 13.

25 Gottfried Korff: Das Popularisierungsdilemma. In: Zauberformeln des Zeitgeistes. Erlebnis, Event, Aufklärung, Wissenschaft. Wohin entwickelt sich die Museumslandschaft? Hrsg. v. Landesmuseum für Technik und Arbeit. Mannheim 2001, S. 49–63. Museumskunde 66 (2001), Nr. 1, S. 13–20.

jedem eine Ausstellung machen!«.[26] »Obsession Ausstellung«, also. Die Grenzen dieses Mediums sind jedoch erreicht – und hier spreche ich für die Wissenschafts-, Technik-, Industrie- und sonstigen Museen inklusive der oft als geschichts- und gesichtslos abgetanen Science Centres, die wohl am ehesten Existenzsorgen plagen –, wenn wir keine Originalobjekte (›zur Illustration‹) auftreiben, wenn wir über Ideen, über Erfahrungen sprechen und Geschichten erzählen wollen, die man besser (und bequemer) in Buchform konsumiert als an Wände drapiert, oder wenn es sich um Dynamisches handelt, Prozesse, was strukturell kein Sujet ist für das statische Medium Ausstellung. Auch überaus Abstraktes, Lehrbuchartiges – wir und nicht nur wir schlagen uns mit dem Ansinnen herum, Software auszustellen (was dann keine wie auch immer geartete Anwendungsausstellung sein dürfte mit primär jeder Menge Hardware! Nein, wenn schon, dann pur, nackt!).[27] Keinem gelang es, und ich prophezeie nach zehn Museumsjahren, es wird keinem gelingen! Charles Simonyi allerdings, Softwareentwickler bei Microsoft, schüttet das Kind mit dem Bade aus, wenn er dieser Begrenztheit wegen das Museum eine archaische Institution schimpft, die allein für Historisches Geltung beanspruchen dürfe.[28]

»Ausstellung des Unausstellbaren«, was für ein Thema – für eine Ausstellung! Ein anderes Beispiel, das mir näher und sympathischer ist, »Les cinq sens«, eine Ausstellung im Palais de la Découverte mit allen Vorschusslorbeeren: Paris, Jorge Wagensberg, Direktor des Museu de la Ciència de la Fundació »la Caixa« in Barcelona, als Kurator, das Comité Colbert – Frankreichs Luxusindustrie – als Finanzier, und was war das Ergebnis? Hübsch, die Welt durch die (Facetten-)Augen des Hasen, der Fliege usw. zu sehen und an Parfum-Flacons zu schnüffeln; bei »Tastsinn-interaktiv« beginnt schon das Problem: Die Hygiene bleibt außen vor. In erster Linie war der Museumsmann jedoch auf den fünften Sinn gespannt – und riesig enttäuscht: hinter Gaze – Laubsägearbeiten, Toulouse-Lautrec-settings, Champagner-Andeutungen, irgendwelche verstaubten (!) amuse-gueules auf goldenen Tellerchen …

Zweitens: die aktuelle Ausstellung. Kein Zweifel, ich will sie haben, wie sie die von Millers wollten, nur wie ›Schritt halten‹? »The world wants museums«, tönt Neil Cossons, und sie will sie »up-dated«![29] Auch hier bleibt nur auf Tagungsbeiträge und Diskussionsrunden zu verweisen, die das Thema

26 Reif fürs Museum, 10 Tips von Wolf P. Fehlhammer. In: FOCUS v. 8. 2. 1997, S. 154.

27 Vgl. Ulf Hashagen/Reinhard Keil-Slawik/Arthur Norberg (Hrsg.): History of Computing: Software Issues. Berlin 2002.

28 Charles Simony, in: Frankfurter Allgemeine Zeitung v. 18. 9. 2000. Zitiert in Korff (Anm. 25), S. 50.

29 Cossons (Anm. 3), S. 4.

fast – will ich meinen – erschöpfend behandelt haben.[30] Allseits herrscht
Konsens, nur wie soll da eine Debatte zustande kommen? Indem der »conve-
nor« den advocatus diaboli mimt! Was das »Warum« oder »Soll überhaupt«
einer Gegenwartsausstellung anbetrifft, musste jener schon ziemlich ideolo-
gisierte Argumente beisteuern wie etwa die von Christine Resch, die in Museen und Science Centres mit »forschungsfrontnahen« Ausstellungen (d. i.
der verzweifelte Versuch einer Übersetzung von »cutting edge scientific research«) Public-Relation-Agenten der Industrie wittert, die mit den Ängsten
und Hoffnungen der Menschen ihr Spiel spielen.[31] Solches ist erstens wieder
ein Beweis dafür, dass Ausstellungen ungeheuer politisch sind (oder zumindest sein können), wie der spektakulärste Fall der letzten Jahre, die Enola-
Gay-Ausstellung und ihr Debakel im National Air and Space Museum, dem
besucherstärksten Haus der Smithsonian Institution in Washington, gezeigt
hat,[32] und zweitens schwerer zu widerlegen als die üblichen Einwürfe, aktuelle Wissenschaft sei zu kompliziert und komplex; sie sogleich vermitteln zu
wollen sei voreilig, sie müsse sich ja erst bewähren, ihre Richtigkeit und Bedeutung unter Beweis stellen, die Zugänglichkeit ihrer Daten (auch der ar-
chivalischen) sei nicht gesichert usw. Letztere lassen sich leicht in Pro-Argu-
mente verkehren: Aktuelle Wissenschaft muss nicht immer komplizierter
sein, es gibt durchaus Beispiele in Physik und Chemie und deren Grenzgebie-
ten, wo der Durchbruch zu direkteren und damit auch anschaulicheren Verfahren gelungen ist. Und Komplexität bedeutet nur, dass sie näher am Leben
ist mit dessen inhärenter Komplexität. Dass auch wissenschaftliche Aussagen
mit Unsicherheiten behaftet sind, ist allemal eine wichtige und richtige Botschaft, die viel zu lange unter den Tisch gefallen ist und die Wissenschaft endlich als das benennt, was sie wirklich ist: Menschenwerk – »von Menschen für
Menschen gemacht« (D. Ganten), sozial konstruiert, wie Wissenschaftssozio-
logen und -historiker sagen[33] – und ihr damit alle Sympathien gewinnt.

In seinem neuen Wellcome Wing hat das Londoner Science Museum den
Versuch gestartet, ausstellerisch aktueller als aktuell zu sein – koste es, was es

---

30 Während der ECSITE-Jahrestagung in Luleå, Schweden, Ende 2001, und dem dritten Science
   Centre World Congress in Canberra, Australien, Februar 2002, fanden dazu so genannte Strategiedis-
   kussionen statt. »Science Centres and Museums and the Scientific community – Worlds Apart or
   Mutually Conditional?«, Strategy Session, ECSITE Annual Conference 2001. Und: »Cutting Edge
   Science in Science Centres«, Strategy Session, 3rd Science Centre World Congress, 2002; Raffaella
   Morichetti/Wolf Peter Fehlhammer (Publikation in Vorbereitung).

31 Christine Resch: Van Gogh und das zweite Gesetz der Thermodynamik: Kunst- und technische
   Museen als Teil der »zwei Kulturen«. In: Zauberformeln des Zeitgeistes (Anm. 25), S. 29–48.

32 Stanley Goldberg/Norbert Jakober: Die Enola Gay-Kontroverse. In: Kultur & Technik 20 (1996),
   H. 1, S. 22–29. Vgl. auch Otto Mayr: The Enola Gay Fiasco: History, Politics, and the Museum. In:
   Technology & Culture 39 (1998), S. 462–473.

33 Harry Collins/Trevor Pinch: Der Golem der Forschung. Wie unsere Wissenschaft die Natur erfin-
   det. Berlin 1999 (mit weiterführender Literatur).

wolle – und ist damit gescheitert. John Durant, damals mit dem Wagnis betraut, mittlerweile als Chef des Science Centre @ Bristol Beobachter von außen, malte auf einer Tagung im Museo di Storia della Scienza in Florenz im April 2002 ein düsteres Bild. Wir Wissenschafts- und Technikmuseen hätten es ungeheuer schwer mit unseren »seven years to conceive« (was man mit »schwanger gehen mit der Idee« übersetzen sollte), »seven years to fund« und »seven years to build an exhibition«, d. h. wie wir es auch drehen und wenden, wir hinken zwei Jahrzehnte hinterher! Entsprechend neidvoll fällt dann immer der Blick auf die Kunstmuseen aus mit dem oft kolportierten Hammer und dem Sack Nägel, die fürs ›Umdekorieren‹ schon genügten. Wenn möglich noch leichter täten sich Museen wie die Londoner ›Tate Modern‹, die sich jüngst mit der Ausstellung »The unmade bed« eine Menge Ärger eingehandelt habe und trotzdem – oder gerade deshalb – fast ›niedergerannt‹ worden sei.

Dagegen würden die Besucher des Science Museum einfach nicht verstehen, was es mit »Antenna«, diesem rasant wechselnden Ausstellungsgeschehen im Rhythmus von Monaten, Tagen, ja Stunden, auf sich habe. Und Durant machte einen fundamentalen Konflikt zwischen der statischen Präsentationsform des Mediums ›Ausstellung‹ und dem dynamischen (fluiden) Inhalt oder der Botschaft ›Wissenschaft‹ aus und diesen für das Scheitern des Versuchs verantwortlich. Oder: die Ausstellung ist schlicht nicht das richtige Medium.

Damit sind wir beim ›wie‹ von Ausstellungen neuer und neuester Technologien, die, wenn wir Extreme wie Antenna (»the ever changing exhibit«) ausklammern, durchaus funktionieren können. Das ›Geheimnis‹, die paradoxe Lösung, heißt eher: weg vom alleinigen Medium Ausstellung! Was wir dringend brauchen, ist das gesprochene Wort, der zugewandt erklärende und dialogbereite Mensch, der »Wissenschaftler zum Anfassen«, wie wir ihn in Anlehnung an die hands-on-Philosophie nennen und in unserer Erfolgsvortragsreihe »Wissenschaft für jedermann« seit Jahren dem Publikum präsentieren. So und nur so wird das Prozesshafte nachvollziehbar, wie sich Ideen herauskristallisieren, wie Wissenschaft entsteht. Carol Lynn Alpert vom Museum of Science in Boston machte klar, worum es im erst kürzlich dort eröffneten Aktualitätenflügel geht:

> »instead on exhibitions, the Current Science & Technology Center at the Science Museum in Boston relies on live presentations, digitally updated video and graphics, partnerships with research organizations, journals and news media, and live communications with researchers in the field – in order to bridge the gap between the talk in the lab and the talk on the street. […] In fact, it is an ideal collaboration.«

Und David Ellis, Direktor des Bostoner Museums, führt ergänzend zum ›warum‹ das altbekannte Demokratieargument ins Feld: Der mündige Bürger

(»the effective citizen«) müsse wissen, wofür er stimme, und zum ›wie‹, dass alle Register zu ziehen seien, der Dialog in Gang zu setzen und das Forum zu etablieren, Ausstellungen inklusive. Zahlreiche andere Institutionen verfahren ebenso, und ich nenne zusätzlich zu den schon angeführten Heureka in Vantaa/Helsinki (»Cutting Edge Science is better presented through programs than exhibitions«[34]), das gerade gewaltig expandierende Museu de la Ciència in Barcelona, das Questacon in Canberra, das neu eröffnete, eindrucksvolle Museum of Emerging Science and Innovation in Tokio und selbstredend die Cité des Sciences et de l'Industrie in Paris.

Genau darum braucht das Deutsche Museum das »Zentrum Neue Technologien«, brauchen wir das mittenhineinplatzierte Auditorium und alle Offenheit für jegliche Medien. Ich gestehe, dass mir Wagensbergs »Maxime des forschenden Besuchers« lange Zeit als das anzustrebende Ideal schlechthin erschien, das in Technikmuseen und Science Centres jene »Eureka«-Glücksmomente zuhauf auslösen und so breite Akzeptanz schaffen müsste für Forschung und Wissenschaft. Auch der zum Museumsdirektor konvertierte Hochschulforscher hält schließlich nach wie vor seinen ›Humboldt‹ hoch. Wer einmal das Privileg wissenschaftlichen Arbeitens genossen und darin Kennerschaft erworben hat, kann lehrend nichts Überzeugenderes weiterreichen als eben dieses. Trotzdem, soll ›Forschung‹ nicht völlig zur Posse werden, darf man nicht einmal versuchen, sie Technikmuseen und ihren Besuchern aufzuoktroyieren. Funktionieren würde das ohnehin nicht.

Die Forderung – drittens – nach Kontextualität, eines der Charakteristika der Postmoderne, spannt sich von Alois Riedlers ›nichtrealisiertem Deutschen Museum‹ über das mit seinem betonierten Sozialgeschichtekorsett fürchterlich hadernden Mannheimer Museum für Technik und Arbeit und seine dem gleichen Geiste entsprungenen Brüder und Schwestern bis zum Konzept des Verkehrszentrums des Deutschen Museums. Nur: Wo sind sie, die kontextuellen Ausstellungen (oder gar holistischen Museen)? Ich habe bisher noch keine einzige – überzeugende – gesehen!

Aus vielen der Forderungen wird man ein moralisches Anliegen heraushören und sich Mühe geben, ihnen wenigstens in dieser Hinsicht gerecht zu werden. Das gelingt dann immer noch am besten. Die Gemäuer und Gerätschaften beispielsweise der Baumwollspinnerei in der zum grünen Idyll gewordenen Industriebrache Manchesters erzählen leidvolle Schicksale. Ein von der Natur zurückerobertes, ziemlich geschwätziges Industriedenkmal findet sich auf dem Außengelände des Deutschen Technikmuseums Berlin:

---

34 Per-Edvin Persson: Vortrag auf der Hevelianum-Conference 2003, Gdansk, Polen. Vgl. auch ders.: Science Centers are thriving and going strong! In: Public Understanding of Science 9 (2000), S. 449–460.

die zum Anhalter Bahnhof führenden Gleise, einst Europas befahrenste Trasse. Seine Geschichten sind freilich ganz andere: solche von Größe, Hybris, Fall, – und kontextreicher als manch gutgemeinter Versuch innen.

Absolutes Negativbeispiel (»Dachboden der Nation«) ist für Jörg Häntzschel in diesem Zusammenhang das ehemalige Museum of American History und jetzige Behring Center in Washington, das zunächst dem Vorbild des Deutschen Museums folgte, ehe Ende der 1970er-Jahre zur Technik die Kultur-, Sozial- und politische Geschichte kam.

> »Das Museum beanspruchte, Amerika in allen seinen Facetten abzubilden [...]. Daran konnte es nur scheitern. Immer neue Ausstellungen quollen in dem dreistöckigen Stellwandlabyrinth hervor. [...] So unglaublich dicht ist das Geflecht aus Exponaten, Dokumenten, Videoscreens und Querverweisen, dass binnen kurzem Panik aufkommt«.[35]

Letztere werden wir im Verkehrszentrum tunlichst vermeiden, indem wir eher Komplexität als Kontextualität anstreben oder wenigstens zulassen. Sicher sind ökonomische, ökologische und gesellschaftspolitische Seitenblicke (»some well-dosed contextuality«[36]) angesagt, ja hocherwünscht, doch werden sie fragmentarisch bleiben (müssen). Was es dort darzustellen gilt, ist das Gesamtsystem Verkehr in seinen komplexen Bezügen – schwierig genug, um zu scheitern!

Viertens wird der Ruf nach Erfolgsindikatoren immer lauter und wächst das kollektive Schuldbewusstsein, diese nicht entsprechend bereitstellen zu können. In Großbritannien richtet sich die Finanzierung der nationalen Museen längst nicht mehr allein nach den Besuchszahlen; hier gehen mittlerweile der Grad der Zufriedenheit der Besucher, der in sicheren Depots untergebrachte Anteil der Sammlung und die Zahl wissenschaftlicher Publikationen ein.[37]

In Deutschland ist die Situation ähnlich. Während jedoch diese Anforderungen noch erfüllbar erscheinen, nimmt das Ansinnen vieler Zuwendungsgeber und Sponsoren (und die Servilität mancher Institution) groteske Züge an. Sicher ist es nicht unklug, der Kommune vorzurechnen, welcher finanzielle und (weiche) Standort-Vorteil ihr aus der Attraktivität einer bestimmten Einrichtung erwächst, wenn eine solche Rechnung denn Sinn macht.[38] Doch sollte

35 Jörg Häntzschel: Im Namen des Geldes. Wie sich das Smithsonian in den Netzen seiner Sponsoren verfängt. In: Süddeutsche Zeitung v. 27. 8. 2002.

36 Wolf P. Fehlhammer: Science in Science Museums – Cutting Edge Science and Research in Science Museums? Unreservedly ›yes‹!, Food for Thought and Discussion, ECSITE Newsletter, Nr. 40, 1999, S. 10.

37 Cossons (Anm. 3), S. 8–10.

38 Per-Edvin Persson: Community Impact of Science Centers: Is There Any? In: Curator 43 (2000), Nr. 1, S. 9–17, hier S. 9.

man unbedingt den Eindruck vermeiden, man werde in Bälde mit relevantem Datenmaterial etwa über langfristige und nachhaltige Auswirkungen von Museumsbesuchen auf Einstellungen zu kontrovers diskutierten wissenschaftlichen Themen oder gar Karriereentscheidungen aufwarten. Wissenschaftlich zuverlässige Daten dieser Art sind nicht zu erhalten. »Evaluating the immeasurable« titelt Colin Johnson im ECISTE Newsletter, meint ebenfalls den Erkenntnis- und Lustgewinn, den junge Leute aus Science Centres schöpfen, und landet bei den gleichen herzigen Anekdoten diesmal britischer Wissenschaftler, die sich im Launch Pad des Science Museums zu ihren Studien inspirieren ließen.[39] Von Komplexität war schon die Rede. Wie sie sich dem messenden Zugriff selbst der ausgeklügeltsten Wissenschaft entzieht, hat Hubert Markl unlängst in einem Grundsatzreferat hübsch dargestellt. Hochkomplexe nichtlineare Systeme können schon bei geringfügigsten Änderungen der einwirkenden Kräfte so unterschiedliches Verhalten entwickeln, dass eine Vorausbestimmung ihrer Reaktionen aus prinzipiellen Gründen nur mit erheblicher Fehlerbreite – wenn überhaupt – möglich ist.[40] Dessen eingedenk sollte man allen Versuchen der Evaluation des denkbar Komplexesten – Einstellungen, Karriereentscheidungen – mit methodisch absolut Unzulänglichem mindestens eine solche Abfuhr erteilen, wie Günter Endruweit der Evaluation der (Universitäts-)Lehre: »entweder ganz lassen oder jedenfalls nicht zu ernst nehmen«.[41]

Glückskind und Problemlöser

Irgendwann, um 1994/95, lange vor den PUSH-[42] und WID-Initiativen[43] des Stifterverbandes, fing das Deutsche Museum an, vom »erweiterten Bildungsauftrag« zu reden, weil meine auf internationalen Konferenzen gemachten Erfahrungen mit der heimischen Wissensvermittlung ›im Normalbetrieb‹ und dem dürren Juristenvokabular der eigenen Ewigkeitssatzung nicht in Einklang zu bringen waren. »Public understanding of science« (PUS) hieß dort die Losung, und ich propagiere, es bei diesem eingeführten Begriff zu belassen. Trotzdem würden wir PUS heute ungern mit »Verstehen« übersetzen, im Unterschied zu Oskar von Miller, der in seiner fulminanten Rede zur Museumseröffnung 1925 gerade diesem Punkt viel Raum gab:

---

39 Colin Johnson: Evaluating the immeasurable. Food for Thought and Discussion. In: ECSITE Newsletter, Nr. 32, 1997, S. 10.
40 Hubert Markl: Naturforschung für eine lebenswerte Zukunft. In: Hubert Markl u. a. (Hrsg.): Wissenschaft in der globalen Herausforderung. Stuttgart 1995, S. 23–43.
41 Günter Endruweit: Lehrevaluation und Lehrziele. In: Forschung & Lehre 8 (2002), S. 421.
42 PUSH = Public Understanding of Science and Humanities.
43 WID = Wissenschaft im Dialog.

»Was wir nicht beanspruchen, ist die Bewunderung dessen, was wir geschaffen haben. Nicht ein Bewundern, sondern ein Verstehen der Sammlungen hervorzurufen, ist die Aufgabe des Deutschen Museums. […] Wenn schon die Museumsgegenstände in ihrer leicht fasslichen Aufstellung keine Veranlassung zur Bewunderung bieten, dann tun das noch weniger die Erläuterungen, obwohl deren Abfassung nicht nur die wichtigste, sondern auch eine der schwierigsten Aufgaben bei Errichtung des Museums war. […] Die Erläuterungen sind so einfach, sind für jeden Laien so verständlich abgefasst, dass er zu der Überzeugung kommt, diese Erläuterung hätte ich auch machen können. (Heiterkeit.) Wir wollen eben, dass der Besucher das Museum nicht verlässt mit dem offenen Mund des Staunens, sondern mit dem offenen Auge des Verstehens. (Bravorufe.) Er soll ein Kamerad, ein vertrauter Freund der Wissenschaft und Technik werden.«[44]

Vertrautheit, – Kennerschaft (!) ist das Wort, das man heute gern ›in den Ring wirft‹ und das wieder die Konnotation Kunst hat, auf deren Nimbus ja bereits das »Museum von Meisterwerken …« gesetzt hatte. Auch wird Emotionalität heute ernster genommen – die Neurowissenschaften bestehen darauf –, ist »emotionale Intelligenz« (fast) hoffähig geworden.[45] Was Wunder, dass dieses sinnlichste aller Medien, das Museum, sich ihrer bedient. Ob wir vom »Ziehen aller Register« reden oder Jorge Wagensberg die »Bereitstellung von Stimuli« als die eigentliche und einzige Aufgabe unserer Institutionen sieht und jegliche Form von Lehre dem etablierten Bildungssystem überlässt: Wir meinen dasselbe, und alles ist PUS, ist erweiterter Bildungsauftrag – über den klassischen Fünfklang musealer Verpflichtungen – Sammeln, Bewahren, Dokumentieren, Erforschen und Ausstellen – hinaus. Und es ist bitter nötig. Den zukunftsfrohen Menschen, der staunend vor den neuesten Errungenschaften von Wissenschaft und Technik steht, gibt es nicht mehr. Wir hätten ihn liebend gern weiter »staunen« lassen, nach Walter Benjamin und Umberto Eco der erstrebenswerteste Gemütszustand für einen bereichernden Museumsbesuch. Stattdessen haben wir der veränderten Befindlichkeit einer Gesellschaft Rechnung zu tragen, die dabei ist, sich von ihren technisch-industriellen Lebensgrundlagen kulturell zu distanzieren, ja zu verabschieden – ohne klare Alternativen. Über die Folgen ist endlos räsoniert worden,[46] und im gleichen Maße haben sich die Argumente für PUS herauskristallisiert, das Demokratie-Argument (»In Zukunft entscheidet der Mann auf der Straße, welche Forschung und welche Forschungsergebnisse er will, also lasst uns ihn dazu in die Lage versetzen!«), das kulturelle Argument (»Sci-

---

44 Oskar von Miller, DMA, VB 1923–25, S. 17–18.
45 Daniel Goleman: Emotionale Intelligenz. München 1995.
46 Z. B.: Global dialogue »Science and Technology – Thinking the Future«, A New Contract Between Society, Economy, and Science, Podiumsdiskussion, Ranga Yogeshwar (chair), EXPO 2000, Hannover.

Die Abwärtsspirale

rasanter Fortschritt von
Wissenschaft und Technik

Verständnislosigkeit
der Öffentlichkeit

Ignoranz

wissenschaftlicher
Analphabetismus

Angst

Nichtakzeptanz

Nachwuchsmangel

Standortnachteile

schwindende
Wettbewerbsfähigkeit

Arbeitslosigkeit

sinkender
Lebensstandard

1   »Die Abwärtsspirale« (Grafik: Deutsches Museum, 2000).

ence is arguably the greatest achievement of our culture«[47]), das ökonomische
(siehe Abb. 1), das psychologische (»Eine der wichtigsten Aufgaben der Naturwissenschaft, genauer, derjenigen Naturwissenschaftler, die das können,
ist, spezifische Ängste [...] dadurch aufzulösen, dass sie klarlegen, welche
Ängste berechtigt und welche unberechtigt sind«[48]) usw.

Warum dieser Nachdruck auf PUS? Weil moderne Technikmuseen und
Science Centres in einem Ausmaß ›Problemlöser‹ sind, wie dies ›draußen‹ erst

47 John R. Durant/G. A. Evans/G. P. Thomas: The public understanding of science. In: Nature 340,
6 July 1989, S. 11–14, S. 11.
48 Helmut Schmidt. In: Peter Frieß/Peter M. Steiner (Hrsg.): TechnikDialog 3. Helmut Schmidt und
Hartmut Graßl sprechen über die Bringschuld der Wissenschaftler gegenüber der Gesellschaft und
die Annahmepflicht der Politiker gegenüber wissenschaftlicher Erkenntnis. Deutsches Museum.
Bonn 1995, S. 11.

langsam begriffen wird. Noch 1996 erwähnt das EC-White Paper »Teaching and learning – Towards the learning society« auf 101 Seiten Museen mit keiner Silbe. Das ist unbegreiflich, denn man fragt sich mit Recht, wo, wenn nicht auf diesen Foren Derartiges stattfinden sollte. Sie, die Museen, tauchen erst Jahre später auf der 1999er Budapester World Conference on Science for the Twenty-First Century auf, sind aber mittlerweile samt ihrer Organisation im aktuellen Aktionsplan »Wissenschaft und Gesellschaft« und damit in den Köpfen der Europäischen Kommission verankert.[49] Gernot Wersig sieht sie sogar als »ideale Wegbegleiter in die Postmoderne, denn sie hätten immer Grenzen überschritten zwischen Kulturen, Zeiten und Stilen, mussten immer Orientierung geben, hätten immer viele Wirklichkeiten widergespiegelt durch ihre Objekte verschiedenster Provenienz und Bedeutung«. Einfacher ausgedrückt: »Museen werden immer wichtiger als Stätten von Originalen und Authentizität in Zeiten technischer Duplizierungen und Manipulationen«.[50] Als eine Konsequenz hat sich das Deutsche Museum samt Umfeld in den letzten Jahren primär der Objektforschung verschrieben und in Gestalt des Science Museum in London, des Pariser Musée des Arts et Métiers und des National Museum of American History in Washington interessante Kooperationspartner gewonnen.[51]

Nicht weniger konsequent ist das Bemühen des Deutschen Museums auf Ausstellungsseite um künstlerische Elemente, künstlerische Aussagen, Kunst schlechthin. Die Flugwerft Schleißheim hatte bereits unmittelbar nach ihrer Eröffnung 1992 Kontakte mit Künstlern und der Kunstakademie aufgenommen, und »Flug-Skulpturen«, »Kunstflug« oder »Anvisiert« waren die ersten sehr erfolgreichen Experimente, in denen durch Flugobjekte inspirierte künstlerische Arbeiten eben diesen Objekten gegenübergestellt wurden. Eine weitere überzeugende Serie wurde mit »Art & Brain« im Deutschen Museum Bonn realisiert. Beim Nobel-Symposium 1999 in Stockholm berichtete ich darüber und entwickelte Kriterien für die Funktion von Kunst in natur-

49 First World Conference on Science. Budapest 1999, Annex III, Artikel 49: »National authorities and funding institutions should promote the role of science museums and centres as important elements in public education in science«; der Aktionsplan »Wissenschaft und Gesellschaft 2002« der Europäischen Gemeinschaften, Luxemburg 2002, stellt ECSITE und seine Ziele explizit vor und betont die Förderungswürdigkeit des Netzes europäischer Wissenschaftsmuseen.

50 Gernot Wersig: Museums and information society – Between market culture and people's assurance seeking. In: Angelika Ruge-Schatz (Hrsg.): Innovations in media and organizational changes in museums. Proceedings of the 30th Annual Conference of the International Committee Training of Personnel in Museums. Berlin 1997, S. 13.

51 S. hierzu auch die Reihe Artefacts: Studies in the History of Science and Technology, hrsg. v. Robert Bud, Bernard Finn und Helmut Trischler. Bd. 1: Manifesting Medicine: Bodies and Machines. Amsterdam 1999. Bd. 2: Exposing Electronics. Amsterdam 2000, Bd. 3: Tackling Transport. London 2003; sowie den Band Hashagen/Blumtritt/Trischler: Circa 1903 (Anm. 17).

wissenschaftlich-technischen Ausstellungen.[52] Ungeheuer, die Wirkung »Oppenheimers«, Christoph Bergmanns nach dem Vater des Manhattan-Project's benannter Skulptur, dieses unten in die Schwanzflosse einer Atombombe auslaufenden Aluminiumtorsos, vis-à-vis einer »Phantom«. Assoziationskaskaden stürzen auf einen ein – natürlich Dürrenmatt, die Brüder Robert, aber eben auch Frank Oppenheimer und seine uns so nahe Schöpfung des San Franciscoer Exploratoriums, Mutter aller Science Centres, bis hin zu Enola Gay, liebevoll bezeichnetes Massenvernichtungsmittel, Museumsobjekt und Skandal in einem.[53] Kontext in Hülle und Fülle.

Es war ein leichtes, daran anzuknüpfen. Z. B. mit »Und ich flog. Paul Klee in Schleißheim«, einer aufregenden Ausstellung mit einem unerwartet erhellenden Beitrag des Technikmuseums zum Verständnis von Klees Spätwerk.[54] Ein Glück ist auch, dass jetzt mehr und mehr die Künstler auf das Deutsche Museum zukommen und endlich die Wissenschaft entdecken, wie die Wissenschaftler die Kunst. Mit ihrem irritierend fiktiven wissenschaftlichen Vortrag »Die Entdeckung der 1000 Arten« begründete Theda Radtke unsere Reihe »Zwischen Kunst und Wissenschaft«, die 2001 in großem Wissenschafts- und kleinerem Museumstheater schwelgte und 2002 vor allem Performances und Happenings hereinholte. »Zwischen Kunst und Wissenschaft« hat große öffentliche Aufmerksamkeit erregt und viel Zuspruch erfahren und das Deutsche Museum mehrfach in die Feuilletons der großen Tageszeitungen katapultiert.

Szenographie ist eine Nummer kleiner und durch die Hannoveraner EXPO 2000 in Verruf geraten. »Inhalt, Inhalt, Inhalt!«, hatte ich damals gerufen und gefordert.[55] Unsere neue »Pharmazie« hat beides, eine starke Szenografie *und* Inhalt, und erfreut sich großer Beliebtheit ebenso wie der elegante »Brückenbau«, die schwierige Atomphysik und der Glücksfall »Musik«. Dass wir *die* im Technikmuseum haben!

»Wir sind wieder wer!«, – auch wenn wir nie mehr ganz anknüpfen konnten an die Hoch-Zeit der »Goldenen Zwanziger Jahre«. Aber sie machen keinen großen Bogen mehr ums Deutsche Museum, die Staats- und Stadtbesuche, die Partnerhäuser mit ihren Freundeskreisen und die vielen Delegationen aus aller Welt, die lernen wollen, wie man ein Museum oder ein Science Centre konzipiert und 100 Jahre lang erfolgreich betreibt. Die ›neue Offenheit‹ haben wir

52 Vgl. Wolf P. Fehlhammer: Communication of Science in the Deutsches Museum. In Search of the Right Formula. In: Lindqvist (Anm. 3), S. 17–27.

53 Otto Mayr (Anm. 32).

54 Margarete Benz-Zauner u. a. (Hrsg.): »Und ich flog.« Paul Klee in Schleißheim. Ausstellungskatalog, Deutsches Museum. München 1997.

55 Wolf P. Fehlhammer: World expos, science centres, ›Autostädte‹, operas …, Food for Thought and Discussion. In: ECSITE Newsletter, Nr. 45, 2000/2001, S. 10.

uns mit ziemlichem Engagement erkauft, national und international, durch Übernahme wichtiger Ämter in wichtigen Organisationen, durch Präsenz auf wichtigen Kongressen. Wir beraten, zeichnen Kooperationsverträge, werden Partner in diversen EU-Projekten, heben – fast wie Oskar von Miller – neue Institutionen mit aus der Taufe, organisieren deutsch-französische Debatten und bilaterale Netzwerke, installieren deutsch-italienische Zentren.[56]

Die ›neue Offenheit‹ ist so neu nicht, was den Austausch von Wissenschafts- und Technikhistorikern anbetrifft, der schon mit dem museumseigenen Forschungsinstitut ein lebhafter war und seit 1997 mit dem »Münchener Zentrum für Wissenschafts- und Technikgeschichte« weiter an Schwung gewonnen hat. Angestoßen durch die »Vision 2003«, den von McKinsey begleiteten Selbstfindungs- und Modernisierungsprozess, hat sie heute jedoch alle Bereiche erfasst. Äußeres Zeichen für diesen Mentalitätswandel ist die Öffnung des Hauses: die räumlich-bauliche der Eingangshalle, der Uferstrasse, des Betriebshofs, des Turms, wie die zeitliche an großen Festtagen und am Mittwochabend. Intern galt es, ein von Jahr zu Jahr ausgedünnteres, mit immer mehr Projekten belastetes Personal zu motivieren – Zustimmung zu erwirken zu neuen Öffnungszeiten, zu mehr Besucherorientiertheit, zu einem größeren Dienstleistungsverständnis – bewunderungswürdig, wie die Überlast getragen, wie die vielen Ehrenamtlichen integriert wurden. Mit dem Ehrenamt im Museum, einer in Deutschland bisher praktisch nicht existierenden Kultur, ist das Deutsche Museum wieder zum Modell geworden, wenn auch in diesem Fall nur zum Sparmodell.

Unter ›Offenheit‹ möchte ich schließlich auch das »museum beyond its walls« subsumieren, als das sich das Deutsche Museum mit seinem hochgelobten Internetauftritt – im Sommer 2002 hat übrigens die Zahl ›ernsthafter‹ virtueller Besucher erstmals die der realen übertroffen –, seinen sehr erfolgreichen Wanderausstellungen »Unter die Haut« und »Gentechnik und Umwelt«, seinen ›Schaufenstern‹ in Triest und Lissabon und seiner offensiven Ausleihpolitik geriert. Dieser ›outreach‹, dieses Heruntersteigen von der Museumsinsel, hatte schon früher begonnen und in ganz anderen Dimensionen. Den Anfang bildete der Umzug von Teilen der Luftfahrt in die 1992 zum Museum umfunktionierte und ausgebaute Flugwerft Schleißheim, der uns im überquellenden Haupthaus für ein paar Jahre Erleichterung verschaffte und diese weiten, lichten Hallen bescherte am ältesten Flugplatz Deutschlands.

Museen sind eine Wachstumsbranche, und dies scheint auch für das Einzelindividuum zu gelten. Wenn es nicht wächst, nicht sammelt und seinen

---

56 Einen ersten Schritt in diese Richtung stellt beispielsweise die Unterzeichnung einer Kooperationsvereinbarung zwischen dem Deutschen Museum und der Generaldirektion des Regionalen Schulamtes Latium am 31. 10. 2002 in Rom dar.

Fächerkanon nicht erweitert, ist es tot. Derlei Hintergedanken spielten freilich bei der Gründung der zweiten Dependance, des Deutschen Museums in
Bonn, keine Rolle. Sie sollte Bundespolitiknähe garantieren und Versuchsfeld
sein für die Präsentation zeitgenössischer Wissenschaft und Technik, Aufgaben, die sie bravourös meisterte und auch nach dem Hauptstadtwechsel
noch meistert.

1996 wurde dem Glückskind mit den Messehallen auf der Theresienhöhe
die Jahrhundertchance geboten, und es packte sie beim Schopf (!), eine
bedeutende Erweiterungs- und Entwicklungsmöglichkeit von 12.000 m² –
flächengleich mit dem 2002 mit großem Pomp eröffneten »Weltmuseum«,
»Kathedrale des Lichts« und was sonst noch der Superlative und Elogen gefunden wurden für die Pinakothek der Moderne – jene jedoch in einem Ensemble herrlicher Ausstellungsarchitektur aus der Zeit des Neubaus auf der
Museumsinsel, Piazza, Park, beste Citylage. Erster Ideengeber, Gründungsva-
ter und nachhaltig fördernder Freund unserer dritten Dependance, des Verkehrszentrums des Deutschen Museums, war und ist Kurt Faltlhauser, bayerischer Finanzminister. In seiner großen Kuratoriumsrede 1999 machte er
deutlich, worum es dem Kabinett bei der Mittelfreigabe ging, nicht um

>»ein zusätzliches Münchner Museum […], nicht um die spielerischen Kind-
heitsideen eines örtlichen Ministers zu befriedigen […], sondern um die Institution Deutsches Museum als größtes und anspruchsvollstes Technikmuseum
zumindest in Europa aufrechterhalten zu können, um die Zukunftsfähigkeit
dieses Hauses […] und die quantitativen Notwendigkeiten […] zu sichern«,[57]

weil bei all dem Ehrgeiz Bayerns, in der technologischen Spitzengruppe weltweit mitzuhalten, die Basis für die Akzeptanz dieser Technologien, für das
Verstehen technologischer Entwicklung nicht vernachlässigt werden könne.

Zu schön, wie am Ende wieder der Bub von der Schwanthaler Höh' bei
ihm durchkommt, wenn er fast generalstabsmäßig eine »Art Zangenbewe-
gung« konstatiert, »in der die Landeshauptstadt München gehalten wird«:
vom Deutschen Museum im Osten, am Fuß des Isarhügels, und auf der anderen Seite, am anderen Isarhügel, vom Verkehrszentrum des Deutschen
Museums, das am 11. Mai 2003 im Rahmen der Feierlichkeiten zum 100. Geburtstag seine Pforten öffnete.

So sahen und sehen wir uns also in den letzten Jahren einer Herausforderung gegenüber – und nehmen sie an (!) –, die jener zur Zeit der Museumsgründung nicht viel nachsteht und Gräfin Podewils, eine Enkelin Oskar von
Millers, entzückt von der »Wiedergeburt des Museums« sprechen lässt. Am

---

57 Rede des Staatsministers für Finanzen, Professor Dr. Kurt Faltlhauser als Vertreter der Bayerischen
   Staatsregierung bei der Kuratoriumssitzung des Deutschen Museums am 9. Mai 1999. München
   1999.

2   Die Wissensmetropolis (Zeichnung: Christof Gießler, 2003).

Schluss kann das Glückskind sogar den nicht mehr für möglich gehaltenen »Freundes- und Förderkreis Deutsches Museum« vorweisen und neben der neuen Zielgruppe der Drei- bis Zehnjährigen sowie den über die Schulmitgliedschaften erreichten Jugendlichen endlich auch Senioren differenzierte Angebote machen – just in dem Augenblick, in dem alle Welt von PISA redet und führende Blätter die »demografische Zeitenwende« thematisieren.

Die klassische Wissensstadt Oskar von Millers ist zu einer Wissensmetropolis des 21. Jahrhunderts geworden. Längst hatte der Kernbereich auf der Insel seine kritische Größe überschritten. Der Verlust jeglicher Übersicht, ein Totalausfall des Orientierungssystems und die generelle Überforderung des Besuchers waren die Folge. Die Satellitenlösung war die adäquate, zumal sie mit ihrem dezentralisierten limitierten Spezialangebot auch der Aufmerksamkeitsverknappung des modernen Menschen Rechnung trägt und seinem veränderten Freizeitverhalten entgegenkommt. Defizite wie der fehlende Kinderbereich sind jüngst beseitigt worden, dem Dauerpostulat »Aktualität der Ausstellung« entsprechen wir durch das Zentrum Neue Technologien (ZNT), das mit der anspruchsvollen »langen« Sonderausstellung »Klima« sein Debüt gibt und nebenbei Sloterdijks Vorwurf der Unterforderung in Museen

Lügen strafen wird.[58] Fehler, wie die ersatzlose Aufgabe des Kongress-Saals für die an sich begrüßenswerte IMAX-Großbildprojektion und ein Planetarium neuester Technik werden jetzt korrigiert oder sogar – Beispiel ZNT mit seinem bewusst in das Ausstellungsgeschehen integrierten Auditorium – ins Gegenteil verkehrt.

Museum der Zukunft

Es ist leichter zu sagen, was es *nicht* sein wird. Zum Beispiel das, was der Wellcome Wing des Londoner Science Museums im dritten Obergeschoss unter »future« anbietet: ein Nichts! – totale Ideenlosigkeit. Noch viel weniger kann und darf dieses bedeutende Haus den gefährlichen Weg zu einem primär virtuellen Museum weitergehen, den es in letzter Zeit wohl versucht einzuschlagen; eine starke Außenrepräsentanz ist nur aus einem in sich ruhenden, noch stärkeren Innenleben heraus leistbar – ohne Verrat an der Museumsidee! Seine Selbstdarstellung am Rande der ECSITE-Jahrestagung 2002 in London hat dieser Interpretation allerdings viel von ihrem Schrecken genommen, handelt es sich danach doch bloß um zwar in viel Weihrauch und groteske Arroganz gehüllte (»The NMSI is on a mission to redefine the role of museums in the 21st century; the NMSI is there to enable you to think (!)«), aber mitnichten neue Absichtserklärungen und eine politisch über alle Maßen korrekte langfristige Ausrichtung der Gesamtinstitution an der auch nicht mehr ganz taufrischen »nachhaltigen Entwicklung«. Dann schon lieber Joost Doumas Philosophie des »Prototyping for the 21st Century – a discourse« von 1994,[59] auch wenn seine Umsetzung im Niederländischen Science & Technology Center IMPULS bzw. dem späteren New Metropolis unter einem Unstern stand.

Um dennoch eine vage Vorstellung von der Zukunft zu erhalten, kann man sich wie Siemens Corporate Technology des komplementären Zwei-Wege-Prozesses der Extrapolation und Retropolation bedienen. Nur wird das Museum statt Markt- eher Besucheranalysen durchführen und statt auf Geschäftsaktivitäten auf die Erfüllung des Bildungsauftrags setzen. Beide jedenfalls extrapolieren sie ausgehend von Expertenmeinungen und tasten sich von Visionen und Zukunftsszenarien in vertrautere Gefilde zurück.

Ich möchte im Folgenden ein paar solcher aus dem Ist-Zustand des Deutschen Museums heraus plausibel erscheinenden Extrapolationen in die Zu-

---

58 Peter Sloterdijk, zit. in Korff (Anm. 25), S. 62.
59 Joost Douma: Prototyping for the 21st Century, a discourse. IMPULS Science & Technology Center. Amsterdam 1994.

kunft der Museen und Visionen von Museen (in) der Zukunft zitieren, wobei ich nicht mehr zwischen Museumskategorien unterscheide, und daraus Entwicklungslinien ableiten, die das Zukunftsmuseum vielfach bereits ›in gutem Fortgang‹ zeigen.

»Towards a new institution«, überschreibt James Bradburne ein Kapitel in seinem viel zitierten Aufsatz »Dinosaurs and White Elephants« und erklärt, was es damit auf sich hat: »Government, cities and industry are in desperate need of a hybrid institution, not a science centre, not a museum, not a library – a new hybrid institution, a new learning platform and a centre for research.« Der herbeigeredeten Wissensgesellschaft schaltet er sehr plausibel die »Lerngesellschaft« vor und sieht einzig in diesen neuen Institutionen, außerhalb des formellen Bildungssystems, den Ort, an dem wissenschaftsbegleitet und forschungsbasiert life-long-learning stattfindet.[60] Ins gleiche Horn stößt Emlyn Koster, wenn er von der nächsten Science Centre-Generation fordert, sie müsse sich endlich um die Darstellung von Wissenschaft und Technik im gesellschaftlichen Kontext bemühen, aktueller und zukunftsorientierter sein und für jedermann offen, gleich welchen Bildungsniveaus.[61]

Da ist sie wieder, diese nur zu berechtigte Forderung nach der Forumsfunktion des Museums, das einfach alles für alle zu sein hat: öffentlicher Raum, – eben Wissensstadt! Aber rennt Bradburne mit seinem »turn [casual] visitors into users«, mit dem er das Bibliotheksmodell auf Science Centres überträgt und Wiederholungsbesuche forcieren will, nicht offene Türen ein, wo doch Gastwissenschaftler, Hörer technikhistorischer Vorlesungen, Leistungskurse von Gymnasien, ja ganze Schulen über die 2000 eingerichteten Schulmitgliedschaften längst Benutzer unserer Ausstellungen und Sammlungen in Reinkultur sind? Für Neugründungen mag der Hinweis »the new learning platform must have its base in the community« überraschend und hilfreich sein, für das Deutsche Museum ist er geübte Praxis von Anfang an. Die Verwurzelung des Museums in Gemeinwesen und Region ist ein gar nicht hoch genug einzuschätzender Wert und Garant, wie kosmopolitisch, international und global das Haus auch immer ausgerichtet sein mag.

Das Museum der Zukunft im Allgemeinen und das ›Deutsche‹ im Besonderen wird eingedenk der ›Gnade seiner späten Geburt‹ lange nach den Universitäten und Akademien und seiner revolutionären Geburtswehen ein Ausbund sein an Demokratie und Demokratisierung, indem es frohen Herzens

60 James M. Bradburne: Dinosaurs and white elephants: the science center in the twenty-first century. In: Public Understanding of Science 7 (1998), S. 237–253.
61 Emlyn Koster: In Search of Relevance: Science Centers as Innovators in the Evolution of Museums. »America's Museums«. In: Daedalus 128 (1999), Nr. 3, S. 277–296.

Monopol und Autorität drangibt und sich öffentlich im Scheinwerferlicht präsentiert: Jeder kann seine Vor- und Nachlieben artikulieren und Einfluss nehmen, wie wir das derzeit schon erleben (und erleiden).

Das Museum der Zukunft, nicht nur, aber vor allem das ›Deutsche‹, hat in den Köpfen der Bildungspolitiker und Meinungsführer auch hierzulande endlich die visibility eines nicht krisengeschüttelten außerschulischen Lernorts erzielt, der als PUS-Plattform und Problemlöser »auf Dauer« (Wolfgang Frühwald) zur Verfügung steht und zum Grenzwert des einen Museums konvergiert, das allerdings – und hier widerspreche ich Horst Bredekamp und Bazon Brock[62] – ebenso wenig eine Wiederauflage der Wunderkammer ist, wie Kunst im Technikmuseum eine Rückkehr zur Vorrenaissance bedeutet.

Was Museum nicht sein darf: verlängerte Schulbank und Lückenbüßer für abgeschaffte oder nie eingeführte Praktika. Was es im besten Sinne ist: musée séducteur, das in Umwertung des bösen Wortes Regis Debrays vom état séducteur Lust macht auf Wissen und Wissensvertiefen:[63] aus freien Stücken, an ganztagsschulfreien (!) Nachmittagen, an Wochenenden, an Abenden (!). »Kinder sind Forscher« und »Forscher sind Kinder«, Christof Gießlers Motto fürs neue Kinderreich ist nur eine andere schöne Übersetzung für jene Verführung und Verführtheit. Genau diesen »Übersetzer« und damit ein neues Betätigungsfeld für den Museumskurator fordert Jorge Wagensberg, um der seelenlos, ja geradezu sinnesfeindlich daherkommenden westlichen Wissenschaft jene ansteckende Begeisterung des Wissenschaftlers wieder einzuhauchen, die ihr so gründlich ausgetrieben wurde.

Das Museum der Zukunft ist voller Menschen. Für den Besucher ist es Ort der Sozialisation, und wenn man die Pariser Cité zum Vorbild nimmt, sogar leibhaftiges Arbeitsamt. Auf Museumsseite verlangt die Vermittlung aktueller Forschung nach dem gerade genannten Übersetzer und dem »Wissenschaftler zum Anfassen«, die Präsentation von Technik nach Maschinen in Funktion wie nach dem kundigen Vorführer und Führer – hundert lange Jahre ein Aktivposten des Deutschen Museums. Bereits heute und verstärkt in den nächsten Jahren muss die Sorge einer planvollen Aus-, Fort- und Weiterbildung unseres Personals gelten, da die gewohnte berufliche Qualifikation dann nicht mehr zur Verfügung stehen wird und die Anforderungen in punkto Besucherorientierung ständig wachsen. Sie wird flankiert sein müs-

---

62 Horst Bredekamp: »Kunstgeschichte als historische Bildwissenschaft«, Vorlesungsreihe Iconic Turn – Das neue Bild der Welt. Akademie zum Dritten Jahrtausend, 2002; ders.: Antikensehnsucht und Maschinenglauben: die Geschichte der Kunstkammer und die Zukunft der Kunstgeschichte. Berlin 1993; Bazon Brock: »Imaging als Einheit von Künsten und Wissenschaften«, Vorlesungsreihe Iconic Turn – Das neue Bild der Welt. Akademie zum Dritten Jahrtausend, 2002.

63 Regis Debray, zit. in Norbert Bolz: »Celebrity Design« und »Muddling Through«. In: Forschung & Lehre 8 (2002), S. 415.

sen von einem die bisherigen bescheidenen Ansätze bei weitem übersteigenden Anreiz- und Motivations- sowie einem ausgeklügelten (Personal-)Führungssystem, um Museumsarbeit für eine kompetente Belegschaft attraktiv zu machen und sie zu halten. Diese Forderung nimmt freilich die zumeist ›fachlich unbeleckten‹ und damit wenig hilfreichen Aufsichtsorgane nicht aus. »The position of museum director […] is now becoming high risk, partly because trustees are unclear about what they want and may not be sufficiently knowledgeable or experienced to know how to acquire those skills«.[64] Auch kann das ›neue Museum‹ sein um ein Vielfaches erweitertes Aufgabenspektrum nicht mit der heutigen löchrigen, weil immer weiter ausgedünnten Personaldecke erfüllen. Eingedenk des Wortes, dass den Menschen nichts mehr interessiert als der Mensch,[65] darf es nichts unversucht lassen, die Ausstellungen zu beleben und die Zahl der so populären, aber personalintensiven Chemie-Shows, Kinderaktionen und Wissenschaftstheater zu erhöhen. Das Problem ist die Finanzierung, das Modell Ehrenamt eine mögliche Lösung, für die wir jedoch einfühlsam zu werben haben.

Heute weiß man: Medien ersetzen kein Personal und schon gar kein hochmotiviertes. Ihre Domäne ist eine andere: das Museum ins private Heim tragen und die Welt ins Museum holen mit Website und Webcam bzw. »live from …«-Schaltungen – und daneben Besucherbindung par excellence bewerkstelligen. Dazu kommen dürfen moderne prokommunikative Ausstellungen mit wirklich innovativen Medien und vielfältigen Angeboten, die virtuelle und reale Welten mit einem Höchstmaß an Individualität verbinden, – jedoch nur solche. Man bewahre uns vor medienlastigen und -überlasteten Museen und Science Centres mit ihren Batterien von ins Leere quasselnden oder gar bildgestörten Monitoren. Museen sind geradezu das Gegenteil von Television.

Erst (historische) Objekte machen das Museum zu dem, was es ist. In einer Welt grassierender Virtualität gewinnen die ›Dinge‹, gewinnt die dreidimensionale Realität ständig an Bedeutung, und die »täglich spürbare Beschleunigung des Lebens« (Peter Borscheid) forciert ihre aufdringlich progressive Musealisierung über die Maßen. Waren es anfangs Meisterwerke, Unikate, Erstlinge, eben Originale mit der Aura des Unverwechselbaren, so kamen nach und nach auch Gegenstände des Alltags, Massenbilligprodukte, ja Flops zu Museumsehren. Musealisierungstendenzen, Ausstellungsobsession oder – mit Hermann Lübbe gesagt – die »Mächtigkeit der Vergangenheitsbezogenheit unserer Gegenwart«[66] bzw. der neu formulierte Bildungs- und Er-

---

64 Cossons (Anm. 3), S. 12.
65 Goethe (Anm. 7), S. 217.
66 Hermann Lübbe, Festvortrag. In: DMA, JB 1986, S. 13; ders.: Ökologische Probleme im kulturellen Wandel. In: Hermann Lübbe/Elisabeth Ströker (Hrsg.): Ökologische Probleme im kulturellen Wandel. Ethik der Wissenschaften. Paderborn 1986, S. 9–14, hier S. 9.

ziehungsauftrag lassen eine sehr viel weitergefasste Definition des sammlungs-
würdigen Objekts sinnvoll erscheinen, der sich das Museum der Zukunft
nicht entzieht. Über Devotionalien wie Einsteins Pfeife mag man geteilter
Meinung sein,[67] was wir jedoch sehen wollen, sind die ausgeklügelten, gut
funktionierenden »exhibits« und Interaktiva heutiger Science Centres ebenso
wie historische Demonstrationen und Experimente, die Museumsgeschichte
geschrieben haben. Aber kann man noch Nico Stehr folgen, wenn er im Museum der Wissensgesellschaft »die Dominanz der Artefakte« abgelöst sieht
»von Ideen – oder Wissensträgern«?[68] Man kann, besser: muss, denn tatsächlich passiert schon, was Stehr vorhergesehen und Roald Hoffmann, Nobelpreisträger und Poet, in seinem »Mission Statement for the Nobel Museum«
in Stockholm, das über keine Sammlung verfügt, geraten hat: Große wissenschaftliche Ideen zu sammeln, die mehr als die Objekte »have served human
beings and given them […] spiritual satisfaction«, und sich den Kopf zu zer-
brechen, wie man das konservatorisch nicht mehr Fassbare, das Immaterielle,
»the stuff of the mind«, ausstellt und in die Zukunft rettet.[69]

Eben auch, wie man das sammelt! Gänzlich unverzichtbar werden ge-
wiss fachgebietsübergreifende Sammlungskonzepte sein, welche die bisherige
Übung durchbrechen, Akquisition allein nach dem Zufallsprinzip, sprich
nach Angebotslage, und idiosynkratisch, sprich gemäß der Befindlichkeit des
jeweiligen Fachkonservators, zu betreiben.[70] Erstens hat der enzyklopädische
Ansatz[71] Oskar von Millers schrittweise einem strikt exemplarischen, ganz-
heitlichen und kontextualisierten zu weichen, der auf Qualität statt Quanti-
tät pocht, zweitens die Einwerbung aktiv und offensiv mit bewusster Schwerpunktsetzung auf neue Technologien zu erfolgen, d. h. wir werden unser
Sammlungsspektrum in den nächsten Jahren deutlich erweitern – etwa um
die »life sciences«. Drittens haben wir in einem Grundsatzpapier zur Sammlungspolitik des Deutschen Museums den nicht unumstrittenen, aber der ge-

---

67 Svante Lindqvist: Introduction: Einstein's Pipe. In: Lindqvist (Anm. 3), S. VII–XII.

68 Nico Stehr: Museen in Wissensgesellschaften: Unfertige Erkenntnisse oder vom Nutzen der Vergangenheit für die Zukunft. In: Zauberformeln des Zeitgeistes (Anm. 25), S. 14–28, hier S. 28.

69 Roald Hoffmann, zit. in Svante Lindqvist: Introduction: Einstein's Pipe. In: Lindquist (Anm. 3), S. xi.

70 Vgl. Otto Mayr: Museum collections and the ›new technologies‹: the case of the Deutsches Museum. In: Museum collecting policies in modern science and technology. Proceedings of a seminar
held at the Science Museum, London 1988. London 1991, S. 33–37.

71 Raffaella Morichetti weist darauf hin, dass »enzyklopädisch« nicht notwendig einen negativen Beigeschmack haben müsse. Enzyklopädien hätten einen ähnlichen Wandel durchgemacht wie die
Museen und sich vom überholten Anspruch, vollständiges Wissen zu repräsentieren, zu einem dynamischen Modell hin entwickelt, das Wissen ständig erweitert und neu interpretiert und statt
Grenzen zu ziehen, fruchtbare Wechselbeziehungen zwischen den Disziplinen erkundet und auf-
zeigt. R. Morichetti: Il laboratorio enciclopedico come proposta educativa. In: Scuola e Città 9
(1999), S. 354–364.

wünschten aktiven und akzentuierten Sammlungstätigkeit förderlichen Passus formuliert, der gleichzeitig den in jeder Beziehung knapper gewordenen und weiter knapper werdenden Ressourcen des Hauses Rechnung trägt: die Rück- bzw. Zweckbindung der Sammlung an Ausstellung und Forschung.

Noch Zukunftsmusik sind dagegen nationale und internationale Absprachen in Sammlungsfragen mit dem Ziel eines dem ›Art-Sharing‹ des New Yorker Whitney Museums, der Londoner Tate Modern und dem Centre Pompidou in Paris abgeguckten ›Object-Sharing‹, das dann aber unbedingt vertraglicher Regelungen der gegenseitigen Ausleihe bedarf und vernetzt recherchierbar sein muss.[72]

Rem tene, verba sequentur! Nicht Worte allerdings sind es, die hier der skizzierten bestmöglichen Sammlungsentwicklung folgen sollten, vielmehr müssen die nötigen Voraussetzungen geschaffen werden. Die Depotsituation vieler Museen ist misslich, die des ›Deutschen‹ inakzeptabel. Ganz zweifellos ist in den Jahren nach Vollendung des Verkehrszentrums neben allgemeinen Instandhaltungsprojekten hierauf das Hauptaugenmerk zu richten. Ziel muss sein, das eine (!) große »Schatzhaus des Museums wie der gesamten deutschen Wissenschaft und Technik« in vernünftiger Entfernung von der Insel zu erstellen und deren höchstwertige, jedoch zugleich Hochwasser-gefährdete Flächen für eine flexible Nutzung freizumachen. Leuchtendes Vorbild dafür, was heute für ein konservatorisch verantwortungsvolles Bewahren von Kulturgut allerersten Ranges technisch getan werden kann und wohl auch muss, ist das hypermoderne (Schau-)Depot des Musée des Arts et Métiers in St. Denis, einem Vorort von Paris.

Wenn schon das Objekt grenzenlos ist, um wie viel mehr das Museum! »1. Das Museum der Zukunft kennt keine Grenzen« und »2. Das Museum ist sich selbst nicht mehr genug«, lautet denn auch Josephine Prokops sehr treffende Analyse der in der heutigen Museumslandschaft feststellbaren Tendenzen,[73] die mit Bradburnes und Kosters Prognosen korrespondiert. In genau diese Richtung bewegt sich auch das Deutsche Museum, wobei es, was Punkt 2 angeht, längst Unterhaltung und Freizeit-Relevantes im Angebot hat – nicht aus ökonomischen Ängsten, sondern aus museumsdidaktischer Überzeugung sowie einem modernen Dienstleistungsverständnis, obwohl die Rückzugsbestrebungen der Öffentlichen Hand aus der Kulturförderung unübersehbar sind und wir nichts unversucht lassen, den selbsterwirtschafteten Anteil unseres Budgets zu erhöhen. Was Punkt 1, die Grenzüberschreitungen

---

72 Jörg Häntzschel: Fünf Engel für Charlie. Den Museen wird Kunst zu teuer. Nun kaufen sie gemeinsam ein. In: Süddeutsche Zeitung v. 22. 10. 2002.

73 Josephine Prokop: Museen – Kulturschöpfer und ihre Markenidentität. Diss. Universität Wuppertal (erscheint demnächst).

betrifft, ist fast alles gesagt (und getan), doch um uns ganz auf der sicheren Seite und dem sicheren Weg zu wähnen, zitieren wir nochmals Neil Cossons: »The museum of the future will be a vibrant place. It will transcend traditional cultural boundaries, embrace rather than exclude. [...] The museum is becoming the ultimate medium of expression – of art, of history, of science.« Und dann lässt er noch Öyvind Fahlström zu Wort kommen mit dessen arg bemühter Vision des zukünftigen Museums, das alles in einem zu sein hat: Theater, Disko, Grotte zur Meditation, Luna Parkartiges, Garten, Restaurant, Hotel, Swimmingpool und Verkaufsstand für Replika.[74]

Hört, hört!, – da haben wir mit unseren ›vereinnahmten‹ Naturkundemuseen, Zoos, Aquarien, Autostädten (!) und Kunstmuseen doch nur geringfügig nachzubessern und in der unübertrefflichen Pariser »L'âme au corps«[75] und den beiden großen Berliner Ausstellungen »Sieben Hügel«[76] und »Theatrum naturae et artis«[77] kolossale erste Versuchsballone. Ob es allerdings je zu einem »aus den Trümmerresten des World Trade Centers gesiebten 11. September-Museum« kommt, wie es das Museum of the City of New York und das Wolkenkratzermuseum in der Wallstreet zusammen mit 30 anderen Museen anstreben,[78] oder Paul Virilios Traum eines ›Museums des Unfalls‹ – »der unausweichlichen Katastrophe ins Auge geschaut«[79] – irgendwann einmal in Erfüllung geht, muss abgewartet werden. Bleiben wir noch einen Augenblick ›schwer deutsch‹! Die Frage ist, ob Nietzsches »alle bisherigen Grade übersteigende Kenntnis – oder darf's auch Kennerschaft sein? – der Bedingungen der Cultur, als wissenschaftlicher Maßstab für ökumenische Ziele«, die seiner Ansicht nach gefunden sein muss, »wenn die Menschheit sich nicht [...] zu Grunde richten soll«,[80] wirklich irgendwelchen »großen Geistern« abverlangt werden und vorbehalten sein kann, oder ob sie nicht vielmehr das Resultat von PUS- und ›life long learning‹-Aktivitäten ist mit massivem Einsatz von Foren, wie sie die Museen darstellen. Sollte Letzteres der Fall sein, und vieles spricht dafür, müssen wir unser Kommunikationsinstrumentarium weiter schärfen. Wie ich schon ausführte, hilft uns der Ansatz »zwischen Kunst und Wissenschaft« dort emotional weiter, wo wir klassisch kognitiv in Schwierigkeiten geraten, bei extrem Komplexem etwa wie den Neuen Technologien,

74 Cossons (Anm. 3), S. 13.

75 »L'âme au corps«. Arts et sciences 1793–1993. Catalogue réalisé sous la direction de Jean Clair. Galeries nationales du Grand Palais 19 Octobre 1993 – 24 Janvier 1994. Paris 1994.

76 »Sieben Hügel«, Ausstellung im Martin-Gropius-Bau. Berlin 2000.

77 »Theatrum naturae et artis«, Ausstellung im Martin-Gropius-Bau. Berlin 2001.

78 Adrian Kreye: Der Lebenslauf der Dinge. In: Süddeutsche Zeitung v. 3. 1. 2002, S. 13.

79 Ulrich Raulff: Die Stille nach dem Absturz. In: Süddeutsche Zeitung v. 11. 12. 2002.

80 Friedrich Nietzsche: Menschliches, Allzumenschliches. Ein Buch für freie Geister. In: Giorgio Colli/Mazzino Montinari (Hrsg.): Sämtliche Werke. Bd. II. Kritische Studienausgabe in 15 Bänden. München und Berlin 1980, S. 46.

den ›life sciences‹, der Software oder Klima. Hier als Nichtfachmann einen anderen, emotionalen Zugang auszuprobieren, wo dem traditionellen Werkzeug der Forschung so offensichtlich Grenzen gesetzt sind, birgt weder die Gefahr in sich, mit pseudowissenschaftlicher Scharlatanerie in Verbindung gebracht noch als New-Age-Apostel verschrien zu werden. Warum nicht Goethes »Wissenschaft notwendig als Kunst denken« und seiner Forderung nach Ganzheit an Forscher wie Betrachter (Besucher) den Vorzug geben vor dem großen Newton und »poetische Vernunft entfalten, also die Erkenntnisformen der Literatur« (»und das Erzählpotential des Mythos weiter und komplexer nutzen«)?[81] Wo man doch an sich selber erfahren hat, dass »wirklich produktives Denken selbst in den exaktesten Forschungsgebieten der intuitiven, spontanen Schöpferarbeit bedarf«. Und womöglich wird Wissenschaft wirklich »erst wieder verständlich, wenn sie ihre ästhetischen Komponenten offen legt […], um sich auf diese Weise als Teil der *condition humaine* zu offenbaren wie es Kunst und Literatur sind«.[82]

Wissenschafts- und Technikmuseen der Zukunft werden also experimentieren. Beruhigend ist, dass sie nicht mehr um Kunst buhlen müssen, denn die hat mittlerweile die Wissenschaft entdeckt und geht ganz schön respektlos mit ihr um. Douglas Gordons Bonner Art & Brain-Installation »Life after life after life …« ist da ebenso ein Beispiel wie Durs Grünbeins Dresdner 17-Zimmer-Kunstwerk »Kosmos im Kopf« oder Theda Radtkes Münchner Wissenschaftssatire, die zusammen mit vielen anderen Kunst-Stücken und -Ausstellungen den Ruf des Deutschen Museums als zentralen Spielort ›zwischen Kunst und Wissenschaft‹ festigten. Man wird Kunst noch mehr einsetzen und sich ihrer Unverzichtbarkeit bewusst sein. Umgekehrt holen sich Kunstmuseen Wissenschaft und Technik herein: ›Schöne‹ Motorräder oder der Bell-47-Helikopter kommen im New Yorker Museum of Modern Art zu ungewohnten Ehren, und das Deutsche Museum leiht eine frühe Ganzkörperröntgenaufnahme an die Lenbach-Galerie aus.

Scheint fast, die beiden Kulturen finden ganz von selbst wieder zusammen – aber die neue Zweisamkeit ist eine des 21. Jahrhunderts!

---

81 Ernst Peter Fischer: Die andere Bildung. München 2001, S. 414; zum Erzählpotential des Mythos vgl. Jürgen Teichmann: Das Deutsche Museum. Ein Plädoyer für den Mythos von Objekt und Experiment. In: Günther Bayerl/Wolfhard Weber (Hrsg.): Sozialgeschichte der Technik. Münster 1998, S. 199–208.

82 Fischer (Anm. 81), S. 424.

TEIL I

Längsschnitte: Phasen der Museumsentwicklung im historischen Überblick

Vorgeschichte und Voraussetzungen der Museumsgründung

Wolfhard Weber

Ausstellungen und – noch weitergehend – Museumsgründungen stellen wichtige kulturpolitische Entscheidungen dar, weil für die daran interessierten sozialen und politischen Gruppierungen eine legitimatorische Basis oder ein kulturpolitisches Arbeitsfeld bereitet wird. Solche Entscheidungen, Konzepte und Gründungen auch oder gerade in einer Industriegesellschaft stehen also im Wettbewerb und nehmen auch aufeinander Einfluss, und das umso mehr, je pluraler oder fragmentierter diese Interessen sind.

Schon seit der Renaissance und ihrer offen zur Schau getragenen Säkularisation der Werte haben Fürsten und vermögende Bürger auf der Suche nach politischer, sozialer und kultureller Selbstbestätigung Sammlungen angelegt, die durchaus unterschiedlichen Ordnungskriterien unterlagen; auf diese kann hier nur kursorisch verwiesen werden.[1] Waffen, Merkwürdigkeiten und andere Kunstwerke der Natur sowie Hervorbringungen menschlichen Erfindergeistes gehörten dazu, auch Produkte von hervorragenden Handwerkern, der ›artifices‹, um über den Kreis der Fürsten und über ihre Gäste hinaus die eigene Macht und Ausstrahlung im Kreis der Künstler, Techniker oder Astronomen gespiegelt zu sehen. Diese nach innen wie außen wirkende Bedeutungserhöhung wich im 17. und dann vor allem im pädagogischen 18. Jahrhundert der Vorstellung, dass in den Artefakten, Naturalien, (naturkundlichen und -wissenschaftlichen) Instrumenten mit ihren systematisch erzeugten Effekten Belege für die heilsame Wirkung von aufgeklärter und fortschrittsbasierter Vernunft zu erkennen seien. Diese sollten allen am Aufbau von Zivilstaat, bürgerlicher Gesellschaft und Wirtschaft Mitwirkenden, so wie in den Programmen der Sozietäten und Akademien vorgedacht, zur Verfügung stehen. Dabei begannen spätestens seit der

---

[1] Vgl. u. a. Oliver Impey/Arthur MacGregor (Hrsg.): The origins of museums. The cabinet of curiosities in sixteenth- and seventeenth-century Europe. Oxford 1985; Gottfried Korff/Martin Roth (Hrsg.): Das historische Museum. Labor, Schaubühne, Identitätsfabrik. Frankfurt a. M. 1990; Paula Findlen: Possessing nature: museums, collecting and scientific culture in early modern Italy. Berkeley 1994; E. C. Spray: Utopia's garden. French natural history from Old Regime to Revolution. Chicago 2000. – Teilnehmer des Symposions »Bewußtseinsbildung durch Arbeitsschutz – Bewußtseinsbildung durch Ausstellungen« von 1993 werden in diesem Beitrag Textpassagen aus meinem dort gehaltenen Vortrag wiedererkennen. Auch meine Darlegungen: Die Gründung technischer Museen in Deutschland im 20. Jahrhundert. In: Museumskunde 56 (1991), S. 82–93, werden hier ohne besonderen Hinweis aufgenommen.

Mitte des 18. Jahrhunderts die schönen Künste sich von nützlichen zu unterscheiden. Die auf rationale und kulturelle Emanzipation wachsender Bevölkerungsanteile setzenden Interpreten des neu legitimierten, mit Verfassung und Bürgerrechten ausgestatteten Staates nahmen in die neuen Museen seit dem 18. Jahrhundert zunächst vor allem historische und künstlerische »Gesamtheiten« auf, wie sie Jens Christian Jensen für das »Goldene Zeitalter der Museen« beschrieben hat. Die auf bürgerliche Emanzipation und Wirtschaft setzenden Schichten übernahmen zwar die Hochachtung vor vielen künstlerischen Traditionen der Feudalwelt, fügten aber bald aus der Welt der gefährdeten Kunstgewerbe vor allem handwerkliche und manufakturielle Meisterleistungen hinzu, die in der zweiten Hälfte des 19. Jahrhunderts durch Artefakte und Abbildungen aus dem Bereich der Naturbeherrschung und des Zyklopischen ergänzt wurden.[2] Dabei unterlagen die ästhetischen Kategorien des Hektischen und Rasanten mit ihren Zukunftshoffnungen für die Industriewelt über einen langen Zeitraum hin den reflexiv angelegten und den Verlust betrauernden Kategorien. Jüngst berichtete davon die Berliner Ausstellung »Die zweite Schöpfung«.[3] Die Entfaltung einer empirisch offengelegten, entarkanisierten, zunehmend mathematisch und/oder naturwissenschaftlich begründeten Technik blieb freilich immer eher eine Sache der Wirtschafts- und Handelsagenten als eine der Kulturszene. Seit dem frühen 19. Jahrhundert können wirtschaftlich-technische Ausstellungen vor allem in Frankreich beobachtet werden – in überlieferter Tradition organisiert von der zentralstaatlichen Macht.[4]

Diese moderne industrielle Technik wurde von Beginn an auf zumindest drei Vermittlungsebenen der Öffentlichkeit präsentiert: der des Zugewinns an Leistung, Wohlstand und Bequemlichkeit für die Nutzer einschließlich des gewerblichen Beschäftigungswachstums (Letzteres mit hoher Attraktivität gegenüber der landwirtschaftlichen Beschäftigung), der der Naturbeherrschung und der des nationalen Zugewinns, der nationalen Gloriole.

So veränderte sich mit dem nationalen und bürgerlichen Zeitalter dann auch die Zielsetzung von Ausstellungen und Museen. Nicht nur die bildliche Überhöhung von Macht und Einfluss des Fürsten, auch die neuen Artefakte des 19. Jahrhunderts, mit denen der nun vorhandene Reichtum

---

2 Jens C. Jensen: Das goldene Zeitalter der Museen. In: Annesophie Becker (Hrsg.): Wunderkammer des Abendlandes. Bonn 1994, S. 160–169; das 1867 in Berlin eröffnete Gewerbemuseum sollte auch eine Abteilung moderner Produktionstechnik erhalten, doch verkümmerte diese sehr bald.

3 Sabine Beneke/Hans Ottomeyer: Die zweite Schöpfung. Bilder der industriellen Welt vom 18. Jahrhundert bis in die Gegenwart. Berlin 2002.

4 Vgl. Uwe Beckmann: Gewerbeausstellungen in Westeuropa vor 1851: Ausstellungswesen in Frankreich, Belgien und Deutschland. Gemeinsamkeiten und Rezeption der Veranstaltungen. Frankfurt a. M. 1991.

des Bürgertums gewonnen wurde, fanden ihren Weg in Ausstellungen und Museen.[5]

Doch es gab den Widerstand der Ästheten. Der modernen Industrie oder der industriellen Technik wurde ungeduldig Not und Elend vieler Industrie- oder Landarbeiter vorgehalten, die in der aufbrechenden Wissensgesellschaft keinen Platz finden konnten. Die Interpreten bevorzugten seit Mitte des 19. Jahrhunderts auf den regionalen wie nationalen Industrieausstellungen nicht nur die Fertigkeiten von Handwerkern und Verlegern, sondern sie lenkten unter nationalen Rivalitätenvisionen den Blick auf den Kampf ›des‹ Menschen mit ›der‹ Natur, den er mit Hilfe der Technik gewinnen könnte, und verknüpften ihn mit den segensreichen Handlungen und Auswirkungen der bürgerlichen Philantropie.

Vom Ehemann der Königin Victoria, Albert von Sachsen-Coburg, der 1844 die Industrieausstellung in Berlin besucht hatte,[6] ging die Anregung für eine Weltausstellung in London 1851 aus. So konnte England sowohl nach innen, gegenüber den rebellischen Chartisten, wie nach außen, gegenüber dem ›Rest der Welt‹, die Leistungsfähigkeit der (englischen) ›Industrie‹ vorführen.[7] Der Versuch, 1851 ein kostengünstiges Arbeiterwohnhaus zu präsentieren, scheiterte zwar in der Praxis,[8] doch auf dem Kontinent, im elsässischen Mülhausen, gerieten solche Ansätze schnell zu umfangreichen Lösungen.[9] Dabei wurden die Argumente über den Sozialbezug von Technik im weitesten Sinne in der Regel hinter der Bewunderung und Anerkennung und der nationalen Rivalität versteckt. Dies geschah erstens im Rahmen der allgemeinen Friedenserwartung, die sich um 1850/55 auf die Industrie wie auf das liberale Wirtschaftssystem insgesamt bezog. Zweitens und in – noch – geringerem Maße sollten Randergebnisse der technischen Leistungsfähigkeit auch den Arbeitern zugute kommen, zunächst überwiegend in Form von besseren Wohnungen und besseren hygienischen Verhältnissen, den beiden Haupt-

5 Vgl. Eckart Bolenz: Museen für die Industriegesellschaft. Zur Umdeutung von Technik und Industrie in Kultur. In: Jürgen Büschefeld (Hrsg.): Wissenschaftsgeschichte heute. Festschrift für Peter Lundgreen. Bielefeld 2001, S. 77–95.

6 Zu den Einflüssen aus Frankreich und Belgien s. Beckmann (Anm. 4).

7 Vgl. Lutz Haltern: Die Weltausstellung in London. Münster 1971; Evelyn Kroker: Die Weltausstellungen im 19. Jahrhundert. Industrieller Leistungsnachweis, Konkurrenzverhalten und Kommunikationsverhalten unter Berücksichtigung der Montanindustrie des Ruhrgebietes zwischen 1851 und 1880. Göttingen 1975. Als ausgezeichneter Literaturüberblick jüngst Alexander C. T. Geppert: Welttheater. Die Geschichte des europäischen Ausstellungswesens im 19. und 20. Jahrhundert. In: Neue Politische Literatur 47 (2002), S. 10–61.

8 S. Edwin Chadwick: Report on the Sanitary Conditions of the Labouring Population of Great Britain. London 1842 (ND: London 1965, mit einer Einleitung von W. M. Flinn).

9 E. Véron: Les institutions ouvriérs de Mulhouse et des environs. Paris 1866; M. Schall: Das Arbeiterquartier in Mülhausen im Elsaß. Berlin ²1877.

problemen der kommunalen Verwaltungen in den neu entstandenen industriellen Ballungszonen Englands, bald auch Belgiens, Frankreichs oder Deutschlands.[10]

Viele tonangebende Industrielle sahen aber zunächst in diesen Schattenseiten des industriellen Systems eine Naturwüchsigkeit, der man weder durch höhere Löhne noch durch Produktionsbeschränkungen entgehen konnte. Andere begegneten den verbreiteten Vorwürfen der Kritiker schon des Vormärz nicht nur durch die Einrichtung von Hilfskassen zur Unterstützung der Arbeiter; sie brachten ihr Selbstverständnis von bürgerlicher Kultur auch in viele neu gegründete Museen ein, die einen bemerkenswert hohen Anteil kunstgewerblicher Gegenstände enthielten[11] und herausragende kulturelle Zeugnisse mit der Meisterschaft im schrumpfenden Handwerk verbanden.

Einen wesentlichen Schritt voran in der Berücksichtigung von Arbeiterfragen auf Ausstellungen machte das bonapartistische Frankreich.[12] Der Generalkommissar Frédéric le Play, der 1855 mit dem Buch »Les ouvriérs européens« die konservative Politik Napoleons stützen wollte, fand damit bei den deutschen Liberalen aber nur geringes Interesse. Auf der Londoner Weltausstellung von 1862 bildeten sich erste Vereinigungen von Verfechtern der Arbeiterrechte. Die Weltausstellung in Paris 1867 nahm eine umfassende Darlegung der von bürgerlichen Reformern vorgeschlagenen »Palliativmittel« der Klassengegensätze in ihr Programm auf, etwa Unterrichtsmittel, Bibliotheken, Hausgeräte, Kleidung oder Erzeugnisse selbstständiger Handwerker. Dieses war durch ein kaiserliches Dekret nachdrücklich zur Geltung gebracht und ist von den Organisatoren der Ausstellung als »neue philosophische Idee« für sich in Anspruch genommen worden.[13] Eine Gruppe von Ausstel-

10 Vgl. Jürgen Reulecke (Hrsg.): Geschichte des Wohnens. Bd. 3: 1800–1918. Das bürgerliche Zeitalter. Stuttgart 1997.
11 Begründung des Berliner Gewerbemuseums 1867; 1875 nahm es die Reste der Königlichen Kunstkammer auf und wurde 1879 in Kunstgewerbemuseum umbenannt. Das heutige Museumsgebäude entstand 1881, ordnete die Gegenstände aber noch wie das Conservatoire des arts et métiers in Paris (begründet 1796) nach Materialgruppen.
12 Zunächst richtete Frankreich in der Ausstellung 1855 eine 31. Klasse für Gegenstände des Hausbedarfs der arbeitenden Klassen ein, welches Franz Reuleaux als »Eröffnung der moralischen Wirkungssphäre« der Ausstellungen begrüßte; Franz Reuleaux (Hrsg.): Der Weltverkehr und seine Mittel. Bd. 1. Leipzig/Berlin [8]1889, S. 94; ders.: Maschinen und Apparate für allgemeine Mechanik (53. Klasse). In: Berichte über die Allgemeine Ausstellung zu Paris im Jahre 1867. Berlin 1868, S. 401–415. Sie ging auf Thomas Twining jr. (1806–1895) zurück, der auch für die Ausstellungen in Brüssel 1856 und in Wien 1857 erfolgreich die Einrichtung einer Abteilung Sozialökonomie betrieb. Er gründete als Zivilingenieur ein Museum und eine Bibliothek in Twickenham.
13 So gehörten der Gruppe X die Klassen 89 bis 95 mit folgenden Exponaten an: Unterricht für Kinder, Unterricht für Erwachsene, Möbel, Volkstrachten, Musterwohnungen, Erzeugnisse selbstständiger Handwerker, Instrumente und Verfahren selbstständiger Handwerker; Illustrierter Katalog der Pariser Industrie-Ausstellung von 1867. Leipzig 1868.

lungsgegenständen sollte dazu anregen, die physische und moralische Lage des Volkes gezielt zu verbessern. Ein Jahr später folgte auch in London eine »Arbeiterindustrieausstellung«.[14]

In diesen Jahren der handelsliberalen Dominanz war auch die Gewerbegesetzgebung (im Norddeutschen Bund 1869/Deutschen Reich 1871) und Gewerbeaufsicht zur Einhaltung der staatlichen Minimalvorschriften bei Kinder- und Frauenarbeitsschutz (seit 1839 in Preußen) von nur geringen behördlichen Kompetenzen gekennzeichnet.[15] Auf Druck des Reichstages wurden erst nach dem Ende der liberalen Phase 1878 obligatorische Fabrikinspektoren mit Berichtspflicht geschaffen.[16]

Auch die große Weltausstellung in Wien 1873 hielt für ihre Besucher die drei genannten Wahrnehmungsebenen von Technik parat. Neben den großen und imposanten Branchen (Eisenschiffbau zur Betonung der Marineansprüche Österreichs und Dampfmaschinenbau) und deren Einbeziehung in das Versicherungs- und Prämienwesen stellte der Bereich des Sicherheits- und Rettungswesens die meisten Exponate.[17] Aber auch bei den Fürsorgemaßnahmen für Arbeiter, der Förderung der Volkswohlfahrt und der Pflege der Volkswirtschaft standen zahlreiche Objekte bereit, und es wurden neue Ausstellungsgruppen für Bau- und Zivilingenieurwesen (Ventilation, Heizung[18]) gezeigt.

Die liberale Glaubensvorstellung, dass der Aufbau einer industriellen Volkswirtschaft durch eine staatliche Sozialpolitik nicht behindert werden dürfe, hatte in der Krise nach 1872 besonders im liberalen Belgien zu unerträglichen Verhältnissen an vielen Arbeitsplätzen geführt, die ab Mitte der 1870er-Jahre auch politisch brisant wurden. Daher erzielte die belgische »Société royale et centrale de sauveteurs de Belgique«, die ab 1871 auf eine besondere Ausstellung für Sicherheitseinrichtungen drängte, auch in Preußen/Deutschland große Aufmerksamkeit: 1876 fand in Brüssel die »Internationale Ausstellung für Gesundheitspflege und Rettungswesen«

---

14 Wilhelm F. Exner: Die neuesten Fortschritte im Ausstellungswesen. Weimar 1868, S. 96.

15 Wolfhard Weber: Arbeitssicherheit. Reinbek 1988.

16 Paul Boerner (Hrsg.): Bericht über die Allgemeine deutsche Ausstellung auf dem Gebiete der Hygiene und des Rettungswesens unter dem Protectorate Ihrer Majestät der Kaiserin und Königin Berlin 1882–1883. Bd. 1. Breslau 1885; Wilhelm Roth: Die moderne Gewerbehygiene und die Ausstellung für Hygiene und Rettungswesen zu Berlin. In: Der Arbeiterfreund 20 (1882), S. 91–92; F. Reichel: Die Sicherung von Leben und Gesundheit im Fabrik- und Gewerbebetriebe auf der Brüsseler Ausstellung vom Sommer 1876. Berlin 1877.

17 A. Friedmann: Marinewesen. In: Officieller Ausstellungs-Bericht. Hrsg. von der General-Direktion der Weltausstellung 1873. Wien 1874, S. 33. 1873 war der Verband der Dampfkesselüberwachungsvereine gegründet worden, der auch zahlreiche nicht-deutsche Mitglieder hatte.

18 Franz Migerka: Einleitung zu der social-ökonomischen Abtheilung (Gruppe X). In: Bericht über die Weltausstellung zu Paris im Jahre 1867. Bd. 6. Wien 1869, S. 8–12.

statt.[19] Zum ersten Mal war hier thematisiert, dass Unfälle am Arbeitsplatz auf mehr als nur menschliches Versagen zurückgeführt werden können.[20] An diese Ausstellung knüpfte die in Berlin 1882 vorgesehene »Allgemeine Deutsche Ausstellung auf dem Gebiete der Hygiene und des Rettungswesens« an.[21]

Während Frankreich mit der großen Weltausstellung von 1878 und mit dem Bau des Eiffelturms als Symbol und Triumph die nach der Pariser Commune wiedergeborene Nation feierte und die Republik gegen die Monarchisten verteidigte,[22] folgten die kulturellen Merkpunkte des deutschen Kaiserreichs zunächst ähnlichen Gesichtspunkten: Den (kostengünstigen) Transport von Gütern, Menschen und Informationen, der uns heute so sehr im Globalisierungsdiskurs bewegt, für Mitteleuropa und das Deutsche Reich so durchgreifend organisiert zu haben, nahm die Reichsregierung für sich in Anspruch. Dabei konnte sie auch auf die Zustimmung umfangreicher und privilegierter sozialer Gruppen vertrauen, den Beamten dieser Systeme.[23] Mit dem Reichs-Postmuseum von 1876/1898 und dem 1906 verspätet errichteten Eisenbahnmuseum wurden zwei zentrale Aktionsräume geschaffen, in denen das neu erstandene Deutsche Reich seine (Reichs-)Kompetenz zum Wohle aller darstellen konnte, auch wenn es mit dem Reichseisenbahnprojekt selbst nicht er-

19 Sie konnte mit 28.000 Besuchern zwar nur einen bescheidenen Publikumserfolg aufweisen, war dafür aber ein kleiner finanzieller Erfolg; s. Reichel (Anm. 16). In der Klasse 6 »Hygiene, Schutz- und Rettungsmittel in der Industrie« wurden Pläne für Fabrikanlagen, Sicherheitsvorkehrungen an Maschinen im weitesten Sinne, auch das Dampfkesselsicherungswesen und die Sicherung der Arbeiter gegen gefährliche industrielle Operationen, öffentlich vorgestellt.

20 Wilhelm Roth: Die moderne Gewerbehygiene und die Ausstellung für Hygiene- und Rettungswesen zu Berlin. In: Der Arbeiterfreund 20 (1882), S. 91. In Paris folgte 1878 eine für die innerfranzösische Überwindung der Klassengegensätze bemerkenswerte Weltausstellung, die sich starker nationalistischer Töne bediente. Auch erlebte die Darstellung von öffentlichen Einrichtungen zur Rein- und Gesunderhaltung von Städten (Kanalisation und Frischwasser) einen bemerkenswerten Höhepunkt. Hier wurden einerseits die Erfahrungen beim Umbau der Stadt Paris in den 1850er- und 1860er-Jahren gespiegelt, andererseits aber auch die großen aktuellen Erfordernisse durch die Stadtumbauten, die in Zusammenhang mit großartigen Eisenbahnanlagen im letzten Viertel des 19. Jahrhunderts alle großen europäischen Städte erreichten. Auf der Ausstellung kamen nun aber auch die ersten Ergebnisse systematischer Materialuntersuchungen zum Vorschein. Maschinen zur Untersuchung von Festigkeiten, Bruchkräften, Elastizitätsverhalten, Schmiermittelmethoden zeigten an, dass die jeweils gefundenen technischen Lösungen noch lange nicht optimal, sondern verbesserungsfähig waren.

21 Börner (Anm. 16), S. XXXV–XL.

22 Vgl. Caroll W. Pursell: Technik und politische Verfassung im 20. Jahrhundert. In: Technikgeschichte 58 (1991), S. 41–50. Zu den politischen Auseinandersetzungen über die Nichtteilnahme Deutschlands in Paris 1879 und 1889 s. auch Heinz-A. Pohl: Die Weltausstellungen im 19. Jahrhundert und die Nichtbeteiligung Deutschlands in den Jahren 1878 und 1889. In: Mitteilungen des Instituts für österreichische Geschichtsforschung 97 (1989), S. 381–425.

23 Die (auch) technischen Militärmuseen der Einzelstaaten sind hier nicht aufgeführt; sie hatten zudem eine ältere Tradition und diese stand in der Regel nicht für den bürgerlichen industriellen Zivilstaat.

folgreich war.[24] Und die Visionen einer neuen Politik der maritim-kolonialen Expansion konnten auch hinter dem so harmlos klingenden, 1905 in Berlin beschlossenen Museum für Meereskunde transportiert werden.[25] Damit war – der französischen Entwicklung ähnlich – die Vermittlungsebene der nationalen Repräsentation beschritten, die auch vom Wirtschaftsbürgertum mitgetragen wurde. So konnte Werner Siemens die Produkte seines Unternehmens im Postmuseum endlich und gerne zur Schau stellen, nachdem ihm in den 1850er- und 1860er-Jahren der Telegraphenmarkt in Deutschland stark verschlossen worden war. Das Wirtschaftsbürgertum ging mit dem Nationalstaat in der Binnen- und Außendarstellung eine Allianz ein.

Ein Halbjahrhundert nach Beginn der industriellen Umgestaltung Deutschlands war der Kernbereich dieses Vorgangs, die Motorisierung und Mechanisierung, aber immer noch nicht museal gewürdigt worden – museal hier im zeitgenössischen Sinn als Ausbreitung der dafür verantwortlichen Elemente und Erscheinungen oder der gängigen und zukunftsfähigen Artefakte und Zusammenhänge. Der Versuch von 1867 dazu war stecken geblieben und kam wegen der Weigerung der Industrie, die 1879 für Berlin geplante Weltausstellung zu unterstützen, weiterhin nicht zustande. Innerhalb des industriellen Lagers standen sich in den 1870er-Jahren zwei Auffassungen über die Art der Technikpräsentation gegenüber: Die liberal-industriellen Lösungen, die den aufkommenden gesetzlichen Beschränkungen unternehmerisch-betrieblicher Omnipotenz entgehen wollten[26] und die traditionelle Form deutschen technischen Denkens, in gemeinsamer Anstrengung die sozial misslichen Folgen moderner Technik zu bekämpfen[27], wie sie vor allem von den Ingenieurvereinigungen vertreten wurde. Letztere sollte zunächst erfolgreicher sein.

---

24 Das Bau- und Verkehrsmuseum mit den zahllosen Modellen des Handelsministeriums im Hamburger Bahnhof wurde zwar erst 1906 eingeweiht, war aber schon nach seiner Stilllegung 1883/84 dafür vorgesehen. Beispiele für den vorangehenden Aufbau von Verkehrsmuseen, etwa in Nürnberg, fanden sich auch in anderen Staaten; vgl. Maria Osietzki: Die Gründungsgeschichte des Deutschen Museums von Meisterwerken der Naturwissenschaften und Technik in München 1903–1906. In: Technikgeschichte 52 (1985), S. 49–75.

25 Vgl. dazu den Beitrag von Broelmann in diesem Band.

26 In Magdeburg hatte sich Widerstand gegen eine solche Gemeinsamkeit aller Kräfte zur Bekämpfung technischer Risiken ausgebreitet. Der Bezirksverein Magdeburg des VDI machte unmissverständlich klar, dass angesichts der vom Staat zu befürchtenden Stärkung der Gewerbeaufsicht (1878) nur eine Abwehr staatlicher Ansprüche durch Pochen auf Selbstverwaltung und damit gerade kein Zusammengehen mit den staatlichen Gewerbeinspektoren in Frage kam.

27 Auf der Allgemeinen Gewerbe-Ausstellung der Provinz Hannover 1878 hatten sich der lokale Gewerbeinspektor (Pütsch), der VDI und der örtliche Dampfkesselüberwachungsverein zusammengefunden, um gemeinsam auch technische Risiken darzulegen und aus der Welt zu schaffen; Die Allgemeine Gewerbe-Ausstellung der Provinz Hannover für das Jahr 1878. Im Auftrage und unter Mitwirkung des Vorstandes der Ausstellungskommission bearbeitet von Ferdinand Jugler. Hannover 1880; Börner (Anm. 21), S. XXXV.

Die Reichsbehörden bemühten sich nach der Wiederzulassung der Sozialdemokratie 1890 in der Begründung der Sozialgesetze einen Ansatzpunkt für eine soziale Vermittlung von Technik zu finden. Anknüpfen konnten sie dabei an die sozialwirtschaftlichen Abteilungen der Weltausstellungen.

Das sparsame Reichsamt des Innern hatte wiederholt und mit wachsendem Pathos die besondere Rolle des Deutschen Reiches bei der Wahrung der sozialen Grundsicherungen auf verschiedenen, auch internationalen Ausstellungen gezeigt. Nun drängte das Reichsversicherungsamt nach dem Abgang Bismarcks über das preußische Kultusministerium auf die Zusammenfassung dieser Exponate in einem Museum, das nun in besonderer Weise in der Lage war, die soziale Vermittlungsebene von Technikpräsentation darzustellen. Dies war aber keine nur deutsche Entwicklung.

Um den inneren Zusammenhalt des Reichs zu stärken, hatte Bismarck versucht, staatlich garantierte Sozialversicherungen einzuführen. Diese wurden bis dato von korporativen Kräften in Industrie und Landwirtschaft, also von nicht parlamentarisch kontrollierten Gremien, getragen. Gleichzeitig verbot er die Sozialistische Partei, um die Arbeiter von der Sozialdemokratie zu trennen. Zu diesen Bemühungen gehörte nicht nur die Gründung eines Kaiserlichen Gesundheitsamts (für die Hygiene 1876) und eines Reichsversicherungsamts für die Bewältigung der Versicherungsfragen. Die Betriebsunfälle selbst und damit die Risiken technischer Betriebsmittel für die Beschäftigten wurden völlig von den Arbeitgebern in den von ihnen beherrschten Berufsgenossenschaften geregelt. Die in Anlehnung an Brüssel 1876 und nach dem Fiasko einer deutschen Weltausstellung 1879 initiierte »Allgemeine Deutsche Ausstellung auf dem Gebiete der Hygiene und des Rettungswesens« 1882/83 in Berlin bot nun auch den Befürwortern der anstehenden Sozialgesetze Gelegenheit, die soziale und nationale Dimension der Technik zu vermitteln.[28] Nach der Hygiene durch das Gesundheitsamt musste auch der Unfallschutz durch das Reichsversicherungsamt eine Ausstellung erhalten, die 1889 mit über einer Million Besuchern großen Anklang fand. In diesen Monaten entwickelte auch Gustav Schmoller seine Idee, eine umfangreiche Quellendokumentation für das sozialpolitisch segensreiche Wirken der Hohenzollern-Monarchie zu edieren (Acta Borussica).[29] Die Sozialgesetzgebung sollte als Leistung der Monarchie gepriesen werden und der Erhaltung des sozialen Friedens dienen. Für dieses Ziel war der Kaiser sogar bereit, eine Internationale Arbeiterkonferenz 1890 nach Berlin einzuladen.

28 Gruppen für die Wasserversorgung, für Grund und Boden und Atmosphäre bezeichnete der Beobachter Villaret als die attraktivsten der Ausstellung; A. Villaret: Bericht über die Gruppe XXV, Gewerbe und Industrie. In: Börner (Anm. 21), S. 253.

29 Vgl. Wolfgang Neugebauer: Das schwierige Verhältnis von Geschichts-, Staats- und Wirtschaftswissenschaften am Beispiel der Acta Borussica. In: Jürgen Kocka (Hrsg.): Die Königlich Preußische Akademie der Wissenschaften zu Berlin im Kaiserreich. Berlin 1999, S. 235–277, hier S. 255.

Ebenso wie die Exponate der Hygiene-Ausstellung in eine permanente Hygiene-Ausstellung überführt wurden, die 1886 unter dem Schutz der Universität (seit 1885 mit einem Hygiene-Institut) eröffnet wurde, so sollten auch die Exponate der Unfallschutzausstellung von 1889 für eine dauerhafte Ausstellung gesammelt werden, um die Leistungen des Reiches und seiner Administration deutlich zu machen.[30] Während der Kaiser sein vorübergehendes Interesse an der Sozialreform bald verlor, blieb das Reichsversicherungsamt hartnäckig und begründete 1890 in einer für den zuständigen Kultusminister erstellten Denkschrift die Schaffung eines »Arbeiterschutz- und Wohlfahrtsmuseums«. Hier sollten die Bestände des Hygienemuseums, der TH Charlottenburg und die Reste der Ausstellung von 1889 zusammengeführt werden und Unterrichtszwecken dienen.[31]

Während sich das Reichsamt des Innern noch ein Jahrzehnt gegen eine solche Ausstellung sträubte, wurde in Berlin 1891 die »Zentralstelle für Arbeiterwohlfahrtseinrichtungen« gegründet, die als letztes Ziel die Errichtung eines »Sozialen Museums« vor Augen hatte.[32] Erst im Januar 1899 behandelte

---

30 Bericht über die deutsche allgemeine Ausstellung für Unfallverhütung Berlin 1889 unter dem Allerhöchsten Protectorate seiner Majestät des Kaisers und Königs 1890. Berlin 1890. Zu Frankreich s. die Bemühungen von Legrand 1841, die eng mit den eidgenössischen Bestrebungen verbunden sind; Ludwig Elster: Fabrikgesetzgebung. In: Handwörterbuch der Staatswissenschaften. Bd. 3. Jena 1892, S. 341–344. Für die Schweiz gilt das vor allem seit dem Fabrikgesetz v. 23. 3. 1877. Die Ausstellung ergab ein finanzielles Defizit, so dass der angestrebte Zweck, damit ein Museum einzurichten, nicht realisiert werden konnte.

31 Das neue Museum sollte Informationen für den allgemeinen Besucher geben, neue Arbeitsschutzmittel prüfen, die Erfindung neuer Einrichtungen fördern, Auskunft an Unternehmen erteilen, Veröffentlichungen vorbildlicher Einrichtungen herausgeben, Vorträge für Studierende der TH, der Landwirtschaftlichen Hochschule, der Bergakademie veranstalten, Einzelvorträge und Ausbildung zukünftiger Lehrer für Unfallschutz und technische Sicherheit übernehmen sowie Zweigabteilungen des Museums in den Provinzen aufbauen. Drei Abteilungen: 1. Unfälle, Schutzmaßnahmen, 2. Gesundheitsschädigungen, 3. Wohlfahrtseinrichtungen. Unterzubringende Bestände waren: Hygienemuseum, Sammlung des Reichsversicherungsamtes, Teile der Unfallverhütungsausstellung von 1889, Sammlung der Zentralstelle, Teile der Ausstellung von Paris 1900 und die der in Düsseldorf 1902 durchzuführenden Ausstellung für Arbeiterschutz und Wohlfahrt, die dann doch so nicht stattfand.

32 Stenographische Berichte über die Verhandlungen des Reichstages, 8. Legislaturperiode: 1890/1892, Bd. 6, 167. Sitzung, S. 4029–4030, 4066, 4071 f. und 4083. Die Zentralstelle für Arbeiterwohlfahrtseinrichtungen, 1891 gegründet, sammelte im Stadtbahnbogen am Zoologischen Garten Geräte zum Beispiel zur Bekämpfung von Schädigungen durch Staub; vgl. Jochen Boberg u. a (Hrsg.): Exerzierfeld der Moderne. Industriekultur in Berlin. München 1985; Leopold Katscher: Sozialmuseen. In: Revisionsingenieur und Gewerbeanwalt nebst Elektroüberwachung 1 (1902), S. 11; ders.: Ein vorbildliches Sozialmuseum. In: Gewerblich-Technischer Ratgeber 4 (1904/05), Nr. 6, S. 96. Die Begrifflichkeit des Sozialen Museums war nahe an dem der Arbeiterschaft orientiert und hatte ihr Vorbild im Ausland, in Paris 1892. Die wenige Jahre später (1903) in Frankfurt a. M. als e.V. gegründete Institution des Sozialen Museums machte das ebenfalls deutlich. Es handelte sich um Orte der Bewusstmachung und Bekämpfung von Gefahren, die aus der Gestaltung der industriellen Arbeitsplätze erwuchsen. In Wien hatte Franz Migerka seit 1886 eine eindrucksvolle Sammlung von Tafeln erarbeitet; ein dortiger Verein unterstützte diese Arbeit. Die Sammlung ging nach 1910 in dem dann gegründeten Technischen Museum in Wien auf.

der Reichstag den Bau einer »Ständigen Ausstellung für Arbeiterwohlfahrt« und fasste am 10. Januar 1900 den entsprechenden Beschluss.[33] Drei Jahre später wurde die Ausstellung eröffnet.

Berlin stand mit diesem Beschluss aber nicht alleine. Inzwischen hatten sich die sozialen Missstände und vor allem die Erkenntnis darüber so verstärkt, dass auch in anderen Städten wie Frankfurt, Wien und München entsprechende Wohlfahrts- oder soziale Museen begründet worden waren. Doch dabei blieb es nicht. Die Ausstellung provozierte Widerstände.

Die rivalisierenden Auffassungen von Technik zeigten sich nicht so sehr in Berlin, sondern im Bau zweier technischer Museen in München. Die Entwicklungen in München waren wie in Wien von der Gewerbeaufsicht angestoßen worden. Wie 1886/1893 in Wien durch Franz Migerka[34], so hatte in München Karl Poellath (1857–1904)[35] Arbeitsmaschinen mit Schutzvorrichtungen gesammelt, aber auch eine Reihe anderer Hilfsmaßnahmen für die proletaroiden und gleichwohl »strebsamen« Arbeiter zusammengestellt. Er betreute die Sammlung in einem eigenen Gebäude während seiner »Nicht«-Arbeitszeit.[36] Auch der Polytechnische Verein, der sich ab 1892 immer wieder damit befasst hatte, widmete sich diesem Vorhaben mit viel Sympathie. Der bayerische Zentralinspektor für Gewerbe und Fabriken hatte ab 1895 ein Museum für Unfallverhütung und Gewerbehygiene angeregt, das 1900 als »Mu-

---

33 F. Freudenberg: Die Ausstellung für Unfallschutz und -verhütung, Sanitäts- und Rettungswesen in Frankfurt am Main. In: Gewerblich-Technischer Ratgeber 1 (1901), S. 130; Pressestimmen zur Ausstellung für Unfallschutz und -verhütung. In: Gewerblich-Technischer Ratgeber 2 (1902/03), S. 153; Katalog der Ausstellung für Unfallschutz und -verhütung. Sanitäts- und Rettungswesen Frankfurt. Frankfurt a. M. 1901; Bericht über den ersten internationalen Kongress für das Rettungswesen zu Frankfurt am Main 10.–14.Juni 1908. Red. George Meyer. Bd. 2. Berlin 1909; Erster internationaler Kongreß für Rettungswesen. Ausstellungskatalog. Frankfurt a. M. 1908. Besonders hervorgehoben wurde auch eine engere Zusammenarbeit mit dem Gewerbeschutz. Hier wird deutlich, dass die 1891 ausgeweitete Gewerbeaufsicht in eine Zusammenarbeit mit den Berufsgenossenschaften eintreten sollte; doch ist der Ausgangspunkt wohl anders, als sich ihn die Gewerbeaufsicht gewünscht hätte: Gerade weil die Gewerbeaufsicht bislang ohne den durchschlagenden Erfolg bei der Einrichtung von Schutzgeräten geblieben sei, sollte nun dieses Museum darin aktiv werden und zugleich in Berlin auch die angehenden Ingenieure darin ausbilden.

34 Franz Migerka war 1883 bis 1907 erster Leiter des österreichischen Gewerbeinspektorats; vgl. J. Pointner: Unfallverhütung und Sicherheit. Wien 1989; allgemein Stefan Poser: Museum der Gefahren. Die gesellschaftliche Bedeutung der Sicherheitstechnik: Das Beispiel der Hygiene-Ausstellung und Museen für Arbeitsschutz in Wien, Berlin und Dresden um die Jahrhundertwende. Münster u. a. 1988.

35 Seit 1892 Fabriken- und Gewerbeinspektor in Oberbayern, 1896 verlangte er, die Errungenschaften der Wissenschaft und Praxis (bei Unfallverhütung und Gewerbehygiene) weiteren Kreisen bekannt zu machen; 1902 erster Zentralinspektor für Fabriken und Gewerbe im Innenministerium in München.

36 Dieter Albrecht: Die Anfänge des Münchener Arbeitermuseums. In: Forschungen zur bayerischen Geschichte. Festschrift für Wilhelm Volkert. Frankfurt a. M. 1993, S. 255–272.

seum für Arbeiterwohlfahrtseinrichtungen« eröffnet wurde und als staatliches »Königlich Bayrisches Arbeitermuseum« 1904/06 in einen Neubau umzog. Die Berliner Bemühungen hatten hier die bremsenden Münchner Arbeitgeberinteressen zurückgedrängt. [37]

Dieses Museum, das anfangs als Teil der bürgerlichen Reformbewegung mit großem Wohlwollen bedacht war, fiel jedoch schon bald in der Gunst der Öffentlichkeit zurück, weil der Polytechnische Verein nunmehr »wissenschaftlicher Bildung« den Vorzug gab. Die Technik und ihre Konstrukteure hatten inzwischen von mehreren Seiten die gewünschte hohe Anerkennung erfahren: Das vielzitierte Promotionsrecht zum Dr.-Ing. steht ebenso wie der massive Ausbau der Realgymnasien, des mittleren technischen Fachschulwesens und der Technischen Hochschulen mit Neugründungen in Danzig und Breslau für deren Zugewinn an politischer und gesellschaftlicher Bedeutung. [38] Auch die Gründung technischer Museen wie das Berliner Bau- und Verkehrsmuseum und das Meereskundemuseum sind in diesem Zusammenhang zu sehen. Die Ermunterung von kaiserlicher Seite konzentrierte sich nun also auf die neuen naturwissenschaftlich gestützten Techniken und die damit möglichen politischen Visionen.

Vieles deutet darauf hin, dass die breite Bewegung zur Errichtung von Sozialmuseen[39] auch im Ausland die Initiatoren des Deutschen Museums, allen voran Oskar von Miller, herausforderte, ein erneuertes Technikverständnis auf einer weiteren Vermittlungsebene darzustellen: Technik basierend auf Fortschritten in der naturwissenschaftlichen Forschung. Hier war der Moment, wo der bildungsbürgerliche Fortschrittsbegriff auch auf die

---

37 1906 wurde aus dem Museum ein staatliches Institut und das »Bayerische Arbeitermuseum«; vgl. Das Königliche Bayerische Arbeitermuseum in München. In: Gewerblich-Technischer Ratgeber 6 (1906/07), S. 362–364; Franz-Xaver Karsch: Das Bayerische Arbeitermuseum in München. In: Chronik der Unfallverhütung 1 (1925), S. 74–78; Herbert Pfisterer: Der Polytechnische Verein und sein Wirken im vorindustriellen Bayern, 1815–1830. München 1973. Seit 1926 »Soziales Landesmuseum in München«; die Namensänderungen 1906 und 1926 müssen im Zusammenhang mit der Gründung (1903) und der Eröffnung der Ausstellungen auf der Museumsinsel (1925) gesehen werden.

38 Vgl. Wolfgang König: 100 Jahre Dr.-Ing.: Ein Ritterschlag der Wissenschaft. Das Promotionsrecht der Technischen Hochschulen und der VDI (Verein Deutscher Ingenieure). Festschrift des VDI zum 100-jährigen Jubiläum der Verleihung des Promotionsrechts durch den preußischen König Wilhelm II. im Jahre 1899. Düsseldorf 1999; Wolfhard Weber: Mittlere technische Bildung im deutschen Kaiserreich. In: Berichte zur Wissenschaftsgeschichte 16 (1993), S. 151–163.

39 F. Koelsch: Entwicklung und Tätigkeit der Deutschen Gesellschaft für Arbeitsschutz. In: 50 Jahre Deutsche Gesellschaft für Arbeitsschutz 1908–1958. Frankfurt a. M. 1958, S. 13–14. Die durch den Ersten Weltkrieg gelähmten Aktivitäten gingen nach 1924 auf die 1922 gegründete Deutsche Gesellschaft für Gewerbehygiene über, die unter dem 1934 angenommenen Namen der »Deutschen Gesellschaft für Arbeitsschutz« 1936 eine ständige Ausstellung für Arbeitsschutz in Frankfurt a. M. eröffnete, die Koelsch aufbaute.

sonst eher gering geachteten Techniker und ihre Erzeugnisse ausgedehnt wurde – sehr zum Wohlwollen der Ingenieurvereinigungen oder des Centralverbandes deutscher Industrieller. Die erwartete flächendeckende Einführung der Elektrizität im Deutschen Reich und die damit überall verfügbare Antriebskraft für Gewerbe sowie der anstehende Strukturwandel mit Tendenz zur wissenschaftlichen Grundlegung vieler technischer Verfahren ließ nicht nur den Wunsch nach Darstellung bei dieser neuen Berufsgruppe – der Profession der Ingenieure – nach öffentlicher Anerkennung stark werden. Er bot zugleich einer neuen Branche, der Elektrotechnik, die Möglichkeit, sich im öffentlichen Bewusstsein ganz weit vorne zu platzieren. Die elektrotechnische Industrie hatte seit den 1880er-Jahren ebenfalls das Medium der Ausstellung entdeckt, um bei Konsumenten wie auch bei der Industrie und dem Gewerbe neue Bedürfnisse zu wecken. Lokale, nationale und internationale Messen fanden großen Zuspruch.

Zum Entschluss, in München ein anderes Museum zu planen, mag sicherlich auch die Düsseldorfer Gewerbe-Ausstellung von 1902 beigetragen haben. Die einzelnen Städte verfolgten verschiedene Zielsetzungen für ein neues Museum: Berlin strebte eine repräsentative Dokumentation seiner Reichsbehörden an, München wollte die sozialen und technischen Leistungen würdigen, Frankfurt hing gewerbehygienisch-medizinischen Vorstellungen an und Düsseldorf prägte die im Rheinland und in Westfalen dominierende Schwerindustrie. In Erinnerung an die guten Erfolge der Ausstellung von 1880 in Düsseldorf[40] sollte die Bedeutung der westdeutschen Industrie herausgestellt werden. Die Ausstellung wurde mit einer nationalen Kunstausstellung verbunden und gewann dadurch eine Akzeptanz, die in diesem Maße von den Sozialmuseen nie erreicht werden konnte. Der Abstand wurde durch die Einbindung der Naturwissenschaften in den Technikbegriff eher noch größer.

Zwar waren auch auf dieser Ausstellung Fragen der Gewerbehygiene, Wohlfahrtspflege und Stadtplanung in den hinteren Gruppen untergebracht, aber bei weitem dominierte doch die Kunst, die ästhetische Überhöhung der Industrie,[41] und mit ihr die Beschreibung der Produkte in den Kategorien Stärke, Größe und Leistungsfähigkeit im traditionellen Sinne.[42]

---

40 Hier war die Wohlfahrts- und Gesundheitspflege, wie versteckt im Jahre 1890 angemerkt wurde, auf 24 m² Tischfläche und 180 m² Wandfläche untergebracht.

41 Wolfgang Köllmann u.a. (Hrsg.): Rheinland-Westfalen im Industriezeitalter. Bd. 4. Wuppertal 1985.

42 G. Stoffers: Die Industrie- und Gewerbe-Ausstellung Düsseldorf 1902. Düsseldorf 1903, S. 153–162; Conrad Matschoß: Die internationale Hygieneausstellung in Dresden 1911 und die Technik. In: Technik und Wirtschaft 4 (1911), S. 618–622; Joseph Hansen (Hrsg.): Die Rheinprovinz 1815–1915. Hundert Jahre preußische Herrschaft am Rhein. 2 Bde. Bonn 1917.

Gegen die etablierten Interessen der Schwerindustrie und deren Vision eines Generalplans mit reichsweitem Stromnetz richteten sich die Verbände der Elektrotechnik und der Chemie. Auch Oskar von Miller nahm diese Haltung ein und schlug 1903, nur wenige Wochen nach Eröffnung des Münchner Arbeitermuseums und der Düsseldorfer Ausstellung, zusammen mit dem Centralverband Deutscher Industrieller und dem Verein Deutscher Ingenieure vor, für die Initiatoren dieser modernen Technik, Maschinenbau und Waffen, Elektrizität und Chemie, ein eigenes Museum zu errichten. Diesem gab er den Namen »Deutsches Museum für Meisterwerke der Naturwissenschaft und Technik«.[43] In diesem gewaltigen Objekt, das schon 1906 in provisorischen Ausstellungsgebäuden eröffnet werden konnte, wurde der Technik und den Technikern ein nationales Symbol errichtet, eine Kultstätte für die Heroen, die bis dahin eher das Dienen in ihrem Selbstverständnis geführt hatten und vor denen die Öffentlichkeit nun Ehrfurcht bezeugen sollte. Der Stand der Ingenieure, repräsentiert durch hervorragende Persönlichkeiten, sollte eine entsprechende öffentliche Aufwertung erfahren – ähnlich vereint wie die deutschen Heroen der schönen Künste in der Walhalla.[44]

Es mag überraschen, aber auch die Engländer, die noch 1851 den »workshop of the world« repräsentiert und von den Überschüssen dieser Ausstellung 1857 in South Kensington im Besitz von umfänglichen Grundstücken für die Errichtung von Museen gewesen waren, hatten trotz einiger Anregungen kein Technikmuseum in diesem Sinne errichtet. Erst 1876 kamen zaghaft einige Exponate in einem Science Museum den Besuchern zu Gesicht; in den 1880er-Jahren vermehrten sich die Bestände durch Abgaben aus dem Patentamt. Erst 1909 wurde das Science Museum vom Victoria and Albert Museum organisatorisch getrennt und damit der enorme Bedeutungsgewinn dokumentiert, den England nunmehr der naturwissenschaftlichen Bildung für die Technik zumaß.[45] Technikmuseum möchte manch Verantwortlicher das dortige Haus bis heute nicht nennen.

Miller gewann mit seinem Museum in München sowohl den Verein Deutscher Ingenieure wie auch den einflussreichen Centralverband Deutscher Industrieller, die beide einem ›Abdriften‹ der Ingenieure in gewerkschaftsnahe berufsständische Vereinigungen entgegenarbeiten wollten. Er räumte ihnen

43 Osietzki (Anm. 24), S. 2.

44 Anders als in Wien ging das Münchner Arbeitermuseum aber nicht in diesem Museum der deutschen Meisterwerke von Technik und Naturwissenschaften auf. Es erhielt 1913 eine gewerbehygienische Sammlung und nannte sich ab 1. März 1926 »Soziales Landesmuseum«, nachdem im Mai 1925 das Deutsche Museum auf der Münchner Museumsinsel seine Pforten geöffnet hatte.

45 Marie William: Science, education and museums in Britain 1870–1914. In: Brigitte Schröder-Gudehus (Hrsg.): Industrial society and its museums. Chur 1993, S. 5–12.

ein großes Mitspracherecht bei der Gestaltung des Museums ein.[46] Vertreter von Sozialmuseen waren dagegen nicht beteiligt. Der Heroenkult überdeckte nun für lange Zeit jede Diskussion um die soziale Fortschrittlichkeit der vorgestellten Neuerungen und die Frage nach gesellschaftlichen Grundlagen und Folgen technischen Wirkens.[47]

Das Deutsche Museum ist also ohne vorangegangene deutsche Weltausstellung ins Leben getreten. Der Zusammenhang zu den Sozialmuseen oder zur Düsseldorfer Ausstellung ist offensichtlich, nur eben vermittelter: durch Konkurrenz und Widerspruch. Das Deutsche Reich hatte es 1879 zu keiner Weltausstellung gebracht,[48] was wohl ein nationales Technikmuseum ein Vierteljahrhundert früher zur Folge gehabt hätte. Umso wichtiger war es nun, wenigstens auf der Ebene der Museen und damit der Bewusstseinsbildung mitzuhalten: Die hier verkoppelten Bereiche von Naturwissenschaft und Technik als Garanten eines andauernden Fortschritts hatten die Beweisführung für ihre enorme Wirkungsmächtigkeit noch vor sich.

46 Ein umfangreiches Kuratorium bezog die neuen naturwissenschaftlich-technischen Spitzen des Reiches ein und minderte erwartbare Reibungen: Reichsschatzamt, Physikalisch-Technische Reichsanstalt, Patentamt, Gesundheitsamt, Normaleichungskommission, die Akademien von Berlin, Dresden, München und Göttingen. Sozialreformer oder Persönlichkeiten, die den Sozialmuseen nahe gestanden hätten und etwas über die Auswirkungen industrieller Technik hätten beitragen können, fehlten. Somit war von vornherein die Beurteilung der Ergebnisse wissenschaftlich-technischen Wandels in die Hände der Verursacher gelegt, die von der Jugend vor allem »Ehrfurcht« vor den Leistungen der älteren Generation verlangten.

47 An dieser Auffassung übte auch Alois Riedler Kritik. Siehe auch Stefan Poser: Sozialmuseen, Technik und Gesellschaft. Zur gesellschaftlichen Bedeutung von Arbeitsschutz und Sicherheitstechnik am Beispiel von Gegenwartsmuseen um 1900. In: Technikgeschichte 67 (2000), S. 205–224; Posers aufschlussreicher Beitrag hätte an diesem Punkt noch Differenzierung verdient.

48 Siehe jetzt Pohl 1989 (Anm. 22).

Gründung und Aufbau 1903–1925

Wilhelm Füßl

Der erste Hinweis auf die Gründung eines nationalen technischen Museums in München findet sich in einem Brief Oskar von Millers an seine Frau Marie von der Elektrotechnischen Ausstellung in Frankfurt im Jahr 1891.[1] Diese Idee griff die verschiedenen Anläufe zur Schaffung eines technischen Nationalmuseums in Deutschland auf[2] und gab ihnen die letztlich entscheidende Richtung. Trotzdem dauerte es bis 1903, ehe in München die Gründungsversammlung stattfand.[3] Dass sich die Gründung letztlich um über ein Jahrzehnt verzögerte, ist auch ein Symptom für den zähen sozialen und gesellschaftlichen Anerkennungsprozess der Ingenieure im Wilhelminischen Kaiserreich.[4]

Die Bedeutung der Technik war im 19. Jahrhundert rapide gestiegen, während ihre Träger, die Ingenieure und Techniker, im Sozialgefüge des Kaiserreiches unterprivilegiert blieben. Im universitären Bereich zeigte sich dies beispielsweise beim Promotionsrecht für Ingenieure, das erst 1899 eingeführt wurde. Ebenso hatten Ingenieure proportional nur wenige höhere Beamtenstellen inne.[5] Der Wunsch nach einer Gleichstellung der technischen Intelli-

---

1 DMA, NL 113.

2 Vgl. den vorausgehenden Beitrag von Weber.

3 Literatur zum Deutschen Museum: Maria Osietzki: Die Gründung des Deutschen Museums. Motive und Kontroversen. In: Kultur und Technik 8 (1984), H. 1/2, S. 1–8; dies.: Die Gründungsgeschichte des Deutschen Museums von Meisterwerken der Naturwissenschaft und Technik in München 1903–1906. In: Technikgeschichte 52 (1985), S. 49–75; Ingrid Mayerhofer: Gesellschaftliches und politisches Interesse am Bau eines »Museums für Meisterwerke der Naturwissenschaft und Technik« in München zu Beginn des 20. Jahrhunderts. Magisterarbeit LMU München 1988; Wolfhard Weber: Die Gründungsgeschichte technischer Museen in Deutschland im 20. Jahrhundert. In: Museumskunde 56 (1991), S. 82–93; Walter Hochreiter: Vom Musentempel zum Lernort. Zur Sozialgeschichte deutscher Museen 1800–1914. Darmstadt 1994, bes. S. 126–172; Wilhelm Füßl: Il Deutsches Museum a Monaco: origini e storia. In: Archivi e Imprese 11/12 (1995), S. 97–110; Ulrich Menzel: Die Musealisierung des Technischen. Die Gründung des Deutschen Museums von Meisterwerken der Naturwissenschaft und Technik in München. Phil. Diss. Braunschweig 2001.

4 Vgl. u. a. Gert Hortleder: Das Gesellschaftsbild des Ingenieurs. Zum politischen Verhalten der Technischen Intelligenz in Deutschland. Frankfurt a. M. 1970.

5 Vgl. Hans-Joachim Braun: Professionalisierungsprozeß, sozialökonomische Interessen und »Standesfragen«. Zur Sozialgeschichte des Ingenieurs 1850–1914. In: Volker Schmidtchen/Eckhard Jäger (Hrsg.): Wirtschaft, Technik und Geschichte. Berlin 1980, S. 317–332.

genz mit dem Bildungsbürgertum implizierte das Streben nach Anerkennung der technischen Leistung in der Gesellschaft. Die Emanzipationsbewegung der Ingenieure sollte dabei keineswegs das politische System destabilisieren, sondern sie war im Grunde systemkonform, da es den Technikern und Ingenieuren um ihre Integration in staatstragende Positionen ging.

Der Wunsch nach Errichtung eines nationalen Museums für die Geschichte der Technik und der Naturwissenschaften ist daher durchaus auch sozialhistorisch und sozialpsychologisch zu erklären. Zum Emanzipationsstreben der Techniker und Ingenieure gehörte – verkürzt gesagt – die Aufwertung bzw. Anerkennung der von ihnen geleisteten Arbeit. In Konsequenz dieser Intention sollte in dem künftigen Museum die technische Leistung als ebenbürtig mit anderen gesellschaftlichen Errungenschaften dargestellt werden und so die Bedeutung der Naturwissenschaft und der Technik für die Kulturgeschichte der Menschheit dokumentieren.

Der Museumsgründer Oskar von Miller

Für die Geschichte und die Entwicklung des »Deutschen Museums« ist Oskar von Miller von besonderer Bedeutung. In seiner Person fokussiert sich die Gründungsgeschichte, um ihn gruppiert sich die Entwicklung des Deutschen Museums im ersten Drittel des 20. Jahrhunderts. Die Person Millers steht für einen Typus des Museumsgründers,[6] der besonders in der zweiten Hälfte des 19. und in der ersten Hälfte des 20. Jahrhunderts die Entstehungsgeschichte verschiedener Museen prägte. Beispiele für diesen Typus des charismatischen Individualisten, der als Netzwerk- und Systembilder personelle und materielle Ressourcen zu bündeln verstand, sind neben Oskar von Miller Hans Freiherr von und zu Aufseß (Germanisches Nationalmuseum Nürnberg), Karl August Lingner (Deutsches Hygiene-Museum Dresden) oder im internationalen Raum Wilhelm Exner (Technisches Museum Wien) und Artur Hazelius (Freilichtmuseum Skansen).[7] Solche Einzelpersönlichkeiten lösten den Fürsten oder den Staat als Initiatoren überregionaler Museumsgründungen ab, bevor im 20. Jahrhundert Museumsvereine und Interessengruppen Motoren für Neugründungen wurden.

---

6 Vgl. Edward P. Alexander: Museum masters. Their museums and their influence. Nashville 1983, bes. S. 341–375.

7 Ebd. – Zu den genannten Museumsgründern sind verschiedene wissenschaftliche Arbeiten in Vorbereitung, etwa von Walter Büchi zu Lingner und die für 2005 geplante Biografie von Wilhelm Füßl über Miller. Die Publikation von Renisch zu Exner ist zwar materialreich, genügt aber wissenschaftlichen Ansprüchen nicht; Franz Renisch: Wilhelm Franz Exner (1840–1931). Ein Organisator der Gründerzeit. Wien 1999.

3 Er bestimmte den Weg des Museums: Oskar von Miller (1855–1934).
DMA, BN 36425

Oskar von Miller (1855–1934) stammte aus einer einflussreichen Münchner Familie.[8] Sein Vater, ab 1844 Leiter der Königlichen Erzgießerei in München, hatte durch berühmte Güsse internationales Ansehen und von König Ludwig I. die Erhebung in den Adelsstand erlangt.[9] Der Durchbruch als Erzgießer war ihm mit dem Guss der monumentalen Bavaria auf der Münchner Theresienhöhe geglückt; für einen Löwen der Quadriga für das Münchner Siegestor erhielt er 1851 bei der Londoner Weltausstellung eine Goldmedaille. Seine kolossalen Denkmäler und Statuen fanden weltweit Verbreitung: So stammen u. a. die Portale für das Kapitol in Washington oder die Standbilder von Simón Bolívar in Bogotá und Caracas aus seiner Erzgießerei.[10]

8 Vgl. Walther von Miller: Oskar von Miller. Nach eigenen Aufzeichnungen, Reden und Briefen. München 1932; Jonathan Zenneck: Oskar von Miller. In: Deutsches Museum. Abhandlungen und Berichte 6 (1934), H. 2; Wilhelm Füßl: Miller, Oskar von. In: Neue Deutsche Biographie, Bd. 17. München 1994, S. 517–519.

9 Vgl. Simon Miller: Hundert Jahre Kgl. Erzgießerei F. von Miller 1824–1924. In: Kunst und Wissenschaft 1924, S. 51–67; Peter Volk: Miller, Ferdinand von. In: Neue Deutsche Biographie, Bd. 17. München 1994, S. 516–517; Erz-Zeit. Ferdinand von Miller – zum 150. Geburtstag der Bavaria. München 1999; Fritz Scherer: Die Erzgießer J. B. Stiglmaier und Ferdinand Miller d. Ä. In: Amperland 38 (2002), S. 32–35.

10 Vom Verfasser ist ein Werkverzeichnis der Erzgießerei von Miller in Vorbereitung.

Von seinen 15 Kindern genoss der älteste Sohn Fritz als Goldschmied internationales Renommee. Ferdinand (d. J.) stieg zum Reichsrat der Krone Bayerns und zum Präsidenten der Akademie der bildenden Künste auf; er war ein persönlicher Freund Prinzregent Luitpolds und sicherte so der Familie das Wohlwollen des bayerischen Herrscherhauses. Wilhelm von Miller, ein weiterer Sohn Ferdinands d. Ä., wurde Professor für Chemie und errichtete an der Technischen Hochschule München das erste elektrochemische Laboratorium Deutschlands.

Der jüngste Sohn des Erzgießers, Oskar, absolvierte ein Bauingenieurstudium in München, arbeitete kurz im bayerischen Staatsdienst, um sich dann unter dem Einfluss der elektrotechnischen Ausstellung in Paris 1881 als Autodidakt dem neuen Zweig der Elektrotechnik zuzuwenden. Schon 1882 organisierte er die erste deutsche elektrotechnische Ausstellung in München, die sein ausgesprochenes Organisationstalent sichtbar werden ließ. Die hier erstmals praktizierte Übertragung von Gleichstrom über weite Strecken (von Miesbach nach München über 78 Kilometer) verhalf ihm zu internationaler Anerkennung. Emil Rathenau, der Begründer der Deutschen Edison-Gesellschaft (ab 1887 Allgemeine Elektricitäts-Gesellschaft, AEG) holte Miller 1883 als Technischen Direktor nach Berlin, wo dieser bis 1889 wirkte. Ab 1890 leitete er ein eigenes »Ingenieurbüro Oskar von Miller«, das sich zu einem führenden europäischen Planungsbüro für Kraftwerksanlagen entwickelte (u. a. Etschwerke 1897/98, Brennerwerke 1898/99, Pfalzwerke 1910–1912, Walchenseekraftwerk 1918–1924). Gleichzeitig baute er europaweit elektrische Zentralen für Kommunen, die er teilweise als Unternehmer in Eigenregie betrieb.

Die Elektrotechnische Ausstellung in Frankfurt 1891[11] brachte eine Fortsetzung des Miesbacher Experiments zur Übertragung von Strom, dieses Mal mit Drehstrom. Die Kraftübertragung von Lauffen am Neckar nach Frankfurt über 175 Kilometer bildete den Durchbruch bei der Versorgung großräumiger Gebiete mit Strom. Die Ausstellung selbst hatte Miller im Auftrag des Frankfurter Magistrats organisiert. Ursprünglich sollte sie die Vor- und Nachteile einzelner elektrischer Systeme – Gleichstrom, Wechselstrom, Drehstrom – für die Elektrifizierung von Kommunen aufzeigen. Miller nutzte die Frankfurter Ausstellung zur Demonstration aller Arten von elektrischen Geräten für Anwendungsbeispiele in Industrie, Gewerbe und Haushalt. »Es handelte sich darum dem Volk zu zeigen, wie nützlich die Elektrizität in der Werkstätte und im Haushalt sei und wie befruchtend sie in

11 Vgl. u. a.: Die Zweite Industrielle Revolution. Frankfurt und die Elektrizität 1800–1914. Bilder und Materialien zur Ausstellung im Historischen Museum. Frankfurt a. M. 1981; Horst A. Wessel (Hrsg.): Moderne Energie für eine neue Zeit. Siebtes VDE Kolloquium am 3. und 4. September 1991 anlässlich der VDE-Jubiläumsveranstaltung »100 Jahre Drehstrom« in Frankfurt am Main. Berlin/Offenbach 1991.

allen Zweigen von Handwerk und Gewerbe sein konnte« schrieb der spätere Generaldirektor der Firma Felten & Guilleaume, Georg Zapf, in seinen Lebenserinnerungen.[12] Im Unterschied zu den sonst üblichen Industriemessen, auf denen die Firmen unabhängig voneinander ihre Produktpalette zeigten, teilte Miller die Erzeugnisse nach Anwendungsgebieten ein und achtete auf praxisbezogene und funktionierende Vorführungen.

Die Erfahrung der beiden elektrotechnischen Ausstellungen in München und Frankfurt 1882 und 1891 waren für Miller nicht nur bei der Einführung der Elektrizität wichtig, sondern auch bei der späteren Konzeption der Ausstellungen im Deutschen Museum. Mit Frankfurt setzt die Planungsphase für das Museum ein. Aus dieser Zeit sind allerdings kaum Dokumente erhalten, die Hinweise auf konkrete vorbereitende Schritte geben.[13] Die Überlieferung beginnt erst im Jahr 1903. Im Zentrum aller Aktivitäten stand Miller selbst. Von ihm und seinem Ingenieurbüro gingen die ersten Aufrufe aus. Als offizieller Termin für die Bekanntgabe der Gründung war die Tagung des Vereins Deutscher Ingenieure (VDI) in München Ende Juni 1903 vorgesehen. Als Vorsitzender des Bayerischen Bezirksvereins war Miller für die Planung und Durchführung der Versammlung verantwortlich. Im Vorfeld bildete sich um ihn ein Kreis von 37 Personen, der hauptsächlich aus Münchner Ingenieuren, Industriellen, Wissenschaftlern und Ministerialbeamten bestand. Die Personen waren geschickt ausgewählt. Sie repräsentierten die Spitzen der Münchner Wissenschaft (Dyck, Röntgen), Industrie (Linde, Maffei, Krauß) und Technik (Diesel) und waren reichsweit bekannt und international geachtet. Mit vielen war Miller seit seiner Schulzeit persönlich befreundet (Dyck, Diesel). Der Kontakt zum bayerischen Herrscherhaus lief über Millers Bruder Ferdinand, durch den Prinz Ludwig von Bayern, der spätere König Ludwig III., als Schirmherr oder ›Protektor‹ gewonnen wurde. Die bayerische Regierung war in jedem Falle zu einer Unterstützung des Millerschen Vorhabens bereit, ebenso der Münchner Magistrat mit Bürgermeister Wilhelm von Borscht an seiner Spitze; schließlich bedeutete ein Erfolg Millers einen erheblichen Prestigegewinn für München und Bayern. Dass die Museumsgründung in München gelang, liegt an der Entschlossenheit, Tatkraft und Organisationsfähigkeit Millers. Während frühere Anläufe in Berlin an der Zerstrittenheit der beteiligten Parteien gescheitert waren, ist der Erfolg des Münchner Unternehmens in seiner strategischen Planung und Fähigkeit zur personellen Netzwerkbildung begründet.

12 Archiv Felten & Guilleaume, II/B/a; vgl. auch Wolfgang Zängl: Die Politik der Elektrifizierung von 1866 bis heute. Frankfurt a. M./New York 1989.

13 Im Zweiten Weltkrieg wurde das Privathaus Oskar von Millers in München durch Bomben zerstört. Dadurch wurden die Firmenunterlagen des Ingenieurbüros und der Privatnachlass weitestgehend vernichtet. Der im Archiv des Deutschen Museums verwahrte Nachlass Millers (DMA, NL 113) enthält lediglich Splitter seiner umfangreichen Korrespondenz und Sammlungsgut zur Person Millers.

Hauptentwicklungslinien der Museumsgeschichte

Mit dem Zeitraum von 1903 bis 1925 sind die Aufbaujahre des Deutschen Museums beschrieben. Das erste Datum steht für die Gründung des Museums, das zweite für die Eröffnung des heutigen Museumsgebäudes auf der »Kohleninsel«. Vor dem Hintergrund der politischen und gesellschaftlichen Kontexte werden im Folgenden einige zentrale Entwicklungen des Museums skizziert, die seine strukturelle Entwicklung prägten.

Die eigentliche Gründungsgeschichte drängt sich auf einen kurzen Zeitraum zwischen dem 1. Mai und dem 28. Juni 1903 zusammen. Vom 1. Mai stammt der erste Aufruf Oskar von Millers zur Gründung eines Museumsvereins; am 28. Juni fand die offizielle Gründungsversammlung im Vorfeld der Jahrestagung des VDI in München statt. In den ersten Monaten und Jahren schritt die Entwicklung des Museums rasch voran. Noch vor der eigentlichen Gründung dokumentierte die Stadt München in einer prachtvollen Urkunde ihre Absicht, einen Teil der Kohleninsel in der Isar am Rande der Altstadt für einen Museumsneubau zur Verfügung zu stellen.[14] Die bauliche Ausgestaltung der Kohleninsel wurde in einem Vorprojekt dem Münchner Architekten Gabriel von Seidl übertragen, der später auch den eigentlichen Wettbewerb gewann. In Anwesenheit Kaiser Wilhelms II. wurden am 12. November 1906 die ersten Ausstellungen des Deutschen Museums im Alten Nationalmuseum (heute: Staatliches Museum für Völkerkunde) eröffnet, einen Tag darauf legte der Kaiser den Grundstein zum neuen Museumsgebäude auf der Kohleninsel. Neun Tage später öffneten die Provisorischen Sammlungen für den allgemeinen Besuch.

Während die Ausstellung von den Besuchern sofort gut angenommen wurde – im ersten regulären Betriebsjahr 1907 kamen 211.000 Besucher[15] –, verzögerte sich der Baubeginn auf der Insel bis Februar 1909. Zu Beginn des gleichen Jahres eröffnete das Deutsche Museum eine Zweigstelle in der Schwere-Reiter-Kaserne an der Zweibrückenstraße (heute: Deutsches Patent- und Markenamt)[16] und vergrößerte damit seine Ausstellungsfläche erheblich.

---

14 Urkunde der Stadt München vom 24. 6. 1903, DMA, VA 4021.

15 Statistik der Besucherzahlen von 1907–1913:

1907	211.000	1911	285.600
1908	258.100	1912	315.011
1909	293.700	1913	301.420
1910	318.200	1914	200.960

Quelle: DMA, VB 1903/1904–1914/1915.

16 In den Museumsführern wird meist von der Isarkaserne gesprochen, obwohl diese Bezeichnung eigentlich für eine alte Kaserne auf der Museumsinsel galt. Diese Inselkaserne wurde mit Baubeginn des Bibliotheks- und Kongressgebäudes abgerissen.

4   Entwurf Gabriel von Seidls für die Bebauung der Museumsinsel, 1906. Das Museumsgebäude erfuhr im Laufe der Jahre umfangreiche Umkonstruktionen. Bibliotheksbau und Kongress-Saal wurden
1928–1932 in völlig veränderter Form errichtet.
DMA, CD 53380

1911 fand das Richtfest auf der Insel statt. Ab diesem Zeitpunkt begannen die
Planungen zur Eröffnung des Museumsneubaus auf der Insel: Sie wurde 1912
auf den Oktober 1915 festgelegt,[17] im folgenden Jahr aber auf 1916 verschoben, um nicht mit der geplanten »Großen Ausstellung Düsseldorf 1915«
(anlässlich der 100-jährigen Zugehörigkeit des Rheinlands zu Preußen) zu
kollidieren; gleichzeitig hatte man mit der Düsseldorfer Ausstellungsleitung
vereinbart, dass für dieses Entgegenkommen das Deutsche Museum neue Exponate und eine Beteiligung am Reingewinn erhalten sollte.[18] Durch den
Ausbruch des Ersten Weltkriegs verzögerte sich die Fertigstellung des Museums; die Kupferdächer mussten abgedeckt und abgeliefert werden; zahlreiche
Mitarbeiter wurden eingezogen. Seit etwa 1916 war Material nur erschwert zu
beziehen und zu transportieren. Dies führte dazu, dass im Dezember 1916 die
Einstellung der Bauarbeiten beschlossen wurde.[19]

Ebenfalls ab 1911, als die Fertigstellung des Hauptbaus abzusehen war, begannen die Planungen für den weiteren Ausbau, der auf ein Bibliotheksgebäude und einen Kongress-Saal auf der Insel abzielte. Im Vorfeld wurde eine Kommission aus Museumsmitarbeitern und Mitgliedern des Vorstandsrats in die Vereinigten Staaten geschickt, um die dortigen Verhältnisse zu
studieren.[20] Die Projektierung dafür ging während des Krieges weiter, ebenso

17 Prot. der Sitzung des Vorstandsrats, 2. 10. 1913, DMA, VA 3969.
18 Prot. der Sitzung der Baukommission, 30. 9. 1913, ebd.; s. auch die zahlreichen Zeitungsausschnit-
     te zu dem Thema. Zur Beteiligung des Deutschen Museums an der Düsseldorfer Ausstellung s.
     DMA, VA 2190–2191.
19 Besprechung Millers mit Mitarbeitern des Deutschen Museums, 19. 12. 1916, DMA, VA 3970.
20 Vgl. DMA, VA 0359–0362 sowie den Beitrag von Füßl/Hilz/Trischler in diesem Band.

intensiv die Arbeiten an der Ausgestaltung der Sammlungen.[21] Die mit Kriegsbeginn geschlossene Abteilung II in der Schwere-Reiter-Kaserne musste Ende 1918 für Notwohnungen für heimkehrende Soldaten geräumt werden. Alle Exponate, die hier in der Ausstellung oder im Depot untergebracht waren, wurden in das 2. Obergeschoss des Gebäudes auf der Insel verlegt.[22]

Nach dem Ersten Weltkrieg war die Finanzlage des Deutschen Museums desolat. Aufgrund der allgemeinen Teuerung schrumpfte das Barvermögen dramatisch zusammen. Gleichzeitig sanken die Eigeneinnahmen aus Eintrittsgeldern.[23] Inflationsbedingte Erhöhungen der Zuschüsse seitens der Stadt München (von jährlich 15.000 auf 100.000 M), der bayerischen Staatsregierung und der Reichsregierung (jeweils von 50.000 auf 500.000 M) konnten die Schere nicht schließen. Nach Schätzungen vom Oktober 1920 belief sich allein der für die Fertigstellung des Museumsbaus notwendige Betrag – aufgrund der Geldentwertung – auf etwa 24 Mio. M.[24] Wenngleich das Reich und Bayern 12 Mio. M für den Weiterbau zusagten und das Museum sein Kapital von 4 Mio. M vollständig einbrachte, blieb eine Finanzierungslücke von 8 Mio. M. Diese Summe wollte die Museumsleitung trotz der allgemeinen wirtschaftlichen Probleme bei der Industrie in Form von Geld- und Sachstiftungen einwerben.

Die Jahre zwischen 1921 und 1925 müssen rückblickend als die schwierigsten in der Museumsgeschichte bezeichnet werden. Die schlechte wirtschaftliche Konjunktur in Deutschland in den Jahren 1923–1926 wirkte auf das Museum zurück. Während die ökonomische Entwicklung gerade die Industrie von einer verstärkten Spendenbereitschaft abhielt, hatte sich Miller mit der Eröffnung des Museums an seinem 70. Geburtstag (7. Mai 1925) ein ehrgeiziges Ziel gesetzt. Die Probleme lagen weniger im baulichen Abschluss des Museumsgebäudes als vielmehr in der Einrichtung der einzelnen Abteilungen, die, nicht zuletzt wegen vielfacher Änderungswünsche Millers, immer wieder umgeplant werden mussten. Der Druck wurde noch verstärkt durch den Beschluss, ab 1. Oktober 1923 das alte Gebäude in der Maximilianstraße zu schließen und sukzessive zu räumen, um die Objekte und das gesamte Personal für den Umzug zur Verfügung zu haben. Diese Entscheidung fiel mitten im Ruhrkampf; in Bayern war als Reaktion auf separatistische Tendenzen in der bayerischen Pfalz der Ausnahmezustand ausgerufen worden, und im Oktober/November 1923 erreichte die Inflation in Deutschland ihren Höhe-

---

21 Vgl. die zahlreichen Besprechungsprotokolle in DMA, VA 3969–3970.

22 Bericht zu den Entwürfen für die Beton- und Eisenbetonarbeiten, undat. [12. 3. 1918], DMA, VA 3970.

23 Die Besucherzahlen sanken von 301.420 im Jahr 1913 auf 118.512 im Jahr 1917. Bis zur Eröffnung des Hauptbaus erreichten sie nicht mehr die Vorkriegszahlen.

24 DMA, VB 1918–1921, S. 12.

punkt. Im Streit zwischen der bayerischen Regierung und der Reichsregierung um das Verbot des »Völkischen Beobachters« als Organ der NSDAP – die Zeitung hatte den Chef der Heeresleitung scharf angegriffen – standen für das Museum die Zeichen für die Fortsetzung der gemeinsamen finanziellen Förderung durch das Reich und den Freistaat nicht günstig. Die Inflation hatte zudem die Mittelschicht durch die Vernichtung ihres Sparkapitals als Geldgeber weitgehend ausfallen lassen, die Eigenreserven des Museums waren ebenfalls verloren, und die Großindustrie gerade an Rhein und Ruhr zog sich als Sponsor zurück. In seiner Geldnot plante die Museumsleitung sogar den Verkauf von Dubletten und allen entbehrlichen Gegenständen;[25] letztlich verhinderte aber das durch die Geldentwertung hervorgerufene Desinteresse der Öffentlichkeit einen Verkauf.

Die Konsequenz der allgemeinen wirtschaftlichen Lage war, dass eine vollständige Eröffnung des gesamten Neubaus nicht realisiert werden konnte. Die Einrichtung des 2. Obergeschosses sowie der Halle für Schiffbau im zentralen Mittelbau wurde auf einen späteren Zeitpunkt verschoben[26]. Auch in den anderen Räumen war ein endgültiger Abschluss nicht zu erreichen. Bemerkenswert oft findet sich in den internen Protokollen ab 1923 das Wort »provisorisch«, wenn es um die Ausgestaltung der einzelnen Abschnitte ging. Viele notwendige Detailarbeiten wurden auf die Zeit nach der Einweihung vertagt.

Trotz immenser Schwierigkeiten wurde am 7. Mai 1925 das neue Gebäude eröffnet. Gerhart Hauptmann wurde eigens für die Dichtung eines »Festaktus« gewonnen.[27] Die gesamten Feierlichkeiten trugen einen barocken Zug. Sie teilten sich in einen offiziellen Festakt und einen Festzug durch die Innenstadt, den Münchner Künstler gestaltet hatten. Auf einzelnen Wagen wurden die verschiedenen Berufe dargestellt. Nicht ohne ein Körnchen Wahrheit sind diese Feierlichkeiten unter Anspielung auf die kommende Machtübernahme durch die Nationalsozialisten, die Weltwirtschaftskrise und den Zweiten Weltkrieg als das »letzte Fest der Weimarer Republik« bezeichnet worden.[28]

---

25 Prot. der Sitzung der Baukommission, 3. 10. 1911, DMA, VA 3970.
26 Besprechung Millers mit Mitarbeitern des Deutschen Museums, 6. 6. 1924, DMA, VA 3971. Die Planungen für die Abteilungen begannen ab Mitte 1926; Besprechung Millers mit Mitarbeitern des Deutschen Museums, 10. 7. 1926, ebd. Siehe auch den folgenden Beitrag von Duffy.
27 Gerhart Hauptmann: Festaktus zur Eröffnung des Deutschen Museums. München 1925. Vgl. Friedrich Klemm: Oskar von Miller und Gerhart Hauptmann. Eine Dokumentation. München 1966.
28 Füßl (Anm. 3). Zum Festzug allgemein vgl. Wolfgang Hartmann: Der historische Festzug. Seine Entstehung und Entwicklung im 19. und 20. Jahrhundert. München 1976.

Die Grundkonzeption des Deutschen Museums

Basierend auf den Erfahrungen seiner Besuche in internationalen Museen, vor allem dem Conservatoire des Arts et Métiers in Paris und dem South Kensington Museum in London (heute: Science Museum), hatte Oskar von Miller die Grundkonzeption des Deutschen Museums entwickelt, die sich allerdings von den ausländischen Einrichtungen grundsätzlich unterschied. Zwar war es wie diese als »Nationalanstalt« konzipiert,[29] doch in seinen Sammlungen explizit international ausgerichtet.[30] Zum globalen Konzept des Deutschen Museums gehörten von Beginn an neben dem Aufbau einer musealen Sammlung die Einrichtung eines eigenen Archivs zur Geschichte der Naturwissenschaft und der Technik sowie die Gründung einer Fachbibliothek.[31] Die Dreiheit »Museum – Archiv – Bibliothek« deutet an, dass sich die Gründer des Deutschen Museums nicht mit einer Ausstellung von Objekten begnügen wollten. Ihr Technik- und Museumsverständnis implizierte, Technik erfahrbar und nachvollziehbar zu machen. Die Bewahrung technischer Leistungen war als globale Kulturaufgabe angelegt und beinhaltete eine umfassende Bildungsaufgabe. Der Besucher sollte im Museum die gegenständlichen Quellen, die Objekte, betrachten können, in der Bibliothek die Gelegenheit zu intensiver und erweiternder Lektüre haben und im Archiv anhand von schriftlichen und zeichnerischen Originalquellen die Geschichte der Naturwissenschaft und Technik erforschen können. Die wissenschaftliche Forschung wurde schon 1903 in der Satzung als Aufgabenfeld festgeschrieben.[32] Allerdings zeigte sich bei dem Vorhaben eigener Forschungsarbeiten schnell, dass das Museum durch seine Aufbauarbeit so ausgelastet war, dass an originäre technik- und wissenschaftshistorische Forschung nicht zu denken war. Erst 1912 erschien der erste Forschungsband des Museums aus der Feder Walther von Dycks über Georg Reichenbach.[33]

Unverkennbar ist die Anlehnung an die Satzung des Germanischen Nationalmuseums Nürnberg, in der ebenfalls der Nationalanstaltscharakter mit wissenschaftlichen Sammlungen, Archiv, Bibliothek, Forschungen und Vorträgen betont worden war.[34] In diesem kulturgeschichtlich breiten Anspruch

29 Museum von Meisterwerken der Naturwissenschaft und Technik. Satzung Allerhöchst genehmigt [...] am 28. Dezember 1903, § 1.

30 Prot. der Sitzung des Wissenschaftlichen Ausschusses, 11. 5. 1903, DMA, VA 3969.

31 Sammlungen, Archiv und Bibliothek waren bereits 1903 als Satzungsziele formuliert; Satzung 1903 (Anm. 29), § 2. Vgl. den Beitrag von Füßl/Hilz/Trischler.

32 Satzung 1903 (Anm. 29), § 3.

33 Walther von Dyck: Georg Reichenbach (Deutsches Museum. Lebensbeschreibungen und Urkunden). München 1912.

34 Satzung vom 15. 6. 1894. In: Bernhard Deneke/Rainer Kahsnitz: Das Germanische Nationalmuseum Nürnberg 1852–1977. Beiträge zu seiner Geschichte. München/Berlin 1978, S. 956–960.

treffen sich das kunsthistorisch-gewerblich orientierte Museum in Nürnberg und das technikhistorische Museum in München. Das Germanische Nationalmuseum sammelte Denkmäler der deutschen Geschichte, Kunst und Literatur; das Deutsche Museum sollte Gleiches für Naturwissenschaft und Technik leisten.

Ein weiterer Aspekt der Münchner Museumskonzeption ist die ausgeprägt pädagogische Orientierung. Diese Zielrichtung erklärt sich zuerst aus dem Informationsbedürfnis der Ingenieure und Techniker, die dem technischen Laien die Bedeutung ihrer Leistungen vermitteln wollten. Der ›Durchschnittsbürger‹ stand zu Beginn des 20. Jahrhunderts den Umwälzungen, die beispielsweise der elektrische Strom oder das Automobil mit sich brachten, nicht nur mit Unverständnis, sondern oft mit Skepsis gegenüber. Das Deutsche Museum sollte zu einer Popularisierung der Technik und einer verbesserten Technikakzeptanz beitragen. Der Wunsch, ein Zentralmuseum für die Technik zu schaffen und gleichzeitig Technikverständnis und -akzeptanz zu fördern, setzte eine betont volksnahe und spielerische Gestaltung der Ausstellungsräume voraus. Im Gegensatz zu den Technikmuseen in Paris und London, die Miller als tote Museen bezeichnet hatte, strebte man im Deutschen Museum von Beginn an nach bewusst didaktisch gestalteten Ausstellungen.[35] Allerdings konnte diese Konzeption in den Jahren 1906–1925 nur bedingt verwirklicht werden, da die provisorischen Räumlichkeiten nur wenig gestalterische Möglichkeiten boten. Erst mit dem Umzug in das heutige Museumsgebäude im Jahr 1925 konnten die pädagogisch-didaktischen Elemente stärker umgesetzt werden, nicht zuletzt auch deshalb, weil 1921 der Münchner Stadtschulrat und Pädagoge Georg Kerschensteiner in den Vorstand des Deutschen Museums eingetreten war. Seine Ideen stärkten die didaktische Konzeption des Museums erheblich.

Freunde, Förderer, Mitarbeiter

Wie Miller rückblickend festgehalten hat, war er bei der Gründung des Deutschen Museums bemüht, »die größte Sorgfalt auf eine planmäßige Projektierung« zu legen.[36] Diese Planung erstreckte sich nicht nur auf die Einwerbung von Objekten, sondern auch auf den Aufbau eines weit gefächerten Netzes von Kontaktpersonen in Politik, Industrie, Institutionen, Verbänden und Vereinen. Dabei ist bedeutsam, dass es gelang, die Umsetzung des Pro

---

35 Oskar von Miller: Technische Museen als Stätten der Volksbelehrung. In: Deutsches Museum. Abhandlungen und Berichte 1 (1929), H. 5, S. 1–27, hier S. 4–6.
36 Ebd., S. 2.

jekts in einer ungemein gedrängten Zeitspanne zu realisieren. Schon im ersten halben Jahr nach der konstituierenden Sitzung am 28. Juni 1903 waren mit der Satzung das formale Gerüst und der Charakter als Körperschaft des öffentlichen Rechts fixiert. Gleichzeitig waren im Alten Nationalmuseum Räumlichkeiten für provisorische Ausstellungen gefunden. Mit dem Baugelände der Stadt München auf der Kohleninsel war eine Langzeitperspektive für das Museum festgeschrieben. Bayern und die Reichsregierung wiederum hatten erhebliche jährliche Mittel in Höhe von jeweils 50.000 M zugesagt. Bereits in der ersten Sitzung des Wissenschaftlichen Ausschusses im Mai 1903 hatte sich das renommierte Akademiemitglied (später auch Akademiepräsident) Hugo von Seeliger für die Übergabe der rund 2.100 Nummern zählenden Sammlung der Bayerischen Akademie der Wissenschaften ausgesprochen, eine Ankündigung, die Miller werbewirksam als Faktum verbreiten ließ.[37] Die Akademiesammlung wurde dementsprechend in den offiziellen Verlautbarungen des Museums als Exempel für eine erfolgreiche Sammlungspolitik angeführt. Von entscheidender Bedeutung war, dass der Museumsplan in kürzester Zeit in der breiten Öffentlichkeit bekannt wurde. Dazu trug eine äußerst erfolgreiche Pressepolitik der Museumsleitung bei.[38] So wurde der erste Aufruf zur Unterstützung des Münchner Museums als Beilage in verschiedenen Fachzeitschriften in zehntausendfacher Auflage verteilt.[39] Auf diese Weise konnte die primäre Zielgruppe – Ingenieure, Techniker und Industrielle – erreicht werden. Die Tagespresse wiederum wurde von der Museumsleitung permanent mit Nachrichten versorgt – in der Regel Erfolgsmeldungen über wichtige Objekteinwerbungen oder Nachrichten über die glanzvollen Gremiensitzungen des Museums. Diese Kommunikationsstrategie war in einer Referentensitzung vom 15. Juli 1905 beschlossen worden. Danach sollte das Museum alle 8–14 Tage Zeitungsnotizen verschicken, um seine Präsenz und Aktivität in der Öffentlichkeit zu demonstrieren;[40] auch in Fachzeitschriften sollte über den Ausbau des Museums und über Vorträge am Museum publiziert werden. Diese Vorgabe wurde erfolgreich umgesetzt.

---

37 Vgl. Franz Fuchs: Der Aufbau der Physik im Deutschen Museum 1903–1933. In: Deutsches Museum. Abhandlungen und Berichte 25 (1957), H. 3, S. 7–68, hier S. 7. Formell wurde die Abgabe der Akademiesammlung erst Anfang 1905 genehmigt, ebd., S. 8. Eine umfangreiche Auswahl aus der Akademiesammlung wird seit Mai 2003 gemeinsam mit der »Geschichte des Deutschen Museums« in einer Dauerausstellung gezeigt.

38 Sie war von Oskar von Miller auch im Vorfeld und während der Elektrotechnischen Ausstellung in Frankfurt 1891 praktiziert worden, was sich in dem erstaunlichen Publikumsbesuch (über eine Million Besucher) niedergeschlagen hatte.

39 Verteilte Aufrufe: Zeitschrift des VDI: 21.000 Exemplare, Deutsche Bauzeitung: 11.500, Elektrotechnische Zeitschrift: 8.400, Zentralblatt der Bauverwaltung: 5.350, Dinglers Polytechnisches Journal: 1.600, Zeitschrift des Polytechnischen Vereins: 1.600, Glasers Annalen: 1.400; DMA, VA 4033/10.

40 Sitzung der Referenten vom 15. 7. 1905, DMA, VA 3969.

Durch die breite Streuung der Aufrufe und die permanente Presseberichterstattung wurde die Bereitschaft einflussreicher Persönlichkeiten gefördert, das neue Museum zu unterstützen. Geplant war, sowohl finanzielle Mittel in Form von Spenden als auch geeignete Sammlungs- und Ausstellungsobjekte zu erhalten. Um dies zu erreichen, wurde gezielt ein personelles Netzwerk aufgebaut. Erste Ansprechpartner waren die Teilnehmer der Tagung des VDI Ende Juni 1903. Im Vorfeld der Versammlung hatte Miller zahlreiche Persönlichkeiten angeschrieben und um Teilnahme an der Gründungsversammlung gebeten.[41] Bewusst nutzte das »Vorbereitende Komitee« die bevorstehende Jahresversammlung des VDI zur Bekanntgabe der offiziellen Gründung des Museums. In der Tat stellte sich die seit 1856 existierende Standesorganisation der Ingenieure hinter die Museumsbewegung und setzte ein politisches Signal. Zur Förderung der Museumsidee gab der VDI seine Mitgliederkartei an das Museum weiter.[42] Dadurch konnten rund 20.000 VDI -Mitglieder direkt angesprochen und um Unterstützung gebeten werden. Der VDI selbst erhielt über die Satzung ein permanentes Vertretungsrecht im Vorstandsrat des Museums.

Während sich das Deutsche Museum in seiner inhaltlichen Ausgestaltung an das Germanische Nationalmuseum in Nürnberg anlehnte, folgte es bei der Konstruktion seiner Gremien dem französischen Vorbild des »Conseil de Perfectionnement« am Conservatoire des Arts et Métiers, der aus gewählten Vertretern und ernannten Mitgliedern aus Behörden und Vereinen bestand.[43] Die Intention ging dahin, wie in Frankreich maßgebliche Behörden- und Vereinsvertreter, Industrielle und Techniker einzubinden. Um das Museum auf diese breite Basis zu stellen und den Charakter als nationale Unternehmung zu unterstreichen, bekamen durch die Satzung von 1903 das Reich, die Länderregierungen und die Stadt München eigene Vertreter im »Vorstandsrat«. Ähnlich dem VDI konnten verschiedene Reichsministerien (für Verkehr, Post, Luftfahrt), Reichsanstalten, Akademien sowie die wichtigsten Gesellschaften, Vereine und Verbände einen Vertreter in dieses Gremium entsenden.[44] Auch einige Museen (Germanisches Nationalmuseum und Bayerisches Gewerbemuseum, beide Nürnberg, Technisches Museum für Industrie und Gewerbe, Wien) waren vertreten. Die Zahl der Vorstandsratsmitglieder sollte

---

41 S. dazu die Briefe Millers, DMA, VA 0001.
42 Vgl. DMA, VA 4033/11. Zum VDI vgl. Karl-Heinz Ludwig/Wolfgang König (Hrsg.): Technik, Ingenieure und Gesellschaft. Geschichte des Vereins Deutscher Ingenieure 1856–1981. Düsseldorf 1981.
43 Vgl. DMA, VB 1903/04, S. 28.
44 Vertretungsrecht hatten u. a.: Gesellschaft Deutscher Naturforscher und Ärzte, Deutsche Physikalische Gesellschaft, Deutsche Chemische Gesellschaft, Verein zur Beförderung des Gewerbefleißes in Berlin, Polytechnischer Verein in München, Verein deutscher Eisenhüttenleute, Verband deutscher Elektrotechniker, Verband deutscher Architekten und Ingenieure, Zentralverband deutscher Industrieller; Satzung von 1903 (Anm. 29), § 6.

ursprünglich bei maximal 50 liegen, doch wurde sie in Zusammenhang mit der Grundsteinlegung 1906 auf 100 erhöht.[45]

Während der Vorstandsrat als stärker politisch geprägtes Gremium eingerichtet war, sollten im sogenannten »Ausschuss« besonders die Persönlichkeiten eine Vertretung finden, die das Museum ideell und materiell unterstützten, so alle Mitglieder des »Provisorischen Komitees« und des Vorstands sowie gewählte Personen. Aufgenommen wurden Einzelpersonen, die als »besondere Gönner« dem Museum eine Geldsumme von mindestens 5.000 M gespendet hatten.[46] Durch die Möglichkeit, über eine hohe Stiftung einen permanenten Sitz im Ausschuss zu erhalten, musste die Zahl der Mitglieder faktisch unbeschränkt bleiben. Zudem war die Amtsdauer der Ausschussmitglieder unbegrenzt. Ab 1906 war lediglich die formale Mitgliedschaft im Museum erforderlich.[47] Ab 1912 konnten erstmals Körperschaften und Firmen, die einmalig mindestens 10.000 M (oder eine entsprechende Summe auf fünf Jahre verteilt) gestiftet hatten, für 25 Jahre einen Vertreter in den Ausschuss entsenden.[48] Dessen Funktion bestand in der Entscheidung über die Aufnahme neuer Ehrenmitglieder, der Aufstellung von Bildnissen bedeutender Förderer von Naturwissenschaft und Technik und in der Beschlussfassung über den Haushalt des Museums bzw. die Anträge des Vorstandsrats und über Satzungsänderungen.[49] Formal war er damit das höchste Gremium des Museums, doch war seine Entscheidungskompetenz abhängig von den Vorarbeiten des personell kleineren Vorstandsrats.[50] Dieser konnte zudem durch Zuwahl neue Ausschussmitglieder bestimmen. Mit diesem Passus hatte der Vorstandsrat das entscheidende Machtmittel in der Hand.

Die eigentliche Geschäftsführung lag beim »Vorstand«, der aus Oskar von Miller, Walther von Dyck, Mathematiker und ab 1903 Rektor der TH München, und dem Industriellen und Kältetechniker Carl von Linde bestand.[51] Faktisch war er das entscheidende Gremium, dem satzungsgemäß die wissenschaftliche, technische und geschäftliche Leitung des Museums oblag. Der

45 Vgl. Satzung von 1906, § 6. Im Jahr 1928 wurde die Zahl auf maximal 150 erweitert; vgl. Satzung 1928, § 6. Nach dem Zweiten Weltkrieg fand eine weit reichende Umstrukturierung der Gremien statt.

46 Satzung 1903 (Anm. 29), § 7, Satz 5.

47 Satzung 1906, § 7, Satz 1.

48 Satzung 1912, § 7, Satz 7.

49 Satzung 1903 (Anm. 29), § 7.

50 Der kritischen Einschätzung von Vorstandsrat und Ausschuss durch Hochreiter in Sachen Gestaltungskompetenz dieser Gremien kann ich mich nur anschließen; Hochreiter (Anm. 3), S. 143.

51 Zu Linde vgl. Hans-Liudger Dienel: Ingenieure zwischen Hochschule und Industrie. Kältetechnik in Deutschland und Amerika 1870–1930. Göttingen 1995; zu Dyck vgl. Ulf Hashagen: Der Mathematiker Walther von Dyck und die »wissenschaftliche« Technische Hochschule. In: Ivo Schneider/Helmuth Trischler/Ulrich Wengenroth (Hrsg.): Oszillationen. Naturwissenschaftler und Ingenieure zwischen Forschung und Macht. München 2000, S. 267–296; ders.: Walther von Dyck (1856–1934). Stuttgart 2003.

Vorstand blieb personell jahrzehntelang unverändert; erst 1921 schied Linde aus und wurde durch Kerschensteiner ersetzt.

Die Konstruktion der Gremien zeigt, dass ihre Zusammensetzung mit einem hohen Maß an Pragmatismus betrieben wurde. Das Museum wollte seine Förderer eng an sich binden. Dabei ging es soweit, seine Satzung häufig zu ändern, um diese Unterstützung zu erreichen. Die Zugehörigkeit zu einem Gremium wurde von Seiten des Museums als formaler Akt interpretiert, während die Gremienmitglieder damit einen besonderen gesellschaftlichen Status verbanden. So waren die prächtig inszenierten Jahresversammlungen gesellschaftliche Ereignisse, an denen man gerne teilnahm, umso mehr, da sie die Möglichkeit boten, berufliche Kontakte zu knüpfen oder auszubauen. Immerhin war das Museum bemüht, im Ausschuss wie im Vorstandsrat ein ausgewogenes Verhältnis zwischen Politik, Industrie und Wissenschaft zu wahren. Die zahlreichen wissenschaftlichen Vertreter im Ausschuss sollten einen Gegenpol zu den Interessen der Industrie bilden.

Die gleiche Absicht findet sich bei der Auswahl der »Referenten« wieder. Deren Aufgabe bestand darin, gemäß dem Museumsprogramm Listen für die künftigen Ausstellungen und Sammlungen zu erstellen. In ihnen sollten alle wünschenswerten Originale, Nachbildungen, Modelle, Demonstrationsobjekte, Zeichnungen, Fotos etc. erfasst werden. 1905 gab es 56 Referenten und zusätzlich 134 externe Mitarbeiter, die ihre Unterstützung zugesagt hatten.[52] Wie beim »Wissenschaftlichen Ausschuss« dominierten bei den Referenten Namen aus dem akademischen Bereich. Drei Viertel waren Hochschullehrer, nur sieben Personen kamen aus der Industrie. Bei den externen Mitarbeitern war der Anteil der Lehrenden deutlich geringer. Von den 134 Namen sind den Universitäten, Hochschulen und Akademien 41, der Industrie lediglich 43 Personen zuzurechnen.[53] Die Besetzung war hochkarätig: Berühmte Referenten waren Wilhelm Conrad Röntgen, Wilhelm Wien, Wilhelm Ostwald oder Alois Riedler.[54]

---

52 Hochreiter (Anm. 3), S. 5–9. Die hier aufgeführte Referentenliste ist weitgehend identisch mit der bei Stange abgedruckten Übersicht. Die Namen Witt, Schilling, Förderreuther und Lautenschläger erscheinen bei Stange nicht; dafür nennt er die Namen Emmerich und Berger. Vgl. Albert Stange: Das Deutsche Museum von Meisterwerken der Naturwissenschaft und Technik. Historische Skizze. München und Berlin 1906, S. 117–125. Vgl. S. 441f. in diesem Band.

53 Vgl. DMA, VA 4014. Zu deren Aufgaben s. jetzt ausführlich Wilhelm Füßl: Konstruktion technischer Kultur. Die Sammlungspolitik des Deutschen Museums in den Aufbaujahren 1903–1909. In: Ulf Hashagen/Oskar Blumtritt/Helmuth Trischler (Hrsg.): Circa 1903. Artefakte in der Gründungszeit des Deutschen Museums. München 2003, S. 33–53.

54 Die Beziehungen von Naturwissenschaftlern, besonders von Physikern, wurden in den letzten Jahren durch eine Reihe von Arbeiten untersucht. Vgl. Wilhelm Füßl: Wilhelm Conrad Röntgen und das Deutsche Museum. In: Kultur & Technik 20 (1996), H. 1, S. 10–19; Urban Ruepp: Wilhelm Wien und das Deutsche Museum (Staatsexamensarbeit Physik). Heidelberg 1998; Bernhard Taufertshöfer: Johann Wilhelm Hittorf und das Deutsche Museum (Staatsexamensarbeit Physik). Heidelberg 2000.

Das Verhältnis zwischen Wissenschafts- und Industrievertretern änderte sich bis zum Jahr 1925. Mit den schrumpfenden Geldzuweisungen der öffentlichen Hand in den 1920er-Jahren, dem Verlust museumseigener Geldreserven im Inflationsjahr 1923 und der bevorstehenden Eröffnung des neuen Museumsgebäudes auf der Kohleninsel wuchs der Einfluss der Industrie durch Geld- und Sachspenden.

Über die Referenten und externen Mitarbeiter hinaus wurden besonders bei Einwerbungsprozessen von Objekten zusätzliche Experten herangezogen und damit das Netz weiter verbreitert. Dieses Netzwerk hatte die Funktion, möglichst viele Personen an das Museum zu binden und den Zustimmungsgrad zur Museumskonzeption hochzuhalten.

Einen weiteren Ring des konzentrisch um den Vorstand gelegten Unterstützerkreises bildeten die Mitglieder des Deutschen Museums. Die Mitgliedschaft erwerben konnten Einzelpersonen, Firmen und Verbände. Die Bedingungen für die Mitgliedschaft wechselten. Grundsätzlich war ein jährlicher Beitrag zu entrichten, doch konnte die Mitgliedschaft auch durch einen höheren einmaligen Beitrag oder durch die Stiftung eines wertvollen Sammlungsobjekts erworben werden.[55] Die Mitgliederzahlen wurden nicht nur in den jährlichen Jahresberichten veröffentlicht; besonders in den Anfangsjahren wurden regelmäßig gedruckte Mitgliederlisten verteilt.[56] Die Werbewirkung für das Museum stand auch hier im Vordergrund. Im Jahr 1904 lag die Mitgliederzahl bei etwa 800; sie stieg nach der Eröffnung der Ausstellungen im Alten Nationalmuseum auf ca. 2.250 (1907), nach der Eröffnung der Schwere-Reiter-Kaserne nochmals auf 4.178 (1910) an. Trotz der Schließung der Zweigstelle seit 1914 blieb die Zahl konstant bei über 4.000 Mitgliedern. In der Nachkriegszeit und während der Inflationsjahre gingen die Mitgliederzahlen leicht nach unten. 1925, im Jahr der Einweihung des Hauptgebäudes, lag die Mitgliederzahl bei etwa 6.000, sank dann aber bis 1945 kontinuierlich.[57]

Das Museum bemühte sich energisch um die Werbung neuer Mitglieder. Regelmäßig wurden die Gremienmitglieder angesprochen und aufgefordert, ihrerseits Mitglieder zu werben. Man setzte auf die Multiplikatoren- und Vorbildfunktion der renommierten Gremienmitglieder. Ein Beispiel für dieses »Schneeballsystem« ist der Mannheimer Fabrikant Fritz Engelhorn jr. Aus der Korrespondenz mit Oskar von Miller wird deutlich, dass Engelhorn sich besonders bemühte, dem Museum neue und finanzkräftige Mitglieder zuzuführen.[58]

---

55 Diese Möglichkeit der Mitgliedschaft bestand seit der Satzungsänderung von 1912.
56 Deutsches Museum von Meisterwerken der Naturwissenschaft und Technik. Mitglieder-Verzeichnis. Stand 1904, 1905, 1909, 1910, 1913.
57 Vgl. die entsprechenden Verwaltungsberichte.
58 Briefwechsel des Deutschen Museums mit Engelhorn, DMA, VA 0089–0090 (sub E).

1909 schickte er dem Museum eine Liste mit 38 Namen von Fabrikanten, Ingenieuren und örtlichen Honoratioren aus dem Raum Mannheim, die das Museum unterstützen wollten. Am Heiligen Abend (!) 1909 teilte er mit, dass er weitere 11 Firmen für eine korporative Mitgliedschaft gewonnen habe.[59] Ähnlich aktiv waren viele andere Gremienmitglieder wie Gustav von Brüning, Direktor der Farbwerke Höchst, oder Wilhelm von Siemens.[60]

Eine statistische Auswertung der Mitglieder, die das Museum 1908 und 1910 vornahm,[61] gibt Aufschluss über deren geografische Verteilung. In den beiden untersuchten Jahren existierten 2.103 bzw. 4.178 Mitglieder. Naturgemäß stammten die meisten Mitglieder aus München, wobei ihr Anteil von 37,2 % auf 27,1 % im Jahr 1910 absank. Überraschend ist der geringe Prozentsatz der Mitglieder im hochindustrialisierten Ruhrgebiet und im Rheinland. Aus den Städten an Rhein und Ruhr stammten 1908 nur 116 (5,5 %), zwei Jahre später immerhin 303 Mitglieder (7,3 %). Das deutlich einwohnerschwächere, aber ebenfalls stark industrialisierte Sachsen erreichte weitaus höhere Prozentwerte. Insgesamt gesehen lassen sich die Zahlen dahin gehend interpretieren, dass sich das Deutsche Museum rasch von einem Münchner Unternehmen zu einer im ganzen Deutschen Reich akzeptierten Einrichtung entwickelte und damit die in den ersten Aufrufen beanspruchte Rolle als nationales Museum für die Geschichte der Technik und Naturwissenschaften ausfüllen konnte. Diese Aussage gilt zumindest für die am Museum unmittelbar interessierten Kreise, für Ingenieure, Wissenschaftler, Techniker, Industrielle oder Wirtschaftsverbände. Für sie hatte die Gründung eines Technikmuseums in Deutschland hohe Bedeutung.

Den äußersten Kreis der Förderer bildeten die nicht organisierten Stifter, die ebenfalls über die Gremien angesprochen wurden. Dabei muss unterschieden werden zwischen Stiftern, die Objekte bereitstellten, und Spendern von Geld. Beide wurden öffentlichkeitswirksam über die Presse bekannt gegeben. Die wichtigsten Objektstiftungen wurden im jährlichen Verwaltungsbericht publiziert, während die Geldspenden in das »Gedenkbuch an die Stifter des Deutschen Museums von Meisterwerken der Naturwissenschaft und Technik«, kurz: »Stifterbuch«, eingetragen wurden.[62] Es lag ab 1906 im Ehrensaal im

---

59 DMA, VA 0089 (sub E).

60 Gerhard Neumeier: Bürgerliches Mäzenatentum in München vor dem Ersten Weltkrieg – Das Beispiel des Deutschen Museums. In: Jürgen Kocka/Manuel Frey (Hrsg.): Bürgerkultur und Mäzenatentum im 19. Jahrhundert. Berlin 1998, S. 144–163, hier S. 147.

61 Zum Folgenden DMA, VB 1907/08, S. 5, und 1909/10, S. 5. Die Mitglieder wurden jeweils mit Stand September verglichen. Ausgewertet wurde nur die Mitgliedschaft in Städten mit mehr als 50.000 Einwohnern.

62 DMA, VA 2399. Die Spenden sind zwischen 1903 und Januar 1922 erfasst. Mit Beginn der Inflation brechen die Eintragungen ab.

Alten Nationalmuseum aus. Die frühesten Stiftungen kamen aus dem Umfeld des ersten Vorstands, wobei hier persönliche und berufliche Beziehungen eine große Rolle spielten.[63] Von Mai 1903 bis Oktober 1906[64] sind darin Barspenden in Höhe von 952.250 M vermerkt, was durchschnittlich rund 6.000 M pro Mäzen bedeutete. Die großen Summen der Anfangsjahre lassen sich mit der ersten Begeisterung für das neue Museum erklären, wobei einige besonders hohe Spenden (so des Industriellen Georg Krauss über 100.000 M) die Durchschnittswerte erheblich nach oben korrigieren. Schon einige Jahre später hatte sich die Spendenbereitschaft deutlich abgekühlt. Zwischen März 1910 und Januar 1914 sind im Stifterbuch nur 180.889 M vermerkt. Im Zeitraum von April 1914 bis November 1918 wiederum sind in das Stifterbuch 2.874.895 M an einmaligen Beiträgen notiert.[65] Gerhard Neumeier hat mit Recht auf die Kriegsgewinne der florierenden Eisen-, Kohle-, Stahl- oder Elektroindustrie hingewiesen, die derartig hohe Spenden ermöglichten.[66]

Das »Stifterbuch« zeigt auch, dass sich in den ersten 15 Jahren Museumsgeschichte die regionale Zuordnung der Stifter verschoben hat. Während an-

63 Zum Folgenden Neumeier (Anm. 60).
64 Die Datierungen ergeben sich aus den Seiten des Stifterbuches, die nur nach Zeiträumen geordnet sind, die nicht weiter aufgeschlüsselt werden können.
65 DMA, VA 2399, S. 66–82.
66 Neumeier (Anm. 60), S. 156.

fangs Mäzene aus dem bayerischen Raum dominierten, bevorzugt aus den Städten München, Nürnberg und Augsburg,[67] verlagerte sich die Spendenbereitschaft – vergleichbar mit der Entwicklung im Mitgliedswesen – zunehmend auf das gesamte Deutsche Reich.

Die Personenkreise um das Deutsche Museum überschnitten sich in vielfacher Weise. Viele Gremienmitglieder waren zahlende Mitglieder, traten als Stifter auf oder stellten sich als Fachreferenten zur Verfügung. Insofern ist der eigentliche Unterstützerkreis personell deutlich kleiner. Im Wesentlichen handelte es sich um eine politische, wirtschaftliche und bildungsbürgerliche Elite, was die hohen Mitgliederzahlen nur teilweise überdecken können. Allerdings ist im Deutschen Reich um die Jahrhundertwende eine generelle Tendenz zur Organisation von Interessen in zahlreichen Fachverbänden zu beobachten. Die Mitgliedszahl im Verein Deutscher Ingenieure stieg ebenso an wie z.B. in der fachübergreifenden »Gesellschaft Deutscher Naturforscher und Ärzte« (GDNÄ).[68]

Die Stabilität der globalen Satzungsziele und die personelle Kontinuität der Gremien über den politischen Wechsel von der Monarchie zur Demokratie 1918/19 hinaus zeigen, dass sich das Museum als Institution mit hoher Eigendynamik etabliert hatte, die sich in vielen Bereichen von der gesamtgesellschaftlichen Entwicklung abgekoppelt hatte. Das Museum blieb in seinem organisatorischen Aufbau den konservativen Denkstrukturen der in ihm vertretenen politischen und wirtschaftlichen Eliten verhaftet. Die personelle und ideelle Kontinuität im ersten Drittel des 20. Jahrhunderts ist ein markantes Faktum der Museumsgeschichte. Die spätere Feststellung Millers, er habe das Museum immer frei von politischem Einfluss gehalten,[69] entspricht dem apoli-

---

67 Bemerkenswert ist auch die konfessionelle Aufschlüsselung bei Neumeier (Anm. 60), S. 151f. Während der Anteil der Katholiken zwar 82 % der Münchner Bevölkerung betrug, waren sie nur mit 44 % unter den Stiftern vertreten. Bei den Protestanten war das Verhältnis umgekehrt: 15 % Bevölkerungsanteil und 41 % Stifteranteil. Die Juden wiederum waren lediglich mit 2 % an der Bevölkerung vertreten, aber mit 15 % an den Stiftungen zugunsten des Museums. Über den Zusammenhang von Mäzenatentum und Integration von Juden in die bürgerliche Gesellschaft der Jahrhundertwende vgl. Wilhelm Treue: Jüdisches Mäzenatentum für die Wissenschaft in Deutschland. In: Werner E. Mosse/Hans Pohl (Hrsg.): Jüdische Unternehmer in Deutschland im 19. und 20. Jahrhundert. Stuttgart 1992, S. 284–308.

68 Der VDI hatte 1908 22.000 Mitglieder; vgl. Geschichte des Vereines deutscher Ingenieure. Nach hinterlassenen Papieren von Th. Peters. Im Auftrag des Vorstandes hrsg. und bis 1910 vervollständigt. Berlin 1912; Max Krause: Gedächtnisrede im Berliner Bezirksverein deutscher Ingenieure zur Feier des 67. Geburtstages von Theodor Peters am 15. November 1908 in der Technischen Hochschule Charlottenburg, o. D. Die GDNÄ hatte 1908 3.127 Mitglieder, nachdem sie im Jahr 1893 nur über 1.186 und 1900 über 2.026 Mitglieder verfügt hatte; vgl. Geschäftsberichte des Vorstands der Gesellschaft Deutscher Naturforscher und Ärzte. 1893, 1900/1908; DMA, Archiv des GDNÄ, Geschäftsberichte.

69 DMA, VA 4006. Vgl. den Beitrag von Duffy.

tischen Verständnis gesellschaftlichen Handels der wirtschaftlichen und wissenschaftlich-technischen Eliten Deutschlands in der ersten Hälfte des 20. Jahrhunderts. Millers Aussage bezog sich mehr auf parteipolitischen Einfluss als auf
wertkonservative Vorstellungen. Diese blieben in der »Ära Miller« konstant.

Die Finanzierung des Museums

Für die laufende Finanzierung waren die oben angesprochenen Mitgliedsbeiträge von untergeordneter Bedeutung. 1904 ergaben sich daraus Einnahmen
von 18.000 RM, 1907 von 27.000 M und 1910 von 53.000 M. Zwischen 1911 und
1918 summierten sich diese Beiträge auf jährlich etwa 60.000 M. In der Spitze,
dem Haushaltsjahr 1925/26, betrugen die Mitgliedsbeiträge 72.000 RM. Pro-
zentual gesehen lagen sie 1904 noch bei 10,6 % des Gesamthaushalts. Bis 1917
sank der Anteil auf 4,1 % ab. Selbst im besonders mitgliederstarken Jahr 1925/26
machten die Mitgliedsbeiträge nur 6,9 % des Museumshaushalts aus.[70]

Die Finanzierung des Deutschen Museums ist auf dem Hintergrund seiner
Bedeutung für die Stadt München, für Bayern und für das Reich zu sehen. Das
Deutsche Museum wurde von den Regierungen zumindest bis 1933 als eine nationale Aufgabe empfunden. Seine Unterstützung war unabhängig von der jeweiligen Staatsform. Dementsprechend hoch waren die jährlichen Zuschüsse,
die von der Stadt München, der bayerischen Ersten und Zweiten Kammer und
vom Deutschen Reich bewilligt wurden. Auch die Regierungen anderer deutscher Einzelstaaten beteiligten sich in unterschiedlicher Form an der Finanzierung. Die Kollegien der Stadt München erklärten sich noch im November
bzw. Dezember 1903 zu einer Jahreszahlung von 15.000 M bereit,[71] Bayern steuerte 50.000 M und das Reich ebenfalls 50.000 M bei.[72] Dabei waren die Zahlungen der Sitzstadt München und Bayerns unproblematisch. Bayern hatte
schon 1903 jährliche Zahlungen zugesichert. In Verhandlungen mit dem
Staatssekretär im Reichsinnenministerium, Graf von Posadowsky, hatte Miller
im Oktober 1903 einen Jahresbeitrag des Reiches in Höhe von 50.000 M erreicht unter der Vorgabe einer gleich hohen Beteiligung Bayerns.[73]

Zu diesen drei größeren Posten kamen die jährlichen Mitgliedsbeiträge von
Firmen, Verbänden, Vereinen, darunter der Jahresbeitrag des VDI (5.000 M),
des Centralverbands deutscher Industrieller (1.000 M), der Jubiläumsstiftung
der Deutschen Industrie (2.000 M) oder des Industrievereins Augsburg

---

70 Alle Zahlen wurden den jeweiligen Verwaltungsberichten entnommen.
71 DMA, VA 4033.
72 Vgl. die Gutschriften der staatlichen Überweisungen 1903–1904, DMA, VA 3860.
73 Miller an Hugo Graf von und zu Lerchenfeld (Bayerischer Gesandter in Berlin), 15. 10. 1903, DMA,
VA 4033/3.

(1.000 M).[74] Im ersten regulären Haushaltsjahr 1904 beliefen sich die Gesamteinnahmen auf 201.000 M, wobei drei Viertel aus den erwähnten fixen Zuschüssen und den festen Jahresbeiträgen stammten.[75] Die Einnahmen aus den jährlichen Zuschüssen stiegen bis in das letzte Friedensjahr (1913) nur unwesentlich an (von 155.000 M auf 161.000 M), was v. a. an den unveränderten Beiträgen Münchens, Bayerns und des Reichs sowie dem unmerklichen Zuwachs der Dauerzuschüsse von Privatpersonen und Körperschaften lag. Für die Jahre 1918 bis 1924/25 weisen die Verwaltungsberichte die entsprechenden Zahlen nicht aus, was angesichts der Inflation verständlich ist. Erst nach der Währungsumstellung sind den Jahresberichten wieder verlässliche Zahlen zu entnehmen. Im Rechnungsjahr 1925/28 sind als reguläre Zuweisungen vom Reich und vom Freistaat Bayern jeweils rund 140.000 RM angesetzt, eine Zahl, die in den folgenden Jahren kontinuierlich anstieg.

Im Gegensatz zu den in etwa gleich bleibenden Zuschüssen wuchsen die Einnahmen aus den Mitgliedsbeiträgen, seit Eröffnung der Ausstellungen 1906/09 auch die Einnahmen aus Eintrittsgeldern, Dauer-, Vortrags- und Führungskarten, Führern und Postkarten. Erst in den Kriegsjahren gingen die Zahlen zurück, was auf das verminderte Angebot (Schließung der Zweigstelle in der Schwere-Reiter-Kaserne) zurückzuführen sein dürfte. Im Jahr 1925/26 lag die Einnahme bei diesem Haushaltsposten bei 427.000 RM.[76] Zu den ordentlichen Einnahmen aus Zuschüssen, Beiträgen und Eintrittsgeldern kam eine gewichtige Summe aus den »außerordentlichen Einnahmen«, den Zinsen aus Stiftungsgeldern und den Haushaltsüberträgen. Da die Ausgaben in den ersten Jahren deutlich niedriger waren als die Einnahmen, hatten sich aus den Überschüssen der Vorjahre und aus den Zinserträgen von Stiftungsgeldern erhebliche Mittel angesammelt, die dann aber in der Inflation nahezu komplett entwertet wurden.

Untersucht man die Verwendung der Ausgaben, so lässt sich feststellen, dass die Hälfte der ordentlichen Einnahmen für Löhne und Gehälter ausgegeben wurde, weitere 20 % für den Unterhalt der Gebäude, der Museumsobjekte und Einrichtungen. Nur geringe Mittel flossen in den Ankauf von Objekten oder in die Herstellung von Modellen. Die jährlichen Beiträge aus München, Bayern, vom Reich, von verschiedenen bayerischen Kreisen und den jährlichen Firmen- und Stiftungszuschüssen deckten ziemlich genau die regulären Personalausgaben. Die Sachkosten wiederum wurden von den Mitgliedsbeiträgen, unregelmäßigen Industriespenden und außerordentlichen Haushaltsmitteln bestritten.

---

74 Vgl. die Angaben des Stifterbuchs, DMA, VA 2399.
75 DMA, VB 1904/1905, Beil. C.
76 Einnahmen aus Eintrittsgeldern, DMA, VB 1907/1908–1925/1926: 1907: 53.433 M; 1910: 72.508 M; 1918: 15.864 M.

Zu den jährlichen Haushaltszuweisungen kamen erhebliche Mittel für den Bau des Museumsgebäudes auf der Kohleninsel. Ursprünglich waren dafür 10 Mio. M. veranschlagt, die zur Hälfte aus öffentlichen Mitteln (München: 1 Mio.; Reich: 2 Mio.; Bayern: 2 Mio.), zur anderen Hälfte von der Industrie aufgebracht werden sollten.[77] Ab 1908 flossen die jährlichen Bauraten in Höhe von 800.000 M.[78] Mit dem Jahr 1914 wurden die Zahlungen weitgehend eingestellt. Das Reich hatte seine Verpflichtungen erfüllt, nicht dagegen Bayern und München. Mit Kriegsende forderte das Museum zur Vollendung des Baus weitere 12 Mio. M, wovon das Reich 9 Mio. und Bayern 3 Mio. tragen sollten; die Industriezuschüsse dafür wurden mit 8 Mio. M eingesetzt. Allerdings sind diese Zahlen bereits Inflationszahlen; letztlich flossen jährlich etwa 250.000 RM durch das Reich und Bayern. Die von der Industrie zur Verfügung gestellten Bar- und Sachspenden blieben weit hinter den Erwartungen zurück und summierten sich auf lediglich 16,7 % der öffentlichen Mittel.

Aufgrund der Inflation und der Änderungen des Geldwerts sind die kompletten Baukosten für das Museumsgebäude kaum festzustellen. Bis Ende 1916 waren rund 3,7 Mio. M verbaut. Die Vollendung des Rohbaus, die Ausbauarbeiten einschließlich der Museumseinrichtung sowie die Baukosten für den östlichen Verbindungsbau erhöhten die Ausgaben auf 15 Mio. RM.[79]

Der Aufbau von Objektsammlungen

Die schnelle Gründung des Deutschen Museums hatte zwar zu einer raschen Institutionalisierung geführt, brachte aber auch enorme Nachteile. So fehlte zunächst jeglicher Objektfundus. Trotzdem wurden schon drei Jahre später, im November 1906, die ersten Ausstellungen eröffnet. Dieses in der deutschen Museumslandschaft nahezu einmalige Faktum[80] fordert die Frage nach

---

77 Vgl. die Broschüre »Deutsches Museum von Meisterwerken der Naturwissenschaft und Technik«, [1909/1910], S. 1.

78 Das Reich steuerte durchschnittlich jährlich 300.000 M, Bayern 400.000 M und die Stadt München 100.000 M bei.

79 Conrad Matschoß (Hrsg.): Deutsches Museum. Geschichte, Aufgaben, Ziele. München 1925, S. 83.

80 Die Entstehungsgeschichte der vergleichbaren großen technischen Nationalmuseen in Paris und London soll hier ausgeklammert werden, da der Blick auf Deutschland beschränkt bleibt. Viele bundesdeutsche Technikmuseen konnten bei ihrer formellen Gründung auf die vorausgehende, oft jahrzehntelange Sammlungstätigkeit von Einzelpersonen oder Interessensgruppen zurückgreifen. Vgl. zur Entstehungsgeschichte des Museums für Verkehr und Technik in Berlin (heute: Deutsches Technikmuseum) und zum Landesmuseum für Technik und Arbeit in Mannheim: Hanno Möbius u. a.: Vierhundert Jahre technische Sammlungen in Berlin. Von der Raritätenkammer der Kurfürsten zum Museum für Verkehr und Technik. Berlin 1983; Lothar Suhling: Das neueröffnete Landesmuseum für Technik und Arbeit in Mannheim: Entstehung, Inhalte, Strukturen. In: Archiv und Wirtschaft 24 (1991), S. 121–127.

der Sammlungsstrategie des Museums geradezu heraus.[81] Wichtig erscheint dabei der Aspekt des Verhältnisses von Sammeln und Ausstellen und die Antwort auf die Frage, unter welchen Bedingungen und Zielvorstellungen in den Gründungsjahren des Deutschen Museums technische und wissenschaftliche Objekte zusammengetragen wurden. Die Intentionen zur Ausstellung von Artefakten sind andere als die zum Aufbau einer umfassenden enzyklopädischen Sammlung technischer Objekte. In manchen Aspekten können sich beide Bereiche überschneiden, in anderen sind sie diametral verschieden.

Ausgangspunkt der Analyse sind die schriftlich formulierten Statements der Museumsgründer zu ihren Sammlungsprinzipien. Anhand von zwei ausgewählten Fachgebieten – »Dampfmaschinen« und »Luftschifffahrt« – soll überprüft werden, wie sich allgemeine Zielvorgaben auf die konkrete Sammlung bestimmter Technikbereiche auswirkten. Die Dampfmaschinen stehen dabei für die traditionelle historische Technik, waren sie doch Motor der Industrialisierung. Die Luftfahrt hingegen war zu der Zeit der Museumsgründung ein höchst aktueller und innovativer Technikbereich. Bis 1925 hatte sich die Luftfahrt dann zu einem expandierenden und sich stabilisierenden Verkehrssystem entwickelt. Für die Geschichte der Sammlungen (und der Ausstellungen) ist dabei wichtig zu verfolgen, welche Akteure die Sammlungsprinzipien beeinflussten und welche Handlungsmöglichkeiten und -spielräume gegeben waren.

Ein frühes Statement der Museumsgründer zum Thema Sammeln und Ausstellen findet sich in der ersten Satzung:

> »Das Museum von Meisterwerken der Naturwissenschaft und Technik hat den Zweck, die historische Entwickelung der naturwissenschaftlichen Forschung, Technik und Industrie in ihrer Wechselwirkung darzustellen und ihre wichtigsten Stufen insbesondere durch hervorragende und typische Meisterwerke zu veranschaulichen. Es ist eine deutsche Nationalanstalt, bestimmt, dem gesamten deutschen Volke zu Ehr' und Vorbild zu dienen.«[82]

---

81 Das Thema Sammeln hat in den letzten Jahren durchaus Konjunktur; es wird theoretisch, philosophisch, aber auch praktisch eingekreist; viele Arbeiten beschränken sich auf den Zeitraum zwischen dem Barock und dem Ende des 19. Jahrhunderts, thematisch meist auf naturgeschichtliche Sammlungen und Kunstkammern. Vgl. u. a. Oliver Impey/Arthur MacGregor (Hrsg.): The origins of museums. The cabinet of curiosities in sixteenth- and seventeenth-century Europe. Oxford 1985; Paula Findlen: Possessing nature: museums, collecting and scientific culture in early modern Italy. Berkeley 1994; Christoph Becker: Vom Raritäten-Kabinett zur Sammlung als Institution. Sammeln und Ordnen im Zeitalter der Aufklärung. Egelsbach u. a. 1996; E. C. Spray: Utopia's garden. French natural history from Old Regime to Revolution. Chicago 2000. Zum Deutschen Museum vgl. jetzt die Beiträge in Blumtritt/Hashagen/Trischler (Anm. 53). Die Arbeit von Menzel (Anm. 3) bringt dagegen wenig neue Ergebnisse.

82 Museum von Meisterwerken der Naturwissenschaft und Technik. Satzung Allerhöchst genehmigt […] am 28. Dezember 1903 (Anm. 29), § 1.

Der zitierte Paragraf 1 der ersten Satzung, die schon am 28. Dezember 1903 – also wenige Monate nach der Gründung – von der bayerischen Regierung genehmigt wurde, formulierte und zementierte die zentralen Gesichtspunkte der Ausstellungskonzeption. Der Passus, »ihre wichtigsten Stufen insbesondere durch hervorragende und typische Meisterwerke zu veranschaulichen«, blieb fast zwei Jahrzehnte unverändert. Erst eine Satzungsänderung vom 1. Oktober 1921 erweiterte ihn dahin gehend, dass die wichtigsten Stufen jetzt auch durch »belehrende und anregende Darstellungen«[83] gezeigt werden sollten. Diese gravierende Veränderung war ein Reflex auf die Bildungsdiskussion der Jahre zwischen 1900 und 1920 und trug dem Einfluss Kerschensteiners Rechnung.[84]

Das obige Zitat ist vor dem Hintergrund der um die Jahrhundertwende lebhaften Diskussion um die Verwissenschaftlichung der Ingenieursausbildung oder dem Theorie-Praxis-Streit in den Ingenieurwissenschaften zu sehen.[85] Diese Diskussion wurde im Deutschen Museum, wohl nicht zuletzt unter dem Einfluss Dycks,[86] dahin gehend aufgenommen, dass das künftige Museum nicht nur dem Präsentieren von technischen Objekten dienen, sondern gerade den Einfluss der naturwissenschaftlichen Forschung auf Technik und Industrie herausarbeiten sollte.

Lässt man die plakativen Aspekte der Satzung – Deutsches Museum als Nationalanstalt, Funktion des Museums als »Walhalla« der Technik – weg, so kristallisiert sich in dem Paragrafen besonders der Gedanke des Ausstellens heraus. In seiner Formulierung spiegelt er in mehrfacher Weise die zeitgenössischen Wahrnehmungen und Repräsentationsformen von Technik wider. Zu nennen ist zuerst die markante Überhöhung von Objekten als »Meisterwerke« der Technik. Sie erfolgte in deutlicher Anlehnung an die Meisterwerke der Kunstgeschichte, wodurch der Techniker oder Ingenieur in die Nähe des bildenden Künstlers gerückt wurde. Damit sollte, wie eingangs erwähnt, dem Streben der Techniker und Ingenieure nach Anerkennung ihrer Arbeit als technischer Kulturleistung Rechnung getragen werden. Indem die Meisterwerke der Technik im Deutschen Museum zur Aufstellung kamen, wurden sie als herausragende

83 Deutsches Museum. Satzung 1921, § 1.
84 Zu Kerschensteiner und der Tradition der Volksbildung vgl. den Beitrag von Teichmann/Noschka-Roos/Weber.
85 Vgl. u. a. Karl-Heinz Manegold: Universität, Technische Hochschule und Industrie. Ein Beitrag zur Emanzipation der Technik im 19. Jahrhundert unter besonderer Berücksichtigung der Bestrebungen Felix Kleins. Berlin 1970; Klaus Mauersberger: Die Herausbildung der technischen Mechanik und ihr Anteil bei der Verwissenschaftlichung des Maschinenwesens. In: Dresdener Beiträge zur Geschichte der Technikwissenschaften 2 (1980), S. 1–52.
86 Hinter dieser Festlegung stand die spezifische Sicht eines Kreises an der TH München. Andere Hochschullehrer mit der Forderung nach einer stärkeren Praxisorientierung der Wissenschaften, so Alois Riedler (Berlin) und Carl von Bach (Stuttgart), lehnten solche Bestrebungen ab; vgl. u. a. Friedrich Naumann (Hrsg.): Carl Julius von Bach (1847–1931). Pionier – Gestalter – Forscher – Lehrer – Visionär. Stuttgart 1998.

Objekte der Kulturgeschichte gewürdigt und der Öffentlichkeit zur ehr-furchtsvollen Bewunderung übergeben. Die Musealisierung von Technik be-deutete einen Einschnitt im gesellschaftlichen Umgang mit Technik, der sich bis dahin auf die alltägliche Arbeitswelt der Berufstätigen und partiell auf die lebensweltlichen Bereiche von Haushalt und Freizeit beschränkt hatte.

Unverkennbar ist, dass die Museumsleitung, wohl auf dem Hintergrund der »Meisterwerks-Idee«, die Zahl der Objekte in den Ausstellungen gering halten wollte. Aus einer spezifischen Quellengattung, den sog. »Wunschlis-ten«, in denen die für das Museum wichtigen Objekte aufgelistet waren, lässt sich errechnen, dass man um 1905 etwa 7.000 Objekte für die Darstellung von rund 45 Fachgebieten für ausreichend hielt.[87] Umgekehrt kann man schon aus frühen Äußerungen der Museumsleitung erkennen, dass an eine breit gefächerte, globale Sammlung technischen Kulturguts nicht gedacht war. Ursprünglich reduzierte sich der Sammlungsgedanke weitestgehend auf Objekte, die zur Ausstellung kommen sollten.

Die Sammlungspolitik des Museums mit der primären Zielrichtung auf das Sammeln für Ausstellungen änderte sich bis zum Rücktritt Millers im Jahr 1933 nicht. Lediglich vor der Eröffnung neuer Abteilungen ist eine ver-stärkte Akquisitionstätigkeit zu beobachten. Die Aufgabe der Sicherung tech-nischen Kulturguts interpretierte das Museum primär dahin gehend, heraus-ragende und wichtige Objekte der Geschichte von Naturwissenschaft und Technik zu sammeln und auszustellen. Technische Großobjekte oder Ensem-bles sollten ursprünglich im Museum als Modell, Foto oder in Form von Technikgemälden präsentiert werden. Andererseits hat Miller die Bedeutung von technischen Denkmälern schon vor dem Ersten Weltkrieg erkannt und eine Gesellschaft für technische Kulturdenkmäler geplant.[88] Die Kriegsereig-

87 Die Zahl ergibt sich aus der Addition der Objekte in den Wunschlisten; vgl. Museum von Meister-werken der Naturwissenschaft und Technik. Verzeichnis der für die Ausgestaltung des provisori-schen Museums zunächst in Aussicht genommenen Sammlungsgegenstände. München [1905]; DMA, VA 4014. Zu einzelnen Sammlungs- und Ausstellungsbereichen vgl. die Beiträge von Broel-mann, Freymann und Vaupel.

88 Vgl. Conrad Matschoß: Einleitung. In: ders./Werner Lindner (Hrsg.): Technische Kulturdenkmale im Auftrag der Agricola-Gesellschaft beim Deutschen Museum. München 1932, S. 1–4, hier S. 3. Zu den Anfängen der Industriearchäologie vgl. Ulrich Linse: Die Entdeckung der technischen Denkmäler. Über die Anfänge der »Industriearchäologie« in Deutschland. In: Technikgeschichte 53 (1986), S. 201–222; Uwe Beckmann: Technische Kulturdenkmale als Objekte technischer Kultur bei deut-schen Ingenieuren und Heimatschützern. In: Burkhard Dietz/Michael Fessner/Helmut Maier (Hrsg.): Technische Intelligenz und »Kulturfaktor Technik«. Kulturvorstellungen von Technikern und In-genieuren zwischen Kaiserreich und früher Bundesrepublik Deutschland. Münster u. a. 1996, S. 177–188; Alexander Kierdorf/Uta Hassler: Denkmale des Industriezeitalters. Von der Geschichte des Umgangs mit Industriekultur. Tübingen 2000; Manfred Rasch: Bürgerliches Selbstbewusstsein und bürgerliche Selbstdarstellung. Zur Musealisierung von Industrie- und Technikgeschichte in Duisburg zu Beginn des 20. Jahrhunderts. In: Susanne Sommer/Peter Dunas (Hrsg.): 1902–2002. Kultur- und Stadthistorisches Museum Duisburg. Festschrift zum 100-jährigen Bestehen. Duisburg 2002, 145–179.

nisse und die Konzentration auf die Eröffnung des Museums verhinderten eine Forcierung der Denkmalpolitik des Deutschen Museums auf dem Gebiet der »technischen Kulturdenkmäler«. Erst 1926 kam es unter Conrad Matschoß zu einem neuen Vorstoß, wobei sich diese Initiative mit der zu Beginn des 20. Jahrhunderts entstandenen Heimatschutzbewegung zu einer breiten Bewegung der Erhaltung und Sicherung technischer Kulturdenkmäler auch außerhalb der stark industrialisierten Gebiete an Rhein und Ruhr oder Sachsens entwickelte. Ganz offensichtlich wuchs am Deutschen Museum der Gedanke eines breit angelegten Bewahrens von technischen Objekten erst nach Abschluss der ersten Museumsausstellungen 1906/09. Vermutlich hatten diese Ausstellungen die begrenzten Möglichkeiten eines Museums gezeigt, technische Kultur umfassend zu präsentieren. Dementsprechend wollte man über die historische Forschung und die Bewahrung von technischen Kulturdenkmälern auch unabhängig vom Museum das historische Erbe erhalten.

Die Museumsakten lassen erkennen, dass Miller und seine Vorstandskollegen Dyck und Linde die Gestaltung der Ausstellungen gezielt angehen wollten. Dazu wurde schon am 11. Mai 1903, noch vor der formellen Museumsgründung, der sog. »Wissenschaftliche Ausschuss« gebildet. Ihm gehörten neben Miller, Dyck und Linde die Professoren Hermann Ebert, Paul Ritter von Groth, Egbert von Hoyer, Paul von Lossow, Konrad Oebbeke, Wilhelm Conrad Röntgen, Moritz Schröter und Hugo von Seeliger, Franz Ritter von Winckel und Karl Alfred Ritter von Zittel an. Die Namen zeigen, dass der Wissenschaftliche Ausschuss in seinen Anfängen ein auf München beschränktes Gremium war. Der dominierende Einfluss von Hochschullehrern auf die Auswahl von Objekten war als Gegengewicht zur Industrie und der angesprochenen Gefahr der Industrieschau gedacht. Die ›Akademisierung‹ des Museums ist aber auch ein Indiz für die Verwissenschaftlichung aller Lebensbereiche, die sich insbesondere in Deutschland nach der Jahrhundertwende stark beschleunigte.[89] Die Zusammensetzung des Wissenschaftlichen Ausschusses deutet an, dass man auf eine wissenschaftlich fundierte Vorgehensweise bei der Einwerbung großen Wert legte. Auf der anderen Seite scheint sie eine rasche Auswahl der Objekte behindert zu haben. Mit der Satzung von 1903 wurde die Entscheidungsbefugnis über die Aufnahme von Objekten vom Wissenschaftlichen Ausschuss auf den Vorstandsrat übertragen.[90] Dieses große Gremium wiederum –

---

89 Vgl. dazu mit weiterführender Literatur den Sammelband von Rüdiger vom Bruch/Brigitte Kaderas (Hrsg.): Wissenschaften und Wissenschaftspolitik. Bestandsaufnahmen zu Formationen, Brüchen und Kontinuitäten in Deutschland des 20. Jahrhunderts. Stuttgart 2002, bes. den Beitrag von Margit Szöllösi-Janze: Die institutionelle Umgestaltung der Wissenschaftslandschaft im Übergang vom späten Kaiserreich zur Weimarer Republik, S. 60–74.

90 Satzung 1903 (Anm. 29), § 6, vorletzter Absatz. Vgl. Chronik des Deutschen Museums von Meisterwerken der Naturwissenschaft und Technik. Gründung, Grundsteinlegung und Eröffnung 1903–1925. München 1927, S. 18–19.

Ende 1903 bestand es aus 49 Mitgliedern – war in der Behandlung von Objekteinwerbungen zu schwerfällig. Aus diesem Grund sah sich der Vorstandsrat am 27. Juni 1904 veranlasst, die Entscheidung über die Aufnahme eines Objekts auf den aus drei Personen bestehenden Vorstand zu delegieren.[91] Faktisch bedeutete dies die Stärkung des Vorsitzenden des Vorstands, Oskar von Miller.

Der Wissenschaftliche Ausschuss legte in der Sitzung am 11. Mai 1903 Grundsätze fest, nach denen der Sammlungsaufbau erfolgen sollte:

> »Die verschiedenen Zweige der Technik, welche mit der Wissenschaft in enger Beziehung stehen, sollen in ihrer Entwicklung durch historische Apparate, durch Modelle, sonstige typische und hervorragende Meisterstücke sowie durch Zeichnungen und Urkunden zur Darstellung gebracht werden, dabei sollen sowohl Industriezweige Berücksichtigung finden, die ihren Anfang durch wissenschaftliche Forschungen nahmen, als auch solche, welche durch die wissenschaftlichen Bestrebungen in ihrer späteren Entwickelung hervorragend beeinflusst wurden […] In erster Linie sollen deutsche Museums-Gegenstände gesammelt werden, doch seien zur Vervollständigung einer historischen Darstellung der Industriezweige auch hervorragende ausländische Meisterstücke zuzulassen.«[92]

Diese Vorgaben waren jedoch zu allgemein, um für ein konkretes Sammeln hilfreich zu sein. Angesichts der Flut eingehender Objekte blieben sie wirkungslos. Viele Firmen schickten, teilweise unaufgefordert, ihre neuesten Produkte. 1904 beklagte Miller, dass ein großer Schienenhersteller dem Museum eine riesige Sammlung von Schienenprofilen übersandt habe, die zwar als »Zierde jeder industriellen Ausstellung« gelten könne, für ein »wissenschaftliches Museum« aber völlig unbrauchbar sei.[93] Dennoch wurde diese Schenkung nicht abgelehnt. Dem neu gegründeten Museum ging es in erster Linie pragmatisch darum, die breite Unterstützung von Industrie und Politik, von Verwaltungen und Einzelpersonen nicht zu verlieren; dafür nahm man das Anschwellen der Depots in Kauf. Verlautbarungen, wie das erste Rundschreiben des »Provisorischen Comités für die Errichtung eines deutschen Museums von Meisterwerken der Wissenschaft und Technik« vom 17. Juni 1903, demzufolge im Museum »die geschichtliche Entwickelung der Industrien bis zu den neuesten Errungenschaften« dargestellt werden sollte,[94] wurden von der Industrie geradezu als Aufforderung verstanden, ihre aktuellen Produkte zu stiften. Die Gefahr, dass das Museum als reine Industrieschau benützt werden könnte, war nicht gering. Dennoch war das Deutsche Museum bemüht, den Stiftergedanken der Industrie – zumindest bis zur Er-

---

91 Prot. der Sitzung des Vorstandsrats, 27. 6. 1904, DMA, VA 3969.
92 Prot. der Sitzung des Wissenschaftlichen Ausschusses, 11. 5. 1903, ebd.
93 Miller an Wilhelm Hartmann, 22. 12. 1904, DMA, VA 0015; Menzel (Anm. 3), S. 163.
94 DMA, VA 3969.

öffnung des eigentlichen Museumsbaus – hoch zu halten.[95] Die Konsequenz: Im ersten Jahrzehnt nach der Gründung stieg die Zahl der Objekte auf über 36.000, bis zur Einweihung des Museums auf der Kohleninsel (1925) weiter auf 55.624 an.[96]

Resümiert man die Entwicklung, wird deutlich, dass sich der Objektfundus nicht zuletzt durch zahlreiche Industriestiftungen so rasant entwickelte und dass er sich weder für eine vollständige Ausstellung noch für eine übersichtliche Studiensammlung eignete. In den Anfangsjahren entstand der gesamte Objektfundus, so sehr man sich auch um ein konzentriertes Vorgehen bemühte, nicht als Produkt eines gezielten Sammelns und reflektierter Sammlungskriterien, sondern eher zufällig. Gleichwohl kann man ihn heute als ein zeitgenössisches Spiegelbild für die Einschätzung technischer Artefakte, für ihre historisch-kulturelle Bedeutung, als Ausdruck der Fortschrittsgläubigkeit, aber auch als Sachzeugnis der technischen Leistungsfähigkeit der Industrie interpretieren.

Für die Geschichte der Sammlungen und der Ausstellungen des Deutschen Museums ist die Kenntnis über die von Miller geforderte »planmäßige Projektierung« aufschlussreich.[97] Schon 1903 brachte das Museum erste Vorschlagslisten für Erwerbungen in Umlauf, die von den Mitgliedern des Ausschusses bearbeitet werden sollten. Die ersten Sammlungsvorschläge gingen bereits 1903/04 bei der Museumsleitung ein, allerdings begann die aktive Einwerbung erst ab etwa Jahresbeginn 1904. Bis dahin hatte Miller mit einigen Mitarbeitern aus seinem privaten Ingenieurbüro eine grobe Einteilung des Museums vorgelegt. Anfangs dachte man an 29 Gruppen,[98] bis 1905 erweiterte man die Zahl auf 45.[99] Die Zahl blieb 1925 weitgehend unverändert, der Fächerkanon damit relativ konstant.

Das System der Beratung durch externe Referenten wurde beibehalten, obwohl das Museum zunehmend auf eigenes wissenschaftliches Personal zurückgreifen konnte. Ihre Aufgabe bestand ursprünglich darin, für ein Fachgebiet Listen zu erstellen, in denen alle wünschenswerten Originale, Nachbildungen, Modelle, Demonstrationsobjekte, Zeichnungen, Fotos etc. erfasst werden sollten. Diese Verzeichnisse wurden als »Wunschlisten« bezeichnet. Bis Ende 1905 lagen für alle 45 Gruppen Wunschlisten vor.[100] Bis auf wenige Aus-

---

95 Die Ausstellungen in der Schwere-Reiter-Kaserne wurden bei Kriegsbeginn 1914 geschlossen und später nicht wieder geöffnet.

96 Die Zahlen sind den entsprechenden Verwaltungsberichten entnommen. Vgl. S. 437ff. in diesem Band.

97 Zum Folgenden vgl. Füßl (Anm. 53).

98 Prot. der Sitzung der Referenten, 15. 7. 1905, DMA, VA 3969.

99 Museum von Meisterwerken (Anm. 87), S. 5–6.

100 Prot. der Sitzung des Vorstandsrats, 2. 10. 1905, DMA, VA 3969.

6   Die früheste Wunschliste zu »Dampfmaschinen« (Auszug), 1904.
DMA, CD 51427, CD 51428

nahmen datieren alle erhaltenen Listen aus den Jahren 1905–1911, d. h.
sie stehen in engem Zusammenhang mit den frühen Ausstellungen. Für die
Ausgestaltung des Museums auf der Kohleninsel wurden nur noch verein-
zelt Wunschlisten in Auftrag gegeben.[101] Daran zeigt sich, dass das Museum
Mitte der 1920er-Jahre autonomer und selbstständiger agierte. Zwar wurden
weiterhin prominente Externe für Objektvorschläge, -bewertung und -ein-
werbung sowie für das Verfassen von Objekttexten und Artikeln in Museumsführern und Publikationen des Museums herangezogen,[102] doch wurde ihr
konkreter Einfluss auf die Ausstellungen weitgehend begrenzt. Ihre Mitwirkung wurde jetzt primär als Teil der Außenwirkung des Museums gesehen.
Die Tendenz, auf externe Mitarbeiter zunehmend zu verzichten, läuft parallel
mit dem Aufbau eines eigenen fachlich gebildeten Mitarbeiterstamms.
    Die angesprochenen Wunschlisten sind eine instruktive Quelle für die Ge-
schichte von Sammlungen insgesamt und reichen weit über die konkrete

101 Späte Beispiele sind die Abteilung »Bergbau« (1914) oder die Gruppe »Waagen und Gewichte«
    (1923), DMA, VA 6107–6111, VA 4026.
102 Vgl. Autorenliste des Bandes Das Deutsche Museum (Anm. 79), darunter: Walther von Dyck,
    Sebastian Finsterwalder, Leo Graetz, Georg Kerschensteiner, Conrad Matschoß, Wilhelm Wien,
    Richard Willstätter und Max Wolf.

Aquisitionstätigkeit des Deutschen Museums hinaus. Vergleichbare Fälle einer ähnlich umfassenden Sammlungskonzeption sind zumindest für Deutschland nicht bekannt. Erstmals mit dem Stichjahr 1905 wurde eine Bestandsaufnahme der Geschichte von Technik und Wissenschaft vorgenommen und wichtige Entwicklungsschritte mit Einzelobjekten verbunden. Dass die Wunschlisten zur konkreten Einwerbung von Objekten führten, verleiht ihnen zusätzliche Bedeutung. Meist waren herausragende Objekte mit individuellen Entdecker- und Erfinderpersönlichkeiten verbunden. Die Tendenz des Museums, die Tradition der historistischen Geschichtsschreibung – »Männer machen Geschichte« – auf die Technik- und Wissenschaftsgeschichte zu übertragen, ist unverkennbar und im Ehrensaal des Deutschen Museums manifestiert. Über Jahrzehnte hinweg blieb dieses Verständnis ungebrochen und hatte direkte Auswirkungen auf die eigene Sammlungstätigkeit. Nicht nur der Kanon der festgeschriebenen Gruppen, auch der Konnex mit anderen Fachdisziplinen blieb relativ starr. Mit den Wunschlisten wurde auch das für das Deutsche Museum typische Prinzip der historischen Entwicklungsreihe zementiert.

Während einerseits die Einengung historischer Entwicklung auf Einzelobjekte oder -personen – Erfinder, Entdecker, Pioniere – einen raschen Sammlungsaufbau ermöglichte, ging andererseits der Objektzusammenhang, der gesellschaftliche Kontext der technischen Entwicklung, verloren. Dass dieses Vorgehen nicht unproblematisch war, scheint den Museumsgründern durchaus bewusst gewesen zu sein. Die breit versandten Wunschlisten von 1905 fanden fast durchgehend Zustimmung. Kritik wurde kaum geäußert. In der Literatur wird in diesem Zusammenhang häufig eine generelle Kritik von Alois Riedler aus dem Jahr 1905 zitiert.[103] Riedler war Professor für Maschinenbau an der TH Charlottenburg und hatte am kaiserlichen Hof großen Einfluss. Seine Kritik an der Sammlungskonzeption des Museums wirkt noch heute aktuell,[104] da seine Vorschläge nicht nur eine Anerkennung der technischen Wissenschaften beinhalteten, sondern auch die Bedeutung und Auswirkung der Technik für Kultur und Gesellschaft verdeutlichen wollten. In ihrer zeitgenössischen Wirkung werden sie in der Forschung jedoch meist überschätzt. Kaum einer von Riedlers akademischen Kollegen, geschweige denn die Mehrheit der Techniker und Ingenieure, trug seine Kritik mit. Dies schlägt sich in der Reaktion der Referenten nieder, denen Miller die Denkschrift Riedlers zugesandt hatte.

---

103 Osietzki (Anm. 3), S. 62–64; Hochreiter (Anm. 3), S. 163–167. Diese Darstellungen relativiert Menzel (Anm. 3), S. 116–136.

104 Riedler kritisierte die fachgebundene Einteilung des Museums und zielte auf »eine umfassende Darstellung der sozialen Auswirkungen technischer Umwälzung«; Hochreiter (Anm. 3), S. 164. Riedlers sozialhistorische Museumskonzeption ist ein Meilenstein in der Geschichte technischer Museen. 1905/6 blieb sie wirkungslos.

Fast durchgängig zeigten sie Desinteresse an seinen Vorstellungen.[105] Riedler selbst milderte seine zeitweise an der Museumskonzeption und den Wunschlisten geäußerte vehemente Kritik wenig später ab, da er das Projekt eines nationalen technischen Museums nicht gefährden wollte.

Inhaltlich decken die Wunschlisten die Palette der natur- und technikwissenschaftlichen Fächer, wie man sie in den Lehrbüchern der Zeit findet, nahezu vollständig ab. Ebenso waren relativ junge Technikfelder wie Automobilwesen oder Luftfahrt 1905 bereits als Gruppen vertreten, wenngleich noch mit nur wenigen Vorschlägen.[106] Andererseits hatten Bereiche wie »Uhren und Messtechnik« oder die »Physik« mit ihren Gruppen Mechanik, Optik, Wärme, Akustik, Magnetismus und Elektrizität überproportionales Gewicht. Die Physik dominierte beispielsweise mit insgesamt rund 1.350 Objekten. Die starke Gewichtung der Physik ist u. a. auf die Tatsache zurückzuführen, dass die erste Erwerbung des Museums, die Akademiesammlung, ausgesprochen viele Objekte zur Physik beinhaltete. Ein anderer Schwerpunkt lag auf dem »Ingenieurbau« (Brücken-, Fluss-, Kanal- und Tunnelbau). Auffällig ist, dass Gruppen, welche die Errungenschaften der Technik im Alltag verdeutlichten, breit vertreten waren: »Beleuchtung«, »Elektrotechnik«, »Gastechnik«, »Heizung und Lüftung«, »Molkereiwesen und Landwirtschaft«, »Städtehygiene«, »Wohn- und Städtebau«. Miller hat später betont, dass in den frühen Ausstellungen diejenigen Gebiete bevorzugt wurden,

> »welche für die allgemeine Volksbildung besonders wichtig erschienen: unter den Naturwissenschaften die Mathematik, Astronomie, Physik, Chemie und Geologie; aus dem Gebiet des Verkehrswesens die Straßen, die Bahnen, die Kanäle, die Landtransportmittel, die Schiffe, die Flugzeuge; von den zahlreichen Industrien der Bergbau, das Hüttenwesen, die Kraftmaschinen, das Textilgewerbe, die Landwirtschaft usw.; aus dem Gebiet des Bauwesens die Baumaterialien, der Hausbau, der Städtebau und die Versorgung der Städte und Wohnungen mit Licht, Wärme, Wasser, Gas und Elektrizität usw.«[107]

Erstaunlich ist eine eigene Gruppe »Theaterwesen« mit immerhin 47 Objekten. Die 1903 noch avisierte Gruppe »Medizinische Apparate« war in den Wunschlisten nicht mehr aufgenommen.[108] Dies verdeutlicht die gezielte Ausgrenzung der – modern gesprochen – Lebenswissenschaften aus dem Sammlungsspektrum.

Dass die Wunschlisten konkret für die Planung der ersten Ausstellungen dienten, ergibt sich schon aus ihrer formalen Struktur. Die einzelnen Spalten

---

105 Hochreiter (Anm. 3), S. 165.
106 Zum Folgenden vgl. Füßl (Anm. 53).
107 Miller (Anm. 35), S. 2. S. dazu den Beitrag von Duffy.
108 Vgl. Gruppenverzeichnis 1903, Beilage zum Schreiben an die Mitglieder des Vorstandsrats vom 18. Dezember, DMA, VA 4034. Menzel (Anm. 3), S. 113.

beschrieben neben der Jahreszahl der Entdeckung/Erfindung, dem Gegenstand und dem Hinweis für die Beschaffungsmöglichkeit (Schenkung, Leihe, Kauf) die gewünschte Darstellung im Museum (Original, Modell, Zeichnung, Foto) und den dafür erforderlichen Raumbedarf an Boden- oder Wandfläche. Gemeinsam ist den meisten Wunschlisten die Stringenz der historischen Entwicklungsreihe und die starke Betonung der Historie bei relativer Vernachlässigung moderner Objekte. Je nach Fachgebiet ist die Verteilung von Originalen bzw. Nachbildungen, Rekonstruktionen und Modellen unterschiedlich. In der Gruppe der »Dampfmaschinen« ist der Anteil an Originalen mit 35 Nummern hoch, ebenso in der Wunschliste »Elektrotechnik« vom November 1905 (139) und »Geodäsie«, August 1905 (153 Originale bei 161 gewünschten Objekten), während er in Gruppen wie »Brückenbau«, »Kanalbau« und »Binnenschiffahrt« oder bei Wohn- und »Städtebau« gegen Null tendierte.[109] Die geringe Zahl an Originalen ergibt sich aus der Tatsache, dass diese zu groß für eine Ausstellung waren. In diesem Fall behalf sich das Museum mit Nachbildungen, Teilen von Originalen oder Modellen. Es ist jedoch unverkennbar, dass die Museumsleitung dem originalen Objekt den Vorrang einräumte. Allerdings sollte ein Großteil der als Original bezeichneten Nummern geschnitten präsentiert werden.

Für manche Fächergruppen existieren Wunschlisten aus verschiedenen Jahren. Sie geben Aufschluss darüber, inwieweit sich die Vorstellungen und Wünsche des Museums verändert haben. Eine generelle Beobachtung ist, dass die Zahl moderner Produkte zu- und die Zahl der historischen Objekte abnahm, je näher die geplante Eröffnung der Ausstellung auf der Museumsinsel rückte. In gleichem Maße wuchs der Einfluss der Industrie. In der Öffentlichkeit wurde diese Art der Ausstellungsgestaltung durchaus kritisch gesehen; die »Münchner Post« beispielsweise sprach von einem »Reklamefeldzug« der Industrie.[110]

Abgesehen von dem wachsenden Industrieeinfluss zeichnen die frühen Wunschlisten von 1905 ein prägnantes und durchaus zutreffendes Bild der historischen Entwicklung dieser Technik. Meist sind die Reihungen lehrbuchartig und an den Stoffplänen des Fächerkanons der technischen Hochschulen in Deutschland orientiert. Eine spezielle Betonung deutscher Entwicklungen ist nicht feststellbar. Ausländische Maschinen wurden meist nur deshalb nicht im Original gezeigt, weil man sie nicht beschaffen konnte. Insofern ist die Bezeichnung »Deutsches Museum« nicht dahingehend zu interpretieren, dass das Museum primär deutsche Technikobjekte ausstellen wollte, sondern dass es sich als eine von Gesamtdeutschland getragene Einrichtung verstand. Für die

---

109 Vgl. DMA, VA 4011–4013.
110 Münchner Post v. 12. 11. 1906.

in München nach dem Hitlerputsch 1923 stärker werdenden Nationalsozialisten nahm die Erwerbungspolitik des Deutschen Museums im Gegenteil zu wenig Rücksicht auf nationale Heroen und Entwicklungen. Hier liegt eine Wurzel für den Konflikt, der in der NS-Zeit zu erheblichen Spannungen zwischen dem Deutschen Museum und den Nationalsozialisten führte.[111]

Als zweites Beispiel für frühe Wunschlisten bietet sich die Luftfahrt oder, wie es ursprünglich hieß, die »Luftschifffahrt« an. Während die Abteilung »Dampfmaschinen« die traditionelle Technik musealisierte, spielte die Luftfahrt in Deutschland zur Zeit der Museumsgründung als Industriezweig und im öffentlichen Bewusstsein kaum eine Rolle, obwohl ihr innovativer Charakter unverkennbar war.[112] Bis zur Eröffnung des Neubaus 1925 war der Luftverkehr dann zu einer – trotz der Beschränkungen durch den Versailler Friedensvertrag 1919 – wichtigen Industrie geworden. Für die späteren Jahre existiert allerdings keine Wunschliste.

In den drei frühen Wunschlisten zur »Luftschifffahrt« aus den Jahren 1905 und 1909 lässt sich die technologische Entwicklung der Flugtechnik im ersten Jahrzehnt des 20. Jahrhunderts gut nachvollziehen. Sie verdeutlichen, wie das Deutsche Museum im Spannungsfeld von Geschichte und Aktualität agierte, wollte es doch »die geschichtliche Entwickelung der Industrien bis zu den neuesten Errungenschaften« musealisieren.[113] Auch für die Luftfahrt gilt wie für andere Fachgebiete, dass eine Verengung auf eine nationale Perspektive nicht erkennbar ist. Da die Luftschifffahrt im Alten Nationalmuseum keinen Platz fand, blieben die ersten Wunschlisten 1905 relativ unspezifisch. Erst anlässlich der bevorstehenden Eröffnung der Zweigstelle in der ehemaligen Kaserne an der Zweibrückenstraße am 1. Januar 1909 wurden die frühen Listen überarbeitet und erheblich aufgefüllt. Neben zahlenmäßiger Ausweitung erfuhr die Liste inhaltliche Verschiebungen. Die ursprüngliche Zuordnung zur Gruppe »Militärwesen« wurde aufgegeben und die »Luftschifffahrt« zu einem eigenen Bereich aufgewertet, was der wirtschaftlichen Bedeutung dieser Technik durchaus entsprach.

---

111 Beispiele für die von den Nationalsozialisten kritisierte Erwerbungspolitik sind die Ablehnung des Bismarck-Denkmals und die Zurückweisung der »Bremen«, mit der Hünefeld und seine Mitpiloten den Atlantik in Ost-West-Richtung überquert hatten. Vgl. dazu die Kritik in der Presse: Düsseldorfer Nachrichten v. 27. 1. 1929; Hamburger Nachrichten v. 16. 1. 1929; Leipziger Neueste Nachrichten v. 16. 1. 1929. Vgl. Hans-Liudger Dienel: Das Deutsche Museum und seine Geschichte. München 1998, S. 69; Füßl (Anm. 8), S. 518 sowie den Beitrag von Duffy in diesem Band.

112 Füßl (Anm. 53); Helmuth Trischler/Hans Holzer: Die symbolische Dimension des Artefakts. Der Doppeldecker der Gebrüder Wright und der Beginn der Motorluftfahrt in Deutschland. In: Hashagen/Blumtritt/Trischler (Anm. 53), S. 229–250.

113 Rundschreiben der Provisorischen Comités für die Errichtung eines deutschen Museums von Meisterwerken der Wissenschaft und Technik, 17. 6. 1903, DMA, VA 3969.

In der Zusammenschau der Entwicklung der Flugtechnik bis 1925 und ihrer Abbildung im Deutschen Museum fällt auf, dass sich die Museumsleitung der Bedeutung der Luftfahrt für die technische, wirtschaftliche und gesellschaftliche Entwicklung bewusst war. Sie erkannte sehr genau, dass trotz vielfacher technologischer Fehlschläge die Luftfahrt in der Öffentlichkeit hohe Aufmerksamkeit und großes Interesse fand. Die vielfach beschriebene Euphorie für die Luftschifffahrt verweist auf den »Neuen Nationalismus« und den technologischen Imperialismus der bürgerlichen Öffentlichkeit bereits am Vorabend des Ersten Weltkriegs.[114] Auch hatte die Flugtechnik, gerade in der Nachkriegszeit, Konjunktur. An nahezu allen Hochschulen bildeten sich z. B. akademische Fliegervereine. Personalisieren lässt sich die Entwicklung der Luftfahrt in Deutschland im ersten Drittel des 20. Jahrhunderts in Gestalt von Ferdinand Graf Zeppelin[115] und Hugo Junkers. Beide wurden vom Museum für seine Zwecke instrumentalisiert. Schon im Januar 1909 hatte das Museum Graf Zeppelin für zwei Jahre zum Vorsitzenden des Vorstandsrats des Deutschen Museums und damit zum nominell obersten Repräsentanten gewählt. Junkers hatte diese Funktion von 1929 bis 1932 inne. Die Einbeziehung beider Pioniere der Flugtechnik ist von verschiedenen Motivationssträngen bestimmt. Zuerst ging es dem Museum um den Auf- und Ausbau der Sammlungen und um die Darstellung neuer Technologien in den Ausstellungen des Museums, letztlich um eine Verbindung historischer Objekte mit aktueller Technik. Die Zeppeline wie die Junkers-Maschinen waren dafür Musterbeispiele. Zweitens wollte die Leitung des Deutschen Museums die enorme Popularität Zeppelins und Junkers für seine eigenen Zwecke nutzen. Nicht zuletzt erhielt das Museum durch die beiden Luftfahrtpioniere vielfältige hochaktuelle Stiftungen – Objekte, Modelle, Fotos, Zeichnungen. In einer Reihe von Fällen ermöglichte erst Zeppelin persönlich die Übergabe wertvoller Objekte und förderte den Ausbau des Museums.[116] Auch Junkers unterstützte das Haus in ähnlicher Weise, wobei persönliche und enge geschäftliche Beziehungen zu Miller – dieser war 1925 Präsident der Transeuropa-Union von Junkers[117] – eine Rolle spielten. Für Zeppelin wie für Junkers war die Ausstellung ihrer

---

114 S. dazu bes. Guillaume de Syon: Zeppelin! Germany and the airship, 1900–1939. Baltimore 2002.

115 Vgl. Wilhelm Füßl: Graf Zeppelin und das Deutsche Museum. In: Wolfgang Meighörner (Hrsg.): Der Graf (1838–1917). Friedrichshafen 2000, S. 167–175.

116 Inwieweit die Diskussionen um die Schaffung eines eigenen Museums für Luftfahrt in Frankfurt eine Rolle für den forcierten Aufbau einer Luftfahrtabteilung im Deutschen Museum gespielt haben, muss in diesem Zusammenhang nicht weiter erörtert werden; dazu Füßl (Anm. 115), S. 171–173.

117 Füßl (Anm. 8), S. 519.

Technik von enormer Werbewirksamkeit, bedeutete doch die Präsentation der Luftschiffe bzw. Junkers-Maschinen im Deutschen Museum quasi eine Anerkennung der technischen Qualität und die Feststellung, ein ›Meisterwerk‹ geschaffen zu haben.

Konstruktion technischer Kultur in den Ausstellungen

Die frühen Wunschlisten von 1905 waren Theorie, die Ausstellungen ab 1906 Praxis. Betrachtet man die verschiedenen Ausstellungen des Deutschen Museums, bieten sich vergleichbare Abteilungen in den provisorischen Sammlungen und im Neubau an, um Kontinuitäten wie Brüche in der Technikdarstellung und Ausstellungsgestaltung nachvollziehbar zu machen.[118]

Der Fülle an Objekten stand ursprünglich eine stark limitierte Ausstellungsfläche gegenüber. Im Alten Nationalmuseum hatte das Deutsche Museum eine Stellfläche von 4.600 m²; hinzu kamen 400 m² durch eine Halle im Hof des Geländes. Durch die Ausdehnung des Museums auf die Schwere-Reiter-Kaserne erweiterte sich 1909 die Grundfläche auf rund 10.000 m². Mit der Einweihung des neuen Museumsgebäudes stand eine nutzbare Fläche von 23.000 m² zur Verfügung.[119] Mit den nach 1925 ausgebauten Flächen in der Schifffahrtshalle und im 2. Obergeschoss erreichte die Ausstellungsfläche 40.000 m². Der enorme Flächengewinn schlug sich in neuen Sammlungsgebieten und in einer breiteren Darstellung einzelner Disziplinen nieder.

Vergleicht man die Systematik der Ausstellungen in den provisorischen Räumen mit jener im neuen Gebäude, so sind keine gravierenden Unterschiede erkennbar.[120] Der Fächerkanon blieb im Wesentlichen erhalten, wenngleich einzelne Fachgebiete 1925 eine deutliche Ausweitung erfuhren (Landverkehr, besonders Schienenverkehr). Ebenso änderte sich die Reihenfolge der Ausstellungseinheiten kaum. In die Gesamtkonzeption integriert wurden die früher in der Schwere-Reiter-Kaserne ausgestellten Gebiete »Metallbearbeitung«, »Technische Akustik« und »Luftschifffahrt«. Sie wurden im neuen Museum an passende Fachgebiete angegliedert, wobei »Metallbearbeitung« im Anschluss an »Bergwesen« und »Metallhüttenwesen« gezeigt und

---

118 Für die Ausstellungen zwischen 1906 und 1925 stehen an Quellen besonders die internen Besprechungsprotokolle, eine Reihe von Museumsführern, die Verwaltungsberichte und der Band Das Deutsche Museum (Anm. 79) zur Verfügung. Vom Umfang her vergleichsweise gering sind fotografische Aufnahmen vorhanden, da diese Ende der 1950er-Jahre in großem Umfang aussortiert wurden, wodurch erhebliche Überlieferungslücken entstanden sind.

119 Das Deutsche Museum (Anm. 79), S. 62.

120 Vgl. zum Folgenden: Deutsches Museum: Führer durch die Sammlungen. München 1907; Deutsches Museum: Amtlicher Führer. München 1925.

die »Technische Akustik« mit der Physik, genauer: der »Physikalischen Akustik,« verbunden wurde. Die »Flugtechnik« fand aufgrund ihrer gestiegenen Bedeutung und ihres enormen Flächenbedarfs 1925 in der zentralen Mittelhalle des Museumsneubaus Platz. Die anderen Fachgebiete, die in der Schwere-Reiter-Kaserne ausgestellt waren – »Gastechnik«, »Elektrotechnik«, »Beleuchtungswesen«, »Straßen-«, Brücken-«, »Tunnel-« und »Wohnungsbau« sowie »Wasserversorgung«, »Kanalisation«, »Heizung« und »Lüftung« –, kamen als ›angewandte‹ Techniken in das zweite Obergeschoss des neuen Museums, das aber erst nach 1925 sukzessive fertig gestellt wurde.[121]

Innerhalb der einzelnen Abteilungen wurden teilweise Akzentuierungen gesetzt, die nicht immer der aktuellen industriellen Entwicklung Rechnung trugen. So ist in der ersten Ausstellung »Brückenbau« von 1909 eine deutliche Betonung von Stein-, Holz- und Eisenbrücken zu erkennen, während Betonbrücken kaum eine Rolle spielten.[122] Die Bedeutung von Beton für den Brückenbau wurde erst in der Ausstellung von 1925 modifiziert, wobei die ursprüngliche Schwerpunktsetzung auch im Neubau beibehalten wurde.[123] Was die im Zusammenhang mit den Wunschlisten besprochene Abteilung »Dampfmaschinen« betrifft, ist bemerkenswert, dass die Projektierung in der Wunschliste einer weitgehenden Realisierung in der ersten Ausstellung von 1906 entspricht. Im ersten Museumsführer wurde sie als »besonders wichtige Abteilung« beschrieben,[124] da sie wertvolle historische Objekte enthalte. Ein Vergleich mit der Ausstellung »Kraftmaschinen« von 1925 zeigt inhaltlich keine großen Veränderungen. Die im Alten Nationalmuseum aufgebaute Entwicklungsreihe wurde um einige Objekte erweitert und teilweise modernisiert. Selbst die nischenartige Anordnung der einzelnen Gruppen blieb erhalten. Ausgeweitet wurde im Neubau der Bereich der Gas-, Diesel- und Verbrennungsmotoren, wobei die beiden letzteren in Hinblick auf die rasche Entwicklung im Automobilsektor eine Rolle spielten. Völlig neu waren Beispiele für die Anwendung der Wasserkraft für die Gewinnung von elektrischem Strom, so die Großmodelle des Walchenseekraftwerks und der Etschwerke Bozen-Meran, die beide von Oskar von Miller entworfen und gebaut worden waren.

Das Fallbeispiel »Luftschifffahrt« dagegen erfuhr in der Neugestaltung der Ausstellung »Flugtechnik« von 1925 die größte Veränderung. Hier war nicht nur die technische Entwicklung weitergegangen, sondern durch den Ersten Weltkrieg waren auch neue Rahmenbedingungen geschaffen worden. Deutlich erkennbar ist, dass Ballone und Luftschiffe im Museum zugunsten von

---

121 Vgl. den Beitrag von Duffy.
122 Vgl. Dirk Bühler: Die Illerbrücken in Kempten: Beton in der Bautechnik um 1903. In: Hashagen/Blumtritt/Trischler (Anm. 53), S. 475–498.
123 Deutsches Museum: Führer 1925 (Anm. 120), S. 155–156.
124 Deutsches Museum: Führer 1907 (Anm. 120), S. 30.

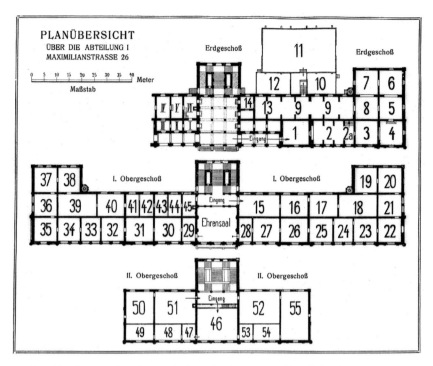

7   Grundrisse der ersten Ausstellungen des Deutschen Museums im Alten Nationalmuseum, 1907.
DMA, BN 46751

Motorflugzeugen zurückgedrängt wurden. Im Juli 1919 wurde vereinbart, anstelle der Luftschiffe, die »zurzeit zu viel Raum« einnähmen,[125] moderne Flugzeuge wie eine Fokker D VII und eine Rumpler-Taube auszustellen, in einer Reihe mit dem Grade-Eindecker von 1909 und dem Wright-Doppeldecker, der 1909 erstmals in Deutschland geflogen war.[126] Die starke Betonung der aktuellen Technik wird auch sinnfällig in der Feststellung, dass man sich 1919 nicht weiter um das Gerüst und die Gondel des Luftschiffs LZ I für die neuen Ausstellungen bemühen wollte.[127] Die technische Entwicklung war über den vorher im Museum hoch geehrten Grafen Zeppelin und seine Luftschiffe hinweggegangen. Die genannten Flugzeuge wurden im Zentrum der großen Mittelhalle aufgehängt.[128] Die Symbolkraft dieser Anordnung ist un-

125 Prot. der Besprechung Millers mit Mitarbeitern des Deutschen Museum v. 8.–10. 7. 1919 (in Murnau), DMA, VA 3970.
126 Trischler/Holzer (Anm. 112), S. 229–250.
127 Besprechung Millers mit Mitarbeitern (Anm. 125).
128 Vgl. die Ansicht der Halle für Flugtechnik, in: Deutsches Museum: Führer 1925 (Anm. 120), S. 190.

verkennbar: Die Luftfahrt hatte die klassischen Verkehrstechniken wie Schifffahrt, Schienenverkehr und Automobile, wenngleich noch nicht als Massen-
transportmittel, so doch als modernste Verkehrstechnologie verdrängt und
sich den optisch auffälligsten Platz im Museum gesichert. Sinnfällig wurde
diese Anordnung für alle Festgäste der Eröffnung im Jahre 1925, die direkt
unter diesen Flugzeugen sitzend am Festakt (in der heutigen Schifffahrtshalle) teilnahmen. Dass auch die Vertreter der Reichsregierung zu den Feierlichkeiten mit dem Flugzeug anreisten, erhöhte den Stellenwert der Luftfahrt zusätzlich.

Die Darstellung von Technik war in den provisorischen Ausstellungen
bis 1925 in besonderer Weise von dem Aspekt der Anwendung von Technik
in Haushalt und Gewerbe geprägt. Der Museumsbesucher sollte über technische Zusammenhänge und Wirkungsweisen aufgeklärt und gebildet werden. Daher waren die in der Schwere-Reiter-Kaserne breit aufgebauten
Anwendungsfelder von Techniken vorwiegend im privaten Konsum- und
Infrastrukturbereich angesiedelt: Haus- und Gastechnik, Städte- und Wohnungsbau sowie Kanalisation. Während die frühen Ausstellungen die Wirkungsweise bestimmter technischer Vorgänge in den Vordergrund stellten,
zielten die Ausstellungen ab 1925 stärker auf den Museumsbesucher als
Konsumenten. Dies wird gerade bei der Elektrotechnik sichtbar, wo die Intention des Deutschen Museums im offiziellen Führer deutlich zum Ausdruck kommt:

> »Angesichts der ständig zunehmenden Verwendung der Elektrizität auf allen
> Gebieten des öffentlichen und privaten Lebens kommt dieser Abteilung eine
> besondere Bedeutung zu. Sie soll dem Besucher die Stromerzeugung, die Fort-
> leitung, Verteilung und Nutzbarmachung der elektrischen Energie vor Augen
> führen, ihn überhaupt mit dem ganzen Gebiet der Starkstromtechnik vertraut
> machen.«[129]

Der Praxisbezug vieler Ausstellungen ist ein Hinweis darauf, dass die grundlegende Konzeption des Museums, nämlich zu informieren und zu bilden,
im Neubau keine gravierende Veränderung erfuhr. Neben die Konstanz der
Satzung und die Stabilität der Gremien trat die Kontinuität der Ausstellungen. Freilich wurden besonders die Ausstellungstechniken erheblich verfeinert. Technikgemälde oder Dioramen etwa kamen in dem Gebäude auf der
Insel verstärkt zum Einsatz. Zu einem besseren Verständnis sollten zudem
zahlreiche Schnittmodelle und schematische Darstellungen beitragen, welche
die *black box* der Technik öffneten, ebenso die berühmt gewordenen Druckknöpfe, mit denen ein technisches oder wissenschaftliches Phänomen nach-

---

129 Deutsches Museum: Führer 1925 (Anm. 120), S. 305.

8   Präsentation der Wassersäulenmaschine Georg von Reichenbachs aus dem Jahr 1817 im Alten Nationalmuseum, 1907.
DMA, CD 51426

vollziehbar werden sollte. Im Gegensatz zu der strikten Fixierung auf das technisch-wissenschaftliche Einzelobjekt, wie es in den provisorischen Sammlungen zu beobachten war, wurden im Neubau an vielen Stellen komplette ›Ensembles‹, historische ›Erlebnisräume‹, eingebaut.

Hier zeigt sich deutlich der Einfluss der skandinavischen Museen, besonders der Freilichtmuseen. Bei einer Studienreise nach Skandinavien vom 16. Juni bis 13. Juli 1914 besuchte eine Kommission des Deutschen Museums u. a. das Nationalmuseum und das Nordische Museum mit dem Freilichtmuseum Skansen in Kopenhagen, in Oslo (damals »Christiania«) die Jahrhundertausstellung und das Historische Museum, das Freilichtmuseum in Bygdø und die Baltische Ausstellung in Malmö.[130] Diese Studienreise folgte auf Besuche verschiedener deutscher und amerikanischer Museen, des South Kensington Museum und des Conservatoire des Arts et Métiers, sowie verschiedener Sammlungen der Schweiz und Österreichs. Hatten schon die Erfahrungen der Amerikareise 1912 einen prägenden Einfluss auf die Gestaltung der Ausstellungen im Museumsneubau, so war der Einfluss der skandinavischen Museen für die Ausstellungsmethoden von herausragender Bedeutung. Er bezog sich nicht nur auf die Gestaltung der Dioramen,[131] sondern vor allem auf die Einrichtung von geschlossenen Ensembles im Museum. Bei den Kommissionsmitgliedern und Oskar von Miller hinterließen beispielsweise die häufig als Freiluftanlagen aufgestellten Zeltlager der Lappen, die Hütten, Mühlen, Bauernhäuser etc. einen nachhaltigen Eindruck. In der Konsequenz dieser Erfahrung wurden für das neue Museum ähnliche Installationen geplant. Dazu gehörten u. a. eine historische Apotheke, eine Schwarzwälder Uhrmacherwerkstatt, eine Gutenbergstube, eine alte Mühle mit Löffelrad, die Bergmannstube, eine alte Schmiede, eine Papiermühle, eine Branntweinbrennerei und eine Sennhütte.[132] Sie ergänzten die schon im Alten Nationalmuseum vorhandenen Ensembles der verschiedenen chemischen Laboratorien. Diese Ensembles sollten historische Lebenswelten, besonders aus dem Bereich des Handwerks, verdeutlichen.

Trotz dieser Ausweitung in der Museumsgestaltung blieb die Bedeutung des ›Meisterwerks‹ erhalten. Bei der Durchsicht historischer Fotos und der zeitgenössischen Museumsführer fällt auf, dass wichtige Exponate schon in den provisorischen Ausstellungen in den Vordergrund gerückt wurden. Ihr

---

130 Ein Reisebericht findet sich in DMA, VB 1913/14, S. 12–13. Wie zahlreiche Reiseberichte (mit teilweise akribischen Zeichnungen) belegen, besuchten verschiedene Mitarbeiter des Museums vor der Eröffnung des Museumsneubaus viele in- und ausländische Museen; s. dazu DMA, VA 3948.

131 Vgl. Svante Lindqvist: An Olympic stadium of technology. Deutsches Museum and Sweden's Tekniska Museet. In: Brigitte Schröder-Gudehus (Hrsg.): Industrial society and its museums 1890–1990. Paris 1992, S. 37–55.

132 Vgl. DMA, VB 1916/17, S. 13; DMA, VB 1917/18, S. 12–13.

9 Entwurfsskizze für die Präsentation der Magdeburger Halbkugel, ca. 1905.
DMA, BN 53070

Gewicht wurde auch dadurch verstärkt, dass sie mit einer Vielzahl von erläuternden Texttafeln, Zeichnungen und Fotos versehen wurden. Ein Musterbeispiel dafür ist die Präsentation der Wassersäulenmaschine von Georg von Reichenbach aus dem Jahr 1817. Allein deren »ingeniöser Aufbau« mit einer Höhe von rund 6 Metern biete »so recht das Bild eines Meisterwerks« – so die offizielle Darstellung.[133] Die historische Maschine ist in eine Umgebung von vier schematischen Zeichnungen, einer erläuternden Texttafel, einem Foto von Reichenbach, einem gläsernen Betriebsmodell (das der Besucher in Gang setzen konnte) sowie Modellen von späteren Typen dieser Maschine gestellt.[134]

Noch stärker hervorgehoben wurden andere ›Meisterwerke‹, die in speziell gefertigten Vitrinen gezeigt wurden. Sie wurden im wahrsten Sinne des Wortes aufs Podest gehoben und oft in das Zentrum des jeweiligen Saals gerückt.[135] Diese Exponate waren aufgrund ihrer technikhistorischen Bedeu-

133 Chronik (Anm. 90), S. 20.
134 Deutsches Museum: Führer 1907 (Anm. 120), S. 28–29.
135 Schon 1904 war festgelegt worden, dass die typischen Meisterwerke durch die Art der Aufstellung bzw. der Aufschrift besonders hervorgehoben werden sollten; DMA, VA 3969, Nr. 15.

10 »Meisterwerk«-Vitrine mit Origi-
nalapparaten von Philipp Reis in der
Ausstellung »Telephonie«, 1907.
DMA, BN 01047

tung einprägsam und wirkten durch ihre Inszenierung auf die Besucher. Beispiele sind ›Meisterwerke‹ wie die Magdeburger Halbkugeln Otto von Guerickes, die Originalapparate Joseph von Fraunhofers, die von Georg Simon
Ohm benutzte Elektrisiermaschine mit Flaschenbatterie, die Apparaturen
von André Marie Ampère, die zur Entdeckung der elektrodynamischen Gesetze geführt hatten, oder die Originale des ersten elektrischen Telegrafen von
Samuel Thomas Soemmering aus dem Jahr 1809 bzw. des ersten Telefons von
Philipp Reis (1863).[136]
   Objektauswahl und Präsentation wurden verstärkt durch die »Führungsvorträge«. Mit Eröffnung der Ausstellungen im Alten Nationalmuseum und
in der Schwere-Reiter-Kaserne wurden den Besuchern ein- bis zweistündige
Fachführungen angeboten. Sie zielten auf eine vertiefte wissenschaftliche Ein-
ordnung der Objekte des Museums. Die Führungsvorträge mussten von den
jeweiligen Referenten schriftlich ausgearbeitet und der Museumsleitung zur
Begutachtung vorgelegt werden. In den erhaltenen Beispielen erkennt man
die korrigierende Hand der Abteilungsleiter und bisweilen Oskar von Millers

---

136 Deutsches Museum: Führer 1907 (Anm. 120), S. 61, 67, 83, 86, 93, 95.

selbst.[137] Die Museumsleitung wollte durch sie ein genau kontrolliertes Technikbild vermitteln, welches das objektgestützte Ausstellungskonzept vertiefte. Die Konstruktion von Sinnzusammenhängen ist auch in der Raumabfolge von Abteilungen erkennbar. So bildeten 1906 »Landwirtschaft«, »Gärungswesen« und »Chemische Industrie« eine gedankliche Einheit, ebenso »Straßen«, Brücken-«, »Tunnel-« »Wohnungsbau«, »Wasserversorgung«, »Kanalisation«, »Heizung und Lüftung« und »Kältetechnik«. Die Konstruktion der Abfolge der Abteilungen von der »Landwirtschaft« zur »Chemie« suggerierte eine scheinbar naturgesetzliche Entwicklung von der bäuerlichen Bodenbearbeitung zur chemischen Düngung. Die einzelnen Säle dieser Abteilungen bildeten die Linie »Bodenbearbeitung, Pflanzenernährung, Düngung« (Saal 36) – »Landwirtschaft: Ernte und Tierzucht« (Saal 37) – »Landwirtschaft: Molkereiwesen« (Saal 38) – »Gärungswesen« (Saal 39) – »Chemische Industrie« (Saal 40) – verschiedene historische und zeitgenössische Laboratorien (Saal 41–44) – hin zur »Elektrochemie« (Saal 45).[138] Da die einzelnen Räume direkt aneinander anschlossen und nur in dieser Reihenfolge betreten werden konnten, wurde allein durch das Raumprogramm ein enger Zusammenhang hergestellt. Im Neubau wurde diese Sinnkonstruktion zugunsten der ausgeprägten Konsumenten->bildung< aufgegeben.

Die ersten zwei Jahrzehnte in der Geschichte des Deutschen Museums sind mehr als die Zeit eines Aufbaus. Vielmehr legten sie in der Gremienorganisation, in der Finanzierung, im Sammlungs- und im Ausstellungsbereich Grundstrukturen fest, die im Wesentlichen die politischen Systemwechsel bis in die Zeit weit nach dem Zweiten Weltkrieg überdauerten. Technikbild und Ausstellungskonzeption entsprachen lange weitgehend den Vorstellungen und Idealen der Zeit um die Jahrhundertwende. Am dynamischsten war die Entwicklung im Ausstellungsbereich zwischen 1906 und 1925. Während die alten Ausstellungen als Provisorien gedacht waren und wohl auch im Denken der Museumsgründer viel zu lange unverändert blieben, waren sie doch die >Spielwiese< der Museumsmacher, wo neue Techniken der Museumspräsentation ausprobiert und verfeinert wurden. Bis zur Einrichtung des Neubaus auf der Kohleninsel beobachtete das Museum sorgfältig die internationale Museumslandschaft und adaptierte geeignete Ausstellungstechniken. Umgekehrt entwickelte sich das Deutsche Museum für technische Ausstellungen und Museen, die in der ersten Hälfte des 20. Jahrhunderts entstanden, zu einem dominanten Vorbild, das jahrzehntelang – oft unkritisch – imitiert wurde.

---

137 Vgl. DMA, VA 6031–6106. Zu den Dampfmaschinen liegt ein Manuskript des Diplomingenieurs Max Burgmayer aus dem Jahr 1911 vor (VA 6071), zur Luftschifffahrt eine anonyme Ausarbeitung aus der Zeit um 1910 (VA 6089).
138 Deutsches Museum: Führer 1907 (Anm. 120), Planübersicht; s. Abb. 7.

Im Spannungsfeld von Selbststeuerung und Fremdbestimmung 1925–1944

Eve Duffy

1. Einleitung

Die Jahre zwischen 1925 und 1944 waren für das Deutsche Museum eine Zeit der Gegensätze. Nach seiner Wiedereröffnung 1925 wurde das Museum zu einem Symbol der nationalen Erneuerung: sowohl durch seine bloße Existenz – seine triumphale Wiedereröffnung nach dem ungewissen Schicksal in den Jahren von Krieg, Revolution und Gegenrevolution – als auch durch das, was es zur Schau stellte – die Meisterwerke der deutschen Naturwissenschaft und Technik. Auf beiden Ebenen hatte es Vorbildfunktion für die Entwicklung der Nation. Der Philosoph Friedrich Dessauer, ein gelernter Ingenieur, brachte diese Beurteilung 1925 auf den Punkt:

> »Wir haben die Rekorde verloren, aber das deutsche Museum, das haben nur wir. Ich will gar nicht versuchen, es zu schildern. Es ist ein Nationalwerk, stolzer als die Walhalla, schicksalserfüllter als der Reichstag, tragischer als ein Krieg und hoffnungsstrahlender als ein Frühling.«[1]

Das Museum war somit am Beginn des hier betrachteten Zeitraums ein Symbol der Zukunftshoffnung. Hohe Besucherzahlen belegten seine Popularität, und Museumsgründungen in den USA, Schweden und Japan, angelegt nach seinem Vorbild, unterstrichen das internationale Ansehen der Institution. Selbst bestehende Technikmuseen, etwa das Science Museum in London, wurden nach den von Oskar von Miller aufgestellten Leitlinien der Interaktivität und Belehrung umgestaltet. Kommentatoren aus Deutschland und aus dem Ausland nahmen beifällig zur Kenntnis, dass das Museum eher einer Fabrik glich, also einem Ort der dynamischen Bewegung, als einem ›toten‹ Museum, das mit staubigen Gegenständen in Vitrinen angefüllt sei.[2]

Während das Museum also 1925 einen Gipfel seiner Popularität erreichte, war es 1944 weitgehend in Vergessenheit geraten, und der pathetische Überschwang, den Dessauer zum Ausdruck gebracht hatte, schien gänzlich einem

---

1 Friedrich Dessauer: Weltanschauung und Technik: Aus Anlass der Feier des Deutschen Museums in München. In: Technik Voran! 5 (1925), S. 61.
2 Charles R. Richards: The Industrial Museum. New York 1925, S. 2–3. Ferner Ishbel Ross: A showman of science. In: New York Herald Tribune v. 23. 2. 1930.

anderen Zeitalter anzugehören. Das Deutsche Museum stand offenbar nicht mehr im Mittelpunkt der nationalen Aufmerksamkeit, und es war auch kein Symbol deutscher Größe mehr. Eine Phase vielfältiger Expansion während der ausgehenden 1920er- und der 1930er-Jahre war in den 1940er-Jahren zu Ende gegangen. Die Leitung des Museums hatte mit Geldknappheit zu kämpfen und musste sich eingestehen, dass die Ausstellungen den Anschluss an die neuesten Entwicklungen verloren hatten. Die meisten Mitarbeiter waren an die Front geschickt worden, und die Besucherzahlen, die sich bis 1929 um etwa 600.000 pro Jahr eingependelt hatten, erreichten 1940 mit 314.755 einen Tiefststand.[3] Die Besucher waren überwiegend Soldaten auf Fronturlaub oder Lehrlinge, die das Museum im Rahmen ihrer Ausbildung besuchten, wobei sie Exponate sahen, die vernachlässigt, kaputt oder dringend reparaturbedürftig waren.[4]

Einer der naheliegendsten Gründe für den Niedergang des Museums war die Tatsache, dass Deutschland 1944 im Krieg war, und Gelder, die ehedem von der Wirtschaft und dem Staat zur Werbung in eigener Sache und für die nationale Selbstdarstellung investiert worden waren, wurden nunmehr eher für andere Zwecke ausgegeben. Doch der dramatische Abfall vom nationalen Mythos zum Schattendasein hatte auch andere Ursachen. Die Gegensätze der Jahre 1925 und 1944 waren das Ergebnis vielfältiger Faktoren: Regimewechsel, die Rolle unterschiedlicher Persönlichkeiten, gewandelte Einstellungen gegenüber Naturwissenschaft und Technik, der Stellenwert der Vermittlung technischen Wissens und Entwicklungen in der Ausstellungsgestaltung.

Bei näherer Betrachtung zeigt sich, dass die beiden Pole nicht so weit auseinander liegen, wie es den Anschein hat. Zu beiden Zeitpunkten rang die Museumsleitung mit grundlegenden Fragen, die sich auf die Zielsetzung und den Betrieb des Museums bezogen. Vier miteinander zusammenhängende Spannungsmomente, die von Anfang an im Museumsprojekt angelegt waren, kamen nun zum Tragen: 1. Wie lässt sich der technische Fortschritt als Geschichte erzählen? 2. Wie lässt sich die Schwierigkeit meistern, Technik zu historisieren und zugleich die Modernisierungseffekte der Technik selbst darzustellen? 3. Wie kann man das nationale Publikum des Museums definieren, und wie lässt sich die Forderung nach Ehrfurcht gebietender Eindringlichkeit mit den Zielen der Interaktivität und der Verständlichkeit in Einklang bringen? 4. Wie lässt sich der Anspruch nationaler Geltung, den das Museum verkörpern soll, mit dem Ziel der Objektivität und Autonomie verbinden – das

3 Besucherzahlen des Deutschen Museums, DMA, Stand 6. 3. 2002.

4 Kühne, IG Leverkusen, an Merck (Vorstand Deutsches Museum), 28. 4. 1942; Antwort Zennecks, 19. 5. 1942, DMA, VA 0365.

heißt, wie kann sich ein nationales Museum vor politischer Vereinnahmung schützen?

In den Jahren 1925 bis 1944 lassen sich vier Phasen unterscheiden, in denen diese Spannungen unterschiedlich stark zum Ausdruck kamen. In der ersten Periode, von 1925 bis 1930, bemühte sich Oskar von Miller darum, die erfolgreiche Eröffnung des Museums zu nutzen, um die Ausstellungseinheiten im obersten Geschoss des Museums zu vervollständigen. Diese Abteilungen im zweiten Stock hatten als Schwerpunkte ›angewandte Technik‹ sowie ›Technik in der Stadt und im Haushalt‹. Darin spiegelte sich Millers Bestreben wider, die privaten Haushalte und die Hausfrauen als Nutzer von elektrischem Strom anzusprechen und den Nutzen der Technik einer Öffentlichkeit deutlich zu machen, die seit dem Ersten Weltkrieg und der Wirtschaftskrise dem technischen Fortschritt skeptisch gegenüberstand. In der zweiten Periode von 1930 bis 1934 kam es zu wachsenden Spannungen zwischen der Museumsleitung und den ›maßgebenden Herren‹, da man einerseits finanzielle Unterstützung erwartete, aber andererseits das Museum vor der gefürchteten Politisierung schützen wollte. Dies zeigte sich am deutlichsten im ›Bismarck-Streit‹. Die Jahre 1933 bis 1938, in die so bedeutende Ereignisse wie Millers Tod, die Ausweitung der NS-Herrschaft und die

11   Festzug anlässlich der Einweihung des neuen Museumsgebäudes, 1925.
DMA, BN 31591

Gleichschaltung der Verbände und Institutionen, die Werkstoffschau, die neue Kraftfahrzeughalle und die Berufung von Fritz Todt in den Vorstand fielen, waren eine Zeit, in der die Modernisierungsbemühungen der Museumsleitung auf ein gewisses positives Echo bei den NS-Eliten stießen. Die Jahre 1939 bis 1944 schließlich umfassten den kurzen Zeitraum zwischen dem Ausbruch des Kriegs und der weitgehenden Zerstörung des Museums durch alliierte Bombenangriffe bzw. der Schließung des Museums. In diesen Jahren kam es auch zu einer wachsenden Orientierung der Museumsleitung nach Innen sowie zu größtenteils vergeblichen Bemühungen, Gelder aufzutreiben und um Unterstützung zu werben.

2. *1925–1930*

Die Kontinuität der Verwaltung

Die Museumsleitung reagierte auf die veränderten Rahmenbedingungen der Weimarer Republik zunächst mit einer Art sentimentaler Sehnsucht nach der scheinbaren Stabilität der Vorkriegsjahre, und sie bekundete ihre anhaltende Treue zu den Bindungen aus wilhelminischer Zeit. Der im September 1921 veröffentlichte Verwaltungsbericht verkündete, es sei »Pflicht« des Museums, die Prinzen zu ehren, die so viel für das Museum getan hätten (eine Pflicht, die über den »politischen Anschauungen der Zeit und abweichender Meinungen« stehe und über sie hinausweise), und äußerte seine »bleibende Dankbarkeit« gegenüber dem bayerischen Prinzregenten, Kaiser Wilhelm II., und dem Schirmherrn des Museums, König Ludwig III.[5] Wie sehr der Vorstand und die Förderer des Museums auch den Untergang des Kaiserreichs und der Wittelsbacher-Monarchie betrauern mochten, mussten sie doch mit den täglichen Herausforderungen des Museumsbetriebs fertig werden. Institutionelle Beschränkungen fielen stärker ins Gewicht als eventuelle ideologische Vorbehalte gegenüber der neuen politischen Ordnung.

Miller und seine Gremienmitglieder erarbeiteten eine Rhetorik, mit der sie den Herausforderungen einer nationalen Agenda in einem Zeitalter begegnen wollten, in dem das politische Klima scheinbar immer unbeständiger und instabiler wurde. Sie schrieben dem Museum eine nationale Bedeutung zu, während sie es zugleich aus der aktuellen Tagespolitik und politischen Grabenkämpfen herauszuhalten versuchten. Das Museum sollte einem nationalen Publikum dienen und keine bestimmte politische Programmatik

---

5 DMA, VB 1918–1921, S. 3.

repräsentieren. Diese Taktik entsprach dem tradierten Selbstverständnis der Wissenschaftler in Deutschland, die ihre Arbeit ebenfalls als völlig unpolitisch verstanden.[6]

Im Jahr 1925 hatte sich die Organisationsstruktur des Museums gegenüber 1906 trotz der tief greifenden politischen Umwälzungen kaum verändert. Die Reformen, die durchgeführt wurden, zielten darauf ab, den Fortbestand und die Selbstverwaltung der Institution zu sichern. Die Abschaffung der Monarchie zwang das Museum nicht dazu, seine Ordnungsprinzipien zu überdenken, vielmehr suchten die Verantwortlichen in dieser Krisensituation nach Verbündeten innerhalb des neuen Regierungssystems. Nichts verdeutlicht diese Suche nach neuen Unterstützern besser als die Pressemeldungen der Zeit, die in der Zeitungsausschnittssammlung des Museums archiviert sind. Ein Artikel nach dem anderen, in dem die neuesten politischen Entwicklungen vermeldet wurden, ist rot unterstrichen, weil die Museumsleitung auf der Höhe der Zeit bleiben und die neuen ›maßgebenden Herren‹ identifizieren wollte – die zwar den Ton angaben, aber nicht unbedingt die Melodie verstanden.[7]

Ohne einen Schirmherrn und ohne offizielle Verbündete in der Regierung konnte das Deutsche Museum nicht damit rechnen, weiterhin finanzielle Unterstützung von staatlichen Stellen zu erhalten. In Anbetracht der Tatsache, dass die Ausstellungen nach dem Krieg geschlossen wurden und man dringend Gelder brauchte, um den Neubau fertig zu stellen, war die Zukunft des Museums in den Nachkriegsjahren besonders unsicher. Doch zumindest im Hinblick auf die Organisationsstruktur hatte man keine Pläne für eine tief greifende Demokratisierung. Die Museumsleitung versuchte die Abgeordneten in eingeübter wilhelminischer Tradition zur Bewilligung von Geldern sowie zur Einsicht zu bewegen, dass Naturwissenschaft und Technik für

---

6 Wie Schröder-Gudehus gezeigt hat, war die deutsche Naturwissenschaft in der Weimarer Republik mit der Herausforderung konfrontiert, »die größtmögliche finanzielle Unterstützung mit einer möglichst geringen Einmischung derer, die diese Unterstützung gewährten«, zu verknüpfen; Brigitte Schröder-Gudehus: The argument for self-government and public support of science in Weimar Germany. In: Minerva 10 (1972), S. 550. Der Wissenschaftshistoriker Herbert Mehrtens hat gezeigt, wie diese Selbstdefinition später die Zusammenarbeit mit dem NS-Regime erleichterte, da diese Gruppen ihrem eigenen Bekunden nach Ziele verfolgten, die rein wissenschaftsimmanent und politikfern waren. Abhängig von der Unterstützung der Regierung konnten sich Wissenschaftler dadurch finanzielle und institutionelle Unterstützung sichern, dass sie behaupteten, »höhere« Ziele zu verfolgen; Herbert Mehrtens: Verantwortungslose Reinheit. Thesen zur politischen und moralischen Struktur mathematischer Wissenschaften am Beispiel des NS-Staates. In: Georg Fülgraff/Annegret Falter (Hrsg.): Wissenschaft in der Verantwortung. Möglichkeiten der institutionellen Steuerung. Frankfurt a. M. 1990, S. 37–54.

7 DMA, Zeitungsausschnittssammlung. Der Topos »maßgebende Herren« nahm im Dritten Reich eine besondere Bedeutung an, und er wurde oft ironisch zur Bezeichnung der Männer gebraucht, die zwar den Ton angaben, aber offenbar kein Gehör für Tonhöhen hatten.

die Erneuerung der wirtschaftlichen Macht und des politischen Ansehens Deutschlands wichtig sei. Das Museum reagierte auf die Herausforderungen der jungen Republik ganz ähnlich wie viele andere Institutionen und akademische Berufsgruppen in der Weimarer Republik, wobei sein Veränderungswille ebenso begrenzt war.[8] Miller hielt die Zügel weiterhin fest in der Hand, und er übte sein Regiment sogar noch autoritärer aus als vor dem Krieg.[9] Sämtliche Veränderungen der Organisation des Museums waren weitgehend kosmetischer Natur.[10] Das Amt des Schirmherrn, das ehedem der bayerische König bekleidet hatte, wurde nicht abgeschafft. Kronprinz Rupprecht stand auf Abruf bereit, und seine Anwesenheit bei offiziellen Anlässen wie der Eröffnung des Museums sorgte für einige Misshelligkeiten.[11] Da das Amt des Schirmherrn offiziell nie abgeschafft wurde, konnte man den Eindruck gewinnen, als bliebe es bis zur Wiedererrichtung der Monarchie einfach unbesetzt.

Die übrigen symbolischen Ämter des Museums, die seinen Anspruch als nationale Institution rechtfertigten, wurden einfach dadurch besetzt, dass

8 Vgl. insbesondere Konrad Jarausch: The unfree professions. German lawyers, teachers, and engineers, 1900–1950. New York 1990, S. 31–53. Roth beschreibt die Lage der Fachkräfte des Museums nach 1918 (eine Gruppe, mit der sich die Leitung des Museums nicht identifizierte). Die leitenden Mitarbeiter des Museums fürchteten im Allgemeinen, nach der Revolution ihre Posten zu verlieren, doch dies war nur bei wenigen der Fall; Martin Roth: Heimatmuseum. Zur Geschichte einer deutschen Institution. Berlin 1990, S. 18–19.

9 Neben seiner dogmatischen Haltung im »Bismarck-Streit«, der weiter unten kurz dargestellt wird, ist der vielleicht schlagendste Beleg für seinen wachsenden Eigensinn die Tatsache, dass er Ende der 1920er-Jahre ohne Rücksprache mit der Regierung oder dem Architekten den Bibliotheksbau selbstherrlich um ein Geschoss aufstockte. Der bayerische Kultusminister Goldenberger bezeichnet die Vorgehensweise Millers in einem Schreiben an den Reichsinnenminister vom 17. Februar 1928 als »bemerkenswert« und als Beweis dafür, dass sich die bayerische Regierung und die Reichsregierung aktiver in die Angelegenheiten des Museums einschalten müssten; BHSTA, MA 100161.

10 In ähnlicher Weise war das Jahr 1918 für das Germanische Nationalmuseum, nach dessen Vorbild Miller die Statuten des Deutschen Museums gestaltet hatte, auch kein besonders einschneidender Wendepunkt. Dort sah man in Befürchtungen über den Verlust politischer Macht und eine kulturelle und materielle Krisenstimmung Gefahren für das Museum und zugleich Missstände, die das Museum durch seine historische Ausrichtung beheben könnte.

11 Im Jahr 1925 lehnte Rupprecht eine Einladung der bayerischen Staatsregierung zu der Eröffnungsfeier ab, »und zwar aus dem formalen Grunde, weil die Feier in dem früheren Königlichen Schlosse stattfinde, und er nicht gern Gast in seinem früheren Besitztum sein möchte«. Er nahm jedoch an den Ereignissen teil, die nicht im Palast stattfanden. Man riet der Reichsregierung jedoch dringend davon ab, eine formelle Einladung auszusprechen, da er sich sonst in der nicht sehr beneidenswerten Lage befände, die Einladung der Reichsregierung (eine staatliche Behörde, die er mit gewissen Vorbehalten akzeptieren konnte) anzunehmen und gleichzeitig die der bayerischen Regierung abzulehnen (die er nicht anerkannte); Staatssekretär an Wienstein, 22. 3. 1925, BA, R 43 I/822. Die Behörden lernten ihre Lektion und planten 1928 eine gleichzeitige Einladung im Namen beider Regierungen: »[...] die vorjährigen Schwierigkeiten wegen des Placierung des ehemaligen Kronprinzen Rupprecht [werden dadurch] vermieden«, Haniel, Vertretung der Reichsregierung, an die Reichskanzlei, 13. 2. 1928, BA, R 43 I/823.

man sie den neuen Machthabern antrug. Angesichts der fortwährenden Veränderungen in dem instabilen politischen Klima der Weimarer Republik bildete sich ein gewisser Automatismus im Umgang mit den wechselnden Reichsregierungen heraus. Der neue Reichskanzler wurde als Ehrenpräsident genauso herzlich begrüßt wie sein Vorgänger.[12] Reichskanzler waren Ehrenpräsidenten; ihre Aufgabe war es, bei den jährlichen Banketts des Museums Reden zu halten, welche die nationale Bedeutung des Museums unterstreichen sollten.[13] Sie besaßen keinen wirklichen Einfluss, üblicherweise waren ihre Reden von Miller oder einem seiner Mitarbeiter aufgesetzt worden.[14] Einen etwas größeren Einfluss auf die Politik des Museums hatten die Mitglieder des Vorstands und die Schriftführer. In der Nachkriegszeit brauchten die Verantwortlichen des Museums dringend Geld und Material für die Fertigstellung der Bibliothek und des Lesesaals, welche die Sammlungen abrunden sollten. Doch Spenden waren oft mit Verpflichtungen verbunden. In der Weimarer Republik fiel es Miller immer schwerer, die Balance zwischen den unpolitischen Aufgaben des Museums und seinem Anspruch auf nationale Geltung zu halten.

Technologischer Korporatismus

Bei der Konzipierung und Ausführung von Ausstellungen legten Miller und seine Kollegen in den Jahren 1925–1930 mehr Wert auf die Einbindung und das aktive Lernen der Besucher als früher. Die Prinzipien von Anerkennung und Ehrung herausragender Personen in Naturwissenschaft und Technik, die ein so grundlegendes Element der Botschaft des Museums gewesen waren, dass sie in dem zentral gelegenen Ehrensaal zum Ausdruck gebracht wurden, traten ein wenig in den Hintergrund. Der Schwerpunkt der Ausstellungen verschob sich zudem von der Vergangenheit auf die Gegenwart. Obgleich Miller den Auswirkungen des naturwissenschaftlichen und technischen Fortschritts auf die Lebensqualität der einfachen Menschen von jeher große Be-

---

12 Reichskanzler Severing sprach von einer »fast automatischen Ehre«. Carl Severing: Mein Lebensweg. Im Auf und Ab der Republik. Bd. 2. Köln 1950, S. 161.

13 Als Miller 1932 erfuhr, dass Reichskanzler Brüning nicht an der Jahresversammlung teilnehmen wollte, begab er sich zusammen mit dem bayerischen Gesandten von Präger in die Reichskanzlei, um Brüning dazu zu drängen, sich eines anderen zu besinnen. Miller betonte, das Erscheinen des Kanzlers sei notwendig, um zu beweisen, dass das Museum eine deutsche Institution sei; Aufzeichnungen von Pfundtner, 26. 4. 1932, BA, R 43 I/823.

14 Schreiben von Miller an Reichskanzler Müller, 9. 8. 1928, in dem er die Punkte skizziert, die Müller betonen sollte (die Besucherzahlen, das Museum als ein Ort des Staunens, aber auch der Gelehrsamkeit, die Chance für junge Arbeiter und Studenten), BA, R 43 I/823. Ferner Miller an Brettreich (Bayerischer Kultusminister), 14. 9. 1910, DMA, VA 0873.

deutung zugemessen hatte, erhielt dieses Anliegen allmählich Vorrang vor den traditionellen und heroischen Anschauungen, die in der Kaiserzeit mit der Idee des Meisterwerks verbunden worden waren. Dieses Anliegen passte sehr gut zu Millers umfassenderem Interesse, die Deutschen für seine Vision einer korporativen, technisierten Gesellschaft zu erwärmen; diese ließe sich dadurch verwirklichen, dass man den Bürgern den angemessenen Gebrauch der Technik und die gebührende Achtung vor den Technikern und Ingenieuren beibrächte.

Als das Museum 1925 seine Pforten wieder öffnete, hoffte die Museumsleitung, einige der gravierenderen Schwächen der früheren provisorischen Ausstellungen behoben und die dem Museum zugrunde liegende Philosophie in der architektonischen Gestaltung selbst zum Ausdruck gebracht zu haben. Museumsführer und Handreichungen betonten die lineare Anordnung der Abteilungen, die mit der Geologie des Erdinnern begannen – die Bergwerke im Untergeschoss – und sich dann bis zu den Himmelskörpern emporarbeiteten – Observatorium und Planetarium in den obersten Stockwerken.[15] Die Vielzahl von Präsentationsmethoden bedeutete, dass Besucher in jeder Ausstellungseinheit unterschiedlichste Objekte zu sehen bekamen: Originale, die als Kunstwerke dargeboten wurden, Modelle, die das Innenleben von mechanischen Apparaten offenbarten oder Besuchern erlaubten, Experimente durchzuführen, Schaubilder, Dioramen und Diagramme, die die Bedeutung von Entwicklungen verdeutlichten, und lebensechte Tableaux und Gemälde, die flüchtige Blicke in ›untergegangene Welten‹ erlaubten.

Ungeachtet der auftrumpfenden Rhetorik anlässlich der Eröffnung des Museums waren die Sammlungen 1925 noch keineswegs vollständig. Obgleich die Schwachstellen des Museums in den offiziellen Verlautbarungen, die lediglich zugaben, dass viele Abteilungen einen ›letzten Schliff‹ bräuchten, heruntergespielt wurden, konnte nichts die Tatsache verschleiern, dass das gesamte zweite Stockwerk des Museums leer stand. Die dort vorgesehenen Abteilungen waren noch nicht über das allgemeinste Planungsstadium hinausgediehen.[16] Aufgrund der konzeptionellen Gestaltung des Gebäudes, das den Besucher von der materiellen Welt im Untergeschoss über die großen Abteilungen zur Energie- und Verkehrstechnik im Erdgeschoss und durch die Naturwissenschaften hinauf bis zur angewandten Technik im obersten Stock führen sollte, waren 1925 eben jene Abteilungen unvollständig, die sich unmittelbar auf die Bedürfnisse der Verbraucher bezogen: Bausteine, Hochbau, Wasserversorgung, Heizung, Beleuchtung, Bäderwesen, Gas- und Elektrotechnik.

15 Deutsches Museum: Amtlicher Führer durch die Sammlungen. München 1925. S. hierzu auch den Aufsatz von Füßl in diesem Band.

16 DMA, VB 1923–1925, S. 14.

In den nächsten Jahren spiegelte die Arbeit an diesen Ausstellungen Millers Engagement für den technologischen Korporatismus und seinen Wunsch wider, die Verbraucher in ein von Fachleuten geleitetes technologisches Projekt einzubinden. Die bis 1930 fertig gestellten Abteilungen zeigten Anwendungsgebiete der Technik, die unmittelbar die Gegenwart beeinflussten und sich auf die konkreten Lebensumstände der Menschen auswirkten.

Diesen Ausstellungen lag das Konzept der ›städtischen Hygiene‹ zugrunde. Hygiene als Fach war bei der Museumsgründung ausgeschlossen worden, da um 1903 für München ein ›Pettenkofer-Museum‹ geplant war und das Deutsche Museum dazu keinesfalls in Konkurrenz treten wollte. Anfang der 1920er-Jahre hatte sich die Situation nach dem Scheitern eines eigenen Münchner Hygienemuseums geändert. In den früheren Plänen für das Museum umfasste die Hygiene-Abteilung Exponate über Schulen, Müllabfuhr, öffentliche Bäder, Krankenhäuser, Leichenhallen und Friedhöfe, Märkte und Schlachthöfe. Zusammen sollten sie die vielfältigen Vorteile demonstrieren, welche die Technik den Städtern gebracht hatte. Diese Vorteile konnten nicht mit einem bestimmten Industriezweig gleichgesetzt werden, etwa der Textil- oder Papierproduktion, und sie ließen sich auch nicht auf wissenschaftliche Prinzipien etwa der Chemie oder der Physik zurückführen. Die Ausstellungseinheiten über Baustoffe, Hausbau, Heiz- und Kühltechnik, Kanalisation, Beleuchtung, Gas- und Elektrotechnik präsentierten angewandte Technologien als Objekte und Systeme, die sich unmittelbar auf das Alltagsleben der Deutschen auswirkten. Die Abteilung »Hochbau« umfasste zahlreiche Modelle, von denen viele in den museumseigenen Werkstätten gebaut worden waren und die ein breites Spektrum von Wohnungstypen darstellten, aber auch Millers Auslandsreisen dokumentierten; so wurde ein Pfahlbau am Starnberger See mit den Pyramiden von Gise und dem Taj Mahal verglichen. Es folgten Beleuchtung, Heiztechnik, Wasserversorgung und Abwasserentsorgung; sie boten nur Neues dar, zeigten den praktischen Nutzen technischen Fortschritts auf und überzeugten die Besucher davon, dass die Haushaltstechnik das allgemeine ›Kulturniveau‹ drastisch erhöht hatte.[17]

17 Bayerische Abendzeitung v. 10. 8. 1931. Eine neue Betonung des Praktischen und Pragmatischen zeigte sich in der Bäderausstellung. Diese Ausstellung pries die Annehmlichkeiten des modernen Bads und der modernen Hygiene und rühmte die Tugenden der Reinlichkeit und Mäßigkeit beim modernen Arbeiter. Raffinierte Dioramen römischer, mittelalterlicher und fürstlicher Bäder veranschaulichten, dass Bäder in der Vergangenheit entweder technisch fortgeschritten, aber einer kleinen Elite vorbehalten gewesen waren, oder aber sie waren für das breite Volk gedacht, einfach konzipiert und unhygienisch. Verschiedene Stadien der Badewannenkonstruktion verdeutlichten Fortschritte, die bei Konsumgütern gemacht wurden, und schematische Darstellungen, die den Wasserfluss in Privathäusern nachzeichneten, unterstrichen die Einheit der Volksgemeinschaft unter der Schirmherrschaft des technologischen Korporatismus.

Das Museum forderte die Besucher zu aktiver Mitwirkung auf, allerdings innerhalb gewisser Einschränkungen und Grenzen. Die Logik der Volkswirtschaft verlangte einen informierten Besucher, nicht aber einen Besucher, der die Ausstellungsbedingungen bestimmen durfte.[18] Wie ein Artikel in den Münchner Neuesten Nachrichten vom Februar 1921 berichtete, lag »die Bedeutung des Deutschen Museums für die Arbeiterklasse« in der Tatsache, dass das Museum verdeutlichte, wie Produzenten und Konsumenten voneinander abhängig waren. Arbeiter bräuchten Unternehmer, die ihre Produkte verkauften, aber umgekehrt müsse der Unternehmer auch seine Abhängigkeit von Ingenieuren und Arbeitern erkennen, die nicht als Objekte der Ausbeutung, sondern als Partner betrachtet werden sollten.[19] Miller erklärte auch, dass Ausstellungen Arbeiter mit ihrer Stellung in der Gesellschaft insgesamt versöhnen könnten: »Mit dem Verständnis der Technik wächst auch die Freude an der Arbeit. Wenn der Arbeiter sieht, was er in Verbindung mit der Wissenschaft schaffen kann, wenn seine Arbeit geleitet wird von weitblickenden Organisatoren, dann bekommt er wieder Achtung vor der Arbeit und Freude zu ihr und das ist das Wichtigste, was wir heute unserem Volke zu geben haben.«[20]

Millers Wunsch, die Verbraucher anzusprechen, war ein wesentlicher Teil seiner Museumskonzeption; dieses Anliegen verband seine unternehmerischen Anstrengungen mit dem Deutschen Museum. Diese gezielte Ansprache der Konsumenten wurde während der Weimarer Republik forciert, und Miller konzentrierte sich auf Fachmessen wie »Heim und Technik« von 1927 und andere Ausstellungsprojekte, um ihnen die Technik ins Haus zu bringen. Miller formulierte seine Vision der Technik und seine Vorstellung davon, wie sie der breiten Öffentlichkeit durch Volksbildung verständlich gemacht werden könnte, in einer Reihe von Zeitungsartikeln und Vorträgen zwischen 1929 und 1931. Titel wie »Die Technik als Wohltäterin der Menschheit«, »Technische Museen als Stätten der Volksbelehrung« und »Deutsche Not – Deutsche Hoffnung« bringen seine Überzeugung zum Ausdruck, die Technik sei nicht für die ökonomischen Missstände in Deutschland verantwortlich, vielmehr eröffne sie einen Ausweg aus den gegenwärtigen Schwierigkeiten des Landes, sofern alle verstünden, wie sie funktioniere und wie sie sich ent-

18 Roth (Anm. 8), S. 64. Im Jahr 1920 streikten die Arbeiter des Museums für höhere Löhne und warfen dem Museum mangelndes »soziales Engagement« vor; Miller weigerte sich, mit ihnen zu verhandeln. Ihre undankbaren Forderungen könnten nicht erfüllt werden, so Miller, und sie sollten dankbar sein für museumsinterne Vorschriften, die ihnen Krankheitsurlaub und Zuschüsse zu medizinischen Behandlungskosten gewährten; Augsburger Abendzeitung v. 16. 6. 1918 und Münchner Post v. 30. 3. 1920.
19 Münchner Neueste Nachrichten (MNN) v. 20. 2. 1921.
20 DMA, VB 1921–1923, S. 10.

wickelt habe.[21] In den Artikeln verknüpfte Miller sein Interesse an dem Museum mit seiner Diagnose der ökonomischen Lage Deutschlands und deren Zusammenhang mit dem allgemeinen Wohl und dem internationalen Ansehen des Landes.

Angesichts der Haushalts-, Kredit- und Vertrauenskrisen im Gefolge der Weltwirtschaftskrise verdoppelte Miller seine Anstrengungen, die Technik vor Schuldzuweisungen zu schützen. Dabei unterstrich er die Bedeutung der Volksbildung. Miller betonte, wie wichtig das Verständnis ökonomischer Prinzipien sei. Seines Erachtens hatten weit verbreitete Fehlvorstellungen über die Technik – und über die Grundlagen der Wirtschaft – dazu geführt, dass Techniker für die Weltwirtschaftskrise verantwortlich gemacht wurden. Nur durch Bildung ließen sich diese Missverständnisse ausräumen.

Millers Begriff des belehrten Museumspublikums lag die einzigartige Abhängigkeit der Elektrizität von den Verbrauchern als Endabnehmern zugrunde, welche die Nachfrage erzeugten. Museumsbesucher müssten wie Stromabnehmer einzeln angesprochen und vom Nutzen des technischen Fortschritts für ihr Alltagsleben überzeugt werden. Zugleich sollten sie gemeinschaftsbezogen denken und Millers Vision der Technik teilen, die in klugen Händen zu wirtschaftlichem Fortschritt, sozialem Frieden und politischer Stabilität führen würde. Das Publikum müsse in der richtigen Weise belehrt und begeistert werden, damit es die ›Macht des Schalters‹ mit der gebührenden Wertschätzung entgegennehmen könne.

Der Korporatismus geht davon aus, dass alle Gruppen der Gesellschaft bei Verhandlungen an Entscheidungsprozessen beteiligt werden; der technologische Korporatismus beschreibt eine Einstellung, wonach sich fachkundige Ingenieure im Namen der Arbeiter und Konsumenten der Nation zu Fürsprechern der Technik machen.[22] Die den Konsumenten gewährte Macht war an vielfältige Auflagen und Regeln geknüpft. Miller wollte die Nachfrage nach Strom durch die Konsumenten sichern, aber er wollte ihnen keine Mitspracherechte hinsichtlich der Erzeugung oder Verteilung von Strom einräumen. In gleicher Weise wollte er im Museum die Besucher einbinden und definierte es als Aufgabe des Museums, die Arbeiter der Nation zu unterstützen, allerdings nur unter den gegebenen institutionellen Rahmenbedingungen.

---

21 »Die Technik als Wohltäterin der Menschheit« war ein Vortrag, den Miller im Oktober 1931 in Essen hielt; eine Kopie des VDI mit der Anmerkung, die Rede sei sowohl von der Presse als auch von allen anderen Beteiligten gut aufgenommen worden, in: DMA, VA 0957. »Technische Museen als Stätten der Volksbelehrung« erschien in der Reihe »Abhandlungen und Berichte« des Deutschen Museums (1929), S. 1–18; »Deutsche Not – Deutsche Hoffnung« war eine Rundfunkansprache, die Miller 1930 hielt, Text in DMA, VA 0960.

22 Die Behauptung der Ingenieure in den 1920er- und 1930er-Jahren, ihre Arbeit diene dem »Gemeinwohl«, war ebenso allgemein wie vage, vgl. Jarausch (Anm. 8), S. 72.

Museumsbesucher sollten zu informierten Nutzern werden, die ihre Stellung innerhalb des Ganzen verstanden – und interaktive Ausstellungen sollten ihnen helfen, dieses Ziel zu erreichen. So formulierte Miller 1929 vor amerikanischen Zuhörern: »Jede Zivilisation muss ihren Menschen beibringen, unter den besonderen Verhältnissen zu leben, die sie hervorbringt«.[23] Diese Vision vom wohlinformierten Staatsbürger hatte einen deutlich technokratischen Beigeschmack, denn die Ingenieure und Unternehmer erhielten das Recht, die Rahmenbedingungen dieser Verhältnisse festzulegen, denen sich der Rest der Gesellschaft unterwerfen sollte.[24]

Als die einzelnen Ausstellungseinheiten entworfen und im Gebäude auf der Isarinsel realisiert wurden, veränderte sich die Konzeption des Museums. Die Museumsmacher förderten dadurch, dass sie angewandte Technologien und den Durchschnittsbürger in den Vordergrund rückten, ein Gefühl gemeinschaftlicher Zugehörigkeit – der Zugehörigkeit zu einer Gemeinschaft, die durch den technologischen Korporatismus geeint wurde, einer Gemeinschaft, die solche Errungenschaften und Annehmlichkeiten hervorzubringen vermochte. Die ursprüngliche Absicht des Museums, heroische Leistungen zu würdigen und in den Besuchern ein Gefühl der Ehrfurcht zu erzeugen, wandelte sich auf subtile Weise und wurde zu einem Versuch, die Einzelnen davon zu überzeugen, dass diese Ehrerbietung verdient war. Die Ausstellungen versuchten die Botschaft zu vermitteln, dass Naturwissenschaft und Technik das Alltagsleben jedes einzelnen Deutschen verbessert hätten; sie hätten zu einer zweckmäßigeren Gestaltung ihrer Arbeitsplätze geführt und das Leben allgemein angenehmer, hygienischer, sicherer und rationaler gemacht. Deutsche Naturwissenschaftler und Ingenieure spielten noch immer eine bedeutende Rolle als die Promotoren des technologischen Wandels, und das Museum ehrte auch weiterhin ihre Großtaten, aber nunmehr ging es vor allem darum, die Zweckmäßigkeit, den Nutzen und die Vorteile dieser Taten herauszustellen. Während die museale Schaustellung ursprünglich einer Art Selbstverherrlichung des Industriezeitalters diente, waren die Ausstellungen nach 1925 weniger selbstbewusst, weniger auf die Überhöhung individueller Erfinder- und Wissenschaftlerpersönlichkeiten bedacht als auf die täglichen Anwendungen der Technik und ihrer Nutzer ausgerichtet.

Der technologische Korporatismus des Museums machte das Erleben der Technik zugleich unterhaltsam und belehrend. Die Sammlungen fungierten

23 Ishbel Ross: Four American museums to trace industry from Stone Age. In: New York Herald Tribune v. 15. 12. 1929.
24 S. hierzu Charles S. Maier: Between Taylorism and Technocracy. European ideologies and the vision of industrial productivity in the 1920s. In: Journal of Contemporary History 5 (1970), S. 27–61; Stefan Willeke: Die Technokratiebewegung in Nordamerika und Deutschland zwischen den Weltkriegen. Eine vergleichende Analyse. Frankfurt a. M. 1995.

als ein Raum, in dem Männer und Frauen aus unterschiedlichen sozialen Schichten zusammengebracht wurden, um gemeinsam Wissenschaft und Technik »zu konsumieren«, und sie erzeugten so eine enge Beziehung zwischen der Technik und ihren Anwendern sowie unter den Anwendern selbst. Die Ausstellungen sollten auf unterhaltsame Weise belehren und Zusammenhänge verständlich machen, damit sich die Bürger aus eigener Anschauung davon überzeugen konnten, dass ihnen sachgerecht angewandte Techniken nutzten und dass Ingenieure deshalb für ihre Anstrengungen geehrt werden sollten. Diese Intention lässt sich mit dem folgenden zeitgenössischen Slogan auf den Punkt bringen: »Science Finds – Industry Applies – Man Conforms« (sinngemäß: die Wissenschaft entdeckt – die Industrie wendet an – der Mensch passt sich an).[25]

3. 1930–1934

Politische Wirren und das »apolitische« Nationalmuseum

Die Jahre 1930 bis 1934 umspannen die allmähliche Machtergreifung der Nationalsozialisten und die Gleichschaltung des gesamten öffentlichen Lebens. In diesem Zeitraum wurde das Museum immer mehr in die politischen Auseinandersetzungen hineingezogen. Im Kraftfeld öffentlicher Debatten wie des Bismarck-Streits, des Rücktritts Millers, der Neuorganisation der Museumsgremien und von Millers Tod im Jahr 1934 wurde dem Deutschen Museum von seinen Gegnern vorgeworfen, es sei nicht ›völkisch‹ oder ›politisch‹ genug, während sich Miller auf einen Standpunkt zurückzog, der jegliche Beziehung zwischen dem Museum und der politischen Sphäre dementierte, um so die Institution vor seines Erachtens instabilen und potenziell schädlichen politischen Tendenzen zu schützen.

Der erste Vorfall, der verdeutlichte, wie schwierig es war, die apolitischen Ziele des Museums mit seinen Ansprüchen auf nationale Bedeutung in Einklang zu bringen, war der Streit über ein Otto von Bismarck gewidmetes Denkmal, der in den späten Jahren der Weimarer Republik die Münchner Bevölkerung und zeitweise auch die gesamte deutsche Öffentlichkeit in eine erbitterte Kontroverse über die Ziele des Museums verwickelte. Der Bismarck-Streit tobte etwa zwei Jahre lang hinter den Mauern des Museums, ehe er 1931 zu einem öffentlichen Politikum wurde. Die Auseinandersetzung begann scheinbar völlig harmlos bei der Sitzung des dreiköpfigen Vorstands

---

25 Dies war das Motto der Chicago Century of Progress Fair 1933. Vgl. Caroll W. Pursell: The machine in America: A social history of technology. Baltimore 1995, S. 231.

12   Die umstrittene Bismarck-Statue auf dem heutigen Standort an der Boschbrücke.
DMA, BN 07778

(bestehend aus Miller, dem Münchner Lehrer und Reformpädagogen Georg
Kerschensteiner und Millers Freund, Walther von Dyck, dem Rektor der TH
München) mit den Vorsitzenden des Vorstandsrats (bestehend aus Paul
Reusch, Max Planck und Karl Friedrich von Siemens) im Jahr 1926. Im Ver-
lauf der Diskussionen über die Museumssammlungen schlug Reusch vor, ein
Bismarck-Denkmal im Ehrensaal des Museums aufzustellen. Er begründete
seinen Vorschlag damit, Bismarck habe als der Mann, der das Deutsche Reich
geschaffen habe, den Weg für die Entwicklung von Naturwissenschaft und
Technik geebnet, die im Museum dargestellt werde.[26]

Die Tatsache, dass Miller seinem Freund von Dyck die Verantwortung für
die Gestaltung des Saals übertrug, könnte ein Indiz dafür sein, dass er sich
für das Vorhaben nicht sonderlich interessierte.[27] Die Botschaft ehrfürchtiger
Verehrung, die der Saal vermitteln sollte, widersprach Millers Wunsch, die

26 Reusch erklärte sich sogar großmütig bereit, die Kosten des geplanten Denkmals zu tragen – was in
der Regel eine sichere Methode war, um Millers Zustimmung und Unterstützung zu erlangen; Prot.
der Sitzung des Vorstands, der Vorsitzenden und des Schriftführers des Vorstandsrats, 22. 2. 1926,
DMA, VA 2157.

27 Vgl. Hans-Liudger Dienel: Ideologie der Artefakte. Die ideologische Botschaft des Deutschen Museums, 1903–1945. In: Ideologie der Objekte – Objekte der Ideologie. Naturwissenschaft, Medizin
und Technik in Museen des 20. Jahrhunderts, hrsg. vom Vorstand der Deutschen Gesellschaft für
Geschichte der Medizin, Naturwissenschaft und Technik. Kassel 1991, S. 110–111; s. auch Ivo
Schneider: Der Wissenschaft zu Ehren. In: Kultur & Technik 27 (2003), H. 2, S. 34–37.

Technik den Museumsbesuchern leicht verständlich zu präsentieren. Zweifellos spielte Miller bei der Auswahl von Denkmälern keine so aktive Rolle wie bei den meisten anderen Aspekten der Ausstellungen des Museums. Doch wie auch bei diesen anderen Projekten deckten sich Millers Absichten nicht immer mit der tieferen symbolischen Bedeutung eines Teilbereichs des Museums oder auch der Interpretation seiner Bedeutung durch die Besucher. Millers mangelndes persönliches Engagement spiegelt nicht die symbolische Rolle wider, die der Saal architektonisch im Museumsraum spielte. Und es sollte auch nicht die Bedeutung schmälern, die der Saal für die Anhänger des Museums hatte, insbesondere für jene berufsständischen Organisationen und industriellen Kreise, die wünschten, dass das Museum auch ihrer Helden gedachte.[28]

Oberflächlich betrachtet, schien es logisch zu sein, dass Reusch Bismarck in diese Walhalla aufnehmen wollte. Reuschs künstlerische und intellektuelle Vorlieben entsprachen denjenigen, die im Ehrensaal zum Ausdruck gebracht wurden; die Technik wurde hier ästhetisiert, und wissenschaftliche Errungenschaften wurden als künstlerische Akte heroischer Genialität präsentiert. Reuschs Verehrung für Bismarck hing mit seiner Bindung an die Vergangenheit und seinem idealistischen Kulturbegriff zusammen. Seine Bismarck-Begeisterung besaß auch eine wichtige politische Dimension. Sie setzte die Statue Bismarcks mit den Zielen konservativer Denker und Politiker gleich, die Bismarcks Skrupellosigkeit im Umgang mit den inneren Feinden der Nation als nachahmenswertes Beispiel darstellen wollten. Miller begründete seine Ablehnung damit, dass Bismarck selbst nichts für Naturwissenschaft und Technik getan hatte. Zudem pflegte er das traditionelle bayerische Ressentiment gegen Bismarck, und Reuschs Vorschlag, ein Denkmal zu seinen Ehren in die Ehrenhalle des Museums aufzunehmen, musste ihn daher in Harnisch bringen. Er hielt deshalb an einem partikularistischen Standpunkt fest, wonach der Kanzler der Mann gewesen war, der Ludwig II. ausgetrickst hatte.

Anhaltende monarchistische Loyalitäten wurden überlagert von Regional- und Lokalpatriotismen, die in der Republik ein Geschöpf preußischer Fremdlinge sahen.[29] Das Museum, das noch immer mit der bayerischen Re-

---

28 Ab 1906 informierten die veröffentlichten Verwaltungsberichte ausführlich über die Fortschritte, die das Museum bei der Suche nach Sponsoren für die verschiedenen Denkmäler machte. Die Stipendiaten fühlten sich in den »Stipendiatenberichten« oftmals dazu genötigt, den feierlichen Charakter herabzuspielen.

29 Die Animositäten traten auf der jährlichen Gremiensitzung im Mai 1931 zutage, die anlässlich der feierlichen Eröffnung des Harnack-Hauses in Berlin stattfand. Zur Ergötzung seines Publikums zitierte von Dyck Schillers »Zu Dionys, dem Tyrannen, schlich Damon, den Dolch im Gewande« als Anspielung auf die Tatsache, dass »ein gewisser Mangel an Vertrauen und viele Schwierigkeiten die Verhandlungen [zwischen dem Reich, den Ländern und München] überschatteten«; DMA, VB 1929/30, S. 26.

gionalidentität, antipreußischen Affekten und einer fortbestehenden Loyalität zur mittlerweile untergegangenen Monarchie verbunden war, konnte ein Bismarck-Denkmal nicht akzeptieren, selbst wenn es, oberflächlich betrachtet, viel mit konservativen und nationalistischen Kreisen gemein hatte. Tatsächlich bestärkte deren radikale Politik Millers persönliche Abneigung gegen die Skulptur des Reichskanzlers. Miller rechtfertigte seine Entscheidung, Reuschs Vorschlag nicht zu entsprechen, mit der Behauptung, er wolle den Ruf seiner Institution nicht dadurch aufs Spiel setzen, dass er sie zum Gegenstand parteipolitischer Auseinandersetzungen mache; ein solches Denkmal sei vielleicht populär, aber das Deutsche Museum sei kein geeigneter Ort dafür. Das Museum, so argumentierte Miller, ehre bedeutende Männer nicht an und für sich, sondern wegen ihres Beitrags zur Förderung von Naturwissenschaft und Technik.[30] Das Argument entsprach den offiziellen Erklärungen des Museums, auch wenn es der tatsächlichen Praxis zuwiderzulaufen schien.

Miller fürchtete, dass die extreme politische Symbolik einer Bismarck-Statue die öffentliche Meinung spalten, die Unterstützung des Museums durch breite Bevölkerungskreise gefährden und seine Existenz bedrohen könnte. Millers Verhalten lag offenbar die Überzeugung zugrunde, dass im zeitgenössischen Kontext jede Handlung, die als politisch interpretiert werden könnte, als ein »politisches Manifest« angesehen würde, die dem »gänzlich unpolitischen« Museum schaden müsse.[31] Die Frage lautete jetzt nicht mehr nur, ob das Museum eine Bismarck-Statue als eines seiner Exponate akzeptieren würde, sondern, ob der ›Eiserne Kanzler‹ als politische Symbolfigur mit Millers wachsender Überzeugung in Einklang gebracht werden könnte, dass sich das Museum aus den politischen Auseinandersetzungen heraushalten müsse. Miller gestand diese Erwägungen erstaunlich freimütig ein, als er gegenüber Reusch und anderen Vorsitzenden des Vorstandsrats erklärte, es könne der Institution nur schaden, wenn sie sich parteipolitisch vereinnahmen lasse:

> »Das Deutsche Museum muss jedoch nicht nur Rücksicht auf fremde Länder nehmen, sondern es muss in erster Linie allen Parteien im eigenen Land mit absoluter Unparteilichkeit gegenüber stehen, wie immer auch die Anschauungen der leitenden Persönlichkeiten sein mögen. Wenn nur der Anschein erweckt würde, dass eine politische Richtung durch Aufstellung eines Denkmals besondere Begünstigung erführe, dann wäre zu befürchten, dass bei einem Wechsel der jeweils herrschenden Partei auch die Aufstellung von Denkmälern anderer Staatsmänner verlangt und die bisherige einstimmige Unterstützung

---

30 Prot. der Sitzung des Vorstands, der Vorsitzenden und der Schriftführer des Vorstandsrats, 22. 2. 1926, DMA, VA 2157.
31 Ebd.

dem Museum versagt würde, wenn Denkmäler dieser Staatsmänner zurückgewiesen werden müssten, wobei nur der Parteigeist ohne innere Begründung maßgebend sein könnte.«[32]

Die allgemeine Stimmungslage trübte sich 1931 noch weiter ein, als die Debatte eskalierte und genau die politischen Untertöne annahm, die Miller von Anfang an befürchtet hatte. Der Stadtrat befasste sich im Februar mit der Denkmalfrage. Die Stadt hatte unmittelbare Mitspracherechte bei der Entscheidung, ob das Denkmal vor dem Kongress-Saal des Deutschen Museums aufgestellt werden sollte. Bei der Diskussion nutzten die nationalsozialistischen Stadtratsmitglieder die Gelegenheit, um Miller und das ganze Museum anzugreifen.

Wortführer der Offensive war Hermann Esser. Esser war ab 1920 erster Herausgeber des *Völkischen Beobachters* (VB), der Parteizeitung der NSDAP, und ab 1923 war er Propagandachef der Partei gewesen. Kurz, er war bestens präpariert, um gegen Miller und ›sein‹ Museum zu Felde zu ziehen. Unmittelbar im Anschluss an die Sitzung des Stadtrats erschienen Zeitungsartikel, in denen Miller angegriffen wurde; am 4. März lud Esser seine Parteifreunde zu einem »Meinungsaustausch« in eine Bierschenke.[33] Die NSDAP kreidete Miller vor allem an, dass er nach 1918 mit der Münchner Räteregierung zusammengearbeitet hatte, um das Elektrizitätswerk am Walchensee fertig zu stellen. Esser fand in Handlungen unterschiedlicher politischer und symbolischer Bedeutung Beweise für Millers linke Sympathien. Miller war nach 1918 nicht nur mit einer roten Nelke im Knopfloch herumspaziert, sondern er war auch von einer Studienreise in die Sowjetunion mit anderen deutschen Ingenieuren und Wissenschaftlern mit Berichten zurückgekehrt, in denen er die Bemühungen dieses Landes, ein nationales Stromnetz aufzubauen, allzu überschwänglich gelobt hatte.[34]

Esser suchte die ikonografischen Konnotationen Bismarcks als einer Symbolfigur der Ablehnung der Weimarer Republik herunterzuspielen und warf dem Museum stattdessen mangelnden Patriotismus vor, weil es ausgerechnet den Mann nicht ehren wolle, der die Grundlagen eines geeinten Deutschlands

---

32 »Bericht über die Errichtung eines Bismarck-Denkmals im Deutschen Museum«, enthalten in einem Brief Millers an den Münchner Bürgermeister Karl Scharnagl vom 24. 12. 1930. Der Bericht wurde vermutlich während dieser Zeit von Miller geschrieben, jedenfalls aus dem Gedächtnis, DMA, VA 2157. Bäßler berichtet, Miller habe befürchtet, falls er Bismarck in das Museum aufnehme, würde irgendwann in der Zukunft auch Hitler einen Platz im Ehrensaal finden; Karl Bäßler: Ein Rückblick auf acht Jahrzehnte. München 1968, Manuskript (265 S.), S. 113.

33 Bericht von Bäßler über die »Versammlung der Nationalsozialisten im Thomasbräukeller« am 4. 3. 1931, DMA, VA 2157. Vgl. auch Bäßler (Anm. 32), S. 114.

34 Sein Sohn, Walther von Miller, wies darauf hin, dass sein positiver Bericht ihm den Zorn vieler Deutscher eintrug; noch Jahre später erhielt Miller Drohbriefe; s. hierzu Walther von Miller: Oskar von Miller. Pionier der Energiewirtschaft. Schöpfer des Deutschen Museums. München 1955, S. 96.

gelegt habe. Obgleich Esser behaupten konnte, das Denkmal erinnere lediglich an die politischen Verdienste des Reichskanzlers, wussten seine Zuhörer doch ganz genau, dass die Aufstellung der Statue rechten Kreisen in die Hände spielen und Anhänger des Weimarer Regimes vor den Kopf stoßen würde.

Den Gegnern des Museums fehlte die Macht, um die Ereignisse direkt zu beeinflussen. Aufgrund der sorgsam ausgetüftelten Organisationsstruktur des Museums, die es im Spannungsfeld verschiedener Behörden ansiedelte, konnte der Stadtrat seine Politik nicht direkt beeinflussen, obschon (wie die Nationalsozialisten immer wieder betonten) München das Museum mitfinanzierte. Die Nationalsozialisten mochten daher zwar gegen dieses eklatante Beispiel »erbärmlichen politischen Verhaltens« wettern, doch letztlich konnten sie nur über die Frage abstimmen, ob die Bismarck-Statue vor dem Museum aufgestellt werden sollte. Der Stadtrat verabschiedete eine Entschließung zugunsten des Denkmals und unterrichtete Miller ein paar Tage später über das Ergebnis.[35]

Die Kontroverse, die seit März 1931 in der Öffentlichkeit ausgetragen wurde, verschärfte sich im September desselben Jahres. Der Künstler, der das Denkmal entwarf, Fritz Behn, inszenierte eine theatralische Geste, die das Museum (und die Stadt) zum Handeln zwingen sollte. Als München am Morgen des 12. September zum Leben erwachte, trauten seine Bürger kaum ihren Augen – vor dem Museumsgebäude, dort, wo die Tramgleise verliefen und die Marktfrauen ihre Obst- und Gemüsestände aufschlugen, stand eine gut 3,5 Meter große Bismarck-Statue.[36] Die aus rotem Sandstein gemeißelte Statue porträtierte den früheren Kanzler als Roland-Figur mit Glatze, Rüstung und einem griffbereiten Schwert an der Seite. Zu den Füßen des Eisernen Kanzlers (die erstaunlich flach waren, wie viele Kommentatoren während der nächsten Tage anmerken sollten) stand ein großer Kranz mit einem schwarzen Band, auf dem in dramatischer Einfachheit die Botschaft stand: »Beschämt und betrübt«.[37]

Dieser überraschende Auftritt sorgte für erhebliches Aufsehen. Die Nationalsozialisten im Stadtrat forderten lautstark, sofort etwas zu unternehmen, um das Areal um die Statue zu säubern und eine Feier abzuhalten, die dem Mann und dem Denkmal würdig wäre.[38] Bürgermeister Scharnagl verkündete, die Stadt sei von der Aktion genauso überrascht worden wie die Passanten, die auf ihrem Weg zur Arbeit an der Statue vorbeikamen. Der Künstler Behn schwor, die Amtsträger seien über seine Pläne im Bilde gewesen, räumte aber

---

35 Scharnagl an Miller, 3. 3. 1931, DMA, VA 2157.
36 Z. B. MNN v. 12. 9. 1931; Bayerischer Staatsanzeiger, Bayerische Staatszeitung, DMA, Zeitungsausschnittsammlung.
37 Münchner Telegramm Zeitung v. 12./13. 9. 1931.
38 Münchner Zeitung v. 18. 9. 1931.

auch ein, er habe gehofft, das plötzliche Auftauchen der Statue würde die halbherzigen Anstrengungen beschleunigen, einen würdigen Platz für das Denkmal zu finden. Er selbst hatte den Kranz hinzugefügt, um zum Ausdruck zu bringen, dass er sowohl die Stelle, an der das Denkmal errichtet werden sollte, als auch die Umstände seiner Enthüllung für unwürdig hielt.[39]

Der öffentliche Spott spielte die Bedeutung des Denkmals herunter und entschärfte den Bismarck-Streit zeitweise, indem er aus einer politischen Frage eine ästhetische Kontroverse machte. Im Hintergrund aber wurden zwei Fragen immer brisanter: Die eine bezog sich auf die politische Bedeutung von Bismarck als Symbolfigur, die andere auf das Museum und seine Beziehung zur politischen Sphäre. Das Denkmal war nach Ansicht vieler Personen gerade deshalb so lächerlich, weil es nicht im Museum stand, sondern vielmehr den Wechselfällen und den Vulgaritäten der Straße preisgegeben war. Das Museum hätte der Bismarck-Statue eine besondere Aura verliehen, die besonders dem konservativen Vermächtnis des Reichskanzlers dienlich gewesen wäre. Aber es war gerade diese Macht, Objekte mit einer nationalen Bedeutung zu versehen, die Miller so verzweifelt zu beschützen suchte.

Der Bismarck-Streit gewann nach der Erstürmung des Münchner Rathauses durch SA-Truppen am 9. März 1933 und der Ausrufung der ›Volkserhebung‹ in Bayern nochmals an Bedeutung. Miller und Jonathan Zenneck, sein designierter Nachfolger, hatten am 14. März einen Brief an Reichskommissar Ritter von Epp aufgesetzt, in dem sie auf »Forderungen« eingingen, das Hakenkreuz zu hissen. Der Brief war in der gleichen Sprache gehalten, die die Neutralität des Museums im Bismarck-Streit begründet hatte, und wiederholte jene Forderungen nach politischer Unparteilichkeit, die nach Ansicht seines Gründers den Fortbestand des Museums gewährleistete. Die Institution habe allein deshalb mehrere politische Umwälzungen überstanden, weil sie immer über den »politischen Strömungen« aller Arten gestanden habe. Doch das Deutsche Museum würde, wie Miller und Zenneck zugestanden, die Hakenkreuzflagge neben den Fahnen des Reichs, Bayerns und Münchens aufziehen, »um Schwierigkeiten zu vermeiden«.[40]

Das Hissen des Hakenkreuzes auf dem Museumsturm im Mai 1933 mochte für Passanten und Ministerialbeamte ein Zeichen gewesen sein, dass das Deutsche Museum gleichgeschaltet worden war, aber es genügte nicht, um es vor dem Zorn der Nationalsozialisten zu schützen, die den Münchner Stadtrat kontrollierten. Schon bald bot sich ihnen die Gelegenheit, ihrer Wut Luft zu machen. Die Stadt pflegte anlässlich der Jahresversammlungen des Museums (die seit 1925 an Millers Geburtstag im Mai stattfanden) einen abend-

---

39 MNN v. 14. 9. 1931.
40 Miller und Zenneck an Ritter von Epp, 14. 3. 1933, BHSTA, MA 107442.

lichen Empfang für Honoratioren im Rathaus auszurichten; die Stadt München bestritt die Kosten des Abends, der oft Konzerte und Theatereinlagen umfasste. Doch als im Frühjahr 1933 die Bewilligung der Mittel anstand, erklärte der Stadtrat, er könne die Kosten des Ereignisses nicht bestreiten, da man in Finanznöten stecke. Für andere Zwecke standen jedoch Mittel zur Verfügung, und unmittelbar nach der Abstimmung, bei der die Kostenübernahme für die Abendgesellschaft abgelehnt wurde, wurde der Vorschlag angenommen, die eingesparten Gelder für einen Sonntagsausflug der SA zum Bismarck-Denkmal am Starnberger See zu verwenden.[41]

Miller sah darin einen Angriff auf seine Person, eine kleinkarierte Revanche für seine Unnachgiebigkeit im Bismarck-Streit, und nahm ihn als Anlass für seinen Rücktritt als Museumsvorstand. Wenn er auf seinem Posten bliebe, würde er dem Museum nur schaden und, was noch wichtiger war, seine weitere Expansion behindern. Die Neutralität der Institution wäre unverzichtbar, um weiterhin Unterstützung zu erhalten; wenn er weiter im Amt bliebe, wäre dies nicht länger gewährleistet. Wenn er bliebe, würde er den Ruf des Museums beflecken, den Eckstein seines Auftrags und seinen wichtigsten Schutzmechanismus. Unter Hinweis auf sein fortgeschrittenes Alter und seine zunehmende Gebrechlichkeit schickte Miller daher ein Rücktrittsschreiben an Walther von Dyck und den Physiker Jonathan Zenneck, den Rektor der TH München, der die Nachfolge Millers antreten sollte.[42]

Millers Verbündete und Kollegen im Museum ließen ihn nur widerwillig ziehen. Getragen von der Überzeugung, dass das Deutsche Museum ohne seinen dynamischen, angesehenen Gründer noch größeren Schaden erleiden würde, suchten sie nach einflussreichen Stimmen, die Miller dazu überreden sollten, im Amt zu bleiben.

In Absprache mit führenden Industriellen im Vorstandsrat des Museums beschlossen von Dyck und Zenneck, sich an Adolf Hitler direkt zu wenden, um zu beweisen, dass Miller in der Tat noch immer das Vertrauen der tonangebenden Kreise in den neuen politischen Verhältnissen besitze.[43] Falls Hitler das Amt des Ehrenpräsidenten annehmen würde, das automatisch dem Reichskanzler angetragen wurde, könnte er Miller in aller Form bitten, im Amt zu bleiben. Carl Koettgen, Generaldirektor der Siemens-Schuckert-Werke in Berlin, der zugleich Vorsitzender des Vorstandsrats war, wurde die Aufgabe übertragen, die Gründe für die Stimmung gegen Miller zu eruieren und ihn in Farben zu malen, die ihn für das Regime akzeptabel machten.

---

41 Carl Köttgen an Reichskanzlei, 7. 4. 1933, BA, R 43 I/823.
42 Der Brief wurde auf der Jahresversammlung verlesen und im Verwaltungsbericht 1932/33, S. 22f., abgedruckt.
43 Köttgen an Reichskanzlei, 7. 4. 1933, BA, R 43 I/823.

Köttgen unternahm diese wenig erfolgversprechende Aufgabe, indem er einige Aspekte von Millers Charakter herunterspielte und andere hervorhob. Er schilderte den Verlauf des Bismarck-Streits, um zu erklären, weshalb Miller so unpopulär war. Obgleich Millers Verhalten bei diesem »Vorfall« unverständlich bleibe, so Köttgen, besitze er doch »vielleicht mehr als viele andere, eine sehr ausgeprägte nationalistische Einstellung«. Köttgen wollte Gemeinsamkeiten zwischen Miller und nationalsozialistischen Anliegen aufzeigen: eine paternalistische Fürsorge für die Arbeiter und ein »starkes soziales Bewusstsein«. Die Politik des Museums sei ausdrücklich auf Arbeiter zugeschnitten, etwa die langen Öffnungszeiten, die Stipendien und allgemeine Bildungsprojekte für die deutsche Jugend. Köttgen führte schließlich als die letzte Waffe in seinem Arsenal die internationale Öffentlichkeit an, als er ausführte, dass »der ›Eindruck auf das gesamte Ausland‹, wenn Herr von Miller jetzt die Leitung niederlegt, ein solcher sein würde, den wohl ›niemand wünschen‹« könne.[44]

Doch Hitler lehnte das Ehrenamt ab. Unterdessen wurden vollendete Tatsachen geschaffen, noch ehe die Winkelzüge hinter den Kulissen zu einem Ergebnis führten. Die Jahresversammlung des Museums fand, wie gewöhnlich, am 7. Mai statt – wenn auch diesmal in viel »bescheidenerem« Rahmen. Um sich die Blamage zu ersparen, nicht von der Stadt eingeladen zu werden, verkündeten die Verantwortlichen, dass in »diesen wirtschaftlich schwierigen Zeiten« keinerlei Feierlichkeiten stattfinden würden, obwohl das Museum den 30. Jahrestag seiner Gründung feierte.[45]

Bei der Jahresversammlung gab Miller seinen Entschluss zum Rücktritt bekannt. Unter Hinweis auf sein fortgeschrittenes Alter (er war gerade 79 geworden) und seine zunehmende Sehschwäche erklärte Miller, er scheide »nicht aus Hass, sondern in tiefster Freundschaft«. Miller führte aus, dass »die Zeiten so schwierig« seien und »die Dinge sich so grundlegend geändert« hätten, dass es für das Deutsche Museum besser wäre, wenn ein »jüngeres Talent« die Zügel in die Hand nehme. Doch trotz inständiger öffentlicher Appelle, seinen Entschluss noch einmal zu überdenken, sagte Miller den Förderern des Museums, er sei zuversichtlich, dass das Museum mittlerweile auf so festen Füße stehe, dass er sich ruhigen Gewissens aufs Altenteil zurückziehen und sich seinen privaten technischen Tüfteleien widmen könne.

Miller starb am 9. April des folgenden Jahres. Sein Begräbnis stürzte die neuen Herren von München und Bayern, die ihn wegen seiner vermeintlich linken Neigungen eigentlich nicht ehren wollten, aber seine Popularität doch so sehr fürchteten, dass sie sein Andenken nicht beleidigen wollten, ein

---

44 Ebd., hervorgehoben im Original.
45 DMA, VB 1932/33, S. 15.

letztes Mal in Verlegenheit. Ministerpräsident Ludwig Siebert musste an Millers Beisetzung teilnehmen und sah sich genötigt, ein paar Worte zu sagen. In einem Brief an den Reichsinnenminister bemerkte er, dass die Kürze seiner Rede der Tatsache geschuldet war, dass »bekanntlich Herr von Miller als links gerichtet angesehen wurde und insbesondere seinerzeit im Stadtrat München erhebliche Kritik wegen seiner politischen Richtung erfahren hatte«. Siebert begnügte sich damit, »diesen einzigartigen Menschen« zu preisen, der seiner Heimat, seinem Land und der Menschheit insgesamt Ruhm gebracht habe.[46] Aber im Tod war Miller ein angenehmerer Verbündeter als zu seinen Lebzeiten; Anhänger und Gegner konnten sich gleichermaßen auf sein Vermächtnis berufen und von seinem Andenken profitieren. Statt seiner verbohrten Hartnäckigkeit und seines technologischen Korporatismus, der autoritär und sozialistisch zugleich anmutete, konnten Freund und Feind seiner Triumphe und seiner heroischen Tugenden gedenken, die zu diesen beigetragen hatten.

Viele fürchteten, Millers Rücktritt würde das Museum für schädliche Einflüsse von außen öffnen. Daher musste man eine Person für den dritten Vorstandsposten finden, die ihre schützende Hand über das Museum hielt und zugleich den Beifall der »Machthaber« fand: jemand, der für Miller und seine Kollegen die Institution in den geeigneten Farben schmücken konnte, ohne ihre Substanz zu beeinträchtigen. Die Wahl wurde im Dezember 1933 bekannt gegeben. Hugo Bruckmann, der Eigentümer eines angesehenen Münchner Verlags, sollte der neue »Leiter« des Museums werden.[47]

Bruckmanns Ernennung zum nominellen Leiter des Museums ging mit einer Strategie von Zugeständnissen innerhalb der Organisationsstruktur einher, welche die Institution zugleich vor weiteren äußeren »Einmischungen« schützen sollte. Bruckmann sei wegen seiner »guten Beziehungen zu führenden Kreisen« »der geeignetste Herr« für die Position, so Miller.[48] Tatsächlich hatte Bruckmann geholfen, Hitler in München salonfähig zu machen; er führte ihn bei Soireen in seinem Haus im schicken Bogenhausen in die High Society der Stadt ein.[49]

Bruckmanns Verbindungen sollten sich für das Museum als äußerst wertvoll erweisen. Er nutzte seine persönlichen Kontakte zu Hitler und anderen Grö-

---

46 Siebert an Pfundtner im Reichsministerium des Innern, 13. 4. 1934, BHSTA, MA 107442.

47 Bruckmann wurde in Abwesenheit gewählt; Zenneck unterrichtete den Stadtrat am 11. Dezember 1933 über seine Wahl, StAM, 470/23. Stenografischer Bericht über Bruckmanns Amtseinführung, 9. 12. 1933, DMA, VA 0418; in Zeitungsberichten wurde Bruckmann als der Leiter des Museums bezeichnet, z. B.: »Deutschlands größtes Museum und sein neuer Leiter«, Süddeutsche Sonntagszeitung, 1934 (kein weiteres Datum); Deutsche Allgemeine Zeitung v. 12. 12. 1933.

48 Miller in dem stenografischen Bericht über Bruckmanns Amtseinführung, 9. 12. 1933, DMA, VA 0418.

49 Ian Kershaw: Hitler. 1889–1936. Stuttgart 1998, S. 239.

ßen in Partei und Staat, um dann einzuschreiten, wenn sich gewisse Personen in rein innere Angelegenheiten, wie es die Museumsleitung sah, einmischen wollten. Die dynamische Natur der NS-Herrschaft, in der jeder »dem Führer entgegenarbeitete«, bedeutete, dass die Museumsführung das Fehlen einer straffen Organisationsstruktur des Regimes ausnutzen konnte, indem sie konkurrierende Interessen gegeneinander ausspielte und über Bruckmann direkt mit Hitler in Kontakt trat. Bruckmann schützte das Museum vor zahlreichen Angriffen und Verleumdungen, die in den Anfangsjahren der NS-Herrschaft besonders heftig ausfielen. Er widersetzte sich erfolgreich den Versuchen Ludwig Glasers, anstößige Materialien – wie etwa alle Bücher jüdischer Autoren – aus der Bibliothek zu verbannen. Bruckmanns Rolle beschränkte sich nicht auf verschiedene Abwehrmaßnahmen. In mehreren Unterredungen mit Hitler versuchte er diesen auch für seine Expansionspläne zu gewinnen, insbesondere für den Bau einer Halle, die der Entwicklung des Automobils gewidmet sein sollte, und die Erweiterung des Museums am anderen Isarufer, einen Neubau, der den neuesten Entwicklungen in Naturwissenschaft und Technik und der Geschichte der Luftfahrt gewidmet sein sollte. Bruckmanns Unbeschlagenheit auf den Gebieten der Naturwissenschaft und Technik erwies sich als ein überraschender Vorteil, denn sie bedeutete, dass er sich weitgehend aus der Gestaltung der Abteilungen und organisatorischen Fragen heraushielt und damit begnügte, im Interesse des Museums zu intervenieren.

Insbesondere Jonathan Zenneck wusste Bruckmanns Bescheidenheit und seinen ungewöhnlichen »Mangel an Ehrgeiz« zu schätzen. Der Physiker war der eigentliche neue »Leiter« des Museums; er sollte das Museum die nächsten zwanzig Jahre führen.[50] Zenneck, der Sohn eines Pastors, war gelernter Ingenieur, der sich aufgrund seiner humanistischen Bildung und seiner Position als Rektor der TH München (wie Walther von Dyck vor ihm) den idealistischen Traditionen des Museums verbunden fühlte. Er war ein Pionier der Radiowellenforschung, dessen Beiträge die Rundfunk- und Hochfrequenztechnik befruchteten. Er hatte drei Jahre lang das physikalische Labor der BASF in Ludwigshafen geleitet und war daher auch mit der Industrie vertraut. Seine Kontakte zum Deutschen Museum reichten bis ins Jahr 1921 zurück, als er nach seiner Wahl in den Ausschuss in den Hörsälen des Museums akustische Experimente durchgeführt hatte.[51]

Mit seinen sechzig Jahren war Zenneck kaum das »frische Gesicht«, als das Miller ihn dargestellt hatte. Seine Ernennung sicherte die Kontinuität

---

50 Zenneck an Matschoß, 27. 9. 1941, DMA, VA 0959.
51 Zenneck: »Lebenslauf«, in: DMA, VA 0996; Verwaltungsbericht 1921–1923, S. 32; Miller an Zenneck, 4. 7. 1928, und Zenneck, 16. 7. 1928, DMA, VA 2843; s. auch Georg Schmucker: Jonathan Zenneck 1871–1959. Eine technisch-wissenschaftliche Biographie. Diss. Univ. Stuttgart 1999.

zur früheren Museumspraxis sowie zur Generation von unternehmerisch denkenden Ingenieuren, der er und Miller angehörten. Seine engen Beziehungen zur universitären Ingenieurwissenschaft, seine praktischen Forschungserfahrungen und seine Beliebtheit bei den Studenten der Technischen Hochschule München ließen ihn 1930 als eine besonders gute Wahl erscheinen.[52] Miller schätzte diese Vorzüge, zumal die Fertigstellung der Bibliothek und des Studienbaus – gemäß seiner Vision des Museums, in der abendliche Vorträge, Experimente, Filmvorführungen und wissenschaftliche »Ereignisse« eine herausragende Rolle spielten – 1930 seine ganze Aufmerksamkeit in Anspruch nahm. Miller hoffte, Zenneck sei genau der Richtige, um diese Pläne zu verwirklichen; die Aufgabe erforderte die Fähigkeiten eines »erstklassigen Wissenschaftlers«, nicht bloß das Können eines »einfachen Ingenieurs«.[53] Zenneck war kein NSDAP-Mitglied und trat auch nach 1933 nicht in die Partei ein. Seine wissenschaftliche Reputation wurde nach 1933 ins Spiel gebracht, als es darum ging, die weitere Unterstützung für das Museum und seine vermeintliche Autonomie zu sichern.

Der Technikhistoriker Conrad Matschoß bekleidete die dritte Position im Vorstand des Museums. Matschoß stand von Anfang an mit dem Deutschen Museum in Verbindung; seine biografischen Arbeiten über die großen »Männer der Technik« überschnitten sich nicht nur mit der Interpretation des technischen Fortschritts im Museum, sondern seine Tätigkeit als Direktor des VDI machte ihn auch über die Jahre zu einem wichtigen Verbündeten und Kontaktmann. Doch Matschoß hatte keinen so großen Einfluss wie Zenneck, und obgleich er das Gewicht des VDI für das Museum in die Waagschale werfen konnte und die Sammlungen aktiver mitgestaltete als Bruckmann, übte er vor allem eine beratende Funktion aus; er übernahm von Dycks Aufgabe, den Ehrensaal zu betreuen, und er fungierte als Kontaktperson zu wissenschaftlichen Kreisen in Berlin.

Früher hatte sich Miller selbst mit allen – großen und kleinen – Angelegenheiten des Museums befasst; dazu gehörten Organisationsfragen ebenso wie nebensächliche Details der Ausstellungen. Nach seinem Ausscheiden fiel die Leitung der täglichen Angelegenheiten in die Zuständigkeit des Verwaltungsdirektors. Der Architekt Karl Bäßler, der seit 1928 unter German Bestelmeyer am Bau der Bibliothek gearbeitet hatte, übernahm diesen Posten im Jahr 1933.[54] Er war ein ehemaliges Freikorpsmitglied und trat 1937 in die

---

52 Seine rednerischen Fähigkeiten spielten dabei eine herausragende Rolle; vgl. Millers Bericht im Jahr 1933, DMA, VB 1932/33, S. 19.

53 Miller, DMA, VB 1929/30, S. 22. Zenneck stellte bei der Jahresversammlung 1932 den Rechenschaftsbericht vor dem Senat vor. Miller nahm diese Aufgabe im Mai 1933 zum letzten Mal wahr.

54 Bäßler ersetzte Albert Koch, der 1929 starb; DMA, VB 1928/29, S. 4.

Partei ein. Seine persönlichen Kontakte zu den NS-Eliten in München und in Berlin sollten einen weiteren »Schutz« für das Museum darstellen.[55]

Die grundlegende Veränderung der Verwaltungsstruktur des Museums auf höchster Ebene entspricht den Umstrukturierungen zahlreicher anderer Institutionen im Gefolge der Gleichschaltung.[56] Die Museumsleitung wurde von außen kaum beziehungsweise gar nicht unter Druck gesetzt, da man sich zu diesem Zeitpunkt wenig für die Angelegenheiten des Museums interessierte; Millers Rücktritt war ein präventiver Schritt, damit das Museum auch in Zukunft unterstützt würde. Die meisten anderen Forschungs- und Kultureinrichtungen wählten entweder einen prominenten Nationalsozialisten auf ihre Führungsposition, oder sie beriefen einen wissenschaftlich kompetenten Fachmann von nationaler Gesinnung, der kein Parteimitglied war. Das Deutsche Museum tat beides; es nutzte Bruckmanns Beziehungen zu seinem Vorteil und stützte sich auf Zennecks Sachkunde.

Der Zeitraum 1930–1934 war also durch eine defensive Reaktion der Verwaltung gekennzeichnet, die kleine Zugeständnisse machte, um die Objektivität und Unantastbarkeit des Museums zu sichern und so seinen nationalen Auftrag und Stellenwert zu unterstreichen. Der Bismarck-Streit und der Rücktritt Millers verdeutlichten, dass sich Museumsleitung und öffentliche Geldgeber zusehends voneinander entfremdet hatten; die Geldgeber forderten eine stärkere Politisierung, während die Museumsleitung, die durchaus wusste, dass sie auf Unterstützung und Gelder angewiesen war, sich nach innen orientierte, um die Politik aus dem Museum herauszuhalten. Die Fokussierung auf das eigene Binnenleben war einer der Wege, die das Museum beschritt, um sich dem Zugriff der Politik zu entziehen.

Ausstellungen und die Rhetorik der Erweiterung

In dieser Periode sah es die Museumsleitung als ihre dringlichste Aufgabe an, den Studienbau fertig zu stellen. Millers ursprüngliche Pläne für das Museum, die er 1903 formuliert hatte, waren Teil der Vision einer umfassenden Institution. Nach der Erweiterung um eine Bibliothek und ein Gebäude mit Sitzungs- und Hörsälen würde das Deutsche Museum sein Publikum durch eine Vielfalt von Medien ansprechen. Doch Millers weitreichende Pläne überstiegen die verfügbaren Mittel. Wegen der Kosten des Ausstellungs-

---

55 Bäßler war mit Röhm verschwägert und seit seiner Freikorps-Zeit mit Fritz Wiedemann, Hitlers persönlichem Adjutanten, befreundet, der 1939 in Ungnade fiel; Bäßlers Personalakte, BHStA, MK 50943.

56 Mehrtens (Anm. 6), S. 25.

gebäudes allein (7 Millionen RM vor dem Krieg) gab Miller die übrigen Projekte auf und konzentrierte sich ausschließlich auf die Fertigstellung der Ausstellungen. Diese Verzögerung und die anschließende Notwendigkeit, den ursprünglich von Miller definierten Auftrag zu vollenden, brachten in den 1920er-Jahren einen Diskurs hervor, der das Museum mit der Nation gleichsetzte und seine Vollendung als Beweis der nationalen Erneuerung ausgab. Indem diese Rhetorik der Erweiterung die Notwendigkeit weiterer Opfer postulierte, legte sie ein in immer weitere Ferne rückendes Ziel als Schwerpunkt der institutionellen Anstrengungen fest. Dieser Diskurs konnte Industrielle und Politiker dazu veranlassen, Gelder für architektonisch bedeutsame, spektakuläre Projekte bereitzustellen, während es schwieriger wurde, Gelder für den Betrieb des Museums aufzutreiben.[57]

Die Rhetorik der Erweiterung übertünchte auch eine der zentralen Spannungen, die im Museumsprojekt angelegt waren: das Problem, die Naturwissenschaft und Technik zu historisieren und zugleich Objekte auszustellen, die als solche modern waren und modernisierend wirkten. Naturwissenschaft und Technik hatten frühere Kulturen obsolet gemacht und sie in die Vitrinen ethnographischer Museen und historischer Dioramen verbannt – wie konnten diese Modernisierungseffekte selbst musealisiert werden? Naturwissenschaft und Technik entwickelten sich fortwährend weiter, so dass sich der teleologische Endpunkt der Ausstellungen ständig verschob – wie konnte das Museum damit Schritt halten? Die Antwort darauf war die Rhetorik der Erweiterung.

Das Museum kam nie zum Stillstand. Es entwickelte sich im gleichen Maße weiter, wie sich Naturwissenschaft und Technik weiterentwickelten. Wenn das Museum ein Symbol der Nation war, aber auch ein Ausdruck seiner eigenen Interpretation des Fortschritts von Naturwissenschaft und Technik, dann konnte seine andauernde Erweiterung und Verbesserung der Kritik, seine Exponate seien bereits ›veraltet‹, den Boden entziehen. Hier ist es wichtig, auf die institutionellen Folgen dieser Erweiterungsdynamik hinzuweisen und deren Einfluss darauf zu verdeutlichen, wie das Museum intern diskutiert, gegenüber den Behörden dargestellt und von außen wahrgenommen wurde.

Die dynamische Modernität des Museums, eine Rhetorik und Strategie, welche die Historizität seiner Ausstellungsobjekte ausgleichen sollte, konnten mit öffentlichen Feiern sinnfällig gemacht werden – mit den Kaisergeburts-

---

57 Die Kaiser-Wilhelm-Gesellschaft betrieb in den Jahren der Weimarer Republik eine ähnliche expansive Politik, die nicht unbedingt mit einer Rhetorik der Expansion einherging, sondern darauf abzielte, »die Zukunft zu sichern«; vgl. Bernhard vom Brocke: Die Kaiser-Wilhelm-Gesellschaft in der Weimarer Republik. In: Rudolf Vierhaus/Bernhard vom Brocke: Forschung im Spannungsfeld von Politik und Gesellschaft, Geschichte und Struktur der Kaiser-Wilhelm-/Max-Planck-Gesellschaft aus Anlaß ihres 75jährigen Bestehens. Stuttgart 1990, S. 197–355, hier S. 348.

tagen, der Museumseröffnung, den Grundsteinlegungen für die Bibliothek und den Studienbau sowie der Eröffnung der Bibliothek. Solche öffentlichen Ereignisse dienten dazu, die große Fortschrittserzählung des Museums öffentlich in Szene zu setzen. Wie ursprünglich geplant, sollte der Lesesaal der krönende Abschluss von Millers Arbeit werden. Der erste Schritt waren die Ausstellungen, der zweite die Bibliothek.[58] So wie die Ausstellungen dergestalt waren, dass die Besucher ihre »Scheu« gegenüber der Technik ablegen konnten, so sollte auch die Bibliothek ein breites Publikum ansprechen und belehren. Neben den langen Öffnungszeiten lockte die Bibliothek mit einer einzigartigen »Bücherschau« – offene Regale mit Büchern, die wie in den »Schaufenstern einer Buchhandlung«, nach Themen geordnet, ausgelegt waren und die Neugierde und den Wissensdurst wecken sollten.[59]

Die Bibliothek öffnete ihre Pforten 1932, aber der Studienbau war aufgrund unzureichender Mittel erst im Rohbau fertig gestellt. Ein Grund für den inflatorischen Kostenanstieg war Millers im Alleingang durchgesetzter Entschluss, die Bibliothek um ein Geschoss zu erweitern, um so in Zukunft mehr Magazinraum zu haben.[60] Miller räumte ein, dass private Spender und die Wirtschaft die notwendigen Mittel nicht länger bereitstellen könnten, und er appellierte daher ein letztes Mal an die Vertreter des Reichs und Bayerns, die fehlenden zwei Millionen RM zu bewilligen.

Die Fertigstellung der Lesesäle des Museums – die »nächste große Aufgabe« – wirkte im Frühjahr 1934 als eine Integrationskraft, die NS-Funktionären und Amtsträgern auf städtischer, Landes- und Reichsebene die Chance gab, an einem Werk nationaler Bedeutung mitzuwirken, das Deutschlands Ruf in der Welt begründet hatte. Bürokratische Verhaltensregeln, wie etwa die vorgeschriebenen Kommunikationswege zwischen der Museumsleitung und staatlichen Hoheitsträgern, blieben intakt und legitimierten beide Seiten. Die Strategie, geltende bürokratische Normen einzuhalten, kaschierte die Radikalität der nationalsozialistischen Machtergreifung. Die Museumsleitung brauchte nur noch vorgebliche Gemeinsamkeiten mit dem Regime zu betonen. Die nationale Mission des Deutschen Museums und der bedeutende Beitrag von Naturwissenschaft und Technik zur Stärkung der Nation und zur Volksbildung dienten als Sammelpunkt für Förderer und Geldgeber gleichermaßen.

Als der Vorstand des Museums (Zenneck, Bruckmann und Matschoß) zum ersten Mal ohne Miller zusammentrat, beriet er sich mit den Vorsitzenden des

---

58 Vgl. dazu den Beitrag von Füßl/Hilz/Trischler in diesem Band.

59 DMA, VB 1931/32, S. 28/29.

60 Beschwerdebrief von Goldberger, Bayerisches Kultusministerium, an den Reichsminister des Innern, 17. 2. 1928, BHSTA, MA 100161. Aufzeichnungen über den neuen Saal, 11. 3. 1931, StAM, 490/17. Im Jahr 1928 hatte Miller sogar versprochen, eine Eintrittsgebühr für die Bibliothek zu verlangen, Aufzeichnungen von einer Sitzung am 3. 9. 1928, BHSTA, MA 100161.

Ausschusses und den Vorsitzenden des Vorstandsrats. Die beste Strategie, um Mittel zu beschaffen, bestand nach ihrer einvernehmlichen Auffassung darin, einen Bericht über den Auftrag des Museums und die Rolle des Lesesaals an »prominente Persönlichkeiten« zu verschicken.[61] Die Zustimmung des neuen Reichskanzlers, die Bruckmann erreicht hatte, erwies sich als ausschlaggebend. Die Förderer konnten auf der Jahresversammlung im Mai 1934 erleichtert aufatmen, als bekannt gegeben wurde, das Reich werde für die Fertigstellung des Saals eine weitere Million RM zur Verfügung stellen.[62]

Max Donnevert vom Reichsministerium des Innern rechtfertigte die Hilfe des Reichs für die Fertigstellung von Oskar von Millers »Lebenswerk« mit dem Ruf des Museums und seinem dynamischen Auftrag. Es sei nicht immer leicht gewesen, finanzielle Erwägungen beiseite zu lassen und Millers Führung und seinem hohen Tempo zu folgen, aber er räumte ein, es sei letztlich die große nationale und kulturelle Bedeutung des Museums gewesen, die Minister und Beamte zu seinen enthusiastischen Förderern gemacht habe. Die dynamische Expansion als einen Zweck an sich stilisierend, verkündete Donnevert:

> »Das Werk Oskar von Millers ist heute noch nicht vollendet. Nach dem Willen seines Schöpfers, nach seinen Aufgaben und seiner Zielsetzung wird und soll es überhaupt niemals vollendet sein. Jedes Jahr wird es vor neue große Aufgaben in der Vervollständigung, in der Ergänzung und Neuplanung der Sammlung stellen und jedes Jahr wird Neues in seinen sonstigen Aufgaben und Zielsetzungen bringen.«[63]

Donnevert machte sich so die von der Museumsleitung propagierte Zielsetzung der dynamischen Expansion zu Eigen, indem er die Rhetorik der NS-Bewegung, die »Ästhetik der Mobilisierung«, mit technischem Fortschritt und institutionellem Wachstum verknüpfte. Nationalsozialisten und Museumsleitung waren sich einig, dass die Dynamik des technischen Fortschritts die expansive NS-Politik vorantreiben und die Unterstützung der Institution rechtfertigen konnte, die mit dem Fortschritt Schritt zu halten versuchte. Die Museumsleitung interpretierte die politischen Verlautbarungen als eine Bestätigung der Mission des Deutschen Museums.

Spätestens 1934 hatte die Museumsleitung sich die Unterstützung von Entscheidungsträgern an den Schalthebeln der Macht gesichert, die sich ihrerseits die Macht der im Museum ausgestellten Technik zunutze machten. In ihrem Bemühen, sich finanzielle Unterstützung zu sichern und die nationale

---

61 Prot. der Vorstandssitzung, 4. 4. 1934, DMA, VA 3973.
62 DMA, VB 1933/34, S. 24.
63 Ebd.

Bedeutung der Institution öffentlich zum Ausdruck zu bringen, profitierte die Verwaltung des Museums von dem Fehlen einer klar definierten national-sozialistischen Politik in Bezug auf Museen, Technik und naturwissenschaft-liche Forschung und von der diffusen, vagen und widersprüchlichen NS-Ideologie. Die Rhetorik des Wachstums erreichte in den Jahren kurz vor dem Ausbruch des Kriegs ihren Höhepunkt, als die Expansion zu einer Metapher für die repräsentativen Aufgaben des Museums, für die Entwicklung von Na-turwissenschaft und Technik und für Deutschland als Ganzes wurde.

4. 1936–1939

Die Mobilisierung des Museums

Das Museum stand von Anfang an finanziell auf tönernen Füßen, die 1933 rasch zerbröckelten. Die gewaltigen Ausmaße des Ausstellungsgebäudes, die unlängst eröffnete Bibliothek und die langen Öffnungszeiten beider führten zu höheren Kosten für das Personal, das die Ausstellungen beaufsichtigen und erklären musste. Laut den amtlichen Aufstellungen steuerten das Reich und Bayern jeweils 201.700 RM jährlich zum Museumsbudget bei. München stellte 275.000 RM bereit, von denen 222.000 RM in Form von elektrischem Licht, Gas, Wasser und Wärme von öffentlichen Versorgungsbetrieben der Stadt geliefert wurden.[64] Dies genügte nicht, um die Aufwendungen des Mu-seums zu bestreiten, besonders die Lohnkosten, die nach der Eröffnung des neuen Museums und der Bibliothek exponentiell gestiegen waren. Im Jahr 1933 wurden allein für Löhne und Gehälter 400.000 RM ausgegeben. Der Löwenanteil dieser Personalausgaben entfiel nicht etwa auf Konservatoren und Verwaltungsangestellte, sondern auf Aufseher und Vorführer. Von den 124 Mitarbeitern, die das Museum im Jahr 1933 beschäftigte, waren 71 nach 1925 und der Eröffnung des Neubaus an der Isar eingestellt worden; 65 davon wurden als Vorführer und Aufseher beschäftigt.[65]

Der hohe Personalaufwand ließ sich nicht aus staatlichen Zuschüssen und Eintrittsgeldern allein bestreiten. Die daraus resultierende chronische Finanz-not hatte zur Folge, dass für die Instandhaltung des Gebäudes und der Abtei-lungen oder auch für die Entwicklung neuer Ausstellungen kaum Mittel vorhanden waren. Zenneck berichtete auf der Jahresversammlung 1934, die Verwaltung habe mit einem Minibudget auskommen müssen, und sie sei da-her gezwungen gewesen, durch Entlassung einiger Mitarbeiter, die Einforde-

---

64 Zennecks Finanzbericht, DMA, VB 1933/34, S. 11.
65 Liste der Mitarbeiter mit Geburts- und Einstellungsdaten per 1933.

rung von Überstunden (Sonntagsarbeit) von den meisten Vorführern und durch den völligen Verzicht auf Reparaturen und Instandhaltung die Kosten drastisch zu senken.[66]

Strukturelle Veränderungen und sich wandelnde persönliche Stile verschärften die Budgetprobleme des Museums. Miller hatte seine Beziehungen spielen lassen, um Spenden von Freunden und Gegnern zu erhalten. Nach 1925 hatte er sich an die Schwerindustrie im Ruhrgebiet und an Industrielle wie Alfried Krupp von Bohlen und Halbach, Paul Reusch und Albert Vögler mit der Bitte gewandt, den Stahl für das Bibliotheksgebäude zu spenden. Vermutlich wurden auch Gelder, die für die Erweiterung bewilligt worden waren, dazu benutzt, die Gehälter von Museumsangestellten zu bezahlen. Der Bismarck-Streit aber hatte die Beziehungen zu Krupp, Reusch und Vögler getrübt, und die Bereitschaft der Industrie, Gelder für die Darstellung vergangener Meisterwerke bereitzustellen, schien allgemein nachzulassen. Die Verantwortlichen des Museums wandten sich wie die Leiter anderer Institutionen, die der Naturwissenschaft und Technik gewidmet waren, etwa die Kaiser-Wilhelm-Gesellschaft, an den Staat und forderten von ihm mehr (und regelmäßigere) Zuschüsse.[67] Auf programmatischer Ebene knüpfte die Museumsleitung an Millers Strategie an, durch Appell an die nationale Sendung und Opferbereitschaft unfertige Projekte zum Abschluss zu bringen und Förderer zu finden, die die Sache des Museums unterstützten.

Der kurze Zeitraum zwischen 1936 und 1939 sah die Fortsetzung der Kooperation zwischen Museumsleitung und Entscheidungsträgern im Partei- und Staatsapparat mit Hilfe der Rhetorik und Ästhetik der Expansion. Der Vorstand des Museums konnte sich rühmen, die Unterstützung Hitlers gewonnen zu haben, während er gleichzeitig fest davon überzeugt war, dass das Engagement des Museums für Naturwissenschaft und Technik es vor unverhohlener politischer Kontrolle schützte. Die Eröffnung der neuen Halle für Kraftfahrwesen hatte gezeigt, dass das Museum für die technisch interessierten Bürger des Landes und für technisch aufgeschlossene Parteimitglieder und Politiker noch immer einen hohen Stellenwert hatte. Pläne für eine weitere Expansion stellten sicher, dass das Museum auch weiterhin eine wichtige Rolle bei der Formung der nationalen Identität spielte.

Die Halle für Kraftfahrwesen war ein wichtiges Beispiel für diese Expansion. Nach Millers Tod begann die Museumsleitung Industriezweige zu berücksichtigen, die zuvor im Museum unterrepräsentiert gewesen waren. Die Automobilindustrie ist ein ausgezeichnetes Beispiel für einen bis dato vom

---

66 Bericht von Zenneck, Mai 1934, in: DMA, VB 1933/34, S. 16/17.
67 Vgl. Helmuth Albrecht/Armin Hermann: Die Kaiser-Wilhelm-Gesellschaft im Dritten Reich (1933–1945). In: Vierhaus/vom Brocke (Anm. 57), S. 356–402.

13   Neue Halle für Kraftfahrwesen, 1937/38.
DMA, BN 51670

Museum weitgehend ignorierten Industriezweig. In dem ursprünglichen Rahmenplan für die Organisation der Ausstellungen hatten Miller und seine Mitarbeiter Kraftfahrzeuge mit anderen Transportmitteln zusammengefasst. Autos und die individuelle Mobilität, die sie mit sich brachten, passten nicht in Millers Konzeption des technologischen Korporatismus, demzufolge alle Bürger durch ihren Energieverbrauch einen Beitrag zum Gemeinwohl leisteten. Nach dieser Vision blieb die Straßenbahn Millers bevorzugtes Transportmittel.[68] Aber im Dritten Reich bekamen die Autos ihre eigene Halle, aufgrund der Unterstützung durch große Autohersteller und Verbände sowie Hitlers bekannter Passion für Autos.

Bei der feierlichen Eröffnung der neuen Halle priesen Bruckmann, Zenneck, Bäßler und andere die Leistungen und Fähigkeiten des Museums, mit den Entwicklungen der Technik Schritt zu halten, wobei sie scheinbar den historischen Auftrag des Museums preisgaben, um »immer vollkommener« zu werden.[69] Konservatoren planten während der nächsten Jahre neue Ausstellungen in den Abteilungen Straßenbau, Fotografie, Gas, Elektrizität, Che-

68 Vgl. Joachim Radkau: Zwischen Massenproduktion und Magie: Das Deutsche Museum. Zur Dialektik von Technikmuseum und Technikgeschichte. In: Kultur & Technik 16 (1992), H. 1, S. 50–58.
69 Das Deutsche Museum immer vollkommener. In: Stadtanzeiger v. 9. 5. 1938.

mie und Physik. Erstmals zeigten Sonderausstellungen bahnbrechende technische Innovationen wie die Ausstellung »Fernsehen« (1937) oder – entsprechend der Autarkiepolitik des Regimes – die Schau »Neue Werkstoffe« (1935), die die Bevölkerung im nächsten Krieg ernähren und bekleiden sollten.

Diejenigen, welche die wissenschaftliche Integrität des Museums rühmten und die Gemeinsamkeiten mit dem Regime betonten, stellten die Unterstützung und das Interesse der Regierung an den Ausstellungen sicher. Nach 1936 schien es, als hätte man diese gemeinsame Basis mit dem Regime und ein Gleichgewicht zwischen der Museumsleitung und den antagonistischen Machtzentren im NS-Staat gefunden. Indem die Verantwortlichen des Museums die nationalsozialistische Rhetorik benutzten und gleichzeitig das Museum dadurch schützten, dass sie an seine Popularität und seinen internationalen Ruf erinnerten, konnten sie die Unterstützung von Parteimitgliedern und Beamten gewinnen, da diese von der Aura des Museums zu profitieren hofften.

Der Zusammenhang zwischen der fortschrittsbetonten Museumserweiterung und der nationalsozialistischen Zielsetzung rassisch motivierter territorialer Eroberung war bestenfalls oberflächlich. Die Wachstumsrhetorik des Museums funktionierte ab 1939 nicht mehr als Strategie institutioneller Absicherung. Ein nahe liegender Grund für diese Veränderung war der Ausbruch des Kriegs, mit dem vermehrt Ressourcen vom Kulturbereich in die Kriegsproduktion umgeleitet wurden. Ein weiterer war die wachsende Macht von Fritz Todt, der sich mehr als flüchtig für die Botschaft und die Methoden des Museums interessierte. Der Chefingenieur des ›Dritten Reiches‹ erkannte das Potenzial des Museums, das die technokratischen Errungenschaften des NS-Staats anpreisen, Ingenieuren endlich die lange vorenthaltene gesellschaftliche Anerkennung verschaffen und in den Ausstellungsräumen die Ästhetik der Maschine mit der Ästhetik der Kunst verschmelzen konnte.

Der Vorstand hielt es für notwendig, über den vorhandenen Raum im Sammlungsgebäude hinauszugehen, um mit dem Leben außerhalb des Museums Schritt zu halten. Die Halle für Kraftfahrwesen hatte den restlichen verfügbaren Raum auf der Isarinsel in Beschlag genommen. Die Museumsleitung zog die leer stehende Schwere-Reiter-Kaserne, die in der Vergangenheit einen Teil der Ausstellungen beherbergt hatte, als einen möglichen weiteren Standort in Betracht. Pläne für eine neue Halle, die der Flugzeugentwicklung und temporären Sonderausstellungen gewidmet sein sollte, kollidierten bald mit den Ambitionen von Todt, des Baumeisters der Autobahn und Vorsitzenden des ›Nationalsozialistischen Bunds Deutscher Technik‹ (NSBDT).[70]

---

70 Franz Seidler: Fritz Todt. Baumeister des Dritten Reichs. München 1986, bleibt die maßgebliche Biografie und geht ausführlich auf die Beziehung zwischen Todt und dem Museum ein.

Todt, der technische Meisterleistungen der Nationalsozialisten im Deutschen Museum ausstellen wollte, hoffte, den neuen Hauptsitz des NSBDT in München in ein echtes Haus der Technik umzuwandeln.

Die Museumsleitung sah in Todt wegen seines Rufs als Baumeister der Autobahn zunächst einen potenziellen Unterstützer. Im Frühjahr 1934 wählten Millers Nachfolger ihn wegen seiner anerkannten Leistungen als Ingenieur aus. Der Ausschuss brachte Todts Namen im Mai 1934 als einen möglichen Kandidaten für den Posten des Schriftführers ins Spiel, eine Position, die normalerweise denjenigen vorbehalten war, die mithalfen, vordringliche Projekte durchzusetzen. Bei der Jahresversammlung 1934 nahm Todt das Angebot begeistert an; er sah es als seine Aufgabe an, langfristig Weichen zu stellen. Das Museum war seines Erachtens das perfekte Forum für die öffentliche Präsentation technischer Erfindungen – und der neuesten Errungenschaften deutscher Technik:

>»Wenn der Vorstandsrat des Deutschen Museums beschlossen hat, den Generalinspektor für das deutsche Straßenwesen in den Vorstandsrat zu wählen, so sehe ich als Grund die Absicht, eine möglichst enge Verbindung herzustellen zwischen dem Deutschen Museum und den Stellen, die mit der Motorisierung des Verkehrswesens zu tun haben, jenem weitsichtigen Plan, der vom Führer in Gang gebracht wurde und Technik und Wirtschaft im nächsten Jahre intensiv beschäftigen wird. Ich nehme Ihre Wahl umso freudiger an, als ich überzeugt bin, dass das Deutsche Museum wie keine zweite Stätte daran mitwirken kann, die Pläne des Kanzlers weiten Kreisen zu vermitteln und verständlich zu machen. Ich selbst habe ähnlich wie Herr Präsident Pietzsch 23 Jahre in München gelebt, habe das Deutsche Museum in seiner Entwicklung immer als Freund besucht und habe Verständnis für diese gewaltige Einrichtung. Mit der Annahme der Wahl übernehme ich die Verpflichtung, mich in den Dienst des Deutschen Museums zu stellen.«[71]

Todt versprach, seinen Einfluss und seine Beziehungen für das Museum zu nutzen, und kontaktierte sogar Goebbels über die Möglichkeit, Rundfunkspots über das Deutsche Museum auszustrahlen, um die öffentliche Bekanntheit der Sammlungen zu erhöhen.

Wie sich zeigen sollte, hatte Todt ein mehr als nur vorübergehendes Interesse am Museum. Daher versuchte die Museumsführung ihre eigenen Beziehungen zur NS-Elite zu nutzen, um seiner Kontrolle zu entgehen. Wie Todt im April 1937 dem im Berliner Sportpalast versammelten Publikum mitteilte, hoffte er, dass die »technischen Errungenschaften unserer Zeit« nicht nur

---

71 DMA, VB 1933/34, S. 18. Seidler weist darauf hin, es sei untypisch für Todt gewesen, sich selbst zur Wahl zu stellen, aber er tat dies, weil er unbedingt eine Propaganda-Plattform für die NS-Technik haben wollte; Seidler (Anm. 70), S. 62.

ökonomischen Wert besäßen, sondern auch kulturell wertvoll seien.[72] Todt definierte ein technisches Gerät als einen Gegenstand, der über seinen bloßen Werkzeugcharakter hinaus eine ästhetische Qualität besitze.

Mit diesem ›höheren‹ Ziel im Hinterkopf wollte Todt ab dem Frühjahr 1937 das Museum zu einem Ort machen, in dem solche kulturellen Ziele erreicht werden konnten. Er verstärkte seine Bemühungen, der deutschen Autobahn einen Platz in dem Museum zu verschaffen; zu diesem Zweck setzte er sich mit dem Vorstand in Verbindung, um ein weiteres Mal die Tatsache zu kritisieren, dass das Museum nicht mit dem Tempo des technischen Fortschritts im neuen Deutschland Schritt halte. Durch die Stiftung von Modellen, Zeichnungen und anderen Objekten zur Aktualisierung der Ausstellung wollte er die »unhaltbare« Lage korrigieren, die darin bestand, dass das bedeutendste Technikmuseum im Reich in den fünf Jahren der NS-Herrschaft dem großen Werk Hitlers immer noch keine Beachtung geschenkt habe.[73]

Noch wichtiger aber war, dass Todt sich die Absicht des Museums zu Eigen machte, die Ausstellungen über die Grenzen der Isarinsel hinaus zu erweitern, und diese mit seinen eigenen Bemühungen verknüpfte, die Technik neu zu organisieren. Um das Museum für die NS-Technik zu gewinnen, verlangte er eine dauerhaftere Position innerhalb seiner Organisation und versuchte, es enger an das HAdT und den NSBDT anzubinden. Er wollte das Museum in Pläne für ein zentrales, repräsentatives Gebäude für Ingenieure in München, ein so genanntes Haus der Technik, einbinden. Dieses Gebäude sollte nicht nur Todts Verwaltungsbüros beherbergen und als Hauptsitz des NSBDT dienen, sondern auch ein Schaufenster für die Leistungen deutscher Ingenieure sein und Ausstellungen veranstalten, die die Technik und ihre Schöpfer ehren sollten.

In einem Brief an Albert Pietzsch vom April 1937 skizzierte Todt sechs Tage vor seiner geplanten Rede in Berlin seine Pläne für die Zukunft des Deutschen Museums:

> »In Ergänzung unserer seinerzeitigen Besprechung über das Deutsche Museum haben wir nachgeprüft, wieweit das Hauptamt für Technik in Zusammenarbeit mit dem NS-Bund Deutscher Technik und dem Amt für technische Wissenschaften in der DAF in der Lage wäre, die Pläne für ein Haus der Technik in München mit den Plänen für die endgültige Gestaltung des Deutschen Museums gemeinsam zu erarbeiten. [...] Ich halte es darüber hinaus für eine Aufgabe des HAdT und des NSBDT, aktiver wie bisher sich für das Schicksal des Deutschen Museums zu interessieren und in der Hauptstadt der Bewegung ne-

---

72 Fritz Todt: Zur Neuordnung. In: Deutsche Technik 5 (1937), S. 213.
73 Todt an Deutsches Museum, 12. 2. 1937, BA, NS 26/1188. Ich danke Thomas Zeller, der mich auf dieses Dokument aufmerksam gemacht hat.

ben den repräsentativen Gebäuden politischer Organisationen auch Technik und Wirtschaft mit ihren Taten zu repräsentieren.«[74]

Der Verwirklichung dieser Pläne stand die Verwaltung des Museums im Wege, der, wie Todt beklagte, die gebotene politische Einstellung und die Begeisterung fehlte. Ein erster Schritt, um das Museum »der Zeit anzupassen«, sollte die Schaffung von zwei zusätzlichen Vorstandsposten sein. Todt als Leiter des HAdT sollte den einen übernehmen, Pietzsch als Vertreter der Wirtschaft den anderen.

Die Museumsleitung entsprach diesem Wunsch und bat die beiden Männer, in den Vorstand einzutreten. Sie bestand jedoch darauf, Todt in seiner Eigenschaft als Generalinspekteur des deutschen Straßenwesens zu berufen – wohl um zu signalisieren, dass sie von ihm erwartete, weiterhin die Rolle eines Experten für Straßenbau zu spielen, vielleicht auch, um seinen neuen Einfluss in Partei und Staat herunterzuspielen. Hitler hatte den Ingenieuren ein Gebäude in der Stadt versprochen, in dem ihre Interessenvertretung untergebracht werden sollte; Todt plädierte dafür, dass es mehr sein sollte als nur das organisatorische Domizil des Verbands:

> »Nun glaube ich, die deutschen Ingenieure sollten sich nicht durch ein Verwaltungsgebäude repräsentieren; für die deutsche Technik, für die deutschen Ingenieure soll vielmehr das Werk der Technik sprechen. Und so berühren sich hier die Pläne, das Deutsche Museum zu erweitern, mit dem Gedanken dieses Baues der deutschen Ingenieure. Ich glaube, es gibt für den NSBDT keine höhere Aufgabe, als wenn er sich bemüht, das Deutsche Museum in München in die Lage zu versetzen, sich so zu erweitern, dass die Nachwelt in München nicht nur die Organisationsgebäude sieht, sondern auch in der Hauptstadt der Bewegung gezeigt wird, was die Technik in der Zeit Adolf Hitlers geschaffen hatte.«[75]

Todts Vision rückte mit der Gründung des Vereins »Haus der Deutschen Technik« im Frühjahr 1938 ihrer Verwirklichung ein Stück näher.[76] Seine Bekanntgabe der Vereinsgründung auf dem Parteitag in Nürnberg bezeugt die Bedeutung, die er ihr zumaß, und die zentrale (und bis dahin übersehene) Rolle, die die Darstellung der Naturwissenschaft und Technik in seiner Vision der Technik und des nationalsozialistischen Staates spielte. Todts Plan, der auch die Absicht verfolgte, den Ingenieuren kulturell wertvollere Aufgaben zu übertragen

---

74 Todt an Pietzsch, 17. 4. 1934 (Kopie), BHSTA, MA 107442.

75 Ebd.

76 »Das Haus der deutschen Technik: Aufgaben – Aufbau – Vorarbeiten«, DMA, VA 0527; Die Gründung des Vereins »Haus der Deutschen Technik« auf dem Reichsparteitag Nürnberg 1938, Mitteilungen aus dem Haus der Deutschen Technik. In: Deutsche Technik 6 (1938), S. 495–498.

als die Nation lediglich für den Krieg zu rüsten, knüpfte ausdrücklich an bereits vorhandene Pläne zur Erweiterung des Deutschen Museums an.

Doch die Museumsleitung wollte nichts von der Ehre wissen, die Todt ihr erwiesen hatte, und hielt an ihren eigenen Erweiterungsplänen fest, ohne sich weiter um Todt und den NSBDT zu kümmern. Diese Pläne hatten 1936 konkretere Gestalt angenommen, als die gerade fertig gestellte Autohalle den letzten freien Raum auf der Museumsinsel eingenommen hatte. Die leitenden Mitarbeiter des Museums sahen in den ehemaligen Kasernen am gegenüberliegenden Isarufer das sich von selbst anbietende Gelände für ein neues Sammlungsgebäude. Im Einklang mit der Erweiterungsrhetorik stilisierte die Verwaltung das Projekt als die Lösung für alle Probleme des Museums hoch. Zudem würde eine neue Halle beweisen, dass das Museum nicht bloß eine Sammlung antiquierter Artefakte war, sondern eine Institution, die die neuesten Entwicklungen zur Schau stellte.[77]

Allein Bruckmanns Beziehungen war es zu verdanken, dass das Grundstück in erstklassiger Lage am Rande des Stadtzentrums dem Museum zugeschlagen werden sollte. An den Weihnachtsfeiertagen 1936 hatte Hitler dem Verleger versprochen, er sehe in »der alten Schweren-Reiter-Kaserne die natürliche und notwendige Erweiterung des Deutschen Museums«. Nachdem Bruckmann Hitler für die Pläne des Museums gewonnen hatte, war er zuversichtlich, dass Todt sich mit einem anderen Gelände begnügen müsste.[78]

Noch im Dezember 1937 konnte der Vorstand sicher sein, dass Hitler den Vorstandsmitgliedern das Gelände bereits versprochen hatte und in ihrem Namen eingreifen würde, um es für die Zwecke des Museums zu sichern. Bruckmann berichtete Zenneck, er habe während der Weihnachtsfeiertage mit Hitler erneut über das Museum gesprochen; dieser habe das Projekt befürwortet und einen Besuch zugesagt. Hitler habe nicht nur darum gebeten, die Baupläne zu sehen, sondern Bruckmann auch zugesichert, die Mittel (10–12 Millionen RM) für einen Neubau bereitzustellen. Bruckmann riet dringend, auf dieses günstige Zeichen umgehend zu reagieren: Man solle das Eisen schmieden, solange es heiß sei.[79]

Diese Aktionen zeigen, dass die Museumsleitung bei ihrem Bemühen, das Museum »nach außen hin abzuschirmen«, auf eine ideologisch aufgeladene Rhetorik der Erweiterung setzte, die von Untertönen einer expansionistischen

---

77 Bruckmann und Zenneck an Siebert, 11. 3. 1936, BHSTA, MA 107442.
78 Bruckmann an Zenneck, 27. 12. 1936, DMA, NL 53/032.
79 Vgl. Randbemerkungen von Bruckmann auf einem Brief von Joseph Werlin an Bruckmann vom 24. 12. 1937; Bruckmann versieht seine Bemerkungen mit dem Datum des 27. 12., DMA, VA 0418. Im Februar 1937 hatte Bruckmann berichtet, Hitler habe dem Deutschen Museum das Grundstück deshalb zugesagt, weil er erkannt habe, dass das Museum mit der technischen Entwicklung Deutschlands Schritt halten müsse; Bruckmann an Wagner, 25. 2. 1937, ebd.

Politik begleitet wurde. Sie suchte bei diesem Projekt auch die Rückendeckung durch mächtige Förderer und konzentrierte sich dabei auf Hitler, um die Erweiterung des Museums ohne Todts Hilfe zu bewerkstelligen; dieser hatte klargestellt, dass er bei der organisatorischen Gestaltung des Museums und dem Inhalt der Ausstellungen ein Wörtchen mitreden wollte. Kein leitender Mitarbeiter des Museums behauptete jemals direkt oder indirekt, er widersetze sich Todts Bemühungen wegen ideologischer Differenzen. Vielmehr schien die Museumsleitung von einer Konzeption der institutionellen Integrität auszugehen, wonach Außenstehende so lange mobilisiert werden konnten, wie die vermeintliche Neutralität des Museums unbeeinträchtigt blieb.[80]

Insbesondere Zenneck erachtete die Aktivitäten Todts als kontraproduktiv für das Museum. Er interpretierte sie als Bemühungen eines mächtigen Außenstehenden, im Museum das Ruder an sich zu reißen und seine Mission zu hintertreiben. Zenneck aber war zuversichtlich, dass die Museumsleitung von Bruckmanns persönlichem Kontakt mit Hitler profitieren würde und gab zum Schluss seiner Hoffnung Ausdruck, dass sich höchstwahrscheinlich die Dinge mit der Zeit klären würden.[81]

Todt kannte Zennecks Einstellung, aber zugleich schien er seine Interpretation der vermeintlichen Integrität des Museums zu teilen. Im Februar 1939 versuchte er, die Missstimmigkeiten zwischen ihnen in einem offenen Gespräch auszuräumen und Zenneck seine Bestrebungen zu erläutern, das Deutsche Museum »näher mit der Bewegung in Verbindung zu bringen«.[82]

Der Ausbruch des Krieges führte dazu, dass Todt seine weitreichenden Pläne verschieben musste, was dem Museum weitere Einmischungen Todts ersparte. Dieser interessierte sich fortan nicht mehr für Technik-Ausstellungen, sondern für den konkreten Einsatz der Technik im Krieg.

Die Naturwissenschaft verteidigen und Leistung zur Schau stellen

In den ersten beiden Jahren der nationalsozialistischen Herrschaft beanstandeten Kritiker des Museums immer wieder lautstark den Inhalt und die Aufmachung der Ausstellungen. Wegen seiner vermeintlich unpatriotischen Haltung war das Museum bereits in den 1920er-Jahren in die Schusslinie geraten; nationalistische Gruppen und andere hatten behauptet, Flugzeuge oder Schiffe sollten nicht nur als technische Meisterwerke, sondern auch als Sym-

---

80 Zum Handlungsspielraum des Museums und dessen prekärer institutioneller Autonomie s. auch die Beiträge von Füßl, Mayr, Broelmann, Vaupel und Freymann in diesem Band.

81 Zenneck an Goerens, Mai 1938, DMA, VA 0119.

82 Todt an Zenneck, 13. 2. 1939, BHStA, MA 107442.

bole deutscher Größe gewürdigt werden. Der Verdacht, die Museumsleitung sei »rot«, »links« oder »internationalistisch«, erhielt nach 1933 neue Nahrung, als Anschuldigungen über die »Verhältnisse« im Deutschen Museum kursierten. Wiederholten Forderungen nach Entfernung einer Büste des Physikers Albert Einstein begegnete die Museumsleitung mit der Beteuerung, das Museum habe nie ein derartiges Objekt besessen oder ausgestellt.[83]

Der einzige ernsthafte Versuch einer direkten Einmischung in die Ausstellungen des Museums ging von einem Physiker namens Ludwig Glaser aus, der als ein Anhänger der Deutschen Physik wiederholt die Entfernung fragwürdigen Materials forderte. Unterstützt von Johannes Stark, dem neu ernannten Präsidenten der Physikalisch-Technischen Reichsanstalt, tauchte Glaser im März 1934 in der Bibliothek des Museums auf und stellte eine Reihe von Forderungen. So verlangte er unter anderem, Bücher jüdischer Naturwissenschaftler und Bücher über Relativitätstheorie und Quantenphysik sollten aus der Bibliothek entfernt werden.[84] Glaser nahm auch Anstoß an den Exponaten in der Physik-Abteilung, und ließ die Warnung anklingen, wenn sich nicht bald etwas in der Physik-Abteilung ändere, werde er mit einem Trupp von SA-Leuten einrücken und kräftig aufräumen.[85]

Wie Michael Eckert gezeigt hat, stießen auch die Atommodelle, die der Münchner Physiker Arnold Sommerfeld entwickelt hatte, auf die entschiedene Missbilligung von Glaser und Stark, die beide Anhänger der Deutschen Physik waren.[86] Sommerfeld wurde zur Zielscheibe der Deutschen Physiker, die in der Relativitätstheorie und der Quantenmechanik Produkte entarteten, typisch ›jüdischen‹ Denkens sahen. Er hatte sich Anfang der zwanziger Jahre mit Miller beraten und geholfen, für die Ausstellung »Der Aufbau der Materie«, die als Basis der Physik-Abteilung fungierte, Modelle des Wasserstoff-, Helium-, Gold- und Eisenatoms zu entwerfen. An den Modellen wurde nicht etwa moniert, dass sie zu theoretisch und nicht zweifelsfrei bewiesen seien, sondern vielmehr, dass sie nicht mit den nationalsozialistischen Vorstellungen einer »kosmischen Dynamik« übereinstimmten, welche die wahre Natur aller Materie ausmache.[87]

Die Museumsleitung reagierte, indem sie Bruckmann mobilisierte, der seine persönlichen Kontakte zum engsten Führungskreis der NSDAP benutzte, um

83 Zenneck an Boepple, Bayerisches Kultusministerium, 9. 8. 1934, DMA, VA 0877.

84 Michael Eckert: Die »Deutsche Physik« und das Deutsche Museum: Eine Fallstudie über das Verhältnis von NS-Ideologie, Wissenschaft und Institution. In: Physikalische Blätter 41 (1985), Heft 4, S. 87–92.

85 Krüger-Kulm an den Vorstand des Deutschen Museums (Kopie), 3. 3. 1934, DMA, VA 0877.

86 Eckert (Anm. 84).

87 Kritik wurde schon recht früh – im Oktober 1923 – von einem Ingenieur namens Nenning geäußert; Nenning an Miller, 28. 10. 1928, DMA, VB 1291.

die Kritik abzuwehren. Bruckmann schrieb an verschiedene Behörden und an hochrangige Parteifunktionäre wie Rudolf Hess und Erik Röhm.[88] Bruckmann, der sich sicher war, dass das Regime auf naturwissenschaftlichen und technischen Sachverstand angewiesen sei, behauptete, es sei »ein Schlag gegen die Wissenschaft«, wenn man die Beiträge von Juden zur Mathematik und Physik rundweg verwerfe. Bruckmanns Intervention verhinderte direkte Aktionen, und seiner Bitte, Glaser in die Schranken zu weisen, wurde entsprochen.

Die Museumsleitung sah in der Forderung, Exponate zu entfernen oder Ausstellungen zu ergänzen, einen Angriff auf die Autonomie und Integrität des Museums, und sie setzte ihre Beziehungen zur Staats- und Parteiführung dazu ein, Kritik zurückzuweisen. Aber man wollte auch keine Objekte ausstellen, die potenzielle Spender vor den Kopf stoßen oder Wohltäter verärgern könnten. Aus diesem Grund versuchte sie das »Problem« mit den Modellen in zwei Etappen zu lösen. Zunächst versuchte sie die Modelle zu historisieren – sie als eine mögliche, aber keine ausschließliche Erklärung für den Aufbau der Materie anzuführen, die durch spätere Entdeckungen ergänzt oder modifiziert werden könnte.[89]

Diese neue, eher kosmetische Strategie mag einige Kritiker zum Verstummen gebracht haben, aber Stark, der das Museum 1937 besuchte und die Anstoß erregenden Exponate in Augenschein nahm, gab sich damit nicht zufrieden. Er verlangte Fotos der Modelle und eine Kopie des Textes, der den Ausstellungsstücken beigefügt worden war, vermutlich, um sie als Beweis für Sommerfelds übertriebenen Einfluss im Museum und als Grundlage für einen Vortrag an der Physikalisch-Technischen Reichsanstalt zu verwenden.[90] Obgleich Stark nicht direkt die Entfernung der Modelle verlangt hatte, machte dieses Ersuchen die Ausstellungsmacher offensichtlich recht nervös. Der neue Konservator der Ausstellung, Sachtleben, schrieb Stark zwei Tage, nachdem er sein Gesuch erhalten hatte:

> »Kurz nach Ihrem Besuch haben wir eine Umstellung, und wie ich hoffe, Verbesserung der Wand vorgenommen, an der die Texttafel über ›Quantenmechanik‹ gehangen hatte. Durch das liebenswürdige Entgegenkommen der Ammoniakwerke Merseburg (Leunawerk) kamen wir in den Besitz einer modernen Hochvakuum-Apparatur [...]. Von diesem Museumsstück haben also auch die einfacheren Leute, wie z. B. angehende Laboranten etwas Handgreifliches zu lernen. Es nimmt jetzt die betreffende Wand ein. Eine gewünschte Abschrift der inzwischen entfernten Tafel werde ich Ihnen gerne machen.«[91]

---

88 Bruckmann an Bayerisches Kultusministerium, 6. 3. 1934, DMA, VA 0877; ferner Bruckmann an Hess und Röhm, 6. 3. 1934, DMA, VA 0834.
89 Sachtleben an Sommerfeld, 25. 4. 1935, DMA, VA 1303.
90 Eckert (Anm. 84), S. 91.
91 Sachtleben an Stark, 26. 4. 1937, DMA, VA 1302.

Sachtleben ließ nichts darüber verlauten, ob die Modelle zusammen mit dem beanstandeten Text entfernt worden waren; jeder Hinweis auf ihre Präsenz wurde 1938 aus dem Museumsführer getilgt. Im Jahr 1940 wurde der Saal im Rahmen einer umfassenden Neugestaltung der Chemie-Abteilung modifiziert. Mittlerweile befanden sich die Modelle im Museumsdepot, wo sie in einem nachgebauten Labor Verwendung finden sollten, in dem populärwissenschaftliche Vorträge abgehalten werden sollten.[92]

Die überarbeitete Chemie-Abteilung, die 1940 eröffnet wurde, stellte die industrielle Chemie und die »neuesten Entwicklungen« auf diesem Gebiet in den Vordergrund; und hier sollte eine neue Klasse von Chemikern ausgebildet werden. Die Ausstellung sollte zeigen, dass die deutsche chemische Industrie aus sehr begrenzten Ressourcen sehr viel herausholen konnte.[93] In der Mitte des Raumes hing ein Globus von der Decke herab mit einer beleuchteten Karte »Großdeutschlands«, auf der die Vorkommen der wichtigsten Bodenschätze und die Lage der größten Rohstoffvorkommen auf der Erde eingezeichnet sowie das Verhältnis zwischen Ressourceneinsatz pro Kopf und in jedem Land verfügbaren Ressourcen angegeben war. Daraus sollten die Besucher lernen, dass die deutsche Wirtschaft der Nation dadurch diente, dass sie die Volksgemeinschaft mit Ressourcen versorgte, die nicht unmittelbar verfügbar waren.[94] Ironischerweise überstanden die Atommodelle, die sicher im Untergeschoss des Museums verstaut worden waren, den Luftangriff von 1944, während die neue Chemie-Abteilung und mit ihr die Modelle, die Meisterleistungen der deutschen Chemie darstellen sollten, zerstört wurden.

Leistung als Diskurs sollte das deutsche Volk in ein Projekt zur Stärkung der Nation einbinden. Dieser Diskurs unterschied sich von der früheren nationalistischen Rhetorik dadurch, dass die Aufopferung für die Zukunft und der Dienst am Ganzen in den Vordergrund gerückt wurden. Die Sonderschau »Neue Werkstoffe«, die 1935 in der Chemie-Abteilung eröffnet wurde, verdeutlicht diesen Unterschied.[95] Die Museumsleitung hoffte, Kritik an der nicht mehr zeitgemäßen Gestaltung der Chemie-Abteilung dadurch begegnen zu können, dass sie eine Ausstellung organisierte, die die neuesten Entwicklungen auf diesem Gebiet zeigen sollte. Die Exponate – synthetische Fasern, Ersatzstoffe für Benzin, Gummi und Kunststoff – standen mit den nationalsozialistischen Wirtschaftsplänen in Verbindung, Deutschland un-

---

92 Im Rahmen eines umfassenderen Plans, die Chemie in zwei Teile aufzuspalten: die industrielle Chemie und die wissenschaftliche Chemie; Prot. der Sitzung über die Neugestaltung der Chemie-Abteilung, 23. 2. 1939, DMA, VA 1301.

93 Prot. der Sitzung über die Neugestaltung der Chemie-Abteilung, 1. 3. 1939, ebd.

94 Henglein an Deutsches Museum, 21. 4. 1939, DMA, VA 1304.

95 Briefe zu der Ausstellung in DMA, VA 1264–1266.

abhängig von ausländischen Rohstoffen zu machen. Die Museumsleitung war sich sehr wohl darüber im Klaren, dass das Museum die nationalsozialistische Politik in beispielhafter Weise aufgegriffen hatte. Bruckmann lobte das Museum gegenüber dem Bayerischen Innenminister, die Ausstellung sei insbesondere geeignet, dem Besucher darzulegen, wie Wissenschaft und Technik Wege aufgezeigt habe, unabhängig vom Ausland zu werden.[96] Die Ausstellung sollte das Potenzial der Technik in den nächsten Jahren vor Augen führten. Tatsächlich waren die synthetischen Werkstoffe so brandneu, dass die Regierung die Schau aus Sicherheitsgründen schloss, und sie erst wieder öffnete, nachdem die Behörden davon überzeugt werden konnten, dass die Besucher nicht den Eindruck gewinnen würden, die Exponate wären als Ersatz für gewöhnliche Konsumgüter gedacht.[97] Ein geschätztes Objekt innerhalb der Ausstellung, das später in die Chemie-Abteilung übernommen wurde, war ein großes Modell der Leuna-Werke, die aus Kohle Benzin herstellten. Statt eines Rohstoffs, für den das Interesse der Verbraucher erst geweckt werden musste, zeigte das Modell der Fabrik die schwierigen Herstellungsverfahren, die die Anerkennung der Verbraucher verdienten.

Leistung – eine Art Oberbegriff für das, was deutsche Erfinder geschaffen hatten, was sie in Zukunft erschaffen würden, und für den Akt der schöpferischen Erfindung als solchen – zog sich auch wie ein roter Faden durch die Ausstellung in der Halle für Kraftfahrwesen. Das Ergebnis war eben nicht jene laute Rummelplatzatmosphäre, die Ausstellungen in der Weimarer Republik gekennzeichnet hatten, sondern eine feierliche Atmosphäre, die an den Ehrensaal erinnerte. Die Verhandlungen und die Planungen für die Halle, die im Frühjahr 1936 begannen, verliefen in einer gespannten Atmosphäre, da der vom Museum benannte Experte, Wunibald Kamm, seine Entscheidungen auf wissenschaftliche Kriterien stützen wollte, während Jakob Werlin, Hitlers Autohändler und ein echter Autonarr (er wurde später Generaldirektor der Mercedes Benz AG), sich einzumischen versuchte, um die Ausstellung zu »etwas wirklich Großem« zu machen.[98] Werlin verlangte mehr Ausstellungsraum, mehr deutsche Autos, die Entfernung ausländischer Kraftfahrzeuge und zog Kamms Sachverstand und Befähigung in Zweifel.[99] Kamm, Professor für Motorentechnik an der TH Stuttgart, wandte sich mit der Bitte an den Museumsvorstand, ihm die Befugnis zu übertra-

96 Bruckmann an Wagner, 2. 8. 1935, DMA, VA 1296. Bruckmann unterstrich die Bedeutung der Schau, um Wagners Unterstützung dafür zu erhalten, sie wieder für den allgemeinen Publikumsverkehr freizugeben.
97 Präsident des Werberats an Deutsches Museum, 6. 6. 1935, DMA, VA 1299.
98 Prot. einer Sitzung über die Automobilhalle, 6. 10. 1937, DMA, VA 1644.
99 Werlin an Bruckmann, 5. 8. 1937, DMA, VA 1651.

gen, eigenständig Entscheidungen zu treffen, und seine Verantwortlichkeit für die Ausstellungen eindeutig festzuschreiben.[100]

Doch einige Entscheidungen wurden von »äußeren« Meinungen beeinflusst. Im Opel »Frosch«, den Kamm ausstellen wollte, erkannte man eine Kopie der Citroën-Ente – und schon war er kein Meisterwerk im ursprünglichen Sinne des Wortes. Werlin bestand dennoch darauf, dass der Wagen einen Platz in der historischen Ausstellung fand, da er ein Vorläufer der billigen, leichten PKWs war, die für die Massenmotorisierung so wichtig waren. Eine von Rumpler gebaute Limousine wurde »wegen gewisser Schwierigkeiten mit Rumpler als Ingenieur« – Schwierigkeiten, die höchstwahrscheinlich von der Tatsache herrührten, dass Rumpler Jude war – ausgeschlossen.[101]

Die Ausstellungshalle wurde von den reihenweise angeordneten Automobilen beherrscht. Fast alle wurden als glänzende Kunstwerke, als verehrungswürdige Objekte präsentiert. Bilder – aus der Tagespresse und aus Museumspublikationen – vermitteln keinerlei Eindruck von Bewegung, und keines der Pressefotos fing eine menschliche Gestalt in dem Saal ein, wie es bei anderen Ausstellungen oft der Fall war. Die Paradestücke des Saals waren zwei deutsche Autos, eines von Benz und eines von Daimler. Neben den Autos selbst fand sich kaum etwas anderes in der Halle; sie beeindruckten Besucher durch ihre »Macht und Kraft«.[102] Können und Leistung zählten mehr als Verständnis und Achtung.

Ein ausgezeichnetes Beispiel für diese Tendenz war die unter Schirmherrschaft des NSBDT stehende »Leistungsschau der deutschen Bautechnik«, die im Herbst 1941 eröffnet wurde.[103] Die Ausstellung, die vorübergehend im zweiten Stockwerk des Bibliotheksgebäudes untergebracht war und sich über etwa 1.800 m² erstreckte, bestand aus Dioramen, Tabellen, Schaubildern, Diagrammen und zahllosen Holzmodellen der jüngsten Errungenschaften Deutschlands auf Gebieten wie Brückenbau, Tunnelbau, Befestigungsanlagen, Fabriken und Hausbau.[104] Hans Biberger hatte die Ausstellung organisiert und zahlreiche Artikel in der Zeitschrift *Deutsche Technik* verfasst, die ihre Entstehungsgeschichte nachzeichneten und ihre Bedeutung hochspielten. Die Eröffnung markierte seinen Aufstieg von Millers Assistent auf dem Gebiet Haushaltstechnik zum Direktor für Ausstellungsgestaltung im nationalsozialistischen Haus der Technik. Seine Bemühungen um die Ausstellung dienten dem umfassenderen Ziel, das

100 Kamm an Zenneck (Kopie), 25. 5. 1936, DMA, VA 1648.

101 Prot. einer Sitzung über die Automobilhalle, 19. 11. 1937, DMA, VA 1644.

102 Stipendiatenbericht von Eugen Honold, 1938, DMA, VA 2676.

103 Hans Biberger: Leistungsschau der deutschen Bautechnik, Sonderausgabe von Deutsche Technik 8 (1941), DMA, VA 0836.

104 Ders.: Lehren aus der Leistungsschau der deutschen Bautechnik. In: Deutsche Technik 9 (1942), S. 21–24.

Fundament für das künftige Haus der Technik zu legen; die Leistungsschau war daher auch eine praktische Fallstudie für neue Ausstellungsmethoden, und sie bot einen Vorgeschmack auf künftige, größere Ausstellungen.

Die »Leistungsschau« wurde im Frühjahr 1942 in das Deutsche Museum selbst »eingegliedert«. Biberger behauptete, nachdem die Ausstellung im Dezember 1941 ihre Pforten geschlossen habe, seien zahlreiche Bitten an ihn gerichtet worden, die Schau an einem Ort zu halten und sie Fachleuten und einem breiteren Publikum zugänglich zu machen.[105] Er räumte ein, die Ausstellung habe aufgrund des beschränkten Zugangs ihr übergeordnetes Ziel, im gesamten Volk ein Gefühl der Achtung vor der deutschen Technik zu fördern, nicht erreicht. Die Museumsleitung hatte ein problematisches und widersprüchliches Verhältnis zu der Schau – bei Organisatoren, nationalsozialistischen Behörden, Museumsfachleuten, Anhängern und der allgemeinen Öffentlichkeit gab es unterschiedliche Einschätzungen hinsichtlich des Verhältnisses zwischen der Schau und dem Museum. Zenneck und Bruckmann sahen im Haus der Technik eine Konkurrenz, Todt und seine Mitarbeiter dagegen sahen darin den krönenden Abschluss des Deutschen Museums.[106]

Zenneck tat mit seinen wiederholten Versuchen, die Ausstellungen bei den örtlichen Behörden als ein Brandrisiko darzustellen, sein Bestes, um die Ausstellungen aus der Bibliothek herauszuhalten. Trotz seines entschiedenen Protests öffnete die Ausstellung im Museumsgebäude. Er widersetzte sich der Ausstellung, weil er darin den ersten Schritt zu einer konkurrierenden Ausstellung unter Leitung Todts sah.[107]

Die Leistungsschau ist wichtig, um zentrale Entwicklungen in der Ausstellungskultur während der NS-Zeit zu verstehen. Sie lag Fritz Todt sehr am Herzen, der die Ausstellung »in der kurzen Zeit, die ihm während seiner Besuche in München zur Verfügung stand«, fünf Mal besucht hatte.[108] Sie zeigt das Endergebnis einer Betonung der »neuesten Entwicklungen«, und sie zeichnet sich durch eine nationalistische Orientierung, eine Marginalisierung der Betrachter, statische Exponate und zahllose Holzmodelle aus. Sie hilft, die Verquickung von Moderne, Technik und romantischen Verklärungen der Vergangenheit zu verstehen, die typisch für das nationalsozialistische Gedankengut ist – sie enthüllt die reaktionäre Moderne als eine Denkrichtung, die

---

105 Haus Biberger: Die Leistungsschau der deutschen Bautechnik als öffentliche Sonderausstellung im Rundgang des Deutschen Museums. In: Deutsche Technik 9 (1942), S. 121/122.

106 Biberger galt als Emporkömmling, der es zum Leiter der Ausstellungsgestaltung des Hauses der Technik gebracht hatte, aber allenfalls ein »begabter Dekorateur« war; Zenneck an Matschoß, 25. 11. 1941, DMA, VA 0959.

107 Zenneck an Bayerisches Kultusministerium, 30. 10. 1941 und 23. 9. 1942, BHStA, MK 50945; er hatte schließlich im November 1942 Erfolg; Zenneck an Biberger, 10. 11. 1942, ebd.

108 Biberger (Anm. 103).

über »Reaktion« beziehungsweise »Moderne« hinausging, indem sie Leistung mit der Volksgemeinschaft, der Technik und der Nation verknüpfte.[109]

Das banalere Problem der Aktualisierung der Ausstellungen war im »Dritten Reich« eng mit dem Begriff der Leistung verknüpft. Wiederholte Forderungen, die Ausstellungen zu aktualisieren, erhielten eine Dringlichkeit, als sie mit der neuen Aufgabe des Museums verbunden wurden, der Volksgemeinschaft zu dienen und sie für die Zukunft zu stärken. Historische Objekte besaßen nicht mehr den Wert, den sie einmal besessen hatten, und der Begriff der Meisterwerke war genauso überholt wie die älteren Ausstellungen.

Im Frühjahr 1938 kam es zu einer Schlüsseldebatte über die Aufgabe des Museums. Paul Goerens, ein Mitglied des Verwaltungsausschusses, spürte, dass eine Veränderung in der Luft lag und warnte den Vorstand auf der Jahresversammlung, das Deutsche Museum laufe Gefahr, unterzugehen.[110] Das Museum müsse sich unbedingt auf seinen ursprünglichen Auftrag – die Ausstellung von Meisterwerken – zurückbesinnen. Hin und wieder müssten Ausstellungen aktualisiert werden, und daher sei die wissenschaftliche Vorarbeit, um herauszufinden, was ein Meisterwerk ausmache, genauso wichtig wie die Bereitstellung von Geldern für Objekte.[111] Er wies darauf hin, dass die Ausrichtung auf »neuere Entwicklungen« das Museum seiner ursprünglichen Zweckbestimmung entfremden und zu einem bloßen Echo äußerer Ereignisse machen würde.

Zenneck gab sich große Mühe, Goerens Kritik adäquat zu begegnen, und enthüllte dabei, dass die Museumsleitung den Auftrag des Museums nunmehr neu interpretierte. Er rechtfertigte die Berücksichtigung »neuer« Inhalte und wies darauf hin, dass früher gewisse Themen (wie Automobile) ignoriert worden waren, diese aber große Bedeutung erlangt hätten und daher integriert werden müssten. Er behauptete weiter, Goerens habe der Idee des Meisterwerks zu große Bedeutung beigemessen. Für ihn mache es keinen Unterschied, ob ein Apparat oder eine Maschine originäre »Erfindungen«, also »Meisterwerke« seien, oder ob sie nur einen wichtigen Schritt nach vorne bedeuteten.[112]

Diese Überzeugungen führten dazu, dass die historische Aufgabe des Museums zunehmend in den Hintergrund gedrängt wurde. Millers Bemühun-

---

109 Dies in Abgrenzung zu Jeffrey Herf: Reactionary modernism. Technology, culture and politics in Weimar and the Third Reich. Cambridge 1986.

110 Goerens an Deutsches Museum, 25. 5. 1938, DMA, VA 0119. Ferner Bericht von Bauer vor dem Münchner Stadtrat, 9. 3. 1940, StAM, 490/18.

111 Goerens an Deutsches Museum, 25. 5. 1938, DMA, VA 0119.

112 Notizen von Zenneck, o.D., DMA, VA 0119; Jonathan Zenneck: Die Anpassung von naturwissenschaftlichen und technischen Museen. Berlin 1941. Er hielt auch einen Vortrag mit dem Titel »Aufgabe und Einrichtungen des Deutschen Museums«, in dem er dem Museum sowohl eine historische als auch erzieherische Aufgabe zuwies, DMA, VA 0996.

gen, »technische Kulturdenkmäler« aufzuspüren und zu erhalten, die in den zwanziger Jahren begonnen hatten, wurden eingestellt, als die Museumsleitung, die auf Mittel der Wirtschaft und des Staates angewiesen war, sich immer mehr auf die Zukunft und die neuesten Entwicklungen in allen Museumsabteilungen hin orientierte.[113] Zenneck wollte jede Abteilung in eine »Schau«- und eine »Studiensammlung« unterteilen – erstere sollte historisch bedeutende Maschinen zeigen und in den Museumsdepots untergebracht werden, letztere sollte Werkzeuge und Modelle einschließen, die die Öffentlichkeit belehren sollten.[114] Dies kam in den Sonderschauen zum Ausdruck, die ab 1933 ausgerichtet wurden.[115]

»… dass gar nichts geschehe im Museum«

Im Frühjahr 1940 schrieb Matschoß an Zenneck, man müsse der öffentlichen Meinung entgegentreten, da man seit einiger Zeit »wie Sie ja ebenso gut wissen wie ich, in gewissen Kreisen immer wieder davon erzählt, dass gar nichts geschehe im Museum usw. usw.«.[116] Matschoß' Initiative, ein offenkundiger Versuch, der nationalsozialistischen Auffassung entgegenzutreten, das Museum sei nicht auf der Höhe der Zeit, war eine Aktion, die Aktualisierungen und Veränderungen in Abteilungen wie Automobile und Fotografie verdeutlichen sollte. Der Hoffnung, dass »gewisse Kreise« dazu gebracht werden könnten, die Bedeutung des Museums für das Zeitalter zu erkennen, wurde mit der Überzeugung entgegengetreten, »dass nach dem Krieg die Verhältnisse und Anschauungen in mancher Beziehung andere [sein werden] als heute«.[117] Dies sollte in der Tat der Fall sein. Der Museumsleitung nach dem Krieg sollte es vorbehalten bleiben, die Probleme der Erfindung einer überzeugenden »Technik-Erzählung« und der nationalen Aufgabe des Museums im Verhältnis zu seinem internationalen Themenspektrum und seinem internationalen Publikum zu bewältigen.

---

113 Conrad Matschoß: Technische Kulturdenkmäler, DMA, VA 0434.
114 Zenneck an Matschoß, 15. 11. 1939, DMA, VA 1601.
115 Eine Praxis, die nicht auf Deutschland beschränkt war; vgl. E.E.B. MacKintosh: Special exhibits at the Science Museum. In: Museums Journal 37 (1937), S. 317–327.
116 Matschoß an Zenneck, 31. 5. 1940, DMA, VA 0959.
117 Zenneck an Victor Schwoerer, 16. 5. 1940, DMA, VA 0996.

Der Wiederaufbau 1945–1969

Otto Mayr

Für das Deutsche Museum war die Zeit des NS-Regimes eine Phase stetigen Niedergangs, der gegen Ende des Zweiten Weltkriegs durch die Zerstörung des Museums in sechs Bombenangriffen seinen Abschluss fand. Zuletzt war das Museum eine Ruine, deren Wiederaufbau den Zeitgenossen nicht nur als unsicher, sondern auch als nebensächlich erscheinen musste. Hatten Begriff und Funktion eines ›Deutschen Museums‹ im Jahre 1945 überhaupt noch einen Sinn? Sein Wiederaufbau würde schwierig sein, denn das Museum war ein komplexes Gebilde. Wer sollte diese Aufgabe auf sich nehmen, wer die Mittel bereitstellen? Daher hätte ein realistischer Betrachter im Mai 1945 den baldigen Wiederaufbau des Museums für unwahrscheinlich gehalten und vorausgesagt, dass die Ruine auf der Isarinsel noch lange auf ihre Auferstehung warten müsste. Dass das Museum dennoch wieder aufgebaut wurde, verdankt es dem Einsatz seiner Mitarbeiter sowie kontingenten, glücklichen Umständen. Dieser Wiederaufbau dauerte bis in die späten 1960er-Jahre – allerdings war sein Abschluss kein deutlich definierter Moment, sondern nur der allmählich-unmerkliche Übergang in den andauernden, nie endenden Erneuerungsprozess eines normalen Museums. Das Museum, das so entstand, war schließlich ein neues und anderes, wie es den veränderten politischen und gesellschaftlichen Umständen entsprach.[1]

Zerstörung

Während des Kriegs beschleunigte sich der Niedergang des Museums. In den ersten Kriegsjahren war der Versuch, einen normalen Museumsbetrieb zu gewährleisten, noch halbwegs erfolgreich. Sogar im Geschäftsjahr 1943/44 hatten die Sammlungen 315.000 Besucher, im Vergleich zu 483.000 im letzten Friedensjahr 1938/39, die Bibliothek hatte 57.000 Benutzer gegenüber 152.000 fünf Jahre zuvor.[2] Verantwortlich für die geringere Leistungsfähigkeit

---

1 Die folgende Darstellung des Wiederaufbaus ist eine stark gekürzte Fassung meines Buches Wiederaufbau: Das Deutsche Museum 1945–1970. München 2003. Die hier erwähnten Ereignisse werden dort ausführlich dargestellt und dokumentiert.

2 DMA, VB 1940/41, S. 4, 1941/42, S. 4, 1942/43, S. 2, und 1943/44, S. 2.

war vor allem die abnehmende Zahl der Mitarbeiter. Das äußerte sich schon in der Beschaffenheit der Museumsleitung. Die beiden Aufsichtsgremien »Verwaltungsausschuss« und »Vorstandsrat« hatten seit 1940 bzw. 1941 nicht mehr getagt; der Vorstand, bestehend aus den drei Münchnern Jonathan Zenneck, Johannes Hess und Albert Pietzsch und den beiden Norddeutschen Rudolf Bingel und Rudolf Blohm, traf sich höchstens noch zu informellen Gesprächen der drei Ortsansässigen. Der Verwaltungsdirektor Karl Bäßler, drei der vier Konservatoren und beide Bibliothekare waren zum Kriegsdienst eingezogen. So wurden die Aufgaben der Museumsleitung unter den Verbleibenden verteilt, und die ganze Verantwortung für den praktischen Betrieb des Museums lag auf den Schultern des emeritierten Physikprofessors Zenneck, der 1944 bereits 73 Jahre alt war. Der friedensmäßige Personalstand war bald nach Kriegsbeginn auf rund die Hälfte abgesunken, bis schließlich am 21. September 1944 auch alle übrigen Mitarbeiter bis auf einen Rest von nur 20 zum »totalen Kriegseinsatz« dienstverpflichtet wurden. Da einige von ihnen bald wieder zum Museum zurückkehrten, lag der buchmäßige Personalstand zum Kriegsende bei rund 60, der tatsächliche aber war weit geringer. Es war aber nicht Personalmangel, der das Museum schließlich zur Schließung zwang, sondern die Zerstörung durch Bombenangriffe.[3]

Über die Zeitspanne vom 9. März 1940 bis zum 17. April 1945 war die Stadt München das Ziel von insgesamt 58 Luftangriffen.[4] Vier Jahre lang blieb das Museum nahezu gänzlich verschont bis auf kleinere Schäden, die den Museumsbetrieb nicht beeinträchtigten und mit eigenen Kräften schnell wieder zu beheben waren. In dieser Zeit konnte sich das Museum auf die bevorstehende Entwicklung, deren Richtung inzwischen nicht mehr zu verkennen war, mit Sorgfalt vorbereiten. Dazu gehörten die Sicherung der wertvolleren Museumsobjekte und der Aufbau eines reaktionsfähigen Luftschutzes. Schätze aus den Sammlungen und der Bibliothek wurden in ländliche Bezirke – z. B. in das Kloster Benediktbeuren und das Schloss Sandersdorf in der Oberpfalz – ausgelagert oder in mit zusätzlichen Brandmauern besonders gesicherten Kellerräumen des Museums untergebracht; nicht transportable Objekte wurden, so gut es ging, an Ort und Stelle gesichert.

Schließlich trafen sechs Luftangriffe das Museum direkt.[5] Im ersten von diesen, in der Nacht vom 24. zum 25. April 1944, fielen rund 200 Brandbomben auf das Museum, davon die meisten auf den Bibliotheksbau mit der umstrittenen »Leistungsschau« der Organisation Todt, vor deren Brandpotenzial

---

3 Jonathan Zenneck: Das Deutsche Museum während des Krieges. Althegnenberg, Juni 1945 (Manuskript, 15 S.).

4 Irmtraud Permooser: Der Luftkrieg über München 1942–1945. Oberhaching 1996, S. 378–387.

5 Robert Poeverlein: Der Wiederaufbau des Deutschen Museums in München. München 1953, S. 5.

14 Brand im Kongress-
Saal nach dem Luftan-
griff am 21. Juli 1944.
DMA, BN 14994

15 Mittelkuppel nach dem
Luftangriff am 14. Dezem-
ber 1944.
DMA, BN 38876

16 Die Halle für Schiff-
fahrt und Luftfahrt nach
dem Luftangriff am 21.
Juli 1944.
DMA, BN L9450–34

Zenneck wiederholt gewarnt hatte. Der prompt entfachte Großbrand erzeugte eine solche Hitze, dass selbst der massive Betonbau beträchtlich beschädigt wurde. Dennoch blieb das Museum mit Sammlungen und Bibliothek weiterhin geöffnet. Es war erst ein Tagesangriff der US-Airforce am 12. Juli 1944, der das Museum mit mehreren Sprengbomben und zahlreichen Brandbomben traf und solche Zerstörungen verursachte (wobei auch ein Mitarbeiter zu Tode kam), dass fortan jeder weitere Museumsbetrieb ausgeschlossen war. In den folgenden sieben Monaten wurde das Museum noch von zwei amerikanischen Tagesangriffen (am 16. und 21. Juli 1944) und zwei britischen Nachtangriffen (17./18. Dezember 1944 und 7./8. Januar 1945) getroffen. Insgesamt schlugen 17 Sprengbomben in den Gebäuden des Museums selbst ein, und weitere 23 in deren unmittelbarer und daher fast ebenso schädlicher Nähe; zusätzlich fielen auf das Museum auch insgesamt rund 5.000 Brandbomben. Statistisch gesehen, war der Angriff vom 21. Juli 1944 mit 26 Sprengbomben, davon 10 Volltreffern, und reichlicher Belegung mit Brandbomben der schwerste. Dagegen galt der Angriff vom 17./18. Dezember 1944, in dem nur drei Bomben das Gebäude trafen und eine vierte direkt neben der Eisenbahnhalle einschlug, als der folgenschwerste; offenbar handelte es sich bei den verwendeten Bomben um einen anderen Typ, der direkt bei Aufschlag zündete und dabei eine vernichtende Druckwirkung entfaltete.[6]

Gegen Kriegsende machte der Zustand des Museums »einen trostlosen Eindruck. [...] 80% der Sammlungen waren zerstört. In den Hallen des Sammlungsbaues, sowie im Kongress-Saal konnte man vom Keller aus bis zum Himmel sehen«.[7] Eine genauere Bestandsaufnahme gab etwa folgendes Bild: Schäden durch Luftdruck und Bombensplitter waren am Museumsbau über seine 500 m Länge ziemlich gleichmäßig verteilt. Praktisch alle Fenster sowie die meisten Türen und Wände waren wesentlich beschädigt, ebenso durch Luftdruck, Brand- und Sprengbomben die meisten Dächer. Brandbomben hatten in allen Gebäudeteilen Brände verursacht, welche die nachhaltigsten Schäden am Nordende des Kongress-Saals und im 3. Obergeschoss der Bibliothek hinterließen. Der Kongress-Saal war von drei Sprengbomben getroffen worden, die zum Teil erst im Keller zündeten; sie hatten das Dach und das Innere des Saals zwar eindrucksvoll verwüstet, aber seine Struktur nicht geschwächt. Drei Sprengbomben hatten auch den Bibliotheksbau getroffen und hinterließen im Treppenhaus und an der Fassade zum Museumshof schwere, von außen dramatisch sichtbare Schäden. Am schwersten aber waren die Schäden im Sammlungsbau. Die Einschläge der sechs Sprengbom-

---

6 Zenneck (Anm. 3).
7 Karl Bäßler: Ein Rückblick auf acht Jahrzehnte. München 1968, S. 220.

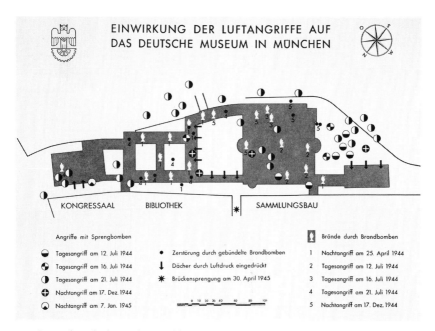

EINWIRKUNG DER LUFTANGRIFFE AUF
DAS DEUTSCHE MUSEUM IN MÜNCHEN

KONGRESSAAL   BIBLIOTHEK   ✳ SAMMLUNGSBAU

Angriffe mit Sprengbomben		Brände durch Brandbomben
◖ Tagesangriff am 12. Juli 1944	● Zerstörung durch gebündelte Brandbomben	1 Nachtangriff am 25. April 1944
◕ Tagesangriff am 16. Juli 1944	↓ Dächer durch Luftdruck eingedrückt	2 Tagesangriff am 12. Juli 1944
◑ Tagesangriff am 21. Juli 1944	✳ Brückensprengung am 30. April 1945	3 Tagesangriff am 16. Juli 1944
⊕ Nachtangriff am 17. Dez. 1944		4 Tagesangriff am 21. Juli 1944
◓ Nachtangriff am 7. Jan. 1945		5 Nachtangriff am 17. Dez. 1944

17   Gesamtübersicht der Bombeneinschläge im Deutschen Museum 1944/45.
DMA, BN 11632

ben waren durch ihre gleichmäßige Verteilung nicht nur besonders wirksam, sondern das Gebäude selbst war auch von Architektur und Inhalt her am verwundbarsten. Der Bau war in eine große Zahl von größeren und kleineren Räumen aufgeteilt, von denen jeder mit aufwändigen Ausstellungen wertvoller historischer Objekte gefüllt war. Hier kam die Luftdruck- und Sogwirkung der Bomben zu vollster Entfaltung. Aber diese schweren und ausgedehnten Schäden waren von außen nicht sichtbar. Dennoch war der äußere Eindruck, »das Deutsche Museum steht noch; zwar ist es beschädigt, aber es läßt sich wieder aufbauen«, grundsätzlich richtig; das Deutsche Museum ist besser durch den Bombenkrieg gekommen als viele andere Münchner kulturelle Institutionen.[8]

Der Zustand der Sammlungen war bei Kriegsende weniger leicht zu überblicken. Offenkundig waren nur die Verluste an Großobjekten, die sich nicht in Sicherheit bringen ließen; dazu gehörten die Windmühle, das Dornier-Wal Flugboot, mit dem Amundsen den Nordpol erreicht hatte, und ein

8 Zenneck (Anm. 3), S. 3–6; Jonathan Zenneck: Fünfzig Jahre Deutsches Museum München. München 1953, S. 16–18; Karl Bäßler: Die Kriegsschäden im Deutschen Museum in München und ihre Behebung. In: Zeitschrift des VDI 90 (1948), S. 235–237.

frühes Junkers Ganzmetall-Flugzeug sowie einige frühe Lokomotiven. Wenn Bäßler meinte, dass durch Bomben »rund ein Fünftel der Museumsstücke aller Art verloren ging«,[9] und wenn Zenneck später erklärte, der Verlust an unersetzlichen Gegenständen sei »verhältnismäßig gering« gewesen,[10] dann handelte es sich um reine Schätzungen, und zwar in Zennecks Fall um eine recht optimistische.

Neuordnung der Organisation

Zu Jahresbeginn 1945 bestand das Deutsche Museum nur noch aus dem ehrenamtlichen geschäftsführenden Vorstandsvorsitzenden Zenneck, der durch Krankheit immer länger vom Museum ferngehalten wurde, und rund einem Dutzend praktisch führungsloser Mitarbeiter. Das Museum war nicht nur physisch zerstört, sondern war auch als Organisation nicht mehr lebensfähig. Ein Glücksfall brachte die Wende; am 7. Februar 1945 kehrte der Verwaltungsdirektor Bäßler zurück. Er hatte den Krieg als Pionier bei der Wehrmacht verbracht – großen Teils an der Front, zuletzt als Oberstleutnant – und war nun, auf Zennecks Gesuch, zu einem dreimonatigen Arbeitsurlaub freigestellt worden. Er erkannte die Größe der Aufgabe und machte sie sich zu eigen. Zuerst galt es, mit allen Kräften die Museumsgebäude zu sichern und zu bewachen. Eine gute Kantine hob die Arbeitsmoral der Mitarbeiter. Doch gleichzeitig, noch im Februar 1945, begann Bäßler den Wiederaufbau zu planen. Er wählte eine einfache Strategie: Zuerst mussten der Kongress-Saal und der Bibliotheksbau wiederhergestellt werden, denn sie würden sich in der zerstörten Stadt als wertvolle Mietobjekte erweisen. Die so erzielten Mieteinkünfte sollten dann den kostspieligen und langwierigen Wiederaufbau des eigentlichen Museums finanzieren. Bäßler richtete sich im Keller des Kongress-Saals eine behelfsmäßige Wohnung ein, die er mit seiner Frau bezog, und war fortan Tag und Nacht im Dienst.

Noch bei den Behörden des NS-Regimes hatte Bäßler sich die notwendige Genehmigung erwirkt. Anfang März 1945 begannen die Bauarbeiten.[11] Viel ließ sich zwar in den folgenden Wochen – mit Zusammenbruch, Kriegsende, Besetzung und beginnender Neuordnung des öffentlichen Lebens – nicht bewirken, aber die Maßnahme hatte moralisch-symbolischen Wert, denn sie schuf grundsätzliche Klarheit über Ziel und Richtung der künftigen Arbeit und erleichterte die vielen nun anfallenden Entscheidungen. Von Februar 1945 bis zur Wiedereinsetzung der Aufsichtsgremien und des Vorstands des

9 Bäßler (Anm. 8), S. 235.
10 Zenneck (Anm. 8), S. 18.
11 Bäßler (Anm. 7), S. 220ff.

Deutschen Museums am 7. Mai 1948 leitete Bäßler das Museum mit außer-
ordentlicher Selbstständigkeit. Zenneck hatte sich noch vor Kriegsende ins
ländliche Althegnendorf, weit im Westen von München, zurückgezogen, um
seine Gesundheit wiederherzustellen, und kam erst im Juli 1945 nach München zurück. Als sich das öffentliche Leben schließlich geordnet hatte, arbeitete er wöchentlich zwei Tage im Museum.

Bäßler sah seine erste Aufgabe darin, das Netz der Freunde und Förderer
des Museums und die Kommunikation mit ihnen, von Neuem aufzubauen.
Bereits im Mai 1945 nahm er Kontakt auf mit Oberbürgermeister und Bürgermeister, mit dem Vorstand der Obersten Baubehörde, dem Polizeipräsi-
denten und dem zuständigen Referenten im Kultusministerium, mit dem er
sich einmal wöchentlich traf. Offiziell trat das Kultusministerium erst im Juni wieder in Erscheinung mit einem Fragebogen von 150 Fragen, die jeder
Angestellte auszufüllen hatte. Außerdem musste das Museum die alten, aktiven Parteigenossen und Mitläufer unter den Mitarbeitern angeben.[12] Schon
am 7. Mai gelang es Bäßler, sich bei der Militärregierung vorzustellen. Hier
fiel das Museum unter die Zuständigkeit der »Public Monuments, Fine Arts
and Archives Section«, mit der sich eine gute Zusammenarbeit anbahnte.
Während sich das Verhältnis zur Militärregierung allmählich in ein diploma-
tisch-zeremonielles umwandelte, übernahm das Bayerische Kultusministerium bald wieder seine traditionelle Rolle als Betreuer und Fürsprecher des
Deutschen Museums gegenüber dem Freistaat Bayern, der Stadt München
sowie gegenüber den verschiedenen westdeutschen Zonenregierungen und
der aus ihnen hervorgehenden Bundesregierung.

Die Museumsmitarbeiter kehrten langsam wieder zur Arbeit zurück.[13] Anfang 1946 hatte das Museumspersonal im öffentlichen Dienst mit 131 Personen[14] wieder zwei Drittel des Vorkriegsstandes erreicht. Die Zahl der Mitarbeiter stieg stetig weiter; Anfang 1947 waren es 140[15] und 154 im März 1948.[16]
Der Vorkriegsstand von rund 220 war 1953 wieder erreicht.[17] Im Jahr 1965
stand die Mitarbeiterzahl bei 300 und erreichte schließlich in den 1970er-Jah-
ren eine Spitze bei rund 400.[18] Der Mitarbeiterstab wurde planmäßig mit

---

12 Bäßler an Zenneck, 30. 6. 1945, DMA, VA 0997.

13 »Unsere Leute stellen sich ebenso wie in allen anderen Betrieben sehr langsam wieder ein«; Bäßler
an Zenneck, 16. 5. 1945. »Von unseren eigenen Leuten kommen immer mehr zurück (eilig hatten es
nur wenige)«; Bäßler an Zenneck, 20. 6. 1945. »Es kehren erfreulicherweise immer mehr von unseren Leuten zurück, doch ist der Krankenstand ein außerordentlich hoher«; Bäßler an Zenneck,
30. 6. 1945, ebd.

14 Personal im öffentlichen Dienst, Stand am 1. 2. 1946, DMA, VA 0838.

15 Übersicht über den Personalstand, 17. 1. 1947, ebd.

16 Fragebogen für Museen, 1. 3. 1948, DMA, VA 0839.

17 Zenneck (Anm. 8), S. 21.

18 DMA, VB 1965, S. 30; Jahresberichte 1971–1980.

Blick auf die anstehenden Aufgaben aufgebaut. Im technischen Bereich, dem Bäßler schon seit den frühen 1930er-Jahren direkt vorgestanden hatte, waren keine tief gehenden Eingriffe notwendig. Dieser Bereich bestand traditionell aus dem Baubüro und den Werkstätten. Zusätzlich stellte Bäßler eine Anzahl von jüngeren Ingenieuren, Architekten und Handwerkern ein. Die Lehrlingsausbildung wurde nachdrücklich gefördert.[19] Für die wissenschaftliche Bearbeitung der Sammlungen – von der Sichtung, Restaurierung und Neuordnung der Sammlungsobjekte bis zur Wiederherstellung oder Neugestaltung der Ausstellungen – war die vorhandene Kapazität schmal; von den Konservatoren der Vorkriegszeit waren nur drei verblieben oder zurückgekehrt. Daher wurden schon 1946/47 drei zusätzliche Diplomingenieure eingestellt, alle drei Maschinenbauer. So bestand der Kader von wissenschaftlichen Mitarbeitern, der in den nächsten zwei Jahrzehnten die Neugestaltung des Museums vollbrachte, zunächst aus sechs Konservatoren. Bis 1959 wuchs ihre Zahl auf acht an und 1966 auf elf.[20]

Wichtig nicht nur für den Museumswiederaufbau, sondern auch für das wissenschaftlich-intellektuelle Leben der Stadt war die Bibliothek des Deutschen Museums. Gerade in den ersten Nachkriegsjahren, als die Bibliotheken der Münchner Universitäten nur sehr eingeschränkt funktionierten, war die Museumsbibliothek für die Studierenden von besonderem Nutzen; sie war viel früher als diese wieder eröffnet worden, und sie gewährleistete in ihrer Eigenschaft als Präsenzbibliothek, dass dem Leser das gewünschte Buch verlässlich und schnell ausgehändigt wurde. Doch nicht allein ihre Leistungsfähigkeit erregte Aufsehen, sondern auch ihre besondere Stärke in den Naturwissenschaften und der Technik, und namentlich deren Geschichte. Der Leiter der Bibliothek, Friedrich Klemm, als Technikhistoriker weithin bekannt, galt im Hause als führender Intellekt.[21]

Die Entnazifizierung begann unmittelbar nach Kriegsende und zog sich bis 1948 hin.[22] Nun kam der Konsolidierungsprozess des Museumspersonals

19 Bäßler (Anm. 7), S. 258.
20 Mayr (Anm. 1), S. 124, 174.
21 Friedrich Klemm (1904–1982); 1930 Staatsprüfung für höheres Lehramt, TH Dresden; 1932 Bibliothekar im Deutschen Museum; 1950 Bibliotheksleiter; vgl. Wolfhard Weber: Kulturgeschichte der Technik? Versuch einer Annäherung an Friedrich Klemm. In: Burghard Dietz/Michael Fessner/Helmut Maier (Hrsg.): Technische Intelligenz und »Kulturfaktor« Technik. Kulturvorstellungen von Technikern und Ingenieuren zwischen Kaiserreich und früher Bundesrepublik Deutschland. München/Berlin 1996, S. 155–173.
22 Das Folgende stützt sich allgemein auf Material in DMA, VA 0880, Bäßler (Anm. 7), S. 250–253, und Rudolf Schilcher: Der Wiederaufbau des Deutschen Museums von 1944/45 bis zum Beginn der 60er-Jahre. Magister-Arbeit, LMU München 1997, S. 43–49. Zur Entnazifizierung vgl. Lutz Niethammer: Die Entnazifizierung am Beispiel Bayerns. Berlin und Bonn 1982, und Clemens Vollnhals (Hrsg.): Entnazifizierung. Politische Säuberung und Rehabilitierung in den vier Besatzungszonen 1945–1949. München 1991.

zum Abschluss.[23] In den Nachkriegsjahren hatte sich ein im Wesentlichen neuer Stamm von Mitarbeitern zusammengefunden. Aber auch die Veteranen, die schon vor dem Krieg zum Museum gehört hatten, waren durch die lange Unterbrechung und das Erlebnis des Krieges andere geworden. Bäßler beobachtete eine sichtliche Besserung der Atmosphäre unter den Mitarbeitern des Museums.

Die traditionellen Aufsichtsgremien – Vorstand, Vorstandsrat und Verwaltungsausschuss – waren im Krieg eingeschlafen und seit Kriegsende auch formal außer Kraft getreten. Als Ersatz bildete Zenneck zunächst einen »Not-Vorstand«, in den er 1946 den befreundeten Physiker-Kollegen Walther Meißner, Präsident der Bayerischen Akademie der Wissenschaften, und 1947 den Generaldirektor der Deutschen Tafelglas AG und späteren langjährigen Präsidenten des Landesverbands der Bayerischen Industrie, Otto Seeling, einen bewährten Förderer des Museums, einlud. Diese boten ihm in informellem Kontakt Rat und praktische Hilfe. Zenneck sah es aber als seine Pflicht an, die Aufsichtsgremien in ihrer traditionellen Form wieder einzurichten. Erstens waren sie die Grundlage für den öffentlich-rechtlichen Charakter des Museums; durch sie war das Museum in die politischen, kulturellen und wirtschaftlichen Strukturen der Nation eingebunden. Zweitens erfüllten sie im Museum die Aufgabe langfristiger, nicht-personengebundener Führung und Richtungsvorgabe. Bei der Lösung dieser Aufgabe ging Zenneck behutsam, umsichtig und ohne Hast vor. Er musste bei der Wiederbesetzung der Gremien die neuen Strukturen in Staat und Gesellschaft berücksichtigen, die sich erst allmählich abzeichneten.

Am 28. März 1947 hielt Zenneck eine erste Besprechung über die Wiederbelebung der Gremien. Teilnehmer waren – neben Zenneck, Walther Meißner, Heß und Bäßler – Eugen Diesel, Friedrich Linde, Walther von Miller, Ernst von Siemens und Emil Sörensen von der MAN. Entschuldigt hatten sich u. a. der Präsident der Bayerischen Landeszentralbank Max Grasmann, MAN-Generaldirektor Otto Meyer und Seeling. Man kam zu dem einfachen Ergebnis, sich am bevorstehenden 7. Mai 1947 zu einer inoffiziellen Besprechung von Freunden des Deutschen Museums zu treffen, um dann die Mitglieder des zukünftigen Vorstandsrates und Verwaltungsausschusses zu benennen. Man einigte sich auch auf die Liste der Einzuladenden, die aus 19 Mitgliedern von früheren Vorstandsräten und 57 neu zu wählenden Mitgliedern bestand. Die Besprechung fand, wie verabredet, am 7. Mai 1947 statt. Es ging um die Vorbereitung der ersten offiziellen Jahresversammlung nach dem Krieg. Die Zusammensetzung des künftigen Vorstands betreffend, schlug Zenneck vor, den Notvorstand (Zenneck, Meißner, Seeling) offiziell zu bestätigen und um

23 Bäßler (Anm. 7), S. 256.

das frühere Vorstandsmitglied Heß zu erweitern, der inzwischen aus dem Entnazifizierungsverfahren als ›nicht belastet‹ hervorgegangen war. Die eigene Person betreffend, erinnerte Zenneck an sein betagtes Alter von 77 Jahren und eine möglichst frühzeitige Wahl eines Nachfolgers, damit sich dieser an seiner Seite, ebenso wie er selbst ehemals neben Oskar von Miller, einarbeiten könne. Solange die Frage des Nachfolgers noch nicht entschieden wäre, sollte die Stelle dieses fünften Vorstandsmitglieds für diesen offen gehalten werden.[24]

Auf der Jahresversammlung am 7. Mai 1948, der ersten nach dem Krieg, wurden die traditionellen Führungs- und Aufsichtsgremien des Museums wieder eingeführt.[25] Der Vorstand bestand, wie vorgesehen, aus Zenneck, Heß, Meißner und Seeling; der Vorstandsrat hatte 70 und der Verwaltungsausschuss 135 Mitglieder. Der Vorstandsrat hatte zwei Vorsitzende (Richard Kuhn aus Heidelberg und Otto Meyer aus Augsburg). Nun funktionierte das Deutsche Museum wieder innerhalb seiner traditionellen verfassungsmäßigen Struktur. Der neue Vorstand war eine harmonische Gruppe; Zenneck hatte sich als Vorstandskollegen Männer gewählt, die ihm seit langem vertraut waren. Zwei der vier Mitglieder, Zenneck und Meißner[26], waren berühmte Physiker und die anderen beiden, Heß[27] und Seeling[28], einflussreiche Industrielle und alt-bewährte Förderer des Museums. Zusätzlich zu den Sitzungen eingeladen waren der Vorsitzende des Vorstandsrats, Otto Meyer[29], und nach Bedarf andere wie z. B. Bäßler. Beginnend mit dem 6. August trat der Vorstand, acht bis zehn Mal im Jahr, zu regelmäßigen Sitzungen zusammen. Hauptaufgabe des Gremiums war die Herbeiführung der wichtigeren Entscheidungen. Die Sitzungen wurden sorgfältig protokolliert und damit zum wichtigsten Führungsinstrument der Museumsleitung.

Mit der Sitzung am 7. Mai 1948 wurde auch die Satzung den Nachkriegsverhältnissen angepasst. Die alten Bezeichnungen wie »Reichsregierung« entfielen, während die 1938 eingeführte Erweiterung des Vorstands auf fünf Personen vorläufig beibehalten wurde. Die neuen Statuten schrieben letztlich

---

24 Prot. der Besprechungen am 28. 3. und 7. 5. 1947, DMA, Akte »Vorstandssitzungen 1947–1957«.

25 DMA, VB 1948/49, S. 4/5.

26 Walther Meißner (1882–1974), Professor der technischen Physik, TH München, entdeckte 1933 den Meißner-Ochsenfeld-Effekt.

27 Johannes Heß (1877–1951), Technischer Direktor der Wacker-Chemie GmbH.

28 Otto Seeling (1891–1955), Dr. iur., Gründer und Generaldirektor der Deutschen Tafelglas AG.

29 Otto Meyer (1882–1969), Dipl.-Ing. TH München, 1916–1920, Technischer Direktor der Rumpler-Werke, Augsburg; seit 1925 Direktor der MAN, 1946–1955 Generaldirektor, danach Aufsichtsrat. Zur Biografie Hans C. Graf von Seherr-Thoß: Otto Meyer. In: Neue Deutsche Biographie. Bd. 17. München 1994, S. 365–368; zu Seeling und Meyer insb. auch Eva Moser: Unternehmer in Bayern. Der Landesverband der bayerischen Industrie und sein Präsidium 1948 bis 1978. In: Thomas Schlemmer/Hans Woller (Hrsg.): Bayern im Bund. Bd. 2: Gesellschaft im Wandel 1949 bis 1973. München 2002, S. 25–86.

das Grundmuster der bisherigen Führungsstrukturen nahezu unverändert fort. Auch so wurde Kontinuität gewahrt.

Zur gleichen Zeit als im Lande die großen Entscheidungen fielen, vor allem die Währungsreform vom 20. Juni 1948, die bis Mitte 1949 zur Gründung der Bundesrepublik führten und die zukünftige Richtung des neuen Staates bestimmten, kam auch die organisatorische Neuordnung des Deutschen Museums zum Abschluss. Die Vorarbeiten für den Wiederaufbau waren geleistet, und die Arbeit konnte sich nun auf die Wiederherstellung des Museums selbst konzentrieren.

In den Jahren von 1948 bis 1953 machte der Wiederaufbau stete Fortschritte; die Sammlungen waren, auch wenn zunächst nur in bescheidenem Umfang, wieder geöffnet, und die Besucherzahlen stiegen langsam an. Ein Wiederaufbauausschuss, der 1949 eingesetzt wurde und bis 1952 aktiv war, bewährte sich nicht nur in der gestellten Aufgabe, er zog auch einige neue Persönlichkeiten, etwa seinen vorsitzenden Ministerialrat Robert Poeverlein und seinen Schriftführer Rudolf von Miller, in den inneren Kreis der Museumsleitung. Auch der Physiker Georg Joos, seit 1950 Mitglied des Vorstands, gehörte dem Ausschuss zeitweilig an.

Am 7. Mai 1953 gab Zenneck sein Amt als Vorsitzender des Vorstands ab; er hatte es 20 Jahre inne gehabt. Seine Nachfolge übernahm Otto Meyer, als ehemaliger Generaldirektor der MAN und Präsident der Vereinigung der Arbeitgeberverbände in Bayern eine der geachtesten Unternehmerpersönlichkeiten des Landes. In seiner Amtsführung respektierte Meyer die vorgefundenen Strukturen und führte keine Änderungen ein. Über seine zehnjährige Amtszeit hinweg bestand der Vorstand, neben Meyer selbst, im Wesentlichen aus Poeverlein, Rudolf von Miller, Winfried Otto Schumann (Professor an der TH München) und Max Grasmann (Präsident der Bayerischen Landeszentralbank). Ebenso wie Zenneck widmete Meyer sich dem Ehrenamt mit großem Engagement. Obwohl auch häufig im Museum anwesend, erledigte er den größten Teil der Arbeit von seinem Augsburger Büro aus. Die täglichen Pflichten der Geschäftsführung allerdings nahm ihm Poeverlein – sie waren enge Freunde seit ihrer Jugend in Regensburg – als »Stellvertretender und geschäftsführender Vorstandsvorsitzender« ab. Diese Arbeitsteilung bewährte sich.

Im Jahr 1956 wurde der Verwaltungsdirektor Bäßler 68 Jahre alt, und seine Versetzung in den Ruhestand ließ sich nicht mehr aufschieben. Die besondere Schwierigkeit, einen angemessenen Nachfolger zu finden, lag darin, dass Bäßler einerseits als ranghöchster der hauptamtlichen Museumsmitarbeiter der tatsächliche Museumsleiter war, dass er aber andererseits seine ursprüngliche Rolle als Hausarchitekt immer beibehalten hatte. Man wählte schließlich den jungen Architekten Leo Heuwing (1919–1969). Um ihm die Einarbei-

tung zu erleichtern, wurde er schon drei Monate vor Bäßlers Abschied eingestellt. Zuerst sollte er sich auf die architektonischen und gestalterischen Aufgaben des Wiederaufbaus konzentrieren. Die Betreuung der wissenschaftlichen Mitarbeiter übernahm Meyer selbst. Er lud sie zu regelmäßigen Abtei-
lungsleitersitzungen ein und verpflichtete sie, monatliche Tätigkeitsberichte
einzureichen. Meyer las die Berichte gewissenhaft und erwies sich als aufge-
schlossener Gesprächspartner. Heuwing arbeitete sich schnell ein und wurde
im August 1956 auch offiziell zum Verwaltungsdirektor ernannt. In Meyers
verbleibender Amtszeit – er gab sein Amt am 7. Mai 1963 ab – erfolgten keine
weiteren organisatorischen Änderungen. Ein großer Teil des Wiederaufbaus
gelang in dieser Zeit.

Während Meyer sein Amt als Vorsitzender des Vorstands in gleicher Weise
geführt hatte wie seine beiden Vorgänger Zenneck und Oskar von Miller
selbst, bedeutete die Amtsübernahme seiner Nachfolger eine deutliche Zäsur.
Der neue Vorsitzende, der Bundesatomminister a. D. Siegfried Balke, war als
Mitglied des Bundestags, Präsident der Bundesvereinigung der Deutschen
Arbeitgeberverbände und Honorarprofessor noch vielseitig beschäftigt und
konnte daher dem Deutschen Museum nicht das Maß an Zeit und Energie
widmen, wie es seinen Vorgängern als notwendig erschienen war. Daher beabsichtigte er, sich weitgehend auf seinen »Stellvertretenden und geschäfts-
führenden Vorstandsvorsitzenden« Max Kneißl, Professor für Geodäsie an
der TH München, zu verlassen. Dieser hatte das Amt angenommen mit der
Überzeugung, dass das Deutsche Museum sich in eine echte wissenschaftliche Einrichtung umwandeln müsse. Allerdings war auch Kneißl mit der
Arbeit seines Lehrstuhls sowie mit vielfältigen weiteren wissenschaftlichen
Verpflichtungen so ausgelastet, dass er, wie er bald erkannte, seinem Amt am
Deutschen Museum nicht gerecht werden konnte. So sahen sich Balke und
Kneißl gezwungen, die Lösung in einer Reorganisation der Führungsstruktur
des Museums zu suchen. Von Balkes Amtsübernahme bis zur formalen Genehmigung auf der Jahresversammlung von 1966 erforderte die Reorganisation drei Jahre; in ihren wesentlichen Elementen wurde sie allerdings schon
zum Jahresbeginn 1965 in Kraft gesetzt.

Zentrale Punkte der Reform waren: Erstens gliederte sie die vier wesent-
lichen Arbeitsbereiche des Museums – die Sammlungen, die Bibliothek, die
Bildung, Wissenschaft und Forschung und die Zentralverwaltung – in
Hauptabteilungen. Neu von diesen war nur der Bereich »Bildung, Wissenschaft und Forschung«, der noch lange ein Papiergebilde ohne genügende
Personalausstattung blieb. Zweitens wurde ein Planungsausschuss gegründet.
Er bestand aus den vier Hauptabteilungsleitern sowie den Vorstandsmitgliedern Miller und Kneißl (der nur selten zu den Sitzungen kam). Er beschäftig-
te sich weniger mit konkreten Aufgaben des Wiederaufbaus als mit der Dis-

kussion von allgemeineren Fragen und noch nicht beschlossenen Projekten; allmählich entwickelte sich der Ausschuss zu einer Hauptabteilungsleiterkonferenz. Drittens trennte die Reform die Funktion der Geschäftsführung von der Stellvertretung des Vorsitzenden und übertrug sie an ein »geschäftsführendes Vorstandsmitglied«, dessen Aufgabe die Überwachung der Museumsleitung, insbesondere der Verwaltung, war. Rudolf von Miller übernahm dieses Amt mit Jahresbeginn 1965. Viertens beschränkte sie die Befugnisse des Verwaltungsdirektors auf die Zentralverwaltung und entzog ihm die Gesamtleitung des Museums. Letztere wurde nun unter den sechs Vorstandsmitgliedern nach einem komplizierten Schlüssel verteilt, und Entscheidungen wurden praktisch nur noch vom versammelten Vorstand getroffen.

Die Balkesche Reorganisation brachte einige Fortschritte: Sie gab den Hauptabteilungsleitern mehr Entscheidungsfreiheit, belebte die Kommunikation im Hause und förderte selbstständiges Arbeiten. Gleichzeitig erschwerte sie aber die Entscheidungsfindung in einem Maße, das den Museumsbetrieb erlahmen ließ. Balke und Kneißl erkannten das Scheitern ihrer Bemühung recht bald. Kneißl legte zur Jahresversammlung 1968 sein Amt aus Gesundheitsgründen nieder, und Balke gab ein Jahr später den Vorsitz ab, blieb aber noch einige Jahre lang Mitglied des Vorstands. Den Vorsitz übernahm nun Herbert Berg, Geschäftsführer der Wacker-Chemie Werke, und sein Stellvertreter wurde Hans Kerschbaum, ehemals Vorstandsvorsitzender von Siemens-Halske. Bevor Berg Gelegenheit hatte, das Führungsproblem im Museum anzugreifen, noch in der Sommerpause von 1969, wurde das Museum durch den plötzlichen Tod des Verwaltungsdirektors Heuwing zum Handeln gezwungen. Nun bestand kein Zweifel mehr, dass das Museum einen entscheidungsfähigen«, hauptamtlichen Museumsdirektor brauchte. Als man sich, nach kurzer Suche, auf Theo Stillger geeinigt hatte, und dieser seinerseits sachlich vortrug, dass diese Position den Rang und die Vergütung eines Generaldirektors erforderte, fand er spontane Zustimmung. Der Architekt, Pädagoge und bisherige Leiter der Glasfachschule Hadamar trat zum 1. April 1970 sein neues Amt an.

Finanzierung

Bis zur Währungsreform am 20. Juni 1948 behalf sich das Museum, ebenso wie das ganze Land, mit der entwerteten, aber immer noch gültigen Reichsmark. In den ersten Wochen nach Kriegsende musste das Museum auf seine Reserven zurückgreifen, aber sobald das Bayerische Kultusministerium wieder arbeitete, setzte dieses die Finanzierung des Museums in der gewohnten Weise fort; es übernahm die Personalkosten, während das Museum selbst für alle sonstigen Ausgaben verantwortlich war. Allmählich leisteten, mit wechselndem Anteil, auch andere Länder in den westlichen Besatzungszonen, so Hessen und Württemberg-Baden, Beiträge zu den Personalkosten, während die Stadt München wie gewohnt die Kosten für Energie und Wasser übernahm. Zur Finanzierung des Wiederaufbaus war die Reichsmark nicht brauchbar; ein solcher war nur möglich, soweit es Stiftungen von befreundeter Industrie, behördliche Materialzuweisungen und Tauschgeschäfte erlaubten. Zum Beispiel lieferte die Militärregierung das Material für den Wiederaufbau des Kongress-Saals, weil sie diesen selbst zu nutzen gedachte. Bäßler wiederum gewann die Arbeitskraft ausgebombter Handwerksmeister, indem er ihnen Werkstattflächen im Museum zur Verfügung stellte.[30]

Für den Wiederaufbau des Museums insgesamt hatte Bäßler, angesichts der unberechenbaren Zukunft, noch vor Kriegsende eine illusionslose Strategie entwickelt. Er urteilte, dass der Wiederaufbau kostspielig, zeitraubend und langwierig sein würde und das Museum dabei auf nennenswerte äußere Hilfe nicht zählen konnte. Vielmehr musste es seinen Wiederaufbau selbst finanzieren. Das sollte geschehen durch Vermietung des Kongress-Saals und eines großen Teils des Bibliotheksbaus.[31] Glücklicherweise waren die Zerstörungen an diesen Gebäuden eher oberflächlich und technisch nicht schwierig und überdies die betreffenden Räumlichkeiten für das Museum einstweilen entbehrlich. So richtete Bäßler alle Kräfte des Hauses auf den Wiederaufbau von Kongress-Saal und Bibliothek und machte dabei rasche Fortschritte. Schon im Mai 1945 richtete die UNRRA (United Nations Relief and Rehabilitation Administration) in der Bibliothek ein großes Auffanglager für »displaced persons« ein, und ab September 1945 beschlagnahmte die 3. US-Army auch den Kongress-Saal.[32] Diese dem Museum aufgezwungene Nutzung endete im Februar 1947, als die Militärregierung die beiden Gebäude wieder freigab. Nun konnte das Museum seine Bibliothek wieder in vollem Umfang der öffentlichen Benutzung übergeben, aber den größten Teil der Räumlichkeiten auf eigene Rechnung vermieten. Von 1947 bis 1949 waren die beiden Hauptmieter die Direktion des Deutschen Theaters im Kongress-Saal beziehungsweise die TH München in der Bibliothek. Die Restaurierungsarbeiten in beiden Gebäuden konnten gleichzeitig fortgesetzt werden.

Die Währungsreform vom 20. Juni 1948 schuf mit der Einführung der D-Mark eine stabile Grundlage für die Wirtschaft des ganzen Landes und ermöglichte damit auch die finanzielle Konsolidierung des Museums. Das

---

30 Prot. der Besprechung am 28. März 1947, 28. 3. 1947, DMA, VA 2350.
31 Bäßler (Anm. 7), S. 221; Zenneck (Anm. 8), S. 20–22; Robert Poeverlein: Der Wiederaufbau des Deutschen Museums in München. München 1953, S. 2–3.
32 Bäßler (Anm. 7), S. 242.

Finanzierungsschema für das Museum, das sich in den Monaten nach der Währungsreform rasch entwickelte, erwies sich als brauchbar und wird bis heute angewendet. Danach fließen die finanziellen Mittel des Museums, wie gewohnt, aus drei voneinander unabhängigen Quellen: öffentliche Zuwendungen, Einnahmen aus eigenen wirtschaftlichen Tätigkeiten und Spenden von privater Seite.

Die öffentlichen Zuwendungen kamen von der Stadt München, vom Freistaat Bayern und den anderen Bundesländern sowie vom Bund. Der Beitrag von München bestand in der kostenlosen Lieferung von Dampf, Strom, Gas und Wasser. Die Einzelheiten der öffentlichen Finanzierung waren geregelt durch das Königsteiner Staatsabkommen vom 24. März 1949, dem das Museum als überregionale Forschungs- und Kultureinrichtung angehörte. Diese Zuwendungen flossen regelmäßig, ausgelöst jeweils durch seinen jährlichen Haushaltsantrag, den es dem Bayerischen Kultusministerium vorlegte und den dieses dann gegenüber den Regierungen des Freistaats und der anderen Länder vertrat. Im Jahr 1949 wurden so beispielsweise 920.000 DM bereitgestellt. Die öffentliche Förderung war traditionell auf Personalkosten beschränkt (für die sie übrigens oft nicht ausreichte). Allmählich lockerte sich diese Einschränkung; gelegentlich, und in den 1960er-Jahren fast regelmäßig, enthielt sie auch zweckgebundene Beiträge zum Wiederaufbau. Dennoch spiegelt die stete Zunahme der öffentlichen Zuwendungen vor allem das Wachstum der Mitarbeiterzahl. Das Finanzierungsmodell des Königsteiner Staatsabkommens wurde 1975 durch die »Rahmenvereinbarung Forschungsförderung« ersetzt, die es dem Bund ermöglichte, sich an der Grundfinanzierung der Forschungs- und Kultureinrichtungen von gesamtstaatlicher Bedeutung zu beteiligen. Seit deren Inkrafttreten zu Jahresbeginn 1977 erhielt das Deutsche Museum 30 % seiner öffentlichen Zuwendungen vom Bund für wissenschaftliche Zwecke. Bis dahin hatte sich der Bund lediglich durch zweckgebundene Beiträge für einzelne Ausstellungen am Wiederaufbau beteiligt.[33]

Die Erträge des Museums aus eigenen wirtschaftlichen Bemühungen machten durchschnittlich ein Viertel bis ein Drittel der Gesamteinnahmen aus. Sie setzten sich zusammen aus Mitgliedsbeiträgen, Eintrittsgeldern und Garderobengebühren, Einnahmen aus dem Verkauf von Veröffentlichungen und Drucksachen sowie Miet- und Pachteinnahmen. Führend unter diesen

---

33 Hierzu und zum Folgenden Mayr (Anm. 1), S. 58–61, 109–115, 167–171. Vgl. allg. Thomas Stamm: Zwischen Staat und Selbstverwaltung. Die deutsche Forschung im Wiederaufbau 1945–1965. Köln 1961; Maria Osietzki: Wissenschaftsorganisation und Restauration. Der Aufbau außeruniversitärer Forschungseinrichtungen und die Gründung des westdeutschen Staates 1945–1952. Köln/Wien 1984.

waren die Mieteinnahmen; sie stiegen von jährlich rund 750.000 DM nach der Währungsreform allmählich auf das Doppelte im Jahr 1970. So hat sich Bäßlers Strategie, den Kongress-Saal und die Bibliothek zum Zwecke der Vermietung zuerst wieder aufzubauen, glänzend bewährt. Die Vermietung des Kongress-Saals betrieb das Museum selbstständig. Der Hauptmieter der Bibliothek war von 1949 bis 1959 das Deutsche Patentamt; darauf folgte eine Kombination von mehreren Mietern bis die Räumlichkeiten 1971 wieder in die Nutzung des Museums zurückkehrten. Mit Anstieg der Besucherzahl (von 21.000 im Jahr 1948/49 auf 742.000 im Jahr 1968/69) gewannen auch die Eintrittsgelder an Bedeutung und beliefen sich zuletzt auf jährlich rund 700.000 DM. Unter den Erwartungen blieb nur die Mitgliederzahl (und die damit verbundenen Einkünfte). Während das Museum vor dem Krieg immerhin über 4.000 Mitglieder gezählt hatte, stieg ihre Zahl zwischen 1950 und 1970 trotz vieler Bemühungen nur von etwa 2.000 auf etwa 2.500. Über die Verwendung der Gelder aus beiden Quellen wurde in den Jahreshaushalten Rechenschaft abgelegt; dagegen wurden die zweckgebundenen Spenden getrennt abgerechnet. Das Gesamtvolumen der Jahreshaushalte stieg stetig an. Im Geschäftsjahr 1949/50 betrug es rund 2 Millionen DM, 1959/60 schon 5.5 Millionen DM und 1969 schließlich fast 9 Millionen DM.[34]

Neben den öffentlichen Zuwendungen und Eigenerträgen hatte das Deutsche Museum traditionell noch eine dritte Einnahmequelle in privater Förderung und Unterstützung durch Industrie und Wirtschaft. Diese Quelle war im Krieg und in den schwierigen Jahren danach fast völlig versiegt. Seit der Währungsreform war das Geld knapp, und der philanthropische Gedanke, kulturelle Institutionen finanziell zu unterstützen, war in den kaum überstandenen Notzeiten in den Hintergrund getreten. Als das Museum sich 1948 mit aller Energie der Wiederherstellung des Sammlungsbaus zuwandte, musste es bald erkennen, dass dieser aus den haushaltsmäßigen Einnahmen allein nicht zu finanzieren war. Das Museum musste die von Oskar von Miller virtuos beherrschte Kunst des Spendeneinwerbens wieder neu erlernen. Das erwies sich als schwierig. Mündliche Appelle an die Industriellen unter den Teilnehmern der Jahresversammlungen waren weitgehend wirkungslos. Und als Otto Meyer 1950 in einer groß angelegten Aktion persönlich 430 Firmen und Unternehmer anschrieb, kamen die erzielten Spenden insgesamt auf »erschütternd niedrige« 73.000 DM. Doch langsam begann der Spendeneingang zu steigen; im Haushaltsjahr 1951/52 erreichte er schon 342.000 DM. Eine Spendenaktion des 84-jährigen Ruhrindustriellen Paul Reusch in den Jahren 1952/53, in der er über 2.000 Firmen anschrieb und zum Teil besuchte, erzielte über 500.000 DM. Als Meyer 1953 das Amt des Vorstandsvorsitzen-

---

34 S. dazu im Einzelnen die Verwaltungsberichte 1949/50, 1959/60 und 1969.

den übernahm, machte er das Einwerben von Spenden zu seiner besonderen Aufgabe. Er verband alle denkbaren Methoden – aggressive Spendenappelle auf den Jahresversammlungen, direkte Kontaktnahme mit Brief, Telefon und persönlichem Besuch, Einsatz eines Werbeausschusses und vor allem unermüdliche Hartnäckigkeit – und hatte schließlich großen Erfolg. Insgesamt gingen in Meyers Amtszeit von 1953 bis 1963 zweckgebundene Geldspenden von privater Seite in Höhe von über 10 Millionen DM ein, neben Sachspenden von ähnlicher Höhe. Das von ihm gesetzte Beispiel machte es seinen Nachfolgern leichter; in den folgenden Jahren hielt sich der jährliche Eingang von Geldspenden in der Größenordnung von einer Million DM.[35]

Wiederaufbau

Der Wiederaufbau des Deutschen Museums im konkret-baulichen Sinne folgte einem einfachen Plan: Der Kongress-Saal und der Bibliotheksbau sollten zuerst wiederhergestellt werden; erst danach, sobald die Arbeiten an diesen abgeschlossen waren, sollte der »Sammlungsbau«, das eigentliche Museum, in Angriff genommen werden. Dieser Plan stützte sich auf zwei unabhängige, aber gleichlaufende Gedankengänge: Erstens ließen sich Kongress-Saal und Bibliothek leicht reparieren, denn sie waren von einfacherer Struktur und ihre Beschädigungen weniger schwerwiegend; zweitens sollten sie als Einnahmequellen dienen.

Bäßler hatte diese Strategie für den Wiederaufbau bereits im Februar 1945 definiert und auszuführen begonnen. Nach Kriegsende setzte er diese Arbeiten unverzüglich fort. Schon Mitte Mai erwirkte er sich die Baugenehmigung bei der Militärregierung und richtete nun alle Kräfte auf die Wiederherstellung des Kongress-Saals. Enttäuschend war die Beschlagnahmung des Saals durch amerikanisches Militär ab September 1945, aber tröstend wirkte die damit verbundene Zurverfügungstellung der benötigten Materialien und Hilfsmittel. Während die US-Army den Saal vielfältig nutzte, wurden die Reparaturarbeiten fortgesetzt. Gelegentlich wurde der Saal auch der Münchner Öffentlichkeit zur Verfügung gestellt. Die Münchner Philharmoniker unter Hans Knappertsbusch gaben hier am 10. Januar 1946 ihr erstes Konzert nach dem Krieg.[36]

Zum 1. Februar 1947 wurden sowohl der Kongress-Saal als auch der Bibliotheksbau dem Deutschen Museum wieder zur eigenen Verfügung zurück-

---

35 Mit Einzelbelegen Mayr (Anm. 1), S. 109–115.
36 Vgl. Klaus Adams: Ein Ort der Verschwisterung von Kunst und Technik. Musik und anderes im Kongreßsaal des Deutschen Museums. In: Unser Bayern. Heimatbeilage der Bayerischen Staatszeitung 52 (2003), Nr. 4, S. 54–59.

gegeben. Während die restlichen Reparaturarbeiten stetig fortgesetzt wurden, konnte das Museum beide Gebäude schon wenige Wochen später gewinnbringend vermieten. Die Wiederherstellung des Kongress-Saals war Mitte 1948 mit dem Einbau einer neuen Orgel praktisch beendet (nur die Vollendung von Hermann Kaspars großem Mosaikfries zog sich noch bis 1955 hin), während die Wiederherstellung der Bibliothek schließlich im Mai 1950 zum Abschluss kam, als auch ihr schwer beschädigter Eingangsbereich fertiggestellt war. Zwar nahm die Vermietung von Bibliotheksräumen über die Jahre allmählich ab, als das Museum diese wieder selbst in Anspruch nahm – gegen 1980 waren praktisch alle Mieter ausgezogen –, doch die Vermietung des Kongress-Saals, dessen Räume das Museum für eigene Zwecke nur selten benötigte, setzte sich bis zum Ende der 1980er-Jahre fort.[37]

Die Wiederherstellung von Bibliothek und Kongress-Saal in den Jahren 1945 bis 1950 war auch eine Phase der Vorbereitung auf die größere Aufgabe des Wiederaufbaus des eigentlichen Museums. In dieser Zeit wurden die dafür erforderliche Mannschaft gebildet, die benötigten Werkstätten eingerichtet und die unterstützenden Infrastrukturen geschaffen. Der Wiederaufbau des Museumsbaus bestand aus zwei verschiedenen Aufgaben – der Wiedererrichtung des Gebäudes und seine Ausstattung mit neuen Ausstellungen – die allerdings, obwohl von höchst unterschiedlichem Charakter, in enger gegenseitiger Abstimmung durchgeführt werden mussten. Zwecks besserer Übersichtlichkeit wird die Durchführung dieser beiden Aufgaben hier getrennt dargestellt.

Die Zerstörungen am Museumsbau schienen, von außen gesehen, nicht eindrucksvoll, denn die Außenmauern waren fast unbeschädigt. Ziemlich vollständig zerstört waren fast alle Dächer und Dachstühle durch Sprengbomben, Brandbomben sowie den Luftdruck außerhalb einschlagender Bomben, und gründlich verwüstet war die Mehrzahl der Ausstellungsräume, besonders die großen Ausstellungshallen. Unerlässlich blieb daher zumindest die Erneuerung aller Dächer und Dachgeschosse sowie die Neugestaltung praktisch des gesamten Museumsinnern. Unter den Bedingungen der ersten Nachkriegsjahre war man diesen Aufgaben zunächst pragmatisch begegnet und hatte nur versucht, die dringendsten Probleme von Fall zu Fall zu lösen.

Als 1948 der Wiederaufbau des Museumsbaus mit voller Energie in Angriff genommen wurde, entfalteten sich Diskussionen über die Frage, ob dieser eine strenge Rekonstruktion des alten Deutschen Museums zum Ziel hätte oder ob vom Urzustand abweichende Verbesserungen zulässig wären. Der stärkste Grund für eine strenge Rekonstruktion war gefühlsbetont und beseelte vor allem die umfangreiche Gemeinde der Freunde und Förderer des

---

37 S. dazu auch den Beitrag von Füßl/Hilz/Trischler in diesem Band.

Museums. Für sie lag die Garantie eines Erfolgs in der getreuen Wiederherstellung von Oskar von Millers Meisterwerk. Zenneck fügte diesem Senti-
ment noch ein rationales Argument hinzu:

> »1. Die Geschwindigkeit des Wiederaufbaus ist proportional zu den Mitteln,
>   die dafür zur Verfügung stehen.
> 2. Sie ist umso größer, je weniger umgebaut wird.
> 3. Sie ist besonders groß bei jenen Abteilungen, bei denen die Objekte schon
>   vorhanden sind.«[38]

Museumsmitarbeiter, an der Spitze Bäßler, dagegen, und andere, die das Museum gut kannten, sahen im Wiederaufbau eine Gelegenheit, Schwachstellen
zu beseitigen und längst überfällige Verbesserungen anzubringen. So schrieb
Rudolf von Miller im Jahr 1949:

> »Es ist nicht anzunehmen, dass die Absicht besteht, die Sammlungen des Deut-
> schen Museums genau in der alten Form wiederherzustellen ohne die Gelegen-
> heit wahrzunehmen, bei der Neueinrichtung der einzelnen Abteilungen die
> Entwicklungszeit von rd. 25 Jahren zu berücksichtigen. Ich bin überzeugt, dass
> Oskar von Miller selbst die Gelegenheit der Zerstörung des Museums und des
> daher erzwungenen Wiederaufbaus benutzt hätte, um auf verschiedenen Ge-
> bieten Umgestaltungen und neue Entwicklungen in den einzelnen Abteilun-
> gen durchzuführen.«[39]

In dieser Formulierung war der Weg zum Kompromiss schon vorgezeichnet,
den Otto Meyer schließlich so formulierte:
»Man kann Oskar von Miller kein schöneres Denkmal setzen als dadurch,
dass man das, was von ihm geschaffen und vom Schicksal zerstört wurde, größer und schöner wieder aufbaut.«[40]
Schließlich wurde unter reichlicher Berufung auf den Museumsgründer
ein neues Museum geschaffen; der Imperativ der Sparsamkeit musste dem
der Innovation den Vorrang geben. Das fehlende Geld wurde durch energische Bettelaktionen organisiert.
Allerdings war die Debatte rein theoretisch, denn was den Museumsinhalt
betraf, so war bald klar, dass die akribisch-strenge Rekonstruktion der alten
Ausstellungen völlig unmöglich war und alle Ausstellungen ausnahmslos
mehr oder weniger neugestaltet werden mussten. Größeren Entscheidungs-
spielraum bot das Gebäude. Argumente für Änderungen kamen aus mehre-

---

38 DMA, VB 1951/52, S. 37.
39 Rudolf von Miller: Gedanken über den Wiederaufbau des Deutschen Museums, April 1949, DMA,
    VA 0436.
40 DMA, VB 1949/50, S. 23.

ren Quellen. Bäßler drang auf Berichtigung oder Verbesserung gewisser baulicher Schwachpunkte, die in der Praxis seit der Einweihung des Neubaus 1925 zutage getreten waren; das neue Ausstellungsprogramm erforderte geänderte interne Verkehrswege und einen neuen Zuschnitt der Ausstellungsräume; weitere Umbauten, gefordert von den Konservatoren und einigen Vorstandsmitgliedern, zielten auf die Vergrößerung der Ausstellungsfläche; auch der Sachzwang der Baustellen diktierte gelegentlich neue Wege.

Die wichtigsten Umbauten am Museumsbau sind im repräsentativen, dem Museumshof zugewandten Nordtrakt (Mitte der 1950er-Jahre) zu sehen.[41] Die Decke des Ehrensaals, die zuvor störend in das 3. Obergeschoss hineingeragt hatte, wurde gesenkt, um dort einen durchgehenden Boden und damit wesentlich verbesserte Ausstellungsräume zu schaffen. Auf dem runden Turm in der Mitte dieses Trakts wurde ein Saal mit kuppelförmiger Decke geschaffen, welcher fortan ein großes Planetarium beherbergte. Das Haupttreppenhaus, das vormals unsymmetrisch westlich der Eingangshalle vom Erdgeschoss bis zum 3. Obergeschoss geführt hatte, wurde oberhalb des 1. Obergeschosses abgetragen und durch ein in der Mittelachse gelegenes Treppenhaus ersetzt. In einem zweiten umfangreichen Umbau wurde danach der Verbindungstrakt zwischen Hauptbau und Verkehrshalle auf drei Ebenen (Untergeschoss, Erdgeschoss und 1. Obergeschoss) wesentlich verbreitert, um durch Trennung von Zugang und Ausgang zu den Ausstellungen in der Verkehrshalle übersichtlichere Führungswege zu schaffen. Später (Mitte der 1960er-Jahre) wurde die Verkehrshalle aufwändig (weil sich eine Grundwasserwanne als unumgänglich erwies) unterkellert. Beachtlich, aber weniger auffallend, war schließlich (ebenfalls in den 1960er-Jahren) der mit der Erneuerung der Dächer und Dachstühle verbundene Ausbau des 3. Obergeschosses und der darüber gelegenen Geschosse. Mit Abschluss dieser Arbeiten war der Wiederaufbau des Museumsbaus und der mit ihm verknüpften Umbauten abgeschlossen. Die in den 1970er-Jahren folgenden Baumaßnahmen, wie beispielsweise der Ausbau der Verbindungstrakte zwischen Museumsbau und Bibliothek, hatten mit Kriegsschäden und Wiederaufbau nichts mehr zu tun.

Die Wiederherstellung des Hauptgebäudes war nur eine Vorbedingung; erst dessen Ausstattung mit Sammlungsausstellungen konnte dieses wieder zu einem Museum machen. Die Größe der Ausstellungsflächen vor dem Krieg wurde gewöhnlich mit rund 50.000 m² angegeben, und solange die neuen Ausstellungen diesen Umfang noch nicht erreicht hatten, galt der Wiederaufbau nicht als abgeschlossen. Die Bestimmung von Ausstellungsflächen ist kompliziert und ihre Nachprüfung von außen her meistens unmög-

---

41 Zum Folgenden Mayr (Anm. 1), S. 77, 81–84.

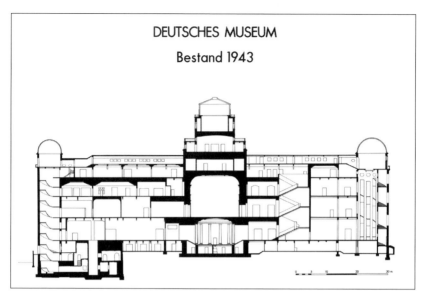

18   Nordtrakt und Mittelturm, Querschnitt, vor 1944.
DMA, BN 53224

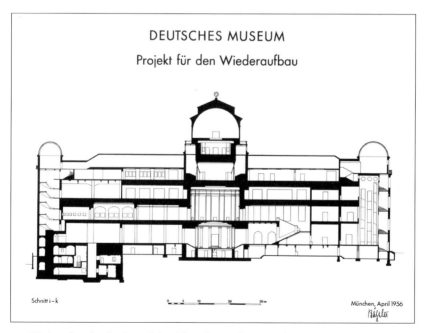

19   Wiederaufbauplan für diesen Gebäudekomplex mit der neuen Planetariumskuppel, Querschnitt, ca. 1960.
DMA, BN 42713

lich, und dennoch gibt es weltweit nur wenige Museen, die sich solchen Umfangs rühmen. Diese Fläche in kurzer Zeit mit hochwertigen Ausstellungen zu füllen, war eine gewaltige Aufgabe.

Das Ausstellungsprogramm, das diese Aufgabe in etwa 20 Jahren bewältigte, begann mit einer Improvisation. Im Frühjahr 1946, noch bevor der Wiederaufbau des Sammlungsbaus überhaupt begonnen hatte, kam die Anregung zu einer Sonderausstellung zum 50. Jubiläum der Erfindung des Dieselmotors. Das Museum reagierte mit Begeisterung; ein geeigneter Raum wurde gefunden und wiederhergestellt, Sammlungsobjekte wurden restauriert, die Industrie half, und im Oktober 1947 wurde die Ausstellung auf der ansehnlichen Fläche von 1.300 m² in der Nordwestecke des Erdgeschosses eröffnet. Mit dieser Ausstellung war das Museum »wieder eröffnet«; sie wurde ein Jahr lang gezeigt, und danach durch Sonderausstellungen über »Fahr- und Motorrad« (1950) und »Textiltechnik« (1951) ersetzt.[42]

Die ersten Dauerausstellungen waren den weitgehend unbeschädigten und daher am leichtesten wiederherzustellenden Abteilungen gewidmet. Als erste wurde die Abteilung Physik gewählt, die mit wenig Mühe im ursprünglichen Zustand wieder hergerichtet werden konnte. Sie wurde im November 1948 eröffnet, war aber, weil im 1. Obergeschoss gelegen, nur schwer zugänglich und daher zunächst schwach besucht. Auch die Wiedereröffnung des Bergbaus im Mai 1949 brachte keine wesentliche Besserung, da der Haupteingang noch geschlossen war und die Besucher durch einen Nebeneingang im Westturm eintreten mussten. Doch mit der Öffnung der großen Eingangshalle zur Jahresversammlung 1950 (übrigens der 25. Geburtstag des Neubaus auf der Museumsinsel) war wieder ein brauchbarer Führungsweg geschaffen. Er führte durch einen provisorischen Ehrensaal östlich der Eingangshalle, dann hinunter ins Bergwerk, hinauf in das 1. Obergeschoss und durch die Physik zum großen Turm, durch ihn wieder hinunter ins Erdgeschoss zur Sonderausstellung und schließlich, vielleicht nach Einkehr im Restaurant, zurück zur Eingangshalle. So begann mit der Jahresversammlung 1950 wieder ein geordneter Museumsbetrieb.

Dank des 1949 gegründeten Wiederaufbauausschusses war inzwischen eine systematische Ausstellungsplanung wirksam, welche die Projekte des Museums umfassend und über viele Jahre hinweg strategisch steuerte. Die Ausstellungsplanung arbeitete in Wechselwirkung zwischen der Museumsleitung und der Fachwissenschaft. Zu Beginn eines Projekts bestimmte die Museumsleitung Thema, Eröffnungsdatum und Raum der Ausstellung. Dann plante ein Projektteam, bestehend aus einerseits einem Projektleiter (gewöhnlich der zuständige Konservator) und einigen Museumsmitarbeitern

---

42 Hierzu und zum Folgenden Mayr (Anm. 1), S. 49/50, 68/69.

sowie andererseits einem »Kuratorium« oder Fachbeirat von ausgewählten Fachleuten unter Leitung eines führenden wissenschaftlichen Experten, gewöhnlich ein Ordinarius der TH München, die Ausstellung. Das Team war verantwortlich für die termingerechte Herstellung des ›Drehbuchs‹ und aller Texte sowie für die Auswahl und Bereitstellung der Objekte. Die Finanzierung organisierte die Museumsleitung gemeinsam mit dem Projektteam. Gestaltung und Produktion waren schließlich wieder Sache der Museumsleitung.

Das übergreifende Ziel der Ausstellungsplanung war die Schaffung zyklisch-geschlossener Führungswege sowohl durch die einzelnen Stockwerke als auch durch das ganze Haus. Dahinter stand die erklärte Absicht, dem Besucher ein möglichst eindrucksvolles Erlebnis zu vermitteln und dadurch die Frequentierung des Museums zu steigern. Das Ausstellungsprogramm folgte dem Fortschreiten der eigentlichen Baumaßnahmen auf den Fersen; es begann mit den unteren Geschossen und setzte sich allmählich in die oberen und entlegeneren Bereiche fort. Neue Ausstellungen wurden grundsätzlich zur traditionellen Jahresversammlung am 7. Mai, dem Geburtstag Oskar von Millers, eröffnet, und über die nächsten 20 Jahre fanden kaum Jahresversammlungen statt, die nicht von wesentlichen Neueröffnungen begleitet waren. Jubiläen wurden Sonderanstrengungen gewidmet, nicht nur um der Jubiläen selbst willen, sondern weil große Feierlichkeiten feste Termine für die Einhaltung ehrgeiziger Projekte lieferten.

Die frühen 1950er-Jahre waren reich an feierlichen Terminen und entsprechenden Sonderleistungen. Schon 1951 konnte man Zennecks 80. Geburtstag mit einer bemerkenswerten Ausbeute an Neueröffnungen feiern. Dazu gehörten Ausstellungen über Bodenschätze, Hüttenwesen, Tunnelbau, eine große Halle für Landverkehr, die Erweiterung der Abteilung Physik mit Geodäsie, Zeitmessung, Maß und Gewicht sowie eine Sonderausstellung über Textiltechnik als Vorbereitung für eine spätere Dauerausstellung zum gleichen Thema. Zennecks Geburtstagsgeschenk war die Wiederinbetriebnahme des restaurierten Planetariums an provisorischem Ort im 1. Obergeschoss. 1952 kamen weiter hinzu die Eisen- und Stahlerzeugung, Kraftmaschinen sowie der große Zeiss-Refraktor in der Westkuppel, der sich gut für Publikumsvorführungen eignete. Zennecks Abschied im Jahre 1953 und der 50. Museumsgeburtstag wurden mit den Eröffnungen der Abteilungen Starkstromtechnik und Chemie gefeiert. Die Starkstromtechnik war grundsätzlich neu. Im alten Museum waren sowohl Starkstromtechnik als auch Nachrichtentechnik recht kurz als Anwendungen der Physik abgehandelt worden. Nun sollte jedem dieser Gebiete eine eigene, umfangreiche Ausstellung gewidmet werden. Der erste Teil dieses Plans war jetzt verwirklicht, der andere ließ allerdings noch einige Jahre auf sich warten.

20/21   Die Abteilung Physik vor 1944 und nach dem Wiederaufbau um 1960.
DMA, BN 53221, 00439

Die Starkstromtechnik, deren Ausstellungsdesign bis heute nahezu unverändert ist, verband die traditionelle Darstellungsform des »Männer machen (Technik-)Geschichte« mit damals modernen Gestaltungselementen, in deren Mittelpunkt der Faradaysche Käfig und die blitzende und krachende Starkstromvorführung standen. Mit dieser spektakulären Vorführung wurde ein Highlight des Museumsbesuchs geschaffen, der sich nachgerade stereotyp in Erzählungen und Erinnerungen ganzer Generationen von Museumsbesuchern findet.

Mit der Jahresversammlung 1955 zur Feier von Oskar von Millers 100. Geburtstag erreichte der Wiederaufbau des Museums ein bedeutendes Etappenziel und einen ersten Höhepunkt. Eröffnet wurden nicht nur eine neue Ausstellung über Werkzeugmaschinen und Erweiterungen des Bergbaus, der Chemie, des Hüttenwesens und der Kraftmaschinen, sondern auch als Repräsentationsräume der Ehrensaal und anschließend der Bildersaal und eine Galerie historischer Instrumente. Damit waren die drei unteren Geschosse fast vollständig wiederhergestellt; mit 25.000 m² Ausstellungsfläche war die Hälfte des Wiederaufbaus abgeschlossen. Die Teilnahme von Bundespräsident Theodor Heuss gab den Feierlichkeiten besonderen Glanz. Das Deutsche Museum war wieder ein erstklassiges großes Museum.[43]

Die erste Hälfte der Wiederherstellung der Museumsausstellungen war in den Jahren von ca. 1947 bis 1955 recht schnell gelungen; die zweite Hälfte sollte nahezu den Zeitraum bis 1970 ausfüllen. Der größere Zeitbedarf hatte vor allem damit zu tun, dass man sich nun ehrgeizigere Ziele setzte. Die gestiegenen Ansprüche erkennt man schon an einer Vorstandsentscheidung von 1955, die Abteilung Physik noch einmal völlig neu zu gestalten, weil die aus dem frühen Wiederaufbau stammende alte Version, die sich streng an das von 1925 stammende Vorbild gehalten hatte, nicht mehr befriedigte. Tatsächlich wurde die Abteilung von 1957 bis 1968 in kleinen Schritten radikal umgestaltet und hat sich seitdem nur teilweise geändert.

Im Erdgeschoss und 1. Obergeschoss ist hier nur über zwei Projekte zu berichten. In der großen mehrstöckigen Halle in der Mitte des Hauptbaus wurden 1958 die Abteilungen Schifffahrt (im Erdgeschoss) und Flugtechnik (im 1. Obergeschoss) eröffnet. Daneben machte die Fertigstellung (ebenfalls 1958) der Erweiterung des Verbindungstrakts zur Verkehrshalle eine Überarbeitung aller den Landverkehr betreffenden Abteilungen notwendig. 1959 wurde eine Abteilung Straßen- und Brückenbau eröffnet, 1960 wurde der Landverkehr abgeändert – die Lokomotiven kamen nun unter ein freistehendes Dach im Freigelände –, und 1962 folgte eine Abteilung Hafen-, Kanal- und Wasserbau. 1968 wurde eine große, anspruchsvolle Abteilung Nachrichtentechnik im

43 Mayr (Anm. 1), S. 116/117.

1. Obergeschoss über der Verkehrshalle eröffnet, und die Unterkellerung der Verkehrshalle machte eine weitere Überarbeitung des Landverkehrs notwendig. Die Eisenbahn erhielt nun (1970) das ganze Erdgeschoss dieser Halle; den Automobilen stand der neue Kellerraum zur Verfügung.

Zuletzt lag der Schwerpunkt auf den oberen Geschossen. Im 2. Obergeschoss wurden eröffnet: Glastechnik (1959–62), Textiltechnik (1961), Chemische Technik, Papiertechnik, Schreib- und Drucktechnik und Fotografie (alle 1965). Im 3. Obergeschoss wurden 1959 und 1961 Zeitmessung und Maß und Gewicht eingerichtet und 1962 eine große Ausstellung über landwirtschaftliche Technik. Eine Sonderausstellung »Mensch im Weltraum« im Mondlandungsjahr 1969 im Südtrakt des 3. Obergeschosses diente als Vorleistung für eine künftige Raumfahrtabteilung. Doch blieb bis 1970 noch fast die Hälfte dieses Geschosses frei. Im 6. Obergeschoss schließlich war schon 1960 ein großes, neuzeitliches Planetarium eingebaut worden; aus diesem Anlass wurde die Astronomie ein Stockwerk tiefer, direkt unter das Planetarium, verlegt.

Der Wiederaufbau des Deutschen Museums hat die Eigenheit, dass sein Abschluss durch keinerlei Merkmal markiert ist. Quantitativ gesehen war mit der Eröffnung der Abteilung Nachrichtentechnik im Mai 1968 die ursprüngliche Ausstellungsfläche von 50.000 m^2 wiederhergestellt. In dieser Phase sprach man aber schon lange nicht mehr von Wiederaufbau. Bereits mit der Entscheidung von 1955, die wiederaufgebaute Abteilung Physik noch einmal radikal neu zu gestalten, wurde demonstriert, dass Qualität und Originalität als höhere Imperative galten als der einfache Wiederaufbau. Auch die 1951 wiedereröffnete Abteilung Landverkehr wurde 1960 zum zweiten und 1970 zum dritten Mal – und diesmal in einem veränderten Stil – neu gestaltet.

Die Ausstellungen des Wiederaufbaus, von der Diesel-Schau 1947 bis zur Nachrichtentechnik 1968, zeigten einen einheitlichen Stil. Er war geprägt durch die strenge Ästhetik von Bauhaus und Moderne und strebte nach Klarheit, Einfachheit, Ordnung und Übersichtlichkeit. Rechtwinklige Architekturelemente beherrschten das Bild, die Objekte traten zurück. Nach bunten Farben und organischen Formen suchte man vergebens. Die neu gestaltete Abteilung Landverkehr von 1970 demonstrierte erstmals eine Abkehr von diesem Stil. Sie zeigte Eisenbahn und Autos in ihren Arbeitsumgebungen; die Ausstellung der Lokomotiven hatte den Charakter eines Bahnhofs, und die Autos standen in zeitgenössischer Verkehrsumgebung, mit kostümierten Puppen, Straßenschildern und Zapfsäulen. Kontextualisierung und Inszenierung hielten Einzug.[44]

44 Mayr (Anm. 1), S. 80, 84f., 175f.

Die Bestätigung lag im Erfolg. Über die ganze Zeit des Wiederaufbaus, besonders aber in den 1960er- und 1970er-Jahren, stieg die Besucherzahl stetig an. Im Geschäftsjahr 1954/55 waren es 277.000, 476.000 im Jahr 1959/60, 655.000 im Jahr 1965, 876.000 im Jahr 1970 und 1.3 Mio. im Jahr 1975.[45]

Zukunftsüberlegungen

Nimmt man einmal an, ein Museum ist nicht Selbstzweck, sondern vielmehr Instrument oder Werkzeug zum Erreichen von Zielen, die höhere Bedeutung haben als das Museum selbst, dann stellt man fest, dass das Deutsche Museum sich während der langen Zeit des Wiederaufbaus fast ausschließlich auf seine materiellen Einrichtungen konzentriert hat. Wie aber sollte das Deutsche Museum seine technischen Fähigkeiten nützlich einsetzen, wenn es einmal wiederhergestellt war? Über solche Fragen hat das Museum eher beiläufig, und dann nur in einem engen Rahmen, nachgedacht. Unter den Themen, die dabei berührt wurden, ragen zwei hervor: räumliche Erweiterung und wissenschaftliche Vertiefung.

Die Sorge um Raumnot ergab sich aus Überlegungen über die Aufgaben der Zukunft. Wenn man über den gegenwärtigen Umfang der Sammlungen hinaus extrapolierend nach weiteren benötigten Ausstellungsabteilungen fragte, entstanden Wunschlisten mit zahlreichen Themen aus den Bereichen der Kybernetik, der Luft- und Raumfahrt, der Bautechnik usw. Die Diskussionen, die solche Listen auslösten, richteten sich allerdings nicht auf die damit verbundenen intellektuellen Fragen, sondern verbissen sich immer wieder sogleich in das Problem des Raummangels. Die Meinung, dass das Deutsche Museum zusätzliche Ausstellungsflächen brauche, war ein von allen getragenes Credo. Als Balke als Vorstandsvorsitzender Mitte der 1960er-Jahre eine Null-Wachstums-Philosophie anregte mit der Konsequenz, dass neue Ausstellungen nur möglich sind, wenn ihnen alte weichen, erregte er keine Reaktion, sondern wurde einfach ignoriert.[46]

Diskussionen über Erweiterungsmöglichkeiten ziehen sich durch die ganze Zeit des Wiederaufbaus. Hoffnungen auf zusätzlichen Baugrund machte man sich beispielsweise auf dem nördlichen Teil der Insel am Standort des Denkmals »Vater Rhein« oder westlich der Insel, wo heute das Deutsche Patent- und Markenamt und das Europäische Patentamt stehen. Auch träumte man davon, sich das Gymnasium östlich der Corneliusbrücke, das heutige Pestalozzi-Gymnasium, einzuverleiben, versuchte einen Grundstückserwerb östlich der Zenneck-

45 Nach den jeweiligen Verwaltungsberichten.
46 S. ausführlich Mayr (Anm. 1), S. 135–139, 186–193.

brücke und dachte sogar an den Bau einer »Parkinsel« über dem Hochwasser-
gelände des östlichen Isararms. Während alle diese Projekte scheiterten, unter-
suchte man auch die Möglichkeiten auf dem eigenen Grundstück. Das ehrgeizi-
ge, aber umstrittene Projekt, durch Überdachung der beiden Bibliotheksinnenhöfe große Hallen für künftige Ausstellungs- und Vortragsräume zu gewinnen,
zerschlug sich. Zuletzt musste man sich mit Raumgewinn im kleinen Maßstab
durch Aus- und Umbauten begnügen wie etwa durch die Vergrößerung des Verbindungstrakts zwischen Sammlungsbau und Verkehrshalle und durch die Unterkellerung der Verkehrshalle. In den 1970er- und 1980er-Jahren wurden solche
Bemühungen fortgesetzt und führten zu den erweiterten Verbindungstrakten
zwischen Museumsbau und Bibliothek und zur neuen Luft- und Raumfahrthalle südlich vom Hauptgebäude. Damit waren die Erweiterungsmöglichkeiten
auf der Insel allerdings erschöpft und den – allerdings überaus reichlichen –
Ausstellungsflächen auf der Insel war eine endgültige Grenze gesetzt.

Bemühungen um eine stärkere wissenschaftliche Fundierung der Museumsarbeit entsprangen sowohl inneren als auch äußeren Initiativen. Schon in
den ersten Nachkriegsjahren hatten sich der Bibliothekar Friedrich Klemm
und der Konservator Adolf Wißner mit technikhistorischen Forschungs-
projekten beschäftigt, die sich zu Dissertationen entwickelten und, in beiden
Fällen, 1948 mit Promotionen an der TH München abgeschlossen wurden.
Klemm, inzwischen auch Bibliotheksleiter, gewann bald den Ruf eines führenden Technikhistorikers. Unter seiner Leitung wurde die Bibliothek zu einer weithin geachteten Forschungseinrichtung, und durch seine Vorlesungen
über Technikgeschichte an der TH München erhielten viele Museumskolle-
gen eine erste Ausbildung in dieser Disziplin. Auf diese Weise entwickelten
sich unter den Museumsmitarbeitern Aufgeschlossenheit für und Sachverstand in der Geschichtswissenschaft.[47]

Die so geschaffenen Voraussetzungen verstärkte ein äußerlicher Impuls.
Zuerst 1950 und nochmals 1957 richtete der VDI offiziell und in aller Form an
das Deutsche Museum die Anregung, ein Forschungsinstitut für die Geschichte der Naturwissenschaften und der Technik zu gründen. Der VDI hatte sich schon seit langem energisch für die Pflege der vernachlässigten Disziplin der Technikgeschichte eingesetzt und dabei international anerkannte
Pionierarbeit geleistet. Diese Wirksamkeit des VDI ging wesentlich auf Conrad Matschoß zurück, des ersten bedeutenden deutschen Technikhistorikers
und langjährigen Direktors des VDI. Das vom VDI in Berlin in Verbindung
mit der TH Berlin-Charlottenburg betriebene »Seminar für Technikgeschich-

---

47 Zum Folgenden Mayr (Anm. 1), S. 87–95, 139–150, 179–185, Wolfhard Weber/Lutz Engelskirchen:
   Streit um die Technikgeschichte in Deutschland 1945–1975. Münster u. a. 2000, S. 44ff. und den
   Beitrag von Füßl/Hilz/Trischler in diesem Band.

te« war gegen Kriegsende zerstört worden. Seine Wiederherstellung wurde gegen Ende der 1940er-Jahre von immer mehr VDI-Mitgliedern mit zunehmendem Nachdruck gefordert. Allerdings konnte der VDI selbst diese Aufgabe nicht mehr übernehmen, während das Deutsche Museum allgemein als der richtige Standort eines Nachfolgeinstituts galt. Als aber der VDI dessen Gründung dem Deutschen Museum 1950 vorschlug, lehnte Zenneck im Namen des Vorstands ab: Das Deutsche Museum sei mit seinem eigenen Wiederaufbau finanziell und personell derart überlastet, dass es diese zusätzliche Aufgabe nicht leisten könne.

Anfang 1957 richtete der neue VDI-Direktor Heinrich Grünewald die Anregung erneut an das Deutsche Museum, das jetzt von Meyer geführt wurde. Nun aber – sei es, weil Grünewald seine Initiative im Vorfeld sorgfältig vorbereitet hatte, sei es, weil im Museum ein Sinneswandel eingetreten war – begrüßte der Vorstand den Vorstoß und ordnete weiterführende Schritte an. Der Vorschlag wurde tatsächlich verwirklicht, doch, obwohl VDI und Museum die Sache einmütig und mit gleicher Begeisterung vorantrieben, vergingen noch sechs Jahre bis zur Gründung des Instituts. Zum einen lagen die Schwierigkeiten in der Finanzierung: Das Museum hatte keine Geldmittel, mit denen es das Institut unterstützen konnte, und musste auf einer Konstruktion bestehen, die es in Zukunft vor finanzieller Belastung durch das Institut schützte. Zudem war es überaus schwierig, für das Institut die geeignete Führungsstruktur zu finden.

Über Ziel und Zweck des Instituts waren sich VDI und Museum einig: Neben seinen laufenden Forschungsarbeiten – in Meyers Worten: »die Technik muss endlich ihre Geschichte schreiben!«[48] – sollte es auch wissenschaftlichen Nachwuchs ausbilden. Der thematische Umfang sollte die Geschichte von Naturwissenschaft und Technik umfassen, mit Schwerpunkt auf letzterer. Intern sprach man fast nur von einem »Institut für Technikgeschichte«. Damit das Institut höchsten akademischen Ansprüchen genügen würde, kam für seine Leitung nur eine Persönlichkeit von der Qualität eines Ordinarius in Frage. Daher war man auch der Meinung, das Institut müsse zwar verwaltungstechnisch dem Deutschen Museum angeschlossen werden, in seiner wissenschaftlichen Leitung aber unabhängig sein. Diese Forderungen ließen sich am leichtesten erfüllen, wenn die TH München einen entsprechenden Lehrstuhl einrichten würde, dessen Inhaber dann das Institut am Deutschen Museum führen würde. Über die lange Genesephase des Instituts hin sah man bereits Friedrich Klemm für diesen Posten vor.

Von solchen Vorstellungen geleitet, nahmen die Gründungsverhandlungen ihren Lauf. Sie wurden dadurch erschwert, dass finanzielle, verwaltungstechni-

---

48 DMA, VB 1962, S. 27.

sche und wissenschaftliche Fragen sich nicht trennen ließen, und dass man mit einer Vielzahl von Partnern – das Bayerische Kultusministerium, der Wissenschaftsrat und die Beteiligten am Königsteiner Staatsabkommen, ferner potenzielle Förderer wie VW-Stiftung, Thyssen-Stiftung oder DFG – verhandeln musste. Als Museum und VDI 1958 an die TH München einen Antrag auf Einrichtung des erforderlichen Lehrstuhls stellten, antwortete diese mit einer prompten Ablehnung. Eine Wende erfolgte 1960, als der Wissenschaftsrat sich für die Gründung des Instituts mit Standort München aussprach. Nun gab das Bayerische Kultusministerium seine volle Unterstützung, und die TH München, unter ihrem neuen Rektor Max Kneißl, sagte die Einrichtung des Lehrstuhls zu. Damit waren die grundsätzlichen Probleme gelöst, und die Arbeiten galten nun der Durchführung. Agricola-Gesellschaft und VW-Stiftung ermöglichten die Startfinanzierung. Als Gründungstermin wählte man den 1. Juni 1963, in Anlehnung an die Jahresversammlung des Deutschen Museums, an der Meyer sein Amt als Vorstandsvorsitzender abgeben wollte.

Kurz vorher traten Ereignisse ein, die den Kurs des vorgesehenen Instituts wesentlich änderten. Das Berufungsverfahren der TH München, das den künftigen Leiter des Instituts bestimmen sollte, nahm seinen normalen Verlauf mit dem Ergebnis einer Dreierliste, angeführt von Klemm. Zur Enttäuschung der Protagonisten – sowohl im Museum als auch beim VDI – lehnte Klemm am 12. Februar 1963 den Ruf überraschend ab. Damit kam der Listenzweite Joachim Otto Fleckenstein aus Basel zum Zug, der als Astronomiehistoriker für die Technikgeschichte nicht qualifiziert war. Eine weitere unerwartete Entwicklung ging von der Universität München aus. Auch sie hatte, gleichzeitig mit der TH München, eine Professur für die Geschichte der Naturwissenschaften eingerichtet, was im August 1963 zur Berufung des Mathematikhistorikers Helmuth Gericke aus Freiburg führte. Auch sein Institut beschloss nun, ungeplant und nur durch Raummangel motiviert – die Universität hatte keine Institutsräume und das Deutsche Museum machte ein großzügiges Angebot –, sich im Deutschen Museum anzusiedeln.

So wurde das Deutsche Museum 1963 unerwartet nicht zum Sitz von einem, sondern von drei historischen Forschungsinstituten, nämlich den beiden Universitätsinstituten sowie seinem eigenen »Forschungsinstitut für die Geschichte der Naturwissenschaften und der Technik«. Die beiden Universitätsinstitute hatten ihre eigene personelle und finanzielle Ausstattung und waren juristisch autonom. Das Museumsinstitut verfügte nur über einige Planstellen für wissenschaftliche Mitarbeiter und Verwaltungskräfte, ein hauptamtlicher Leiter war jedoch nicht vorgesehen. Der ursprüngliche Plan, dass der Inhaber des TH-Lehrstuhls das Museumsinstitut leiten sollte, galt nicht mehr. Seine Funktion ersetzte eine Konstruktion, nach der das Institut drei Direktoren hatte – Fleckenstein, Gericke und Klemm –, die sich turnusmäßig alle zwei Jahre in der Geschäftsführung abwechselten. Diese Regelung erwies sich als nicht tragfähig; nach einigen Jahren zogen sich die beiden Universitätsinstitute zurück, während das Forschungsinstitut des Deutschen Museums zunächst vom inzwischen pensionierten Klemm geleitet wurde. Enttäuschend am Ergebnis des unerwarteten Ausgangs der mehrfachen Institutsgründung war, dass die Technikgeschichte, anders als beabsichtigt, kaum bearbeitet wurde. Dieser Mangel wurde erst behoben, als der Lehrstuhl der TU 1989 auf Technikgeschichte umgewidmet und entsprechend neubesetzt wurde, und es 1992 gelang, das Forschungsinstitut des Museums unter eine hauptamtliche wissenschaftliche Leitung zu stellen.[49]

Im Jahr 1963 liegt, neben den geschilderten Institutsgründungen, auch der Anfang einer weiteren Entwicklung, die gleichermaßen beabsichtigte, die Arbeit des Museums tiefer in den Methoden und Werten wissenschaftlicher Forschung zu begründen. Diese Entwicklung ist mit der Person von Kneißl verbunden. Meyer hatte Kneißl bei seinen Bemühungen um die Gründung des Forschungsinstituts kennen gelernt und 1962 seine Wahl in den Museumsvorstand veranlasst. Als Balke 1963 nach Meyers Rücktritt den Vorsitz übernahm, machte er Kneißl zu seinem Stellvertreter. In den nun folgenden etwa vier Jahren war Kneißl im Museum die eigentliche treibende Kraft.

Kneißls Wirken entsprang seiner genauen Kenntnis der Forschungsförderung in der Bundesrepublik. Aus der Tatsache, dass Forschung wegen der Kulturhoheit der Länder die einzige zulässige Begründung für finanzielle Zuwendungen des Bundes an deren Kultur- und Forschungseinrichtungen war, zog er einige Konsequenzen. Wenn also eine kulturelle Einrichtung wie das Deutsche Museum finanzielle Förderung vom Bund erhielt, dann war dies Forschungsförderung; somit schuldete das Museum dem Bund dafür einen Gegenwert an geleisteter Forschungsarbeit. Wenn der Empfänger – das Deutsche Museum – einen solchen nicht erbrachte, dann lief er Gefahr, die Förderung zu verlieren. Andererseits lag hier auch, im Falle verstärkter Forschung, die Möglichkeit einer erhöhten Förderung. So setzte sich Kneißl das Ziel, dieses Forschungsdefizit des Museums zu beseitigen und es durch eine grundlegende Reorganisation zu einer produktiven Forschungseinrichtung umzugestalten, dies umso mehr, als der Wissenschaftsrat 1965 in einem grundlegenden Gutachten zu den Museen in Deutschland dem Deutschen Museum mit Nachdruck eine stärkere Forschungsorientierung anempfohlen hatte.[50]

49 S. dazu den Beitrag von Mayring in diesem Band.

50 Empfehlungen des Wissenschaftsrates zum Ausbau der wissenschaftlichen Einrichtungen. Teil III: Forschungseinrichtungen außerhalb der Hochschulen, Akademien der Wissenschaften, Museen und wissenschaftliche Sammlungen, hrsg. vom Wissenschaftsrat. Bd. 2. Tübingen 1965, S. 46–52; vgl. hierzu und zum Folgenden Mayr (Anm. 1), S. 153–156, und den Beitrag von Füßl/Hilz/Trischler in diesem Band.

Das Ergebnis der Reorganisation war zwiespältig. Von Nutzen war die rational-übersichtliche Strukturierung des Museums in vier Hauptabteilungen mit eigenen Führungsstrukturen, die diesen mehr Initiative und Eigenverantwortung gab. Fatale Folgen hatte aber der Beschluss des Vorstands, die Kompetenzen des Verwaltungsdirektors, der traditionell das ganze Museum geleitet hatte, auf die Hauptabteilung »Verwaltung« zu beschränken und die anderen drei Hauptabteilungen dem Vorstand direkt zu unterstellen. Kneißl erklärte die Entscheidung, auf die Funktion des Museumsdirektors zu verzichten, mit dem Satz: »Wir haben es vorgezogen, einen sehr aktiven Vorstand zu bilden«.[51] Aus vielerlei Gründen, darunter auch Zeitmangel der Vorstandsmitglieder Balke und Kneißl, geriet das direktionslose Museum bald in eine unhaltbare Lage. Kneißl zog sich zurück und schied 1968 aus dem Vorstand aus, während Balke und Meyer über »Unklarheiten und Unordnung« in der Führung des Museums und »die gegenwärtigen Verhältnisse«, die man »nicht verantworten« könne, klagten und die Unerlässlichkeit eines hauptamtlichen Direktors konstatierten.[52] Als 1969 ein neuer Vorstand die Verantwortung übernahm, stellte er umgehend einen neuen Museumsleiter ein mit umfassenden Befugnissen und dem Titel eines »Generaldirektors«. So kompromittierten die Folgen eines spezifischen Strukturfehlers die wertvollen Aspekte von Kneißls Reorganisation, denn der neue Vorstand wandte sich von einer wissenschaftlichen Orientierung des Museums entschieden ab, und vom Forschungsauftrag des Deutschen Museums war einige Jahre lang kaum die Rede. Doch zuletzt sollte Kneißl Recht behalten: In den 1980er-Jahren forderte der Wissenschaftsrat neuerlich und mit zunehmender Energie von den Empfängern der Bundesförderung nachweisbar geleistete Forschungsarbeit ein, und Kneißls Empfehlungen wurden schließlich gründlich und dauerhaft verwirklicht.

---

51 DMA, VB 1965, S. 58.
52 Balke an Meyer, 22. 5. 1968, und Meyer an Balke, 27. 5. 1968, DMA, VA 1011.

KONSOLIDIERUNG UND PROFESSIONALISIERUNG
1970–2000

Eva A. Mayring

Überblick

Die 1970er-Jahre leiteten einen neuen Abschnitt in der Geschichte des Deutschen Museums ein. Die Phase des Wiederaufbaus nach dem Ende des Zweiten Weltkriegs war abgeschlossen, die Ausstellungen der zentralen Sammlungsgebiete waren eröffnet, der personelle und organisatorische Apparat ausgestaltet, und der Museumsbetrieb lief in geregelten Strukturen und Routinen.

Die folgenden drei Jahrzehnte lassen sich als Phase der Modernisierung und Expansion des Museums beschreiben: Die Organisation des Museums wurde rationeller, effizienter und professioneller gestaltet, Bildung und Forschung wurden als Aufgabenfelder neu akzentuiert, die Ausstellungen expandierten durch neue Abteilungen sowohl auf der Museumsinsel als auch außerhalb durch insgesamt drei Zweigmuseen, und der Kongress-Saal wurde nicht nur baulich umgestaltet, sondern auch inhaltlich neu definiert; die traditionelle spartenorientierte Präsentation von Technik und Naturwissenschaft wurde in den 1990er-Jahren aufgebrochen zugunsten einer Fachgebiete übergreifenden, kontextuellen Darstellung; aktuelle Fragen der Technik und Naturwissenschaften und neue Bereiche wie die Biowissenschaften, die Medizintechnik oder die »Neuen Technologien«, wurden in den Kanon des Deutschen Museums aufgenommen. Dabei wurden einige Impulse aufgegriffen, die seit Mitte der 1960er-Jahre unter den Leitbegriffen der organisatorischen Neustrukturierung, der Verwissenschaftlichung und der Professionalisierung der Sammlungs- und Ausstellungskonzepte diskutiert wurden.

Das Jahr 1970 selbst markierte insofern einen wichtigen Einschnitt, als an der Spitze der Museumsleitung das Amt des Generaldirektors neu geschaffen und am 1. April mit dem Pädagogen und Architekten Theo Stillger besetzt wurde. Auch in anderen Leitungspositionen erfolgten zu Beginn dieser Phase wichtige Veränderungen. So schieden 1971 der wissenschaftliche Direktor Hermann Auer und der leitende Sammlungsdirektor Fritz Vollmar aus. An ihre Stelle traten Mitarbeiter, die das Museum in den nächsten Jahrzehnten mitgestalten sollten: Mit Friedrich Heilbronner (Sammlungen 1972–1986/2003), Günther Gottmann (Bildung und Öffentlichkeit, 1972–1982), Ernst Berninger (Bibliothek, 1970–1997) und Peter Kunze (Zentralabteilung, 1972–1999) wurden vier neue Direktoren als Leiter der jeweiligen Hauptabteilungen ernannt.

Dieser Generationswechsel in der Leitungsebene des Museums[1] ging einher mit einem personellen Wechsel des Museumsvorstands. Die Hälfte der Vorstandsmitglieder wurde damals neu ernannt: Herbert Berg als Vorsitzender (1969–1980)[2] sowie Maximilian Hackl (1971–1997)[3], Hans Prinz (1971–1978)[4] und Reinhold Vöth als Mitglieder (1972–1979)[5].

Die neue Museumsleitung nahm die seit Mitte der 1960er-Jahre formulierten Forderungen nach einer umfassenden Neugliederung auf und entwickelte 1971 ein Organisationsschema mit sechs Hauptabteilungen.[6] Eine wichtige Neuerung war dabei die Errichtung einer Hauptabteilung für Bildung und Öffentlichkeit. Sie signalisierte sowohl institutionell als auch programmatisch eine Aufwertung des Bildungsauftrags des Museums. Dazu gehörte auch die Installierung einer eigenen Zeitschrift des Deutschen Museums »Kultur & Technik«, die sich an die breitere Museumsöffentlichkeit und die Museumsmitglieder richtete und zu einem zentralen Vermittlungsorgan des Museums wurde.[7] Darüber hinaus wurden – Anregungen des Museumsvorstands folgend – Maßnahmen für eine wirksamere didaktische Gestaltung der Ausstellungen eingeleitet und aktuelle museumspädagogische Konzepte aufgenommen. Als vorrangiges Ziel postulierte Stillger die Integration des Museums in das bundesdeutsche Bildungssystem. Das am 25. November 1976 gegründete Kerschensteiner Kolleg erweiterte die Bildungsarbeit des Museums in der Tat erheblich. Sein Programm beinhaltete spezielle Fortbildungs- und Ausbildungskurse, die Herausgabe von begleitendem Unterrichtsmaterial, Publikationen, Tagungen und Vorträge.

Der Festakt zum 75. Geburtstag des Deutschen Museums im Mai 1978 wurde mit der Grundsteinlegung für das damals größte Bauprojekt seit Kriegsende begangen: die Ausstellungshalle für Luft- und Raumfahrt, die sich am Südostende der Schifffahrts- und bisherigen Luftfahrtabteilung anschloss. Zwei Jahre nach dem Richtfest verstarb Stillger am 7. Juni 1982 völlig unerwartet im

---

1 Ein ähnlicher Generationswechsel in den leitenden Funktionen ist wieder rund 30 Jahre später, 2003–2005, zu verzeichnen.

2 Herbert Berg (1905–1988) war Geschäftsführer der Wacker Chemie. Er hatte dem Vorstand des Deutschen Museums von 1968 bis 1987 angehört, in den Jahren 1969 bis 1980 nahm er den Vorstandsvorsitz ein.

3 Maximilian Hackl (geb. 1924) war Vorstandsmitglied der Bayerischen Vereinsbank.

4 Hans Prinz (1907–1987) war Professor für Maschinenwesen und Elektrotechnik an der TU München.

5 Reinhold Vöth (1930–1997), Jurist und Staatssekretär im Bayerischen Staatsministerium für Arbeit und Sozialordnung a. D., war Präsident des Bayerischen Roten Kreuzes und Intendant des Bayerischen Rundfunks.

6 Die Hauptabteilungen umfassten die Bereiche Sammlungen, Bibliothek, Bildung und Öffentlichkeit, Forschung, Zentralabteilung (Werkstätten und Bau) und Verwaltung.

7 Das Startheft erschien am 1. 12. 1970; seit 1977 wird die Zeitschrift vierteljährlich unter dem Titel »Kultur & Technik« veröffentlicht.

Amt. Ungeachtet weiterer Unglücke, wie der vollkommenen Zerstörung der Schifffahrtsabteilung und angrenzender Fachausstellungen infolge einer Brandstiftung 1983 sowie schwerer Gebäudeschäden durch ein Hagelunwetter 1984, konnte die Luft- und Raumfahrthalle am 6. Mai 1984 durch den im Jahr zuvor neu ernannten Generaldirektor Otto Mayr eröffnet werden.

Standen die 1970er-Jahre unter dem Akzent der Erweiterung und Intensivierung des Bildungsauftrags, so verlagerten sich die Bemühungen seit Mitte der 1980er-Jahre auf die Betonung der Forschungsaufgaben und die Verwissenschaftlichung der gesamten Museumsarbeit. Die Anbindung des Forschungsinstituts zunächst personell (1983) und dann auch institutionell (1987) an die Generaldirektion war Ausdruck einer Stärkung der Forschung. Auf Empfehlung des Wissenschaftsrats wurde 1990 ein Wissenschaftlicher Beirat installiert, der die Forschungsarbeit auf allen Ebenen des Museums begleiten sollte und auf oberster Ebene des Museums neben Verwaltungsrat, Kuratorium und Generaldirektor angesiedelt war. 1992 folgte die Ernennung eines hauptamtlichen Forschungsdirektors an der Spitze einer personell aufgestockten Hauptabteilung Forschung, die neben dem Forschungsinstitut das Archiv des Deutschen Museums umfasste. Eine weitere Verstärkung der Forschungsaktivitäten brachte das 1997 gegründete »Münchner Zentrum für Wissenschafts- und Technikgeschichte«, in dem das Deutsche Museum und die drei Münchner Universitäten ihre Ressourcen in Forschung und Lehre im Bereich der Wissenschafts- und Technikgeschichte bündelten und konzentrierten. Parallel dazu wurde die Vernetzung des Museums mit der lokalen, nationalen und internationalen Forschungslandschaft intensiviert.

Die Expansion des Deutschen Museums verbunden mit der möglichst effizienten Nutzung der räumlichen Möglichkeiten war eine der zentralen Herausforderungen seit Ende der 1970er-Jahre. Die räumlichen Reserven, die bedingt durch die Insellage eng begrenzt sind, waren nach Vollendung der neuen Luft- und Raumfahrthalle erschöpft. Besonders der Mangel an Depots entwickelte sich zu einem drängenden Problem. Zur Abhilfe wurde im Dezember 1985 ein 3.200 m² umfassendes Außendepot in der Münchner Innenstadt angemietet. Zusätzliche umfangreiche Depotkapazitäten gewann das Museum 1992 in der Dependance »Flugwerft Schleißheim« (5.100 m²) und durch Anmietung einer Halle in Garching (1999/2002; 2.000 m²/1.500 m²).

Die 1990er-Jahre waren geprägt von Bestrebungen, Zweigmuseen einzurichten. Am 12. September 1992 wurde die Flugwerft Schleißheim eröffnet, die über die 7.500 m² umfassenden Ausstellungen zur Luft- und Raumfahrt hinaus auch eine ›gläserne‹ Restaurierungswerkstatt für Großobjekte sowie das zusätzliche Außendepot umfasst. Parallel dazu plante die Museumsleitung schon seit Mitte der 1980er-Jahre, den Kongress-Saal zu einem technischen Bildungszentrum mit einem Planetarium und einem nach amerikani-

schem Vorbild entworfenen IMAX-Filmtheater umzuwandeln. Das am
5. November 1992 eingeweihte »Forum der Technik« erschloss weitere Publi-
kumskreise und ergänzte das Angebot sowohl medial als auch inhaltlich.
Schon im ersten Jahr zählte das als GmbH weitestgehend unabhängig vom
Museum geführte Forum 1,4 Millionen Besucher. Ein Jahr später, am 9. Dezember 1993, nahm das moderne Zeiss-Großplanetarium den Betrieb auf.

Noch vor der Eröffnung der Flugwerft Schleißheim und des Forums der
Technik boten sich neue Möglichkeiten, ein weiteres Museumsprojekt zu
verwirklichen. Der Vorschlag des vom Stifterverband für die Deutsche Wissenschaft geführten Wissenschaftszentrums Bonn im Jahr 1989, in ihren Räumen eine Dauerausstellung des Deutschen Museums zu Forschung und
Technik einzurichten, wurde engagiert aufgegriffen. Sechs Jahre später, am
3. November 1995, konnte das »Deutsche Museum Bonn – im Gespräch mit
Wissenschaft und Technik« der Öffentlichkeit übergeben werden. Im Mittelpunkt steht hier die Entwicklung der Naturwissenschaften und der Technik
in Deutschland seit Ende des Zweiten Weltkriegs, die auf 1.400 m² Ausstellungsfläche in fünf thematischen Gruppen vorgestellt wird: Grundlagenforschung, Forschung und Technik im Kalten Krieg, Ambivalenz von Forschung und Technik, Internationalität von Forschung und Technik sowie
Tradition und Zukunft verschiedener Teilbereiche. Im selben Jahr expandierte das Museum in ganz anderer Weise und erschloss ein neues Publikum: den
virtuellen Besucher. Ein umfangreicher, permanent erweiterter Internet-Auf-
tritt informiert seither multimedial über Dauerausstellungen, Sonderausstellungen, Forschungs- und Bildungsprogramme, das Angebot von Bibliothek
und Archiv, Vorträge, Tagungen etc.

Als drittes Zweigmuseum wurde im Rahmen der Jubiläumsfeierlichkeiten
zum 100. Geburtstag des Museums am 11. Mai 2003 das »Deutsche Museum
Verkehrszentrum« ins Leben gerufen. Die Möglichkeit einer Darstellung von
Verkehr und Mobilität in fachübergreifender, systemischer Perspektive bot
sich ab Mitte der 1990er-Jahre, als die Neue Messe München auf das Gelände
des ehemaligen Flughafens Riem umzog und dem Museum drei denkmal-
geschützte Gebäudekomplexe auf der Münchner Theresienhöhe zugewiesen
wurden. Ausstellungsschwerpunkte sind hier Stadtverkehr, Reisen sowie Mobilität und Technik.

Die kontextorientierte Darstellungsweise in Bonn und im Verkehrszentrum, die nicht mehr an der traditionellen Einteilung einzelner Fachgebiete
der Technik und Disziplinen der Wissenschaft orientiert ist, wird auch in
dem neuesten Projekt im Stammhaus auf der Museumsinsel fortgesetzt. Das
»Zentrum Neue Technologien« konzentriert sich auf die Darstellung der
Schlüsseltechnologien des 21. Jahrhunderts, vor allem die softwaregestützten
Informationstechnologien, die Molekularbiologie und die Nanotechnik.

Organisationsreform und Professionalisierung

Das Deutsche Museum durchlief seit den 1970er-Jahren einen ständigen Strukturwandel, der alle organisatorischen Ebenen durchdrang. Betroffen waren die Organe Vorstand, Vorstandsrat und Verwaltungsausschuss bzw. Kuratorium, die Leitung des Hauses sowie einzelne Abteilungen. Die Satzung wurde jeweils den Veränderungen angepasst. Begründet wurden diese Neuerungen mit dem Ziel der Effizienzsteigerung, mit finanziellen und personellen Engpässen und mit neuen Herausforderungen und Ansprüchen der Gesellschaft an das Museum. Nachdem sich die 1965 vorgenommene Neuorganisation des Museums nicht bewährt hatte, diskutierte der Vorstandsrat ab 1969 neuerlich das Problem einer weitgehenden Reform des Museums. In den beiden folgenden Jahrzehnten erfolgten markante Veränderungen.

Einer der wichtigsten Einschnitte war die Installierung eines Generaldirektors im Jahr 1970. Bis dahin hatte die Geschäftsleitung in der Hand eines ehrenamtlich tätigen Vorstands gelegen, die von einem aus dem Kreis des Vorstands gewählten geschäftsführenden Vorsitzenden koordiniert wurde. Die Umsetzung seiner Beschlüsse und das Management vor Ort hatte der Vorstand an einen leitenden Verwaltungsdirektor delegiert. Der Vorstand verfügte über weitreichende Befugnisse, die von Personalangelegenheiten bis zu der Entscheidung über die Aufnahme bzw. Ablehnung von Sammlungsobjekten reichten und tief in die engere Museumsarbeit hineinwirkten.[8] Diese Befugnisse und die gesamte Geschäftsleitung gingen 1970 an den Generaldirektor über. Der Vorstand übte seitdem die Funktion eines Kontroll- und Beratungsorgans aus. Seine Kompetenzen erstreckten sich auf die Überwachung der Geschäftsführung und Entscheidung in Angelegenheiten von grundsätzlicher Bedeutung, die Genehmigung des Haushaltsplans, die Ernennung und Beratung des Generaldirektors sowie die Zustimmung zu personalpolitischen Entscheidungen.[9] Diese Aufgabenverteilung ist im Wesentlichen bis heute unverändert geblieben.

Der Zeitpunkt für diesen strukturellen Wandel ergab sich, als 1969 der leitende Verwaltungsdirektor Leo Heuwing plötzlich verstarb. Nun wurde aus den Reihen des Vorstands der Vorstoß unternommen, diese Position entsprechend der Verantwortung, die mit der Leitung eines international führenden Museums verbunden war, anzupassen und anzuheben.[10] Als weiteren Grund

---

8 Satzung des Deutschen Museums 1965, § 5. S. dazu ausführlich Otto Mayr: Wiederaufbau. Das Deutsche Museum 1945–1970. München 2003, sowie dessen Beitrag in diesem Band.

9 Satzung des Deutschen Museums 1976, § 5.

10 Gefordert wurde die Dotierung nach B4. Die fehlenden Besoldungsgelder – im bayerischen Staatshaushalt war dies bisher nicht vorgesehen, und die Bewilligung erforderte Zeit – überbrückte man durch Spenden der Industrie; DMA, VA 1015.

führte der damalige Vorstandsvorsitzende Herbert Berg die große Arbeitsbelastung des ehrenamtlich tätigen Vorstands durch die Museumsgeschäfte an. Darüber hinaus sollte der Geschäftsgang beschleunigt werden, nachdem bisher jede Entscheidung der Zustimmung aller Vorstandsmitglieder bedurft hatte.[11] Die Notwendigkeit einer zügigen und effizienten Geschäftsführung wurde insbesondere virulent, als der bisherige geschäftsführende Vorstandsvorsitzende, Rudolf von Miller, erkrankt und der Vorstandsvorsitz an Herbert Berg übergegangen war.

Die Installierung eines Generaldirektors besaß eine große Wirkung auf die Binnenstruktur des Museums, denn dadurch wurden professionelle und effiziente Arbeitsstrukturen geschaffen. Nicht zuletzt wurde eine größere Autonomie der Museumsleitung gegenüber der unmittelbaren Einwirkung des Vorstands ermöglicht. Das Deutsche Museum besaß nun die gleiche Leitungsstruktur wie das Germanische Nationalmuseum, die Bayerische Staatsbibliothek, die Bayerischen Staatsgemäldesammlungen und das Bayerische Nationalmuseum, auf die sich der Vorstand in seiner Argumentation gegenüber den Zuwendungsgebern in Bund und Freistaat explizit bezogen hatte.[12]

Zwei Trennungen waren vollzogen. Der Vorstand hatte nicht mehr die Leitung und Geschäftsführung inne. Darüber hinaus war die Distanz zwischen der Museumsleitung und der Gründerfamilie von Miller gewachsen, auch wenn Rudolf von Miller nach wie vor Vorstandsmitglied blieb, 1973 zum Ehrenmitglied ernannt wurde und eine starke emotionale Verbundenheit fortbestand.

Weitere maßgebliche Veränderungen betrafen die beiden anderen Organe des Museums, Vorstandsrat und Verwaltungsausschuss. Sie durchliefen einen Prozess der Verschlankung, an dessen Ende letzterer vollständig aufgelöst wurde. Die 1978 erfolgte Umbenennung von Vorstand in Verwaltungsrat, Vorstandsrat in Kuratorium und Verwaltungsausschuss in Museumsrat war mehr als eine semantische Übung. Sie signalisierte eine weitere Ablösung von der Tradition des Museums, nachdem die Organe seit 1903 im Wesentlichen nicht verändert worden waren.[13] Neben der Begrenzung seiner Mitgliederzahl wurde der Bewegungsspielraum des Museumsrats eingeschränkt, der in den beiden einzigen satzungsmäßig zugewiesenen Aufgabenfeldern seit 1978 nur

---

11 Berg an Konrad Pöhner (Bayerisches Staatsministerium), 2. 2. 1970; Berg an Ludwig Huber (Bayerischer Staatsminister für Unterricht und Kultus), 2. 2. 1970, DMA, VA 1015. Die Entscheidungsfindung des Museumsvorstands war einem sehr zeitaufwändigen Verfahren unterworfen, da die Zustimmung der Vorstandsmitglieder während der regelmäßigen Vorstandssitzungen oder im schriftlichen Umlaufverfahren eingeholt werden musste.

12 DMA, VA 1015.

13 Seit Gründung 1903 hießen die Organe »Vorstand«, »Vorstandsrat« und »Ausschuss«, der 1976 in »Verwaltungsausschuss« umbenannt wurde.

mehr das Recht der Zustimmung besaß. Die Beschlussfassung war auf das Kuratorium übergegangen.[14] Die Mitgliederzahl des Kuratoriums war von den 1960er-Jahren bis 1990 konstant auf 150 festgelegt. Gegenüber dem Museumsrat wurden die Aufgabenfelder des Kuratoriums seit 1978 in zum Teil weitreichender Kompetenz definiert.[15]

1990 wurde der Museumsrat vollständig aufgelöst; er ging im Kuratorium auf, dessen Mitgliederzahl sich auf maximal 400 erhöhte. Die Zusammenlegung bedeutete nach der Ausdehnung der Aufgabenfelder 1978 eine weitere Aufwertung des Kuratoriums, zumal der Kuratoriumsvorsitzende qua Amt dann auch Mitglied des Verwaltungsrats war. Damit wurde jedoch eine Verflechtung der Museumsorgane eingeleitet, die bis heute noch nicht hinreichend beseitigt worden ist und immer wieder Anlass zur Kritik gegeben hat.[16]

Im Zuge der Verwaltungsreform von 1990 wurde als zusätzliches Organ der Wissenschaftliche Beirat gebildet, der sich aus sechs – heute zwölf – Wissenschaftlern aus dem Museums-, Industrie- und Hochschulbereich zusammensetzt und die wissenschaftliche Arbeit sowie das Forschungsprogramm des Museums begleitet und evaluiert.[17] Der Vorsitzende des Wissenschaftlichen Beirats ist gleichzeitig Mitglied des Verwaltungsrats, dessen Gesamtzahl sich dadurch und nach der Aufnahme des Kuratoriumsvorsitzenden von sechs auf acht Mitglieder erhöhte.

Auch in der Formierung anderer Verwaltungseinheiten wurde die Museumsstruktur den wachsenden Anforderungen angepasst, mit denen das Museum seit Mitte der 1980er-Jahre durch die steigenden Besucherzahlen sowie die Erweiterung seiner Räumlichkeiten und Aufgabengebiete konfrontiert war. Dies erforderte ein effizientes Management auf der Führungsebene wie auch in den einzelnen Funktionsbereichen. Zentral war hierbei die Trennung von vermischten Aufgabengebieten. So wurde die Öffentlichkeitsarbeit 1987 aus der Bildungsabteilung ausgegliedert und als eigene Funktionseinheit definiert. Dabei wurde eine separate Pressestelle eingerichtet, die sich ausschließlich der Betreuung der Medien widmen konnte. Zudem wurde 2001 die Abteilung Werbung abgetrennt und personell verstärkt.

---

14 Satzung des Deutschen Museums 1978, § 5 und § 6. Dies betraf die Beschlussfähigkeit in Fragen der Satzungsänderung und bei der Bestimmung über das Vermögen im Insolvenzfall. Während die Mitgliederzahl des Verwaltungsausschusses noch unbegrenzt gewesen war, sollte der Museumsrat maximal 500 Mitglieder umfassen.

15 Wahl des Vorstands, Entgegennahme des Jahresberichts des Generaldirektors und des Finanzberichts, Entlastung des Vorstands, Beratung des Vorstands und des Generaldirektors in grundlegenden Fragen, Beschlussfassung über Satzungsänderungen und Bestimmung über das Museumsvermögen im Insolvenzfall.

16 Zuletzt in den Jahren 2000 und 2003 in den Empfehlungen des Wissenschaftsrats bzw. des Senatsausschusses Evaluierung der WGL zum Deutschen Museum.

17 Satzungen des Deutschen Museums 1990 bis 1998, § 8 und § 9.

Eine ähnliche Entwicklung ist auf der Ebene des zentralen Managements durch die Einführung einer Stabsstelle Planung und Steuerung zu erkennen sowie durch die Installierung funktionsbezogener Projektmanagements, die für die Bereiche Ausstellungen, Sonderausstellungen, Sammlungen, Publikationen und Sonderveranstaltungen eingerichtet wurden. Impulse gab hier vor allem die Unternehmensberatung McKinsey & Company, die das Museum 1994/95 im Zuge eines umfassenden Beratungsprojekts und neuerlich 2002/03 nach Möglichkeiten der Effizienzsteigerung und der institutionellen Stärkung durchleuchtete.

Dieser Reorganisationsprozess wurde erst relativ spät, ab den 1970er-Jahren, eingeleitet. Mit leichter Zeitverzögerung und in Anpassung an den gesamtgesellschaftlichen Reform- und Restrukturierungsprozess der Bundesrepublik, der in den »langen« 1970er-Jahren insbesondere auch die Forschungs- und Kulturlandschaft veränderte,[18] löste sich das Deutsche Museum von seinen in der Gründungsphase etablierten Strukturen und Routinen ab. Es stellte sich den Herausforderungen des modernen Kulturmanagements und der wachsenden Komplexität und Beschleunigung des wissenschaftlichen und technischen Wandels.

Bildung und Forschung als institutionalisierte Aufgabenfelder

Bildung und Forschung als klassische Felder der Museumsarbeit wurden seit 1970 neu definiert und den gestiegenen Erwartungen der Bildungs- und Forschungspolitik angepasst. Dabei kam der Anstoß, diese beiden Aufgabenfelder zu akzentuieren und zu verstärken, zu einem ganz wesentlichen Teil von außen. Der Wissenschaftsrat forderte 1965 in seinen Empfehlungen zu den naturwissenschaftlichen und technischen Museen, diese stärker wissenschaftlich auszurichten und die Forschungsaufgabe auf eine Ebene mit dem Bildungsauftrag zu stellen.[19]

Der Schwerpunkt der Museumsaktivitäten lag zunächst jedoch auf der Schärfung des bildungspolitischen Profils. Ein wichtiger Bezugspunkt war der Beschluss der Kultusministerkonferenz vom 3. Juli 1970, in dem explizit

---

18 Vgl. dazu Helmuth Trischler: Das bundesdeutsche Innovationssystem in den »langen 70er-Jahren«: Antworten auf die »amerikanische Herausforderung«. In: Johannes Abele/Gerhard Barkleit/ Thomas Hänseroth (Hrsg.): Innovationskulturen und Fortschrittserwartungen. Forschung und Entwicklung in der Bundesrepublik und in der DDR. Köln 2001, S. 47–70.

19 Wissenschaftsrat: Empfehlungen des Wissenschaftsrates zum Ausbau der wissenschaftlichen Einrichtungen. Teil III: Forschungseinrichtungen außerhalb der Hochschulen, Akademien der Wissenschaften, Museen und wissenschaftlichen Sammlungen. Bd. 2. Tübingen 1965, S. 46–52; vgl. hierzu und zum Folgenden den Beitrag von Füßl/Hilz/Trischler in diesem Band.

zum Bildungsauftrag der Museen Stellung genommen wurde. Die stärkere finanzielle Förderung der Museen wurde vorrangig mit der besonderen bildungs- und gesellschaftspolitischen Bedeutung der Museen begründet:

> »In ihren wesentlichen Aufgaben mit den Begriffen Sammeln – Bilden – Forschen ausgewiesen, sind die Museen heute für die individuelle und gesellschaftliche Bewusstseinsbildung zu einem unentbehrlichen Besitz geworden. Sie ergänzen und begleiten die pädagogischen Bemühungen fast aller Bildungseinrichtungen. […] die Museen [schärfen] unser Verständnis für die Welt und Umwelt; sie bereichern und vertiefen so das Wissen um unsere eigene Existenz«.[20]

Der Bildungsauftrag der Museen wurde zuletzt vor dem Hintergrund der verstärkten bildungspolitischen Maßnahmen der Bundesrepublik in den 1960er-Jahren priorisiert. Gerade der Förderung der naturwissenschaftlich-technischen Bildung kam in diesem Zusammenhang eine große Bedeutung zu. Die Betonung des bildungs- und gesellschaftspolitischen Auftrags und Stellenwerts der Museen wurde gestützt vom Deutschen Museumsbund, dem Deutschen Nationalkomitee der internationalen Museumsvereinigung ICOM, der Deutschen Forschungsgemeinschaft (DFG), dem Deutschen Bildungsrat und der Deutschen UNESCO-Kommission. Das Deutsche Museum suchte hier seine gesamtstaatliche Rolle und seine internationale Stellung als weltgrößtes Technik- und Wissenschaftsmuseum auszuspielen. Durch Hermann Auer war es in der 1969 auf Initiative des Deutschen Nationalkomitees ICOM neu errichteten Beratungskommission für Museumsfragen der DFG unmittelbar beteiligt. Das von der Beratungskommission entwickelte Sofortprogramm forderte vor allem die »Anwendung und Adaptierung pädagogischer, psychologischer und soziologischer Erkenntnisse« durch die Museen und die Entwicklung entsprechender Methoden.[21] Hier eröffneten sich dem Deutschen Museum interessante Möglichkeiten der Weiterentwicklung. Geplant war, ein zentrales interdisziplinäres »Forschungsinstitut für Museumsmethodik« aufzubauen.[22] Das Museum nahm die bildungspolitischen Strömungen der 1960er- und 1970er-Jahre auf und suchte sich als integrierter Bestandteil des sich erweiternden Bildungssystems zu verorten.

Die Initiativen, das Bildungsprogramm des Museums neu zu definieren, lagen zunächst bei der 1971 errichteten Hauptabteilung Bildung und Öffent-

---

20 Abgedruckt in: Hermann Auer »Bericht über externe Aufgaben des Deutschen Museums«, Januar 1970, DMA, VA 2370.

21 Ebd.

22 Ebd.: »Die Zusammenfassung dieser Arbeiten in einem zentralen, interdisziplinären Forschungsinstitut für Museumsmethodik ist eine der wichtigsten Aufgaben, um das in den Museen konzentrierte Bildungspotenzial wirksam für die Erziehung, Weiterbildung, aber auch für eine sinnvolle Freizeitgestaltung einsetzen zu können.«

lichkeit. Die Aufgabenstellung sollte »der künftigen Bildungslandschaft angepasst und zu einem umfassenden Bildungsplan des Deutschen Museums zusammengezogen« werden.[23] In Analogie zum kunstpädagogischen Zentrum in München sollte im Museum ein »Pädagogisches Zentrum für die Naturwissenschaften und die Technik«, das spätere Kerschensteiner Kolleg, entstehen.[24]

Das Museum stellte sein Bildungsprogramm gezielt in den Kontext der bildungs- und gesellschaftspolitischen Entwicklungen und suchte daran Anschluss. Nach der Phase des Aufbaus 1903–1943/44 und der darauffolgenden Phase des Wiederaufbaus nach dem Krieg erklärte Generaldirektor Stillger »die dritte Epoche in der Museumsgeschichte [für] angebrochen, die Phase der Integration in das Bildungssystem«.[25] In diesem erweiterten Verständnis der Bildungsarbeit des Deutschen Museums konzentrierte man sich auf drei Aufgabenfelder: Kinder und Jugendliche, Lehrerfortbildung und Berufsbildung sowie Museumspädagogik. In den 1970er-Jahren wurde der Grundstein der musealen Bildungsarbeit gelegt, die bis heute zu einem großen Teil auf die Unterstützung der schulischen und beruflichen Bildung zielt.

Vor dem Hintergrund einer 1974/75 durchgeführten Besucherbefragung wurden Kinder, Jugendliche und Schüler als vorrangige Zielgruppe definiert. Die Studie ergab ein sehr junges Durchschnittsalter der Museumsbesucher mit 23,4 Jahren; rund ein Viertel der Besucher, insgesamt 330.000 pro Jahr, waren zwischen 11 und 15 Jahre alt. Durch diese Analyse sah sich die Museumsleitung in ihrem bildungspolitischen Anspruch und Auftrag bestätigt.[26] Die Lernmotivation von Kindern und Jugendlichen sollte durch zusätzliche Angebote des Museums gefördert werden. Hierzu zählten Lehrmaterial, das zur Unterstützung des technischen Werkunterrichts entwickelt wurde, und der Arbeitskreis Chemie, der begleitend zum Unterricht in der Oberstufe von Gymnasien wirkte.[27] In Fachausstellungen wurden ab 1974 Gruppenräume und kleinere Hörsäle eingebaut, um Möglichkeiten für Seminare und vertiefte Eigenstudien während des Museumsbesuchs zu bieten.

Die Arbeitsgruppe Didaktik, die 1975 mit finanzieller Unterstützung der VW-Stiftung ihre Arbeit aufnehmen konnte, griff die Forderungen nach einer stärker didaktisch orientierten Ausstellungsgestaltung auf.[28] Die Erläu-

23 Gedanken zur Hauptabteilung Bildung und Öffentlichkeit, DMA, VA 0426.
24 Ebd.
25 Bericht Theo Stillgers auf der Jahresversammlung des Deutschen Museums, 6. 5. 1976; DMA, JB 1975, S. 17.
26 Ebd., S. 16.
27 DMA, VA 0423, 0425.
28 DMA, VA 2223, 2224; DMA, JB 1972, S. 16, 22; DMA, JB 1973, S. 17, 22.

terung der Museumsexponate und der jeweiligen Zusammenhänge wurde in verständlicher Form und nach museumspädagogischen Kriterien gestaltet. Ab 1976 wurden zwei Projekte zur Erstellung von Lehrmaterialien mit Mitteln des Bundesministeriums für Bildung und Wissenschaft durchgeführt. Bis 1984 wurden insgesamt 50 Unterrichtsmaterialien für allgemeinbildende Schulen zu Problemen der Naturwissenschaft und Technik unter Berücksichtigung ihrer historischen und kulturellen Bedeutung publiziert. Darüber hinaus wurden 70 Programme zu ähnlichen Themenstellungen für die Weiterbildung betrieblicher Ausbilder in Form von Lehrgängen erarbeitet. Die entwickelten Lehrmaterialien mündeten in den 1980er-Jahren in Kooperation mit dem Rowohlt-Verlag in die Taschenbuchserie »Kulturgeschichte der Naturwissenschaften und der Technik« sowie in die museumseigene Reihe »Beiträge für die Aus- und Weiterbildung«.

Durch finanzielle Unterstützung der Stadt München, der Bayerischen Landesstiftung, der Bayerischen Staatsregierung und des Bundes sowie privater Spender konnte 1976 eine zentrale Fortbildungsakademie eröffnet werden. Die bisher als Gästehaus und Zentrallabor operierenden Einheiten sollten Bildungsfunktionen übernehmen.[29] Im Bibliotheksgebäude des Museums wurde ein eigener Trakt zu einem modernen Studienzentrum mit Übernachtungsmöglichkeit umgebaut. Im Gedenken an den Pädagogen und Münchner Stadtschulrat Georg Kerschensteiner, der 1921 bis 1932 dem Vorstand des Deutschen Museums angehört hatte, wurde es »Kerschensteiner Kolleg« genannt. Das Konzept zielt auf die Fort- und Weiterbildung so genannter Multiplikatoren: Wissenschaftler, Lehrer, Ausbilder aus Industrie und Handwerk sowie Studierende. Einen Schwerpunkt bilden die Lehrerfortbildung und die begleitende berufliche Fortbildung des Ingenieurnachwuchses.[30]

Das Programm der Lehrgänge, Fortbildungskurse und wissenschaftlichen Tagungen trifft bis heute auf eine große Nachfrage. Seit den 1990er-Jahren wird es ergänzt durch Angebote für Besucher und Museumsmitglieder (Wochenendkurse), Wissenschaftsjournalisten sowie Konservatoren deutscher und internationaler Museen und Science Centers (Museumsmanagement). Ein weiteres Produkt der begleitenden Lehrmaterialien stellen die Reihen »Wissen vertiefen«, »Experimente und Bausätze«, »Modelle und Rekonstruktionen« sowie Spielbögen und Arbeitsblätter dar. Trotz anfänglich

---

29 S. dazu Funktion von »Gästehaus« und »Zentrallabor« im Deutschen Museum, 1. 7. 1973, DMA, VA 0425.

30 Vgl. Jürgen Teichmann: Deutsches Museum München – Science, technology and history as an educational challenge. In: European Journal of Scientific Education 3 (1981), S. 473–478. Zum Kerschensteiner Kolleg jüngst Franz J. E. Becker/Christine Füssl-Gutmann/Jürgen Teichmann (Hrsg.): Leben, Erleben, Bilden im Deutschen Museum – Naturwissenschaft und Technik für Studiengruppen. München 2001.

22 Eröffnung des Kerschensteiner Kollegs, 1976.
DMA, BN L3486–20

guter und enger Kontakte konnte die Zusammenarbeit des Deutschen Museums mit dem Museumspädagogischen Zentrum in München seit 1977 nur noch in lockerer Form fortgesetzt werden.[31] Institutionell verstetigt wurden die bildungspolitischen Bemühungen durch die Verankerung der Bildungsarbeit in der Satzung. Seit der Novellierung der Museumssatzung 1982 sind Bildungsarbeit und Kerschensteiner Kolleg explizit als Zweck und Aufgabe des Museums definiert.[32]

Waren die 1970er-Jahre durch die Erweiterung des Bildungsauftrags des Deutschen Museums geprägt, so erhielt in den beiden folgenden Jahrzehnten die Forschung ähnliche Impulse, die auch hier zu einer stärkeren institutionellen Ausgestaltung führten. Die Weiterentwicklung der Forschungsarbeit im Museum trug der Veränderung der bundesdeutschen Wissenschaftslandschaft und den Anforderungen des Wissenschaftsrats Rechnung, ging jedoch unmit-

31 DMA, VA 0427: Das Deutsche Museum war seit Gründung des MPZ 1973 in dessen Kuratorium durch den Leiter der Bildungsarbeit vertreten. Ab 1977 brachen jedoch inhaltlich divergierende Ansätze (bayerischer Lehrplan versus gesamtstaatliche Orientierung) auf. Darüber hinaus entstand in der Frage der Integration eines MPZ-Mitarbeiters in die Arbeitsgruppe Didaktik ein grundsätzlicher Interessenskonflikt.

32 Die alte Satzung fasste Bildungs- und Forschungsarbeit noch in einem Passus (§ 2, Absatz 3) zusammen. Die überarbeitete Satzung von 1982 bzw. 1990 führte nun in § 2, Absatz 4 als Zweck und Aufgabe aus: »Pädagogische Aktivitäten [1990: Bildungsarbeit], wie z. B. Veranstaltung von Vorträgen, Führungen, Kursen, Symposien, Herstellung von Lehrmaterialien, unter anderem durch das Kerschensteiner Kolleg [1982: Kolleg für Naturwissenschaft, Technik und Geschichte].«

telbar von der Museumsleitung aus. Hatte Stillger den Bildungsauftrag betont, so verstand es der 1983 als Generaldirektor ernannte Otto Mayr als seine Aufgabe, die Forschungsarbeit und Wissenschaftlichkeit des Museums zu forcieren. Dabei mag die jeweilige persönliche Biografie eine Rolle gespielt haben.[33]

Konnte das Museum im Bereich der Forschung zunächst auf die Erfolge der 1960er-Jahre zurückblicken, so galt es nun, diese zu sichern und die Zusammenarbeit mit den beiden universitären Instituten für Technikgeschichte und Geschichte der Naturwissenschaften weiterzuentwickeln. Eine zweite Finanzierungstranche durch die VW-Stiftung im Umfang von 300.000 DM, die auf die Anschubfinanzierung 1965 bis 1968 in Höhe von 500.000 DM folgte, war Ende 1971 ausgelaufen. Das Forschungsinstitut wurde seitdem ganz durch den Etat des Museums getragen. Nicht zuletzt vor diesem finanztechnischen Hintergrund wurde eine engere Zusammenarbeit und Anbindung der wissenschaftlichen Mitarbeiter des Forschungsinstituts an das Arbeitsprogramm des Museums gefordert. Dies spiegelte sich in der Mitwirkung bei der Vorbereitung von Sonderausstellungen wie der Kepler- und der Copernicus-Ausstellung sowie in Projekten zur Bearbeitung historischer Instrumente aus den Museumsbeständen und zur Dokumentation wissenschaftlicher Zeitschriftenaufsätze wider.[34] Die Kernaufgabe des Forschungsinstituts blieb jedoch, neben Publikationen und der Lehrtätigkeit der eigenen Mitarbeiter, auch externen Forschern und Nachwuchswissenschaftlern die Gelegenheit zu größeren Forschungsvorhaben unter Nutzung der Ressourcen des Museums zu bieten und eine Plattform für drittmittelgeförderte Projekte zu bilden. Das Forschungsinstituts wurde während der Amtszeit von Friedrich Klemm und Ernst Berninger von 1969 bis 1983 in Personalunion mit der Leitung der Bibliothek geführt.

Trotz der Bemühungen um eine engere Anbindung an das Museum war in den 1970er-Jahren die Visibilität des Forschungsinstituts innerhalb des Hauses gering. Gerade im Gegensatz zu manchen programmatischen Beiträgen zur pädagogischen Arbeit und zum Verhältnis Museum und Bildung waren im Jahresbericht die Aussagen über Forschung und Forschungsinstitut nur knapp. Vielmehr wurde summarisch auf einen separaten Jahresbericht des Forschungsinstituts verwiesen.

Nach dem Auslaufen des Königsteiner Abkommens Ende 1975 wurden die Finanzmittel noch im folgenden Haushaltsjahr gemäß des Staatsabkommens bereitgestellt.[35] Erst ab 1977 erhielt das Deutsche Museum seine staatlichen

---

33 Theo Stillger war vor Amtsantritt im Deutschen Museum als Pädagoge, Studiendirektor und Leiter der Glasfachschule Hadamer tätig. Otto Mayr war 1965 bis 1968 wissenschaftlicher Mitarbeiter des Forschungsinstituts und anschließend bis 1983 Kurator am heutigen Museum of American History der Smithsonian Institution in Washington D. C.

34 Jahresberichte des Forschungsinstituts 1971ff., DMA, VA 0501.

Zuschüsse auf der Grundlage der Rahmenvereinbarung Forschungsförderung nach Artikel 91 b des Grundgesetzes, die am 28. November 1975 zwischen Bund und Ländern geschlossen worden war. Die Zuschüsse gingen an
die Institute der Blauen Liste, benannt nach der Farbe des Papiers, auf der sie
zum ersten Mal aufgelistet wurden: selbstständige Forschungseinrichtungen,
Trägerorganisationen oder Serviceeinrichtungen, die für die Forschung von
überregionaler Bedeutung und von gesamtstaatlichem wissenschaftspoliti-
schen Interesse sind. Das Deutsche Museum ist seit 1975 Mitglied der Blauen
Liste, die sich in den 1990er-Jahren zur Wissenschaftsgemeinschaft Gottfried
Wilhelm Leibniz (WGL) entwickelte; die Zuwendungen des Bundes belaufen
sich seither auf 30 % der staatlichen Gesamtzuwendungen.[36]

Eine der ersten Aufgaben von Mayr bestand darin, die Wahrnehmung der
Forschung im Innen- und Außenraum zu verbessern. Dazu gehörte auch
die Darstellung in den Jahresberichten des Museums, wobei nicht nur die
Aktivitäten des Forschungsinstituts und der beiden universitären Institute
erläutert, sondern alle Forschungsarbeiten des Museums mit einer breiten
Auflistung der Veröffentlichungen, Vorträge, Forschungsprojekte und Lehr-
aufträge aller wissenschaftlichen Mitarbeiter dokumentiert wurden. Auch die
Übernahme der Leitung des Forschungsinstituts durch den Generaldirektor
ab 15. Juni 1983 sollte die stärkere Gewichtung des Forschungsauftrags des
Museums signalisieren. 1987 wurde das Forschungsinstitut insgesamt als
Stabsstelle der Generaldirektion unmittelbar unterstellt.[37]

Die Betonung der Forschung spiegelte sich seit Mitte der 1980er-Jahre
auch in der Personalpolitik wider. Unterstützt durch das Votum des Verwaltungsrats machte es sich die Museumsleitung zum Ziel, das wissenschaftliche
Personal ab 1985 um jährlich eine Stelle zu erweitern. Gerade unter Verweis
auf vergleichbare Museen wurde es als unmögliches Unterfangen dargestellt,
mit nur 24 Wissenschaftlerstellen den vielfältigen wissenschaftlichen Verpflichtungen nachkommen zu können. Als weiteres Desiderat diskutierte der

---

35 S. Haushaltsaufstellungen der Finanzberichte des Deutschen Museums, abgedruckt in: DMA,
    JB 1976, S. 25, und DMA, JB 1977, S. 47.
36 S. dazu im Detail die Haushaltsaufstellungen der Finanzberichte des Deutschen Museums, ab-
    gedruckt in: DMA, JB 1977ff. – Vgl. bes. Hans-Willy Hohn/Uwe Schimank: Konflikte und
    Gleichgewichte im Forschungssystem. Akteurskonstellationen und Entwicklungspfade in der
    staatlich finanzierten außeruniversitären Forschung. Frankfurt a. M./New York 1990; Stephan
    Deutinger: Stile regionaler Forschungspolitik: Die Bundesländer zwischen Kooperation und Kon-
    kurrenz. In: Gerhard A. Ritter/Margit Szöllösi-Janze/Helmuth Trischler (Hrsg.): Antworten auf
    die amerikanische Herausforderung. Forschung in der Bundesrepublik und der DDR in den »lan-
    gen« siebziger Jahren. Frankfurt a. M./New York 1999, S. 266–285; Trischler (Anm. 18).
37 Dies geschah im Zuge der Neustrukturierung des Museums. Durch diese Immediatstellung als
    Stabsstelle wurden die beiden Hauptabteilungen Forschung und Bildung und Öffentlichkeit als
    solche aufgelöst.

Verwaltungsrat die Position eines hauptamtlichen Direktors für das Forschungsinstitut.[38]

Seit den 1960er-Jahren war die verstärkte Heranziehung von gut ausgebildetem wissenschaftlichen Personal, das den wachsenden Museumsaufgaben gerecht werden könne, ein ständiges Monitum des Vorstands. Auch Auer wies 1971 nochmals auf eine dringende Professionalisierung des Personals hin.[39] Betrachtet man die Statistik, so ist ein allmählicher Anstieg des wissenschaftlichen Personals seit Mitte der 1980er-Jahre zu erkennen. Im Verlauf des vorausgegangenen Jahrzehnts waren bei einem Personalstand von 340 bis maximal 360 Beamten, Angestellten, Arbeitern, Volontären und Auszubildenden konstant 22 Wissenschaftler angestellt. Die Zahl der wissenschaftlichen Mitarbeiter erhöhte sich von 24 im Jahr 1984 über 31 im Jahr 1994 auf insgesamt 35 im Jahr 2000, wobei dieser Zuwachs auch aus der Umwandlung von diplomierten Fachhochschulingenieurstellen in wissenschaftliche Stellen resultierte.[40]

Ein wichtiges Instrument der Nachwuchsförderung bildete das 1988 eingerichtete Graduiertenkolleg am Deutschen Museum, das mit Mitteln der VW-Stiftung finanziert wurde und Studierenden der Technik- und Wissenschaftsgeschichte die Möglichkeit einer Promotion eröffnete. Das Graduiertenkolleg verstärkte die Zusammenarbeit der drei Forschungsinstitute, nachdem die ursprüngliche Konzeption einer gemeinsamen Leitung durch ein Direktorium mit rotierender Geschäftsführung nie wirklich funktioniert hatte.[41]

Die Bemühungen, das Gewicht der Forschung innerhalb des Museums weiter zu stärken und die dazu notwendigen Ressourcen zu erhalten, wurden flankiert von Initiativen des Wissenschaftsrats. Dieser unterstrich in seiner Stellungnahme vom Herbst 1989 die überregionale Bedeutung des Deutschen Museums und betonte dessen herausragenden Platz in der Forschung.[42] Die

---

38 DMA, VA 3967, Sitzung des Verwaltungsrates am 16. 10. 1985. Gedacht war dabei an eine A15- bzw. A16-Stelle.

39 DMA, VB 1971. Erschwerend bei diesen Bemühungen war, dass eine eigentliche Ausbildung als Konservator eines Museums, die vergleichbar der Ausbildung zum Bibliothekar oder zum Archivar ist, damals wie heute nicht gegeben war und ist. Das Bestreben ging zunächst dahin, wissenschaftlich gebildetes Personal einzustellen.

40 1971: 348 Stellen, davon 22 wissenschaftlich; 1975: 360 Stellen, davon 22 wissenschaftlich; 1980: 340 Stellen, davon 22 wissenschaftlich; 1985: 360,5 Stellen, davon 24 wissenschaftlich; 1990: 375,5 Stellen, davon 26 wissenschaftlich; 1994: 370,5 Stellen, davon 31 wissenschaftlich; 1995: 378 Stellen, davon 32 wissenschaftlich; 1997: 352,5 Stellen, davon 33 wissenschaftlich; 2000: 345,5 Stellen, davon 35 wissenschaftlich; Haushaltspläne des Deutschen Museums für die Jahre von 1971–2000. – Als wissenschaftliche Stelle werden Stellen mit BAT II b bzw. A 13 und höher gerechnet.

41 Vgl. Otto P. Krätz/Otto Mayr: Das Forschungsinstitut des Deutschen Museums. In: Menso Folkerts (Hrsg.): Gemeinschaft der Forschungsinstitute für Naturwissenschafts- und Technikgeschichte am Deutschen Museum 1963–1988. München 1988, S. 26–33.

42 Wissenschaftsrat: Stellungnahme zum Deutschen Museum München vom 17. 11. 1989.

wissenschaftliche Arbeit wurde als originärer Zweck des Museums hervorgehoben, gleichzeitig jedoch an der Konstruktion des Forschungsinstituts Kritik geübt, das einer grundlegenden Erneuerung bedürfe. Vor dem Hintergrund der Empfehlungen des Wissenschaftsrats wurde das Forschungsinstitut von der Person des Generaldirektors getrennt und ab Herbst 1992 unter die Leitung eines hauptamtlichen Forschungsdirektors gestellt, der zugleich die Gesamtforschung des Museums koordinieren sollte. Zuvor war bereits der Wissenschaftliche Beirat als satzungsmäßig verankertes Organ des Museums installiert worden, der seither die Forschung des Hauses beratenbegleitet und evaluiert.

In den folgenden Jahren wurde ein kohärentes Forschungsprogramm entwickelt, das zuvor im Wesentlichen in der musealen Kernaufgabe der sammlungs- und objektbezogenen Katalogisierungstätigkeit Bestand hatte, und der Umfang der drittmittelgeförderten Projekte ausgebaut. Forschungstätigkeit war nun primär Gesamtaufgabe des Museums und nicht mehr weitgehend auf das Forschungsinstitut reduziert. Ein wichtiger Schritt der nachhaltigen Bündelung von Forschungsressourcen und Öffnung für weitere Kooperationen stellte die Gründung des Münchner Zentrums für Wissenschafts- und Technikgeschichte (MZWTG) am 5. Dezember 1997 dar.[43]

Ausstellungen

Die umfassendste Weiterentwicklung erfuhren die Ausstellungen auf dem Gebiet der Luftfahrt. Seit der ersten Ankündigung während der Jahresversammlung 1972 durch Stillger stand fest, dass dieser Bereich grundlegend ausgebaut und modernisiert werden sollte.[44] Die neue Ausstellungskonzeption umfasste die Luftfahrt, die Raumfahrt und zunächst auch die Meerestechnik.

Schon im Januar 1973 wurden in der Tagespresse der Öffentlichkeit die Pläne für eine neue so genannte »Drei-A-Halle« vorgestellt, welche die Bereiche Aquanautik, Aeronautik und Astronautik umfassen sollte.[45] Mit diesem Konzept reagierte die Museumsleitung auch auf internationale Entwicklungen, die insbesondere die Eröffnung großer Luft- und Raumfahrtmuseen in der Sowjetunion und der USA vorsahen; in Washington wurde 1976 dann in der Tat das National Air and Space Museum gegründet, das rasch zum weltweit bestbesuchten Museum aufstieg. Wollte das Deutsche Museum seinen

---

43 S. dazu im Detail den Beitrag von Füßl/Hilz/Trischler in diesem Band.
44 DMA, JB 1972, S. 17.
45 Süddeutsche Zeitung, Nr. 22 v. 27./28. 1. 1973.

Rang als international führendes Technikmuseum behaupten, so musste es reagieren, zumal die bisherige Luftfahrtabteilung längst aus allen Nähten platzte. Zeitweise mussten bedeutende Exponate wie etwa der Rettungshubschrauber Sikorski S–55, der Starfighter Fiat F–104 F und der Prototyp des ersten deutschen Satelliten AZUR auf dem Freigelände ausgestellt werden. Dadurch entstanden an den Objekten witterungsbedingte Schäden, die große Folgelasten der Konservierung und Restaurierung nach sich zogen.

Die Planungen sahen zunächst vor, in einer dreigeschossigen Ausstellungshalle unten die Meerestechnik, darüber die Luftfahrt und zuoberst die Raumfahrt darzustellen. Für die Drei-A-Halle sollte ein Erweiterungsbau geschaffen werden, der auf dem Südgelände der Museumsinsel an den bisherigen Ausstellungstrakt angebaut werden sollte.[46]

Die Luftfahrt nahm damit die größte Ausstellungsfläche ein und erstreckte sich auf das Erdgeschoss und das erste Obergeschoss. Dabei sollten noch im ersten Stock des alten Hallenteils sowie im Übergangsbereich die Luftfahrt bis 1918, Ballone und Luftschiffe, Flug in der Natur, Pioniere der Luftfahrt und die allgemeine Flugzeugentwicklung sowie die Junkers F–13 und im Erdgeschoss des bisherigen Traktes die Kolbenflugmotoren thematisiert werden. In der neuen Halle sollten im Erdgeschoss die Turbinentriebwerke, Flugkörper, Rettungs- und Sicherheitsgerät, Bordgeräte und Navigation, Verkehrsflugzeuge, Trägerraketen, und im ersten Stock die Allgemeine Luftfahrt, Flugphysik, Windkanäle, Flugzeuge, Bauweisen, Segelflugzeuge und Motorsegler, Hubschrauber und Flugmodellbau gezeigt werden. Die Raumfahrt und die Raketentriebwerke schließlich wollte man im Obergeschoss präsentieren.[47]

Zur Beratung und Unterstützung der weiteren Gestaltung der neuen Ausstellungshalle wurde im März 1973 ein Fachbeirat für Luftfahrt, Raumfahrt und Meeresforschung gegründet. Als ehrgeiziges Ziel hatte man sich 1977/78 als Jahr der Eröffnung gesetzt. Das inhaltliche Konzept wurde jedoch schon zwei Jahre nach Planungsbeginn modifiziert. Im Juli 1975 wurde das Thema der Meeresforschung aus dem Konzept gestrichen. Aus der Drei-A-Halle war eine Zwei-A-Halle geworden. Als Gründe wurden finanzielle Zwänge sowie beschränkte räumliche und architektonische Möglichkeiten angeführt.[48] Jedoch ist zweifelhaft, wie ernsthaft die Ausstellungsplanungen für das Gebiet der Meeresforschung tatsächlich betrieben wurden. In den Unterlagen

46 DMA, VA 2295 und 2323; s. zum Folgenden auch den Beitrag von Broelmann in diesem Band.

47 Richtlinie Nr. 5 für die Arbeitsgruppen des Fachbeirats für Luftfahrt, Raumfahrt und Meeresforschung, 6. 11. 1973, DMA, VA 2324.

48 Informationsdienst Nr. 18 des Fachbeirats für Luftfahrt, Raumfahrt und Meeresforschung, Brief von Kyrill von Gersdorff vom 28. 7. 1975, ebd. In dem für die Meeresforschung vorgesehenen Untergeschossen waren nun Depots und Werkstätten geplant.

23   Planungen für die neue Luft- und Raumfahrtausstellung. Von der Drei-A-Halle zur Zwei-A-Halle.
DMA, BN L5188–09

finden sich keine wesentlichen Diskussionen und Konzepte für die Gestaltung dieses Bereichs.[49] Auch die personelle Zusammensetzung des Fachbeirats weist in diese Richtung: Rund 90 Prozent der Beiräte waren führende Mitarbeiter der Luftfahrtindustrie und -forschung; die Leitung hatten der Industrielle Ludwig Bölkow und der Vorsitzende der Deutschen Gesellschaft für Luft- und Raumfahrt, Theodor Benecke (stellvertretend), inne. Von den zunächst 17 Arbeitsgruppen des Fachbeirats, deren Anzahl 1974 auf insgesamt 20 aufgestockt wurde, war die Meeresforschung Gegenstand nur einer Gruppe. Sie wurde nun in das Untergeschoss unter die bisherige Schifffahrtsausstellung verlegt. Bei der räumlichen Umdisposition wurde fast entschuldigend betont, dass dies keine Zurücksetzung, sondern eher eine Verbesserung des bestehenden Schifffahrtsteils bedeute; darüber hinaus könnten so auch die Schwierigkeiten durch das quer stehende U-Boot U 1 gelöst werden.[50]

Die Vorbereitungen für die neue Halle waren von Anfang an durch ein dominantes Interesse an der ausführlichen Darstellung der Luftfahrt gekenn-

49 Prot. der Fachbeiratssitzungen 1973–1976, DMA, VA 2323.
50 Prot. der 3. Jahressitzung des Fachbeirats für Luftfahrt, Raumfahrt und Meeresforschung am 14. 11. 1975, ebd. Eine Verlagerung und ein Drehen des U-Boots in Längsrichtung war aus technischen und konservatorischen Gründen nicht möglich.

24   Die neue Ausstellungshalle für Luft- und Raumfahrt, 1984.
DMA, BN R2069–03

zeichnet. Alle Anstrengungen und Bemühungen konzentrierten sich auf die
Einwerbung von Originalobjekten und Modellen der Luftfahrt sowie auf
die Möglichkeiten der Konservierung und Restaurierung der Großobjekte.
Durch die Neueinwerbungen konnte der Sammlungsbestand an luftfahrt-
und raumfahrtspezifischen Objekten, der durch die Beschädigungen und
Zerstörungen des Zweiten Weltkriegs gelitten hatte, ergänzt und aktualisiert
werden. Durch die Erweiterung der Luftfahrtausstellung, die forcierte Einwerbung von Objekten in den 1980er-Jahren und die Eröffnung des Zweigmuseums Flugwerft Schleißheim 1992 entwickelte sich die Luftfahrt zu
einem der zentralen Sammlungsgebiete des Museums. Nicht zuletzt um
den sich schließlich auf über 53 Millionen DM aufsummierenden Bau der
Flugwerft Schleißheim zu legitimieren, erhob das Deutsche Museum den

Anspruch, nationales Zentrum für die Geschichte der Luft- und Raumfahrt zu sein. Neben Objekten konnten in diesem Zusammenhang umfangreiche Archivalien und Dokumentationsunterlagen übernommen werden.[51]

Die Planungen zogen sich aufgrund finanzieller Engpässe und baulicher Auflagen länger hin, als ursprünglich geplant war. Auf Wunsch der Stadt München wurde schon 1975 ein Architektenwettbewerb ausgeschrieben, an dem sich über 90 Einsender beteiligten. Betont wurde dabei jedoch von Museumsseite, dass sich dieser nur auf die äußere Hülle des Neubaus, nicht aber auf die innere Gestaltung und Aufteilung der Ausstellungsgruppen beziehen könne.[52] Die Grundsteinlegung erfolgte Mai 1978, zwei Jahre später wurde Richtfest gefeiert, und im Mai 1984 war Ausstellungseröffnung.

Mit der neuen Luft- und Raumfahrthalle hatte das Museum sein bis dato größtes Ausstellungs- und Bauprojekt der Nachkriegszeit verwirklicht. Allerdings wurden dadurch viele Kapazitäten und Ressourcen absorbiert. Immerhin konnten daneben auch die Abteilungen Wissenschaftliche Chemie (1972), eine Erweiterung der Musik (1974), Photochemie (1976), Erdöl und Erdgas (1977), Bergbahnen (1977) und Papier (1982) eröffnet werden. Aktualisiert wurden die Abteilungen Landverkehr und Landtransport (1970), Kernphysik und Kerntechnik (1978), Keramik (1979) sowie Technische Chemie (1979).

Die 1980er-Jahre markieren einen konzeptionellen Wechsel nicht nur, was die Zahl der eröffneten Dauerausstellungen anbelangt; sie leiteten auch ein neues Verständnis von Sonder- bzw. Fremdausstellungen ein. Im Jahrzehnt zwischen 1983 bis 1992 wurden auf einer Fläche von 25.000 m² insgesamt achtzehn Dauerausstellungen in erweiterter und modernisierter Form eröffnet: Energietechnik (1983), Luft- und Raumfahrt (1984), Schienenverkehr (1985), Schweißen, Schneiden und Löten (1985), Straßenverkehr (1986), Starkstromtechnik (1986), Moderner Bergbau (1987), Informatik und Automatik (1988), Moderner Erzbergbau (1988), Mikroelektronik (1989), Geschichte des Deutschen Museums (1989), Optik (1989), Amateurfunk (1989), Telekommunikation (1990), Glastechnik (1990), Maschinenelemente (1990), Werkzeugmaschinen (1991), Astronomie (1992) und Umwelt (1992).

Die Ausstellungen Informatik und Automatik, Mikroelektronik und Telekommunikation trugen der Dynamik der Entwicklung im Bereich der Informations- und Kommunikationstechnologien Rechnung. Diese Akzentsetzung spiegelte sich auch in der räumlichen Gestaltung wider. So wur-

---

51 In den 1970er-Jahren wurde innerhalb des Museumsarchivs eine »Luft- und Raumfahrtdokumentation« aufgebaut, in die verschiedene Archivprovenienzen einflossen. Diese Bestandsbildung wird aus heutiger archivfachlicher Sicht kritisch betrachtet und zu Gunsten der Betonung des Provenienzprinzips nicht fortgeführt.

52 DMA, VA 2323.

den diese Abteilungen in das dritte Obergeschoss des Museums platziert, das schwerpunktmäßig der Darstellung neuer Technologien und – mit der neu gestalteten Astronomie – aktueller Bereiche naturwissenschaftlicher Forschung vorbehalten bleiben sollte.[53]

Die Ausstellung »Umwelt – Mensch und Technik auf dem Planeten Erde« beschritt thematisch und konzeptionell neue Wege. Erstens besaß das Museum zu Beginn der Ausstellungsvorbereitungen keinerlei relevante Exponate im eigenen Sammlungsbestand. Zweitens stand hier nicht die Technik an sich im Mittelpunkt, sondern es sollte das Bewusstsein für einen veränderten, dem Leitgedanken der Ressourcensicherung und ein der Nachhaltigkeit verpflichteter Umgang mit Technik vermittelt werden. Die Ausstellung sollte den Museumsbesucher in »Form eines Prologs [...] daran erinnern, dass alle Technik, wie sie im Deutschen Museum so überaus vielfältig dargestellt ist, dem Leben und Überleben des Menschen auf der Erde dienen« müsse.[54]

Die neuen Ansätze, die Fachausstellungen einer kontinuierlichen Aktualisierung zu unterziehen, den Ausstellungskanon entsprechend zu erweitern und gleichzeitig neue Fragestellungen aufzugreifen, wurden in den 1990er-Jahren aufgegriffen und weiterentwickelt.

Das Angebot der Dauerausstellungen wurde durch eine Reihe von zeitlich befristeten Sonderausstellungen ergänzt. Zwischen 1970 und 1990 wurden jährlich rund zehn Sonderausstellungen sowohl im Sammlungsbau als auch im Bibliotheksbau gezeigt. Viele dieser Ausstellungen waren fremdproduziert bzw. wurden in Zusammenarbeit mit anderen Institutionen organisiert. Insbesondere seit 1982 wurde jedoch den selbst entwickelten, wissenschaftlich fundierten Sonderausstellungen der Vorzug gegeben. Sie hatten auch eine werbende Funktion und sollten zusätzliche Segmente der Öffentlichkeit in das Museum führen. Dauer- und Sonderausstellung wurden als komplementäre Ausstellungsformen gesehen, sollten »Aktualität, wissenschaftliche Problemstellungen oder Grenzgebiete« akzentuieren.[55] Vom Museum konzipierte Sonderausstellungen waren u. a. »Deutschland im 19. Jahrhundert. Pläne, Zeichnungen, Dokumente und Bilder aus der Bibliothek des Deutschen Museums« (1982), »Marga von Etzdorf« (1983), »G. F. Brander 1713–1783. Wissenschaftliche Instrumente aus seiner Werkstatt« (1983), »Geheimrat Sommerfeld – theoretischer Physiker« (1984), »Halleyscher Komet« (1985), »Alpenübergänge von Bayern nach Italien 1500–1850« (1986), »Atlas Tyrolensis« (1986), »Bauklötze staunen. 200 Jahre Geschichte der Baukästen« (1986),

53 Jahresüberblick des Generaldirektors, DMA, JB 1991, S. 9.
54 Jahresrückblick des Generaldirektors, DMA, JB 1992, S. 7.
55 Ansprache des Generaldirektors Otto Mayr, DMA, JB 1983, S. 21; Klaus Maurice: Sonderausstellungen, DMA, JB 1984, S. 24.

»100 Jahre Ernst Heinkel« (1988), »Der Schritt ins Unermessliche. 150 Jahre Nachweis einer Fixsternparallaxe« (1988), »Kernspaltung. Geschichte einer Entdeckung« (1989), »Zur Frühgeschichte der Photographie« (1989/90), »Walther Gerlach. Physiker, Lehrer, Organisator« (1989), »50 Jahre Turbo-strahlflug« (1989/90), »Otto Lilienthal. Flugpionier, Ingenieur, Unternehmer« (1991/92) und »Santiago Calatrava. Brücken und andere Ingenieurbauwerke« (1992/93).

Diese Intensivierung der Sonderausstellungen mag man auch als Reflex auf die begrenzten räumlichen Ressourcen des Ausstellungsgebäudes auf der Museumsinsel sehen. Die 1984 neu eröffnete Luft- und Raumfahrthalle hatte die letzte Lücke geschlossen. Eine ungebremste Erweiterung und An- oder Umbauten waren ohnehin aufgrund der Auflagen des Denkmalschutzes nicht mehr möglich. Die 25.000 m² neu gestalteten Ausstellungsflächen in der Zeit von 1983 bis 1992, die rund die Hälfte der Gesamtausstellungsfläche umfassten, zeigten ebenfalls die räumlichen Grenzen auf.

Die Museumsinsel als bauliche Ressource war Mitte der 1980er-Jahre erschöpft. Um die angespannte Depotsituation zu entschärfen, musste 1985 ein Außendepot in der Münchner Innenstadt angemietet werden. Doch dieses konnte nur eine kurzfristige Erleichterung bieten. Wollte man weiter expandieren, galt es Kapazitäten außerhalb der Museumsinsel zu schaffen.

Gründung von Zweigmuseen

Mit der Gründung von insgesamt drei Zweigmuseen durchlief das Deutsche Museum seit den 1990er-Jahren einen bemerkenswerten Prozess dezentraler Expansion. Als erstes Zweigmuseum wurde am 12./13. September 1992 die »Flugwerft Schleißheim« eröffnet. Erste Kontakte waren schon 1981 aufgenommen worden, als das Museum in der Nähe der bereits angemieteten Junkers-Hallen auf dem Flugplatz in Oberschleißheim weitere Flächen für dringend benötigte Depots sowie für eine Restaurierungswerkstätte suchte. Mit der neuen Zweigstelle knüpfte das Museum an die lange Tradition des Standorts an, der in nuce die Geschichte der Luftfahrt in Deutschland widerspiegelt.[56]

Die 1912 bis 1919 erbaute Flugwerft und der Flugplatz Oberschleißheim sind die ältesten erhaltenen Flugplatzgebäude in Deutschland. Das insgesamt über 12 ha große Areal war in Besitz der Bundesvermögensanstalt. Für die

---

56 S. hierzu und zum Folgenden Verein zur Erhaltung der historischen Flugwerft Oberschleißheim: Geflogene Vergangenheit. Luftfahrt in Schleißheim. Oberhaching 2001; Bettina Gundler/Gerhard Filchner: Deutsches Museum, Flugwerft Schleißheim, Museum für Luft- und Raumfahrt. Ein Führer durch die Geschichte und die Sammlung der Flugwerft Schleißheim. München 1994.

Nutzung des inzwischen aufgelassenen Flugplatzgeländes gab es verschiedene Bewerber. Einerseits bestanden starke Tendenzen, die Flugwerft aufgrund ihres schlechten Bauzustandes abzureißen und das Gelände als Wohnbaugebiet umwidmen zu lassen. Andererseits stellte der Komplex ein einzigartiges technisches Kulturdenkmal dar, das es zu sichern galt.

Seit 1983 bemühte sich das Deutsche Museum intensiv um das Areal. Dabei dachte man ursprünglich daran, ein begehbares und für Besucher zugängliches Depot für technische Großobjekte zu schaffen sowie die schon lange geplante Restaurierungswerkstätte zu verwirklichen.[57] Das Vorhaben des Museums wurde durch die Bayerische Staatsregierung und vor allem durch Ministerpräsident Franz Josef Strauß persönlich entscheidend unterstützt. Weitere Förderer waren die Bayerische Landesstiftung und Unternehmen wie MBB und Nixdorf.[58]

Primäres Ziel war es zunächst, das Flugplatzareal zu erhalten und das Werftgebäude vor dem Abriss zu retten. 1983 wurde die Flugwerft unter Denkmalschutz gestellt und ein schon vorliegender Abbruchantrag abgelehnt. Auch der im selben Jahr gegründete »Werftverein« engagierte sich vehement für die Erhaltung der Flugwerft. Ein Gutachten des Bayerischen Landesamts für Denkmalpflege bestätigte, dass eine Sanierung möglich war. 1985 entwickelte das Deutsche Museum ein detailliertes Nutzungskonzept. In einer ersten Phase war die Restaurierung der Flugwerft vorgesehen, in einer zweiten Phase sollte ein unmittelbar an die historische Werft anschließender Neubau für Ausstellungs- und Restaurierungszwecke errichtet werden. Als das Bundesfinanzministerium 1986 die kostenlose Überlassung des gesamten Areals auf Erbpachtbasis an das Deutsche Museum genehmigte, war der entscheidende Schritt getan.[59] Nach dreijähriger Sanierungsarbeit konnte mit dem Anbau begonnen werden. Den 1987 bundesweit ausgeschriebenen Architektenwettbewerb gewann unter 99 Bewerbern das Münchner Architekturbüro Reichert, Pranschke und Maluche. Am 10. Juli 1991 wurde Richtfest gefeiert.

Anhand attraktiver Großobjekte wird in der alten Werfthalle auf 1.450 m² der Spannungsbogen der Luftfahrtgeschichte vom Personen- und Handelsverkehr bis zur militärischen Nutzung und Kriegstechnik dargestellt. Der Westflügel (350 m²) der alten Werft ist der Frühzeit der Luftfahrt mit Pionieren wie Otto Lilienthal, Alois Wolfmüller oder Hans Vollmoeller sowie der Ballon- und Luftschifffahrt gewidmet. In der ehemaligen Kommandantur

---

57 DM Registratur [= noch nicht in das Verwaltungsarchiv übernommene Museumsakten], Akt 005, GD und Direktorenbesprechungen, Prot. der Direktorenbesprechung vom 3. 5. 1983.

58 Prot. der Sitzung des Verwaltungsrats, 13. 11. 1986, DMA, VA 3967.

59 Prot. der Sitzung des Verwaltungsrats, 15. 1. 1986, ebd.

25 Verlagerung von Großobjekten: Transport der Heinkel He III in das Zweigmuseum »Flugwerft Schleißheim«.
DMA, BN R3406–04

wird auf ca. 300 m² die Geschichte des Flugplatzes Schleißheim erläutert. Die neue Ausstellungshalle mit über 5.000 m² zeigt Beispiele von Militär- und Kampfflugzeugen nach dem Zweiten Weltkrieg sowie Strahl-, Wasser-, Segelflugzeuge, Hubschrauber, Kolben- und Strahltriebwerke und Stern- motoren. Mit der Flugwerft Schleißheim baute das Deutsche Museum den Schwerpunkt auf dem Gebiet der Luftfahrt aus, der mit der 1984 eröffneten Luftfahrtausstellung im Haupthaus auf der Museumsinsel etabliert worden war.

Die Flugwerft entwickelte sich rasch zu einem Publikumsmagneten. Schon im ersten Jahr kamen über 150.000 Besucher, im August 2000 wurde die Milli- onengrenze überschritten. Auch die Ausstellungen expandierten. Die Zahl der Sammlungsobjekte verdoppelte sich innerhalb von zehn Jahren, wobei insbe- sondere auch Flugzeuge der ehemaligen DDR übernommen wurden.

Die Flugwerft bildet ein Forum für alle an der Luftfahrt Interessierten. Darüber hinaus hat sie sich von Anfang an ein grenzüberschreitendes Thema – das Verhältnis von Kunst und Technik – zu eigen gemacht und in viel beachteten Sonderausstellungen behandelt.[60] Einen Höhepunkt bildete 1997 eine Ausstellung über den Maler Paul Klee, der während des Ersten Welt- kriegs einen Teil seines Militärdienstes in Schleißheim verbracht und dies in Bildern und Notizen verarbeitet hatte.[61]

---

60 Die Ausstellungen »Kunstflug« (12. 9. 1993–30. 1. 1994) und »Anvisiert« (30. 9. 1994–29. 1. 1995) wurden in Zusammenarbeit mit der Münchner Kunstakademie ausgerichtet. Eine weitere Sonder- ausstellung zeigte »Flug-Skulpturen« von Christoph Bergmann; vgl. Andrea Lucas: Die Wandlun- gen des Ikaros. Künstlerische Darstellungen des Fliegens von der Antike bis zur Moderne. In: Kul- tur & Technik 17 (1993), S. 10–19.
61 Margareta Benz-Zauner/Werner Heinzerling (Hrsg.): Paul Klee in Schleißheim – und ich flog. Ausstellungskatalog. München 1997.

Drei Jahre später, am 3. November 1995, konnte mit dem Deutschen Museum Bonn eine zweite Dependance eingeweiht werden. Schon 1989 lag dem Verwaltungsrat des Museums das Angebot des Wissenschaftszentrums des Stifterverbandes für die Deutsche Wissenschaft vor, dem Deutschen Museum Räumlichkeiten mit insgesamt 1.200 m² Fläche für eine Dauerausstellung zur Verfügung zu stellen. Die Idee wurde von der Museumsleitung sofort aufgegriffen und ein Eröffnungstermin im Jahr 1991 ins Auge gefasst.[62] 1990 entbrannte eine kontroverse Diskussion um den sich abzeichnenden Hauptstadtwechsel von Bonn nach Berlin. Dabei stand die Frage im Zentrum, ob es nicht sinnvoller wäre, sich nach dem Ort des Regierungssitzes zu orientieren – doch die Museumsleitung hielt an dem Standort Bonn fest.[63] Durch die Verlagerung des politischen Machtzentrums der Bundesrepublik veränderte sich auch die Funktion des Deutschen Museums Bonn, die nicht mehr durch die Nähe zur politischen Entscheidungsfindung gegeben war. Die Standortwahl war nun vor allem durch die Entwicklung und Expansion des Wissenschaftsraums Bonn/Köln/Aachen begründet.

Das neue Museumsprojekt ist ein Gemeinschaftsunternehmen verschiedener Partner. Der am 26. November 1992 geschlossene Vertrag legte die einzelnen Beteiligungen fest. Das Sitzland Nordrhein-Westfalen finanzierte den Umbau des Gebäudes mit einem Investitionszuschuss von 6,3 Mio. DM, der Stifterverband stellte weitere 1,41 Mio. DM Anfinanzierung sowie die Räume vorläufig mietfrei zur Verfügung, die Stadt Bonn bezuschusste die Betriebskosten und Personalkosten mit jährlich 900.000 DM. Konzept und Inhalte waren Produkt des Deutschen Museums München, Leitung und Verantwortung für die Gestaltung lagen in München. Das Zweigmuseum ist eine Abteilung des Deutschen Museums München, seine Exponate wurden in die Sammlungen eingegliedert.[64]

Nach Abschluss der Rohbauarbeiten im November 1993 konnte der Aufbau beginnen. Die Projektleitung übernahm Peter Frieß, die Ausstellungsgestaltung in Abstimmung mit den Verantwortlichen im Deutschen Museum das renommierte Gestaltungsbüro Rolf Zehetbauer. In Absprache mit einem eigenen Wissenschaftlichen Beirat wurde im Dezember 1994 das Ausstellungskonzept vorgelegt. »Deutsches Museum Bonn – im Gespräch mit Wissenschaft und Technik« lautete nun der programmatische Name des Zweigmuseums.

Das Bonner Museum konzentriert sich ausschließlich auf die Entwicklung von Forschung und Technik seit 1945. Anhand von Beispielen aus For-

---

62 Prot. der Sitzung des Verwaltungsrats, 10. 10. 1989, DMA, VA 3967.
63 Prot. der Sitzung des Verwaltungsrats, 28. 3. 1990, ebd.
64 S. dazu und zum Folgenden DM Registratur, Akt DM Bonn 037.

schungslabors der Industrie, der Universitäten und staatlich geförderter Einrichtungen werden Strukturen, Organisation und Ergebnisse von Forschung fassbar gemacht. Das Zweigmuseum ist zeithistorisch ausgerichtet, Forschung und Technik nach 1945 werden als gesellschaftspolitisches Thema begriffen und dabei vor allem auch Entwicklungen der Lebenswissenschaften Biologie und Medizin dargestellt, die bislang aus dem Museumskanon ausgeklammert waren. Hiermit ist die Kernaussage verbunden, dass sich an der Wende vom 20. zum 21. Jahrhundert ein Wechsel der Leitwissenschaft von der Physik zu den Biowissenschaften abzeichnet.[65]

Nicht nur inhaltlich wurde ein neues Konzept vorgelegt, auch in der Präsentation der Themen wurden neue Formen gesucht. Der Untertitel »im Gespräch mit Wissenschaft und Technik« verweist auf den Dialogcharakter des Museums. Akteure aus Wissenschaft, öffentlichem Leben und Industrie führen vor Ort Gespräche über Forschung und Technik nach 1945. Der Museumsbesucher kann über moderne Medien, Tonaufzeichnungen, Videos und Bildtelefone an diesen Gesprächen teilnehmen.

Auch die Einteilung der fünf Ausstellungsgruppen spiegelt den kontextuellen, gesellschaftsbezogenen Ansatz der musealen Darstellung von Technik und Wissenschaft wider. Der erste Bereich »Elementares« zeichnet am Beispiel herausragender Entdeckungen in Deutschland die Bedeutung der Grundlagenforschung nach. »Eisbrechen« analysiert am Beispiel der in West- und Ostdeutschland unabhängig voneinander durchgeführten Polarforschung die Rolle des geteilten Deutschlands während des Kalten Kriegs und nach dem Fall der Berliner Mauer. »Zwischen Himmel und Hölle« zeigt die Ambivalenz von Forschung und Technik. »Grenzgänger« ist der fachübergreifenden und internationalen Forschung gewidmet. »Tradition – Vision« stellt abschließend die etablierten Forschungsschwerpunkte des Maschinenbaus, der Chemie und der Elektrotechnik den neuesten Ergebnissen und künftigen Entwicklungen auf dem Gebiet der Biologie und Neurophysiologie gegenüber.

Das Deutsche Museum Bonn hat sich in kürzester Zeit zu einem der erfolgreichsten Ausstellungsangebote des Deutschen Museums insgesamt entwickelt und sich innerhalb der Museumslandschaft vor allem auch als Plattform für den Dialog zwischen Wissenschaft und Öffentlichkeit etablieren können.[66]

Die dritte Außenstelle, das »Deutsche Museum Verkehrszentrum«, wurde innerhalb Münchens auf dem Gelände der früheren Messe auf der Theresien-

---

65 Vgl. dazu im Detail den voluminösen Ausstellungskatalog von Peter Frieß/Peter Steiner (Hrsg.): Deutsches Museum Bonn. Forschung und Technik nach 1945. München 1995.

66 S. dazu kursorisch Peter Frieß: Das Museum. Medium im Netz der Medien. In: Marc-Denis Weitze (Hrsg.): Public Understanding of Science im deutschsprachigen Raum. Die Rolle der Medien. München 2001, S. 174–178.

höhe errichtet. Seit 1994 war der Umzug der Messe auf das ehemalige Flugha-
fengelände in Riem bereits geplant, und fest stand auch, dass von insgesamt
25 Messegebäuden nur drei erhalten bleiben würden. Diese 1908 von Gabriel
von Seidl konzipierten Hallen galten schon bei ihrer Erbauung als architektonische Sehenswürdigkeit und standen unter Denkmalschutz. Bei den Planungen für die weitere Verwendung dieser Hallen sollte einer kulturellen Nutzung der Vorzug gegeben werden. Unter mehr als zehn Bewerbern – darunter
der Bayerische Musikrat, das Orgelmuseum Valley, der Münchner Schau-
steller-Verein und die Naturkundlichen Sammlungen – erhielt 1996 das
Deutsche Museum den Zuschlag.[67] Das vorgelegte Grobkonzept einer ver-
kehrshistorischen Ausstellung fiel auf »fruchtbaren Boden«, zumal schon
1925, 1953 und 1965 auf dem Messegelände große Verkehrsausstellungen statt-
gefunden hatten.[68] Ausschlaggebend war die Entscheidung und finanzielle
Unterstützung der Bayerischen Staatsregierung, die in der Regierungserklärung des Ministerpräsidenten Edmund Stoiber vor dem Bayerischen Landtag
am 23. Mai 1996 zum Ausdruck kam: »In den denkmalgeschützten Messehallen auf der Theresienhöhe in München wollen wir dem Deutschen Museum
die notwendige Erweiterungsfläche schaffen. Mit 19 Millionen DM wird dort
ein Verkehrsmuseum entstehen, wenn die Stadt München das Vorhaben
durch grundstocksfähige Überlassung der jetzigen Messehallen unterstützt.«[69]
Die Stadt München gab noch in demselben Jahr ebenfalls ihre Zusage, dieses
Vorhaben mitzutragen und dem Deutschen Museums das Grundstück
unentgeltlich im Erbbaurecht zu überlassen. Darüber hinaus verpflichtete
sich die Stadt zu weiteren großzügigen finanziellen Unterstützungen.[70]

Die neu hinzugewonnene Ausstellungsfläche in allen drei Hallen umfasst
rund 10.000 m². Bei den Sanierungsmaßnahmen und ausstellungsgerechten
Umbauten waren jedoch große bautechnische und statische Schwierigkeiten
zu überwinden, die mit hohen Kosten verbunden waren. Die Stadt München
und der Freistaat sagten dabei zu, die gegenüber den früheren Planungen
gestiegenen Kosten paritätisch zu teilen.[71]

---

67 Von der Jahrhundertchance »Deutsches Museum – Verkehrsausstellungen« und einer neuen Offenheit für weltweite Kooperation. Rede des Generaldirektors Wolf Peter Fehlhammer vor dem
Kuratorium am 7. Mai 1998 (Sonderdruck), S. 2.

68 S. dazu Peter Frieß u. a.: Ein Verkehrsmuseum für München: Ideen zur Nutzung der denkmalgeschützten Hallen auf der Schwanthaler Höhe. In: Kultur & Technik 20 (1996), H. 3, S. 10–17,
und Gerdi Maierbacher-Legl: Drei Hallen – und viel Verkehr. Die drei großen historischen
Münchner Verkehrsausstellungen. In: Ebd., S. 18–25.

69 Zit. in: Das Neue Deutsche Museum. Rede des Generaldirektors Wolf Peter Fehlhammer vor dem
Kuratorium am 7. Mai 1997. In: Kultur & Technik 21 (1997), H. 3, S. 1/2.

70 OB Christian Ude an Kurt Faltlhauser, Leiter der Bayerischen Staatskanzlei, 11. 9. 1997, DM Registratur.

71 Berechnet wurden für die Sanierungsmaßnahmen 54 Mio. DM, davon für den museumsgerechten
Umbau 32 Mio. DM und für die Ausstellungen in der ersten Ausbaustufe 13 Mio. DM.

Das inhaltliche Konzept des Verkehrszentrums betont einen neuen Ansatz. Die spartenorientierte Darstellung von Technik und Wissenschaft, welche die traditionellen Verkehrsausstellungen auf der Museumsinsel prägen, wird aufgebrochen. Es soll keine Verkehrsmittelausstellung vorgestellt, sondern Verkehr und Mobilität als vernetztes System von verschiedenen Verkehrsträgern, von technischen und sozialen Bedingungsfaktoren aufgezeigt werden. Verkehr und Mobilität wird in jeder der drei Hallen unter einem zentralen Leitthema präsentiert: Stadtverkehr (Halle I), Reisen (Halle II), Mobilität und Technik (Halle III).[72]

Am 9. Mai 1999 übergab Oberbürgermeister Christian Ude die Gebäude offiziell dem Deutschen Museum. Ein Jahr später wurde in Zusammenarbeit mit BMW, industrieller Gründungspartner des Verkehrszentrums, die Sonderausstellung »Clean Energy – Fahren mit Sonne und Wasser« über den Einsatz von Wasserstoff in der Fahrzeugtechnik eröffnet. Am 11. Mai 2003 nahm das Verkehrszentrum mit der Halle III »Mobilität und Technik« den Dauerbetrieb auf.

Vom Kongress-Saal zum Forum der Technik

Ein weiteres Großprojekt, das in den 1980er-Jahren begonnen und 1992/93 abgeschlossen war, betraf die Nutzung des Kongress-Saals, den German Bestelmeyer 1928 bis 1935 anschließend an den Bibliothekstrakt erbaut hatte. Der Bau konnte auf eine durchaus bewegte Vergangenheit zurückblicken.

> »Von Oskar von Miller als dritter Arm des Deutschen Museums konzipiert, für Massenkundgebungen der NS-Partei zweckentfremdet, als Basketball-Halle für amerikanische Besatzungssoldaten instandgesetzt, als Kino zur Geldbeschaffung für den Wiederaufbau der Sammlungen betrieben, als Ort von Kongressen und Konzerten bekannt geworden – das ist der Kongressbau des Deutschen Museums mit nur einigen Aspekten seiner turbulenten Geschichte.«[73]

Jedoch hatten Entwicklungen in unmittelbarer Nachbarschaft, vor allem der Bau des Kulturzentrums Gasteig, dem Kongress-Saal eine wichtige Grundlage seiner Existenz als Veranstaltungsort entzogen. International hoch renommierte Konzerte waren abgewandert, und der Kongress-Saal sah sich der Gefahr ausgesetzt, mehr recht als schlecht in ein äußerst heterogenes und breit

---

72 Vgl. Bettina Gundler: Deutsches Museum Verkehrszentrum: a new museum for transport and mobility in Munich. In: Helmuth Trischler/Stefan Zeilinger (Hrsg.): Tackling Transport. London 2003, S. 159–166.

73 Pressemitteilung für die Veranstaltung im Presseclub am 27. 11. 1989, DM Registratur, Akt 036 FdT/TBZ I.

gefächertes Vermietungsgeschäft zu versinken. Damit waren ernsthafte recht-liche Probleme verknüpft, die über den wirtschaftlichen Aspekt und den dro-henden Rückgang der Vermietungseinnahmen hinaus in den Augen der Museumsleitung ein Handeln erforderlich erscheinen ließen. Man befürchte-te, dass der unbefristete Erbbaurechtsvertrag mit der Stadt München gekün-digt würde, wenn das Gebäude nicht mehr dem Satzungszweck des Deut-schen Museums entsprechend genutzt werde. Weitere Gründe waren dadurch gegeben, dass der Kongress-Saal ohnehin einer baldigen baulichen Sanierung bedurfte. Darüber hinaus bestand museumsintern der Wunsch nach einem größeren und modernisierten Planetarium. Das bestehende Zeiss-Planeta-rium erschien zu klein und veraltet und war an einer für den wachsenden Besucherandrang ungünstigen Stelle platziert. Ein IMAX-Theater, das nach angloamerikanischem Vorbild in dem künftigen Gebäude eingebaut werden sollte, war als gewinnbringende Einnahmequelle gedacht.[74]

Diese Ideen einer neuen Verwendung und eines entsprechenden Umbaus kamen schon 1983 zur Sprache.[75] Im Jahr darauf beauftragte das Bayerische Kultusministerium das Museum, ein neues Nutzungskonzept für den Kon-gress-Saal zu finden.[76] In ersten Gesprächen 1985 mit Oberbürgermeister Hans Georg Kronawitter über eine Umgestaltung des Kongress-Saals zeigte sich die Stadt an der Idee eines künftigen »Technischen Bildungszentrums« mit neuem Planetarium und IMAX-Auditorium durchaus interessiert. Da-raufhin leitete das Museum eine detaillierte Prüfung der Nutzungsmöglich-keiten und Kostenanalysen ein. Erste Ergebnisse lagen im Frühjahr 1987 vor.[77]

Das neue Technische Bildungszentrum wurde analog zum Kulturzentrum im Gasteig verstanden und sollte durch ein entsprechendes Bildungs- und Wissenschaftsangebot sinnvolle Ergänzung bieten. Zudem sollte das Zent-rum der Industrie Ausstellungsflächen zur Verfügung stellen, um den Dialog zwischen Wirtschaft und Gesellschaft zu intensivieren.[78] Neben dem Zeiss-Großplanetarium und dem IMAX-Theater wurden mehrere Vortrags- und Seminarräume für 10 bis 250 Personen sowie Ausstellungs- und Präsenta-tionsflächen von rund 2.000 m² geschaffen.

Als Träger des Forums gründete man am 8. August 1990 eine Betriebs-gesellschaft mbH.[79] Durch Beteiligung zahlreicher Unternehmen konnte das

---

74 Prot. der Sitzungen des Verwaltungsrats, 16. 10. 1985 und 10. 10. 1988, DMA, VA 3967.

75 Prot. der Direktorenbesprechung, 19. 4. 1983, DM Registratur, Akt 004 Verwaltungsrat 1986–1992.

76 Bayerisches Staatsministerium für Unterricht und Kultus an Deutsches Museum, 16. 9. 1984, zit. nach der Pressemitteilung für die Veranstaltung im Presseclub am 27. 11. 1989, DM Registratur, Akt 036 FdT/TBZ I.

77 Prot. der Sitzung des Verwaltungsrats, 16. 10. 1985, DMA, VA 3967; Gesprächsnotizen 1987–1990, DM Registratur, Akt 036 FdT/TBZ II.

78 Schreiben von Otto Mayr, 7. 9. 1987, ebd.

79 Prot. der Sitzung des Verwaltungsrats, 10. 10. 1989, DMA, VA 3967.

erforderliche Betriebskapital erbracht werden. Hauptgesellschafter des am 9. November 1992 eröffneten Forums waren neben dem Deutschen Museum die Bayerische Hypotheken- und Wechselbank, Dyckerhoff & Widmann, GVG Gründstücks-Verwaltungs- und Verwertungsgesellschaft, Kinemato- graph Film GmbH, Rhode & Schwarz, Siemens, BMW sowie die Stadt Mün- chen.

Die größte Attraktion stellt bis heute das IMAX-Theater dar, das 350 Zuschauerplätze fasst. Die gezeigten Filme werden mit einer Spezialkamera auf 70 mm-Format aufgenommen und auf einer Leinwand von 22 m Breite und 16 m Höhe projiziert. Dieses filmische Totalerlebnis wird durch ein Tonsystem von 30.000 Watt Leistung ergänzt. Das neue Zeiss-Großplane- tarium konnte erst ein Jahr später, am 9. Dezember 1993, den Betrieb auf- nehmen. Es gilt als weltweit modernste Anlage mit einem Projektor, der das gesamte Sonnensystem abbilden kann, ergänzt durch Mutimediagerä- te, Videoprojektoren und eine Laseranlage. Schon im ersten Betriebsjahr nahmen 1,4 Millionen Besucher die verschiedenen Angebote des Forums wahr.

Das Forum der Technik wurde privatrechtlich betrieben und sollte sich deshalb wirtschaftlich selbst tragen. Jedoch wurde diese Erwartung bald durch ernüchternde Bilanzdaten getrübt. Lediglich das IMAX-Theater war ein wirtschaftlicher Erfolg und konnte lange Zeit die anderen Teile des Forums, die wenig genutzt wurden, am Leben erhalten. Nach Insolvenz der letzten Betreibergesellschaft, einer Tochter der H5B5 Medien AG, im April 2002 übernahm am 1. November 2002 die Amazeum-Betriebsgesellschaft das Forum, das sich entgegen der Wahrnehmung durch die Öffentlichkeit, die es als Teil des Deutschen Museums sah, weitestgehend von diesem entkoppelt hatte. Die Zusammenarbeit mit dem Deutschen Museum soll künftig inten- siver gestaltet, das Museumsangebot durch eine multimediale Erlebniswelt ergänzt werden.[80]

Aktualisierung und Neue Technologien

Viele Entwicklungen der Museumsarbeit in den 1990er-Jahren zielten auf eine stärkere Aktualisierung der Ausstellungen. Das Deutsche Museum Bonn fokussiert die bundesdeutsche Zeitgeschichte mit Blick auf die Gegenwart und Zukunft, ebenso das Deutsche Museum Verkehrszentrum, das sich auch als Plattform für den öffentlichen Dialog über Probleme des aktuellen Ver- kehrsgeschehens versteht.

---

80 Süddeutsche Zeitung v. 11. 12. 2002, S. 42: »Ende einer Leidensgeschichte«.

Schon in den 1970er-Jahren waren Aktivitäten zu einer Aktualisierung des Museums gestartet worden. Sonderausstellungen wie z. B. über Raumfahrt oder über moderne Chemiefasern sollten über neueste Entwicklungen in Wissenschaft und Technik informieren. Die Museumsleitung hoffte, dadurch mittelfristig die Zahl der Museumsbesucher zu verdoppeln.[81]

Eine umfassende Aktualisierung der gesamten Museumsarbeit setzte sich vor allem der 1993 neu ernannte Generaldirektor Wolf-Peter Fehlhammer zum Ziel. Dies sollte als »erweiterter Bildungsauftrag« des Museums verstanden werden, »der in einer Zeit extremer Verunsicherung über den Wert wissenschaftlich-technischen Fortschrittes dem Deutschen Museum zufällt«.[82]

Mit großem Erfolg wurde 1993 die Tradition der Wintervorträge unter dem programmatischen Titel »Wissenschaft für jedermann« wieder aufgenommen, neueste Ergebnisse aus Forschung und Technik wurden einem breiten Publikum vorgestellt. Ab 1995 wurden regelmäßig Forschungswochen in Zusammenarbeit mit anderen Forschungseinrichtungen wie etwa der Max-Planck-Gesellschaft veranstaltet und aktuelle Themen durch Referate und Experimentalvorträge herausragender Wissenschaftler auch kontrovers zur Diskussion gestellt. Ein weiteres Angebot für den Museumsbesucher bildeten sog. »Aktuelle Ecken«, die als wechselnde Sonderausstellungen auf kleinem Raum konzipiert waren. Anlässlich der Nobelpreisverleihungen wurden jeweils unmittelbar nach der Entscheidung der Schwedischen Akademie die Preisträger der Chemie und Physik und deren wissenschaftliche Errungenschaften präsentiert.

Das Thema der wissenschaftlichen Exzellenz und Kreativität nahm 2001 auch die viel beachtete Sonderausstellung »nobel! – 100 Jahre Nobelpreis« auf, die als Kooperation des Deutschen Museums Bonn und des National Museum of American History entwickelt worden war. Zu einem Exporterfolg wurde die 1999 im Deutschen Museum produzierte Sonderausstellung »unter die Haut – Bildgebende Verfahren in der Medizin«, die in mehreren internationalen Schwestermuseen noch bis heute gezeigt wird.

Nicht nur die handfesten Produkte der Museumsarbeit, sondern auch die Wege der Vermittlung wurden aktuellen Entwicklungen angepasst. Der aus dem angloamerikanischen Raum übernommene Ansatz des »Public Understanding of Science« (PUS) – in Deutschland entsprechend des umfassenderen Verständnisses von Wissenschaft um »and Humanities« erweitert – wurde aufgenommen und nicht nur als Forschungsschwerpunkt über das Verhältnis von Wissenschaft und Öffentlichkeit, sondern auch in Form von Vorträgen

---

81 DMA, JB 1970, S. 11.
82 Jahresrückblick des Generaldirektors, DMA, JB 1993, S. 3; zum Folgenden ausführlich, mit weiterführender Literatur, der Beitrag von Fehlhammer in diesem Band.

als eigene Publikationsreihe sowie als jährliche Workshops in das Museumsangebot übernommen.

Die 1990er-Jahre waren geprägt von einer steten Aktualisierung der
Museumsarbeit auf allen Gebieten, aber auch von dem Blick auf die
Geschichte. Das 100-jährige Jubiläum des Deutschen Museums im Jahr
2003 warf seine Schatten voraus und sollte gleichzeitig im Vorfeld Anlass
sein, um Strukturen, Arbeitsprozesse und Angebote des Deutschen
Museums einer umfassenden Analyse zu unterwerfen. Unter dem jubi-
läumsbezogenen Titel »Vision 2003« wurde in Zusammenarbeit mit der
Unternehmensberatung McKinsey eine Studie zur institutionellen Stärkung des Deutschen Museums vorgelegt. Neben organisatorischen Neuerungen wie einer Neuordnung des Bildungsbereichs als Hauptabteilung
Programme (1995), der Einführung einer Stabsstelle »Planung & Steuerung« (1995) und der Erweiterung des Marketingbereichs (2001), resultier-
ten daraus auch inhaltliche Anstöße in Richtung fachübergreifender Ausstellungen. Zusätzlich zum künftigen Zweigmuseum für Verkehr firmierten
nun als Großprojekte insbesondere die Neugestaltung der Abteilung Chemie und die Aufnahme neuer Technologien.

Als erste Ausbaustufe der Erneuerung der Chemie konnte am 7. Mai 2000
die Pharmazie als Dauerausstellung eröffnet werden. Im Mittelpunkt dieses
erstmaligen Ausweitens des Museums auf die Lebenswissenschaften stehen
die biotechnischen Vorgänge im menschlichen Körper, die Abläufe im gesun-
den und kranken Körper sowie die Möglichkeiten, durch den Einsatz chemischer Stoffe diese Reaktionen zu beeinflussen. Ein besonderer Akzent liegt
auf der Darstellung aktueller pharmazeutischer Forschung. Die Ausstellung
galt auch als Testfall für die museale Umsetzbarkeit von Themen, zu denen
kaum Exponate im klassischen Verständnis verfügbar sind. Die historische
Apotheke wurde mit großem restauratorischen Aufwand räumlich versetzt
und in die neue Ausstellung integriert. Im Zentrum der Ausstellung steht ein
begehbares Modell einer menschlichen Körperzelle in 350.000-facher Vergrößerung.

Das Motto der Ausstellung »You are chemistry – auch Du bist Chemie«
spricht eine von acht zentralen Botschaften des Projekts »Chemistry for life«
an, eine vom europäischen Dachverband ECSITE koordinierte Kooperation
von rund einem Dutzend europäischer Museen und Science Centres, welche
die Ausstellung vorbereitete und wissenschaftlich begleitete. Einige Ausstellungseinheiten wurden im Rahmen dieses europäischen Gemeinschaftsunter-
nehmens produziert, um sie auch in anderen Museen oder Science Centres
zeigen zu können.

Die 1991 gegründete European Collaborative for Science, Industry and
Technology Exhibitions (ECSITE) stellte einen neuen Bezugspunkt des

26   Wissenschaftstheater im Deutschen Museum: »Galileo – Wie ich den Himmel abschaffte«;
Aufführung in der Abteilung Physik am 5. Juni 2001.
DMA, BN L5645–08

Museums dar. In Zusammenarbeit mit diesem internationalen Verbund von Technik-, Wissenschaftsmuseen und Science Centres konnten eine Reihe weiterer europäischer Gemeinschaftsprojekte entwickelt werden.[83] Die in den 1970er-Jahren aufbrechende Kluft zwischen der Science Centre-Bewegung und dem Deutschen Museum sollte durch die verstärkte Kooperation innerhalb von ECSITE aufgehoben werden, und das Deutsche Museum stellte sich gezielt als Partner für den Aufbau von Science Centres in Deutschland zur Verfügung.

Die Aufnahme neuer Themen und Methoden und die Vermittlung aktueller Bezüge begegnete nicht zuletzt auch der in den 1970er-Jahren vorgetragenen Kritik an der Konzeption des Deutschen Museums, das sich primär an der Darstellung von Technik und Naturwissenschaft in Form von Entwicklungsreihen orientierte. Darüber hinaus wurden durch eine Vielzahl zusätzlicher Vermittlungsmethoden neue Besucherschichten angesprochen. Das Programmangebot »Kunst und Wissenschaft« bzw. »Kunst und Technik« beinhaltet Ausstellungen[84], szenische Lesungen[85], Performances[86] und Thea-

83   U. a. EPOS (European Project on the Sun), ISCOM (Improving Science Communication in Science Museums and Science Centres), ChEM (Chemistry in European Museums resp. Chemistry for Life), BIONET (Life-Science-Ausstellung im Internet) und GREEN BIOTECH.

84   Ausstellungen in der Flugwerft Schleißheim (»Paul Klee – und ich flog«, »Kunstflug«, »Anvisiert«, »Flug-Skulpturen«), im Deutschen Museum Bonn (»art & brain-Installationen«) sowie zahlreiche Ausstellungen auf der Museumsinsel.

85   Szenische Lesung des Bühnenstücks von Carl Djerassi »Unbefleckt« (2000), szenische Lesungen innerhalb der langen Nacht der Museen.

86   »Maschine tanzt 1« von »ArtGenossen« 2001, Musikperformances im Turm des Deutschen Museums (»up & down«, 2001).

27   Biotechnologie: Übergabe der Evolutionsmaschine von Manfred Eigen für das Nano-Labor des
Zentrums Neue Technologien am 15. Januar 2002.
DMA, BN L5691-25

teraufführungen[87]. Vor allem im Bereich des »Wissenschaftstheaters« hat das
Deutsche Museum eine Vorreiterrolle in der deutschen Wissenschaftslandschaft übernommen.

Der Auszug der Abteilungen für Straßen- und Schienenverkehr im Rahmen der Vorbereitungen für das Verkehrszentrum bot auch die Möglichkeit,
aktuelle Themen aus Wissenschaft und Technik aufzugreifen. Zudem kop-
pelte die Bayerische Staatsregierung die Unterstützung und finanzielle Förderung dieses Projekts an die Erwartung, die freiwerdenden Flächen auf der
Museumsinsel für das Thema der Neuen Technologien zu nutzen.[88] Gleichzeitig erfüllten die Planungen für das Zentrum Neue Technologien (ZNT)
den schon lang gehegten Wunsch nach einem großen, multifunktionalen
Veranstaltungsort, der Raum für Vorträge, Filme, Live-Übertragungen aus
Forschungslabors, Diskussionsforen oder Experimentalvorträge bietet und

87   »Theatertage im Deutschen Museum« 23. 11. –10. 12. 2001, »Oxygen« von Carl Djerassi und Roald
Hofmann, »Kopenhagen« von Michael Frayn; s. dazu Marc-Denis Weitze in Zusammenarbeit mit
Davy Champion (Hrsg.): »Oxygen«: Wissenschaft im Theater. Begleitbuch zur deutschsprachigen
Erstaufführung. München 2001.
88   Regierungserklärung des bayerischen Ministerpräsidenten vom 23. 5. 1996, zit. in: Kultur & Tech-
nik 21 (1997), H. 3, S. 1/2.

dementsprechend medial ausgestattet ist.[89] Die Realisierung einer solchen Plattform durch Überdachung des ersten Bibliotheksinnenhofs war bereits in den ausgreifenden Planungen der 1960er-Jahre zeitweise ventiliert worden. In den Jahren 1984/85 und 1994/95 wurden erneut Planungen für moderne Vortragssäle in den Bibliothekshöfen – mit und ohne Unterkellerung – aufgenommen, aber aufgrund zu hoher Kosten jeweils erneut verworfen.[90] Nun standen hierfür Flächen innerhalb des Museumsbaus zur Verfügung, die in Kombination mit dem ZNT für dieses über mehrere Jahrzehnte hinweg betriebene Projekt genutzt werden sollen.

Der inhaltliche Fokus des ZNT liegt auf den sog. Schlüsseltechnologien des 21. Jahrhunderts: die softwaregestützten Informationstechnologien sowie die Molekularbiologie und die Nanotechnologie. Ein Nano-Labor, das bereits 2002 seinen Betrieb aufgenommen hat, inszeniert den Ort der Forschung mit seinen Instrumenten wie Rastersonden, Spektrometer, Sequenziergeräte oder Mikroinjektionsapparate. In anwendungsbezogener Perspektive will das ZNT, dessen Realisierung derzeit für 2007 geplant ist, Themenfelder darstellen, die das Deutsche Museum bislang kaum präsentiert hat: Medizintechnik, Erdsystemforschung und Umwelttechnik. Um Vernetzungen transdisziplinärer Forschung aufzuzeigen, werden auch virtuelle Verknüpfungen hergestellt.

Resümee

Drei Jahrzehnte nach dem Appell des damaligen wissenschaftlichen Direktors Hermann Auer, das Deutsche Museum solle den Anspruch eines Universalmuseums aufgeben,[91] stellt sich das Museum in einer gegenüber der Situation von 1970 stark veränderten Form dar. Ein wichtiger Strang dieses Wandels war die Professionalisierung der Binnenstrukturen und Arbeitsabläufe von der Installierung eines Generaldirektors 1970 bis zur Einführung von jeweils spezialisierten Projektmanagements in den 1990er-Jahren. Hier wurden wichtige Grundlagen gelegt, der Prozess ist jedoch noch nicht vollständig abgeschlossen.

Auch inhaltlich wurden wesentliche Veränderungen eingeleitet. Seine Stärke gewann das Deutsche Museum in den 1970er- und 1980er-Jahren aus der Akzentuierung bestimmter Aufgabenfelder. Am offenkundigsten war dies

---

89 Grundausrichtung des ZNT, Walter Hauser, 18. 12. 2002.
90 Entwurfsplanung für das Zentrum Neue Technologien: Umbau der Eisenbahnhalle mit Vortrags- und Veranstaltungsraum, Walter Hauser, 18. 12. 2002; s. auch den Beitrag von Mayr in diesem Band.
91 DMA, JB 1969, S.23.

in den Bereichen der Bildung und Forschung, die als Säulen der Museumsarbeit mit neuen Inhalten gefüllt wurden und mit neuen Methoden operierten. Maßgeblich war dabei, dass es gelang, sich auf breiter Front in das deutsche Bildungssystem und in eine zunehmend transnational geprägte Forschungslandschaft einzupassen. Mit dem Kerschensteiner Kolleg (1976) und dem Münchner Zentrum für Wissenschafts- und Technikgeschichte (1997) wurden Einrichtungen geschaffen, die das Deutsche Museum als einen international führenden Standort der Erforschung und Darstellung einer von Wissenschaft und Technik geprägten Kultur profilierten. In dieses Bild passt auch, dass die Bibliothek des Museums sich als vernetzte Forschungsbibliothek für Technik- und Wissenschaftsgeschichte neu aufstellte und das Archiv sich zu einem führenden Spezialarchiv für die Geschichte der Naturwissenschaften und der Technik entwickelte.

Die 1990er-Jahre sahen eine starke Expansion des Deutschen Museums mit heute drei Zweigmuseen, die Raum bereit stellten, um neue, aktuelle Themenfelder aufzugreifen. In diesen Filialen und in dem im Zusammenhang mit der Gründung des Verkehrszentrums installierten Zentrum Neue Technologien wurden Schritte eingeleitet, sowohl inhaltlich als auch methodisch innovative Wege der Darstellung und bildungsbezogenen Vermittlung einzuschlagen.

TEIL II

Querschnitte: Die Museumskonzeption zwischen Kontinuität und Wandel

DER WEISS-BLAUE GLOBUS:
SCHIFFFAHRT UND MEERESKUNDE

Jobst Broelmann

Die Gründungsgeschichte des Deutschen Museums ist in zahlreichen Veröffentlichungen behandelt worden.[1] Bei der großen Vielfalt seiner Themenfelder stößt jede Pauschalisierung als monolithischer Entwurf eines Technikmuseums an ihre Grenzen, und es ist der Versuch angebracht, die Originalität und die Tragfähigkeit der Gedanken Oskar von Millers in einzelnen Fachgebieten und über größere Zeiträume zu verfolgen.

Miller selbst stand zweifellos herausragend, aber keineswegs isoliert in den Strömungen seiner Zeit, was die Frage aufwirft, ob er als Schöpfer eines neuen Museumstyps oder als geschickter Navigator im »mainstream« zeitgenössischer Moden und politischer Gegebenheiten einzuordnen ist. Der große Zuspruch, den Millers Vorschlag in kurzer Zeit fand, basierte ja darauf, dass ähnliche Absichten und Ausstellungskonzepte bereits existierten und zur Nachahmung drängten oder seine Förderer möglicherweise Millers Bühne für eigene Ziele nutzten. So reklamierte dessen Freund Konrad Oebbeke, Vorstand des mineralogisch-geologischen Laboratoriums der TH München, beim Gründungsaufruf Millers, dass er selbst schon versucht habe, Interesse zu wecken für ein solches Projekt, das er mit den bekannten Einrichtungen der ›Urania‹, Lesezimmern und Vortragssälen beschrieb.[2] Miller erwies sich dann eben als der erfolgreiche Organisator, »Baustellenleiter« oder »Simultanschachspieler«, der das vorhandene Potenzial an Themen und Methoden in zielstrebigem Tempo in einer Kollage zu integrieren verstand.[3]

Angesichts der schnell entworfenen Erwerbungspläne und der großen Zahl geworbener Mitwirkender blieb bisher die Frage offen, wer schließlich für die »Konstruktion dieser technischen Kultur«[4] und für die Qualität ihrer detaillierten Ausführung bürgte. Eine Kritik ist hier neben den häufig zitierten Kommentaren Alois Riedlers hervorhebenswert, zumal sie von einem seiner Gegner stammt: Franz Reuleaux, erfahren in der Beurteilung von Weltausstellungen, kritisierte, dass die ihm vorgelegten Sammlungspläne nicht

---

1 Zur weiterführenden Literatur s. die Beiträge von Weber und Füßl in diesem Band.
2 Oebbeke an Miller, 29. 4. 1903, DMA, VA 0004.
3 Wilhelm Kristl: Der weiß-blaue Despot. München o. J., S. 190.
4 Wilhelm Füßl: Konstruktion technischer Kultur: Sammlungspolitik des Deutschen Museums in den Aufbaujahren 1903–1909. In: Ulf Hashagen/Oskar Blumtritt/Helmuth Trischler (Hrsg.): Circa 1903. Artefakte in der Gründungszeit des Deutschen Museums. München 2003, S. 32–53.

dem Stand der fortgeschrittenen Forschung entsprächen und empfahl strengere Maßstäbe bei der Akquisition. Die Frage nach dem Motiv und der Forschungsbasiertheit des Sammelns ist seither aktuell geblieben.[5]

»Unser Feld ist die Welt«

Um die Rolle der Schifffahrt und Meereskunde in den Museumsgründungen der Jahrhundertwende einordnen zu können, muss die zeitgenössische geopolitische und kulturelle Bedeutung des globalen Raums einbezogen werden. Anders als bei der über die eigene Anschauung vermittelten Präsenz der Himmelskörper, die zu frühen Deutungsmustern der Mythologie, der Astronomie und den klassischen Anwendungen der Mechanik inspiriert hatten, standen viele Kulturen nicht in unmittelbarer Beziehung zu den Meeresphänomenen. In seiner Studie »Le territoire du vide« zeichnet der französische Historiker Alain Corbin den Wandel in der Wahrnehmung der Meeresküsten nach.[6] Den persönlichen Annäherungen an das Meer stand eine in vielfache Facetten gebrochene und gefilterte Übermittlung bis in das Binnenland gegenüber. Die Wahrnehmung und Klassifizierung einer überseeischen Welt vornehmlich über ihr Warenangebot ist bereits auf dem ersten Erdglobus von Martin Behaim des Jahres 1492 festgehalten. Im Zeitalter der europäischen Entdeckungsreisen entwickelten Gewürze und andere Güter ökonomische Anreize und Triebkräfte, kaum anders als das Erdöl oder die Warenströme der heutigen »Globalisierung«. Ob wissenschaftliche Instrumente, exotische Naturalien oder ein aus Handel und Wohlstand erwachsendes Kunstgewerbe – die Welt präsentierte sich über eine Warenkultur, deren materielle Artefakte bevorzugt in die fürstlichen Kabinette und bürgerlichen Sammlungen Eingang finden konnten.

Die Vermittlung fremdländischer oder maritimer Episoden über die Literatur, Sagen und Mythen bot dagegen meist wenig konkret greifbare Bilder. Als Beispiel sei hier nur die griechische Antike mit ihren rätselhaften Trieren genannt, die eine klassische Fragestellung der Technikgeschichte aufwarfen. Nicht ungewöhnlich war daher, auch in bayerischer Tradition, eine Inbesitznahme fremder Kulturen durch eigene Nachbildungen, etwa eines chinesischen Turms oder eines venezianischen Prunkschiffes, des ›Bucentaur‹, auf dem Starnberger See, die sich fremdländisches Flair zu eigen machen suchten.

---

5 Reuleaux an »Vorstand des Meisterwerkmuseums«, 23. 7. 1904, DMA, VA 0026; s. auch Otto Mayr: Wiederaufbau. Das Deutsche Museum 1945–1970. München 2003, S. 135, und den Beitrag von Füßl/Hilz/Trischler in diesem Band.

6 Alain Corbin: Le territoire du vide. L'Occident et le plaisir du rivage 1750–1840. Paris 1988.

Ein dritter Zugang, über die Geowissenschaften, variierte von der individuellen Aneignung bis zur planmäßigen Organisation, die sich zuerst bei den Handelsgesellschaften der Seefahrtsnationen konstituierte. Er lässt sich beispielhaft an zwei Persönlichkeiten verfolgen, die direkt an unsere Thematik heranführen. Die umfassende geografische Darstellung der Erde, als der »Versuch einer physischen Weltbeschreibung« Alexander von Humboldts, entstand, beseelt vom »Willen zur Übersicht«, noch aus einer gigantischen Einzelleistung. Neben seiner Publikation fand sie bereits auch eine populäre Aufbereitung und löste in seiner medialen Veranschaulichung bereits ein »…orama-Fieber« aus.[7]

Als ein »Humboldt der Meere« war dann ein Georg von Neumayer bereits auf breitere Unterstützung angewiesen, die er in Gestalt der einsetzenden national geprägten Geowissenschaften zu nutzen wusste. Forschungsreisen dieser Zeit definierten sich aus den imperialen Hauptanliegen des Kaiserreichs, und dieses wiederum an einer deutschen »Zukunft auf dem Wasser«. »Seemacht und deren Einfluß auf die Geschichte« hieß 1890 ein viel beachtetes Werk des amerikanischen Marinehistorikers Alfred Mahan. In der transozeanisch-imperialen Zukunft habe sogar der stärkste Kontinentalstaat ohne »sea power« nichts mehr zu bestellen. Da die Geographie und das Seekartenwesen im nationalstaatlichen Denken immer auch von militärischem Interesse war, verhalf der deutsche Imperialismus der geographischen Forschung zum Aufschwung. So waren auch die Südpolexpeditionen dieser Zeit imperialistisch begründete Vorstöße auf einen Kosmos, dessen restliche weiße Flecken zusehends von Nationalfarben koloriert wurden.

Georg von Neumayer gehörte zu denen, die sich fern der Küste aus eigener Neigung der Seefahrt zuwandten. Nach einem Studium in München widmete er sich der nautischen Wissenschaft wie auch der Praxis der Seefahrt und der Beobachtung der Meeresphänomene.[8] Nach Treffen mit Humboldt und Liebig errichtete Neumayer in Melbourne ein Observatorium, avancierte nach der Reichsgründung zum Hydrograph der Admiralität und übernahm 1875 die Leitung der Seewarte. Gleichzeitig begann Neumayer mit den Planungen für ein maritimes Museum. Auf der Pariser Weltausstellung 1900 gewann die von Neumayer arrangierte Ausstellungsgruppe der Handelsschifffahrt wegen ihrer planmäßigen Gestaltung besondere Aufmerksamkeit.[9] Für

---

7 Winfried Ranke: Bilder, die die Welt bedeuten. In: Das Kaiserpanorama. Ausstellungskatalog, hrsg. von Berliner Festspiele GmbH. Berlin 1984; Hans Buddemeier: Panorama, Diorama, Photographie. Entstehung und Wirkung neuer Medien im 19. Jahrhundert. München 1970.

8 Georg von Neumayer (1826–1909); vgl. H.-J. Kretzer: Windrose und Südpol. Leben und Werk des großen Pfälzer Wissenschaftlers Georg von Neumayer. Bad Dürckheim 1983.

9 Paul Heinsius: Ein Museum für Deutsche See- und Schiffahrtsgeschichte. In: Marine-Rundschau 61 (1964), S. 250.

eine maßgebliche Beteiligung am konzeptionellen Aufbau des Deutschen Museums war Neumayer, der nach Süddeutschland zurückgekehrt war, dann wohl zu alt. Sein Beitrag beschränkte sich auf eine Ansprache zur Grundsteinlegung 1906.

Die wissenschaftliche und museale Bearbeitung der Meeresforschung wurde indes von der Berliner Universität aufgegriffen. Das neu eingerichtete Ordinariat für physikalische Geographie übernahm Ferdinand Freiherr von Richthofen, der sich als China-Forscher ausgezeichnet hatte, unterstützt von Erich Drygalski. Das daneben geplante und 1906 eröffnete Museum für Meereskunde entsprach in seiner Absicht der Politik, neben Forschung und Lehre auch in der Öffentlichkeit Interesse für das »Seewesen« zu wecken.[10] Dorthin sollten auf Anordnung Wilhelms II. alle Sammlungsgegenstände der Marine und der Seewarte gebracht werden, die nicht für Lehrzwecke benötigt wurden. Dies gibt einen deutlichen Hinweis auf den Rang des Museums, das auch für die Gestaltung der Schifffahrtsabteilung in München beispielhaft wurde. In der Darstellung wechselseitiger biologischer Zusammenhänge ging das Meereskundemuseum jedoch noch weit darüber hinaus, da in der biologischen und der Fischereisammlung bereits verschiedene »Ökosysteme« nachgebaut wurden. Von Richthofen nannte diese Gruppen »Facies«, die »die Vereinigung der typischen Formen zeigen sollten, welche unter einer gegebenen Summe äußerer Bedingungen zusammenleben oder in ihren Lebensfunktionen aufeinander angewiesen sind.« Ein Beispiel hierfür war der Nachbau eines Korallenriffs.[11]

Zu Drygalski, der 1906 nach München wechselte, hielt Miller engen Kontakt. Dass jedoch die Meereskunde und beispielhaft dessen Expedition mit der ›Gauss‹ zu keinem zentralen Thema der Schifffahrtsabteilung wurden, mochte daran gelegen haben, dass der Kaiser enttäuscht war über den wenig spektakulären Erfolg, gemessen in erreichten Breitengraden, die wissenschaftliche Ergebnisse nicht aufwiegen konnten. Die ›Gauss‹ und ihr Instrumentarium wurden bereits 1903 zum Verkauf angeboten. Nur ein Modell fand den Weg in das Museum, und erst in einem Gemälde der 20er-Jahre erhielt die Südpolarexpedition eine späte, historisierende Beachtung.[12] Nicht zuletzt entzogen frühere Spannungen zwischen Drygalski und Neumayer die Basis für eine wirkungsvolle Zusammenarbeit und eine meereskundliche Komponente innerhalb des zuständigen Fachgremiums.

---

10 Vgl. dazu Nauticus. In: Jahrbuch für Deutschlands Seeinteressen 2 (1900), S. 35; Marine-Rundschau 23 (1912), S. 1290f.

11 Aufgetaucht. Das Museum für Meereskunde, hrsg. vom Museum für Verkehr und Technik Berlin. Berlin 1996, S. 95ff.; Vera Isaiasz: Das Museum für Meereskunde. Flottenbau und »marine Biologie«: http://edoc.hu-berlin-de/buecher/arthistory/isaiasz-vera/html. (Stand: 10.7.2003).

12 Drygalski wurde 1933 Vorsitzender des Vorstandrats; DMA, VB 1933, S. 26.

Reisen bildet

Neben den für das Deutsche Museum oft als Wegbereiter genannten technischen Sammlungen dürfen andere einflussreiche Vorbilder für die Museumsgestaltung nicht übersehen werden, die als typische Medienformen der Zeit zu
finden sind. Die Reise als Metapher für Fortschritt und Bildung und das
Durchlaufen einer Entwicklung war längst in literarischen Formen behandelt
worden und bereitete konzeptionell eine spätere »Führungslinie« vor. Die Pa-
rabel moderner Mobilität bei Jules Verne, die freie Verfügbarkeit der Verkehrsmittel beim Durchqueren der Kulisse wechselnder geographischer und kultureller Räume und die Rückkehr zum Ausgangspunkt – »In 80 Tagen um die
Welt« – ist selbst schon als ein Museumskonzept erkannt worden.[13]

Der Exklusivität der individuellen Expeditions- und Bildungsreisen von
Forschern wie Humboldt oder Hagenbeck, über Künstler wie Gauguin oder
Nolde bis zu Ingenieuren und Museumsplanern wie Miller selbst stand auch
hier wieder ein Transfer bestimmter, ausgewählter Inhalte in kleinbürgerliche
Verhältnisse und für ein aufnahmebereites Massenpublikum gegenüber. Das
Panoptikum und die Völkerschau, »Reise-Bildungs-Institute«, »Kaiserpano-
ramen« und die daraus abgeleiteten Großgemälde des Deutschen Museums
sollten eine erschwingliche, kurzgefasste Reise des kleinen Mannes bieten.[14]

Die Souvenirs der Reisen Millers, etwa nach Ägypten oder Indien, entsprachen den Attributen der Völkerschauen, wenn sie ihn auch gelegentlich
nur bis zur Hamburger Reeperbahn und dem dort ansässigen Exoten-Händ-
ler Umlauff führten, mit dem Miller einen regen Handel betrieb. Wenn die
Ensembles der Volksgruppen abreisten, wurden die Relikte und Utensilien
vom Museum übernommen, etwa die Paddel und Trommeln der afrikani-
schen Dualas. Lebensgroße Inszenierungen des Museums zeigten Eskimos
oder Südseeinsulaner im Auslegerboot.[15] Millers reges Interesse an der Schifffahrt ist häufig ein Ergebnis seiner Reiselust, die ihn anregte, eine breit gefächerte Sammlung anzulegen.

Fraglich ist, ob die Völkerschauen, die teilweise in den Zoologischen Gär-
ten stattfanden, vorwiegend zur Anschauung und Bildung oder nach dem
Dogma der Technikdominanz auch zur Demonstration eines Kulturgefälles
dienen sollten. Demnach seien »in der Geschichte der Völker die technischen

---

13 Peter Frieß u. a.: Ein Verkehrsmuseum für München. In: Kultur & Technik 20 (1996), H. 3,
    S. 11–17.
14 Exotische Welten. Europäische Phantasien. Ausstellungskatalog, hrsg. vom Institut für Auslands-
    beziehungen. Stuttgart 1987; Volker Plagemann: Übersee. Seefahrt und Seemacht im deutschen
    Kaiserreich. München 1988; vgl. auch Anm. 59.
15 Exponate der Dualas: Trommel, DME, Inv.-Nr. 15653; Kanu, DME, Inv.-Nr. 10335; Diorama Eis-
    meerlandschaft, DME, Inv.-Nr. 56727; Diorama Südsee, DMA, BN 2878.

28 Diorama einer »Eismeerlandschaft«, Hintergrundgemälde von Richard Fischer (Original zerstört).
DMA, BN 13483

Schöpfungen [...] häufig der einzige Gradmesser für die Beurteilung ihres höheren oder niedrigeren Kulturstandes«.[16] Allerdings gelang es Miller, sich vom vorgefassten Blick auf vermeintlich Primitives zu befreien. In Südostasien forschte er, »welche Objekte aus diesen alten Kulturländern wir zur Darstellung der Entwicklung der Technik brauchen konnten. [...] Wir hatten den Wunsch unsere Schiffsabteilung durch ein *möglichst einfaches* Schiff alter Völker zu ergänzen.« Er stellt dann aber später in Bali anerkennend fest, die Eingeborenen hätten »ein Kunstverständnis und ein Kunstgeschick, dem gegenüber unser Volk weit zurücksteht. [...] Diese Leute sind es, die uns das Modell eines Hindutempels machen«.[17]

Das Reisen war ein Privileg, das von den Museumsleitungen und den Vorständen gern genutzt wurde. Das Berliner Museum für Meereskunde begnügte sich nicht damit, seine Objekte aus anderen Museen auszuleihen, seine Wissenschaftler unternahmen immer wieder ausgedehnte Studienreisen, um Sammlungen naturhistorischer Objekte anzulegen.[18]

Die Mobilität des Reisenden wurde durch die – scheinbare – Mobilität der Orte und Räume überlagert. Auf seinen Erkundigungen per Schiff und Eisenbahn in den USA beobachtete Miller 1883 die »fliegenden«, provisorischen Bauten längs der Eisenbahnlinien, fand dort Städtchen vor, »die sich mit Donauwörth messen können«.[19] Topographische Formationen und Sehenswürdigkeiten verloren schließlich bei den Weltausstellungen ihre typische Ortsgebundenheit. Bergwerke waren nun in Paris wie dann auch in München zu finden, venezianische Gondeln fuhren nun ebenso auf der »Lagune in Chicago«, angelegt zur Weltausstellung 1893. Die Schiffe selbst boten zur Ablenkung der Passagiere vor der Öde des Meeres Rauminszenierungen in allen Stilrichtungen bis zu pompejanischen Bädern. Die Architektur der Schiffsräume, wie sie 1908 auf der Münchner Verkehrsausstellung gezeigt wurde, fand dann auch ihren Weg in das Deutsche Museum.[20]

Die Orts-Ungebundenheit der Objekte, auch der monumental gewichtigen Produkte der Stahlindustrie, war schließlich eine Grundvoraussetzung für jedes Museumsensemble, die bei den Welt- und Gewerbeausstellungen erprobt und perfektioniert wurde. Diese lieferten überdies das Muster für die Gruppenbildungen der Fachgebiete und die »Anmeldung« und bürokratische Verwaltung von Exponaten,[21] die in den Wunschlisten des Deutschen

16 Theodor von Kramer, Bayerisches Gewerbemuseum, Nürnberg, DMA, VB 1903, S. 8.
17 DMA, VB 1927, S. 20, Hervorhebung d. Verf.
18 Museum für Verkehr und Technik (Anm. 11), S. 16.
19 Reisebericht Millers, zit. nach Kristl (Anm. 3), S. 61.
20 Gerdi Maierbacher-Legl: Drei Hallen – und viel Verkehr. Verkehrs-Ausstellungen in München. In: Kultur & Technik 20 (1996), H. 3, S. 21.
21 S. z. B. den Anmeldebogen in: Allgemeine Deutsche Sport-Ausstellung. München 1899.

Museums übernommen wurden und auch den schnellen Aufbau der Sammlung erklären. So ergänzten die Waggons mit den von der Verkehrsausstellung in Mailand 1906 rückkehrenden Exponaten unmittelbar die entsprechenden Fachgruppen des Museums. Neu war im Vergleich zu den kurzlebigen Welt- und Gewerbeausstellungen der Fortschreibungscharakter des Deutschen Museums, der Übergang von der Querschnittspräsentation zur Entwicklungsreihe, von der Ausstellung zur Sammlung, der dann über die Jahre die Fragen eines kontinuierlichen organischen Wachstums und eines unvorhergesehenen Depotbedarfs aufwarf.

»Seefahrt tut Not« – Navalismus und Museumsgründungen

Zahlreiche Museen und Ausstellungen der Kaiserzeit wurden initiiert durch die Rolle der Kolonien und des Flottenbaus im Wilhelminischen Deutschland nach dem Motto »unser Feld ist die Welt«. Diese politisch motivierte Förderung eines Technologiezweiges fand seine eigene, kulturell prägende Form des »Navalismus«[22] und sollte sich im Laufe des kommenden Jahrhunderts dann auf neuere Leittechnologien verlagern. Admiral Alfred Tirpitz schuf bereits bei seinem Amtsantritt 1898 eine Zentrale für die Flottenpropaganda und überzeugte den Kaiser davon, dass sich Widerstände gegen den Flottenbau über eine an der Marine interessierte Öffentlichkeit überwinden ließen. Ihr sollte das Bewusstsein einer »Seefahrernation« vermittelt werden, wie es die englische Bevölkerung bereits seit Jahrhunderten besaß. Besondere Zielgruppen der Propaganda waren deshalb die deutsche Jugend und die Binnenländer. Eine herausragende Rolle in der Flottenagitation sollte den Hochschullehrern zukommen. Die so genannten »Flottenprofessoren«[23] argumentierten, dass Kolonien und Handel den Wohlstand des deutschen Volkes begründeten und somit durch eine starke deutsche Marine zu schützen seien. Auch in dem einflussreichen Mathematiker Felix Klein, zeitweilig Vorsitzender des Vorstandsrats des Deutschen Museums,[24] lassen sich die Züge eines »Flottenprofessors« erkennen. Ein Seminar über das »Dampfschiff der Zukunft« zeigt, dass Klein auch die Paradeindustrie Wilhelms II. in seine Arbeitsrichtung einbezog.[25]

---

22 Walter Hubatsch (Hrsg.): Navalismus. Wechselwirkungen von Seeinteressen, Politik und Technik im 19. und 20. Jahrhundert. Koblenz 1983.

23 Wolfgang Marienfeld: Wissenschaft und Schlachtflottenbau in Deutschland 1897–1906. Berlin 1957, S. 63.

24 Vorsitzender des Vorstandsrats 1910–1912.

25 Vgl. Jobst Broelmann: Intuition und Wissenschaft in der Kreiseltechnik 1750 bis 1930. München 2002, S. 134.

Zur Popularisierung warb die Marine auch mit ihren eigenen Einrichtungen. So wurden Journalisten, Parlamentarier und Honoratioren wie später noch Miller selbst zu den Manövern und den Stapelläufen neuer Linienschiffe eingeladen. Neben den von der Marineverwaltung organisierten Wanderausstellungen, aus denen sich schließlich auch der Konservator des Deutschen Museums rekrutieren sollte, wurden zusätzlich private Schausteller zur Aufführung von »Marineschauspielen« angeregt, bei denen in Bassins Kriegsschiffsmodelle vorgeführt wurden.[26] Als Werbeträger für die Marine diente schließlich die Jugend selbst, die in Anlehnung an das häufige öffentliche Auftreten des Kaisers in Marineuniformen im Matrosenanzug aufwuchs, der noch 1926 auch dem Museumsaufseher verordnet wurde.[27]

Auch in den zivilen Ausstellungen lassen sich die Intentionen der Kolonial- und Flottenpolitik und des Navalismus wiederfinden. Leuchttürme wie die »AEG Lichtgöttin« der Bremer Gewerbe- und Industrieausstellung 1890 dienten dabei als wahrhaft hervorragende Exponenten einer Lichtmetaphorik der Elektrotechnik. Gleichzeitig zeigte die Bremer Kaufmannschaft in der »Handels- und Kolonial-Ausstellung«, mit wem sie in Übersee Handel trieb. Nach der Weltausstellung in Chicago 1893, auf der Krupp mit Stahlerzeugnissen und Schiffspropellern vertreten war, die das Deutsche Museum später übernehmen sollte,[28] wurde auch in Berlin eine Weltausstellung geplant, die jedoch politische Streitigkeiten verhinderten. Während Bayern selbstbewusst und eigenständig gegenüber der Hauptstadt eine eigene Landesausstellung ausrichtete, kam nur die lokale »Berliner Gewerbeausstellung« von 1896 zustande, die Wilhelm II., der mit seiner Dampfjacht anreiste, mit der Attrappe eines »Kaiserschiffes« empfing. Daneben wurden gezeigt Marinespiele, Vorführungen mit Kriegsschiffsmodellen und eine Kolonialausstellung. Paris trieb diese Szenarien zur Jahrhundertwende noch einmal zum Höhepunkt: In einem riesigen Bau, der die Architektur indischer Tempel und japanischer Pagoden vereinte, suggerierte ein bewegliches Panorama den Besuchern die Illusion einer Schiffsreise um die Welt. Bemerkenswert ist, dass der in Paris gezeigte deutsche Leuchtturm diesmal sogar größer als im Original präsentiert wurde.

Die Industrie- und Gewerbe-Ausstellung in Düsseldorf 1902 bietet sich dann zum direkten Vergleich mit dem Deutschen Museum an, auch weil die Stadt für sie eine Insel im Rhein zur Verfügung stellte. Neben einer Reihe industrieller Pavillons zeigte sie die üblichen Marineschauspiele und einige vor

---

26 Florian Dering u. a.: Heute Hinrichtung. Jahrmarkts- und Varietéattraktionen der Schausteller-Dynastie Schichtl. München 1990.

27 Prot. der Besprechung vom 12. und 13. 1. 1926, DMA, VA 3970.

28 Propeller der ›Havel‹, heute an der Ludwigsbrücke.

Anker liegenden Kriegsschiffe, darunter das Kanonenboot ›Panther‹, das später für seinen »Panthersprung« nach Marokko (1911) bekannt werden sollte. Wie sehr Miller den Tenor dieser Ausstellungen aufnahm, wird daran deutlich, dass in den ersten Plänen für den Museumsneubau ein Leuchtturm und ein Torpedoboot an der Isarinsel vorgesehen waren, letzteres offensichtlich ein Ergebnis der internen »Kanonenbootpolitik« von Tirpitz.[29] Nicht unerwähnt bleiben soll, dass der übrige militärhistorische Bereich in München vom Armeemuseum behandelt wurde, dessen Grundstein im Jahre 1900 gelegt worden war.

Es ist fraglich, wieweit Miller diese nationale Flottenpolitik insgesamt durchschaute, als oberflächlich leicht erkennbare Strömung nutzte er sie jedenfalls rigoros zur Förderung seines Museums. Der Kaiser erkannte schnell, wie unerbittlich Miller sein Interesse für die Flotte ausnutzte.[30] Nach dieser »Aufforderung zur Selbstdarstellung« durch den Museumsgründer kann der Aufbau dieses Ausstellungsbereichs heute, in kritischer Distanz gesehen, als gelungene Charakterisierung der Wilhelminischen Ära dienen.

Planung für die Zukunft?

Der erste Entwurf des Museumskonzepts führte den Komplex »Schifffahrt und Meereskunde«, auf den »Schiffbau« reduziert, als ein Fachgebiet des Ingenieurbaus wie etwa des Wasserbaus auf. Dies ließ die Frage offen, wo z. B. die Navigation berührt werden sollte, deren Instrumente dann auch in bayerischer Eigenart und Tradition eines Georg F. Brander zunächst in der Geodäsie aufgehoben waren.[31] Ähnlich unklar blieb die Zuordnung der Schiffsmaschinen, die ebenfalls seitdem in doppelten Entwicklungslinien auch bei den Kraftmaschinen zu finden sind. Die Militärtechnik, die in den ersten Entwürfen noch unschlüssig am Ende unter »Verschiedenes« neben der Theatertechnik rangierte, sollte sich dann aber schnell, aus den bereits genannten Gründen, im Bereich »Schiffbau« konzentrieren.[32] Die Meteorologie wurde später inhaltlich am Ort ihrer Instrumente, dem Museumsturm, angesiedelt.[33]

---

29 Chronik des Deutschen Museums von Meisterwerken der Naturwissenschaften und Technik. München 1927, S. 22; DMA, VB 1904, S. 27.

30 »Heute kann ich stolz sein. Der Miller hat mich nicht nur gelobt, sondern er war sogar mit mir zufrieden«; zit. nach Kristl (Anm. 3), S. 142.

31 Vgl. Alto Brachner: G. F. Brander, 1713–1783, wissenschaftliche Instrumente aus seiner Werkstatt. München 1983.

32 DMA, VA 0003.

33 Deutsches Museum: Amtlicher Führer durch die Sammlungen. München 1925, S. 360.

Fragwürdig blieb seither generell die inhaltliche Fortschreibung und der Anschluss neuer Themen an dieses Basiskonzept, der sich durch die Räumlichkeiten oder auch die jeweiligen Bearbeiter ergab. So wurde im Ersten Weltkrieg die Minen- und Sprengstofftechnik, ein Beispiel für technisch-industrielle Chemie, in der Schifffahrt abgehandelt, während die Chemie sich mit der Sammlung von Apotheken befasste. Das von Miller angestrebte Konzept der »organischen Reihenfolge« beim Durchwandern der Ausstellungsgruppen von etwa 16 km Führungslinie, beginnend bei den Bodenschätzen der Erd-›Rinde‹, musste also Schwächen haben, da es zwangsläufig auch ein Nebeneinander und den Austausch der Disziplinen verhinderte. Dies erkannte auch Millers Vorstandskollege Walther von Dyck, als er anstelle der Abfolge auch eine »Nebeneinanderschaltung« der Objekte empfahl, welche die »Verteilung der Gedankenströme« – heute Vernetzung – zeige, für die allerdings bis heute keine Lösung gefunden worden ist.[34]

Die Antwort auf die Frage, warum die Schifffahrt im neuen Museumsgebäude räumlich, zentral im Erdgeschoss gelegen, dominierte, liegt nach dem Vorangestellten nahe. Die Frage sollte eher lauten, warum nicht vorzugsweise Millers ureigenes Feld, die Elektrotechnik, »ganz weit vorn platziert«[35] wurde; sie wäre zudem in allen ihren Spielarten bis heute modern geblieben. Zwei Antworten bieten sich an: Millers Bescheidenheit, sich einer allgemeinen Fachgebietsordnung zu beugen, eine Bescheidenheit, die – als zweite Antwort – ihm allerdings durch seine eigene, erfolgreiche und viel beachtete Tätigkeit in der aktuellen Elektrotechnik erleichtert wurde, die ihm Demonstrationen und Druckknopfversuche größten Ausmaßes ermöglichte.[36]

Dieses Argument kann verdeutlichen, dass die Behauptung, vor allem die Ingenieure hätten im Deutschen Museum ihre Bühne gesehen, ein einseitiges Bild zeichnet. In einer Zeit des Mottos »unser Feld ist die Welt« konnte ein Museum für erfolgreiche Ingenieure, die sich in imposanten Großbauten verwirklichen konnten, bestenfalls Feiertagsdekor sein.[37] Miller selbst ist als Ingenieur der erste Beweis dafür, dass er das Museum allein nie als seine Erfüllung gesehen hat, was es durchaus hätte sein können. Schwieriger war es allerdings oft für die visionären Erfinder des bisher »Unmöglichen«, sich Achtung zu verschaffen, denn allgemeine Skepsis verwehrte es ihnen, ihre Versuchsgeräte vorzeitig in Ikonen, zu verwandeln. Hier kann etwa Christian

---

34 Ebd., S. 11.
35 S. den Beitrag von Weber in diesem Band.
36 »Als ich den Hebel schloss […]. Alle warteten gespannt auf das neue Licht, das um sechs Uhr von mir eingeschaltet wurde«: Miller bei der Inbetriebnahme der elektrischen Zentralstation im Café Bauer in Berlin, zit. nach Rudolf Pörtner: Oskar von Miller. Düsseldorf 1987, S. 28.
37 Vgl. dazu bes. Dirk van Laak: Weiße Elefanten. Anspruch und Scheitern technischer Großprojekte im 20. Jahrhundert. Stuttgart 1999.

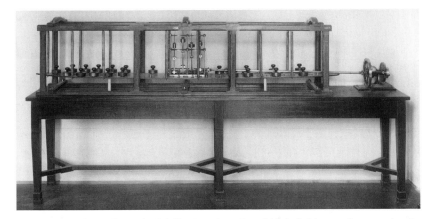

29 Eine Versuchsanordnung des Schiffbauingenieurs Otto Schlick als Museumsdemonstration des Massenausgleichs zur Verbesserung der Laufruhe von Kolbenmaschinen, 1910. DMA, BN 01065

Hülsmeyer genannt werden, der 1904 mit einem Entwurf eines »Radar«-Verfahrens an die Öffentlichkeit trat, aber erst ein halbes Jahrhundert später wahrgenommen wurde, nachdem sich das Radar bewährt hatte. Pragmatisch verfuhr das Museum gelegentlich bei Prioritätsfragen, etwa bei der Erfindung des Schraubenpropellers. Es ließ bei dem Propellerfabrikanten Zeise elf dekorative Nachbildungen der Propellerformen der bisher bekannten Protagonisten gießen, ohne Rechenschaft über Funktionsweisen oder Qualitäten ablegen zu können, da es für diese noch keine adäquate Theorie oder Vergleichsmaßstäbe gab.[38]

Bedeutender als eine museale Bestätigung der Ingenieure war der Umstand, dass die Sprache und die Objektkultur der Ingenieure, des Patentwesens und der Lehre unmittelbar dem Konzept des ›Sehens und Begreifens‹ entsprach. So konnten die Entwicklungsmodelle des Maschinenlabors, die der Konstrukteur zum Funktionsnachweis und zur Überzeugung der Abnehmer benötigte – ›das selbsttätige Funktionieren auf Knopfdruck‹ –, fast unverändert auch als Museumsdemonstration dienen.[39]

Als erste Auswahl von Fachvertretern des Schiffbaus für die konstituierende Sitzung zur Errichtung des Museums waren am 28. Juni 1903 eingeladen der Ingenieur Karl Ziese der Werft von Schichau[40] in Elbing, die Torpedoboote weltweit bis nach China exportierte, und der Schiffbauingenieur Otto

38 DME, Inv.-Nr. 6122 (Schraube von Ressel) bis DME, Inv.-Nr. 6132 (Schraube von Ericson).

39 Beispiele hierfür sind Otto Schlick, Hermann Frahm, Hermann Anschütz-Kaempfe und Ludwig Prandtl; s. dazu Broelmann (Anm. 25).

40 Ferdinand Schichau war der einzige Vertreter der Werftindustrie, der in den Ehrensaal des Museums aufgenommen wurde.

Schlick, Hamburg, Direktor des Germanischen Lloyd.[41] Dieser hatte bei der Emanzipation der deutschen Schiffbauindustrie vom britischen Vorbild schnell internationale Beachtung gefunden und wurde im aktuellen Theorie-Praxisstreit von zahlreichen Professoren hofiert. Arnold Sommerfeld hatte im selben Jahr die Arbeiten Schlicks als »Bereicherung der technischen Mechanik« gepriesen, die erst die modernen Schnelldampfer als »Meisterstücke deutscher Ingenieurkunst [...] und Gegenstand unseres berechtigten nationalen Stolzes« ermöglicht hätten.[42] Obwohl Schlick mit den Münchner Professoren Lorenz und Föppl enge Beziehungen unterhielt, ließ sein Terminplan keine Teilnahme an den Sitzungen zu.

Anton von Rieppel, Direktor der MAN AG, als Kgl. Baurat und Bauleiter von Großprojekten wie der Wuppertaler Schwebebahn vergleichbar mit Miller, der sich intensiv an Vorschlägen für Ausschussmitglieder beteiligte, verfocht die Meinung, dass die Industrien Norddeutschlands nicht genügend vertreten wären. Indirekt folgte er dem Navalismus und schlug neben dem Werftgründer Hermann Blohm[43], dem Reeder Albert Ballin und anderen noch den Marinebaurat Rudolf Veith[44] vor. Neben Ballin, der Reeder des Kaisers, den auch Rathenau vorgeschlagen hatte, nahm auch der Generaldirektor des Norddeutschen Lloyd, Heinrich Wiegand, die Wahl in den Vorstand an.[45]

Einer der wenigen, die diese ›Wahl‹ ablehnten, war Carl Busley.[46] Dies überrascht insofern, als dieser rührige Flotten-Agitator sonst bei keiner maritimen Vereinsgründung fehlen durfte. Möglicherweise lag diese Zurückhaltung in einer anbefohlenen Skepsis vor einem volkstümlichen Konzept begründet, denn zuvor hatte Busley auf Geheiß von Tirpitz scharf gegen das Eindringen von Laien in die technischen Belange der Marine, speziell im Unterseebootsbau, polemisiert. Nachdem aber Tirpitz dem Deutschen Museum Unterstützung signalisiert hatte, sollte sich dann gerade Busley sehr tatkräftig für die Fachgruppen der historischen Schifffahrt und des Segelsports einsetzen.[47]

41 DMA, VA 0002.
42 Arnold Sommerfeld: Die naturwissenschaftlichen Ergebnisse und die Ziele der modernen technischen Mechanik. In: Physikalische Zeitschrift 4 (1903), S. 779.
43 Vorsitzender des Vorstandsrats 1911–1913.
44 Rudolf Veith (1846–1917), 1877 Maschinenbaudiplom, 1898 Konstruktionsleiter der Torpedoinspektion, 1910 Dr. h. c. der TH Darmstadt; s. Eike Lehmann: 100 Jahre Schiffbautechnische Gesellschaft. Biografien zur Geschichte des Schiffbaus. Berlin 1999.
45 Rieppel an Miller, 3. 8. und 10. 11. 1903, DMA, VA 0005; zu Ballin s. zuletzt Gerhard A. Ritter: Der Kaiser und sein Reeder: Albert Ballin, die HAPAG und das Verhältnis von Wirtschaft und Politik im Kaiserreich und in den ersten Jahren der Weimarer Republik. In: Zeitschrift für Unternehmensgeschichte 42 (1997), S. 137–162.
46 Carl Georg Busley (1850–1928); s. Lehmann (Anm. 44), Broelmann (Anm. 25).
47 Busley an Vorstand des Deutschen Museums, 13. 9. 1903, DMA, VA 0001.

Mit der Wahl von Veith als Referenten wurde ein möglicher Konflikt vermieden, der für das Museum hätte bedeutsam werden können, nämlich ein Standesdünkel der Marine und seine Geringschätzung der Technik. Diese wurde von vielen Hochschulprofessoren moniert, da sie nicht ihrer realen Bedeutung entsprach. Allen voran bemängelte wieder Alois Riedler »das Verpassen des notwendigen Fortschritts« als Folge eines »üblen Gefüges« der Marine.[48]

Veith, der in idealer Weise die Position von Tirpitz wie die der aufstrebenden Ingenieure vereinte, ergänzte die Wunschliste des Museums.[49] Im ersten Entwurf der engeren Mitarbeiter Millers war das Konzept der Entwicklungsreihe auf die minimale Form jeweils zweier Exponate beschränkt worden, eine Polarisierung eines »alt-historisch, ehrwürdigen« und eines modernen, aktuellen Objektes. Die externe Position Veiths belegt die Fremdbestimmung durch Referenten, denn Millers Regime eines »weiß-blauen Despoten« ist in der Arbeitsflut der Gründungsphase oft nur schwer zu erkennen. Vergeblich suchen wir auf dem detaillierten Angebot eines Fischereinbaums vom heimatlichen Starnberger See eine spontane Randbemerkung Millers; der Einbaum ebenso wie das Motorboot Carl Daimlers werden dem Referenten im fernen Kiel vorgelegt.[50]

Das dichte, vor Ort verankerte Netz der Referenten war zweifellos aber auch eine der größten Stärken des Museums, wie ein Mitarbeiter des Berliner Meereskundemuseums erkannte:

»Leider musste ich die bedauerliche Erfahrung machen, dass uns überall das Deutsche Museum in München zuvorgekommen ist. [...] Nebenbei darf ich vielleicht erwähnen, dass die Taktik dieses Institutes Beachtung verdient. Das Deutsche Museum hat überall die maßgebenden Herren in den Vorstand oder in Ausschüsse gewählt, um sie noch mehr für die Sache zu interessieren.«[51]

Eine Kooperation zwischen den beiden Museen wurde dadurch allerdings nicht ernstlich verhindert.

Mit dem durch Veith vermittelten Treffen von Miller und Tirpitz im März 1905 war der Konsens im gemeinsamen Ziel gefunden – in den Worten Millers »die Begeisterung für das Marinewesen in Süddeutschland zu steigern« –, ein Kurs, den Miller über die kommenden historischen Umbrüche unverändert verfolgte. In seinem Bündnis mit Tirpitz stellte Miller das Museum gleichrangig neben das Reichsmarineamt und forderte im Sinne des Navalismus »das außerordentlich wünschenswerte Schnittmodell eines modernen

48 Alois Riedler: Die neue Technik. Berlin 1921, S. 89; vgl. Broelmann (Anm. 25), S. 168.
49 Deutsches Museum an Blohm, 9. 5. 1905, DMA, VA 1974.
50 Miller an Veith, 6. 3. 1905, DMA, VA 0294.
51 Michaelsen an Richthofen, 23. 1. 1912, zit. nach Museum für Verkehr und Technik (Anm. 11), S. 16.

Panzerschiffes, das ja die vollendetsten technischen Einrichtungen aller Industriezweige in sich vereinigt«. Es sei von Vorteil, »wenn derartige zur Belehrung des Laienpublikums außerordentlich wünschenswerte Modelle eventuell für das Reichsmarineamt und unser Museum gleichzeitig angefertigt werden könnten«.[52] Als Typ für das gewünschte Schnittmodell wurde gewählt das neue Linienschiff ›Rheinland‹, mit dem Deutschland den von Großbritannien vorgelegten Rüstungsschritt, den ›Dreadnought‹-Sprung nachvollzog, nachdem es hierfür die »Kanalfesseln gebrochen« und den strategisch wichtigen Kaiser-Wilhelm-Kanal erweitert hatte.[53]

Bei dieser symbolträchtigen Objektwahl entschied sich Miller für einen kostspieligen Modellstandard, wie er bereits auf der Weltausstellung in Wien 1873 gezeigt worden war.[54] Diesen forderte er nun zuerst vom Kaiser, sozusagen als »Leuchtturm«-Projekt, in der Folge dann von Krupp, dem Werftbesitzer Blohm und dem Tankerreeder Riedemann, die beide allerdings nicht bereit waren, diesen Aufwand zu betreiben.[55] Den Kaiser kostete dieses Gründungsgeschenk 100.000 Mark, den zweifachen Jahreszuschuss des Reichs.

Das Präsent von Tirpitz, das Torpedoboot ›S 1‹, gedachte Miller mittels der Freifrachtbriefe der Bahn nach München zu bringen. Die Werften waren allerdings nicht für das Projekt des Zerschneidens zu überzeugen, so dass schließlich nur die Hauptmaschine nach München kam.[56] Solche Einbußen sollte die Gestaltung der Ausstellung kompensieren. Diese fand dann offenbar direkt bei Begehungen der Museumsbaustelle durch Miller mit den Gestaltern Emanuel von Seidl und Zeno Diemer, dem Architekten Gelius und dem Abteilungsingenieur Adolph Menck statt. Im Jahr 1913 sah die Planung für den Museumsneubau in der »unterirdischen« Schiffbauabteilung Räume und Dioramen vor, »zu einem Blick nach dem Meer, auf welchem Torpedoboote fahren«.[57]

Symbolik und ungewollte Realität

Während in der Gründungsphase viele technische Objekte zum erstenmal in ein Museum aufgenommen wurden, blickte die Schifffahrt bereits auf eine eigene, lange Präsentationspraxis zurück. Die Behandlung von dekorativen Arte-

---

52 Miller an Tirpitz, 20. 3. 1905, DMA, VA 1974.
53 DMA, VB 1910, S. 34; s. auch Jobst Broelmann: Schifffahrt. In: Wolf Peter Fehlhammer (Hrsg): Deutsches Museum. Geniale Erfindungen und Meisterwerke aus Naturwissenschaft und Technik. München 2002, S. 225 (Foto).
54 Schnittmodell der ›Frisia‹, Maßstab 1:24, Museum für Hamburgische Geschichte, Inv.-Nr. AB 643.
55 Gustav Krupp von Bohlen und Halbach (Vorsitzender des Vorstandsrats 1914–1921) stiftete ein Schnittmodell des ›U 1‹.
56 DME, Inv.-Nr. 3196.
57 Prot. einer Besprechung, 17. 7. 1913, DMA, VA 3970.

fakten der »Schiffbaukunst« als Kunstwerke war nichts Ungewöhnliches, denn diese hatten bisher auch in Kunstsammlungen eine Heimat gefunden. So war die Sammlung des französischen Marinemuseums zunächst im Louvre unter-gebracht worden.[58] Bildhauer und Kunstmaler wurden für Modelle und Diora-men des Deutschen Museums herangezogen; so der Schiffsmodellbauer Paul Karl, Museumsinspektor im Kunstgewerbemuseum in Berlin. Auch die florie-rende Panoramenmalerei, etwa eines Zeno Diemer, konnte unmittelbar als Muster für die für den Museumsneubau geplanten Großgemälde dienen.[59]

Millers Vorliebe für barocke Inszenierungen fand in der Vielfalt der Schiffsmetaphorik reiches Material. Durch die Symbolik, die sich hinter den von Ritualen begleiteten Objekten, etwa über eine traditionelle Taufe gegebe-nen Schiffsnamen, verbarg, konnten Inhalte berührt werden, die weit über das technische Detail hinausgingen, z. B. mit dem Modell des Kriegsschoners ›Frauenlob‹, das von Miller erbeten wurde.[60] Mit diesem Namen war unmit-telbar ein Hinweis auf die finanzielle Unterstützung deutscher Frauen zum Bau eines Kriegsschiffs verbunden, zu der 1848 aufgerufen worden war. Mit der ›Rheinland‹, dem ersten deutschen ›Dreadnought‹-Typ als dem Präsent des Kaisers, wurde das Signal einer deutsch-britischen Flottenrivalität gesetzt.

Es gelang also sehr wohl, über die Auswahl von Objekten politische Inhal-te anzudeuten, wie sich auch am Beispiel der ›Vaterland‹ die vielfachen Iden-tifikationsmöglichkeiten illustrieren lassen. Im zivilen Flottenrüsten waren die großen Passagierschiffe ›Imperator‹ und ›Bismarck‹ die Antwort Ballins auf die ›Titanic‹-Serie. Sie sollten deutlich größer werden, die ›Vaterland‹ schließlich das größte Schiff der Welt. Die politische Stimmung um 1913 in Europa wird daran deutlich, dass dieses Schiff nicht, wie ursprünglich ge-plant, ›Europa‹, sondern ›Vaterland‹ heißen sollte. Auch intern wurde der Taufakt politisiert, da das Schiff nicht traditionsgemäß vom Kaiser getauft werden sollte, sondern, um die Wittelsbacher versöhnlich zu stimmen, vom bayerischen Herrscherhaus. Während der Kaiser sich fern hielt, rangierte Kronprinz Rupprecht nun als ranghöchster Repräsentant. Das Schiff wurde später vom Kriegseintritt in New York überrascht und diente den dort Inter-nierten politisch als Vaterland. Auch hier entschied Miller, dem monumenta-len Schnittmodell des Kaisers ein Zweites der ›Vaterland‹ folgen zu lassen. Be-sonders die Auswahl von Bugverzierungen der Kriegsschiffe ›Deutschland‹

---

58 E. Paris: Le Musée de Marine du Louvre. Paris 1883.

59 »[…] ein Gemälde von 15 m Länge und 3,5 m Höhe, welches die Schiffahrt der exotischen Völker durch die hauptsächlichsten Typen der im Großen Ozean verwendeten Fahrzeuge, wie Dschun-ken, Proas, Korais, Dhaus usw. darstellen soll«, DMA, VB 1918, S. 13; ausgeführt wurde u. a. ein Zyklus von elf Gemälden Diemers zur Entwicklung des deutschen Schiffbaus, DME, Inv.-Nr. 20125–20135.

60 Miller an Jäger, 16. 11. 1905, DMA, VA 1974.

30   Bugverzierungen der Kriegsschiffe ›Deutschland‹ und ›Wittelsbach‹ an der Stirnseite der Schifffahrtshalle, 1926.
DMA, BN 06848

und ›Wittelsbach‹, die nach der Eröffnung 1926 prominent an der Stirnseite
der Schifffahrtshalle prangten, signalisierte zu dieser Zeit eine Botschaft weit
über die Präsentation eines Dekors hinaus, auch wenn Miller beteuerte, das
Museum sei nicht politisch, sondern technisch ausgerichtet.[61]

Eine besondere Form des ambivalent theatralischen Manövrierens zwischen Tradition und Moderne war der mondäne Segelsport, eine dekorative
Verquickung von Sport, Politik und Wirtschaft. Staatsoberhäupter wie Industrielle, deren Macht und Erfolg auf den Errungenschaften der Industrialisierung und Mechanisierung beruhten, gefielen sich nun als wetterharte Segler. Die Entwicklungsreihe der »Meteore« des Kaisers, zunächst noch Im-
porte, wiederholte in einem Mikrokosmos die beginnende Eigenständigkeit
und die Rivalität zur britischen Seemacht. Krupp zeigte sich erkenntlich für
Marineaufträge und ließ den kaiserlichen ›Meteor‹ bei Regatten vor seiner
›Germania‹ gewinnen.

Prinzregent Luitpold von Bayern wirkte als Protektor der Münchner
Sport-Ausstellung auf der Kohleninsel 1899, die eine »lebendige Darstellung
des Sportes, der Segel- und Ruderregatten« zum Ziel hatte; auch die Prinzen
Ludwig und Rupprecht galten als passionierte Segler, was Miller nicht außer

61 Miller an Marine-Vereinigung Bayern, 5. 11. 1929, DMA, VA 1999.

Acht ließ. Als er beabsichtigte, im Museumsneubau der Entwicklung des Segelsports eine großzügige Fläche und eine aufwändige Modellreihe zu widmen, an der sich auch Krupp mit seiner ›Germania‹ beteiligen sollte, versicherte ihm Busley, »diese vollständige Sammlung werde nicht bloß Ihren Prinz-Regenten und dessen Kinder, sondern alle Deutschen Segler lebhaft interessieren, umso mehr als noch kein einziges Museum etwas Derartiges aufweisen kann«.[62]

Aus der Traditionspflege des Segelsports und der Neubelebung einer niedergehenden Technologie heraus formulierte der Kaiser selbst 1905 einen musealen Bewahrungsauftrag und forderte, die Ära der Segelschiffe durch genaue Modelle zu überliefern, solange noch Sachverständige verfügbar seien. In großen Zeiträumen denkend, empfahl Wilhelm II. Modelle aus Metall, die er als Geschenk in Silber erhalten hatte. Miller, der diese Modelle gesehen hatte, äußerte den Wunsch nach einem Nachbau in den natürlichen Stoffen. Dabei wurde aus didaktischen Gründen darauf geachtet, dass die Rekonstruktionen im selben Maßstab 1 : 50 ausgeführt und auf gleicher Wasserlinie präsentiert wurden.[63] Busley demonstrierte anhand der Rekonstruktionsversuche, angefangen von phönizischen Schiffen bis zur britischen ›Victory‹, wie sich die Forschungsarbeit des Museums in den Modellen und Dioramen und Veröffentlichungen niederschlug.

Neben solch tatkräftigen Fachbeiräten war Miller beim Aufbau der Schifffahrt auch auf angestellte Mitarbeiter angewiesen, die er jedoch in der Aufbauphase nicht an das Museum binden konnte. Der erste ›Konservator‹, ein Maschinenbauer, trat 1904 in das Museum ein, verließ es jedoch gegen den Willen von Miller bereits 1907 wieder, da er die Konstruktionspraxis vorzog.[64] Sein Nachfolger[65] wurde schließlich 1912 durch Adolph Menck, den Ausstellungsleiter einer Marineausstellung abgelöst, womit sich erneut ein Anschluss des Museums an das Tirpitz-Lager ergab.[66] Hieraus wird ebenso deutlich, dass die Hauptaufgabe dieser Konservatoren bei ihrer Aufbauarbeit im organisatorischen, weniger im üblichen Sinne ›konservatorischen‹ Bereich zu suchen war.

Der Ausbruch des Ersten Weltkriegs und besonders die spektakulären Aktionen der Unterseeboote weckten das Interesse auch in München, wo der als

---

62 Busley an Miller, 3. 3. 1913, DMA, VA 1985.

63 DMA, VB 1912, S. 30ff.; Carl Busley: Die Entwicklung des Segelschiffes erläutert an sechzehn Modellen des deutschen Museums in München. Berlin 1920, S. V.

64 Eugen Stempfle (geb. 1880), Studium Maschinenbau, 20. 12. 1904 Eintritt in das Deutsche Museum: Schiffbau, Gas- und Windmotoren, Austritt 15. 3. 1907, DMA, Personalakte Stempfle.

65 Dipl. Ing. Leonhard Schöner; s. Reichsmarineamt an Deutsches Museum, 9. 2. 1911, DMA, VA 1983.

66 Adolph Menck (1871–1945), 1891–1893 bei der Marine, 1893–1910 selbstständiger Kaufmann, dann bis Sept. 1912 Leiter der Kriegsmarine-Ausstellung, ab 1. 10. 1912 im Deutschen Museum zuständig für Schifffahrt und Luftfahrt, 1914–1916 Kriegsteilnahme, Oberleutnant zur See.

ihr Erfinder geltende Wilhelm Bauer verehrt wurde. Diese Stimmung prägte das Sammlungskonzept Millers, der in der Euphorie der erfolgreichen
Kriegstechnik und im Interesse der Bevölkerung eine Bestätigung seines Museums sah. Miller erwog sogar, den ›Brandtaucher‹ Bauers aus dem Berliner
Meereskundemuseum zu holen. Busley beschwor ihn jedoch, beim Kaiser
und bei der Marine keine Missstimmung zu erregen.[67]

Der Bericht des Vorstands über die Kriegsmaßnahmen des Museums, in
dem sich die Siegesgewissheit und der Patriotismus der deutschen Eliten in
der ersten Kriegsphase widerspiegelt, markierte eine inhaltliche Wende des
Gründungskonzepts, die nie explizit revidiert wurde:

> »Als eine Segen bringende Friedensschöpfung, die unser Volk der Menschheit
> schenken wollte, hatte sich das Deutsche Museum angeschickt, dem durch
> deutschen Opfersinn mit deutschem Fleiß geschaffenen Prachtbau die Samm
> lungen einzuordnen, die aller Welt zeigen sollten, wie […] alle die Werke der
> Wissenschaft und Technik entstanden, die nicht nur den wirtschaftlichen, son
> dern vor allem auch den geistigen und sittlichen Hochstand der Völker be
> gründeten. Da brach, vom deutschen Volke nicht gewollt und nicht erwartet,
> der europäische Krieg aus. […] Mit dem ganzen Volke hoffen auch wir, dass es
> dem Deutschen Reiche gelingen möge, in siegreichem Kampfe nicht nur die
> deutsche Kultur, sondern mit ihr die Kultur der ganzen Menschheit vor dem
> Untergange zu retten. Wenn nach glücklich beendigtem Kriege das Deutsche
> Museum fortfahren kann, seiner Friedensarbeit zu obliegen, dann werden un
> sere Sammlungen nicht nur eine Geschichte der Wissenschaft und Technik
> aufrollen, sondern werden auch erkennen lassen, wie neben dem Todesmut un
> serer Soldaten und neben dem patriotischen Opfersinn des Volkes auch deut
> sche Wissenschaft und deutsche Technik eine Waffe boten, die das Vaterland in
> der Abwehr der Feinde unterstützte.«[68]

Diese konzeptionelle Erweiterung sollte neben dem Auswahlkriterium des
»Meisterwerks« die Darstellung der Waffentechnik legitimieren, die sich
dann neben der Schifffahrt besonders in der Luftfahrttechnik fortsetzen sollte. Die Langlebigkeit des Meisterwerk-Begriffs ist seitdem überwiegend seiner durch beliebigen Gebrauch hervorgerufenen Unklarheit zuzuschreiben.

Die Hoffnungen auf einen siegreichen Ausgang des Kriegs erfüllten sich
nicht, an die Stelle des Sieges trat die Ehre. Miller, der im November 1918 die
heimkehrenden Truppen am Odeonsplatz begrüßte, schien nicht wahrhaben
zu wollen, dass der Krieg gerade wegen einer verfehlten Flottenpolitik verloren war und damit auch das Imperium eines Ballin, das, auf Frieden basierend, in Trümmern lag. Noch im selben November 1918 plante Miller, zwei

---

67 Busley an Miller, 12. 11. 1914, DMA, VA 1986.
68 DMA, VB 1914, S. 3.

Original-U-Boote nach München zu holen, ›U 1‹ und ein kleineres Boot, das betriebsfähig in einem Bassin vorgeführt werden sollte.[69]

Die Referenten, deren Firmen unter dem Zusammenbruch litten, schätzten die aktuelle Lage wesentlich realistischer und kritischer ein. Blohm, der von Miller um das Schnittmodell der ›Vaterland‹ gebeten wurde, belehrte ihn, fast unwirsch, dass die ›Vaterland‹ sich in Feindeshand befände und als Truppentransporter viele Amerikaner herübergebracht habe, die gegen Deutschland kämpften.[70] Tatsächlich verblieb Millers Wunschobjekt unter dem Namen ›Leviathan‹ als Reparationsleistung in den USA. Das Museum hielt jedoch, unabhängig von den politischen Anschauungen und Verhältnissen, aus der Pflicht, »der Fürsten zu gedenken«,[71] den bisherigen Kurs. Unverändert wurden die Schiffsnamen beibehalten, so wie es üblich war, auch um die neuen »Revolutionsnamen« der heimischen Flotte zu ignorieren.[72]

Zweifellos war die Fortführung der Aufbauarbeit nach dem Krieg durch die finanziellen Bedingungen schwierig. Auch wenn die neue Lage ein Überdenken des Konzepts der Schifffahrt rechtfertigt hätte, bestand Millers Durchhaltewillen auf einer Fortsetzung seines Konzeptes. Als England die Abgabe sämtlicher U-Boote forderte, befahl Miller in einer knappen Randbemerkung: »Menck – ›U 1‹ retten«.[73] Dies erfolgte in einer von Krupp assistierten, mühsamen Rekonstruktion, durch ein unüberschaubares Dickicht von Verordnungen und Verwertungsgesellschaften.

Mit ›U 1‹ zeigte Miller sein untrügliches Gespür für ein erfolgreiches Besucher-Museum als eine Mischung aus Schaustellung, Information und Ehrenmal.[74] Auch Referenten erkannten bereits 1919 U-Bootteile als geeignet »zum wirtschaftlichen Aufbau des Fremdenverkehrs«.[75] ›U 1‹ wurde damit zum Vorläufer einer ganzen Serie von Museums-U-Booten, unter ihnen ›U 505‹ vor dem Museum of Science and Industry in Chicago, das noch heute als eine Mischung aus »U-Boot-Kunst« und Kriegerdenkmal gilt.[76]

Daneben wurden jetzt zahlreiche Geräte und Anlagen aus der Kriegsentwicklung frei, die den heute reichen Bestand an Navigationsinstrumenten begründeten. Waffen wie Torpedos mussten allerdings vor der Entente versteckt werden. Dass die Geräte der akustischen Unterwasserortung des U-Boot-

---

69 Jobst Broelmann: U 1 – die unsichtbare Waffe. In: Hashagen/Blumtritt/Trischler (Anm. 4), S. 179–204.

70 Blohm an Miller, 11. 9. 1918, DMA, VA 1987.

71 DMA, VB 1921, S. 3.

72 Maffei an Deutsches Museum, 21. 12. 1926, DMA, VA 1997.

73 Reichsmarineamt an Deutsches Museum, 8. 2. 1919, DMA, VA 1988.

74 »Ehrenraum für U-Boote«: DMA, VB 1918, S. 13.

75 Bauer an Miller, 4. 3. 1919, DMA, VA 1988.

76 Tracy Marks: Hort der Musen. Das Museum of Science and Industry in Chicago. In: Kultur & Technik 27 (2003), H. 2, S. 45–49.

kriegs nun bei der ›Meteor‹-Expedition zur Vermessung des Südatlantiks 1925 in friedlicher und wissenschaftlicher Absicht der Meeresforschung eingesetzt wurden, war eine Anwendung, die das Museum nicht als zukunftsträchtige Vision aufgriff. Stattdessen folgte es bei seinen Darstellungsformen der politischen Entwicklung: Bei dem geplanten Aufbau eines Kommandoturmes näherte man sich den Notbehelfen der späteren Reichswehr und erwog eine Attrappe aus dünnem Blech, die schließlich aber von Blohm nicht finanziert wurde.[77] U-Bootkanonen wurden als Holzattrappen nachgebaut.

Wieder knüpfte Miller an die Erfolge aktueller Ausstellungen, etwa im Münchner Glaspalast, an und beauftragte den Marinemaler Claus Bergen mit einer Gemäldeserie, die auf die Innenarchitektur der Mittelhalle des Neubaus abgestimmt war und markante Situationen der maritimen Geschichte zeigte. Für die inhaltliche Beratung assistierten Marineangehörige. Admiral Eberhard von Mantey, der Vorstand des Marinearchivs, fertigte Pläne über die Geschichte der Seekriege an.[78]

Zur Eröffnungsfeier des Museums 1925 war die Schiffbauhalle noch nicht eingerichtet und diente als Festraum; erst im Jahr darauf wurde dort die »Kriegsnische« mit Waffen und Trophäen ausgeschmückt. Bei der schlechten Wirtschaftslage der Werftindustrie hoffte Miller, die Marine für die Zwecke des Museums gewinnen zu können und ersuchte persönlich den Chef der Marineleitung, Admiral Zenker, um Unterstützung, um »auch die Begeisterung für die Deutsche Marine vor allem in den Kreisen zu erwecken, die wie die Bevölkerung von Süddeutschland keine Gelegenheit hat sich über die Wichtigkeit der Marine aus persönlicher Anschauung zu unterrichten«. Aus dem Haushalt der Marine waren für das Deutsche Museum jedoch keine Mittel zu erwarten.[79]

In der Öffentlichkeit wurde diese Gefahr der Abhängigkeit des Museums kaum wahrgenommen. Aus dem heftigen Parteienstreit um den Bau des neuen »Panzerkreuzers A« hob die Satirezeitschrift »Simplicissimus« 1928 den Museumschef als neutralen Verwalter und Hüter musealer Gegenstände heraus: »Miller übernimmt das Schiff als Seewaffe von vorgestern«.[80]

Die Verkehrsausstellung in München 1925 verdeutlichte die widersprüchlichen Technikkonzepte der Weimarer Zeit. Während ihr Motto »Internationale Sport- und Verkehrskonkurrenzen« in der Gesamtschau der verfügbaren Verkehrsmittel einerseits ein tragfähiges Konzept zu liefern schien,[81] das auch

---

77 Maurer an Deutsches Museum, 10. 9. 1919, DMA, VA 1988; Gutehoffnungshütte an Deutsches Museum, 27. 11. 1925, DMA, VA 1994.
78 Miller an Waldegg, 9. 6. 1926, DMA, VA 1996.
79 Miller an Zenker, 28. 5. 1926; Zenker an DM, 2. 9. 1926, DMA, VA 1996.
80 Simplicissimus, Sept. 1928, Nr. 23., S. 291.
81 Vgl. dazu Maierbacher-Legl (Anm. 20).

Simpl-Woche: Panzerkreuzers Glück und Ende

(Zeichnungen von E. Thöny)

Reichskanzler Hermann Müller tauft den Panzerkreuzer A auf den Namen „Karl Marx".

Tirpitz überreicht ihm als Anerkennung für seine Verdienste um die Marine einen Großadmirals-Bart.

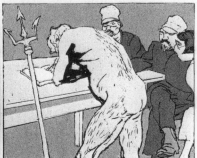

Die Offiziere des Panzerkreuzers huldigen in der Messe den Ahnen des Sozialismus.

Neptun erscheint im Berliner Parteibureau und schreibt sich als Mitglied der SPD ein.

Als aber ein Parteischiedsgericht zur Beruhigung der Gemüter feststellt, daß die Genehmigung des Panzerkreuzers eine wahrhaft pazifistische Tat war, weil er für den Ernstfall nicht in Betracht kommt,

da erscheint als rettender Engel Oscar von Miller und übernimmt das Schiff als Seewaffe von vorgestern für das Deutsche Museum in München

31 Oskar von Miller übernimmt als »rettender Engel« das umstrittene neue Panzerschiff »als Seewaffe von vorgestern«. Zeichnung von Eduard Thöny; »Simplicissimus«, Sept. 1928, S. 291. Bayerische Staatsbibliothek, Inv.-Nr. BA 2 Pers. 18

heute das »Deutsche Museum Verkehrszentrum« aufgrund der Konzentration auf den Landverkehr nicht erreicht, hätten andererseits selbst Fachleute nicht gewagt, den Zukunftswert von Neuerungen wie Anton Flettners windgetriebenem Rotorschiff einzustufen. So beschränkte sich das Museum auf ein Modell des Rotorschiffes, ohne näher auf den Streit zwischen der Göttinger Aerodynamischen Versuchsanstalt und dem Erfinder Flettner einzugehen, der ein typisches, viel beachtetes Beispiel für Prioritätsfragen in der Polarität von Grundlagenforschung und technischer Anwendung bildete.[82] Da Miller das Unternehmen DYWIDAG zum Bau eines Versuchsbeckens in der Abteilung gewinnen konnte, wurde jedoch neben einzelnen Beiträgen von Flettner, Oertz oder Korth auch eine ausführliche Darstellung der angewandten Strömungsforschung und der resultierenden Entwicklung der Schiffsformen ermöglicht, für die sich Günther Kempf, der Direktor der Hamburger Schiffbauversuchsanstalt, einsetzte.[83]

Millers Schiffsreisen prägten bis zuletzt seine Konzeptionen der Ausstellung und führten zu spontanen Änderungen. Obwohl er sich für aufwändige Maschinenraummodelle eingesetzt hatte, musste er feststellen, dass sie wertlos seien, da die Besucher »einfach vorübergingen«.[84] Nachdem er auf dem Motorschiff ›Fulda‹ eine Reise nach Ostasien unternommen hatte, bevorzugte er den »Eindruck, in wirklichen Maschinenräumen zu sein und nicht *nur* ein Diorama zu sehen«. Hierfür ließ er den Maschinenraum nachbilden und mit einem Gemälde ergänzen. In der historischen Entwicklung strebte er dabei eine »möglichst organische Aufeinanderfolge von Maschinenarten« an.[85] Eine besondere Variante der Theatertechnik stellte die begehbare Kommandobrücke dar, die den Besucher selbst in die Rolle des Kapitäns versetzte, während Wohnräume und Kojen den direkten Bezug zum eigenen Alltag ermöglichten.

Die Übergabe von zwei Schiffsmodellen durch Admiral Zenker nahm Miller 1927 noch einmal als Gelegenheit, zu einer Museumsfeier auf hohem Niveau und zu einem Essen im »Speisesaal eines Schiffsraums« einzuladen.[86] Damit schienen die Möglichkeiten und Kapazitäten erschöpft. Im Jahr 1931 wurde dem Abteilungsingenieur Menck wegen der schlechten wirtschaftlichen Lage gekündigt, der noch versuchte, Foerster, den Herausgeber der Zeitschrift »Werft, Reederei und Hafen« als ehrenamtlichen Referenten zu gewinnen.[87]

82 Albert Einstein: Das Flettner-Schiff. In: Albert Einstein. Mein Weltbild. Frankfurt 1977, S. 163–166.

83 Briefwechsel Kempf und Miller 1930–1931, DMA, VA 2002; s. auch Lehmann (Anm. 41), S. 217.

84 Miller an Zenker, 28. 5. 1926, DMA, VA 1996; DMA, VB 1927, S. 19.

85 Notiz auf ›Fulda‹, 2. 12. 1926, DMA, VA 1997; DMA, VB 1927, S. 20 (Hervorhebung im Original).

86 Übergabe der Modelle des Kreuzers ›Emden‹ und des Rotorschiffes ›Barbara‹; dazu Millers eigenhändiger Entwurf der Sitzordnung: DMA, VA 1998.

87 Foerster an Menck, 8. 6. 1931, DMA, VA 2002.

32   Der Nachbau des Speisesaals eines Schiffes der Hamburg-Amerika-Linie diente 1928 als Kulisse
für ein Museumsfest Millers.
DMA, BN 53735

Millers Ablehnung der Nationalsozialisten fand dann auch im Bereich der
Schifffahrt ihren eigenen Ausdruck. Einer Aufforderung der NSDAP, an
einem Vortrag über ein geplantes »Ausstellungsschiff nach Südamerika« teilzunehmen – eine Variante, die von Miller hätte stammen können –, sagte er
kühl ab, »da ich zu den Kreisen, welche sich an einer solchen Ausstellung beteiligen können, keine Beziehungen habe«.[88] Den Rest der NS-Zeit bestimmten Verwaltung und Stagnation, wie sie zwar oft in ›fertigen‹ Abteilungen ein-
kehrten, in der stereotypen Ablehnung von Leihgaben und Dienstleistungen
jedoch den Charakter einer Verweigerung annahmen. Zudem wurde mit
dem Anbau der Automobilhalle als eines »architektonischen Fremdkörpers«[89]
an das Hauptgebäude auch ein inhaltlich abrupter Übergang zu einer neuen
Leit- und Lieblingstechnologie des Führers deutlich.

In der Aktualität des Museums bei der Präsentation der neuesten Waffentechnik, etwa mit dem Modell des international viel beachteten Panzerschiffs,[90]
wiederholte sich das Dilemma eines möglichen Geheimnisverrats, der bereits

88 NSDAP an Miller, 9. 11. 1933; Miller an NSDAP, 16. 11. 1933, DMA, VA 2003. Derartige »Industrie-Mes-
se-Schiffe« zur Förderung des deutschen Exports waren seit den 1920er-Jahren im Gespräch, jedoch
umstritten wegen ihrer Rentabilität; Hamburg-Amerika Linie an Miller, 4. 12. 1930, DMA, VA 2002.
89 Mayr (Anm. 5), S. 16.
90 Modell Panzerschiff ›Deutschland‹, DME, Inv.-Nr. 66600, Zugang 9. 8. 1934 vom Reichsmarineamt.

einmal dem Kaiser und seinem Schnittmodell zum Vorwurf gemacht worden war, so dass die Marine das Fotografieren aktueller Modelle im Museum verhindern wollte. Auf die Anfrage des Verwaltungsdirektors Karl Bäßler, welche Exponate hiervon betroffen seien, teilte der Oberbefehlshaber der Kriegsmarine mit, »dass für das unerwünschte Skizzieren und Fotografieren [...] das dortige Modell des neuen Panzerschiffes ›Deutschland‹ in Frage kommt«, ohne mit einer solch missverständlichen Anordnung das Dilemma aufzulösen.[91]

Befreiung zur Neugestaltung

Nach den schweren Kriegsschäden besaß die Abteilung nach 1945, auch wenn das Geld mangelte, in den verbliebenen Sammlungen und nicht zuletzt in seinem weitgehend unbeschädigten Ruf ein unschätzbares Grundkapital; zudem war sie nach der Auflösung des Meereskundemuseums in Berlin die einzige bedeutendere maritime Anlaufstelle in Deutschland. Dem Deutschen Museum gelang es diesmal besser, sich von der bedrückenden Last des Krieges zu befreien. Anders als das Ende des Ersten Weltkriegs hatte das des Zweiten die Abteilung nicht nur physisch, sondern auch inhaltlich nicht unberührt gelassen. Die militärischen Exponate und Kriegsschiffsmodelle mit den Flaggen des Dritten Reichs stießen lange noch bei Besuchern auf heftige Ablehnung.[92]

Während Miller mit seinem Konzept in der Phase des Kriegsbeginns verhaftet geblieben war, griff die Abteilung nun nicht die Rüstung, sondern den zivilen Neubeginn, etwa die Aufräumungsarbeiten und den Wiederaufbau der Werftindustrie und der Handelsschifffahrt, als unmittelbares Vorbild seiner Dioramen auf und fand dadurch wesentlich leichter die Fortsetzung in einen Aufbruch zum ›Wirtschaftswunder‹. Schon das deutliche Aufblühen der Korrespondenz der 1950er-Jahre glich einem spürbaren Aufatmen, einer thematischen Befreiung.

Dem Konservator Fritz Vollmar, der zu Beginn der Aufbauarbeiten bereits über Museumserfahrung verfügte, und seinem Mitarbeiter Max Burger, beide zunächst keine Fachexperten, standen hervorragende Fachbeiräte zur Verfügung, unter ihnen Georg Schnadel, Gerhard Timmermann, Christian Freiesleben und Karl Heinz Marquardt.[93]

---

91 Oberbefehlshaber der Kriegsmarine an Deutsches Museum, 23. 11. 1935, DMA, VA 2003.
92 Mündl. Mitteilung Max Burger.
93 Stellvertretend für Schiffstheorie, Schifffahrtsgeschichte, Navigation, Schiffsmodellbau. Fritz Vollmar (1905), TH München Maschinenbau, 1933 im Ingenieurdienst an das Deutsche Museum, Abt. Technik im Bild, 1935 zu BMW, danach bis Kriegsende Versuchsanstalt für Nachrichtenmittel der Marine, 1946 Wiedereintritt Deutsches Museum, 1965 Sammlungsdirektor; Burger trat später die Nachfolge Vollmers an.

Über grundsätzliche Überlegungen zum Wiederaufbau der Abteilung ist wenig bekannt. Es scheint, dass der energische Vorstandsvorsitzende Otto Meyer, der sich stets mit einer weißen Nelke am Revers schmückte, dem U-Boot, als Gegenpol im Sinne der früheren Entwicklungsreihe, ein historisierendes, zugleich architektonisch dekoratives, ja heiter stimmendes Segelschiff voranstellen wollte. Das ›U 1‹, das beim Abriss der Geschossdecken der Mittelhalle im Zuge des Wiederaufbaus wie ein Fossil freigelegt worden war, wurde wieder fast völlig eingemauert, und für das geplante, aber noch unbekannte Segelschiff ein Deckenausschnitt freigelassen. Auch hier stand also ein Symbol an erster Stelle, dessen Verkörperung zunächst bei einer Reise an das Mittelmeer gefunden werden sollte, dann aber, unter Zeitnot vor der Eröffnung der Abteilung 1958, aus Relikten an der Nordseeküste ausgewählt wurde.[94]

Mit dem Fischer-Ewer ›Maria‹, ursprünglich aus Finkenwerder bei Hamburg, erschloss sich dann eine große Bedeutungvielfalt. Eher unbeabsichtigt war die Reminiszenz an die Romane Gorch Focks[95], der die Finkenwerder Seefischerei zum Mikrokosmos und Nährboden für die kaiserliche Flotte stilisiert hatte. Darüber hinaus lieferte der Ewer sowohl Materialien für eine Technik- wie auch Sozialgeschichte der Seefahrt, die, neben dem Artefakt als einer Sachquelle, allerdings erst später erschlossen wurden.[96]

Der Ewer belegte damit die immer noch einzigartige Rolle des Museums in Deutschland, das solche, im Sammelobjekt immanent angelegte Themen aufgriff, lange bevor sich ihnen regionale Einrichtungen widmeten. Timmermann, der sich als früher Anwalt der Technikgeschichte unter Hamburger Kunstbeflissenen als Prophet im eigenen Lande fühlte, war dort mit seinem Vorschlag, den Ewer unter Denkmalschutz zu stellen, auf taube Ohren gestoßen.[97] Die Wahrnehmung und Erhaltung dieses regionalen Schiffstyps zogen eine ganze Reihe von Nachbildungen und ›Oldtimern‹ sowie ein Revival von traditionellen Techniken nach sich, sie waren schließlich auch Vorläufer einer Sozialgeschichte und einer Geschichte der Arbeit, wie diese später in Hamburg fortgesetzt wurde.[98] In der Ausstellungsgestaltung von Schifffahrtsmuseen ist ein zentrales Schiff als Leitmotiv seither üblich geworden.[99]

94 Reisebericht Max Burger 1957 (brosch.).
95 Gorch Fock: Seefahrt ist not! Hamburg 1936.
96 Vgl. Jobst Broelmann/Timm Weski: Maria HF 31. Seefischerei unter Segeln. München 1992.
97 Tonbandaufzeichnung Timmermann vom 27. 9. 1986, Archiv des Verf.
98 Joachim Kaiser: Segler im Gezeitenstrom. Norderstedt 1974; Museumshafen Övelgönne; Museum der Arbeit, beide in Hamburg; s. auch Lutz Engelskirchen (Hrsg.): Welche Zukunft haben Museen der Arbeit? Essen 2002.
99 Deutsches Technik Museum, Berlin; Museum für Binnenschifffahrt, Duisburg.

Der Verlust der früheren Großmodelle und der Verzicht auf die ausgelagerten und beschädigten Gemälde Bergens führten eher notgedrungen zu einer Klarheit und Übersichtlichkeit der Abteilung, die jüngst auf den Bauhausstil zurückgeführt worden ist.[100] Diese drohte allerdings im Lauf der folgenden Jahrzehnte wieder zu überwuchern, denn befreundete Reedereien wie die ›DDG Hansa‹ setzten die Tradition Millers fort, bei ihren Reisen geeignete Exponate zu erwerben. Auch der Aspekt der Fremdenverkehrswerbung kam bei Stiftungen ausländischer regionaler Boote zum Zuge.[101]

Dank der fortwährenden, thematisch enorm weitgefächerten Ergänzung des Sammlungsbestandes »vom Einbaum zum Atomfrachter« ließ sich der Einblick in neue Disziplinen herstellen, etwa in Gebiete der Kernphysik und -technik, von der C14-Methode bei der Altersbestimmung eines Einbaumfundes bis zum Modell des Kernenergieschiffs ›Otto Hahn‹.[102] Der Versuch der enzyklopädischen Gesamtschau musste allerdings bald an den Raumverhältnissen seine Grenzen finden, etwa als Generaldirektor Theo Stillger sich in den 1970er-Jahren für einen der Mainzer Funde römischer Schiffe interessierte, ebenso wie die Forderung nach solch »inhaltlicher Dynamik« an der äußerst knappen personellen Besetzung scheiterte.[103] Hier setzte allmählich die regionale fach- und objektspezifische Behandlung ein, die, etwa im Falle des Koggefundes bei Bremen, den Nukleus für ein eigenes Museum bildete. Das Museumsobjekt und seine konservatorischen Behandlungsmethoden avancierten zum Forschungsobjekt.

Durch die Beschränkung der Abteilung auf die Technik gegenüber einer Marinegeschichte konnte diese auf Dauer kein Ersatz für ein historisches Museum leisten, das nach dem Verlust des Meereskundemuseums in Berlin überfällig geworden war. Dies führte zu Aufrufen und Bestrebungen, aus verfügbaren Sammlungen eine Basis für ein »Deutsches Schifffahrtsmuseum« zu bilden, das dann, mit dem Koggefund in Bremerhaven, gegründet werden sollte.[104]

Mit der beginnenden Wiederbewaffnung fand die Marine jedoch wieder Wege, große Exponate in das Deutsche Museum zu bringen und auch die

100 Mayr (Anm. 5), S. 84, sowie dessen Beitrag in diesem Band. – Die Modelle der ›Rheinland‹ und ›Vaterland‹ verschwanden restlos; teilweise sollen beschädigte Modelle nach Kriegsende in die Isar geworfen worden sein; mündl. Mitteilung Franz Ostermayer.

101 Max Burger: Portugiesische Boote im Deutschen Museum. In: Kultur & Technik 6 (1982), S. 86–91.

102 Gesellschaft für Kernenergieverwertung in Schiffbau und Schifffahrt an Deutsches Museum, 16. 12. 1974; Uni Köln, Institut für Ur- und Frühgeschichte, an Deutsches Museum, 31. 10. 1973, DMA, VA 2022.

103 Balke, DMA, VB 1969, S. 31; Vollmar, ebd., S. 46.

104 Heinsius (Anm. 9); Detlev Ellmers: Das Deutsche Schiffahrtsmuseum in Bremerhaven. In: Kultur & Technik 11 (1987), S. 108–114.

Kosten zu verbuchen. Als Ersatz für die kompletten Maschinenräume Millers wurde der eines ausgemusterten Schnellbootes installiert und von Bundesverteidigungsminister Franz Josef Strauß wohlwollend und unauffällig als »Modell« deklariert.[105] Seit etwa 1962 bestanden Pläne, eines der an die Bundesrepublik zurückgegebenen U-Boote des Zweiten Weltkriegs mit der Unterstützung der Marine nach München zu holen. Hierbei wollte man einerseits an den Erfolg von ›U 1‹ anknüpfen, andererseits wurde argumentiert, dass ›U 1‹ in seinem Erhaltungszustand nur ein Torso sei. Strauß, der die Publikumswirksamkeit militärischer Ausstellungsstücke anerkannte, winkte jedoch diesmal bei den hohen kalkulierten Kosten ab.[106] Bei erneuten Bestrebungen, für die sich auch Rudolf von Miller, der Sohn des Museumsgründers, einsetzte, erhoffte sich das Museum nun die Unterstützung des Bundesfinanzministeriums, die jedoch nicht gewährt wurde.[107] Bereits jetzt zeichnete sich ab, dass die Kosten für Zerlegung und Transport bei einer Ausstellung in den an der Küste geplanten Museen fortfallen würden. Allerdings lösten solche Pläne dort noch politische Kontroversen aus.[108]

Nach seinem Amtsantritt 1970 griff Stillger, der als Kriegsteilnehmer bei der Marine dieser ein großes Interesse entgegenbrachte, das U-Boot-Thema wieder auf: »Ein komplettes U-Boot würde gerade mitten im Binnenland in hervorragender Weise an die Taten der deutschen Kriegsmarine erinnern und darüber hinaus das gigantische Denkmal einer technischen Meisterleistung«.[109] Inhaltlich kaum anders, als es 1918 geschehen war, verband er derart Ehrenmal, Waffentechnik und Bildungsauftrag. Die heute befremdlich erscheinende Vorstellung, ein U-Boot von etwa 70 m Länge im Hochwasserbett der Isar zu deponieren, entspricht der Denkweise von Plänen, dort eine zweistöckige Park-›Insel‹ für 400 Autos zu errichten – auch dies ein Zeichen der Planungseuphorie dieser Zeit.[110] Die letzte Anstrengung Stillgers in dieser Richtung betraf ein U-Boot des Typs XXI, der schließlich den Weg des – physikalisch – geringsten Widerstands nach Bremerhaven fand und heute dort als willkommene Einnahmequelle dient.[111] Das anhaltende Interesse an U-Booten wurde schließlich von den Medien bedient, nach der viel beachteten und erfolgreichen Bearbeitung des U-Bootkriegs im Roman und Film »Das Boot«.

---

105 Strauß an Meyer, 8. 1. 1958, DMA, VA 2012.
106 Meyer an Heuwing, 19. 2. 1962; Strauß an Meyer 17. 10. 1962, DM, Registratur 4810, U-Boote.
107 R. v. Miller an Grund (Staatssekretär im Bundesfinanzministerium, von 1963 bis 1967 im Vorstandsrat des Deutschen Museums), 3. 7. 1967, ebd.
108 S. z. B. FAZ v. 5. 10. 1967.
109 Stillger an Bundesverkehrsministerium, 3. 12. 1971, DMA, VA 2021.
110 Mayr (Anm. 5), S. 188.
111 Als Technikmuseum Wilhelm Bauer, Bremerhaven, über einen Förderverein betrieben, s. Ellmers (Anm. 104), S. 114.

33   Die Tiefseetauchkugel der Gebrüder Piccard als Nachbau mit Originalteilen, 1962.
DMA, BN 11777

Eine Replik des »Bootes« war in den zur permanenten Ausstellung ausgebauten Kulissen des Münchner Filmstudios ›Bavaria‹ zu besichtigen.

Parallel zur militärischen Tauchtechnik wurde jedoch auch die zivile verfolgt. Neben der Darstellung der von Hans Hass eingeleiteten individuellen Eroberung der Unterwasserwelt in einem lebensgroßen Diorama, wurde auch die Spitzenleistung der Meereserkundung, die Tiefseetauchkugel Jacques Piccards der Schifffahrt angegliedert.[112]

»Raumschiff Erde«

Die Raumfahrttechnik, die nach dem Sputnik-Schock in der westlichen Welt starke Entwicklungsimpulse auslöste, ermöglichte einen neuen Blick auf den »Blauen Planeten« und manifestierte bisher unbekannte Ressourcen, aber auch Wissenslücken. Sie förderte nicht nur eine »Astronautik«, sondern auch eine »Aquanautik«. Dies war neben der Forderung, Forschungsmittel nicht nur in die der Raumfahrt, sondern auch verstärkt in die Meeresforschung zu

112   Am 19. 12. 1972 Ehrung Jacques Piccards im Deutschen Museum.

investieren, zunächst die Folge einer technologischen Symbiose des Kalten Kriegs, in dem Interkontinentalraketen in strategischen Atom-U-Booten installiert waren, deren Konstruktion, aber auch Bergung aus größten Tiefen erhebliche Technologieschübe bewirkte.

Das neue Fachgebiet der Meerestechnik, das zuerst an der TH Berlin 1968 eingerichtet wurde, war entsprechend seinen Aufgaben stark interdisziplinär orientiert und vereinte Wasserbau und Wasserwirtschaft, Bergbau und Geowissenschaften, Thermo- und Fluiddynamik. Neue Arbeitsgebiete waren maritimer Umweltschutz und die Schadstoffbeseitigung. Parallel zu den Bestrebungen, geologische Phänomene in größeren Übersichten und Zusammenhängen zu erfassen, wuchs auch der Anspruch an Museen als »interdisziplinäre Informationszentren«, um die Veranschaulichung von Systemen zu erleichtern.[113]

Dieser Trend koinzidierte mit einer Erweiterung des Deutschen Museums. Im Sinne einer Entwicklungsreihe sollten die bisher behandelten Themen und Räume eine Fortsetzung finden: Jene der Luftfahrt sollten mit der Raumfahrt und analog dazu die Schifffahrt mit der Erforschung des Meeresbodens erweitert werden. Die von Stillger geplante, im Süden des Museumsgebäudes angefügte »Drei-A-Halle«, eine interne Abkürzung für die als Stockwerke geplanten Bereiche Aquanautik, Aeronautik und Astronautik, nahm dabei in der räumlichen Anordnung übereinander eine thematisch geozentrische Sicht ein.[114] Dem wachsenden Bestreben nach größerer inhaltlicher Übersicht trat jedoch die räumliche Enge früherer Grundmauern entgegen, die verhinderten, das Untergeschoss zum Erweiterungsbau zu öffnen. Das U-Boot lag quer vor dem Durchgang und sollte sogar gedreht werden; darüber durchkreuzte die geplante »Flugphysik« die vorhandene »Optik« der bestehenden Physikabteilung. Das Museum begann, sich mit seinen Architekturproblemen selbst im Weg zu stehen. Hinzu kamen interne Interessensüberschneidungen, so dass der ursprünglich in die Planung einbezogene Teil für Meeresforschung und -technik, auch aus Mangel an geeigneten Fachbeiräten, von der Gesamtplanung des Erweiterungsbaus abgetrennt wurde. Dass dieser Teil der Drei-A-Halle sich schließlich als eine neue ›A‹utohalle entpuppte, reflektierte sicherlich die interne wie externe Interessenslage und die im Sinne eines früheren Navalismus machtvollere Präsenz der neuen Leittechnologien der bayerischen Luft-, Raumfahrt- und Automobilindustrie.[115] Stillger plante jedoch, im Tiefgeschoss als Ersatz die benachbarten und güns-

---

113 Dieter Kadner: Technik, Ökologie und Museum. In: Deutsches Museum (1973), H. 1, S. 2–6.

114 DMA, VB 1969, S. 17; DMA, JB 1973, S. 17.

115 Kyrill von Gersdorff: Deutsches Museum: Sammlungserweiterung Luft- und Raumfahrt. Sonderdruck aus aerokurier 4/1977, DMA, VA 1728; z. B. Walther an Klee, 30. 10. 1970, DM, Registratur 4810 U-Boote; mündl. Mitteilung Hans Straßl; s. auch den Beitrag von Mayring in diesem Band.

tiger gelegenen Depots als Ausstellungsräume zu erschließen.[116] Mit seinem plötzlichen Tod 1982 war jedoch nicht nur das U-Bootprojekt, sondern auch die weitere Zukunft der Meerestechnik hinfällig geworden. Neben dem Großprojekt der neuen Luft- und Raumfahrtabteilung, das bereits alle Kapazitäten absorbierte, erzwang 1983 ein Brand im Untergeschoss der Schifffahrtsabteilung ungewollte Aufmerksamkeit.[117] Nach den Bomben des Zweiten Weltkriegs erhielt die Abteilung durch diese »Brandrodung« wiederum eine unerwartete Chance zur Erneuerung.

Als Otto Mayr, als neuer Generaldirektor aus den USA kommend, das Museum musterte, fand er die Brandstelle noch als dunklen, stickigen Raum vor, der – so seine spontane Bemerkung – in den USA zum Einbau eines Kinos inspiriert hätte. Mayr verwirklichte diesen Gedanken an anderer Stelle: im späteren »Forum der Technik«. Deutlich machte dieser Hinweis die zunehmende Konkurrenz der visuellen Medien und des Bildschirms gegenüber den Museumsobjekten, die sich vor dem Wettbewerb des eher notgedrungen ›objektfrei‹ konzipierten Science Centre gegenüber dem klassischen Museum abzeichnete. Andererseits wurde schnell deutlich, dass das herkömmliche Museum neben dem Aufbau neuer Abteilungen kaum Kapazitäten für die Wartung elektronischer Medien aufbringen konnte, die, schon aufgrund ihrer schnellen Entwicklung, spürbar aufwändiger und kurzlebiger waren.

Da der Konservator für Raum- und Schifffahrt[118] aus seinem Studium das Fachgebiet und die früheren Fachbeiräte wie Timmermann kannte, war es möglich, bereits während der Abwicklung der umfangreichen Versicherungsfälle unverzüglich mit der Neukonzeption zu beginnen. Diese setzte, im Hinblick auf eine voraussichtlich lange Standzeit der Abteilung, eher konservativ und in der Gestaltung unmodisch auf die reichhaltige Sammlung, die Aura der Objekte und die im Hause entwickelten hochwertigen Demonstrationen und die Fortsetzung seiner speziellen »Museumskunst«, etwa der Dioramen.[119] Die bereits vorhandenen Hintergrundgemälde Günter Voglsamers wurden mit einem großen Panorama des Hamburger Hafens ergänzt.[120] Besonders das Erdgeschoss konnte mit diesem Konzept als Empfangshalle der internationalen Besucher eine spontan nonverbale, visuelle Vermittlung der

116 Depots 1 und 2, mündl. Mitteilung Theo Stillger 1981.
117 Als Ursache stellte sich später Brandstiftung durch den Nachtwächter (!) einer Fremdfirma heraus.
118 Jobst Broelmann (geb. 1943), Studium der Schiffstechnik, Forschung an der Universität Hamburg, Konstruktionsingenieur bei MAN, 1981 Konservator für Raumfahrt (bis 1984), seit 1982 für Schifffahrt.
119 Architektur Angelika Kaltwasser, Grafik Kerria Rieker.
120 S. auch Margaretha Benz-Zauner/Andrea Lucas: »Es muß ein Rhythmus entstehen, ein Klang«. Gespräch mit Günter B. Voglsamer, Künstler im Auftrag des Deutschen Museums. In: Kultur & Technik 19 (1995), S. 34–39.

Seefahrt ermöglichen, wobei über die häufig vernachlässigte optische Wahrnehmung auch die im kulturellen Selbstverständnis der Artefakte angelegte ästhetische Komponente wirksam werden sollte. Unverändert gilt bis heute bei Umfragen mit etwa 70 % der Besucher die Schifffahrt als eine der meistbesuchten Abteilungen des Hauses.[121]

Der Ersatz des abgebrannten Schnellbootmaschinenraums in seiner ›unorganischen‹ Lage zwischen Promenadedeck und Kommandobrücke durch einen kleinen Dampfschlepper im Erdgeschoss ermöglichte es, ein wesentliches Kapitel der Industrialisierung als eigenständiges, komplettes Ensemble in unmittelbaren Kontext mit dem Ewer, dem typischen Exponenten der Segelschiffsära zu rücken.[122] Zusätzlich konnte eine Galerie zur besseren thematischen Gliederung eingebaut werden. Die anspruchsvollen Gebiete der Navigation oder der Schiffstheorie, gleichzeitig ergiebige Schwerpunkte der Forschung, wurden vertiefend im Untergeschoss behandelt. Dieses erhielt bei einer späteren Erweiterung durch Bereiche der ehemaligen Wasserbauabteilung den größten mechanischen Gezeitenrechner der Welt, eine Entwicklung des Deutschen Hydrographischen Instituts, als ein eindrucksvolles Monument der quantitativen Berechnung und Vorhersage eines Meeresphänomens.

Nach dem Brand ergänzten externe Mitarbeiter eine große Zahl qualitativ hochwertiger Modelle, die auf einem inzwischen wesentlich besseren Forschungsstand basierten.[123] Der enge Zeitplan, den die Museumsleitung mit der Neueröffnung 1986 gesteckt hatte, ermöglichte es aber nicht, diese externen Modellbauer zu größeren Projekten heranzuziehen und die inzwischen überholten Rekonstruktionen aus der Gründungszeit zu ersetzen.

Was gelegentlich belächelt wird, die ›Exotik‹ der Existenz der Abteilung und der Schiffe unter Dach, hat sich als unschätzbarer Vorteil erwiesen. Mit minimalen Unterhaltungskosten wird unabhängig von jeglicher Witterung eine große Zahl von Besuchern erreicht. Gleichzeitig entfällt das Dilemma, große Summen in die Restaurierung von Museumsschiffen fließen zu lassen, die sie zugleich unweigerlich von ihrem Originalzustand entfernt.

In die energisch geführte Aufbauphase Mayrs fiel das Angebot des Seenotrettungskreuzers ›Theodor Heuss‹. In seiner Konzeption erfüllte dieser nun

---

121 Die Besucherbefragung 1994, Projektleitung Irmingard Wagenstaller, ermittelte die am häufigsten besuchte Abteilung: An erster Stelle rangierte die Abteilung Luftfahrt mit 71 %, dicht gefolgt von der Schifffahrt mit 70,4 %, an dritter Stelle die Abteilung Automobile mit 56,6 %. Eine ebenfalls 1994 durchgeführte Befragung der Firma McKinsey & Co. ermittelte die Besucherzahlen der Schifffahrt an erster Stelle knapp vor der Luftfahrt.

122 Jobst Broelmann: Lauf der Zeit – Stand der Dinge. Spuren der Technikgeschichte, abgelesen an zwei Originalen der Schiffahrtsgeschichte. In: Kultur & Technik 10 (1986), H. 4, S. 214–217.

123 Diese gehörten überwiegend dem »Arbeitskreis historischer Schiffbau e.V.« an.

34   Mechanischer Gezeitenrechner des Deutschen Hydrographischen Institutes (Baujahr 1935–1938) zur Vorhersage von Wasserständen.
DMA, BN 29420

unumstritten den Anspruch des »Meisterwerks«, den das Museum noch ein Jahrhundert nach seiner Gründung als Kategorie verwendet.[124] Er dokumentierte die humanitäre Arbeit der Gesellschaft zur Rettung Schiffbrüchiger unter dem Symbol des Malteserkreuzes, einer der ersten Bürgerinitiativen Deutschlands in der Verkehrssicherheit, und setzte gleichzeitig die eben dargestellten Entwicklungsschritte des Seglers und Dampfschiffes zum modernen Schiffstyp fort. Zweifellos war dieses Exponat im Freigelände aber der eben erwähnten konservatorischen Problematik unterworfen.

Das Schiff als soziotechnischer Mikrokosmos ist ein Sensor für makrokosmische Strömungen und Bedingungen geblieben. Seit Jahrhunderten enthält es ein unerschöpfliches »Imaginationsarsenal« (Michel Foucault)[125], das von der »Titanic« über das »Boot« bis zum »Traumschiff« Schauplätze für »Info-

124   Jobst Broelmann: Bürgersinn und Bürgermut. In: Deutsches Museum (Hrsg.): Meisterwerke aus dem Deutschen Museum, Bd. IV. München 2002, S. 28–31.
125   Michel Foucault: Andere Räume. In: Jan Engelmann (Hrsg.): Botschaften der Macht. Der Foucault-Reader. Stuttgart 1999, S. 156.

tainment« von kulinarischer Beliebigkeit bietet, Stoffe für Film, Theater und Märchen. So überrascht es kaum, dass im Museum nach der maritimen Symbolik des Kaiserreiches erneut das Schiff »zur Ikone des Kinderreiches«, einer im Jubiläumsjahr 2003 neu eröffneten Abteilung, geworden ist.[126] Schließlich liefert es nach wie vor eine viel benutzte Metapher für Entdeckung und wissenschaftliche Neugierde. Kaum ein ›Explorama‹, dessen Architektur, wie in Amsterdam, nicht einem vordringenden Schiffsbug nachempfunden ist.

Wissen ist Not

Ein Jahrhundert der Forschung und Technik hat den Blick auf das Meer gewandelt. Moderne Kommunikationsmittel liefern inzwischen tägliche Nachrichten von ökologischen Katastrophen, der Verschmutzung oder der Überfischung der Meere, Hinweise auf illegalen Walfang und das Artensterben, so dass auch das emotionale Engagement gewachsen ist. Die Bilderflut der Medien allein ist allerdings nicht imstande, die Hintergründe aufzuklären oder gar zu überprüfen.

Die nachhaltige Wirkung eines Navalismus als eines staatlich geförderten Technologiekomplexes wird noch einmal daran deutlich, dass Hans-Olaf Henkel mit dem Slogan »Wissen ist Not« eine vergleichbare Unterstützung für die Wissenschaft forderte, dabei allerdings unterstellte, der Schriftsteller Gorch Fock allein habe seinerzeit diese Motivation erreicht.[127] Wissen gilt als die zukünftige Ressource, und neben dem in den 1970er-Jahren formulierten Forschungsauftrag der großen Museen bleibt der Bildungsauftrag deren vornehmliche Aufgabe. Es war daher mehr als Zufall, dass z. B. die neu eingerichtete Abteilung »Umwelt«, die Einsichten in ökologische Zusammenhänge gewähren sollte, im Museumsgebäude zumindest für einige Jahre an den Anfang des Millerschen Führungswegs und die Stelle der Abteilung »Bodenschätze« trat.

In der Analogie zur Aufgabe des früheren Berliner Meereskundemuseums, am Regierungssitz nationale Projekte zu präsentieren, widmete sich auch die Bonner Dependance des »Deutschen Museums für Forschung und Technik in Deutschland nach 1945« in Kooperation mit dem Alfred-Wegener-Institut für Polar- und Meeresforschung einer Episode der Polarforschung der Nachkriegszeit. Es ist bemerkenswert, dass dieser Ausstellungsbereich den politischen Zustand zum Ausgangspunkt seiner Darstellung machte. Nach dem

---

126 Wolf Peter Fehlhammer: Schwerpunkte. In: JB 2002, S. 24.
127 Hans-Olaf Henkel: Wissen ist Not. Jahrestagung der Leibniz-Gemeinschaft, 8. 11. 2001. In: Die Zeit (2001), Nr. 46.

internationalen Wettlauf des 19. Jahrhunderts herrschte nun, in den 1980er-Jahren, in der Südpolarregion die ›inner‹nationale Konfrontation zweier deutscher Forschungsstationen, deren Kommunikation in der ›Eiszeit‹ des Kalten Kriegs erstarrt war: neben der Georg-von-Neumayer-Station die Georg-Forster-Station der DDR.[128]

Die an den geografischen Polen angesiedelte Klimaforschung wurde damit, über diese innerdeutsche Episode hinaus, zur Klammer der internationalen Forschung wie der verschiedensten Fachdisziplinen. Während zur Mitte des 20. Jahrhunderts eine Beeinflussung des Klimas durch den Menschen als unwahrscheinlich betrachtet wurde, gilt heute das Augenmerk dem anthropogenen Klimawandel, der eine neue Wahrnehmung der Meeresphänomene einschließt. Es gehört damit auch zur Bildungsaufgabe, den weit gespannten Forschungszusammenhang der traditionellen meteorologischen und geologischen Arbeiten bis zu neueren Hochtechnologien der Satelliten und Supercomputer zu verdeutlichen. Das Bestreben, die Gegenstände und Methoden dieser Wissenschaft erkennbar und verständlich zu machen, entspricht einer Annäherung zur Position des durchschnittlichen Museumsbesuchers – entgegen der Auffassung, die Meereskunde sei eine Angelegenheit von überwiegend regionalem Interesse. In dieser Hinsicht war die Stiftung des Bundesministeriums für Bildung und Forschung eines Ensembles von acht Forschungsschiffsmodellen an das Museum[129] und weiter seine jüngste Ausstellung zum Klima[130] zu verstehen. Mit der Bausanierung, die dem Deutschen Museum bevorsteht, und bei der die von Stillger hierfür vorgesehenen Depots geräumt werden müssen, besteht die Chance, diese Öffnung des Blicks auf das Meer über den Weg des Forschungsinstrumentariums und der systematisch geowissenschaftlichen Modellierung zu vollziehen. Was Wilhelm II. in der Imitation der britischen Seefahrernation angestrebt hatte, ein »public understanding of the sea«, mündete dann im neueren Jargon – und in neuerlicher Anlehnung an ein britisches Vorbild – in ein umfassenderes »public understanding of science«.

---

128 Eisbrechen. Mauer im Eis. In: Peter Frieß/Peter Steiner (Hrsg.): Deutsches Museum Bonn. Forschung und Technik nach 1945. München 1995, S. 328f.

129 Warmuth, Bundesministerium für Forschung und Technologie, an Deutsches Museum, 2. 12. 1999, DM, Registratur 4810.

130 Walter Hauser (Hrsg.): Klima. Das Experiment mit dem Planeten Erde. München 2002.

Zwischen Weltjahrmarkt und Wissenspopularisierung. Die Frühgeschichte der Chemieabteilung

Elisabeth Vaupel

Seit den 1870er-Jahren hatte sich in Deutschland mit rasantem Tempo eine chemische Industrie entwickelt, die zu Beginn des 20. Jahrhunderts nicht nur auf nationaler Ebene zu einem der wirtschaftlich mächtigsten und prosperierendsten Industriezweige geworden war, sondern sich auch auf internationaler Ebene eine unbestrittene Führungsposition erkämpft hatte. Die chemische Industrie war neben dem Maschinenbau und der Elektrotechnik eine der großen Vorzeigeindustrien des Deutschen Reiches und dessen ganzer Stolz.[1] Die absolute Vorrangstellung, die Deutschlands chemische Industrie bis zum Ersten Weltkrieg innehatte, manifestierte sich besonders auf dem Gebiet der Teerfarbstoffe und – sich historisch aus diesem heraus entwickelnd – den Pharmazeutika. Farbstoffe und Arzneimittel »Made in Germany« hatten vor dem Ersten Weltkrieg weltweites Renommee. Aber nicht nur die Produkte der deutschen chemischen Industrie waren international bekannt und begehrt. Großes Ansehen genoss ebenso das Niveau der wissenschaftlichen Chemie in Deutschland und die Qualität der Chemiker-Ausbildung an deutschen Hochschulen. Wer um die Jahrhundertwende in der Chemie Karriere machen wollte, musste wenigstens ein paar Semester in Deutschland studiert haben. Bis lange nach dem Ersten Weltkrieg konnten auf ihr berufliches Fortkommen bedachte Chemiker die deutsche Sprache zumindest lesen: Wichtige Abhandlungen wurden damals noch nicht in ame-

---

1 Zur Geschichte der chemischen Industrie in Deutschland um die Wende vom 19. zum 20. Jahrhundert s. bes. auch: John Joseph Beer: The Emergence of the German Dye Industry. Urbana 1959; Ludwig F. Haber: The Chemical Industry During the Nineteenth Century: A Study of the Economic Aspect of Applied Chemistry in Europe and North America. Oxford 1958; Ludwig F. Haber: The Chemical Industry 1900–1930. International Growth and Technological Change. Oxford 1971; Rolf Sonnemann: Zur Geschichte der Teerfarben-Industrie in Deutschland von ihren Anfängen bis zur Bildung der beiden Dreibünde (1905/07). Merseburg 1963; Karl Otto Henseling/Anselm Salinger: »Eine Welt voll märchenhaften Reizes …«. Teerfarben: Keimzelle der modernen Chemieindustrie. In: Arne Andersen/Gerd Spelsberg (Hrsg.): Das blaue Wunder. Zur Geschichte der synthetischen Farben. Köln 1990, S. 82–144; Jürgen Kocka/Hannes Siegrist: Die hundert größten deutschen Industrieunternehmen im späten 19. und frühen 20. Jahrhundert. Expansion, Integration, Diversifikation im internationalen Vergleich. In: Norbert Horn/Jürgen Kocka (Hrsg.): Recht und Entwicklung der Großunternehmen im 19. und frühen 20. Jahrhundert. Wirtschafts-, sozial- und rechtshistorische Untersuchungen zur Industrialisierung in Deutschland, Frankreich, England und den USA. Göttingen 1979, S. 55–122; Wolfgang Wimmer: »Wir haben fast immer was Neues«. Gesundheitswesen und Innovationen der Pharma-Industrie in Deutschland, 1880–1935. Berlin 1994.

rikanischen, sondern in deutschen Chemie-Journalen publiziert. Dass die wissenschaftliche Chemie in Deutschland um das Jahr 1900 ein außerordentlich hohes Niveau erreicht hatte und dieses bis zum Ende des Ersten Weltkrieges halten konnte, ist auch daran abzulesen, dass sich unter den ersten Chemie-Nobelpreisträgern auffallend viele Deutsche befanden: Emil Fischer (1902), Adolf von Baeyer (1905), Eduard Buchner (1907), Wilhelm Ostwald (1909), Otto Wallach (1910), Richard Willstätter (1915), Fritz Haber (1918) und Walther Nernst (1920). Die Qualität des chemischen Hochschulunterrichts in Deutschland wird gemeinhin als eine der wesentlichen Voraussetzungen für den internationalen Vorsprung betrachtet, den die deutsche chemische Industrie bis zum Ende des Ersten Weltkrieges behielt. Ein weiterer Faktor, der den kometenhaften Aufstieg der chemischen Industrie Deutschlands in der Zeit zwischen 1870 und 1900 begünstigt hatte, war die in Deutschland übliche enge Kooperation zwischen Hochschul- und Industrieforschung, in deren Rahmen sich die Hochschulchemiker stärker auf die Grundlagenforschung und die Industriechemiker stärker auf die angewandte Forschung spezialisierten.[2] Dieser in der Rhetorik deutscher Chemiker oft gepriesenen »Allianz von Wissenschaft und Industrie« gaben wissenschaftliche Gesellschaften und Industrieverbände, wie beispielsweise die »Deutsche Chemische Gesellschaft« oder der »Verein zur Wahrung der Interessen der chemischen Industrie«, eine überaus förderliche institutionelle Basis.

Angesichts der großen Bedeutung der wissenschaftlichen und industriellen Chemie für das Deutsche Reich wäre zu erwarten gewesen, dass es für

---

2 Vgl. Robert Fox/Anna Guagnini: Laboratories, workshops, and sites. Concepts and practices of research in industrial Europe, 1800–1914. In: Historical Studies in the Physical and Biological Sciences 28 (1998), Nr. 1, S. 55–139 und 29 (1999), Nr. 2, S. 193–294; John Joseph Beer: Die Teerfarbenindustrie und die Anfänge des industriellen Forschungslaboratoriums. In: Karin Hausen/Reinhard Rürup (Hrsg.): Moderne Technikgeschichte. Köln 1975, S. 106–118; Joseph Ben-David: Academy, University and Research Institute in the 19th and 20th Centuries: A Study of Changing Functions and Structures. In: Erwin K. Scheuch/Heine von Alemann (Hrsg.): Das Forschungsinstitut. Formen der Institutionalisierung von Wissenschaft. Erlangen 1978, S. 27–45; Lothar Burchardt: Die Zusammenarbeit zwischen chemischer Industrie, Hochschulchemie und chemischen Verbänden im Wilhelminischen Deutschland. In: Technikgeschichte 46 (1979), S. 192–211; Otto Krätz: Der Chemiker in den Gründerjahren. In: Eberhard Schmauderer (Hrsg.): Der Chemiker im Wandel der Zeiten. Skizzen zur geschichtlichen Entwicklung des Berufsbildes. Weinheim 1973, S. 259–284; Ulrich Marsch: Strategies for Success: Research Organization in German Chemical Companies and IG Farben Until 1936. In: History and Technology 12 (1995), S. 23–77; Georg Meyer-Thurow: The Industrialization of Invention: A Case Study From the German Chemical Industry. In: Isis 73 (1982), S. 363–381; Ernst Homburg: The Emergence of Research Laboratories in the Dyestuffs Industry, 1870–1900. In: British Journal for the History of Science 25 (1992), S. 91–111; Jeffrey Allan Johnson: Academic Chemistry in Imperial Germany. In: Isis 76 (1985), S. 500–520; Jeffrey Allan Johnson: Academic, Proletarian, Professional? Shaping Professionalization for German Industrial Chemists, 1887–1920. In: Geoffrey Cocks/Konrad H. Jarausch (Hrsg.): German Professions, 1800–1950. New York und Oxford 1990, S. 123–142.

Oskar von Miller und seine Berater eine Selbstverständlichkeit hätte sein müssen, im geplanten Deutschen Museum von Meisterwerken der Naturwissenschaft und Technik auch die Chemie als Themenbereich zu präsentieren. Das war in der Frühphase der Gründung, als man noch darüber reflektierte, welche inhaltlichen Schwerpunkte das Museum setzen solle, jedoch keineswegs der Fall. Im Frühsommer 1903 gab es eine kurze Phase, in der ernsthaft darüber diskutiert wurde, ob das Museum schwerpunktmäßig nur ein Technik-, oder zugleich auch ein Naturwissenschaftsmuseum werden solle. Fest stand lediglich, dass die den Ingenieurwissenschaften zugrundeliegende Physik als die zentrale, alle technischen Disziplinen beeinflussende »Basis-Naturwissenschaft« gebührend berücksichtigt werden müsse.[3] Doch auch wenn das Museum seinen Schwerpunkt auf die Technik legte, stellte sich die Frage, wie mit dem Themenkomplex der industriellen Chemie verfahren werden sollte, einer ebenfalls technischen Disziplin, deren »Basis-Naturwissenschaft« jedoch nicht die Physik, sondern die Chemie war. Diese Diskussionsphase spiegelt sich sehr deutlich in einem Brief des in München wirkenden, nachmaligen Chemie-Nobelpreisträgers Adolf von Baeyer vom Ende des Jahres 1903 wider, der die damaligen inhaltlich-thematischen Planungen für das Deutsche Museum wie folgt kritisierte:

»Meines Erachtens sind die Naturwissenschaften in der Aufzählung der Fächer schlecht weggekommen, überhaupt macht das Ganze den Eindruck, als ob die Absicht bestünde, ein Museum der Technik, aber nicht ein Museum der Naturwissenschaften zu errichten. Es ist dies eine prinzipielle Frage, die zunächst beantwortet werden muss. Wenn die Naturwissenschaften gleichmäßig berücksichtigt werden sollen, so muss z. B. Physiologie und Hygiene Aufnahme finden.«[4]

Schließlich einigte man sich darauf, die im Deutschen Museum zu thematisierenden Naturwissenschaften nach folgenden Kriterien auszuwählen: Es sollten nur jene Disziplinen berücksichtigt werden, welche die Entwicklung der Technik in irgendeiner Form beeinflusst und gefördert hatten. Zu den nach diesem Gesichtspunkt zu berücksichtigenden, exakten Naturwissenschaften gehörte neben der Physik ohne jeden Zweifel auch die wissenschaftliche Chemie. Für die Aufnahme der Chemie in den im Deutschen Museum zu präsentierenden Kanon naturwissenschaftlicher Disziplinen

3 Sitzung des Technischen Ausschusses vom 18. 5. 1903, DMA, VA 3969/7, wo es heißt: »An der Beratung der von Herrn Professor Dr. von Linde angeregten Frage, ob das Museum speziell als ein physikalisch technisches zu errichten, oder auch die chemische Industrie zu berücksichtigen sei, beteiligt sich außer Herrn Professor Dr. von Linde und Herrn von Miller noch Herr Ingenieur R. Diesel.«
4 Baeyer an das Deutsche Museum, 20. 12. 1903, DMA, HS 2769.

sprach schließlich auch, dass diese nicht nur die industrielle Chemie, sondern auch noch andere Gebiete der Technik maßgeblich beeinflusst hatte, etwa die Reproduktionstechnik und Fotografie, die Hygiene und Landwirtschaft. Damit erfüllte sie das Auswahlkriterium, das Oskar von Miller und seine Berater vorgegeben hatten, sogar in mehrfacher Hinsicht.

1903 hatte Miller durch die Formulierung einer Satzung die generelle Zielsetzung des Museums festgeschrieben und damit dessen Sammlungspolitik in groben Zügen umrissen. Die Arbeit, dieses allgemein gefasste Museumskonzept auf der Ebene der einzelnen Fachabteilungen umzusetzen, konnte Miller nicht selber leisten, sondern musste sie zumindest partiell anderen überlassen. Da es bis 1905 noch keine Konservatoren oder fest angestellten Wissenschaftler im Deutschen Museum gab – auch danach blieben diese auf wenige Personen beschränkt –, die ein Ausstellungskonzept auf Abteilungsebene hätten erarbeiten können, löste er diese Aufgabe in der Anfangszeit des Museums durch »out-sourcing«. Er suchte sich externe Fachkapazitäten, die bereit waren, ehrenamtlich für das Deutsche Museum zu arbeiten. Schon 1904 war es ihm gelungen, für jede Fachgruppe, die im provisorischen Museum Platz finden sollte, ein Netz so genannter »Referenten« aufzubauen. Die Aufgabe dieser Herren – in der Regel Universitätsprofessoren – bestand darin, auf dem Fundament der allgemeinen Museumssatzung ein Ausstellungskonzept für ihr jeweiliges Fachgebiet zu erarbeiten. Um dessen Umsetzung zu ermöglichen, sollten sie ausführliche Listen jeweils einzuwerbender oder zumindest wünschenswerter Objekte zusammenstellen. Miller nutzte also die Fachkompetenz der Referenten gleich in zweifacher Hinsicht: Sie wussten nicht nur, welche Objekte unbedingt einen Platz in den projektierten historischen Entwicklungsreihen von Apparaten und Instrumenten Platz finden mussten, sondern konnten auch mögliche Bezugsquellen für die gewünschten Exponate benennen. Wo immer es ihr Einfluss erlaubte, sollten sie die vom Deutschen Museum bei den jeweiligen Institutionen, Firmen und Privatpersonen vorgetragene Bitte um Überlassung der gewünschten Objekte anbahnen und unterstützen. Um der Namhaftmachung museumswürdiger Objekte einen möglichst breiten Konsens zu verschaffen, wurden die Wunschlisten von den jeweiligen Referenten nicht im Alleingang formuliert, sondern entstanden im steten Dialog mit namhaften Fachkollegen, denen die jeweiligen Listen mit der Bitte um Korrektur, Verbesserung und Ergänzung zugeschickt wurden.[5]

---

5 S. hierzu Wilhelm Füßl: Konstruktion technischer Kultur: Sammlungspolitik des Deutschen Museums in den Aufbaujahren 1903–1909. In: Ulf Hashagen/Oskar Blumtritt/Helmuth Trischler (Hrsg.): Circa 1903. Artefakte in der Gründungszeit des Deutschen Museums. München 2003, S. 33–53.

Ganz offenbar war der Chemiker, den Oskar von Miller zunächst um Mitarbeit beim Aufbau der geplanten Chemieabteilung bat, der durch seine Indigo-Synthese damals schon außerordentlich berühmte Adolf von Baeyer. Er war 1875 als Nachfolger Liebigs an die Münchner Ludwig-Maximilians-Universität berufen worden und sollte 1905 für seine Farbstofforschungen mit dem Nobelpreis für Chemie ausgezeichnet werden. Der fast siebzigjährige Baeyer lehnte von Millers Bitte nach aktiver inhaltlicher Mitarbeit an der Konzeption der Chemieabteilung des Deutschen Museums – ihm war wohl vor allem die Betreuung des Bereichs der wissenschaftlichen Chemie zugedacht – im August 1904 jedoch ab und führte aus, dass er gerne bereit sei, »in einem gegebenen Falle« sein Urteil abzugeben, aber nicht die Zeit habe, an der Ausarbeitung von Listen teilzunehmen.[6] Nichts einzuwenden hatte Baeyer jedoch gegen die Übernahme eines Museumsamts, das eher mit repräsentativen Aufgaben als mit konkreter inhaltlicher Arbeit für die Chemie-Abteilung verknüpft war. So nahm er dankend an, als er in seiner Funktion als Präsident der Deutschen Chemischen Gesellschaft im Herbst 1903 in den Vorstandsrat des Deutschen Museums gewählt wurde.[7] Miller erhielt noch von einem anderen Chemiker, den er als Referent zu gewinnen hoffte, eine Absage, nämlich von Otto Nikolaus Witt, einem renommierten Professor für chemische Technologie an der TH Berlin-Charlottenburg. Witt verfügte nicht nur über ausgezeichnete Beziehungen zu den Verbänden der chemischen Industrie, sondern auch zu wichtigen Berliner Politikern, war für das Deutsche Reich mehrfach als Mitorganisator der Chemiesektionen auf Weltausstellungen tätig geworden und hatte sich überdies als Weltausstellungsberichterstatter und Popularisator der Chemie einen Namen gemacht. Als Referent für den Bereich der industriellen Chemie hätte sich der umtriebige Witt sicherlich gut geeignet, doch konnte er, da damals zu sehr mit seinem Charlottenburger Laborneubau beschäftigt, diese Aufgabe aus Zeitmangel nicht annehmen.[8]

Die Referenten der Chemieabteilung

Statt Baeyer und Witt konnte von Miller schließlich drei damals berühmte Chemieprofessoren als Referenten gewinnen. Alle drei waren zweifellos Zelebritäten ihres Fachs. Von Nachteil war lediglich, dass keiner von ihnen in München lebte.

6 Baeyer an Deutsches Museum, 18. 8. 1904, DMA, HS 1939–19/2.
7 Baeyer an Miller, 29. 10. 1903, DMA, HS 2763.
8 Vgl. hierzu DMA, VA 1250 (Sub O): Auszug aus der Korrespondenz, betreffend die Gewinnung von Objekten auf dem Gebiet der wissenschaftlichen und technischen Chemie.

Der für die Konzeption der Chemieabteilung zweifellos prägendste Kopf dieses Triumvirats war Professor Wilhelm Ostwald, ein außergewöhnlich vielseitiger und kulturell interessierter Chemiker, der von 1887 bis 1906 Professor für physikalische Chemie in Leipzig war und sein dortiges Institut zu einem weltberühmten Zentrum für physikalische Chemie gemacht hatte.[9] 1909 wurde er für seine Arbeiten über Katalyse, chemische Gleichgewichte und Reaktionsgeschwindigkeiten mit dem Nobelpreis für Chemie ausgezeichnet. Ostwald und Miller hatten sich 1897 über von Millers Bruder Wilhelm kennen gelernt, der als Inhaber des Lehrstuhls für allgemeine Chemie an der Technischen Hochschule München ein akademischer Kollege Ostwalds war.[10] Was Ostwald zum Fachreferenten für das Deutsche Museum qualifizierte, war vor allem die Tatsache, dass er vor 1904 bereits mehrfach als erfolgreicher Lehrbuchautor hervorgetreten war. Überdies hatte er 1889 die bis heute fortgesetzte Schriftenreihe »Ostwald's Klassiker der exakten Naturwissenschaften« ins Leben gerufen, die Originalveröffentlichungen wichtiger naturwissenschaftlicher Werke einem großen Publikum in kommentierter Form zugänglich machen wollte. Auch anderweitig hatte Ostwald wiederholt sein tiefes Interesse an Wissenschaftsgeschichte bewiesen, ein Gebiet, auf dem er profunde Kenntnisse besaß und mit dem er sich nach seiner Emeritierung 1906 verstärkt beschäftigen sollte. Er war einer der wenigen Chemieprofessoren seiner Zeit, die nicht davor zurückschreckten, sich sehr nachdrücklich für die Popularisierung der Chemie zu engagieren. Ostwalds Neigungen und Talente prädestinierten ihn also in ganz besonderem Maße zur Mitarbeit an der Konzeption der Chemieabteilung des Museums, deren Anliegen darin bestand, einem großen Laienpublikum komplexes Basiswissen so allgemeinverständlich wie möglich zu vermitteln.

Die zweite Koryphäe, die als Fachreferent für die Chemieabteilung des Deutschen Museums gewonnen wurde, war Walther Nernst.[11] Er war einer

---

9 Zu Ostwald vgl. als jüngsten Literaturüberblick Heiner Kaden: Wilhelm Ostwald und seine Ausstrahlung in die moderne Wissenschaft – zwei Jubiläen 1997/1998. In: Berichte zur Wissenschaftsgeschichte 22 (1999), S. 19–24; N. I. Rodnyj/Ju. I. Solowjew: Wilhelm Ostwald. Leipzig 1977; Grete Ostwald: Wilhelm Ostwald – mein Vater. Stuttgart 1953; Jan-Peter Domschke/Peter Lewandrowski: Wilhelm Ostwald. Chemiker – Wissenschaftstheoretiker – Organisator. Köln 1982.

10 Wilhelm Ostwald: Lebenslinien. Eine Selbstbiographie, Bd. 3. Berlin 1933, S. 200–202.

11 Zu Nernst vgl. Kurt Mendelssohn: Walther Nernst und seine Zeit. Aufstieg und Niedergang der deutschen Naturwissenschaften. Weinheim 1976; Hans-Georg Bartel: Walther Nernst. Leipzig 1989; Diana Kormos Barkan: Theory, practice, and a perspectival view of nature: the work of Walther Nernst from electrochemistry to solid state physics. Pasadena 1995; Diana Kormos Barkan: Walther Nernst and the transition to modern physical science. Cambridge 1999; Lothar Beyer: Wege zum Nobelpreis. Nobelpreisträger für Chemie an der Universität Leipzig; Promotionen von Carl Bosch und Friedrich Bergius, Habilitation von Walther Nernst, Berufungen von Wilhelm Ostwald und Peter Debye. Leipzig 1999.

der berühmtesten Ostwald-Schüler, hatte bei diesem über ein elektrochemisches Thema habilitiert und stieß wegen der verdienstvollen Rolle, die er als Vertreter der Deutschen Bunsen-Gesellschaft für die deutsche Unterrichtsausstellung während der Weltausstellung in St. Louis 1904 gespielt hatte, zum Kreis der Referenten. Da sich der junge Nernst intensiv mit elektrochemischen Fragestellungen befasst und auch den Raum »Elektrochemie« für die erwähnte Weltausstellung konzipiert hatte, oblag ihm im Deutschen Museum die Betreuung dieses damals ganz neuen und modernen Fachs.

Der aus heutiger Sicht unbekannteste der drei chemischen Referenten war Hans Bunte. Er wirkte von 1887 bis 1919 als Professor für chemische Technologie in Karlsruhe und begründete dort eine seinerzeit einflussreiche Schule auf dem Gebiet der technischen Chemie.[12] Aufgrund seiner einschlägigen Qualifikation war Bunte für die Konzeption des Bereichs »Industrielle Chemie« im Deutschen Museum zuständig. Sein besonderes Interesse galt den Nebenprodukten der Kokerei, die eine damals viel genutzte und vor allem für die Farbenfabrikation wichtige Rohstoffquelle der Industrie darstellten. Da Bunte ein wichtiger Pionier der Gas-, Brennstoff- und Feuerungstechnik war und seit 1884 als Generalsekretär des Deutschen Vereins der Gas- und Wasserfachleute fungierte, engagierte er sich im Deutschen Museum auch beim Aufbau einer Sammlung für das Fachgebiet Beleuchtungswesen.

Suche nach Vorbildern

Die Aufgabe, eine Chemieabteilung für das Deutsche Museum zu konzipieren, war insofern eine besondere Herausforderung für die drei chemischen Referenten, als es in der Museumslandschaft kaum Vorbilder gab, an denen sie sich hätten orientieren können. Kleinere Sammlungen alter chemischer Geräte, die in einigen ausländischen Museen existierten – beispielsweise in Oxford oder Haarlem –, waren nicht das, was den Münchner Museumsmachern vorschwebte. Selbst im Pariser Conservatoire des Arts et Métiers oder im Londoner Science Museum gab es trotz des großen, dort vorhandenen Fundus an chemischen Instrumenten und Apparaturen keine Chemieabteilung, die auch nur annäherungsweise das zu bieten hatte, was Miller und seine chemischen Referenten im Deutschen Museum realisieren wollten: einen systematischen, durch Geräte und Erläuterungstafeln illustrierten, gemeinverständlich gehaltenen Gang durch die Geschichte und Gegenwart der Chemie.

---

12   Zu Bunte vgl. zuletzt Margit Szöllösi-Janze: Fritz Haber 1868–1834. Eine Biographie. München 1998, S. 102–120.

Was die Museumsszene an Vorbildcharakter vermissen ließ, boten in gewisser Weise jedoch die im 19. Jahrhundert sehr populären Weltausstellungen. Diese seit 1851 in etwa vierjährigem Turnus stattfindenden Großereignisse waren mehr als ein Rummelplatz zum Fetisch Ware; sie waren auch – zwar auf eher schlichtem, häufig sogar trivialem Niveau – ein gigantisches Volksmuseum: Millionen von Laien wurden hier populär, anschaulich und unterhaltsam die neuesten Errungenschaften der Naturwissenschaft und Technik präsentiert.[13] Was die Darstellung chemischer Themen anbelangte, so war jedoch schon auf den ersten Weltausstellungen eine chemieinhärente Problematik deutlich geworden: Die Chemiesektionen wurden im Gegensatz zu vielen anderen Weltausstellungssektionen vom Laienpublikum nämlich nie als besonders attraktiv empfunden und daher nicht sehr stark frequentiert. Die Klagen über dieses Phänomen waren seit der ersten Weltausstellung von 1851 Legion,[14] effektive Verbesserungsvorschläge und Lösungsansätze ließen allerdings lange auf sich warten. Der Grund für die eher ablehnende Haltung des Publikums gegenüber den Chemiesektionen war einleuchtend: Üblicherweise gab es dort nichts anderes zu sehen als von diversen Herstellern produzierte Chemikalien. Die Exponate waren für Nicht-Chemiker nicht übermäßig faszinierend: Sie waren weder schön noch kurios, darüber hinaus oft unverständlich. Dieser Eindruck wurde durch eine einfallslose Ausstellungstechnik noch verstärkt. Üblicherweise wurden die chemischen Produkte in schön geschliffene Glasflakons gefüllt, die ihrerseits in prachtvollen, üppig verzierten, kioskähnlichen Holzpavillons oder schrankartigen Vitrinen pyramidenförmig aufgetürmt wurden. Nur gelegentlich durchbrachen ein paar ›Spezialeffekte‹ die allgemeine Eintönigkeit der Ausstellungsgestaltung: Wenn möglich, zeigte man prachtvolle Kristalle oder integrierte ›Künstlerisches‹, beispielsweise allegorische Figurengruppen oder heroisierende Chemikerdarstellungen.

Bei der Analyse der Vorbildfunktion der Weltausstellungen für die Chemieabteilung des Deutschen Museums interessiert vor allem ihr Einfluss auf die Wahl von Ausstellungsinhalten und -gestaltung. Diesbezüglich besonders wichtig waren jene zwei Weltausstellungen, die zeitlich unmittelbar vor der Gründung des Deutschen Museums stattfanden: die Pariser Weltausstellung des Jahres 1900, die als gigantische, alle vorherigen Ausstellungen übertreffende Superschau zum Centenniumswechsel konzipiert war, und die Weltausstellung, die 1904 in St. Louis stattfand.

---

13 Vgl. statt unzähliger Hinweise den instruktiven Forschungsüberblick von Alexander C.T. Geppert: Welttheater. Die Geschichte des europäischen Ausstellungswesens im 19. und 20. Jahrhundert. In: Neue Politische Literatur 47 (2002), S. 10–61.

14 Vgl. Elisabeth Vaupel: Die Weltausstellungen vor dem Ersten Weltkrieg und ihre Bedeutung für die Popularisierung der Chemie. In: Gudrun Wolfschmidt (Hrsg.): Popularisierung der Naturwissenschaften. Berlin/Diepholz 2002, S. 170–189, bes. 173ff.

Die Weltausstellung Paris 1900

Die Pariser Weltausstellung von 1900 war ein besonderer Triumph für die deutsche chemische Industrie, die dort erstmals nicht mehr nach einzelnen Firmen ausgestellt hatte, sondern nach Branchen. In acht Themenblöcken präsentierte sich die gesamte Chemie-Industrie Deutschlands als geschlossene Einheit.[15] Die für eine Weltausstellung gänzlich neue thematische Gliederung ließ die Ausstellerfirmen völlig in den Hintergrund treten. Das verlieh der Präsentation, die de facto ein dreidimensionaler, begehbarer »Substanzkatalog« war, außergewöhnlich didaktische und in diesem Sinne fast schon museumsähnliche Züge.

Trotz des eindeutigen Schwerpunkts auf der Präsentation moderner Chemieprodukte widmete sich ein Ausstellungsabschnitt in der »Sammelausstellung der deutschen chemischen Industrie« auch der Geschichte der wissenschaftlichen Chemie. Die in allen Ausstellungssektionen anzutreffende Integration der historischen Dimension war ein generelles Spezifikum der Weltausstellung von 1900. Um den Jahrhundertwechsel gebührend zu feiern, waren alle Aussteller gebeten worden, die während des 19. Jahrhunderts in ihrem jeweiligen Fachgebiet gemachten Fortschritte durch eine »in engem Rahmen sich haltende« historische Rückblende mit geeigneten Exponaten zu dokumentieren.

In der deutschen Chemiesektion war der von der Ausstellungsleitung gewünschte Rückblick auf die zurückliegenden hundert Jahre Chemiegeschichte unter den Auspizien der Deutschen Chemischen Gesellschaft zusammengestellt worden. Diese hatte sich für eine rein substanzorientierte Herangehensweise entschieden und abstrakte Themen, etwa die Darstellung deutscher Beiträge zur Genese und Weiterentwicklung chemischer Theorien (z. B. die Formulierung der Kekuléschen Benzoltheorie), für zu schwierig gehalten und daher völlig ausgeklammert. Gänzlich unberücksichtigt blieben auch die deutschen Beiträge zur Entwicklung chemierelevanter Laborgeräte und wissenschaftlicher Instrumente (z. B. des Bunsenbrenners oder des Kirchhoffschen Spektralapparates). Das Resultat dieser selbst auferlegten Beschränkung war eine Zusammenstellung von 222 wichtigen, von deutschen Chemikern im Verlauf des 19. Jahrhunderts entdeckten oder synthetisierten Substanzen.[16] Um die Verbindung zwischen der reinen wissenschaftlichen

15 Otto N. Witt: Die Chemische Industrie auf der Internationalen Weltausstellung zu Paris 1900. Berlin 1902. Zur Pariser Ausstellung von 1900 s. u. a. Richard D. Mandell: Paris 1900. The Great World's Fair. Toronto 1967; Jean-Christophe Mabire (Hrsg.): L'Exposition universelle de 1900. Paris 2000.

16 Hermann Wichelhaus: Historische Ausstellung im Auftrage des Vorstandes der Deutschen chemischen Gesellschaft für die Weltausstellung in Paris 1900 zusammengestellt. Berlin 1900.

Chemie und ihrer Anwendung in der chemischen Industrie aufzuzeigen, waren nur solche Substanzen berücksichtigt worden, die in irgendeiner Form industrielle Bedeutung erlangt hatten. Die Reihe begann mit Friedrich Wöhlers Aluminium und endete mit Baeyers synthetischem Indigo. Die »erschreckend nüchtern« und »beinahe langweilig« wirkende Präparatesammlung war eine in Schaugläser abgefüllte »Ruhmeshalle deutscher Chemie«.[17] Allerdings war in dieser »Ruhmeshalle« das biografische Element wenig ausgeprägt, da die Etiketten der Präparategläser nur die Substanzbezeichnung, den Namen des jeweiligen Chemikers und das Jahr der Entdeckung nannten. Nach Ende der Weltausstellung gelangten die 222 Präparate als Schausammlung zunächst in die TH Berlin-Charlottenburg. Als sich im Verlauf der Zeit herausstellte, dass dieses »chemische Museum« fast nie benutzt wurde und nur Platz wegnahm, wurde die Sammlung, nachdem sich der Industrielle Carl Duisberg mehrfach dafür eingesetzt hatte, vom Eigentümer, dem »Verein zur Wahrung der Interessen der chemischen Industrie Deutschlands«, 1921 schließlich dem Deutschen Museum gestiftet.[18] Dort bildete sie den Kern der umfangreichen Präparatesammlung der Abteilung Chemie. Ausgewählte Exponate der Weltausstellungssammlung von 1900 wurden in der 1925 eröffneten Chemieabteilung auf der Museumsinsel im dort eingerichteten »Ehrenraum der chemischen Industrie« schließlich auch dem Publikum präsentiert. Die prachtvollen hölzernen Ausstellungsschränke dieses Saals ließen noch 25 Jahre nach Ende der Weltausstellung erkennen, wie sehr sich die in München gewählte Ausstellungstechnik chemischer Präparate am äußerst konventionellen Pariser Vorbild orientierte.

Im Falle der Präparatesammlung lässt sich der Einfluss der Pariser Weltausstellung auf der Objektebene also direkt nachvollziehen. Ihr Einfluss war aber auch auf ausstellungstechnischer und konzeptioneller Ebene augenfällig, wobei hier weniger die phantasielose deutsche, sondern eher die französische Chemiesektion prägend war. Die Chemiker des Gastgeberlandes hatten den von der Pariser Weltausstellungsleitung vorgebrachten Wunsch nach einer historischen Rückschau auf die Leistungen der heimischen Chemie völlig anders als die Deutschen umgesetzt. Sie hatten keine reine Präparatesammlung, sondern ein regelrechtes »Musée centennal de la chimie française« zusammengestellt.[19] Ihr biografisch-werkgeschichtlicher Ansatz ging personenorientiert vor und stellte, wie deutsche Kommentatoren etwas abfällig bemerk-

---

17 Felix Kuh: Die historische Ausstellung der deutschen chemischen Gesellschaft. In: Georg Malkowsky (Hrsg.): Die Pariser Ausstellung in Wort und Bild. Berlin 1900, S. 192–194.

18 Miller an Duisberg, 9. 8. 1921, Bayer-Archiv Leverkusen, Ordner »Deutsches Museum/Stiftungen (1906–1935)«, Standnummer 87/1.19–87/1.20.

19 T. Obalski: Le musée centennal de la chimie française, Exposition de 1900. In: La Nature 28 (1900), S. 326f.

35   Blick in die Sammelausstellung der deutschen chemischen Industrie auf der Pariser Weltausstellung 1900.
DMA, BN 53739

36   »Ehrenraum der chemischen Industrie« im Deutschen Museum, Zustand vor 1944.
DMA, BN 29430

ten, »das pietätvolle Moment in den Vordergrund«.[20] Jedem großen französischen Chemiker des 19. Jahrhunderts war eine eigene Schrankvitrine gewidmet worden, in der dessen Originalgeräte und -apparate, Präparate, Handschriften, Veröffentlichungen und Porträts ausgestellt waren.[21] Diese Ausstellungstechnik wurde später an verschiedenen Stellen der Abteilung Chemie des Deutschen Museums kopiert, und zwar bereits in der 1906 eröffneten, provisorischen Version im Alten Nationalmuseum.

Zusammenfassend ist festzuhalten: Der Einfluss der Pariser Weltausstellung auf die Chemieabteilung des Deutschen Museums manifestierte sich auf vier Ebenen und erstreckte sich nicht nur auf das 1906 eröffnete Provisorium, sondern war auch noch in der 1925 eröffneten Chemieabteilung auf der Museumsinsel spürbar:

1. Der »Sammelausstellung der deutschen chemischen Industrie« verdankte die Chemieabteilung etliche inhaltliche Impulse hinsichtlich der Wahl der zu präsentierenden Themen. Da in der 1906 eröffneten Abteilung aus Platzgründen nicht alle in Frage kommenden Gebiete aufgegriffen werden konnten, wurde vieles, was auf der Weltausstellung bereits 1900 thematisiert worden war, in München erst 1925 nachgetragen. Das gilt für den gesamten Komplex der Riechstoff- und Aromaindustrie, deren Entstehung und Wachstum in besonderem Maße mit dem Namen des deutschen Chemie-Nobelpreisträgers Otto Wallach verknüpft war, ferner für das große Gebiet der pharmazeutischen Chemie, das ebenfalls maßgeblich von den Leistungen deutscher Chemiker geprägt wurde, sowie für viele weitere Themen aus dem Bereich der technischen Chemie.

2. Die Art der Präsentation im Deutschen Museum, besonders die Zurschaustellung chemischer Präparatesammlungen in prachtvollen Vitrinen, kopierte Gestaltungselemente, die auf der Pariser Ausstellung besonders manifest waren.

3. Das »Musée centennal de la chimie française« hatte gezeigt, dass auch eine biografisch orientierte Ausstellungskonzeption reizvoll war und dass Originalapparaturen berühmter Chemiker, gerade wenn sie mit historischen Dokumenten oder Porträts korreliert wurden, nicht nur didaktisch wichtige Aussagen vermittelten, sondern zugleich auch dazu beitrugen, die Leistungen großer Naturwissenschaftler im kollektiven Bewusstsein zu verankern. Diese personenbezogene Darstellungstechnik deckte sich mit der ideologischen Botschaft des Deutschen Museums.

---

20 Gustav Keppeler: Chemisches auf der Weltausstellung zu Paris im Jahre 1900. Stuttgart 1901, S. 7.

21 Musée centennal de la Classe 87 »Arts chimiques et Pharmacie« (Matériel, procédés et produits) à l'Exposition universelle internationale de 1900 à Paris. Les chimistes français au XIXe siècle. Saint-Cloud o. J.

4. Das Deutsche Museum gelangte in den Besitz von Exponaten, die ursprünglich für die Pariser Weltausstellung zusammengetragen worden waren. Das galt nicht nur für die erwähnte Präparatesammlung, sondern beispielsweise auch für die ebenfalls in der »Sammelausstellung der deutschen chemischen Industrie« ausgestellte Luftverflüssigungsanlage von Carl Linde.[22]

Die Weltausstellung von St. Louis 1904

Nachhaltiger noch als die Pariser Weltausstellung von 1900 beeinflusste die Weltausstellung von St. Louis 1904 die Konzeption der Chemieabteilung. Ein Grund hierfür dürfte gewesen sein, dass Ostwald, der inhaltlich bestimmende Kopf der Münchner Chemiereferenten, die Ausstellung in St. Louis selbst besichtigt hatte und seine Eindrücke noch sehr frisch waren, als er mit der Arbeit für das Millersche Projekt begann.

An der Ausstellung in St. Louis hatte sich die deutsche chemische Industrie nicht direkt beteiligt, sondern lediglich eine vom Kultusministerium des Deutschen Reiches organisierte »Unterrichtsausstellung« mit einem Betrag von 100.000 Mark finanziell unterstützt. Deren Ziel war primär, für ein Studium an einer deutschen Hochschule zu werben und auf die von deutschen Lehrmittelherstellern gefertigten Unterrichtsmaterialien (Karten, Globen, Modelle, Experimentiervorrichtungen etc.) aufmerksam zu machen. Innerhalb der Unterrichtsausstellung gab es unter anderem eine chemische Sektion, die ihrerseits eine kleine historische Retrospektive – diese waren auf Weltausstellungen mittlerweile Mode geworden – beinhaltete. Erstmals waren die deutschen Aussteller über die Präsentation einer bloßen Präparatesammlung hinausgegangen und zeigten zwei historisierende und eine moderne Laborinszenierung.[23] Laborszenarios waren auf Weltausstellungen an sich nichts völlig Neues. Derartiges hatte es erstmals auf der Pariser Weltausstellung von 1889 gegeben, und zwar in einer großen französischen Ausstellung zur Geschichte der Arbeit.[24] In der deutschen Weltausstellungsgeschichte war das in St. Louis Gezeigte dagegen ein Novum: Präsentiert wurden der Nachbau einer Alchemistenküche, seinerseits ein freier Nachbau des Alchemistenlabors im

---

22 Marc-Denis Weitze: Eine Luftverflüssigungsanlage von Carl Linde. In: Hashagen/Blumtritt/Trischler (Anm. 5), S. 349–369, 365. Weitze betont, dass die Anlage des Deutschen Museums zwar Ähnlichkeiten mit der auf der Pariser Weltausstellung gezeigten hatte, aber nicht völlig mit dieser identisch war.

23 Carl Harries: Deutsche Unterrichts-Ausstellung auf der Welt-Ausstellung in St. Louis 1904. Chemie. Berlin 1904, S. 18f. (Alchemistisches Laboratorium) und S. 20f. (Liebig-Laboratorium).

24 Vgl. Vaupel (Anm. 14), S. 180ff.

Germanischen Nationalmuseum in Nürnberg, sowie eine Rekonstruktion des Gießener Unterrichtslabors von Justus von Liebig, für die das Giessener Original als Vorbild gedient hatte. Außerdem wurde am Beispiel des chemischen Laboratoriums des Kaiserlichen Gesundheitsamts in Berlin ein modernes Labor gezeigt, in dem vorzugsweise das Thema Biochemie (in der damaligen Nomenklatur Physiologische und Gärungschemie) abgehandelt wurde. Natürlich waren besonders die historisierenden Laborszenarios für das Laienpublikum sehr viel interessanter und lebendiger als die traditionelle Präparatesammlung, die nur für den Fachmann einen Aussagewert hatte.

Gerade wegen des großen Publikumserfolges der Präsentation in St. Louis kam die Idee auf, die beiden Laborinszenierungen, besonders aber das für München wichtige Liebig-Laboratorium, sofort nach Ende der Weltausstellung in St. Louis ins Deutsche Museum zu übernehmen. Miller ließ erkennen, dass er sich der von allen bisherigen Weltausstellungen nur zu bekannten Schwierigkeit, gerade eine Chemie-Abteilung attraktiv zu gestalten, sehr bewusst war und deshalb großes Interesse an der Übernahme der Laborszenarios hatte. Er betonte: »Da es außerordentlich schwierig ist, die für Deutschland so überaus wichtige chemische Abteilung dem großen Publikum in einer belehrenden und begeisternden Weise vorzuführen, sind interessante Darstellungen der alten und neueren Laboratorien für uns fast unentbehrlich«.[25]

Der Wunsch des Deutschen Museums nach Übernahme der Laborinszenierungen wurde allerdings zu spät geäußert. Beide waren zum großen Bedauern Millers noch in Amerika an ein englisches Museum verkauft worden.[26] Der Verlust war allerdings insofern zu verschmerzen, als beide Rekonstruktionen eigens für die kurzlebige Weltausstellung hergestellt und daher ohne viel Aufwand gebaut worden waren – das Alchemistenlabor hatte nur 1.700 Mark und das Liebig-Labor 1.500 Mark gekostet.[27] Für hochwertigeren Ersatz zu sorgen, war nicht schwer. Miller hatte diesbezüglich mit dem in Kiel lehrenden Chemieprofessor Carl Harries Kontakt aufgenommen. Dieser hatte die Chemieausstellung für St. Louis konzipiert und signalisierte Miller umgehend die Bereitschaft, seine Erfahrungen auch dem Deutschen Museum zugute kommen zu lassen:

»Ich habe für St. Louis das Alchemistische und das Liebig-Laboratorium, weiter auch ein modernes Laboratorium eingerichtet, Pläne sind indessen davon nicht vorhanden, von den beiden erst genannten Laboratorien Fotografien. Ich

---

25 Miller an Böttinger, 11. 1. 1905, DMA, VA 1250 (Sub B).
26 Anm. 25; Witt an Miller, 28. 1. 1905, DMA, VA 1250 (Sub W); Böttinger an Miller, 19. 1. 1905, DMA, VA 1250 (Sub B).
27 Harries an Ostwald (Abschrift), 8. 1. 1905, DMA, VA 1250 (Sub O).

möchte aber zu bedenken geben, dass die Einrichtungen derselben nur den Zweck hatten, für einen Sommer Dienst zu tun und infolgedessen teilweise recht mangelhaft waren. Nach meiner Meinung müssten diese Laboratorien für ein solches Museum, wie es in München geschaffen werden soll, doch feiner durchgeführt werden, wodurch ev. die Kosten erhöht würden. Das Alchemistische und das Liebig-Labor haben für St. Louis ca. 3000 M[ar]k gekostet, sie nahmen zusammen ca. 50 Quadratmeter Flächenraum ein. Ein modernes Labor von gleichem Flächenraum würde meines Erachtens mit vorzüglichen Apparaten mindestens 10.000 M[ar]k beanspruchen.«[28]

Schon Anfang 1905 stand fest, dass sich die Chemieabteilung des Deutschen Museums engstens an dem von Harries entworfenen Konzept der Chemiesektion der deutschen Unterrichtsausstellung in St. Louis orientieren sollte.[29]

Um einen lückenlosen Gang durch die Chemiegeschichte zu bieten, sollten in München die beiden historischen Laboratorien von St. Louis allerdings noch um ein »phlogistisches Laboratorium aus dem 18. Jahrhundert« ergänzt werden. Das in St. Louis vorhandene moderne Laboratorium wurde beibehalten, so dass im Deutschen Museum die chronologische Führung durch die Geschichte der Chemie kontinuierlich von der Epoche der Alchemie bis in die Moderne weitergeführt wurde. Was die detaillierte Ausgestaltung des modernen Laboratoriums anbelangte, so lieferte Harries Konzept für die in St. Louis eingerichteten Räume »Allgemeine und anorganische Chemie«, »Organische Chemie« sowie die dortigen Ausstellungsbereiche »Elementaranalyse«, »Waagen«, »Pyrochemie« und »Schüttelapparate« reichlich Anregungen für München. Dem Vorbild St. Louis folgte auch die für München beschlossene Einrichtung eines eigenen Raums für das Thema »Elektrochemie«. Da die Konzeption dieses Raums auf der Weltausstellung in St. Louis von Professor Nernst betreut worden war,[30] lag es nahe, ihn auch im Museum zum Referenten für das Thema »Elektrochemie« zu machen. Auch der in St. Louis gestaltete Raum »Physiologische und Gärungschemie« fand sich im Museum als eigener Ausstellungsbereich »Gärungsgewerbe« (Raum 39) wieder. Der Teilaspekt »Physiologische Chemie« (Biochemie) war in München allerdings weggelassen worden, da er zu weit auf das im Deutschen Museum ausdrücklich ausgeklammerte, weil damals noch nicht industrierelevante Gebiet der Biowissenschaften geführt hätte. Der Raum »Gärungsgewerbe« lag in der provisorischen Ausstellung von 1906 unmittelbar

---

28 Harries an Deutsches Museum, 27. 10. 1905, DMA, VA 1250 (Sub H).
29 Plan und Entwurf zu der chemischen Ausstellung zu St. Louis 1904, ausgefertigt von Professor Dr. C. Harries, Bayer-Archiv Leverkusen, Ordner »Ausstellungen und Messen: Leverkusen – Paris – St. Louis, 1898–1941«, Standnummer 86/3 und Harries (Anm. 23).
30 S. den Ausstellungsgrundriss (Anm. 29).

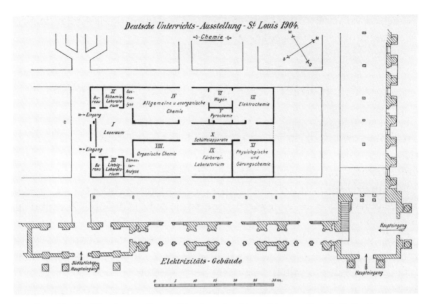

37 Grundriss der Chemieausstellung auf der deutschen Unterrichtsaustellung in St. Louis, 1904.
DMA, BN 23866

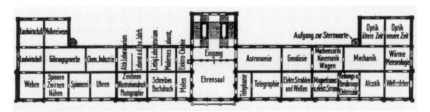

38 Grundriss der provisorischen Ausstellung des Deutschen Museums im Alten Nationalmuseum in der Maximilianstraße 26, 1906.
DMA, BN 46750

vor der Chemieabteilung, leitete in diese über und gehörte gewissermaßen zu ihr dazu.

Lediglich das in St. Louis vorhandene Färberei-Laboratorium fand kein Pendant in der provisorischen Chemieabteilung des Deutschen Museums. Wie die Diskussion über die inhaltliche Ausgestaltung des Neubaus auf der Museumsinsel zeigte, war es jedoch keineswegs in Vergessenheit geraten. Bei der Frage, welche Gruppen der provisorischen Ausstellung beim Umzug auf die Museumsinsel beibehalten, geändert oder ergänzt werden sollten, wurde unter den in die Chemieabteilung neu aufzunehmenden Themen neben den

Schlagworten »Nahrungsmittel« und »Alte Apotheke« 1912 auch ein Bereich »Färberei und Appretur« genannt.[31]

Armin Süßenguth, der erste Konservator der Chemieabteilung

Als Oskar von Miller zum 19. April 1906 – ein halbes Jahr vor Eröffnung der provisorischen Abteilung in der Münchner Maximilianstraße – den »geprüften Lehramtskandidaten für Chemie und Naturbeschreibung« Armin Süßenguth[32] einstellte, damit dieser alle chemienahen bzw. chemiebeeinflussten Fachgebiete (z. B. Reproduktionstechnik, Gastechnik, Beleuchtungswesen, Papierfabrikation, Gärungsgewerbe etc.) sowie die eigentliche Chemieabteilung des Deutschen Museums betreue, war deren Grundkonzept also schon beschlossene Sache. Es stammte im Kern von Harries und war von Ostwald, Nernst und Bunte ergänzt und verfeinert worden. Durch die von den Fachreferenten bereits erstellten »Wunschlisten«, die sich ebenfalls stark an den Exponaten orientierten, die in St. Louis zur Schau gestellt worden waren[33], war dem bei seiner Einstellung erst 26 Jahre alten, promovierten Chemielehrer Süßenguth in groben Zügen schon eine Sammelstrategie für die von ihm einzuwerbenden Objekte vorgegeben worden. Seine Aufgabe bestand im Wesentlichen nur noch in »der definitiven Ausgestaltung des Provisoriums sowie der Einrichtung der chemischen Laboratorien im Neubau«. Obwohl Süßenguths Handlungsspielraum durch das Konzept von Harries eingeengt war, bedeuteten seine früh erfolgte Einstellung und seine langjährige Tätigkeit als »Konservator« eine zunehmende Loslösung des Museums von seinen ersten Referenten, die nach und nach die Rolle von Beratern übernahmen.

Süßenguth blieb bis Februar 1935 für die Chemieabteilung zuständig. Da er, um seine Verbeamtung nicht zu gefährden, im September 1920 als Chemielehrer in den Schul- und damit in den Staatsdienst übergewechselt war, nebenberuflich aber weiterhin auf Honorarbasis für das Deutsche Museum weiterarbeitete, wurde er 1934 wegen »Doppelverdienertums« angezeigt. Auf-

---

31 Besprechung in Schliersee vom 31. 1.–3. 2. 1912 über die Einrichtung und Ausgestaltung des neuen Museums, DMA, VA 3969 Nr. 109.

32 Die Sachinformationen dieses Abschnittes wurden nach den Dokumenten in der Personalakte Süßenguth erstellt, DMA, Personalakte Süßenguth.

33 Vgl. hierzu die im Deutschen Museum in verschiedenen Varianten vorhandenen »Listen wünschenswerter Gegenstände« für die Gruppen »Chemie« und »Elektrochemie« – beispielsweise unter DMA, VA 1250 (Sub O) und in gedruckter Version in der Bibliothek des DM unter der Signatur 1934 B 454 – mit den bei Harries (Anm. 23) genannten Exponaten sowie jenen Exponaten, die im offiziellen Ausstellungsbericht des Deutschen Reiches aufgeführt sind, vgl.: Amtlicher Bericht über die Weltausstellung in Saint Louis 1904, erstattet vom Reichskommissar. Berlin 1906. Die Übereinstimmung ist frappierend.

grund der nach der Wirtschaftskrise 1930/32 geltenden Sparrichtlinien, nach denen Doppeleinkommen abgeschafft werden sollten, musste ihn das Deutsche Museum entlassen, was Süßenguth als derart undankbar empfand, dass er Außenstehenden gegenüber seine Verdienste um den Aufbau der Chemieabteilung künftig sehr einseitig und deutlich überbewertet darstellte. Gegenüber Hugo Bruckmann – ab 1933 Vorstandsmitglied des Deutschen Museums und ein prominenter, mit Hitler persönlich befreundeter Nationalsozialist – erwähnte er die wichtige Vorbildrolle der chemischen Unterrichtsausstellung in St. Louis 1904 sowie die einschlägigen Vorarbeiten von Harries, Ostwald, Nernst und Bunte mit keinem Wort:

»Am Deutschen Museum bin ich seit über 26 Jahren tätig und habe dort insbesondere die Chemische Abteilung begründet und ausgebaut. Herr von Miller hat mir, da ja seine stärkste Seite Technik, in zweiter Linie Physik war und nicht Chemie, woraus nicht der Schimmer eines Vorwurfes erwachsen kann, in der Ausgestaltung der chemischen Abteilung sehr freie Hand gelassen und wenn auch die allgemeinen Direktiven selbstverständlich von ihm ausgegangen sind, so war es doch andererseits meine Aufgabe, festzustellen, was in die Sammlung aufgenommen werden solle und wie denn diese Tausende von Gegenständen herbeigeschafft werden könnten, ohne dass nennenswerte Kosten erwuchsen. Die Aufgabe, ein chemisches Museum zu errichten, war dadurch außerordentlich erschwert, weil ein solches bisher nirgends auf der Welt existierte, das als Vorbild hätte dienen können. Auch die Museen in Paris und London hatten eine museumsmäßige Darstellung der Chemie nicht versucht. Ich darf heute sagen, dass ich das Glück hatte unter Leitung Oskar v. Millers das erste chemische Museum der Welt geschafft zu haben und ich habe hierbei nicht nur die sehr freundliche Anerkennung der Münchener Fachleute der Universität gefunden […], sondern auch die Anerkennung des Auslandes insoferne, als diese chemische Abteilung in anderen Ländern mehr oder weniger nachgeahmt wurde, wobei ich Wien, Prag, Warschau, Chikago, Shanghai erwähnen will.«[34]

Durch solche und ähnliche Darstellungen geriet in der Geschichtsschreibung des Deutschen Museums völlig in Vergessenheit, wie sehr die Chemieabteilung des Hauses dem unmittelbaren Vorbild der Unterrichtsausstellung in St. Louis verpflichtet war.

Süßenguth eignete sich im Verlaufe seiner langjährigen Tätigkeit für das Deutsche Museum bemerkenswerte Kenntnisse auf dem Gebiet der Chemiegeschichte an und publizierte zusammen mit dem in Mittenwald lebenden Pharmaziehistoriker Fritz Ferchl ein einschlägiges, materialreiches Büchlein, das auf dem Titelblatt unter Süßenguths Namen den unbescheidenen Zusatz

---

34 Süßenguth an Bruckmann, o. D., DMA, Personalakte Süßenguth (Sub B).

39   Blick in die im Neubau auf der Museumsinsel neu eingerichtete Gruppe »Riechstoffe« in der Abteilung Chemie.
DMA, BN 29435

»Gründer und Abteilungsleiter der Chemischen Abteilung des Deutschen Museums« trug. Der Stil des Werkes zeugt davon, dass Süßenguth während seiner Museumstätigkeit gelernt hatte, chemiehistorische Sachverhalte durch eindrucksvolles Bildmaterial zu illustrieren. Große Verdienste hatte er ferner bei der Ausgestaltung all jener Bereiche der Chemieabteilung, die erst im Neubau auf der Museumsinsel hinzukommen sollten: die Ausstellungsgruppe »Riechstoffe«[35], die er durch die Integration eines nachgebildeten orientalischen Basarstandes wesentlich material- und phantasiereicher gestaltete als die entsprechende Sektion der Pariser Weltausstellung von 1900, die »Alte Apotheke«[36], in der auch zeitgenössische Pharmazeutika integriert worden waren, sowie der sehr viel umfangreicher gewordene Bereich der technischen Chemie[37], der in der provisorischen Ausstellung von 1906 auffallend stief-

---

35 Armin Süßenguth: Eine kleine Abteilung in einem großen Museum. In: Riechstoffindustrie und Kosmetik 10 (1935), S. 107–110.

36 Ders.: Die Pharmazeutische Abteilung des Deutschen Museums zu München. In: Süddeutsche Apotheker-Zeitung 75 (1935), S. 332f.

37 Ders.: Die chemische Abteilung im Deutschen Museum in München. In: Werkzeitung des Ammoniakwerks Merseburg/Leunawerke 13 (1925), S. 114–117; Wilhelm Prandtl: Das Deutsche Museum in München. Die Abteilung Chemie. In: Velhagen & Klasings Monatshefte 39 (1925), Nr. 10, S. 440–451.

mütterlich behandelt worden war. Schließlich ist zu betonen, dass auch die berühmten »Druckknopfexperimente«, die die Abteilung Chemie seit 1925 vermehrt zu bieten hatte, unter Süßenguths Ägide entwickelt und in den Werkstätten des Deutschen Museums gebaut worden waren. Von seinem Nachfolger Rudolf Sachtleben wurden sie schließlich weiter optimiert.

Die provisorische Chemie-Abteilung

Als am 12. November 1906 das Deutsche Museum in den Räumen des Alten Nationalmuseums eröffnet wurde, war der Chemieabteilung ein nicht unbeträchtlicher Teil der Ausstellungsfläche gewidmet worden. Sie umfasste sechs Räume im ersten Obergeschoss, die sich, da in unmittelbarer Nähe des Ehrensaals gelegen, an wahrhaft exponierter Stelle befanden. Wer der Führungslinie folgte, gelangte allerdings nur auf indirektem Wege in die Abteilung. Vom Ehrensaal ausgehend musste man den Raum 29 (Zeichnen, Malen) betreten, dann etliche Säle durchschreiten und kam schließlich in den außergewöhnlich großen Raum »Gärungsgewerbe«. Dieser von Carl Lintner (München) gestaltete Saal war der Geschichte der Brauerei und Brennerei gewidmet. Inhaltlich stellte er ein logisches Bindeglied zwischen der Landwirtschafts- und der Chemieabteilung dar und enthielt teilweise Exponate, die mit gleichem Recht ebenso in letzterer hätten platziert werden können. Dies gilt ganz besonders für etliche hier ausgestellte historische Destilliergeräte, die im 16. und 17. Jahrhundert zur Branntweinherstellung verwendet worden waren, beispielsweise einen rekonstruierten Mohrenkopf und Rosenhut.[38] Die Darstellung der Entwicklung der Destillationstechnik war also gewissermaßen aus der Abteilung Chemie ausgegliedert und in die Abteilung Gärungsgewerbe integriert worden, um das Thema dort an einem konkreten Beispiel, nämlich der Branntweinbrennerei, praxisnah und anwendungsbezogen aufzuzeigen.

Direkt an den Raum »Gärungsgewerbe« schloss sich der Saal »Chemische Industrie« an. Angesichts der großen wirtschaftlichen Bedeutung der chemischen Industrie für das Deutsche Reich hatte man diesem Thema auffallend wenig Raum gewidmet. Dafür gab es zwei Gründe: Die Unterrichtsausstellung von St. Louis hatte sich naturgemäß völlig auf die universitäre, d. h. die wissenschaftliche Chemie konzentriert. In München orientierte man sich so eng am Vorbild St. Louis, dass diese thematische Beschränkung deutlich abfärbte, umso mehr als von den drei Referenten nur einer, Bunte, das Fach in-

---

38 Deutsches Museum: Führer durch die Sammlungen. Leipzig 1907, S. 116–119; Hermann Peters: Die Geschichte der Chemie im Deutschen Museum zu München. In: Chemiker-Zeitung 32 (1908), S. 753ff., 753.

dustrielle Chemie vertrat, während Ostwald und Nernst für die wissenschaftliche Chemie standen. Eine ausführlichere Darstellung der industriellen Chemie hätte außerdem eine Vielzahl von Modellen erfordert, da die Originalapparaturen naturgemäß zu groß für eine Ausstellung waren. Weil man hier kaum auf bereits existierende Bestände zurückgreifen konnte, sondern Anfertigungen in Auftrag geben musste, wäre deren Beschaffung bis zur Eröffnung im Herbst 1906 zeitlich unrealistisch gewesen.

Von den zahlreichen Gebieten der in Deutschland so bedeutenden chemischen Industrie waren in der provisorischen Ausstellung aus Platzgründen nur drei Bereiche thematisiert worden: die Farben-, Soda- und Mineralsäurenindustrie. Oskar von Miller hatte großen Wert darauf gelegt, dass dem Besucher bei der Eröffnung zumindest der Komplex der wirtschaftlich so bedeutenden Farbenindustrie in attraktiver Weise präsentiert würde.[39] Durch die Gegenüberstellung von natürlichen und synthetischen Farbstoffen, die Ausstellung eines Indigofabrik-Modells von 1897 – die Fabrikation von synthetischem Indigo war damals die jüngste große Errungenschaft der deutschen Farbstoffindustrie – sowie eines großen Teerfarbenstammbaums wurde diesem Wunsch entsprochen. Besonders der große Stammbaum, ursprünglich eine Idee Ostwalds, galt als didaktisch so gelungen, dass er in späteren Überarbeitungen der Chemieabteilung immer wieder auftauchte und nur gestalterisch den jeweils neuen Designvorstellungen angepasst wurde. Seine Beliebtheit ist leicht zu erklären: Teerfarben waren ohne jeden Zweifel das Produkt der chemischen Industrie, durch das Deutschlands Chemieunternehmen ihren Weltruhm begründet hatten. Zugleich waren sie auch dem Laien bekannte Produkte, an denen sich in besonders augenfälliger Weise der Nutzen der Chemie demonstrieren ließ. Die Verwandlung des stinkenden, klebrigen, schwarzen Teers in die bunten, schimmernden Teerfarben waren ein in der Rhetorik des 19. Jahrhunderts immer wieder bemühter Topos, den Chemiker gerne benutzten, um dem Laien die Leistungsfähigkeit ihres Fachs vor Augen zu führen. Hier ließ sich in gewisser Weise zeigen, dass der alte Alchemistentraum von der Transmutation der Materie wenigstens teilweise wahr geworden war. Am Bild eines mit reichen Früchten gesegneten, organisch wachsenden Baums ließ sich die Vision einer durch Chemie licht und freundlich werdenden Zukunft heraufbeschwören. Die Weltausstellungen des 19. Jahrhunderts hatten wiederholt gezeigt, dass sich gerade die Teerfarben besonders ansprechend und dekorativ ausstellen ließen, was bei chemischen Produkten sonst nur selten gelang. Die Attraktivität der Farbmaterialien konnte noch gesteigert werden, wenn man, wie es im Deutschen Museum auch geschah, nicht nur die mit dem Namen des je-

---

39 Miller an die Badische Anilin- und Sodafabrik Ludwigshafen, 12. 1. 1905, DMA, VA 1250 (Sub L).

weiligen Erstentdeckers gekennzeichneten Substanzen selbst zeigte, sondern auch ihre jeweiligen Ausfärbungen auf Wolle oder Baumwolle dazu dekorierte.

Die weiteren Themen im Raum »Chemische Industrie« beschränkten sich auf die Darstellung der industriellen Gewinnung dreier historisch wichtiger Grundchemikalien: Soda, Schwefel- und Salpetersäure. Gerade der Raum »Chemische Industrie« war bei Eröffnung der provisorischen Sammlungen jedoch noch nicht ganz fertig und wurde im Laufe der Zeit noch ergänzt und umgestaltet. Ein genauer Bild- und Textvergleich der einzelnen Auflagen des ersten »Führers durch die Sammlungen« zeigt, mit welcher Dynamik an der Vervollkommnung dieser und anderer Abteilungen gearbeitet wurde. Trotz aller Verbesserungsbemühungen bleibt aber festzuhalten, dass die Ausstellung »Chemische Industrie« wenig Wert auf die gerade für Laien spannende Frage legte, warum die dort thematisierten Chemikalien eigentlich so wichtig waren und wofür sie benutzt wurden. Eine Ausnahme machte nur eine 1912 integrierte Ausstellungseinheit über die damals sehr moderne Zellstoffgewinnung nach dem Sulfitverfahren. Nur bei diesem Beispiel wurden Aussagen über ein chemisches Produkt mit Alltagsrelevanz gemacht. Im Übrigen lag das Hauptaugenmerk ausschließlich auf dem vor allem für den technischen Chemiker wichtigen Aspekt der Herstellungsverfahren, wobei deren historischer Entwicklung jeweils viel Raum zugestanden wurde. Didaktisch aufschlussreich, wenn auch optisch nicht besonders attraktiv, waren zwei große dreidimensionale Schemata, die erklärten, wie sich verschiedene wichtige Elemente zu bekannten Verbindungen vereinigten und aus welchen Ausgangsstoffen und Zwischenprodukten wichtige chemische Produkte wie Glas, Schwarzpulver, Papier, Sprengstoffe und Seife entstanden.

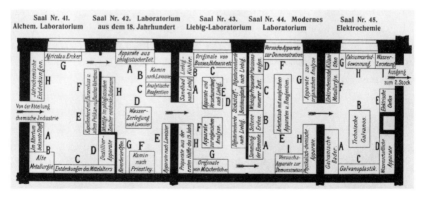

40 Grundriss des fünf Säle umfassenden Teils »Wissenschaftliche Chemie« in der provisorischen Ausstellung von 1906.
DMA, BN 53630

Vom Saal »Chemische Industrie« gelangte man in den fünf Räume umfassenden Bereich der wissenschaftlichen Chemie. Wissenschaftliche und technische Chemie waren im Deutschen Museum also trotz der in der Chemikerschaft so gern bemühten Floskel von der »segensreichen Allianz von Wissenschaft und Industrie« strikt voneinander getrennt worden. Merkwürdigerweise scheint in München nie darüber diskutiert worden zu sein, beide Bereiche miteinander zu vereinen, um so deren Interdependenz deutlich zu machen. Schon 1905 stand fest, die technische und die wissenschaftliche Chemie aufeinander folgen zu lassen, und auf diese Weise den Einfluss wissenschaftlicher Forschung auf die chemische Technik zu veranschaulichen.[40]

Der Besucher gelangte zunächst in den Nachbau eines alchemistischen Laboratoriums und begann damit recht unvermittelt seinen Gang durch die Chemiegeschichte. Der an drei historischen Laborrekonstruktionen aufgehängte chemiehistorische Parcours existiert im Kern mehr oder weniger unverändert bis heute und macht deutlich, wie sehr die seinerzeit gewählte Konzeption die gesamte Abteilungsstruktur ein ganzes Jahrhundert lang prägte.

Der düster gehaltene, künstlich verrußte Raum mit seiner bewusst mystischen Atmosphäre stellte nicht das Laboratorium eines bestimmten Alchemisten dar, sondern sollte ein neutral und anonym gehaltenes Laborambiente sein, in das typische Geräte aus der Epoche der Alchemie, der frühen Metallurgie und Iatrochemie integriert wurden. Bis auf ganz wenige Ausnahmen handelte es sich dabei um Rekonstruktionen.[41] Vorbild der Inszenierung war einerseits das Alchemistenlabor von St. Louis 1904, in ganz besonderem Maße aber das Alchemistenlabor des Germanischen Nationalmuseums in Nürnberg, dessen Ausschmückung und Raumeinteilung im Wesentlichen kopiert wurden.[42]

Wie seine beiden Vorbilder, war das Alchemielabor des Deutschen Museums mit einem »Faulen Heinz« ausgestattet, einem typischen, aus der chemischen Literatur des 16. und 17. Jahrhunderts bekannten Ofentyp mit großem, zentralen Schacht. Weitere, mit diversen Destilliergefäßen bestückte Öfen und Herde wurden an den Wänden installiert. Es war typisch für den im Deutschen Museum gewählten didaktischen Ansatz, der in der Chemieabtei-

---

40 Wilhelm Ostwald: Generelle Disposition für die wissenschaftliche und technische Chemie, DMA, VA 1250 (Sub O).

41 Auf das generelle Problem solcher Rekonstruktionen machte Süßenguth in einem interessanten Artikel aufmerksam, vgl. Armin Süßenguth: Das Problem des technisch-naturwissenschaftlichen Museums. In: Natur und Kultur. Monatsheft für Naturforschung und Kulturpflege 32 (1935), S. 549ff.

42 Heinz Stafski: Die historisch-pharmazeutische Sammlung. In: Bernward Deneke/Rainer Kahsnitz (Hrsg.): Das Germanische Nationalmuseum Nürnberg 1852–1977. Beiträge zu seiner Geschichte. München 1978, S. 871–877.

lung immer den Substanzaspekt in den Vordergrund stellte, dass auf den Wandregalen Retorten und Standgefäße mit verschiedenen, in der Epoche der Alchemie und Iatrochemie bereits bekannten Präparaten zu sehen waren. So sollte dem Laien verdeutlicht werden, dass bereits die Alchemisten Wichtiges zur Stoffkenntnis beigetragen hatten. Gleichzeitig sollte der Besucher lernen, wie die verschiedenen chemischen Substanzen eigentlich aussahen.

Einem Chemieprofessor wie Ostwald war es ein wichtiges Anliegen, dem Besucher eine gewisse Stoffkenntnis zu vermitteln. Er behandelte die Museumsbesucher dabei nicht anders als seine Studenten, denen in der Vorlesung die jeweils im Unterricht behandelte Substanz gezeigt wurde. Das tat in ähnlicher Weise auch der Zoologieprofessor, der seinen Unterricht durch das Demonstrieren ausgestopfter Tiere veranschaulichte, der Anatomieprofessor, der anatomische Modelle in die Vorlesung mitbrachte oder der Mineralogieprofessor, der Mineralien und Gesteine vorwies. Das damals in jedem chemischen Universitätsinstitut benutzte Unterrichtsmittel »Präparatesammlung«[43] war, einer professoralen Gewohnheit folgend, im 19. Jahrhundert unreflektiert auf den Weltausstellungen eingesetzt worden – man denke nur an die oben erwähnte, schließlich ins Deutsche Museum gelangte Präparatesammlung auf der Pariser Weltausstellung von 1900. Über die Weltausstellungstradition und die Tradition der Unterrichtsgestaltung an den chemischen Hochschulinstituten geriet dieses didaktische Hilfsmittel auch in die Chemieabteilung des Deutschen Museums, ohne je auf seine Eignung für Museumszwecke hinterfragt zu werden und ohne dass sich je irgendjemand darüber Rechenschaft abgelegt hätte, dass man es in einem Museum üblicherweise mit Laien und eben nicht mit einer studentischen Klientel zu tun haben würde.

Dem Vorbild des französischen »Musée centennal« und dessen personenorientiert-biografischem Ansatz folgend, waren an den Wänden der Alchemistenküche die Porträts bzw. Statuetten bekannter und im wesentlichen deutscher Alchemisten, Metallurgen und Iatrochemiker ausgestellt und durch Kurzbiografien erläutert worden, so von Albertus Magnus, Basilius Valentinus, Paracelsus, Agricola, Lazarus Ercker, Libavius, Glauber und van Helmont. In seinen »Allgemeinen Grundlagen für die chemische Abteilung« hatte sich Ostwald schon 1905 für die Integration biografischer Aspekte ausgesprochen:

> »In den chemischen Wissenschaften treten die einzelnen Fortschritte verhältnismässig selten an bestimmten, aufweisbaren Gegenständen in die Erscheinung. Es handelt sich vielmehr meist um begriffliche Entdeckungen, für wel-

---

43 Zur Bedeutung der Präparatesammlung als Anschauungsmaterial für den angehenden Chemiker vgl. Annerose Losse/Brita Werner: Die Dresdner Farbstoffsammlung. In: Chemie in unserer Zeit 27 (1993), S. 237/238.

che die speziellen Gegenstände, welche zu ihnen geführt haben, mehr oder weniger zufällig waren. Am meisten verkörpern sich diese Dinge noch in gewissen Präparaten und Apparaten, von denen aber nur die letzteren einen Anschauungswerth besitzen. Nehmen wir beispielsweise Wöhlers Entdeckung der künstlichen Darstellung des Harnstoffs, durch welche die gesamte organische Chemie eine entscheidende Wendung erhalten hatte: ein Präparateglas mit künstlich dargestelltem Harnstoff, dem allenfalls noch ein zweites mit natürlichem zur Seite gestellt werden könnte, wäre alles, was sich zunächst museumsmäßig aus diesem Meisterwerk chemischer Forschung machen liesse. Es wird deshalb nöthig sein, in weitestem Umfange von persönlichem Material, d.h. Bildnissen, Handschriften, Facsimiles charakteristischer Veröffentlichungen und dergl. Gebrauch zu machen. Insbesondere wäre es wünschenswerth, in der chemischen Abtheilung des Museums die Grundlagen zu einer Porträtgalerie hervorragender Chemiker zu schaffen.«[44]

Die Reduktion auf den Substanz-, Geräte- und den biografischen Aspekt bedingte, dass typische Charakteristika der Alchemie, etwa ihre philosophischen und theologischen Grundlagen oder ihre komplizierte Ikonografie, in der Ausstellung des Deutschen Museums völlig unberücksichtigt blieben. Auch ihre komplexen und schwer verständlichen theoretischen Konzepte wurden nicht thematisiert. Letztlich griff das Deutsche Museum also nur solche Aspekte aus der Geschichte der Alchemie auf, die sich bruchlos und unkompliziert bis in die Moderne verfolgen ließen, nämlich ihre Beiträge zur Entwicklung der Destillationstechnik und zur Stoffkenntnis.

Mit dem inszenatorischen Bau eines Laboratoriums aus dem 18. Jahrhundert löste man sich im Deutschen Museum vom Vorbild der Weltausstellung in St. Louis, wo es einen vergleichbaren Raum nicht gegeben hatte. Allerdings war 1889 auf der Weltausstellung in Paris ein Laborambiente mit den Originalgeräten Lavoisiers und damit eines Chemikers des 18. Jahrhunderts gezeigt worden.[45] Damals war es den Franzosen – nicht ohne Seitenhieb auf die nach dem Krieg von 1870/71 besonders verhassten Deutschen – ausschließlich darum gegangen, die Verdienste Lavoisiers um die Entwicklung der modernen Chemie zu glorifizieren. In München wollte man sich von einseitig nationalistisch gefärbter Geschichtsbetrachtung fern halten und bewusst einen Blick auf die gesamte Chemiegeschichte des 18. Jahrhunderts werfen. In ein solches Konzept passte es, ein allgemeines, nicht an einen bestimmten Chemiker des 18. Jahrhunderts gebundenes Laboratorium nachzubauen. Der Raum selbst sollte lediglich Zeitkolorit vermitteln und einen

---

44 Wilhelm Ostwald: Allgemeine Grundlagen für die chemische Abteilung, 18. 1. 1905, DMA, VA 1250 (Sub O).
45 Vgl. Vaupel (Anm. 14), S. 180ff.

Rahmen schaffen, in dem wichtige chemische Entdeckungen aus dem Zeitalter der »Phlogistonchemie« dargestellt werden konnten. Nichtsdestotrotz wurden auch in München die Arbeiten Lavoisiers in ganz besonderem Maße hervorgehoben. Man hatte seine Büste in das Raumdekor integriert, seine Wasserzerlegungsapparatur nachgebaut und weitere seiner Apparate und Versuchsanordnungen rekonstruiert. Darüber hinaus waren aber auch die Arbeiten wichtiger Zeitgenossen Lavoisiers berücksichtigt worden, so die von Priestley, Scheele und Cronstedt. Auch hier dominierte neben dem Geräteunverkennbar wieder der Substanzaspekt: Präparatesammlungen zeigten, welche Substanzen in dieser Epoche entdeckt und welche Reagentien in der analytischen Chemie benutzt worden waren. Dieser Raum betonte abermals den biografischen Aspekt der Chemiegeschichte: An den Wänden waren, wie schon im Alchemielabor, neben erläuternden Texttafeln Büsten und Porträts großer Chemiker des 18. Jahrhunderts zu finden.

Der daran anschließende Raum war eine Kopie des Liebigschen Unterrichtslabors in Gießen, das im 19. Jahrhundert zunächst für chemische Laboratorien in ganz Deutschland und später für solche aus der ganzen Welt als Vorbild gedient hatte. Der Raum war mit Absicht keine exakte Kopie des Originals in Gießen, weil man darin nicht nur die Arbeiten Liebigs, sondern

41   Liebig-Labor auf der Weltausstellung in St. Louis, 1904.
DMA, BN 23868

auch die anderer berühmter Zeitgenossen würdigen wollte, etwa von Bunsen, A.W. Hofmann, Mitscherlich, Gay-Lussac und Berzelius. Auch hier hatte man die entsprechende Laborrekonstruktion in St. Louis nur als Anregung verstanden und nutzte sie als Rahmen für eine umfassendere Darstellung der Chemiegeschichte des 19. Jahrhunderts.

Die in diesem Raum ausgestellten Exponate spiegelten in besonderer Weise die Objektakquisitionspolitik Millers in der Zeit von 1903 bis 1906 wider. Die zur Schau gestellten Geräte und Apparate stammten mit wenigen Ausnahmen aus deutscher Provenienz, was zur Folge hatte, dass der thematische Schwerpunkt hier viel stärker auf der Entwicklung der deutschen Chemie lag als in den beiden vorausgegangenen Räumen: Die Entdeckungen englischer, französischer, amerikanischer, italienischer, skandinavischer und russischer Chemiker wurden hier so gut wie nicht thematisiert.

In deutschen Universitäten und Akademien sowie in Privatbesitz gab es noch genügend chemische Originalgeräte und -apparaturen aus dem 19. Jahrhundert, die dem Deutschen Museum gerne überlassen wurden, umso mehr, als Miller zu betonen liebte, dass die Exponate in München sicherer aufbewahrt würden als in einem Institut und dort außerdem der Allgemeinheit zugänglich seien. Um nur ein paar Objektzugänge aus der Frühzeit des Muse-

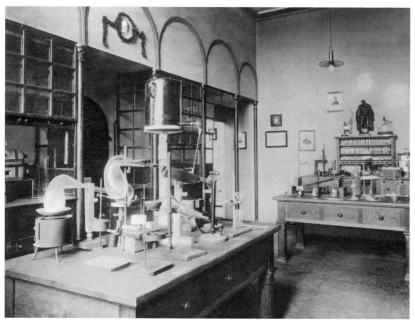

42   Liebig-Labor in der provisorischen Ausstellung des Deutschen Museums, 1906.
DMA, BN 33077

43 Raum mit Waagen und zeitgenössischen Laborgeräten in der deutschen Unterrichtsausstellung während der Weltausstellung in St. Louis, 1904.
DMA, BN 23869

ums zu nennen, sei erwähnt, dass die Bayerische Akademie der Wissenschaften dem Deutschen Museum 1905 etliche Originalapparate und -gerätschaften Liebigs überlassen hatte, von Alexander Mitscherlich wurden Apparate und Präparate aus dem Nachlass seines Vaters, des Chemikers Eilhard Mitscherlich, übersandt und die Universität Heidelberg hatte Originalapparate und -präparate Robert Bunsens gestiftet, darunter Exemplare der ersten Bunsenbrenner. Der Objektfundus zur Ausstattung eines chemischen Labors des 19. Jahrhunderts war, wie diese wenigen Beispiele zeigen, also sehr groß.

Den Abschluss der Serie chemischer Laboratorien bildete ein modernes Labor um 1900. Seine Ausstattung orientierte sich an Harries Konzept für die Unterrichtsausstellung in St. Louis, besonders an den dort vorhandenen Räumen mit modernen Laborgeräten, Waagen, Gasanalysegeräten und Elementaranalyseapparaturen. Kernstück des Laboratoriums war eine nahezu vollständige Sammlung der damals bekannten Elemente. Als Ordnungsprinzip war bemerkenswerterweise nicht das Periodensystem gewählt worden, sondern eine chronologische Aufstellung nach dem Entdeckungsjahr des jeweiligen Elementes. Dieser Sachverhalt weist darauf hin, dass Ostwalds schon damals nicht unumstrittene naturphilosophische Anschauungen zumindest

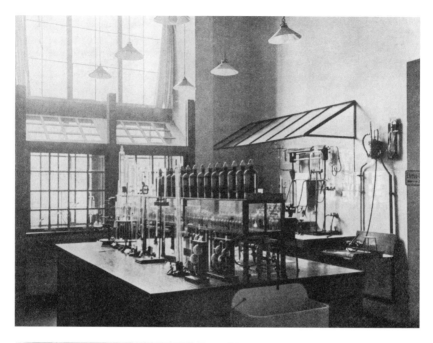

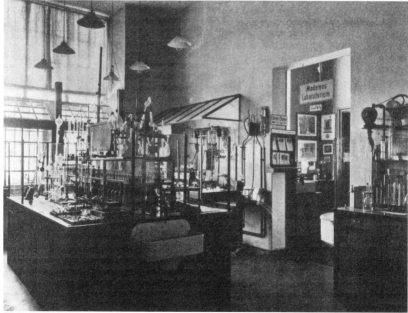

44/45 Modernes chemisches Laboratorium in der provisorischen Ausstellung des Deutschen Museums 1907 bzw. 1919.
DMA, BN 29472, BN 53631

in diesem Fall gewisse Konsequenzen für die Abteilungskonzeption hatten und diese eher nachteilig beeinflussten. Ostwald war im Gegensatz zu vielen seiner Fachkollegen nämlich davon überzeugt, dass das Periodensystem der Elemente kein fundamentales Naturgesetz sei. Seine Bedeutung für die spätere Entwicklung der Chemie und Physik verkannte er weitgehend.[46] Erst mit dem Umzug auf die Museumsinsel sollte in der Chemieabteilung des Deutschen Museums die für die Chemie so fundamentale Darstellung des Periodensystems der Elemente nachgetragen werden.

Schon 1905 hatte Miller angeregt, die Abteilung Chemie mit möglichst vielen Demonstrationen und Experimentiervorrichtungen auszustatten. Es sei, wie er an Ostwald schrieb, »für das Laienpublikum sehr erwünscht, wenn auch Apparate aufgestellt würden, bei denen ähnlich wie in der Urania in Berlin vom Publikum selbst chemische Prozesse herbeigeführt werden können«.[47] Ostwald griff diese Anregung auf und hielt fest:

> »Die Darstellung ist in der Weise gedacht, dass auf mehreren um den Kamin gruppierten Tischen eventuell unter Benützung von Gas oder Elektrizität als Erhitzungsmittel einfache Apparate aufgestellt sind, welche so gewählt und ausgeführt sind, dass sie eine gefahrlose Handhabung durch das Publikum vertragen. [...] Die Erkennung einzelner wichtiger Stoffe könnte hierbei durch einfache Reaktionen, die vom Publikum selbst eingeleitet werden, gezeigt werden. Solche Reaktionen würden, soweit sie nicht, wie etwa die Färbung von Lackmuspapier, die Jodreaktion usw., überhaupt keiner weiteren Vorsichtsmaßregeln bedürfen, in der Weise erfolgen, dass die Reagentien durch die an den Wänden über den Tischen angebrachten Automaten in genau abgemessenen kleinen Mengen verabfolgt werden.«[48]

In dieser Form konnte Ostwalds Konzept allerdings nicht realisiert werden. Zwar gab es schon bei der Eröffnung 1906 im modernen Laboratorium einige Experimente, die der Besucher selbst in Gang setzen konnte.[49] Ihre Zahl wurde im Laufe der Zeit aber reduziert, bis schließlich nur noch ein Einziges übrig geblieben war: Durch Ziehen von Handgriffen konnte der Besucher eine Eisen- und eine Blutlaugensalzlösung ineinander fließen lassen und dabei lernen, dass die bei der Reaktion eintretende, intensive Blaufärbung ein analytischer Nachweis für Eisen war.[50] Die erste »Do-it-yourself«-Apparatur war zu störanfällig, um sich im Dauergebrauch zu bewähren. Hauptproblem war vermutlich die nach jedem Durchlauf notwendige Reinigung der Gefäße, die

46 Vgl. hierzu Rodnyi/Solowjew (Anm. 9), S. 182.
47 Miller an Ostwald, 11. 1. 1905, DMA, VA 1250 (Sub O).
48 Ostwald (Anm. 40).
49 Deutsches Museum: Führer durch die Sammlungen. Leipzig 1907, S. 130, 132.
50 Deutsches Museum: Führer durch die Sammlungen. Leipzig 1919, S. 139.

46/47 Apparaturen, die dem Besucher das selbstständige Durchführen chemischer Experimente erlaubten.
DMA, BN 51262, BN 29446

ihrerseits Voraussetzung für die stete Wiederholbarkeit der Experimente war. Erst seit dem Umzug auf die Museumsinsel standen robustere Versuchsanordnungen zur Verfügung, die dann auch in größerer Zahl installiert wurden.[51] Wie aus Briefen Millers an die Münchner Chemikalien- und Laborbedarfhandlung Bender & Hobein hervorgeht, muss es in der provisorischen Chemieabteilung neben den vom Besucher selbst zu betätigenden Experimenten aber auch regelmäßig Demonstrationen spektakulärer chemischer Versuche gegeben haben, etwa zum Thema Spektralanalyse, Phosphoreszenz und Fluoreszenz.[52] Solche Life-Vorführungen waren auch in anderen Abteilungen üblich.

Der Gang durch die Chemieabteilung endete schließlich in einem Raum zum Thema Elektrochemie, einer damals ausgesprochen jungen wissenschaftlichen Disziplin. Dass der Elektrochemie und damit einem eigentlich nur kleinen Teilgebiet der physikalischen Chemie ein eigener Raum zugestanden wurde, empfand Ostwald schon in der Gründungsphase des Museums als nicht gerechtfertigt, auch wenn dies durch die als Vorbild dienende Struktur der deutschen Unterrichtsausstellung in St. Louis in gewisser Weise vorgegeben war. Gegenüber Miller äußerte er seine diesbezügliche Kritik mit offenen Worten:

> »Unsachgemäß ist die Nennung der Elektrochemie neben der Chemie, denn sie ist nur ein Teil der physikalischen Chemie und steht an allgemeiner Bedeutung nicht so gesondert da, dass sie eine ausgezeichnete Stellung beanspruchen würde. Wissenschaftlich wie namentlich technisch wird sie z. B. zur Zeit noch von der organischen Chemie überragt, für welche keine gesonderte Berücksichtigung vorgesehen ist.«[53]

Miller ließ dieses Argument Ostwalds, der als Mitbegründer der »Deutschen Elektrochemischen Gesellschaft« und Autor zahlreicher einschlägiger Publikationen fachlich mit Sicherheit ein kompetenter und an der populärwissenschaftlichen Darstellung der Elektrochemie zutiefst interessierter Kritiker war,[54] jedoch nicht gelten und konterte:

---

51 Otto P. Krätz/Günther Probeck/Stephan Dietrich: Chemische Versuche auf Knopfdruck – automatische Besucher-Experimente des Deutschen Museums in München. In: Chemie – Experiment – Didaktik 1 (1975), S. 219–226. In diesem Artikel ist auf S. 220 auch der erste, nicht bewährte Apparatetyp abgebildet.

52 Miller an Bender & Hobein, München 5. 10. 1905, DMA, VA 1251 (Sub B).

53 Ostwald (Anm. 44).

54 Zur Rolle Ostwalds bei der Gründung der »Deutschen Elektrochemischen Gesellschaft« (ab 1902 Deutsche Bunsengesellschaft für angewandte physikalische Chemie) vgl. Walther Jaenicke: 100 Jahre Bunsen-Gesellschaft 1894–1994, Darmstadt 1994. Von Ostwalds Begabung, komplexe fachwissenschaftliche Zusammenhänge populärwissenschaftlich zu vermitteln, zeugen folgende seiner Werke über Elektrochemie: Wilhelm Ostwald: Elektrochemie. Ihre Geschichte und Lehre. Leipzig 1896; Wilhelm Ostwald: Die Entwicklung der Elektrochemie in gemeinverständlicher Darstellung. Leipzig 1910.

»Was zunächst die Raumverteilung im Provisorium betrifft, so bemerken wir, dass Ihre Annahme, es hätte die Elektrochemie einen grösseren Raum erhalten als die Chemie, insofern auf einem Irrtum beruht, als für die Chemie die beiden ersten Säle mit einem Gesammtflächenraum von etwa 120 qm vorgesehen sind, während für Elektrochemie ein Saal von etwa 80 qm reserviert wurde. Wir hielten dieses Raumverhältnis für zweckmässig, da die für die einzelnen Gruppen erforderlichen Grundflächen nicht von der wissenschaftlichen Bedeutung der betreffenden Abteilungen, sondern von der Grösse der auszustellenden Objekte abhängig sind und da Accumulatoren, Aluminiumöfen u. dgl. im allgemeinen mehr Platz als chemische Präparate und Versuchsanordnungen einnehmen.«[55]

Miller hielt aus nicht ganz uneigennützigen Gründen an einer starken Betonung der Elektrochemie im Deutschen Museum fest. Das Thema lag ihm, dem Elektroingenieur, Erbauer von Kraftwerken und Organisator von Elektrizitätsausstellungen, besonders am Herzen, ließ sich hier doch an einem sehr modernen Beispiel aufzeigen, welche wirtschaftlich bedeutenden industriellen Anwendungen die junge Disziplin bereits gefunden hatte: Die Chlordarstellung, die Aluminiumgewinnung, die Kupferraffination und alle Galvanisierungsverfahren beruhten letztlich auf einer praktischen Nutzung elektrochemischer Prozesse. Nur in diesem einen Raum der Chemieabteilung war es gelungen, die Interdependenzen zwischen den wissenschaftlichen Grundlagen und deren technischen Anwendungen, die viel zitierte »Allianz von Wissenschaft und Industrie«, verzahnt und in einem geschlossenen Ensemble darzustellen. Insofern nimmt dieser Raum in der Tat eine Sonderstellung innerhalb der provisorischen Abteilung ein. Möglicherweise spielte hierbei eine Rolle, dass Millers Münchner Ingenieurbüro nicht nur auf die Errichtung elektrischer Werke spezialisiert war, sondern gleichermaßen auch elektrochemische Laboratorien ausstattete. Eines der ersten großen elektrochemischen Laboratorien hatte Miller 1896 an der TH München eingerichtet, und zwar für seinen Bruder Wilhelm, den bereits erwähnten Chemieprofessor![56] Die unverhältnismäßig starke, mit dem Umzug auf die Museumsinsel allerdings aufgegebene Betonung der Elektrochemie, die in der provisorischen Ausstellung einen eigenen, vom zentralen Treppenhaus zugänglichen, wahrhaft exponiert gelegenen Ausstellungsraum erhielt, könnte auch als geschickt platzierte Reklamekampagne Millers für eigene geschäftliche Interessen betrachtet werden.

---

55 Miller an Ostwald, 11. 1. 1905, DMA, VA 1250 (Sub O).
56 Elektrochemisches Laboratorium der Kgl. Technischen Hochschule zu München. In: Beschreibung und Darstellung elektrischer Werke, welche nach den Projekten und unter Leitung des Technischen Bureaus Oscar von Miller, München, ausgeführt sind, [o. O.], [o. J.], DMA, Firmenschriftensammlung I/670; Bernd Wöbke: Wilhelm von Miller. In: Neue Deutsche Biographie. Bd. 17. München 1994, S. 519f.

Planungen für den Neubau auf der Museumsinsel

Um 1911/12 stand fest, dass die für die provisorische Ausstellung gewählte inhaltliche Gliederung der Abteilung Chemie beim Umzug in den Museumsneubau auf der Isarinsel, dessen Eröffnung ursprünglich schon für 1915 geplant war, im Wesentlichen beibehalten werden sollte.[57] Naturgemäß wurde in späteren Versionen der Abteilung vieles ergänzt und ausdifferenziert, besonders in den Räumen, die dem Thema »Industrielle Chemie« galten. Auffallend ist auch die verstärkte Integration von Experimenten, die der Besucher selbst betätigen konnte; eine ähnliche Tendenz ist auch in den Planungen für die übrigen Abteilungen des Neubaus zu beobachten. Die prinzipielle chronologische Führungslinie durch die Chemiegeschichte und die strikte Trennung von wissenschaftlicher und technischer Chemie blieben jedoch bestehen.

So prägt die Konzeption der deutschen Unterrichtsausstellung von St. Louis 1904, die seinerzeit als Vorbild für die erste Abteilung Chemie diente, deren Struktur bis heute. Mit der starken Orientierung am Weltausstellungskonzept hatte man sich allerdings nicht nur dessen Erfolg, sondern auch dessen Problematik eingehandelt. Die schwer verständlichen chemischen Apparate und Instrumente, die Fülle der ausgestellten Substanzen, die wenig anschaulichen theoretischen Konzepte und die von aller Alltagserfahrung weit entfernt liegenden Anliegen und Probleme der technischen Chemie bewirkten, dass die Chemieabteilung immer ein besonderes ›Schmerzenskind‹ im Deutschen Museum war und es bis heute geblieben ist. Nur die historisierenden Laborszenarien, die selbst durchführbaren Versuche und die öffentlichen Experimentalvorlesungen erwiesen sich bei den Besuchern zu allen Zeiten als ausgesprochen populär.

---

57 DMA, VB 1911/1912, S. 28.

BERGBAU AUF DER KOHLENINSEL.
ZUR ENTSTEHUNG DES ANSCHAUUNGSBERGWERKS

Klaus Freymann

»Es ist nicht verwunderlich, dass die Bergbauabteilung des Deutschen Museums stets einen so regen Besuch aufweist. Erschließt sich doch hier der Bergbau, zu dem in der Regel nur der Fachmann Zutritt hat, der Öffentlichkeit. Was die Mehrzahl der Besucher nur vom Hörensagen, aus mehr oder weniger zutreffenden Schilderungen und Bildern kennt, hier erhält es Gestalt und Form.«[1]

Dieses Zitat aus dem Jahr 1933 von Wolfram Fink, Präsident des Bayerischen Oberbergamts, fasst Zweck und Bedeutung der Bergbauabteilung des Deutschen Museums treffend zusammen. Was die Abteilung bis heute auszeichnet, sind die »begehbaren Modellbergwerke«, wie sie Oskar von Miller bezeichnete, die vorbildgerechte Bergbauatmosphäre im Untergeschoss des Museumsneubaus auf der Insel vermitteln sollten.[2]

Keine noch so systematisch nach Lehrbüchern der Bergbaukunde aufgebaute Sammlung, keine noch so wissenschaftlich durchdrungene oder multimedial ausgestattete Ausstellung kann die Arbeitsatmosphäre eines Bergwerks auch nur annähernd wiedergeben. In dieser Anmutung des Authentischen liegt das Erfolgsgeheimnis der wachsenden Zahl von Schau- und Besucherbergwerken, die heute zu beobachten ist. Der Wunsch, die Welt untertage kennen zu lernen, zu erfahren, wie es sich anfühlt, ›tief‹ unter der Erde zu sein, ist aber keineswegs ein Merkmal unserer Zeit. Schon im 18. und 19. Jahrhundert konnten der Rammelsberg bei Goslar oder die Grube Dorothea bei Clausthal besucht werden.[3] Die Situation vor Ort in einem fördernden Bergwerk kennen zu lernen als im weitesten Sinne ›museales‹ Erlebnis war also bereits lange vor der Museumsgründung gegeben.

Der umgekehrte Fall aber, in einem Museum oder einer Ausstellung eine möglichst naturgetreue Situation vor Ort zu schaffen, dort also ein Bergwerk nachzubauen, war weitgehendes Neuland. Zwar erfreute sich mancher Schloss-

---

1 Wolfram Fink: Berg- und Hüttenwesen. In: Das Bayerland 44 (1933), S. 255. Fink leitete von 1924 bis 1945 das Bayerische Oberbergamt.

2 Im Schriftverkehr des Museums ist von »begehbaren Modellbergwerken« die Rede, hier wird der Begriff des Anschauungsbergwerks gewählt; s. hierzu Heinz W. Wild: Schau- und Besucherbergwerke in Europa. Borken 1998.

3 Brigitte Heublein: Goethe und der Montantourismus am Rammelsberg. In: Reinhard Roseneck (Hrsg.): Der Rammelsberg. Goslar 2001, S. 206–215.

herr an nachgebauten Grotten, die aber eher phantasievoll Höhlen und andere unterirdische Räume imitierten als sie vorbildgerecht wiederzugeben. An konkreten Vorbildern wie etwa dem südafrikanischen Goldbergbau orientierte Bergwerksnachbauten bot die Pariser Weltausstellung im Jahr 1900 ihren Besuchern. Dort wurden in unterirdischen Kalk- und Gipsabbauen unter der Stadt Grotten und Anschauungsbergwerke eingebaut, die einen durchschlagenden Erfolg beim Publikum erzielten.[4] Dieses Vorbild mag inspirierend auf die Planungen in München gewirkt haben. Jedenfalls formulierte Miller bereits 1904: »Für das definitive Museum für die Gruppe Bergwesen wird es sich empfehlen, typische Einrichtungen wirklicher Bergwerke in naturgetreuer Nachbildung zu zeigen«.[5] Im Hinblick auf das Selbstverständnis des neuen Museums hieß das nicht nur, ein begehbares Bergwerk nachzubauen, um die Welt untertage ›erfahrbar‹ zu machen – das wäre ein ›Erlebnisbergwerk‹ im heutigen Sinne –, sondern vor allem auch, historisch wie technisch repräsentative Bergbautechnik in typischen Umfeldern zu zeigen und soweit möglich durch betriebsfähige Vorführungen verständlich zu machen, wobei sich beide Aspekte keineswegs ausschlossen. Es war nicht vorgesehen, die ganze Abteilung Bergwesen in Form eines Anschauungsbergwerks aufzubauen. Vielmehr sollten allgemeine Grundlagen des Bergbaus und spezielle maschinentechnische Entwicklungen auf übliche Weise in Ausstellungsräumen präsentiert werden.

Das für die konzeptionelle Entwicklung der Bergbauabteilung und insbesondere des Anschauungsbergwerks notwendige bergtechnische Know-how holte sich Miller von einem Kreis von Beratern.[6] Als die Planungen begannen, zählte die Montanindustrie zu den wesentlichen Wirtschaftszweigen. Die Eisen- und Stahlindustrie hatten hieran den größten Anteil. Betrachtet man nur den Bergbaubereich, so hatte zwar der Kohlenbergbau technisch wie ökonomisch eine herausragende Stellung erlangt, und der Kalisalzbergbau befand sich auf Wachstumskurs. Der traditionsreiche Erzbergbau, insbesondere der Metallerzbergbau aber hatte längst seinen Höhepunkt überschritten. Sowohl die in der langen Geschichte vor allem des klassischen Bergbauzweigs im Harz oder in Sachsen als auch die in der Zeit der Industrialisierung entwickelten technischen Methoden und wissenschaftlichen Erkenntnisse galten als hervorragende Errungenschaften von Technikern und Ingenieuren. Das besondere Selbstverständnis und die privilegierte Sozialstellung des Bergmanns in der Gesellschaft vermittelten dem Bergbau zusätzlich eine heraus-

---

4 Elisabeth Vaupel: Unter dem Trocadéro. In: Kultur und Technik 27 (2003), H. 2, S. 20–25.
5 DMA, VB 1903/04, S. 27.
6 S. dazu Wilhelm Füßl: Konstruktion technischer Kultur. Die Sammlungspolitik des Deutschen Museums in den Aufbaujahren 1903–1909. In: Ulf Hashagen/Oskar Blumtritt/Helmuth Trischler (Hrsg.): Circa. 1903. Artefakte in der Gründungszeit des Deutschen Museums. München 2003, S. 33–53, sowie dessen Beitrag in diesem Band.

gehobene Bedeutung.[7] Im Selbstverständnis des Deutschen Museums zählte daher das Montanwesen zu den Fachgebieten, die breiten Raum in der Darstellung einzunehmen hatten.

Zunächst entstand 1906 im provisorischen Museum im Alten National-museum ein kleines Anschauungsbergwerk im Keller des Gebäudes, mit dem wertvolle Erfahrungen gesammelt werden konnten. Dieses Bergwerk wurde 1923 ›stillgelegt‹ und teilweise umgelagert. Im Mai 1925 nahm dann das Bergwerk auf der Museumsinsel seinen Betrieb auf. Trotz mancher Umbauten und Erweiterungen in den 1950er-Jahren (Steinkohlenbergbau) und 1987/88 (Moderner Steinkohlen- und Erzbergbau) präsentiert sich das 1925 eröffnete Anschauungsbergwerk auch heute noch weitgehend so, wie es damals eingerichtet wurde.

Dieser im ersten Viertel des vergangenen Jahrhunderts entworfene und aufgebaute Teil des Anschauungsbergwerks wird im Folgenden in seiner Planung und Realisierung näher beleuchtet. Dabei interessiert vor allem auch, auf welche Weise sich die grundlegende konzeptionelle Spannung des Museums, das Oszillieren zwischen Geschichte und Gegenwart, zwischen Historie und Aktualität, auf diesem Gebiet der Technik manifestierte. Denn die Montanindustrie zählte in den Aufbaujahren des Museums nicht nur zu den »Führungssektoren« der Wirtschaft, sondern auch als Bereich menschlichen Handelns und Gestaltens, in dem sich soziale Tradition und technische Moderne organisch ineinander fügten.[8]

Die Berater: Referenten und Sachverständige

Für die konzeptionelle Arbeit im Museum benötigte Miller externe Beratung. Für jede Fachgruppe hatte er Referenten gewonnen, die sich für ihr Gebiet begeisterten, ein Rahmenkonzept entwerfen und Kontakte zu Industrie und Verbänden herstellen konnten. Für den Bergbaubereich war dies Karl Schmeisser. Er hatte 1893 und 1894 verschiedene Goldvorkommen im südlichen Afrika und in Australien bearbeitet und war ab 1897 als Oberbergrat am Oberbergamt Clausthal tätig. 1901 übernahm er die Leitung der Preußischen Geologischen Landesanstalt und der Königlichen Bergakademie in Berlin. Er zeichnete sich besonders dadurch aus, wissenschaftliche Erkenntnisse in

---

7 Aus der Fülle der Literatur zur Lage der Bergarbeiter und des Bergbaus um 1900 s. bes. Franz-Josef Brüggemeier: Leben vor Ort. Ruhrbergleute und Ruhrbergbau 1889–1919. München 1984; Martin H. Geyer: Die Reichsknappschaft. Versicherungsreformen und Sozialpolitik im Bergbau 1900–1945. München 1987.

8 Carl-Ludwig Holtfrerich: Quantitative Wirtschaftsgeschichte des Ruhrkohlenbergbaus im 19. Jahrhundert. Eine Führungssektoranalyse. Dortmund 1973.

praktische Lösungen umzusetzen und war somit ein überaus wertvoller Mitstreiter für Miller. 1906 wechselte er als Oberberghauptmann nach Breslau und übernahm dort die Direktion des Oberbergamts. Dieser neuerliche Karrieresprung veranlasste ihn, sein Amt als Referent im Februar 1906 niederlegen zu wollen. Betrachtet man den regen Schriftwechsel zwischen Miller und Schmeisser gerade in der Aufbauphase der Abteilung Bergwesen im provisorischen Museum, so hätte der Rücktritt einen herben Verlust für die Abteilung bedeutet. Miller wusste denn auch dieses Ansinnen schmeichelnd zu verhindern: »Ihre große Erfahrung und weitgehenden Beziehungen sind eine sichere Gewähr, dass die bergbauliche Abteilung unseres Museums eine der schönsten unserer Sammlungen werden wird«.[9] Schmeisser entsprach letztlich dieser Bitte und stand dem Museum über die Eröffnung der provisorischen Bergbauausstellung hinaus noch bis April 1907 zur Verfügung. Als neuen Referenten schlug er seinen Nachfolger in Berlin vor, Wilhelm Bornhardt, der in den Bergämtern Siegen und Bonn tätig gewesen war und seit 1906 die Direktion der Bergakademie in Berlin innehatte.[10] Schriftverkehr mit Bornhardt als Referent taucht allerdings in den Verwaltungsakten des Museums der folgenden Jahre nicht auf, wie überhaupt ein »Referent der Abteilung für Bergbau« nicht mehr in Erscheinung tritt.

In den Vordergrund traten dagegen bei der Entwicklung und späteren Umsetzung des Konzepts für die Bergbauabteilung im neuen Museum zwei Gruppen von Partnern. Die erste und für die konzeptionelle Entwicklung wichtigste Gruppe bildeten die Sachverständigen, die als Fürsprecher bei der Industrie, bei Verbänden und Privatpersonen oder auch als Vermittler zu Bezugsquellen fungierten. Besonderen Wert legte man auf möglichst unabhängige Berater mit hoher Fachkompetenz und Unparteilichkeit im Hinblick auf industrielle Interessen.[11] Die zweite und für die Umsetzung des Konzepts unverzichtbare Gruppe bildeten industrielle Partner, die über personelle, materielle und finanzielle Ressourcen verfügten.

Die Sachverständigen wurden nach den klassischen Bergbaubereichen wie Erz, Salz oder Kohle ausgewählt und in die konzeptionelle Arbeit eingebunden. Besonders in Erscheinung traten:

9 Miller an Schmeisser, 22. 2. 1906, DMA, VA 1215; zur Biografie vgl. Alfons Perlick: Oberschlesische Berg- und Hüttenleute. Kitzingen a. M. 1953, S. 97f.

10 Hans Udluft: Geschichtlicher Überblick über die Gründung, Entwicklung und Auflösung der Preußischen Geologischen Landesanstalt. In: Beihefte zum Geologischen Jahrbuch 78 (1968), S. 8–21. Mit dem Ausscheiden Schmeissers 1906 wurde die bis dahin gemeinsame Direktion der Preußischen Geologischen Landesanstalt und der Königlichen Bergakademie wieder getrennt und Franz Beyschlag bzw. Wilhelm Bornhardt übertragen. Beyschlag war später als Sachverständiger für den Bereich Geologie im Deutschen Museum tätig. Zu Bornhardt s. auch Anm. 39.

11 Liste »Adressen von unparteiischen Sachverständigen im Bergbau und Hüttenwesen« von Friedrich Orth, 1918, DMA, VA 1222.

– für den Salzbergbau: Georg Attenkofer, Generaldirektor für Berg-, Hütten- und Salinenwesen in München, von 1917 bis 1924 Leiter des Bayerischen Oberbergamts und des Bayerischen Geologischen Landesamts;
– für den Kohlenbergbau: Fritz Heise, seit 1904 Direktor der Bergschule in Bochum und Vorsitzender der Westfälischen Berggewerkschaftskasse,[12] und G. A. Meyer, Direktor der Steinkohlenzeche Shamrock in Herne;[13]
– für den Erzbergbau: Emil Treptow, 1891 bis 1923 Professor für Bergbaukunde an der Bergakademie Freiberg,[14] Bergrat Fischer, 1909 bis 1916 Direktor der Königlichen Bergakademie Clausthal, und Albert Borchers, von 1906 bis 1924 am Bergamt in Freiberg tätig;[15]
– die Bereiche Braunkohle und Kalisalz vertrat zunächst niemand. Die Idee eines begehbaren Braunkohlenbergwerks entstand erst nach dem Ersten Weltkrieg; Kalisalz war zwar im Konzept von 1913/14 enthalten, kam aber erst ab 1919 in der konkreten Umsetzung zum Tragen.

Eine Sonderrolle spielte die 1870 gegründete Oberbayerische Aktiengesellschaft für Kohlenbergbau, die Oberkohle. Bereits 1882 hatte Miller für die Internationale Elektricitäts-Ausstellung in München die Oberkohle als Partner gewonnen. Die 57 Kilometer lange elektrische Freileitung, welche die Energie für die elektrisch betriebene Pumpe des Wasserfalls auf der Ausstellung übertrug, nahm ihren Anfang in der Kraftzentrale der Oberkohle am Knorr-Schacht bei Miesbach, wo eine Dynamomaschine stand.[16] Diesen Kontakt nahm Miller bei der Gründung des Deutschen Museums wieder auf und ge-

---

12 Sein Lehrbuch für Bergbaukunde war seit der ersten Auflage von 1908 das Standardwerk für den Steinkohlenbergbau; Fritz Heise/Friedrich Herbst: Lehrbuch der Bergbaukunde mit besonderer Berücksichtigung des Steinkohlenbergbaus. Berlin 1908.

13 Meyer war von 1911 bis 1918 Vorstandsmitglied des Vereins für bergbauliche Interessen. Er hatte sich im Grubenrettungswesen einen hervorragenden Namen, unter anderem durch die Entwicklung eines Atemschutzgeräts gemacht; s. dazu Verein für bergbauliche Interessen (Hrsg.): Der Ruhrbergbau im Wechsel der Zeiten. Essen 1933, S. 281, und allgemein Helmuth Trischler: Arbeitsunfälle und Berufskrankheiten im Bergbau 1851 bis 1945. Bergbehördliche Sozialpolitik im Spannungsfeld von Sicherheit und Produktionsinteressen. In: Archiv für Sozialgeschichte 28 (1988), S. 111–151.

14 Treptow war nicht nur Lehrbuchautor, sondern hielt auch Vorlesungen zur Geschichte des Bergbaus; vgl. Ottfried Wagenbreth: Die Technische Universität Bergakademie Freiberg und ihre Geschichte. Leipzig/Stuttgart 1994, S. 94.

15 Ab 1924 leitete Borchers das Sächsische Oberbergamt in Freiberg. Als Vorstandsmitglied des Freiberger Altertumsvereins übernahm er die Sammlung und Zusammenstellung der einzelnen Stücke für die Betstube im Museum; vgl. Walter Serlo: Westdeutsche Berg- und Hüttenleute und ihre Familien. Essen 1938.

16 Karl Balthasar: Geschichte und Bergtechnik der Kohlenbergwerke Penzberg und Hausham. In: Geologica Bavarica 73 (1975), S. 9f. Zur Oberkohle s. Klaus Tenfelde: Bergbaukultur im Oberland. Peißenberg – Penzberg – Hausham. In: Schönere Heimat 77 (1988), S. 517–522, und ders.: Proletarische Provinz. Radikalisierung und Widerstand in Penzberg/Oberbayern 1900–1945. München 1982.

wann in Anton Weithofer, Generaldirektor der Oberkohle, einen der wichtigsten Partner für die Bergbauabteilung.[17] Weithofer stand Miller bei der Umsetzung der Anschauungsbergwerke sowohl im ehemaligen Nationalmuseum 1906 als auch auf der Museumsinsel mit Rat und Tat zur Verfügung, auch in der Phase der wirtschaftlichen Krise, die gerade die Oberkohle mit ihren schwierigen Lagerstättenverhältnissen besonders betraf.[18]

Die Bergbauabteilung im provisorischen Museum

»In unserem Museum soll zur Erläuterung des Bergwesens auch ein unterirdisches Bergwerk ausgeführt werden, in welchem insbesondere die unter Tage gebrauchten Maschinen und Einrichtungen zur Aufstellung kommen sollen.«[19]

Mit diesen Worten umriss Miller die dem Museum gestellte Aufgabe für die provisorische Bergbauabteilung. Das im November 1906 in den Räumen des Alten Nationalmuseums eröffnete Museum bot den Besuchern im Erdgeschoss einen Raum zum Thema »Bergwesen« und in einem Kellerraum ein kleines begehbares Anschauungsbergwerk an. Der Rundgang führte vom Eingang über den Raum Geologie in die Bergbauabteilung mit der Möglichkeit der bescheidenen »Grubenfahrt« im Keller und schließlich weiter in die Bereiche Hüttenwesen und Metallbearbeitung. Diese Grundidee für den Montanbereich, die auch im neuen Museum wiederzufinden war, stand bereits 1904 in Millers Programm fest.[20]

Im »Saal Bergwesen« begann die Ausstellung mit den technischen Methoden zum Aufsuchen und Aufschließen von Lagerstätten. Hieran schlossen sich die Themen Salzbergbau und -gewinnung, Erzbergbau und Erzaufbereitung, Braun- und Steinkohlenbergbau sowie Kohleveredelung an. Der Förderung, Wetterführung und Wasserhaltung waren ebenfalls Themenbereiche gewidmet. Die übertägige Ausstellung verwendete überwiegend Schaubilder und Modelle, während die untertage eingesetzten Maschinen und Einrichtungen im Keller in bergbauähnlicher Umgebung gezeigt wurden.[21] Schachtbau, Gewinnungsarbeit, Sicherheits- und Rettungsapparate sowie Fördereinrichtungen bildeten die wesentlichen Themen des kleinen Anschauungsbergwerks.

---

17 Weithofer war ein profunder Kenner des bayerischen Pechkohlenbergbaus und verfasste über ihn 1920 eine eigene Monografie: K. A. Weithofer: Das Pechkohlegebiet des bayerischen Vorlandes und die Oberbayerische Aktiengesellschaft für Kohlenbergbau. Denkschrift. München 1920.
18 Balthasar (Anm. 16), S. 13.
19 Miller an Weithofer, 27. 4. 1906, DMA, VA 1216.
20 DMA, VB 1903/04, S. 26.
21 Miller an Weithofer, 27. 4. 1906, DMA, VA 1216.

Für den bergmännischen Ausbau des Kellers hatte Miller die Oberkohle und Generaldirektor Weithofer gewonnen. Er veranlasste nicht nur die Lieferung von Ausbaumaterial für die einzelnen Szenen (Stempelholz, Pechkohle, Kleidung für Figuren etc.), sondern stellte im Juli 1906 auch einen Steiger von der Grubenverwaltung in Penzberg für den fachgerechten Aufbau zur Verfügung. »Wenn auch dieses Bergwerk nur in sehr kleinem Umfange vorgesehen ist, so ist es doch außerordentlich schwer, dasselbe in einer dem Museum würdigen Weise ohne tatkräftige Unterstützung auszuführen.«[22] Den Auftrag für die Nachbildung des Gesteins in den Stollen erhielt Friedrich Porth, Grottenbauer in München.[23]

Die Abteilung bestand bis zum September 1923 und zog anschließend auf die Museumsinsel um.

Das Konzept der Bergbauabteilung im Museumsneubau

1912 präsentierte Miller den Mitgliedern des Verwaltungsausschusses ein Modell des Bereichs Schachtbau und Schachtförderung: »Manche Gruppeneinteilungen sind so kompliziert, […] daß zur Gewinnung einer richtigen Vorstellung auch Modelle notwendig sind.«[24] Inzwischen waren so viele Ideen entwickelt worden, dass das Museum bereits unter Platzmangel litt und inhaltliche Kürzungen notwendig wurden. Manches, wie der prähistorische Bergbau, musste eingeschränkt werden. Andere Inhalte, wie z. B. Schachtbau und Schachtförderung, erforderten zwangsläufig eine gewisse Tiefe und führten zu einer vertikalen Anordnung.

Zwischen 1913 und April 1914 legte das Museum die Konzepte für die neue Bergbauabteilung in schriftlicher Form vor. Als Überblick entstand eine »Gesamtdisposition des Gebietes Bergwesen«, eine Art Grundkonzept mit einem Übersichtsplan im Maßstab 1 : 100 und einer Beschreibung, die über die inhaltliche und gestalterische Ausführung Auskunft gibt. Für die einzelnen Abteilungen entwickelte das Museum Detailpläne: Grundrisse und Wandabwicklungen, Layouts, im Maßstab 1 : 50, in denen Objekte, Medien und gestalterische Inszenierungen in einer bemerkenswerten Detailtreue ausgeführt sind.[25]

Den zeichnerischen Unterlagen beigefügt wurden »Vorschlagslisten«, in denen die geplanten Objekte, Medien und Inszenierungen im Einzelnen vor-

22 Ebd.
23 Miller an Porth, 26. 9. 1906, DMA, VA 1214.
24 DMA, VB 1911/12, S. 29.
25 DMA, VA 6107.

48   Modell der geplanten Bergwerksanlagen im Bereich Schachtbau.
DMA, BN 15624

gestellt wurden.[26] Jeder Gegenstand wurde detailliert beschrieben (z. B. der
Firstenstoßabbau in einem Blei-Zink-Bergwerk mit verschiedenen Vortriebs-,
Gewinnungs- und Förderarbeiten) und die Art seiner Darstellung ausgeführt
(begehbares Modellbergwerk in natürlichem Gestein, Modell o. ä.). Bemerkungen und Wünsche folgten (»kann von unserer Bildhauerwerkstätte ausgeführt werden« oder »Erwünscht: Überlassung von Bergleuten für den Aufbau, Erz- und Gesteinsproben, Zimmerung, Gezähe etc.«). Schließlich folgte
eine Spalte »Aufschlüsse über die Wünsche und Anregungen«, in die die angesprochenen Partner ihre Anmerkung und – möglichst – Hilfszusagen ein-
tragen sollten. Auf diese Weise entstanden Ausstellungskonzepte, die auch
heute noch eine hervorragende Planungsgrundlage mit Vorbildcharakter für
viele Ausstellungsprojekte bilden könnten. Diese Konzepte dienten zusammen mit einem Anschreiben Millers als ›Fundraising‹-Unterlagen.

26 DMA, VA 6108–6111.

Diese Konzepte bearbeitete im Museum der Ingenieur Friedrich Orth. Orth war ab Januar 1906 bis zu seinem Tode am 19. August 1931 im Deutschen Museum beschäftigt. Zunächst für den Bereich Textilmaschinen verantwortlich, wurde ihm 1906 auch der Bereich Bergwesen übertragen.[27]

Inhaltliche Ansätze und Objekte

Zunächst war eine inhaltliche Gliederung, eine Fachstruktur, für die neue Ausstellung zu erarbeiten. Diese Fachstruktur definierte drei übergeordnete Bereiche, die in einer festen Abfolge zu durchschreiten waren und sich an die Ausstellung Geologie im Erdgeschoss links neben der Eingangshalle anschlossen.

Der erste Bereich »Bergbau« im Erdgeschoss beinhaltete eine allgemeine Einführung mit den Themen Prospektion von Lagerstätten durch Schürfen und Tiefbohren, Risse, Karten und Reliefs mit geologischem und bergbaulichem Inhalt sowie Darstellungen der prinzipiellen Bergwerksformen wie Tagebau und Stollen- und Schachtbetriebe. Schachtbau und Schachtförderung wurden auf der I. und II. Sohle aufgegriffen.

Den zweiten Bereich »Bergwerke« bildeten die Anschauungsbergwerke mit ›angewandter‹ Bergtechnik im Erz-, Salz- und Kohlenbergbau und möglichst wirklichkeitsgetreu wiederzugebenden Grubenbauen. Jedem der drei Themen (Erz, Salz, Kohle) schloss sich ein Raum mit den entsprechenden Aufbereitungs- und Veredlungstechniken an. So entstanden abgeschlossene inhaltliche und räumliche Einheiten von der Gewinnung des Rohstoffs bis zur Herstellung eines marktfähigen Produkts.

Der dritte Bereich »Bergwerksmaschinen« enthielt Maschinen und Geräte für die Vortriebs- und die Gewinnungsarbeiten, zur Förderung, Wetterwirtschaft und zur Wasserhaltung als Abschluss der Gruppe Bergwesen. Das Thema Grubensicherheit veranschaulichten Rettungsgeräte und Rettungsszenen. Dieser Teil lag bereits wieder außerhalb des Anschauungsbergwerkes unter der heutigen Ausstellung Werkzeugmaschinen und beherbergt heute die Aufbereitungstechnik.

Ein besonderes Element bildete die betriebsfähige Schachtanlage, die das Erdgeschoss mit der II. und III. Sohle verbinden sollte. Sie bot eine stilechte Einfahrt in das Anschauungsbergwerk an.

Die Objektauswahl bestimmte erstens das Streben nach dem Original, soweit möglich funktionsfähig und vorführbar, zweitens die Frage, inwieweit ein Objekt einen richtungsweisenden Meilenstein in der Entwicklung der

---

27 DMA, VA PA Orth.

Bergtechnik darstellte. Die Dokumentation kleinerer Innovationsschritte der Bergwerksmaschinen im dritten Bereich führte zu einer eher enzyklopädischen Aneinanderreihung von Objekten. Dies war Miller durchaus bewusst, der betonte, dass hier der Fachmann besonders auf seine Kosten komme.

Didaktischer und medialer Ansatz

Dem Konzept der Abteilung lag ein einfaches didaktisches Prinzip zugrunde: eine historische Entwicklungslinie. Diese Vermittlungsstrategie war von der Vorstellung geleitet, dass jede Technik auf einfacheren Vorläufern aufbaute und ihrerseits die Grundlage für die folgenden Entwicklungsstufen bildete. Jeder Bereich begann mit der einfachsten, in der Regel ältesten (»primitivsten«) Technik und führte zur kompliziertesten, meist modernsten (»vollendetsten«) Einrichtung.[28] Dieses lineare Modell der Technikentwicklung, das das gesamte Museum charakterisierte, sollte dem nicht vorgebildeten Laien ein stufenweises Verständnis ermöglichen und dem Fachmann eine möglichst vollständige Darstellung bieten.[29] Damit die Linie konsequent begangen werden musste, sah das Konzept eine Zwangsführung der Besucher vor, die in Form einer ›Einbahnregelung‹ durch die ganze Ausstellung leitete.

Das Kernstück der Abteilung bildete das Anschauungsbergwerk mit dem besucherorientierten Vorzug, bei der Darstellung von Bergbautechnik nicht im Stile eines Lehrbuchs systematisch vorgehen zu müssen. »Dadurch wird das rege Interesse des nicht sachkundigen Besuchers wachgehalten, und der Bergmann findet doch, was er sucht«, erläuterte Fink die doppelte Zielstellung.[30] Die Kunst bestand darin, »einem Laienpublikum eine Vorstellung von der Eigenart des Betriebes zu geben ohne stark zu schematisieren« und von der Wirklichkeit abzuweichen.[31] Um eine spannende Dramaturgie mit realistischer Bergwerksatmosphäre aufzubauen, legte das Konzept besonderen Wert auf die sorgfältige Nachbildung von Schächten, Stollen und Strecken und auf die szenografische Gestaltung von Situationen vor Ort. Im Gegensatz zu den »sonst üblichen wertlosen Grottendarstellungen«[32] entstanden Stöße und Firsten in natürlichem Gestein oder durch Abgüsse entsprechender Stellen in verschiedenen Gruben mit einer möglichst authentischen farblichen Nachbehandlung.

28 DMA, VB 1904/05, S. 23.
29 Oskar von Miller: Technische Museen als Stätten der Volksbelehrung. In: Deutsches Museum: Abhandlungen und Berichte 1 (1929), H. 5, S. 1–27, hier S. 2.
30 Fink (Anm. 1).
31 Miller an Grubenverwaltung Wieliczka, 25. 4. 1906, DMA, VA 1216.
32 Friedrich Orth: Die Darstellung des Salzbergbaus im neuen Deutschen Museum. Schreibmaschinenskript. München o. J., S. 1.

49   Blick in den Nachbau eines Firstenstoßbaus nach Oberharzer Vorbild im Anschauungsbergwerk. Der Bereich des Blei-Zink-Gangs zeigt auf den drei Sohlen des Abbaus die typischen Ausbildungsformen der Oberharzer Gänge: Kokardenerz, Banderz, normales Erz, nachgebildet mit Originalstufen aus Clausthal.
DMA, BN R2003–10

Nicht alle Themen und Gerätschaften passten in entsprechend gestaltete Szenen des Anschauungsbergwerks. Übergreifende Inhalte wie allgemeine Grundlagen des Bergbaus und Bergwerksmaschinen waren in Ausstellungsräumen außerhalb des Anschauungsbergwerks untergebracht, in denen Originalobjekte, möglichst betriebsfähig, (Funktions-)Modelle und Demonstrationen ausgestellt und ausführlicher als im Anschauungsbergwerk durch Texte, Bilder und Grafiken erläutert wurden. Da es nicht möglich war, Betriebsvorgänge wie »das Brechen der Gesteine, das Leben am Füllort usw.

wirklich darzustellen, obwohl derartige Darstellungen den besten Einblick in das Getriebe eines Bergwerkes gestatten würden«, war auch die »kinematographische Darstellung eines Bergwerkes« in der Abteilung vorgesehen.[33]

Räumlicher Ansatz

Das Anschauungsbergwerk fand im Untergeschoss und in einer speziellen Unterkellerung im Ostteil des Museums Platz. Die Höhe des Untergeschosses war so dimensioniert, dass eine untere und eine obere Etage eingerichtet werden konnten, wodurch zwei ›untertägige‹ Sohlen für das Anschauungsbergwerk unter dem Erdgeschoss entstanden. Schachtbau und Schachtförderung sollten anfänglich durch die Einrichtung einer großen Schachtanlage im Ostteil des Neubaus untergebracht werden. 1909 regte Treptow eine Sondierungsbohrung im Bereich der heutigen Kind-Chaudron-Schachtbohranlage zur Untersuchung des Untergrunds an. Der geplante Schacht und die von ihm ausgehenden Strecken sollten in dem durch das neue Zementierverfahren verfestigten Lockergestein des Isaruntergrunds aufgefahren werden.[34] 1911 arbeitete Orth gemeinsam mit Meyer den Plan weiter aus: Eine moderne Wagenwechselvorrichtung, wie sie Orth bei einer Befahrung des Hermannschachts bei Eisleben im Mai desselben Jahres gesehen hatte, mit einer aufwändigen Hängebank, waren im Erdgeschoss vorgesehen. Darunter sollte ein Schacht mit einem Durchmesser von 5 m und einer Teufe von 60 m niedergebracht und mit drei Sohlen im Abstand von zehn Metern versehen werden (Abb. 50). Den Themen der drei Sohlen entsprechend – Erz, Salz, Kohle – sollten passende Streckennetze aufgefahren werden. Allerdings war den Planern schon damals klar, dass nicht unerhebliche Kosten auf die Beteiligten zukommen würden: bei 1.000 M pro Schachtmeter allein für den Schacht 60.000 M.[35]

Der Plan wurde bereits ein Jahr später nicht mehr weiterverfolgt und, wie sich 1917 anlässlich der Fundamentierung des Fahrschachts zeigen sollte, aus gutem Grunde: Bereits das Durchstoßen des wasserdichten Caissons in rund 11 m Tiefe unter der III. Sohle hätte enorme Wasserhaltungsprobleme nach sich gezogen, von einem 60 m tiefen Schacht ganz zu schweigen![36] Die Konzepte von 1913/14 verzichteten deshalb auf einen Schacht und sahen den Einbau des Bereichs Schachtbau und Schachtförderung im nördlichen Teil des

33 Deutsches Museum an Firma Gabriel, 5. und 12. 1. 1916, DMA, VA 1222.
34 Miller an Treptow, 1908/09, DMA, VA 1218.
35 Reisebericht Orth vom Mai 1911, DMA, VA 4039.
36 Miller an Humboldt, 19. 2. 1917, DMA, VA 1223.

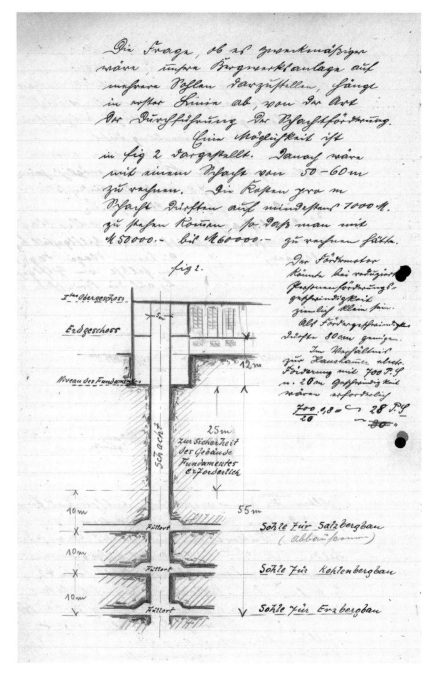

50   Saigerriss des 1911 geplanten 60 Meter tiefen Schachtes auf der Museumsinsel.
DMA, CD 53758

zweigeschossigen Untergeschosses und in einem darunter liegenden, abgedichteten Kellergeschoss mit einer maximalen Tiefe von 11 m unter dem Erdgeschoss vor.

Vorbilder des Anschauungsbergwerks

Die Suche nach Vorbildern konzentrierte sich im Wesentlichen auf die klassischen Bergreviere in Deutschland, was erstens im Bestreben, besonders den deutschen Beitrag zur Entwicklung der Bergbautechnik zu zeigen, zweitens auch in dem um die Jahrhundertwende noch breiten Spektrum fördernder Gruben in Deutschland begründet lag. Um geeignete Vorbildsituationen identifizieren und vor Ort auch ihre Brauchbarkeit für das Museum studieren zu können, fanden mehrere Reisen von Museumsmitarbeitern zu ausgewählten Zielen statt. Von besonderem Interesse für die Planung des Anschauungsbergwerks sind die Reisen von Friedrich Orth. Seine Reiseberichte geben Aufschluss über die Ideen, die vor allem in die Konzeption von 1913/14 einflossen, und stellten mit ihren ausführlichen Beschreibungen und den minutiösen, handgezeichneten Miniaturen eine hervorragende Grundlage für die Museumsplanungen dar.[37] Auf seinen Rundreisen besuchte Orth

  – die Erzbergbaureviere im Ober- und Unterharz, im Freiberger Raum und im Bereich des Mansfelder Kupferschieferbergbaus,
  – die Salz- und Solebetriebe in den Bayerischen und Salzburger Alpen,
  – die Kaligruben bei Sondershausen, Staßfurt und Hannover,
  – die Steinkohlenzeche Shamrock im Ruhrgebiet und
  – den oberbayerischen Pechkohlenbergbau bei Hausham;
  – für den geplanten, aber nicht realisierten vorgeschichtlichen Bergbau wurden die prähistorischen Grubenbaue bei Bischofshofen befahren.

Auch der steirische Erzberg wurde, allerdings später im August 1918, besucht. Seine Darstellung in Form eines großen Dioramas war für den Bereich Bergbau vorgesehen. Eine Fußnote des Orthschen Berichts charakterisiert die angespannte Lage im deutschen und österreichischen Bergbau am Vorabend der Novemberrevolution. »Die Besichtigung des Eisenerzbergbaues erlitt gegen Schluß eine unliebsame Störung durch Ausbruch eines Arbeiterstreikes infolge Lebensmittelschwierigkeiten, so dass auf dem Berg Maschinengewehr Abt[eilungen] aufgestellt werden mussten.«[38]

---

37 Reisebericht Orth (Anm. 35).
38 Reisebericht Orth vom August 1918, DMA, VA 4039.

Schachtbau und Schachtförderung

Das Konzept von 1913/14 sah für den Bereich Schachtbau und Schachtförderung vor allem aufgrund der riesigen Dimensionen moderner Schachtanlagen Modelle im verkleinerten Maßstab 1:2 nach allgemeingültigen, musterhaften Vorbildsituationen vor, die nur in einzelnen Szenen, nicht aber in Form einer realistischen Bergwerksanmutung gezeigt werden sollten. Bei der späteren Realisierung des Bereichs wurde dieses Konzept allerdings geändert, der Inhalt reduziert und etwa die Hälfte der Szenen in Originalgröße in ein begehbares Anschauungsbergwerk integriert.

Für die Ausrichtung – das Herstellen der Grubenbaue – standen stellvertretend die Verfahren des Schachtabteufens auf der II. Sohle. Dort waren keine konkreten Gruben als Vorbild gewählt worden. Gezeigt wurden vielmehr historische und moderne Abteuftechniken in allgemeingültiger Darstellung: von der händischen Bohr- und Sprengarbeit über das Kind-Chaudron-Schachtbohrverfahren bis hin zum Gefrierschachtverfahren nach Poetsch und dem Tübbingausbau. Der inhaltliche Schwerpunkt lag auf den Bergbautechniken, die vor allem in der zweiten Hälfte des 19. Jahrhunderts im Hinblick auf das Erschließen tieferer Kohleflöze im Rahmen der Nordwärtswanderung des Ruhrbergbaus entwickelt worden waren. Dem trug besonders die Kind-Chaudron-Anlage Rechnung, deren Bohrschacht vom Erdgeschoss bis auf die II. Sohle reichen sollte. Mit dem von Karl Gotthilf Kind und Josef Chaudron entwickelten Schachtabteufverfahren konnten Schächte über 30 m Teufe im vollen Durchmesser auch in stark Wasser führenden Schichten gebohrt werden. Mit dem ab 1849 mehrfach patentierten Verfahren wurden zwischen 1854 und 1905 rund 80 Schächte im Kohlen- und Steinsalzbergbau angelegt.[39]

Die Schachtförderung, untergebracht auf der I. Sohle, gab demgegenüber zwei konkrete Vorbilder wieder: Den historischen Schachtbetrieb, wie er bis weit in das 19. Jahrhundert hinein in vielen Revieren vor allem im Erzbergbau üblich war, repräsentieren ein wassergetriebenes Kehrrad und eine hölzerne Hängebank. Solche Einrichtungen besichtigte Orth 1911 während einer Befahrung des Rammelsbergs bei Goslar. Zunächst wurde ihm die hölzerne Einrichtung des Füllorts auf der Tagesförderstrecke am Kanekuhler Schacht angeboten. »Die historisch interessante Einrichtung dieses hölzernen Schachtes mit seiner Tonnenförderung, Fahrkunst u. Fahrt etc. könnte eine willkommene Bereiche-

39 Roland Gööck: Die großen Erfindungen: Bergbau, Kohle, Erdöl. Künzelsau 1991, S. 66. Zur Bergbautechnik um die Wende zum 20. Jahrhundert s. bes. Brüggemeier (Anm. 7), Klaus Tenfelde: Der bergmännische Arbeitsplatz während der Hochindustrialisierung (1890–1914). In: Werner Conze/Ulrich Engelhardt (Hrsg.): Arbeiter im Industrialisierungsprozeß. Herkunft, Lage, Verhalten. Stuttgart 1979, S. 283–335, und Helmuth Trischler: Steiger im Deutschen Bergbau. Sozialgeschichte technischer Angestellter 1815–1945. München 1986.

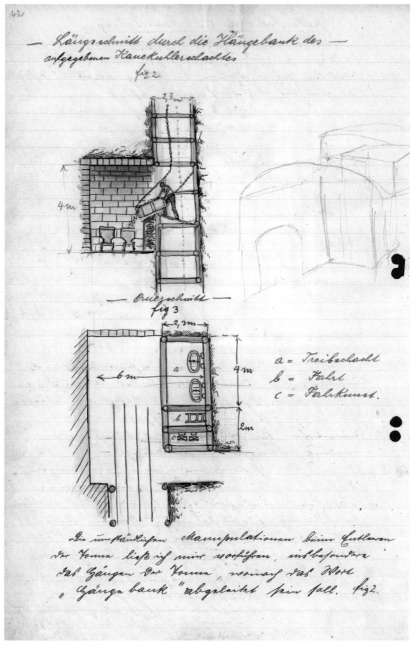

51 Grund- und Saigerriss der Hängebank am Kanekuler Schacht, Erzbergwerk Rammelsberg bei Goslar. Zeichnung von Friedrich Orth, 1911.
DMA, CD 53759

rung für unser neues Museum bilden, als Gegenstück zu einem modernen Füllort oder einer Hängebank mit Förderschalenförderung etc.«, empfahl Orth.[40]

Die in jenem Jahr am Rammelsberg durchgeführten Betriebsveränderungen – hier die Errichtung des Richtschachts – führten dazu, dass der Kanekuhler Schacht abgeworfen und bis zur VII. Sohle verfüllt wurde. Die hölzerne Füllorteinrichtung im Niveau der Tagesförderstrecke stand deshalb zur Disposition. Allerdings konnte das Deutsche Museum das Angebot nicht annehmen, da sich die Fertigstellung in München kriegsbedingt verschoben hatte. Als 1919 die Realisierung der Inszenierung »Historischer Schachtbetrieb« anstand, bot die Bergdirektion des Rammelsbergs die Einrichtung des entsprechenden Füllorts des »Serenissimorum Tiefsten Schachts« an, der bis 1918 als Hilfsförderschacht gedient hatte und in dem noch eine Tonnenförderung betrieben wurde. Orth hatte auch dieses Füllort auf dem Niveau der Tagesförderstrecke bereits bei seiner Befahrung 1911 gesehen, so dass das Angebot angenommen werden konnte. Gemeinsam mit dem in München nachgebauten betriebsfähigen Kehrrad bildet das wiederaufgebaute Füllort des Serenissimorum Tiefsten Schachts eine Reminiszenz an den berühmten, 1988 geschlossenen Rammelsberger Bergbau.

Das moderne Gegenstück aus dem Jahre 1925 empfand ein Füllort des Klenze-Schachts in Hausham nach. Der Schacht wurde 1907 mit einem Durchmesser von 5,1 m und einer Teufe von 745 m abgeteuft und war seinerzeit einer der leistungsfähigsten Förderschächte im oberbayerischen Pechkohlenbergbau. Übertage überragte ihn ein markantes Stahlbeton-Fördergerüst. Das Füllort im Museum verfügte über eine vorführbare, elektrisch betriebene Aufschiebevorrichtung, mit der die Wagen (»Hunte«) auf das Gestell gedrückt werden, und veranschaulichte damit die moderne Gestellförderung.

Erzbergbau

Der antike Erzbergbau, der aufgrund der chronologischen Orientierung am Anfang des Rundgangs zu stehen kam, sollte in Form von Repliken und Originalen archäologischer Funde erläutert werden. Ein prähistorisches Modellbergwerk nach dem Vorbild der ältesten Grubenbaue im Arthurstollen bei Bischofshofen, das noch 1911 geplant war, kam aus Platzgründen nicht zur Ausführung.[41]

---

40 Reisebericht Orth (Anm. 35). Die betrieblichen Änderungen im Rammelsberg beschreibt Wilhelm Bornhardt: Geschichte des Rammelsberger Bergbaus von seiner Aufnahme bis zur Neuzeit. In: Archiv für Lagerstättenforschung 52 (1931), S. 272–276.
41 Orth an Mahr, Naturhistorisches Museum Wien, 21. 12. 1925, DMA, VA 1227.

Den nächsten zeitlichen Abschnitt bildete das »Agricola-Bergwerk«, der frühneuzeitliche Bergbau. Als Vorbilder hierfür dienten sowohl die Grube Rammelsberg im Unterharz als auch Georg Agricolas berühmtes Werk »De re metallica« (1556). Die Befahrung der Grube Rammelsberg mit ihren mittelalterlichen und frühneuzeitlichen Grubenbauen inspirierte Orth zu den Szenen im ersten Teil des Erzbergwerks. Eine Abbauszene mit Schlägel und Eisen, das Feuersetzen und eine handbetriebene Wettertrommel charakterisierten den frühneuzeitlichen Bergbau. Da die mittelalterlichen Wasserhaltungsanlagen des Rammelsbergs längst abgeworfen worden waren, bot Agricolas Abbildung einer Heinzenkunst die geeignete Anregung für eine betriebsfähige Wasserhaltungsanlage jener Zeit. Ein Vorbild für das Tretrad fand sich auf der Wülzburg bei Weißenburg in Bayern. Eine Planskizze des dortigen Tretrads diente als Vorlage für den Nachbau im Bergwerk.[42] Für die Stöße und Firsten nahmen Bildhauer des Museums in den handgeschrämten Grubenbauen des Rammelsbergs Formen ab, die im Museum nachgegossen und in das Anschauungsbergwerk eingebaut wurden. Die Schachtförderung des 16. Jahrhunderts, dargestellt in Form eines kleinen Schachts mit typischem rechteckigen Querschnitt, unterteilt in Fahr- und Förderturm, hatte sich im Konzept im Bereich Schachtbetrieb befunden, wurde aber bei der Realisierung im »Agricola-Bergwerk« untergebracht. Bei der Befahrung der Grube Rammelsberg begeisterte sich Orth außerdem für die berühmten Vitriolbildungen in einigen Strecken in Form von tropfsteinartigen Gebilden. Die Nachbildung einer solchen – verlassenen – Strecke wurde am Ende des »Agricola-Bergwerks« integriert.

Diesem zeitlichen Abschnitt mit seiner einfach anmutenden technischen Ausstattung gegenüber stand der moderne Erzbergbau. Vorbild hierfür sollte zunächst der Blei-Zink-Bergbau im sächsischen Freiberg sein. Im Mai 1911 befuhr Orth die Himmelfahrt-Fundgrube, die zu diesem Zeitpunkt noch in Förderung stand: »Der Freiberger Firstenabbau lässt sich bei unseren räumlichen Verhältnissen sehr leicht und wirkungsvoll etwa wie in nebenstehenden Skizzen angedeutet eventuell in natürlichem Gestein« ausführen. Mit farbigen Skizzen belegte er diese ersten Ideen.

Auch die Einrichtung einer Fahrkunst wurde in Freiberg diskutiert. Orth merkte allerdings an, dass die Benützung der Fahrkunst eine gewisse Vorsicht voraussetze und für Besucher nicht geeignet sei. »Die Wirkungsweise könnte in unserem Museum nur durch einen Aufseher gezeigt werden.« Für das Museum sollten zwei Fahrkunststücke von etwa 3 bis 4 m Länge in Freiberg oder Clausthal beschafft werden.[43] Miller kommentierte diesen Abschnitt des Reiseberichts vom Mai 1911 etwas zurückhaltend mit der Bemerkung »versu-

---

42 Stadt Weißenburg an Miller, 11. 11. 1915, DMA, VA 1221.
43 Reisebericht Orth (Anm. 35).

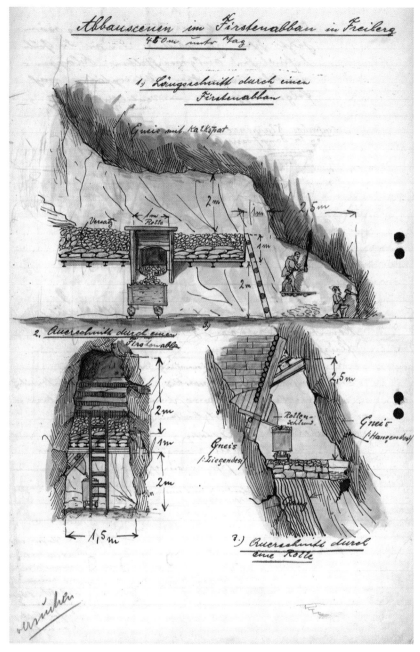

52   Abbauszenen nach dem Vorbild eines Firstenstoßbaus auf der 450 m-Sohle der Himmelfahrt-Fundgrube in Freiberg/Sachsen. Zeichnung von Friedrich Orth, 1911.
DMA, CD 53757

chen«, war aber sichtlich beeindruckt von der Fülle des Materials. In einer weiteren Randbemerkung schlug er vor, für das Thema Erzbergbau zwei Sohlen des Anschauungsbergwerks für die spätere Weiterentwicklung vorzusehen.

Die Stilllegung des Freiberger Bergbaus 1913 und die Verwahrung bis 1915 verhinderten jedoch die weitere Zusammenarbeit mit dem Museum.[44] Teile der Himmelfahrt-Fundgrube blieben für Lehrzwecke der Freiberger Bergakademie und als Besuchergrube erhalten, wodurch sich ein Transfer technischer Einrichtungen erübrigte. Auch unentgeltliche personelle Hilfe von Freiberg zum Aufbau des Anschauungsbergwerks war nicht mehr zu erwarten. Ersatz bot der geologisch wie bergtechnisch ähnliche Oberharzer Bergbau. Die Berginspektion Clausthal, die sich zur Hilfestellung bereit erklärte, vermittelte dem Museum 1916 eine erste Befahrung der Gruben auf dem Burgstädter und dem Rosenhöfer Gangzug in Clausthal, deren Brauchbarkeit als Vorbilder sich schnell bestätigte. Auf diese Weise avancierte der Oberharzer Bergbau zum Vorbild dieses Teils des Anschauungsbergwerks. Konzeptionelle Änderungen mussten nicht vorgenommen werden, da sich die darzustellenden Einzelheiten weitgehend glichen. Auch die Nachbildung der Erzförderung auf dem Ernst-August-Stollen fügte sich nunmehr zwanglos in das Oberharzer Erzbergwerk ein.

Als dritter Teil des Erzbergwerks war die Darstellung eines Strebbaus aus dem Mansfelder Kupferschieferbergbau vorgesehen, wurde aber nicht realisiert. Orth besuchte 1911 durch persönliche Vermittlung von Karl Vogelsang, Oberberg- und Hüttendirektor der Mansfelder Kupferschieferbauenden Gewerkschaft, die Hermannschächte – damals eine der modernsten Schachtanlagen mit elektrisch betriebener Förderung – bei Helfta nahe Eisleben und bemerkte: »Die Grubenanlage dürfte wohl mit zu den besteingerichtetsten Deutschlands gehören.«[45] Die anschließende Befahrung des Hermannschächter Reviers führte Orth in Abbaubereiche, die sich nach seiner Ansicht gut zum Nachbau im Museum eigneten. Die Darstellung eines Mansfelder Strebbaus ist freilich bis heute ein Desiderat des Anschauungsbergwerks geblieben.

Salz- und Kohlenbergbau

Flachgelagerte flözartige Steinsalz- und Kalisalzlager werden prinzipiell nach ähnlichen Verfahren abgebaut, dem Kammerbau. Daher genügte im Museum die Darstellung des Kammerbaus an einem Beispiel: der Kalisalzgrube der Gewerkschaft Glückauf in Sondershausen.[46] Für den Steinsalzbergbau

---

44 Ottfried Wagenbreth/Eberhard Wächtler: Der Freiberger Bergbau. Leipzig 1986, S. 21.
45 Reisebericht Orth (Anm. 35).
46 Miller an Gewerkschaft Glückauf, 9. 12. 1921, DMA, VA 1224.

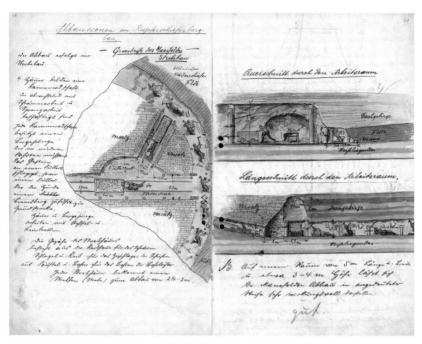

53   Abbauszenen nach dem Vorbild eines Strebbaus im Hermannschächter Revier des Mansfelder Kupferschieferbergbaus. Zeichnung von Friedrich Orth, 1911.
DMA, CD 53760

war damit Platz für die Darstellung einer historischen Abbauszene aus den berühmten Steinsalzbergwerken in Wieliczcka in der Nähe von Krakau, ebenfalls – je nach Lage der Steinsalzschichten – ein Kammer- bzw. Örterbau. Nach Millers Meinung eigneten sich diese Bergwerke besonders, weil »sie sowohl durch hohes Alters, [als auch] besonders durch Großartigkeit und Eigenart des Betriebes ausgezeichnet sind«.[47] Für den alpinen Salzbergbau dienten die Solequelle in Reichenhall und das Salzbergwerk Berchtesgaden als Vorbild, wobei die obligatorische Rutsche für ein Salzbergwerk nicht fehlen durfte.

Bereits am Aufbau des Bergwerks im provisorischen Museum hatte sich die Oberkohle materiell wie personell beteiligt. Auch für das neue Museum erschien vor allem aufgrund der überschaubaren Dimensionen ein Strebbau nach Haushamer Vorbild am geeignetsten: Dies hatte Orth bereits 1911 bei der Befahrung der Steinkohlenzeche Shamrock in Herne angesichts der wesentlich größeren Dimensionen untertage in seinem Reisebericht vermerkt.

47 Miller an Grubenverwaltung Wieliczka, 25. 4. 1906, DMA, VA 1216.

Da sich das Rheinisch-Westfälische Kohlensyndikat und der Verein für bergbauliche Interessen nicht am Aufbau des Anschauungsbergwerks beteiligen wollten, war es nochmals die bayerische Oberkohle in Person Weithofers, die dem Museum ein vorbildgerechtes Kohlenbergwerk verschaffte. Statt des im Konzept geplanten Modells des Haushamer Bergbaus und der Nachbildung eines kleinen Kohlenabbaus entstand ein verhältnismäßig großzügiges Abbaufeld nach dem Vorbild der Grube Hausham. Streb mit Kopf- und Grundstrecke, Bremsberg, Pferdeförderung und ein kleiner Stapelschacht veranschaulichen die um 1920 noch aktuellen Gewinnungs- und Fördermethoden. Auch der Pferdestall war authentisch, denn die Pferdeförderung (Zufuhr leerer Hunte mittels Pferden, Abfuhr mit Lokomotivförderung) war bis 1932 üblich.[48]

Bereits im Konzept 1913/14 war die Darstellung des modernen Steinkohlenbergbaus, abgesehen von einzelnen Maschinen, nur in Form von Modellen (Schachtanlage Zollern II) und großer zweidimensionaler Ansichten und Risse vorgesehen. Im Zuge der Realisierung des Anschauungsbergwerks wurde der Platz für den Steinkohlenbergbau weiter eingeschränkt und dem Pech- und Braunkohlenbergbau mehr Platz eingeräumt. Erst mit dem Umbau des Anschauungsbergwerks 1955 erhielt die Steinkohle einen ihrer Bedeutung angemessenen Bereich im Anschluss an das Pechkohlenbergwerk.

Das Vorbild für den untertägigen Braunkohlenbergbau, der zusätzlich zwei zunächst leer gebliebene Lagerräume belegte, bildete ein Bruchbau aus dem Braunkohlentiefbau der Grube Waltershoffnung bei Oberröblingen, westlich von Halle.

Mit diesen Vorbildern waren im Anschauungsbergwerk die wichtigsten geologischen Lagerungsverhältnisse und bergtechnischen Gewinnungsverfahren vertreten: Für gangartige Lagerstätten stand der Oberharzer Firstenstoßbau, den Abbau mächtiger, flözartiger Lagerstätten zeigte der Kammerbau, der Abbau massiger Lagerstätten war ebenfalls durch den Kammerbau und historisch durch das Rammelsberger Feuersetzort vertreten, und der Strebbau stand für die Gewinnung von flözartigen Lagerstätten wie Stein- oder Pechkohle. Die Steinsalzgewinnung im alpinen Haselgebirge repräsentierten ein Spritzwerk und ein Sinkwerk.

Außerdem waren – historisch betrachtet – die wichtigsten bergtechnischen Innovationen vertreten: die Schlägel- und Eisenarbeit als die grundlegende Jahrhundert alte Technik, ebenso das Feuersetzen. Im Firstenstoß- und im Kammerbau wurde die Bohr- und Sprengarbeit anhand moderner Druckluftbohrmaschinen gezeigt, im Strebbau wurde Kohle mittels händischer Schrämarbeit gewonnen. Schrämmaschinen – und damit den sich in den

---

48 Balthasar (Anm. 16), S. 13.

1920er-Jahren rasch mechanisierenden und rationalisierenden Bergbau – verdeutlichte der dritte Bereich mit Bergwerksmaschinen außerhalb des Anschauungsbergwerks.

Die Fundraising-Aktion von 1914

Nach der Fertigstellung des Konzepts und der Festlegung der Vorbilder für das Anschauungsbergwerk galt es, konkret Objekte, Gelder und personelle Hilfestellung einzuwerben. Miller beschrieb die nächsten Schritte so: »Die Projektierung jeder einzelnen Gruppe geschah in der Weise, dass zunächst eine Liste der wünschenswerten Gegenstände mit Angaben über die Art der Darstellung und über die Möglichkeit der Beschaffung angefertigt wurde«.[49] Diese durch das Museum und unter der persönlichen Leitung Millers aufgestellten Listen erhielten die schon erwähnten Sachverständigen mit der Bitte um kritische Durchsicht. Erst die daraus resultierenden überarbeiteten Unterlagen (Beschreibungen, Listen, Pläne), die »Gesamtdisposition des Gebietes Bergwesen« und die Detailpläne, dienten der Werbung von Stiftern für die gewünschten Objekte und Maßnahmen, wobei »einflußreiche Persönlichkeiten um ihre Vermittlung gebeten wurden«.[50]

Im Frühjahr 1914 lagen die ausgearbeiteten Unterlagen vor und wurden an die Ausschussmitglieder und potenziellen Partner verschickt. »In unserem Neubau soll ähnlich wie in unserem provisorischen Museum, nur in weit größerem Umfange« das Gebiet Bergwesen dargestellt werden, leitete Miller die Anschreiben ein. Er bat darum, die beiliegenden Listen durchzusehen und dort einzutragen, was der jeweils Angesprochene selbst zu leisten vermochte bzw. wo Objekte und Ausbaumaterialien am günstigsten zu beziehen wären. Etwa 60 Briefe mit der Bitte um Unterstützung verließen das Museum. Rund die Hälfte ging an die Industrie, die andere Hälfte verteilte sich fast gleichmäßig auf Verbände, Bergbaubetriebe bzw. Bergbehörden und Hochschulen.

Unter den Adressaten, die später auch zu den bedeutenden Förderern des Museums gehören sollten, finden sich die Maschinenbauanstalt Humboldt in Köln, die Firmen Krupp in Essen, Flottmann in Herne, Haniel & Lueg in Düsseldorf und die Gutehoffnungshütte in Oberhausen. Das Kalisyndikat in Berlin, der Verein der deutschen Kaliinteressenten in Magdeburg, das Rheinisch-Westfälische Kohlensyndikat in Gelsenkirchen oder der Verein für bergbauliche Interessen in Essen sind Beispiele für die angegangenen Verbände. Unter den Grubenverwaltungen wurden die Zeche Shamrock in Her-

---

49 Miller (Anm. 29), S. 3.
50 Ebd.

ne, die Berginspektionen am Rammelsberg und in Clausthal, die Kupfer-
schieferbauende Gewerkschaft zu Mansfeld und die Generaldirektion für
Berg-, Hütten- und Salinenwesen in München angeschrieben. Die Bergaka-
demien in Aachen, Berlin, Clausthal und Freiberg und die Bergschulen in
Bochum und Saarbrücken erhielten ebenfalls Post von der Museumsinsel.

Die Rückmeldungen auf diese ›Fundraising-Aktion‹, die kurz vor Beginn des
Ersten Weltkriegs stattfand, waren zunächst eher zurückhaltend oder gar ableh-
nend. Viele der Angeschriebenen reagierten erst nach dem Beginn des Kriegs,
mit dem Hinweis, dass aufgrund der zunehmenden Restriktionen der Kriegs-
wirtschaft die Beschaffung von Material und die Bereitstellung von Personen
immer schwieriger werde.

> »Die inzwischen eingetretenen Verhältnisse, der über unser Vaterland hereinge-
> brochene Krieg, machen es von selbst unmöglich, jetzt die uns Ihrerseits zuge-
> dachte Aufgabe zu erfüllen. Wir bringen aber, was selbstverständlich ist, der
> Angelegenheit größtes Interesse entgegen und werden daher, sobald es uns
> möglich ist, auf die Angelegenheit zurückkommen«,

antwortete exemplarisch ein sächsisches Unternehmen.[51] Dass auch Sachverständige wie etwa Emil Treptow Militärdienst leisteten und für die Museumsarbeit nicht zur Verfügung standen, erschwerte die Weiterarbeit zusätzlich.

Entscheidenden Einfluss auf die Repräsentanz des Steinkohlenbergbaus
im Anschauungsbergwerk hatte das Verhalten des Rheinisch-Westfälischen
Kohlensyndikats und des Vereins für bergbauliche Interessen gegenüber den
Wünschen des Museums. Emil Kirdorf, trotz seines hohen Alters als Vorsitzender der Direktion der Gelsenkirchener Bergwerks-Actien-Gesellschaft
und als Präsident des Rheinisch-Westfälischen Kohlensyndikats immer noch
der führende Ruhrindustrielle, reagierte auf das Ansinnen Millers verärgert.
Er hielt die umfangreichen Bitten des Museums für eine Zumutung, die seine
technischen Mitarbeiter mehrere Wochen beanspruchen würden und lehnte
eine Bearbeitung der Listen oder gar eine Beteiligung des Kohlensyndikats
am Aufbau der Bergbauabteilung rundweg ab. Miller nahm in seinem Ant-
wortschreiben bissig zur Kenntnis, »dass die bergbaulichen Herren Ihrer Gesellschaft wegen Zeitmangels nicht in der Lage sind, die übersandte Liste zu
prüfen«.[52] Auch die Interventionen von Emil Ehrensberger, Mitglied des Di-

51 Hallesche Pfännerschaft an Deutsches Museum, 10. 8. 1914, DMA, VA 1221.
52 Kirdorf an Deutsches Museum, 8. 7. 1914, und Antwort Miller an Kirdorf, 25. 7. 1914, ebd. – Zum
   Verbandswesen des Ruhrbergbaus vor dem Ersten Weltkrieg und zur Rolle von Kirdorf vgl. Elaine
   G. Spencer: Management and Labour in Imperial Germany. Ruhr Industrialists as Employers
   1865–1914. New Brunswick 1984; Werner Berg: Wirtschaft und Gesellschaft in Deutschland und
   Großbritannien im Übergang zum »organisierten Kapitalismus«. Unternehmer, Angestellte, Arbeiter und Staat im Steinkohlenbergbau des Ruhrgebietes und von Südwales, 1850–1914. Berlin 1984.

rektoriums der Friedrich Krupp AG, und von Alfred Hugenberg, von 1912 bis 1925 erster Vorsitzender des Präsidiums des Vereins für bergbauliche Interessen, bei Kirdorf blieben wirkungslos.[53] Kirdorf gab die Unterlagen zwar an den Verein für bergbauliche Interessen weiter, dessen Geschäftsführer zumindest ideelle Hilfe – die kritische Durchsicht der Konzepte – signalisierte,[54] aber auch nicht die erwartete materielle Hilfe geben konnte.[55]

Noch im Juli 1914 schrieb Miller enttäuscht an Ehrensberger: »Nach diesen Mitteilungen glauben wir vorläufig auf die Unterstützung irgendwelcher Vereinigungen nicht hoffen zu können.«[56] Im Oktober 1914 fasste er das Ergebnis der Fundraising-Aktion ernüchtert zusammen: »Leider erhielten wir nur Vorschläge, aber keine direkte Hilfe.«[57] Im Hinblick auf den Kohlenbergbau hatte dies zur Konsequenz, dass der Ruhrkohlenbergbau im Anschauungsbergwerk bis in die Wiederaufbauphase nach dem Zweiten Weltkrieg nicht in Erscheinung trat. Erst 1955 erhielt die Abteilung einen neuen Teil »Steinkohlenbergbau«.

Langfristig gesehen war die Aktion von 1914 allerdings ein großer Erfolg. Die Idee, das Thema Bergbau zu ›kommunizieren‹ und in einem Museum nicht museal-verstaubt, sondern in einer packenden Inszenierung zu präsentieren, entsprach durchaus dem montanistischen Selbstverständnis vieler dem Bergbau Nahestehenden in Industrie und staatlichen Behörden. Die Versicherung, nach dem Krieg, nach Überwindung der wirtschaftlichen und politischen Schwierigkeiten aktiv die Bergbauabteilung im Museum unterstützen zu wollen, kennzeichnet die überwiegende Anzahl der Schreiben an das Museum. Allerdings ließ die wirtschaftliche Prosperität auch noch in der Nachkriegs- und Inflationszeit auf sich warten: Bis zur Eröffnung 1925 durchkreuzten die politischen Umwälzungen, die trostlose wirtschaftliche Lage vieler Firmen nach dem Kriegsende und in der Inflationszeit sowie die Besetzung des Ruhrgebiets die Ausbaupläne des Museums. Geduld und langer Atem waren angesagt.

Das Anschauungsbergwerk auf der Museumsinsel entsteht

Die für 1915 geplante Eröffnung des neuen Museums verzögerte sich aufgrund des Kriegsbeginns im August 1914 und der weit über das Kriegsende hinaus schwierigen wirtschaftlichen Situation in Deutschland um zehn Jahre. Dank der Kontakte zu Einzelpersonen, Firmen und Grubenverwaltungen,

---

53 Miller an Ehrensberger, 10. 7. 1914, DMA, VA 1221.
54 Miller an von Löwenstein, 31. 7. 1914, ebd.
55 Miller an Ehrensberger, 22. 7. 1914, ebd.
56 Ebd.
57 Miller an Oswald, 12. 10. 1914, ebd.; Oswald war Vorsitzender des Vereins für Bergbauliche Interessen Elsass-Lothringen.

die bereits bestanden – zum Teil noch aus der Zeit von Schmeisser als Referent –, und die im Rahmen der Fundraising-Aktion von 1914 – wenn auch materiell zunächst erfolglos – hergestellt worden waren, konnte das Anschauungsbergwerk langsam und schrittweise weitergeplant werden.

An eine zügige Umsetzung des Konzepts war allerdings nicht mehr zu denken. Um einzelne Maßnahmen realisieren zu können und den Bau nicht einstellen zu müssen, entschloss sich das Museum,

> »selbst Offerten für Steiger und Hilfskräfte einzuholen, die erforderlichen Materialien direkt zu bestellen und auch sonstige Objekte käuflich zu erwerben, da wir vermuten, dass wir mit der Ausgestaltung unseres Gebietes ›Bergwesen‹ nicht beginnen können, solange wir auf fremde Hilfe rechnen«.[58]

Notgedrungen führte diese Abhängigkeit von der finanziellen und eher sporadischen materiellen Hilfe aus der Industrie zu einer Stop-and-go-Bauweise. Erschwerend kam hinzu, dass auch Orth ab September 1916 zum Militärdienst einberufen wurde. Er blieb allerdings dank der Bemühungen Millers im Raum München stationiert und konnte in seiner Freizeit weiterhin für das Museum tätig sein.[59]

Eine wichtige Rolle beim Bau des Museums und seiner Ausgestaltung spielte die Gutehoffnungshütte in Oberhausen mit ihrem Vorstandsvorsitzenden Paul Reusch. Reusch wurde 1915 in den Vorstandsrat des Deutschen Museums gewählt und unterstützte das Museum trotz der schwierigen wirtschaftlichen Situation nach Kräften.[60] Zum seit 1917 zielstrebig aufgebauten Konzern zählte eine Reihe weiterer namhafter Firmen wie Haniel & Lueg und das Eisenwerk Nürnberg (vormals J. Tafel & Co.), die an der späteren Umsetzung der Bergbauabteilung wesentlichen Anteil hatten.

Der Rohbau des Untergeschosses für das Anschauungsbergwerk war trotz des Ersten Weltkriegs 1916 soweit fortgeschritten, dass mit dem Einbau der Bergwerksnachbildungen hätte begonnen werden können. Allen Materialzusagen, z. B. der Gutehoffnungshütte,[61] zum Trotz konnten erst 1919 die Arbeiten im Anschauungsbergwerk wieder intensiver aufgenommen werden. Orth war Ende November 1918 aus dem Militärdienst entlassen worden und stand dem Museum wieder voll zur Verfügung.[62]

Besonders intensive Planungen erforderten die Fahrschachtanlage und die Kind-Chaudron-Schachtbohranlage. Das letztere Objekt, von

---

58 Ebd.
59 Hauptmann Lichtenberg an Miller, 17. 10. 1916, DMVA, VA, PA Orth.
60 Bodo Herzog: Paul Reusch und das Deutsche Museum in München. In: Deutsches Museum. Abhandlungen und Berichte 35 (1967), H. 3, S. 5–37, hier S. 6.
61 Reusch an Deutsches Museum, 17. 5. 1915, DMA, VA 1221.
62 Orth an Miller, 20. 11. 1918, DMA, VA PA Orth.

54   Nachbildung eines Füllorts mit Gestellförderung nach dem Vorbild des Klenze-Schachts in Hausham im Anschauungsbergwerk.
DMA, BN R2117–03

Haniel & Lueg gestiftet, kam im August 1920 nach München.[63] Der Bohrschacht der Anlage verband das Erdgeschoss mit der II. Sohle und bildete mit seinem wuchtigen Bohrgerüst im Erdgeschoss das Zentralobjekt des Bereichs Schachtbau. Gegenüber war die Fahrschachtanlage mit der Funktion eines Aufzugs vorgesehen. Den Entwurf und die Konstruktionszeichnungen erstellte die Maschinenbauanstalt Humboldt. Bedingt durch mehrfache Umplanungen, Schwierigkeiten mit Zulieferern und einen Bü-

---

63 Miller an Haniel & Lueg, 24. 6. 1920, DMA, VA 1224.

robrand bei Humboldt in Köln verzögerte sich die Planung soweit, dass erst 1924 mit der Ausführung der Anlage begonnen werden konnte. Humboldt lieferte die Förderkörbe, die Dortmunder Union die Stahlkonstruktion, und die mechanischen Teile stellte die Aufzugsfirma Carl Flohr aus Berlin zur Verfügung. Vor allem dem persönlichen Einsatz des Generaldirektors von Humboldt, Richard Zörner, und seines Nachfolgers Eck war es zu verdanken, dass die Fahrschachtanlage tatsächlich realisiert werden konnte.

55 Nachbildung der Hängebank des Serenissimorum-Schachts, Erzbergwerk Rammelsberg bei Goslar, im Anschauungsbergwerk.
DMA, BN 04778

Für die moderne Füllortanlage hatte sich der Generaldirektor der DEMAG, Wolfgang Reuter, 1923 für eine Spendenaktion bei deutschen Maschinenbaufirmen eingesetzt. Ihm gelang es, Mittel zur Bezahlung von Arbeitslöhnen im Museum einzuwerben.[64] Auf dieser Grundlage konnte der Förderkorb und der mechanische Teil der Einstoßvorrichtung am modernen Füllort von der DEMAG geliefert und eingebaut werden.

Für das Erzbergwerk und die historische Schachtförderung lieferte die Berginspektion des Rammelsbergs 1919 und 1920 Erz, Grubenholz und die bereits erwähnte Einrichtung der Hängebank des Serenissimorum-Schachts. Von der Berginspektion Clausthal erhielt das Museum im gleichen Zeitraum neben Erz zur Nachbildung des Firstenstoßbaus einen Lastkahn, den sich Miller bei einer Befahrung der schiffbaren Wasserstrecke 1916 hatte zurücklegen lassen.[65] Sowohl im Oberharz als auch im Rammelsberg formten Bildhauer des Museums Firsten und Stöße als Vorbilder zur Gestaltung der Grubenbaue im Anschauungsbergwerk ab. Für die fachgerechten bergmännischen Arbeiten gelang es, Personal verschiedener Grubenverwaltungen zeitweise im Museum zu beschäftigen. Im Übrigen hatte sich die Verwendung tauber Berge aus der Setzwäsche der Feinkornaufbereitung in der Clausthaler Zentralaufbereitung als Zuschlagsstoff für die Terrazzoböden im Anschauungsbergwerk so gut bewährt, dass das Museum 1923 die Berginspektion Clausthal um Zusendung weiterer 250 Tonnen bat.[66]

Die Betstube, heute am Beginn des Rundwegs durch das Anschauungsbergwerk untergebracht, bildete dessen Ende. Seit 1917 bemühte sich Meyer um Ausstellungsgegenstände im Erzgebirge. Hier standen aufgrund der Auflassung verschiedener Gruben Einrichtungsgegenstände zur Verfügung, die jedoch möglichst bald sicherzustellen waren, »damit sie sich nicht verkrümeln«, wie Borchers im Dezember 1917 an Meyer schrieb.[67] Zwar hatte Gillhausen, Mitglied des Direktoriums von Krupp, bereits Bilder für die Betstube gestiftet; der weitere Ausbau kam aber erst 1921 voran, als Borchers von der Zwitterstocks-Gewerkschaft im sächsischen Altenberg und der konsortschaftlichen Grubenverwaltung Schneeberg Gegenstände für die Ausstattung nach München vermitteln konnte.[68]

Das alpine Salzbergwerk entstand 1919 und 1920. Während das funktionstüchtige Spritzwerk und die Reichenhaller Quellfassung von einer Münchner Firma errichtet bzw. nachgebaut wurden, schickte das Berg- und Salinenamt Berchtesgaden Einfahrer Adolph Siegl zur fachgerechten Gestaltung nach

64 Reuter an Deutsches Museum, 6. 6. 1923, DMA, VA 1225.
65 Miller an Ehring, 1. 8. 1916, DMA, VA 1222.
66 Deutsches Museum an Berginspektion Clausthal, 27. 12. 1923, DMA, VA 1225.
67 Meyer an Deutsches Museum, 25. 12. 1917, DMA, VA 1222.
68 DMA, VB 1918–1921, S. 9, und Deutsches Museum an Borchers, 30. 10. 1920, DMA, VA 1224.

München, nachdem Bildhauer des Museums Abgüsse im Salzbergwerk Berchtesgaden vorgenommen hatten. Sinkwerk und Rutsche stellte das Berg- und Salinenamt zum Selbstkostenpreis zur Verfügung.[69]

Im Konzept von 1913/14 zunächst nicht enthalten, bekundete der Vorsitzende des Deutschen Braunkohlen-Industrie-Vereins auf der Hauptversammlung des Deutschen Museums 1921 Interesse am Nachbau eines untertägigen Braunkohlenbergwerks.[70] Die Gespräche mit der Braunkohlenindustrie führten zur Entscheidung, einen Braunkohlen-Bruchbau aus Niederröblingen bei Halle darzustellen. Da hierfür zwei bislang leer gebliebene Lagerräume zur Verfügung standen, konnte rasch an die Umsetzung gegangen werden. Bereits im Juli 1922 sandten die Anhaltischen Braunkohlenwerke Material nach München,[71] das bis Februar 1923 eingebaut wurde. Die Anhaltischen Braunkohlenwerke stifteten auch das Panoramabild eines Tagebaubetriebs am Ende des Anschauungsbergwerks, der naturgemäß aufgrund seiner Dimensionen im Museum nur schwer darstellbar war. Andererseits wurde die Tagebautechnik immer wichtiger und sollte daher dringend am Ende des Kohlenbergwerks untergebracht werden.

Am Beginn des Kohlenbergwerks entstand das Pechkohlenbergwerk nach dem Vorbild von Hausham. Die Hölzer für die Zimmerung im Bremsberg und in den Strecken sowie die verwendete Pechkohle lieferte die Oberkohle. Dank der tatkräftigen Mithilfe der Haushamer Grubenverwaltung sah auch der Einbau des Strebs bereits 1923 seiner Fertigstellung entgegen.

Der Abbau von Kalisalz hatte einen Kammerbau der Grube Glückauf in Sondershausen zum Vorbild. Auch diese Arbeiten waren durch den Ersten Weltkrieg verzögert worden. Erst im November 1916 brachte der Besuch von Bergassessor Heberle, Geschäftsführer des Vereins der deutschen Kaliinteressenten, Direktor Felber, Agrikultur-Abteilung des Kalisyndikats, und Regierungsrat Graesser vom Reichsamt des Innern bei Miller erkennbare Fortschritte. Sie stellten Miller einen Zuschuss aus dem Reichskalipropagandafond in Höhe von 30.000 M in Aussicht.[72] Da sich die Einlösung der Finanzierungszusage aber bis 1919 hinzog, konnten erst in diesem Jahr die Planungen wieder aufgenommen werden. Die Idee, den Raum mit natürlichem Salz nachzubauen, erwies sich aufgrund der hygroskopischen Eigenschaften einiger Salze bald als undurchführbar, so dass die Kalisalzkammer in bewährter Manier durch Abgusstechnik errichtet wurde.[73] Ende 1921 war der Raum

---

69 Briefwechsel Deutsches Museum mit Berg- und Salinenamt, 1919 und 1920, DMA, VA 1223/1224.
70 DMA, VA 1224, 24. 12. 1921.
71 Anhaltische Kohlenwerke an Deutsches Museum 2. 8. 1922, DMA, VA 1226.
72 Miller an Reichswirtschaftsminister, 22. 10. 1919, DMA, VA 1223.
73 Deutsches Museum an Heberle, 3. 12. 1919, ebd.

56   Nachbildung eines kurzen Strebs der Grube Hausham im Anschauungsbergwerk.
DMA, BN 44103

fertig, lediglich die Farbproben mussten noch in Sondershausen abgestimmt werden.

Als zu Beginn des Jahres 1925 noch längst nicht alle Arbeiten im Museum abgeschlossen waren, wurde auch für das Anschauungsbergwerk die Zeit knapp. In vielen Briefen bat Miller um rasche Lieferung oder Ausführung, »da wir sonst fürchten müssen, nicht mehr rechtzeitig fertig zu werden«.[74] Zwar konnten, vor allem im Bereich Aufbereitung, nicht alle Objekte bis zur Eröffnung eingebaut werden; doch nahm auch das Anschauungsbergwerk am 7. Mai 1925 seinen ›Betrieb‹ auf. Fink würdigte das Ergebnis so:

> »Bei dem Aufbau der Bergwerksabteilung hat das Deutsche Museum darauf verzichtet, den Bergbau in der Theorie darzustellen. Es gibt vielmehr den Besuchern, die doch zum allergrößten Teil Nichtbergleute sind, einen Einblick wie es im Bergbau wirklich aussieht.«[75]

Dass die Bergbauabteilung nicht nur Besucher begeisterte, sondern auch Impulse für andere Bergbaumuseen lieferte, zeigt eine Reihe von schriftlichen

---

74 Miller an DEMAG, 16. 3. 1925, DMA, VA 1227.
75 Fink (Anm. 1).

57 Blick in den Nachbau einer Abbaukammer nach dem Vorbild der Grube Glückauf in Sondershausen.
DMA, BN 00356

Anfragen oder persönlichen Besuchen in München. Schon das provisorische Museum mit seinem kleinen Anschauungsbergwerk führte zu konkreten Anfragen, beispielsweise aus dem Technischen Museum in Prag 1911.[76] Für den Aufbau der neuen Bergbauabteilung auf der Insel interessierten sich das Technische Museum in Wien[77] oder die Stora Kopparbergs Bergslags-Aktiebolag, die die berühmte Kupfergrube im schwedischen Falun betrieb.[78] Zwei indirekte, aber sehr folgenreiche Verbindungen stellten Fritz Heise und Wilhelm Bornhardt her. Sie beteiligten sich maßgeblich am Aufbau zweier renommierter Bergbaumuseen: dem Deutschen Bergbau-Museum in Bochum und dem Oberharzer Bergwerksmuseum in Clausthal-Zellerfeld. Beide Museen wurden wenige Jahre nach dem Neubau in München (wieder-) eröffnet. Heise unterstrich in einer Beschreibung des Bergbau-Museums in Bochum 1931 die Vorbildfunktion des Anschauungsbergwerks auf der Münchner Kohleninsel: »Wie im Deutschen Museum in München die Marksteine der Entwicklung der Industrie in geschlossener Darstellung vereinigt sind, so wollte man jetzt den Bergbau und seine einzelnen Zweige in der geschichtlichen Entwicklung zeigen«.[79]

Resümee

Kommen wir abschließend nochmals auf die eingangs gestellte Frage nach dem Verhältnis von bergbaulicher Tradition und bergtechnischer Moderne in diesem zentralen Ausstellungsbereich des Deutschen Museums zurück. In der langen Gründungs- und Aufbauphase des Museums entwickelte sich die Bergbautechnik mit hoher Dynamik. Um die Wende zum 20. Jahrhundert war der Bergbau ein in technologischer und arbeitsorganisatorischer Hinsicht noch kaum industrialisierter Bereich. In den 1920er-Jahren befand er sich dann mitten in einer Phase nachholender Mechanisierung und Rationalisierung. Das Tempo der technologischen Modernisierung gab dabei das Ruhrgebiet als wirtschaftliches Herz der Montanindustrie in Deutschland vor.[80] Nach anfänglichem Widerstand fügten sich auch die mächtigen Bergbauge-

---

76 Technisches Museum Prag an Deutsches Museum, 21. 7. 1911, DMA, VA 1219.
77 Technisches Museum Wien an Miller, 4. 2. 1914, DMA, VA 1221; s. zum Folgenden auch den Beitrag von Finn in diesem Band.
78 Miller an Stora Kopparberg AB, 8. 6. 1922, DMA, VA 1224.
79 Fritz Heise: Das Geschichtliche Bergbau-Museum der Westfälischen Berggewerkschaftskasse und der Stadt Bochum. In: Fritz Heise/Heinrich Winckelmann: Das Geschichtliche Bergbau-Museum Bochum. Gelsenkirchen 1931, S. 1.
80 Vgl. dazu mit weiterführender Literatur Uwe Burghardt: Die Mechanisierung des Ruhrbergbaus 1890–1930. München 1995.

werkschaften in der Hoffnung auf höhere Löhne und erleichterte Arbeitsbedingungen für die Bergleute vor Ort in den Rationalisierungskonsens der Montanindustriellen ein.

Miller und seinen Beratern war die Dynamik der technischen Entwicklung im Ruhrbergbau nicht verborgen geblieben, und sie bemühten sich denn auch intensiv um die Unterstützung einflussreicher Ruhrunternehmer. Dabei zeigte sich freilich ein grundlegendes, nachgerade überzeitliches Problem der Museumsarbeit: Im Bemühen, den jeweils aktuellen Stand von Forschung und Technik zu zeigen, ist das Museum abhängig von externen Ressourcen, insbesondere wenn es darum geht, entsprechende Exponate bei Industrie und Wissenschaft einzuwerben. Durch das dezidierte Desinteresse Emil Kirdorfs blieb Miller und seinen Mitstreitern der Zugang zu den Ressourcen des Reviers verschlossen. Sie sahen sich daher gezwungen, auf die Kooperation mit der bayerischen Oberkohle auszuweichen, damit auf einen Bergbau, in dem anstelle von Mechanisierung und Rationalisierung lange Zeit noch Handarbeit und traditionelle Abbautechniken dominierten. Der moderne, rationalisierte Bergbau fand daher im Deutschen Museum bis in die Wiederaufbauphase nach dem Zweiten Weltkrieg nicht im Anschauungsbergwerk, sondern allenfalls in der sich daran anschließenden Abteilung für Bergwerksmaschinen statt.

Forschung, Bibliothek und Archiv.
Der Wissenschaftsstandort Deutsches Museum

Wilhelm Füßl/Helmut Hilz/Helmuth Trischler

Es gehört zu den Besonderheiten des Deutschen Museums, dass es sich bei seiner Gründung eine überreiche Fülle von Aufgaben in sein Pflichtenheft schrieb. Obwohl das Museum 1903 weder über Objekte und Ausstellungen noch über wissenschaftliches Personal verfügte, formulierten Oskar von Miller und seine Mitstreiter in den ersten Aufrufen und in der ersten Satzung die Einrichtung einer Zentralbibliothek und eines Archivs für Technik- und Wissenschaftsgeschichte, in denen ein breiter Fundus an Originalen und gedruckten Quellen gesammelt werden sollte. Bibliothek und Archiv wurden als Grundlage für Forschung betrachtet. Dass die frühen programmatischen Verlautbarungen auch die Erforschung der Technik zum Aufgabenfeld des Museums zählten, zeigt das tiefe Bestreben des Museums, die Kluft zwischen »Kultur« und »Zivilisation« schließen zu wollen. Allerdings wurde diese forschungsorientierte Betrachtungsweise dann für ein halbes Jahrhundert – bis zu der bemerkenswerten Denkschrift der Konservatoren »Vorschläge über Ziele und Ausgestaltung der Sammlungen des Deutschen Museums« von 1956 – hintangestellt.

Die Einbeziehung von Forschung, Bibliothek und Archiv in das Museumsprogramm war keineswegs als Worthülse gemeint. Wie ernst die Museumsverantwortlichen die Wissenschaft als Aufgabenfeld nahmen, verdeutlichen allein schon die ersten Entwürfe Gabriel von Seidls für die Bebauung der Museumsinsel, die diesen drei Bereichen fast ebenso viel Patz einräumten wie den Ausstellungen selbst. Für die Museumsgründer waren Archiv, Bibliothek und Forschung so wichtig, dass sie über den Planungen, deren Anforderungen gerecht zu werden, beispielsweise ein Depot für die Museumsobjekte völlig außer Acht ließen.

Die ersten Jahre brachten ein so hohes Tempo beim Aufbau des Museums, dass wenig Spielraum blieb, um systematisch Forschungsressourcen aufzubauen oder sie für wissenschaftliche Publikationen zu nutzen. Ein Blick auf die folgenden Jahrzehnte lässt erkennen, dass immer dann, wenn das Museum besonders intensive Planungsphasen durchlebte – die Gestaltung der ersten Ausstellung 1903 bis 1906, die Vorbereitung der Eröffnung des Museumsneubaus 1918 bis 1925, der Wiederaufbau 1945 bis 1960 –, dem Ausbau der Forschungsressourcen und der eigenen technik- und wissenschaftshistorischen Forschung wenig Raum zugemessen wurde. Andererseits ist zu beobachten, dass zu den Zeitpunkten, zu denen sich große Ausstellungsprojekte ihrem Abschluss näherten, die Aktivitäten auf anderem Gebiet verstärkt wurden. Diese wellenartige Entwicklung wich erst dann einer Verstetigung, als sich durch die Schaffung räumlicher und personeller Ressourcen für die Bibliothek und das Archiv diese Bereiche Ende der 1920er-Jahre zunehmend professionalisierten. Ähnlich verhielt es sich – zeitlich deutlich versetzt – bei der Gründung des Forschungsinstituts und der wachsenden Einbeziehung der Konservatoren in eine sich dynamisch entwickelnde, international vielfältig vernetzte Forschungslandschaft vor Ort. Im Folgenden wird diese Entwicklung in ihren Grundzügen nachgezeichnet.

1. Das Deutsche Museum als Forschungsstandort

Die Geschichte des Deutschen Museums ist auch das ständige Ringen um eine der jeweiligen historischen Lage angemessene Antwort auf die zentrale Frage, wie sich in einem großen, funktional ausdifferenzierten Museum der Naturwissenschaft und Technik Geschichte und Gegenwart, Geschichte und Zukunft einerseits, Forschung und Sammlung, Forschung und Ausstellung andererseits organisch miteinander verbinden lassen. Internationale Experten bescheinigen dem Deutschen Museum, im besonderen »Münchner Stil« einer engen Verknüpfung zwischen dem Museum mit seinen »einzigartigen« Objektsammlungen sowie der Forschungsunterstützung in Archiv und Bibliothek und der universitär verankerten Forschung im Münchner Zentrum für Wissenschafts- und Technikgeschichte (MZWTG) vor Ort eine zukunftsfähige Antwort auf diese Frage gefunden zu haben.[1] Dieser Befund ist in der jüngsten Evaluierung der Forschung des Deutschen Museums auf der nationalen Ebene erneut unterstrichen worden. Der Zusammenhang ist zufällig, aber hoch willkommen: Punktgenau zu seinem 100. Geburtstag wird hier dem Deutschen Museum attestiert, als »Leiteinrichtung sowohl in der deutschen natur- und technikwissenschaftlichen Museumslandschaft als auch unter Forschungseinrichtungen zur Wissenschafts- und Technikgeschichte, zu Museologie und Ausstellungsdidaktik« zu fungieren und in seiner wissenschaftlichen Produktion »eine nationale Spitzenposition erreicht« zu haben.[2]

---

1 Robert Fox: Der Vergangenheit eine Zukunft. Wissenschaft und ihre Wahrnehmung in der Öffentlichkeit. In: Kultur & Technik 22 (1998), H. 3, S. 42–45, hier S. 42; s. auch den Beitrag von Finn in diesem Band.
2 Senatsausschuss Evaluierung der WGL: Bewertungsbericht Deutsches Museum vom 24. 3. 2003 (SAE 0018/03).

Dieser Abschnitt zeichnet zentrale Entwicklungslinien des Deutschen Museums als wissenschafts- und technikhistorischer Forschungsstandort nach. In einem Parforceritt durch die Geschichte des Museums werden wichtige Weichenstellungen in diesem Entwicklungsverlauf identifiziert, und es werden die Konzepte bezüglich der Rolle herausgearbeitet, welche die Forschung im und für das Museum jeweils spielte und spielen sollte. Ein halbes Dutzend solcher Weichen stellenden Konzepte und wissenschaftlichen Identitätsentwürfe werden näher erläutert. Sie markieren, dies gilt es zu betonen, keineswegs einen linearen Weg, in dessen Verlauf die Forschung ständig gewachsen wäre. Vielmehr verweisen sie auf das genannte Kernproblem, Forschung in einem multifunktionalen Technikmuseum adäquat zu verankern.

Die Gründungskonstellation: Forschung als Residualkategorie

Forschung zählte schon bei der Gründung des Deutschen Museums zu seinen Aufgaben und wurde daher auch zentral verankert. Dem Zweck des Museums, »die historische Entwickelung der naturwissenschaftlichen Forschung, der Technik und der Industrie in ihrer Wechselwirkung darzustellen«, dienen neben den Sammlungen und dem Archiv auch »wissenschaftliche Arbeiten, Veröffentlichungen, Vorträge usw.«, hieß es in der Gründungssatzung von 1903.[3] Aber die eigene Rolle in diesem Aufgabenfeld wurde primär als eine passive gesehen. Das Museum sollte als Forschungsressource fungieren, und diese Aufgabe sollten vor allem die Sammlungen und die Bibliothek, das Archiv und die Bildstelle wahrnehmen. Die Museumsmitarbeiter freilich sollten ihre Kräfte voll und ganz auf den Aufbau der Sammlungen und die Realisierung der Ausstellungen konzentrieren. Bezeichnenderweise wird bis heute die Geschichte kolportiert, dass Oskar von Miller die Mitarbeiter mit dem Ruf »Zurück an die Arbeit!« aus der Bibliothek hinausgejagt haben soll.[4] Die ersten Wissenschaftler, die im Namen des Deutschen Museums mit technikhistorischen Publikationen an die Öffentlichkeit traten, waren denn auch nicht Mitarbeiter, sondern Mitglieder der leitenden Gremien wie Walther von Dyck und Conrad Matschoß.

Zum Referenzwerk, was Forschung am Museum zu leisten vermöge, entwickelte sich dabei Dycks 1912 im Selbstverlag des Deutschen Museums pub-

---

3 Museum von Meisterwerken der Naturwissenschaft und Technik. Satzung Allerhöchst genehmigt [...] am 28. Dezember 1903, §§ 1 und 2.

4 Zuletzt von Otto Mayr: Wiederaufbau. Das Deutsche Museum 1945–1970. München 2003, S. 87.

lizierte Biografie des großen Ingenieurs Georg von Reichenbach. Über ein halbes Jahrhundert hinweg galt das Werk über den Erbauer der oberbayerischen Soleleitungen und Weggefährten Joseph von Fraunhofers als Vorzeigeprodukt museumsbezogener Forschung. Noch Mitte der 1960er-Jahre, als es darum ging, externen Forderungen von Politik und Wissenschaft nach einer Steigerung der wissenschaftlichen Publikationen des Museums nachzukommen, führte der Vorstand des Museums das Werk den wissenschaftlichen Mitarbeitern als »beispielhaft« vor Augen.[5] Dyck profilierte sich auch als Keplerforscher und als Herausgeber der Gesammelten Werke des Astronomen. Er legte damit die Basis für eine Entwicklung, die erst ab den 1960er-Jahren voll zum Tragen kam, als auf Initiative von Walther Gerlach die Kepler-Kommission der Bayerischen Akademie der Wissenschaften am Forschungsinstitut des Deutschen Museums residierte. Mit der 1971 zum 400. Geburtstag von Johannes Kepler gezeigten Ausstellung »Gesetz und Harmonie« sollte diese von 1967 bis 1975 während institutionelle Kooperation ihren Höhepunkt finden und auf die Integration von forschungsorientierter und museumsbezogener Arbeit verweisen.[6]

Auf Anregung des Deutschen Museums entstand ab 1922 unter der Herausgeberschaft von Friedrich Dannemann die von Oldenbourg, dem Hausverlag des Deutschen Museums, verlegte Reihe »Der Werdegang der Entdeckungen und Erfindungen. Unter Berücksichtigung der Sammlungen des Deutschen Museums und ähnlicher wissenschaftlicher Anstalten«, die bis 1927 auf insgesamt neun Bände anwuchs. 1929 folgte dann die Reihe »Abhandlungen und Berichte«. Auch wenn der erste Jahrgang Oskar von Millers vielzitierten Vortrag »Technische Museen als Stätten der Volksbelehrung« und weitere Produkte aus dem Museum selbst enthielt, sollte sich die Reihe in der Folge zu einem Organ entwickeln, in der zuvorderst das dichte Netzwerk der Unterstützer und befreundeten Wissenschaftler publizierten.

Die Herausbildung einer Bewegung zur Erhaltung und Sicherung technischer Kulturdenkmale im Deutschland der Zwischenkriegszeit sieht das Deutsche Museum dagegen stärker in der Rolle des Impulsgebers. Die Probleme beim Aufbau der Sammlungen und der provisorischen Ausstellungen hatten bei Miller bereits vor dem Ersten Weltkrieg den Gedanken reifen lassen, dass es zur Sicherung des technisch-industriellen Erbes institutionell abgesicherter Anstrengungen auf diesem Gebiet bedürfe. Nach Eröffnung des

---

5 Walther von Dyck: Georg von Reichenbach. München 1912; DMA, VB 1965, S. 59.
6 Vgl. Volker Bialas: Die Kepler-Kommission am Forschungsinstitut des Deutschen Museums in den Jahren 1967 bis 1975. In: Menso Folkerts (Hrsg.): Gemeinschaft der Forschungsinstitute für Naturwissenschafts- und Technikgeschichte am Deutschen Museum 1963–1988. München 1988, S. 105–108.

Museumsbaus griff Conrad Matschoß diese Initiative auf, wobei er sich auf die wachsende Heimatschutzbewegung stützen konnte. Bei der Sicherung technischer Denkmale war das Deutsche Museum für einmal wissenschaftlicher Vorreiter, und historisches Wissen erwies sich als Schlüsselressource für die Erfüllung der musealen Leitaufgabe, die Manifestationen technischer Kultur zu bewahren.[7]

Georg Agricola(-Gesellschaft): der Meisterwerksgedanke in der Forschung

Wie sehr der Meisterwerksgedanke das Deutsche Museum über weite Strecken seiner Geschichte geprägt hat, zeigt sich auch in dem Verständnis dessen, was historische Forschung zu leisten habe: nämlich vor allem die Rekonstruktion der überragenden Leistungen der »Männer der Technik«, wie Conrad Matschoß sein am Beginn moderner Technikhistoriografie stehendes Buch genannt hat.[8] Das idealistische Konzept des Museums, die Verehrung der wissenschaftlichen und technischen Meisterleistungen der wissenschaftlichen Heroen und technischen Pioniere als Quelle für Nachahmung, Inspiration und neue Innovationen, bestimmte auch die Forschung. Diese Konzeption zeigt sich in Dycks genannten Werken zu Reichenbach und Kepler, insbesondere aber in der Anregung von Matschoß, Georg Agricolas »De re metallica« in einer breiten Kreisen zugänglichen deutschen Übersetzung vorzulegen. 1912 hatte der amerikanische Bergbauingenieur Herbert Hoover eine vielbeachtete kritische Edition der Werke des frühneuzeitlichen Montanwissenschaftlers und Humanisten auf Englisch vorgelegt. Hoovers Kritik am Fehlen einer verlässlichen deutschen Ausgabe stach um so tiefer in das Fleisch der traditionsbewussten Montanindustrie in Deutschland, als er ab 1921 als Handelsminister und später gar als Präsident der Vereinigten Staaten mit autoritativer Stimme sprechen

---

7 Conrad Matschoß: Einleitung. In: ders./Werner Lindner (Hrsg.): Technische Kulturdenkmale im Auftrag der Agricola-Gesellschaft beim Deutschen Museum. München 1932, S. 1–4. Vgl. Ulrich Linse: Die Entdeckung der technischen Denkmäler. Über die Anfänge der »Industriearchäologie« in Deutschland. In: Technikgeschichte 53 (1986), S. 201–222; Uwe Beckmann: Technische Kulturdenkmale als Objekte technischer Kultur bei deutschen Ingenieuren und Heimatschützern. In: Burkhard Dietz/Michael Fessner/Helmut Maier (Hrsg.): Technische Intelligenz und »Kulturfaktor Technik«. Kulturvorstellungen von Technikern und Ingenieuren zwischen Kaiserreich und früher Bundesrepublik Deutschland. Münster u. a. 1996, S. 177–188; Alexander Kierdorf/Uta Hassler: Denkmale des Industriezeitalters. Von der Geschichte des Umgangs mit Industriekultur. Tübingen 2000; siehe auch den Beitrag von Füßl in diesem Band.

8 Conrad Matschoß (Hrsg.): Männer der Technik. Berlin 1925; ebenso ders.: Große Ingenieure. Berlin 1937.

konnte. 1926 einigte sich der Vorstandsrat des Deutschen Museums auf die Gründung einer »Agricola-Gesellschaft am Deutschen Museum«, die eine moderne textkritische Ausgabe der »De re metallica« realisieren sollte. Bereits zwei Jahre später lag das Werk vor.

Es ist hier nicht der Ort, um die verwickelte Geschichte der Agricola-Gesellschaft zu erzählen, die zunächst als reine Geldsammelstelle zur Finanzierung der Edition gegründet worden war. Das Deutsche Museum sollte in dieser Geschichte mehr die Rolle eines Bremsers denn eines Katalysators einer Institutionalisierung der Technikgeschichtsschreibung spielen.[9] Bezeichnend ist aber, dass das Folgeprojekt der Gesellschaft, die Übersetzung der »Experimenta Nova« von Otto von Guericke, dem gleichen idealistischen Geschichtsverständnis verpflichtet war, welches das Deutsche Museum noch bis weit in die zweite Hälfte des 20. Jahrhunderts hinein prägte. Der Ehrensaal im Ausstellungsgebäude, die Porträtgalerie in der Bibliothek und die von Dyck und Matschoß grundgelegte Forschungskonzeption verweisen auf ein personenzentriertes Geschichtsverständnis, das die Arbeit des Museums bis weit in die zweite Hälfte des 20. Jahrhunderts hinein prägte.[10] Noch in den 1960er-Jahren, als nicht nur die Allgemeingeschichte, sondern gerade auch die Technikgeschichte die Struktur- und Sozialgeschichte zu dominieren begann, hielt die Museumsleitung am biografischen Paradigma fest.[11] Im Museum brachte erst das folgende Jahrzehnt den Durchbruch zu einem neuen, sozial- und kulturhistorisch fundierten Geschichtsverständnis, das sich in der Zeitschrift »Kultur und Technik« und der in Kooperation mit dem Rowohlt Verlag aufgelegten Schriftenreihe »Kulturgeschichte der Naturwissenschaften und der Technik« programmatisch Bahn brach.

Impulse aus der Wissenschaft

Das Verständnis von Forschung als Residualkategorie geriet nach dem Zweiten Weltkrieg ins Wanken, als das Deutsche Museum seinen Ort in der

---

9 S. dazu ausführlich Helmuth Albrecht: 60 Jahre Georg-Agricola-Gesellschaft zur Förderung der Geschichte der Naturwissenschaften und der Technik e.V. (1926–1986). Düsseldorf 1986, und Wolfhard Weber/Lutz Engelskirchen: Streit um die Technikgeschichte in Deutschland 1945–1975. Münster u. a. 2000, S. 23–30 u. ö.

10 Vgl. jüngst auch Eva A. Mayring: Das Porträt als Programm. In: Ulf Hashagen/Oskar Blumtritt/Helmuth Trischler (Hrsg.): Circa 1903. Artefakte in der Gründungszeit des Deutschen Museums. München 2003, S. 54–78.

11 DMA, VB 1965, S. 59; vgl. allg. Wilhelm Füßl/Stefan Ittner (Hrsg.). Biografie und Technikgeschichte. Opladen 1998; siehe zum Folgenden auch den Beitrag von Teichmann/Noschka-Roos/Weber in diesem Band.

westdeutschen Forschungs- und Kulturlandschaft neu definieren musste. Bayern war sehr an der Aufnahme des Deutschen Museums, wie auch des Germanischen Nationalmuseums, in die Liste der nach dem Königsteiner Staatsabkommen von 1948 von allen Ländern gemeinsam finanzierten Forschungseinrichtungen von überregionaler Bedeutung interessiert. Dies bedeutete aber, dass sich das Museum als eben auch Forschung betreibende Institution neu platzieren musste. Bayern drängte die Museumsleitung, diesen neuen Identitätsentwurf deutlich zum Ausdruck zu bringen. Das Museum beeilte sich, dem nachzukommen und verankerte im Rahmen der Jahresversammlung 1950 den Forschungsauftrag explizit in der Satzung, in deren erstem Paragraphen es nun hieß: Das Deutsche Museum habe den Zweck, »die historische Entwicklung der Naturwissenschaften, der Technik und der Industrie zu erforschen, ihre Wechselwirkung zu zeigen und ihre wichtigsten Stufen durch belehrende und anregende Darstellungen, insbesondere aber durch hervorragende und typische Meisterwerke zu veranschaulichen«.[12]

Wie schwach dieser neue Identitätsentwurf in der Binnenkultur der Unternehmung Deutsches Museum einstweilen noch verankert war, zeigen die Initiativen der 1950er-Jahre, das Münchner Museum zum Zentrum der sich formierenden Technikgeschichtsschreibung in Deutschland zu machen. Die oben bereits ausführlich dargestellten Initiativen zur Etablierung eines zentralen Forschungsinstituts für Technikgeschichte in Deutschland sahen den VDI als treibende Kraft und die Deutsche Forschungsgemeinschaft (DFG) als Zentrum der binnenwissenschaftlichen Aushandlungsprozesse. Der Vorstand des Deutschen Museums, allen voran Jonathan Zenneck, meinte lange Zeit, die damit verbundenen Belastungen abwehren zu müssen. Das Augenmerk galt in dieser Phase allein dem Wiederaufbau der Sammlungen und Ausstellungen. Die Wiederherstellung des Lebenswerks Oskar von Millers sollte durch ein Engagement auf eher randständigen Gebieten nicht gefährdet werden. Es bedurfte des massiven Drucks des VDI und zahlreicher externer Wissenschaftler sowie der kraftvollen Anschubfinanzierung durch die VW-Stiftung, ehe 1963 das Forschungsinstitut des Deutschen Museums und unmittelbar damit verknüpft die beiden Hochschulinstitute für Wissenschafts- und Technikgeschichte als Verbund am Deutschen Museum angesiedelt werden konnten.[13] Nach der dynamischen Aufbauphase unter der Führung von Friedrich Klemm und mit dem hochangesehenen Walther Gerlach entwickelte sich das Institut zu einem wenig geliebten Kind des Museums, geriet in das interne Abseits und verfiel in

---

12 DMA, VB 1949/50, S. 5; vgl. Mayr (Anm. 4), S. 92.
13 S. dazu Mayr, ebd., S. 139–150, sowie dessen Beitrag in diesem Band mit weiterführender Literatur.

wachsende Agonie, aus der es sich erst ab den späten 1980er-Jahren, erneut auf politischen Druck hin, lösen konnte.

Wissenschaft als definitorischer Kern der Museumstätigkeit

Gleichwohl begann sich noch in den 1950er-Jahren, gleichsam subversiv aus der Mitarbeiterschaft heraus, ein neues Verständnis der Bedeutung von Forschung für das Museum herauszubilden. Die Grundlage dieses neuen Verständnisses war die ›Professionalisierung‹ der Museumsarbeit. Erstmals baute das Museum in nennenswertem Umfang einen Stab von Konservatoren als Leiter der Abteilungen auf. Auf der Suche nach einem eigenen Identitätsentwurf und einer ihrer Aufgabe als Sammlungs- und Abteilungsleiter adäquaten Methode entdeckten die als Wissenschaftler ausgebildeten Mitarbeiter die Wissenschafts- und Technikgeschichte als definitorischen Kern der Museumsarbeit. Diese Identitätsbestimmung erfolgte bezeichnenderweise in durchaus nicht konfliktfreier Abgrenzung zum ›unprofessionellen‹, im Wesentlichen aus Ehrenamtlichen bestehenden Vorstand. Wegweisend war hier eine an den Vorstand gerichtete Denkschrift der Konservatoren vom Oktober 1956, in der sie die zentrale Rolle der Geschichte als Leitdisziplin zur Erfüllung des Museumsauftrags betonten. Sie gingen dabei von der Gleichwertigkeit der aktualitätsbezogenen und der historischen Betrachtungsweise und damit auch der naturwissenschaftlich-technischen und der historischen Qualifikation der Museumswissenschaftler aus. Zugleich führten sie eine neue Zielgruppe des Museums ein, den »Historiker der Naturwissenschaften und Technik«, der im Deutschen Museum Quellenmaterial für seine Arbeit finden solle. Es sei die Aufgabe des Museums, dieses Quellenmaterial adäquat zu erschließen und aufzubereiten.[14] Diese, auf die Integration von Geschichte und Gegenwart sowie von Forschung und Ausstellung abzielende Funktionsbestimmung des Museums als wissenschaftliche Einrichtung gab dem Deutschen Museum eine potenziell zielführende und zukunftsfähige Richtung vor, auch wenn es von dieser unter den Zwangslagen des Alltags immer wieder abweichen sollte.

Was sich hier die Wissenschaftler des Museums selbst tentativ in ihr Stammbuch schrieben, formulierte die von ihnen angesprochene Zielgruppe, die Historiker, einige Jahre später auf ostentative Weise. Spätestens nach der

---

14 Denkschrift »Vorschläge über Ziele und Ausgestaltung der Sammlungen des Deutschen Museums«, 24. 10. 1956, DMA, VA 0437; Prot. der Abteilungsleiterbesprechung, 29. 10. 1956, DMA, VA 3975; vgl. Mayr, ebd., S. 125–130.

Gründung der drei Forschungsinstitute 1963 musste sich das Deutsche Museum daran messen lassen, dass sich an seinem Standort eine in Deutschland einmalige Konzentration der Ressourcen für das sich nun auch an den Universitäten konsolidierende Fach der Wissenschafts- und Technikgeschichte herausgebildet hatte. Als der Wissenschaftsrat 1965 in einem wegweisenden Gutachten die Rolle der naturwissenschaftlich-technischen Museen begutachtete, bediente er sich naturgemäß vor allem der Naturwissenschafts- und Technikhistoriker als Experten. Es verwundert nicht, dass das Gutachten die zentrale Rolle des Standorts München für das Fach betonte und die Forschungsfunktion des Museums gestärkt sehen wollte. Die Intensivierung der Forschung müsse vor allem darauf gerichtet sein, die naturwissenschaftlich-technischen Museen »wieder zur Herausgabe vollwertiger, auf der Höhe der Forschung stehender kritischer Kataloge und Monographien zu befähigen«, wobei als wichtige Voraussetzung hierfür angesehen wurde, »die Zahl der Konservatorenstellen wesentlich zu erhöhen«.[15]

Es verwundert ebenso wenig, dass die Museumsführung mit hektischer Betriebsamkeit reagierte. Gutachten des Wissenschaftsrats hatten in den 1960er-Jahren, als die bundesdeutsche Forschungslandschaft expandierte und tief greifend neu organisiert wurde, autoritative Bedeutung. Sie galten der Politik als Richtschnur des Handelns. Max Kneißl, als Rektor der TH München im Vorstand des Museums für den Aufgabenbereich Forschung zuständig, wurde nicht müde, die Rolle der Forschung als konstitutiven Kern der Museumstätigkeit zu betonen und die Umsetzung der Forderungen des Wissenschaftsrats anzumahnen. Noch im Vorfeld der Veröffentlichung der Empfehlungen des Wissenschaftsrats hatte er ein weitgespanntes Forschungsprogramm für die Jahre 1964–1970 erstellt, das aber ebenso auf Sand gebaut war, wie die institutionelle Aufwertung der Forschung zu einem eigenen Funktionsbereich im Zuge des Umbaus der Museumsorganisation auf der Grundlage von Hauptabteilungen.[16] Völlig unrealistisch war auch Kneißls Forderung nach der »Angliederung einer ›Deutschen Akademie für technische Wissenschaften‹« an das Deutsche Museum, das der »eigenwilligen Schöpfung« Oskar von Millers »neuen Auftrieb und eine neue Zielsetzung geben sollte« und es zum »geistige[n] Mittelpunkt der Technik in Deutschland« machen könne.[17]

15 Wissenschaftsrat: Empfehlungen des Wissenschaftsrates zum Ausbau der wissenschaftlichen Einrichtungen. Teil III: Forschungseinrichtungen außerhalb der Hochschulen, Akademien der Wissenschaften, Museen und wissenschaftliche Sammlungen. Bd. 2. Tübingen 1965, S. 46–52.
16 DMA, VB 1963, S. 44f., und DMA, VB 1965, S. 54–59. Zur Bedeutung des Wissenschaftsrats in den 1960er-Jahren siehe Helmuth Trischler/Rüdiger vom Bruch: Forschung für den Markt. Geschichte der Fraunhofer-Gesellschaft. München 1999, S. 81.
17 DMA, VB 1963, S. 45.

Das Deutsche Museum als Zentrum museologischer Forschung

Sichtbarster Ausdruck der Kneißlschen Reorganisation war die neue Haupt-abteilung Bildung, Wissenschaft und Forschung, zu deren Leiter der Physi-ker und wissenschaftliche Direktor Hermann Auer bestimmt wurde. Die Hauptabteilung sollte nach der Vorstellung Auers ein intellektueller ›think tank‹ des Museums sein. Sie sollte dessen tief greifende Verwissenschaftli-chung garantieren, und sie sollte das Deutsche Museum national wie inter-national zum Zentrum einer wissenschaftlich fundierten Museologie werden lassen. Auer hatte bei seiner Einstellung einen opulenten Etat zu seiner per-sönlichen Verfügung ausgehandelt, den er in eine ausgedehnte Reisetätigkeit investierte. Auf diese Weise machte er sich mit den dynamischen Entwick-lungen in der internationalen Museumsszene vertraut und beobachtete da-bei mit besonderem Interesse die sich in den USA herausbildende Landschaft der Science Centres, die nicht nur in den Vermittlungsformen wissenschaft-lich-technischen Wissens, sondern auch in der Orientierung am Besucher neue Wege gingen. In Deutschland wirkte er an der sich in den 1960er-Jah-ren beschleunigenden Verwissenschaftlichung des Museumswesens mit und verschaffte sich durch seine Mitarbeit in der Ende der 1960er-Jahre ins Le-ben gerufenen Beratungskommission der DFG zu Museumsfragen sowie als Präsident des Deutschen Nationalkomitees des internationalen Museums-verbands ICOM ein breites Wissen über die aktuellen Entwicklungen auf diesem neuen Feld, das sich als Museologie in den Disziplinenkanon der Wissenschaft einreihte.[18]

Auers Ziel war es, dem Deutschen Museum an dieser Schnittstelle zwischen Museum und Forschung Geltung zu verschaffen. Das Museum, das in den Jahrzehnten des Wiederaufbaus allzu empirisch und prag-matisch gearbeitet hatte, sollte im Rückgriff auf die neuesten Erkenntnisse der Museologie durchgreifend verwissenschaftlicht werden. Um sich zu einem »modernen« Forschungsmuseum zu entwickeln, sollte es, zusätz-lich zur historischen Forschung, eine ganze Reihe neuer Forschungsauf-gaben übernehmen. Zentrale Rollen dachte Auer dabei audiovisuellen Informationssystemen zu, die der »Suche nach neuen Darstellungs- und Veranschaulichungsmethoden« eine völlig neue Richtung geben könnten, sowie der Besucherforschung als methodisches Instrument für eine Sys-tematisierung der Ausstellungsgestaltung.[19] Entsprechend elaboriert fiel

---

18 Vgl. die Beiträge von Teichmann/Noschka-Roos/Weber und Mayring in diesem Band.

19 Hermann Auer: Forschungsaufgaben einer modernen Museumstechnik, in: DMA, VB 1967, S. 37ff., hier S. 39; vgl. auch ders.: Probleme der Museumsforschung, in: DMA, BV 1968, S. 40–43; ders.: Bericht über externe Aufgaben des Deutschen Museums, in: DMA, VA 2370.

Auers Definition der Aufgaben seiner Hauptabteilung aus. Das Organigramm wies allein für die erste von drei Abteilungen, »Wissenschaft und Bildung«, die aus den vier Gruppen »Wissenschaftliche Vorträge«, »Veröffentlichungen«, »Bildungsaufgaben in den Sammlungen« und »Museumswissenschaftliche Forschung« bestand, zwei Dutzend umfangreiche Funktionsfelder aus, welche die große Spannweite dieses Aufgabenfelds im neuen, wissenschaftsbasierten Identitätsentwurf des Deutschen Museums unterstrichen.[20]

Auers Problem war freilich, dass er zur Erledigung dieses umfangreichen Pflichtenkatalogs allein auf seine eigene Arbeitskraft zurückgreifen konnte. Sein breit gefächertes Konzept spiegelt den technokratischen Ansatz der späten 1960er-Jahre wider, der als »kurzer Sommer der konkreten Utopie« in Deutschland zahllose Ruinen der grassierenden Planungseuphorie hinterließ.[21] Wie so manches Projekt dieser Jahre im Deutschen Museum – etwa die Planungen für die Überdachung der Bibliotheksinnenhöfe, eine Parkinsel mitten in der Isar oder eine Allweg-Bahn als über dem Flussbett schwebende Verbindung zwischen Museum und Tierpark Hellabrunn – scheiterte die Auersche Konzeption des Deutschen Museums als großes museologisches Forschungszentrum an der ungeklärten Ressourcenfrage. Seine Idee, das von der DFG-Beratungskommission angeregte interdisziplinäre »Forschungsinstitut für Museumsmethodik« nach München zu holen, scheiterte aber auch an der mangelnden Akzeptanz der unmittelbar Betroffenen vor Ort. In dieser Phase fehlte sowohl in der Museumsführung als auch beim Stab der Konservatoren die Bereitschaft, sich intensiv mit den von Auer gepriesenen Methoden einer »modernen Museumstechnik« und der forschungsbasierten Konzipierung und Realisierung von Ausstellungen auseinander zu setzen. So kam nicht nur das Methodikinstitut nicht zustande; auch die von Kneißl angekündigte »Ständige Beratungsgruppe für die wissenschaftlich-technischen Sammlungen« unter der Führung von Auer blieb im Aufbau stecken. Es bedurfte einer gestiegenen Sensibilisierung der bundesdeutschen Museumsgemeinschaft für die Bedeutung der Museologie als wissenschaftliches Instrument der Qualitätssicherung von Ausstellungen und der Optimierung des musealen Bildungsauftrags, ehe das Deutsche Museum die Museumspädagogik und die Museologie als theoretisches und empirisches Handlungsfeld aufgriff – freilich auf schmalerer

---

20 DMA, VB 1964, S. 10f.
21 Michael Ruck: Ein kurzer Sommer der konkreten Utopie – Zur westdeutschen Planungsgeschichte der langen 60er-Jahre. In: Axel Schildt/Detlef Siegfried/Karl C. Lammers (Hrsg.): Dynamische Zeiten. Die 60er-Jahre in den beiden deutschen Gesellschaften. Hamburg 2000, S. 362–401; zum Folgenden ausführlich Mayr (Anm. 4), S. 186–193.

Grundlage, mit solider Finanzierung und mit einer realistischeren Zielsetzung, als sie Auer im planerischen Überschwang der 1960er-Jahre vorgeschwebt hatte.[22]

Politische Verpflichtung als Chance:
Der Wissenschaftsrat und die Reorganisation der Forschung

Dieses neue Selbstverständnis gewann in den 1980er-Jahren an Tiefe. Mit Otto Mayr stand ab 1983 ein Generaldirektor an der Spitze des Museums, der nicht nur im museumseigenen Forschungsinstitut zum Technikhistoriker ausgebildet worden war, sondern als langjähriger Konservator am National Museum of American History in Washington die konstitutive Bedeutung der Forschung für ein großes Technikmuseum von internationalem Rang kennen gelernt hatte. Mayr setzte alles daran, die wissenschaftliche Basis des Museums zu verbreitern und seine Sichtbarkeit in der internationalen Wissenschaftsgemeinschaft zu erhöhen. Als besonders zielführend erwies sich die Einwerbung eines von der VW-Stiftung ab 1987 finanzierten Graduiertenkollegs für Wissenschafts- und Technikgeschichte, aus dem im folgenden Jahrzehnt eine Reihe international vielbeachteter Arbeiten und hochqualifizierter Nachwuchswissenschaftler hervorgehen sollte.[23] Das Graduiertenkolleg verstärkte zudem die Klammer zwischen den drei historischen Forschungsinstituten am Museum, die hierdurch auf der Arbeitsebene zur verstärkten Kooperation veranlasst wurden. Die aus heutiger Sicht sehr günstige Finanzlage der öffentlichen Hand ermöglichte es Mayr, mit seinen Forderungen nach einer merklichen Ausweitung der Wissenschaftlerstellen bei der Politik durchzudringen. Dennoch saß auch er in der ›Ressourcenfalle‹, als es darum ging, einen zentralen Punkt seines Programms zur Verstärkung der Forschung durchzusetzen: die Einrichtung eines hauptamtlich agierenden Forschungsdirektors. Aus dieser Falle befreite ihn erst der Wissenschaftsrat, der 1989 in seinem Evaluierungsbericht dem Deutschen Museum genau dieses empfahl und einen weiteren Ausbau der wissenschaftlichen Kapazitäten sowie die Gründung eines Wissenschaftlichen Beirats forderte.[24] Mit diesem forschungspolitischen Trumpf in

---

22 Allerdings ließe sich einschränkend formulieren, dass Auers Initiative von der Mitte der 1970er-Jahre mit Unterstützung der VW-Stiftung ins Leben gerufenen Arbeitsgruppe Didaktik aufgegriffen wurde, deren Aktivitäten mit dem Ziel einer stärker didaktisch fundierten Ausstellungsgestaltung in den folgenden beiden Jahrzehnten reichlich Früchte trugen.

23 S. als ›Leistungsbilanz‹ im Überblick Ivo Schneider/Helmuth Trischler/Ulrich Wengenroth (Hrsg.): Oszillationen. Naturwissenschaftler und Ingenieure zwischen Forschung und Markt. München 2000; hierzu und zum Folgenden auch der Beitrag von Mayring in diesem Band.

24 Wissenschaftsrat: Empfehlungen zum Deutschen Museum, 27. 3. 1989.

der Hand ließen sich Vorbehalte im Verwaltungsrat des Museums und bei den Zuwendungsgebern beseitigen: 1991 wurde der Wissenschaftliche Beirat eingerichtet und ein Jahr später der Forschungsdirektor installiert.

Im Verlauf der 1990er-Jahre gelang es, wie der Wissenschaftsrat bei einer erneuten Evaluierung am Ende des Jahrzehnts anerkannte, das Forschungsinstitut und die Forschungsunterstützung durch Archiv und Bibliothek zu international führenden Einrichtungen weiter zu entwickeln: Die Drittmittelforschung wurde gestärkt, die Nachwuchsausbildung verbreitert, die wissenschaftliche Sichtbarkeit durch internationale Konferenzen und Tagungen verbessert, und die Publikationsaktivitäten wurden weiter nachhaltig gesteigert. Doch der Wissenschaftsrat stellte in seinen Empfehlungen vom Januar 2000 auch Defizite fest. Zwar sei es gelungen, die akademisch orientierte Forschung auf ein hohes Niveau zu bringen; darüber sei aber die sammlungsbezogene Forschung vernachlässigt worden, und die Konservatoren seien zu wenig in die Forschung einbezogen worden. Zudem fehle ein konsistentes, abteilungsübergreifendes Forschungsprogramm.[25]

Erneut wirkte die politische Verpflichtung zur Steigerung der Forschungsergebnisse als Chance, dies umso mehr, als die Zuwendungsgeber auf Empfehlung des Wissenschaftsrats dem Museum eine dreijährige Kürzung der Grundfinanzierung verordneten. Nun war es möglich, binneninstitutionelle Blockaden aufzubrechen, Vorbehalte der Mitarbeiterschaft gegenüber einer vermeintlichen Umverlagerung von Ressourcen auf Kosten der Ausstellungen auszuräumen und die Aufgabenfelder Forschung, Sammlung und Ausstellung enger zu verklammern. Als zentral erwies sich dabei die beratende Unterstützung durch den Wissenschaftlichen Beirat, der seit 2002 zudem die Aufgabe einer permanenten Evaluierung der Leistungen des Museums wahrnimmt. Der mittlerweile aus zwölf Wissenschaftlern aus Universität, Museum und Industrie bestehende Beirat berät das Museum auf allen wissenschaftsbezogenen Aufgabenfeldern, insbesondere aber bezüglich des Forschungsprogramms. Das aktuelle Programm basiert auf sechs Arbeitsschwerpunkten, unter denen die objektorientierte Forschung und die historische Innovationsforschung in Umfang und Qualität hervorstechen. Die Schwerpunkte historische Verkehrsforschung, Geschichte der Naturwissenschaften zwischen Kognition und Kontext, Wissenschaft und Öffentlichkeit und museologische Forschung komplettieren das Programm, dem in der jüngsten Evaluierung Konsistenz, Exzellenz und Zukunftsfähigkeit bescheinigt worden ist.[26]

25 Wissenschaftsrat: Vorläufige Stellungnahme zum Deutschen Museum vom 21. 1. 2000.
26 Senatsausschuss Evaluierung (Anm. 2).

Double Helix: Museum und Münchner Universitäten im Verbund

Die beiden aktuellen Hauptschwerpunkte der Objektforschung und der Innovationsforschung markieren zugleich die durchaus prekäre Balance des Museums zwischen musealer Relevanz und akademischer Orientierung. Schon um das Alleinstellungsmerkmal des Museums adäquat wirksam werden zu lassen, gilt es, den Bezug zu den Sammlungen und Ausstellungen in der Forschung zu stärken. Dieses Alleinstellungsmerkmal ist ein doppeltes. Es umfasst erstens die synergetische Verbindung von forschendem Museum, Archiv, Bibliothek und Objektsammlung. Welche Bedeutung den Objektsammlungen des Museums zukommt, unterstreicht der jüngste »(re)turn to the artefact« in der Wissenschaft, dem das Museum in seiner Forschung Rechnung trägt und Vorschub geleistet hat: durch seine Forschungsaktivitäten der letzten Jahre, durch eine seit 1996 laufende Kooperation mit dem Londoner Science Museum und der Smithsonian Institution in Washington und durch ein im Jubiläumsjahr des Museums aufgelegtes Scholar in Residence-Programm, das Gastwissenschaftlern und Museumsmitarbeitern die Möglichkeit für gemeinsame Projekte zur Objektforschung bietet.[27]

Das Alleinstellungsmerkmal des Museums umfasst zweitens die direkte Verbindung mit der akademischen Forschungslandschaft. Basierend auf der langen, in die frühen 1960er-Jahre zurückreichenden Tradition der fachlichen Zusammenarbeit schlossen sich die wissenschafts- und technikhistorischen Institute und Lehrstühle der Technischen Universität, der Ludwig-Maximilians-Universität, der Universität der Bundeswehr und des Deutschen Museums im »Münchner Zentrum für Wissenschafts- und Technikgeschichte« zusammen und verpflichteten sich, ihre Ressourcen in Forschung und Lehre aufeinander abzustimmen. Die Sichtbarkeit des Forschungsstandorts Deutsches Museum wurde nachhaltig gesteigert, größere Forschungsprojekte wurden begonnen, darunter erstmals in Deutschland eine Forschergruppe der DFG im Bereich der Wissenschafts- und Technikgeschichte, und schließlich gelang es auch, ein Magisterstudium in diesem Fach ins Leben zu rufen.

Die doppelte Verknüpfung der Forschung des Museums lässt sich mit dem Bild der Double Helix beschreiben, das anlässlich des 50. Geburtstags der Entdeckung der DNA durch Watson und Crick besonders nahe liegt. Hinter diesem Bild steht das Argument, dass die integrale Verbindung von musealer

---

27 Vgl. dazu Oskar Blumtritt/Ulf Hashagen/Helmuth Trischler: Artefakte ca. 1903: Methodische Konzepte – Überlegungen – Ergebnisse. In: dies. (Anm. 10, S. 9–30), sowie die vom National Museum of American History, Science Museum und Deutschen Museum gemeinsam getragene Schriftenreihe »Artefacts. Studies in the History of Science and Technology«.

und akademischer Forschung für beide Partner dieser Forschungskooperation eine Reihe von Vorteilen bietet, von denen einige hier nochmals hervorgehoben werden sollen: Erstens gewinnt der gemeinsame Forschungsstandort durch das Zusammenlegen der jeweiligen Ressourcen eine weitaus höhere Visibilität in der lokalen, nationalen und internationalen Wissenschaftslandschaft. Zweitens ermöglicht es die Breite des musealen Aufgabenfeldes, Nachwuchswissenschaftler auszubilden, die weitaus besser auf eine künftige Tätigkeit in Forschung oder Museum vorbereitet sind als üblich. Drittens gelingt es, größere, transdisziplinär ausgerichtete Forschungsprojekte zu bearbeiten. Viertens wird der Reichtum der archivischen, bibliothekarischen und Objektbestände des Museums für die Forschung und Lehre erschlossen.

Problemfelder

Im aktuellen wissenschaftsbasierten Identitätsentwurf des Deutschen Museums sind freilich auch zwei Problemfelder angelegt, die das Museum als Forschungsstandort charakterisieren: erstens das Oszillieren zwischen Geschichte und Gegenwart; zweitens das Changieren zwischen strukturell zunächst divergierenden Anforderungsprofilen, der akademischen und der musealen Aufgabe.

Das erstgenannte Problemfeld geht bereits auf den Gründungsentwurf des Museums zurück, in dem Geschichte und Aktualität von Naturwissenschaft und Technik als sich wechselseitig ergänzende Aufgabenfelder genannt wurden. Ein halbes Jahrhundert später war von einem »ausgewogenen Verhältnis« zwischen Geschichte und Aktualität die Rede, ohne dass klargestellt wurde, wie ein solches Verhältnis zu qualifizieren oder gar konkret zu quantifizieren wäre.[28] Und in der Tat verbietet sich jeder Quantifizierungsversuch, gerade auch heute, ein weiteres halbes Jahrhundert später. Denn Geschichte und Gegenwart bilden kein Gegensatzpaar, sondern sind eng aufeinander bezogen. Wie jede Geschichtsschreibung, so geht gerade auch die Wissenschafts- und Technikhistoriographie von aktuellen Problemen aus. Diese strukturelle Gegenwartsorientierung der Geschichte akzentuiert das Deutsche Museum, indem es sein Forschungsprogramm gezielt auf die Zeitgeschichte fokussiert und in zahlreichen Projekten die unmittelbare Vorgeschichte aktueller Problemlagen unserer Gesellschaft erforscht: ob in Projekten zur Verkehrsintegration Europas und zur Rolle der Technik für die europäische Integration im Allgemeinen, ob in Untersuchungen zur Innovationskultur in Deutschland oder in Arbeiten zum Ver-

28 Denkschrift (Anm. 14).

hältnis von Wissenschaft und Öffentlichkeit, stets geht es um das Ziel, im Rückgriff auf die Geschichte als Ideenvorrat Muster der Problemlösung zu identifizieren.

Das Changieren zwischen der akademischen und der musealen Aufgabe schließlich markiert eine im Arbeitsalltag vielfach unbequeme, letztlich aber produktive Spannung. So schwierig es im Einzelnen sein mag, den unterschiedlichen Anforderungskatalogen der universitäts- und der museumsbezogenen Funktionen von Forschung gerecht zu werden, so wichtig ist diese Spannung als Instrument der wissenschaftlichen Qualitätssicherung. Akademisch orientierte Forschung und Forschung in der Ausrichtung auf die musealen Sammlungen und Ausstellungen, dies zeigen exemplarisch jüngste Produkte aus der Werkstatt des Deutschen Museums, befruchten sich wechselseitig, und diese Befruchtung schlägt sich nieder in innovativen Forschungsperspektiven und Forschungsmethoden.[29]

2. Die Bibliothek des Deutschen Museums als Forschungsbibliothek für Naturwissenschafts- und Technikgeschichte

Die Gründung des Deutschen Museums erfolgte 1903 mit dem Ziel, breiten Bevölkerungsschichten naturwissenschaftlich-technische Bildung näher zu bringen. Dabei setzte Oskar von Miller mit der von Anfang an vorgesehenen Einrichtung einer Bibliothek und einer Plansammlung, aus der sich später das Archiv entwickelte, eigene Akzente. Weder das Pariser »Conservatoire des Arts et Métiers« (heute »Musée National des Techniques«) noch das Londoner »Kensington-Museum« (heute »Science Museum«), Millers Vorbilder, legten bei ihrer Gründung einen vergleichbaren Wert auf den Aufbau einer Bibliothek. Dies zeigt, welcher Wert in München im Gegensatz zu den Schwesterinstitutionen auf Bildung und Wissenschaft gelegt wurde.

Gründung und Ziele

Um 1900 stand das technische Bibliothekswesen Deutschlands noch am Anfang seiner Entwicklung. Von Bedeutung waren neben der Bibliothek des

---

29 Exemplarisch seien hier neben den in Anm. 27 erwähnten Arbeiten genannt: Jobst Broelmann: Intuition und Wissenschaft in der Kreiseltechnik 1750 bis 1930. München 2002; Walter Hauser (Hrsg.): Klima. Das Experiment mit dem Planeten Erde. München 2002; Cornelia Kemp/Susanne Witzgall (Hrsg.): Das zweite Gesicht. The Other Face. Metamorphosen des fotografischen Porträts. München 2002, und letztlich auch einige in diesem Band versammelte Beiträge.

Reichspatentamts vor allem die Bibliotheken der Technischen Hochschulen. Der Bestand dieser, überwiegend seit den 1830er-Jahren gegründeten Bibliotheken betrug selten mehr als 50.000 Bände. Die Versorgung ihrer Hochschulen mit der aktuell benötigten Literatur stand im Vordergrund. Keine dieser Bibliotheken sah es als ihre Aufgabe an, die ältere technische Literatur zu sammeln sowie die zeitgenössische naturwissenschaftlich-technische Literatur möglichst komplett zu erwerben. Breiten Bevölkerungskreisen Zugang zu bieten, lag diesen Bibliotheken denkbar fern.

Gerade aber die Neuerscheinungen in den Fächern Architektur und Ingenieurwissenschaften wiesen die höchsten Wachstumsraten auf. Allein in Deutschland stieg zwischen 1870 und 1900 die Zahl der Titel von 184 auf 793 Titel pro Jahr an, vervierfachte sich somit, ihr Anteil an der Jahrestitelproduktion nahm von 1,8 % auf 3,8 % zu. Die Entwicklung im Bereich Naturwissenschaften war bescheidener: von 617 auf 1.356 bzw. von 5,9 % auf 6,5 %. Um die Jahrhundertwende entfielen damit gut 10 % der deutschen Gesamtproduktion auf Technik und Naturwissenschaften.[30]

Vor diesem Zeithintergrund waren die Planungen Walther von Dycks, Rektor der TH München und Mitglied des Museumsvorstands, für die 1903 gegründete Bibliothek zukunftsweisend.[31] Dycks Ziel war der Aufbau einer Bibliothek, die »die moderne technische und wissenschaftliche Literatur vollständig enthält«.[32] Damit sollte Deutschland nichts weniger als eine »wissenschaftliche Zentralbibliothek für Technik, Mathematik und Naturwissenschaften« erhalten – eine für das damalige Bibliothekswesen geradezu revolutionäre Vorstellung, da um die Jahrhundertwende noch keine deutsche Bibliothek gesamtstaatliche Aufgaben wahrnahm.[33] Da sich Dyck bereits in internationalen bibliographischen Projekten engagiert hatte, kam sein Interesse für das Bibliothekswesen nicht von ungefähr. Bei den Arbeiten für die seit den späten 1890er-Jahren auf Initiative der britischen Royal Society erscheinende internationale naturwissenschaftliche Bibliographie, den »International Catalogue of Scientific Literature«, der alle größeren Länder ihre Neuerscheinungen meldeten, war Dyck zusammen mit Karl Dziatzko, Direktor der Universitätsbibliothek Göttingen, auf deutscher Seite federführend.[34] Mit der möglichst umfassenden Erwerbung der naturwissenschaft-

---

30 Weissenborn: Der Bücheretat der größeren deutschen Bibliotheken im Jahre 1913, historisch und kritisch gesehen. In: Zentralblatt für Bibliothekswesen 40 (1923), S. 280–292, hier S. 280f.; Georg Jäger: Der wissenschaftliche Verlag. In: ders. (Hrsg.): Geschichte des Deutschen Buchhandels im 19. und 20. Jahrhundert. Bd. 1, Teil 1. Frankfurt a. M. 2001, S. 423–472, hier S. 429.

31 Ulf Hashagen: Walther von Dyck (1856–1934). Stuttgart 2003, S. 364–365.

32 DMA, VB 1903/04, S. 31.

33 Ebd.

34 Vgl. Carl Junker: Ein internationaler Katalog der exakten Wissenschaften. In: Centralblatt für Bibliothekswesen 13 (1896), S. 505–510; Hashagen (Anm. 30), S. 471–482.

lich-technischen Literatur sollte die Museumsbibliothek nach Dycks Vorstellung zu einem »Sammelpunkt naturwissenschaftlich-technischer Arbeit« werden.[35]

Für den Aufbau der Bibliothek hoffte das Museum auf die Unterstützung von Autoren wie Verlegern. Dank Millers immensem Talent bei der Gewinnung finanzieller Förderer des Museums sollte dies tatsächlich gelingen. Bereits im ersten Jahr seines Bestehens stifteten viele prominente Naturwissenschaftler und Techniker, denen Miller oft eigenhändig geschriebene Bittbriefe schickte, ihre meist mit einer Widmung versehenen Publikationen der Bibliothek. Diese Tradition blieb bis nach dem Zweiten Weltkrieg lebendig, verlor jedoch seit den 1960er-Jahren stark an Bedeutung. Quantitativ von erheblich größerem Gewicht sollte aber langfristig die Gewinnung bedeutender Fachverlage als so genannte Stifterverlage sein. Der hohe Anteil von Literatur, die auf diesem Weg in das Museum kommt, ist bis heute ein besonderes Merkmal der Bibliothek geblieben.

Bis zur Eröffnung im Januar 1908 konnten auf diese Weise 20.000 Bände erworben werden. Die neueröffnete Bibliothek schloss offensichtlich eine Lücke, allein im ersten Öffnungsjahr 1908 wurde sie bereits von rund 9.000 Personen besucht.[36] Der ungehinderte Zugang zu einer Bibliothek dieser Größe stellte für die Münchner zu dieser Zeit noch etwas Außergewöhnliches dar, weil die Benützung der großen Bibliotheken am Ort – Hofbibliothek, Universitätsbibliothek und Bibliothek der Technischen Hochschule – einem eng umgrenzten Benutzerkreis vorbehalten war. Das kommunale Bibliothekswesen war noch bescheiden und bot vor allem keine naturwissenschaftlich-technische Fachliteratur. Untergebracht war die Bibliothek zu dieser Zeit in einem Lesesaal im provisorischen Museumsgebäude im Alten Nationalmuseum. Bis zum September 1923 blieb die Bibliothek dort und zog dann in die Schwere-Reiter-Kaserne nahe dem 1925 eröffneten Museumsbau. Doch blieb dieser Standort eine kurze Episode, da 1931/32 der Umzug in das neu errichtete Bibliotheksgebäude auf der Museumsinsel erfolgen konnte.

Der Bibliotheksneubau und seine amerikanischen Vorbilder

Die 1908 bezogenen Räumlichkeiten waren von Anfang an nur als Provisorium gedacht. Geplant war, auf der heutigen Museumsinsel, gegenüber dem seit 1906 im Bau befindlichen Sammlungsgebäude, ein repräsentatives, den Zielen Dycks angemessenes Bibliotheksgebäude zu errichten. Für dessen ar-

---

35 DMA, VB 1903/04, S. 31.
36 Statistik des Museumsbesuchs, DMA, VA 3939.

chitektonische Gestaltung und Einrichtung wie auch für den künftigen Bibliotheksbetrieb sollten Vorbilder in den USA, die man auf mehreren Studienreisen kennen lernte, von entscheidender Bedeutung werden.

Bereits 1912 zeigte sich eine achtköpfige Kommission unter Leitung Dycks und Millers nach einer USA-Reise von den dortigen Museums- und Bibliotheksbauten außerordentlich beeindruckt. Die amerikanischen Bibliotheken waren im Vergleich zu Deutschland bei langen Öffnungszeiten leicht zugänglich. Als weitverbreitet erwiesen sich dort bereits Zettelkataloge, während hier noch allgemein Bandkataloge vorherrschten. Zudem verfügten sie über hervorragende Arbeitsmöglichkeiten, weniger der geräumigen Lesesäle mit ihren großen Freihandbeständen wegen als wegen der sehr beliebten kleinen Leseräume mit ihrer intimen Arbeitsatmosphäre, heute als Carrels bekannt. Miller verwirklichte sie als sogenannte Forscherzimmer im Deutschen Museum, womit sie erstmals in Deutschland Eingang fanden.[37] Im Sommer 1926 empfing der Baudirektor des Deutschen Museums, Albert Koch, weitere Anregungen, die Adolf Moshammer, der Leiter der Museumsbibliothek, zusammen mit German Bestelmeyer, der Architekt des damals bereits begonnenen Neubaus, drei Jahre später besonders in Chicago und New York abschließend vertieften.

Die großzügige Gestaltung der Lesesäle mit ihren umfangreichen Freihandbeständen samt ihren bei den Besuchern beliebten hölzernen Drehstühlen, die Auslegehallen und Forscherzimmer gehen somit direkt auf amerikanische Vorbilder zurück. Unmittelbar übernommen wurde zudem das Modell der Präsenzbibliothek, das an den größeren Bibliotheken Deutschlands bis dahin nur in der Deutschen Bücherei in Leipzig Verwirklichung gefunden hatte. Die damit verbundene Sofortbedienung war vor dem Zweiten Weltkrieg allerdings nicht nur in den USA, sondern auch an den technischen Bibliotheken Deutschlands üblich. Deshalb sollte am Deutschen Museum der Besucher ebenfalls nicht länger als eine Viertelstunde auf seine Bücher warten müssen. Selbstverständlich übernahm man auch die für heutige Maßstäbe sehr großzügigen Öffnungszeiten. Mit der Samstags- und Sonntagsöffnung bei voller Bedienung des Magazins ist die Bibliothek des Deutschen Museums bis heute im deutschen Bibliothekswesen eine seltene Ausnahme geblieben.

Während der von 1906 bis 1925 errichtete Sammlungsbau überwiegend von der Industrie finanziert wurde, war Ähnliches während der Weltwirtschaftskrise nicht zu erwarten. Retter in der Not war Hjalmar Schacht, Präsident der Reichsbank und von 1928 bis 1931 Vorsitzender im Vorstandsrat des Deutschen Museums. Da sich Schacht von Staatsaufträgen eine Belebung

37 DMA, VB 1911/12, S. 22ff.

der Wirtschaft erhoffte, wurde zur Finanzierung des Gebäudes eine Anleihe aufgelegt. Hätte Oskar von Miller nicht weitblickend Schacht für den Vorstandsrat gewonnen, wäre die Bibliothek des Deutschen Museums vermutlich nie in der heute bestehenden Form verwirklicht worden.[38]

Für den Bibliotheksbau war 1927 ein Architektenwettbewerb ausgeschrieben worden, der die Grundlage für die von Bestelmeyer endgültig ausgearbeiteten Pläne lieferte. Nach der Grundsteinlegung im September 1928 konnte der Rohbau bis Mai 1930 fertiggestellt werden. Das Gebäude, der bei weitem größte deutsche Bibliotheksneubau der Zwischenkriegszeit, wurde als Stahlskelettbau mit Betonrippendecken errichtet, wobei 3.000 t Stahl Verwendung fanden.[39] Mit der Eröffnung am 7. Mai 1932 krönte Oskar von Miller sein Lebenswerk. Mit ihren 700 Arbeitsplätzen, einem Freihandbestand von 11.000 Bänden und einem für eine Million Bände angelegten Magazin erregte die neue Bibliothek internationales Aufsehen. Selbst die »New York Times« berichtete darüber in einem ganzseitigen Artikel.[40]

Der Vergleich mit zeitgenössischen Bibliotheksumbauten in Hannover und Berlin verdeutlicht die Großzügigkeit der Gestaltung. Die Bibliothek der TH Hannover erhielt in den 1920er-Jahren einen neuen Lesesaal mit 64 Sitzplätzen sowie einen Zeitschriftenlesesaal für weitere 56 Besucher. Damit standen dort insgesamt 120 Arbeitsplätze zur Verfügung, was eine deutliche Verbesserung darstellte. Für die Besucher verbesserte sich in Hannover der Zugriff auf die Literatur ganz erheblich, da der Lesesaal eine Freihandbibliothek mit rund 4.500 Bänden und der Zeitschriftenlesesaal eine Zeitschriftenauslage mit rund 650 Zeitschriften bot.[41] Daneben wurde in den 1920er-Jahren lediglich noch an der Bibliothek der TH Berlin ein bescheidener Umbau durchgeführt. 1925 erhielt diese ein neues Magazin, das über 50.000 Bände aufnehmen konnte.[42]

Die Neu- und Umbauten technischer Bibliotheken in den 1920er-Jahren spiegeln den steigenden Bedarf an technischer Literatur wider. Vor allem berufstätige Ingenieure versuchten sich verstärkt über die aktuelle technische Entwicklung auf dem Laufenden zu halten. Gestiegene berufliche Anforde-

38 DMA, JB 1981, S. 15ff.

39 Vgl. zum Bibliotheksbau Guido Harbers: Neubau des Bibliothek- und Saalgebäudes beim Deutschen Museum in München (Skizzenwettbewerb). In: Der Baumeister 25 (1927), S. 309–336; German Bestelmeyer: Der Studienbau des Deutschen Museums in München. In: Deutsche Bauzeitung 62 (1928), S. 645–648.

40 Oskar von Miller: A great library for self education. In: The New York Times v. 31. 7. 1932.

41 Die neuen Räume der Technischen Hochschule Hannover. Den Teilnehmern der 11. Hannoverschen Hochschultage (29. und 30. November 1929) überreicht von Oberbibliothekar Paul Trommsdorff. Hannover 1929.

42 Karl Diesch: Bibliothek der Technischen Hochschule. In: Zentralblatt für Bibliothekswesen 43 (1926), S. 283f.

58   Blick von der Ludwigsbrücke auf das im Bau befindliche Bibliotheksgebäude des Deutschen
Museums. Das zwischen 1928 und 1932 errichtete Gebäude war in der Zwischenkriegszeit Europas
größter Stahlskelettbau und gleichzeitig der größte deutsche Bibliotheksneubau dieser Zeit.
DMA, BN 09228

rungen dürften zusammen mit der angespannten Lage auf dem Arbeitsmarkt
Ursache dieses gesteigerten Fortbildungsbedürfnisses gewesen sein. Wie groß
die Nachfrage nach technischer Literatur war, zeigt sicherlich das Beispiel Berlin am besten. Dort standen mit der Bibliothek der Technischen Hochschule
und des Reichspatentamts große technische Bibliotheken zur Verfügung. Die
Benützung der Bibliothek des Reichspatentamts stieg in den 1920er-Jahren
kontinuierlich an und hatte sich 1925 mit knapp 180.000 Bestellungen gegenüber 1911 mit 52.000 Bestellungen mehr als verdreifacht.[43] Hinzu kamen einige, teilweise ebenfalls sehr gut ausgestattete Unternehmens- und Vereinsbib-
liotheken. Da die Preußische Staatsbibliothek und die Universitätsbibliothek
die preußischen Pflichtexemplare erhielten, hatten auch diese Bibliotheken
einen sehr umfangreichen Bestand an technischer Literatur. Die Preußische
Staatsbibliothek richtete für diesen zunehmend an Bedeutung gewinnenden
Nutzerkreis in den 1920er-Jahren sogar einen eigenen Lesesaal ein.

43 Paul Otto: Die Bibliothek des Reichspatentamts. In: Zentralblatt für Bibliothekswesen 44 (1927),
    S. 288–293.

59   Die beiden Lesesäle der Museumsbibliothek mit ihrem original erhaltenen Mobiliar bieten heute rund 160 Besuchern Platz. Umfangreiche, für jedermann zugängliche Freihandbestände waren vor dem Zweiten Weltkrieg in deutschen Bibliotheken ein Novum. Darin spiegelt sich die US-amerikanische Bibliotheksarchitektur der Zeit wider.
DMA, BN R6264–06

Der Bibliotheksbetrieb zwischen den Kriegen

Die Bibliothek des Deutschen Museums machte ihre Bestände seit der Wiedereröffnung für den Benutzerverkehr im Frühjahr 1919 über einen Zettelkatalog zugänglich. Dieser ersetzte den bereits 1907 veröffentlichten systematischen Bandkatalog. Gleichzeitig wurde mit der bis heute gepflegten Aufsatzerschließung begonnen. Dabei wurden bis 1934 sowohl naturwissenschafts- und technikgeschichtliche als auch technische Aufsätze erfasst. Ab 1934 erfolgte die Einschränkung auf historische Aufsätze; diese werden seitdem kontinuierlich ausgewertet. Dies spiegelt die schon damals große Bedeutung der Aufsatzliteratur in den Naturwissenschaften und der Technik ebenso wider wie die allgemein schlechte Nachweissituation. Während die Hochschulbibliotheken bis dahin ausschließlich Monographien verzeichneten, bemühten sich deshalb verschiedene Einrichtungen um die Erfassung von Zeitschriftenaufsätzen. Mit den Bibliotheken des »Vereins für die bergbaulichen Interessen«, des »Vereins deutscher Eisenhüttenleute« und der Bayer-Werke leisteten Mitte der 1920er-Jahre drei bedeutende Institutionen dokumentarische Arbeit. Namhafte Wissenschaftler – etwa Wilhelm Ostwald – betonten, dass dies wegen der Fülle der Fachpublikationen unverzichtbar sei.[44]

In der Zwischenkriegszeit diskutierten Expertengremien die Errichtung einer »technischen Hauptbücherei« für die flächendeckende Versorgung Deutschlands mit technischer Literatur. Dabei wurde vorgeschlagen, den ursprünglichen Gedanken Dycks aufgreifend, die Bibliothek des Deutschen Museums zu einer technischen Zentralbibliothek auszubauen. Das lag nahe, war sie doch nach der des Reichspatentamts und der TH Berlin die drittgrößte technische Bibliothek Deutschlands. Mit ihrem umfangreichen Zeitschriftenbestand übertraf sie sowohl die TH-Bibliotheken als auch die großen Unternehmensbibliotheken bei weitem.[45] Doch wandten sich namhafte Bibliothekare dagegen und forderten stattdessen sowohl den verstärkten Ausbau der regionalen technischen Bibliotheken wie auch die stärkere Berücksichtigung der Technik durch kommunale Bibliotheken. Dieser Widerstand führte dazu, dass vor dem Zweiten Weltkrieg die Planungen für eine technische Zentralbibliothek in Deutschland nicht verwirklicht wurden.

Während hier lediglich diskutiert wurde, setzten die Briten das Konzept einer »National Central Library of Science and Technology« praktisch um. Die 1883 gegründete Bibliothek des Londoner Science Museum, das britische Gegenstück der Bibliothek des Deutschen Museums, übernahm in der Vorkriegszeit diese Rolle. Mitte der 1930er-Jahre hatte sie einen Bestand von rund 250.000 Bänden, der jährliche Zuwachs lag bei 10.000 Einheiten. Mit etwa 9.000 laufenden Zeitschriften übertraf sie die Münchner Schwesterbibliothek bei weitem.[46]

Die Bibliothek des Deutschen Museums, die beim Bezug des Neubaus 1932 rund 150.000 Bände besaß, wuchs bis Kriegsbeginn um weitere 60.000 Bände. Die Zahl der laufenden Zeitschriften betrug 1.200. Unter den zahlreichen Stiftern der Vorkriegszeit ist die so genannte Frauenspende besonders zu erwähnen. Diese wurde 1930 von Lotte Willich gegründet; ihrem Ausschuss gehörten vor allem Ehefrauen von Industriellen und Wissenschaftlern an. Für die Frauen-

44 Albert Predeek: Die Bibliotheken und die Technik. In: Zentralblatt für Bibliothekswesen 44 (1927), S. 462–485; Volkmar Wittmütz: Bestandsentwicklung und Bestand der Bergbau-Bücherei in Essen, Deutschland. In: Das kulturelle Erbe geowissenschaftlicher und montanwissenschaftlicher Bibliotheken. Wien 1996, S. 383–387, hier S. 386.

45 Ludwig Hartmann: Die provisorische Bibliothek des Deutschen Museums. In: Deutsches Museum: Abhandlungen und Berichte 2 (1930), S. 17–31; Wilhelm Riedner: Die Bibliothek. In: Conrad Matschoß (Hrsg.): Das Deutsche Museum. Berlin ³1933, S. 388–394.

46 H. Philip Spratt: Libraries for scientific research. London 1936, S. 19f.

spende konnte Willich auch Unterstützung in den USA gewinnen. Mit großem Elan wurde das Ziel verfolgt, für die Museumsbibliothek naturwissenschaftlich-technische und vor allem von Frauen verfasste Literatur zu sammeln. Bis Kriegsbeginn konnten auf diese Weise rund 2.000 Bücher erworben werden, darunter die Jahrgänge 1665 bis 1781 des berühmten »Journal des savants«.[47]

Die Museumsbibliothek stieß nach der Eröffnung des Neubaus auf begeisterten Zuspruch. In den Vorkriegsjahren wurde sie jährlich von rund 150.000 Lesern besucht. Die neue Bibliothek war im eigenen Selbstverständnis in gleichem Maße eine öffentliche wie eine wissenschaftliche Bibliothek. Dem Anspruch, für die breite Öffentlichkeit da zu sein, kam vor allem die »Bücherschau« entgegen. Mit rund 600 Monographien und populären Zeitschriften, die wie in einer Buchhandlung ausgelegt waren, sollte Schülern und der breiten Öffentlichkeit unabhängig vom Katalog ein erster, unkomplizierter Zugang zur technischen Literatur geboten werden. Die noch für heutige Maßstäbe ungewöhnlich lange Gesamtöffnungzeit von 81 Stunden pro Woche, vor allem die Öffnung am Samstag und Sonntag, trug ein Übriges zur großen Beliebtheit bei.

Während des Zweiten Weltkriegs konnte der Betrieb bis 1944, als auch der Bibliotheksbau Bombenschäden erlitt, weitgehend aufrechterhalten werden. Das als Magazin vorgesehene Obergeschoss wurde durch Brand schwer beschädigt. Glücklicherweise befanden sich jedoch die gesamten, nicht ausgelagerten Bestände zu dieser Zeit noch im Erdgeschoss, das unversehrt blieb. Diesem Umstand ist es vor allem zu verdanken, dass keine Bestandsverluste zu beklagen waren.[48] Wie bei vielen Bibliotheken war aber der wertvollste Teil des Bestands, an die 20.000 Bände, ausgelagert worden. Der Rücktransport dieser Rara-Bestände und wertvollen Zeitschriften erfolgte zum Großteil bereits in der zweiten Jahreshälfte 1945.[49]

Die Bibliothek in den Nachkriegsjahrzehnten

Die Bibliothek des Deutschen Museums war nach Kriegsende die einzige voll funktionsfähige größere Bibliothek Münchens. Bereits im Dezember 1945 öffnete sie wieder für den Publikumsverkehr. Die Bibliotheksräume waren jedoch anfangs im Erdgeschoss zusammengedrängt, alle übrigen Teile von der UNRRA (United Nations Relief and Rehabilitation Administration) belegt.

---

47 DMA, VA 6153; Lotte Willich: Die Frau 47 (1940), S. 333f.
48 Karl Bäßler: Die Kriegsschäden im Deutschen Museum in München und ihre Behebung. In: Zeitschrift des VDI 90 (1948), S. 235f.
49 DMA, VA 6150.

Erst nach deren Auszug konnte die Bibliothek 1949 wieder ihren Lesesaal im ersten Stock in Betrieb nehmen. Heute zählt dieser zu den wenigen noch original erhaltenen Lesesälen der Zwischenkriegszeit. Doch wurde ein großer Teil des Bibliotheksgebäudes noch über viele Jahre von der Technischen Hochschule, der Universität, der Lehrerbildungsanstalt Pasing und dem nach München übergesiedelten Deutschen Patentamt genutzt.[50] Die dadurch stark beschränkte Zahl der Arbeitsplätze, aber auch die mangelnde Beheizung in den Wintermonaten führten dazu, dass die Besucherzahlen in der unmittelbaren Nachkriegszeit nur langsam wieder anstiegen. Wegen der deutlichen Verringerung der Öffnungszeiten, von 81 auf 63 Wochenstunden, konnte das Niveau der Vorkriegszeit aber auch langfristig nicht wiedererreicht werden.

Den Lesern standen 1950 rund 300.000 Bände zur Verfügung, doch fehlten die Mittel für größere Neuerwerbungen. Anlässlich der Fünfzigjahrfeier des Museums 1953 verpflichteten sich 124 Verleger mit einer Stiftungsurkunde, die bei ihnen erscheinenden naturwissenschaftlichen und technischen Werke der Bibliothek kostenlos zu überlassen.[51] Die seit der Gründung bestehende Tradition wurde damit auf eine neue, formelle Grundlage gestellt.

Trotz allem verlor die Bibliothek wegen geringer Etatsteigerungen jedoch seit Beginn der 1960er-Jahre bei der Erwerbung der naturwissenschaftlichen und technischen Neuerscheinungen im Vergleich zu den technischen Hochschulbibliotheken zunehmend den Anschluss. Mitte der 1970er-Jahre lagen die Erwerbungsmittel einer TU-Bibliothek im Mittel bereits um das Zehnfache höher. Die gleiche Tendenz zeigte sich auch beim Personalbestand, den die Bibliothek ganz im Gegensatz zu den Hochschulbibliotheken auch in den 1960er- und 1970er- Jahren nicht verändern konnte. Alle Appelle der Bibliotheksleitung, die finanzielle Ausstattung deutlich zu verbessern, blieben letztlich unbeachtet. Der Anspruch einer Universalbibliothek für Naturwissenschaften und Technik musste dem Selbstverständnis als Forschungsbibliothek für Naturwissenschafts- und Technikgeschichte weichen. Gleichzeitig erlangte sie jedoch in diesen Jahrzehnten unter der Leitung von Friedrich Klemm einen hervorragenden Ruf unter Naturwissenschafts- und Technikhistorikern. Ihr weltweit einmaliger Bestand an Quellenwerken trug wesentlich dazu bei, dass sich, wie oben skizziert, am Deutschen Museum ein Zentrum wissenschafts- und technikhistorischer Forschung herausbildete.

Von größter Bedeutung für die Entwicklung zu einer im Kern kulturhistorischen Bibliothek war auch die Entscheidung der DFG, die neu einzurichtende Zentrale Fachbibliothek für Technik an der TH Hannover anzusiedeln.

50 DMA, VB 1948/49, S. 23; Der Wiederaufbau des Deutschen Museums in München. München 1953; vgl. auch Mayr (Anm. 4), S. 44–49.
51 DMA, VB 1952/53, S. 18f.

Diese Entscheidung traf die DFG trotz des wesentlich umfangreicheren Altbestands der Museumsbibliothek. Dycks Vision, die Schaffung einer Zentralbibliothek für Technik, Mathematik und Naturwissenschaften am Deutschen Museum, war damit endgültig gescheitert. Die 1959 gegründete Technische Informationsbibliothek wurde der Bibliothek der TH Hannover wohl vor allem deshalb angegliedert, weil die Verbindung mit einer leistungsfähigen Hochschulbibliothek nahe liegend erschien. Hannover war dafür ideal geeignet, da die Bibliothek durch den Krieg ebenfalls keine Bestandsverluste erlitten hatte und auch die Kataloge erhalten geblieben waren. Die Hauptaufgabe der Technischen Informationsbibliothek wurde in der Beschaffung der technischen Spezialliteratur gesehen.[52]

Die Museumsbibliothek heute

Der Bestand der Museumsbibliothek umfasst heute rund 875.000 Bände, etwa je zur Hälfte Monographien und Zeitschriften. Da die vor 1903 erschienene naturwissenschaftlich-technische Literatur von Anfang an in großer Breite erworben werden konnte, reicht der Bestand vom Beginn des Buchdrucks bis zur Gegenwart. Vor allem auf der umfangreichen Sammlung der Literatur von der Frühen Neuzeit bis zur Mitte des 20. Jahrhunderts fußt der heutige Anspruch als Forschungsbibliothek für Naturwissenschafts- und Technikgeschichte.

Unter Fachwissenschaftlern besonders bekannt ist die Sammlung Libri rari, ein rund 5.000 Werke umfassender Bestand vor 1750 erschienener naturwissenschaftlich-technischer Literatur. Klassiker wie Georg Agricola, Isaac Newton oder Leonhard Euler sind hier ebenso im Original zu finden wie die sehr seltenen populärwissenschaftlichen Werke der Frühen Neuzeit. Die Forschung konzentriert sich in der Gegenwart jedoch vorrangig auf Themen des 19. und vor allem 20. Jahrhunderts. Stärker als die Sammlung Libri rari wird deshalb heute der etwa 300.000 Bände umfassende Bestand vom Beginn des 19. bis zur Mitte des 20. Jahrhunderts benützt. Gewachsen ist diese Quellenbasis nicht zuletzt durch die großzügigen Stiftungen von Privatpersonen, wobei häufig mit den Büchern auch Archivalien und Objekte aus Nachlässen übernommen wurden. Nicht selten gelang es, ganze Bibliotheken von Sammlern und Wissenschaftlern wie auch Institutionen zu erwerben. Die bedeutendste derartige Übernahme war die der 25.000 Bände umfassenden Bibliothek des Polytechnischen Vereins 1948 mit einem wertvollen Bestand an Monographien und Zeitschriften des 19. und 20. Jahrhunderts, dazu auch zahlreichen Patentschriften.

---

52 Ekkehart Vesper: Die Technische Informationsbibliothek Hannover als zentrale Fachbibliothek für Technik. In: Zeitschrift für Bibliothekwesen und Bibliographie 14 (1967), S. 15–22.

Sie trug damit nicht unwesentlich zu der umfangreichen Patentschriftensammlung der Bibliothek bei. Neben den deutschen Patenten bis 1970 sind heute ein vollständiger Satz der britischen Patente der Jahre 1617 bis 1905 wie auch die Patentschriften Frankreichs, Österreichs, der Schweiz und der USA zu finden. Die Bibliothek des Deutschen Museums verfügt damit über eine breite, in ihrer Art einzigartige, die Schwesterinstitutionen in Paris, London und Washington deutlich übertreffende Sammlung an Quellenwerken.

Da seit 1960 die Erwerbungsmittel zunehmend hinter denjenigen der technischen Hochschulbibliotheken zurückgeblieben sind, hat sich der Schwerpunkt der Neuerwerbungen immer stärker auf die naturwissenschafts- und technikhistorische Spezialliteratur konzentriert. Der Gesamtwert des jährlich rund 7.000 Bände umfassenden Zugangs liegt traditionell – so 2002 mit 625.000 Euro – um ein Mehrfaches über dem jährlichen Etat. Darin spiegeln sich die der Bibliothek zufließenden Stiftungen ebenso wider wie die umfangreichen Tauschbeziehungen. Ein wesentlicher Teil der laufend bezogenen rund 3.500 Periodika wird auf diese Weise erworben.

Erst zur Jahreswende 1995/96 wurde im Rahmen des Bibliotheksverbunds Bayern mit der EDV-Katalogisierung begonnen. Die Bibliothek des Deutschen Museums bildete damit das Schlusslicht unter den großen technischen Bibliotheken Deutschlands. 1999 konnte der seit 1977 geführte Zettelkatalog retrokonvertiert werden. Die Literatur der Erscheinungsjahre ab 1977 sowie ein leider erst geringer, aber ausgewählt wertvoller Teil der älteren Bestände ist heute über den WWW-OPAC der Bibliothek des Deutschen Museums und den WWW-OPAC des Bibliotheksverbunds Bayern weltweit recherchierbar. Vom Gesamtbestand sind zwischenzeitlich rund ein Drittel der Monographien und ein Viertel der Zeitschriften im Bayerischen Verbundkatalog nachgewiesen.

Größere Stichproben haben ergeben, dass die Titel der Erscheinungsjahre 1751 bis 1799 zu 32 % und der Erscheinungsjahre 1800 bis 1840 zu 55 % nicht in der Verbund-Datenbank nachgewiesen sind. Für die Jahre 1841 bis 1931 liegt die Quote mit 73 % noch höher. Nur ein Achtel der Werke der Sammlung Libri rari sind dagegen bisher nicht im Bayerischen Verbundkatalog nachgewiesen. Es zeigt sich damit sehr deutlich, dass die unikalen Bestände der Museumsbibliothek vor allem aus dem Zeitraum zwischen 1800 und 1930 stammen. Nach den bisherigen Erfahrungen ist festzustellen, dass die Bibliothek des Deutschen Museums bei einem erheblichen Teil der naturwissenschaftlich-technischen Literatur des 19. und frühen 20. Jahrhunderts im Alleinbesitz ist und damit ein wichtiges Alleinstellungsmerkmal besitzt.

Die Bibliothek des Deutschen Museums ist bis heute eine öffentlich zugängliche, während des gesamten Wochenendes geöffnete Präsenzbibliothek geblieben. Die Kernklientel sind die Mitarbeiter des Deutschen Museums sowie des Münchner Zentrums für Wissenschafts- und Technikgeschichte. Unabhängig von diesen Institutionen und deren Gastwissenschaftlern nutzen aber auch zahlreiche andere Wissenschaftler die Bibliothek. Primär wendet sich die Bibliothek, wie es Oskar von Millers Ziel war, auch weiterhin an das breite Publikum, das sich über aktuelle Entwicklungen in Naturwissenschaften und Technik ein Bild machen möchte.

Den ursprünglichen Anspruch, die zentrale Bibliothek für wissenschaftlich-technische Literatur in Deutschland zu werden, hat das Deutsche Museum nie einlösen können. Allerdings hat die Museumsbibliothek dank einer in den ersten zwei Dritteln des 20. Jahrhunderts intensiven Erwerbungstätigkeit einen großen Fundus älterer Quellenliteratur zusammengetragen. So hat sie nahezu unmerklich den Übergang zu einer Forschungsbibliothek für Naturwissenschafts- und Technikgeschichte vollzogen und auf diese Weise in einer sich ausdifferenzierenden Bibliothekslandschaft ihr Profil schärfen können.

3. Das Archiv des Deutschen Museums

Die Errichtung eines eigenen Archivs am Deutschen Museum geht direkt in die Gründungszeit zurück. Bereits die ersten Aufrufe formulierten im Mai 1903 die Notwendigkeit eines Archivs, die Satzung vom 28. Dezember des gleichen Jahres fixierte diese Absichtserklärung auch formal.[53]

Die frühe Institutionalisierung eines Archivs zeigt die Bedeutung, die es im Gesamtkonzept des Museums hatte. Die Gründungsväter des Deutschen Museums strebten nicht allein nach dem Aufbau von Objektsammlungen und Ausstellungen, vielmehr wollten sie die Überlieferung einer technisch-wissenschaftlichen Kultur insgesamt gesichert wissen. In diesem Sinne bildeten Museum, Bibliothek und Archiv eine Einheit. In den Ausstellungen sollte der Besucher die Entwicklung von Naturwissenschaft und Technik besichtigen, in der Bibliothek anhand eines umfassenden Buchbestandes vertiefte Studien betreiben und schließlich im Archiv historische Originaldokumente bedeutender Wissenschaftler, Techniker, Ingenieure und Industrieller studieren

---

53 Rundschreiben vom 17. 6. 1903, DMA, VA 3969; Satzung 1903 (Anm. 3), § 2 Abs. 1. – Literatur zum Archiv: Friedrich Klemm: Technische Zeichnungen und Pläne des 18. und 19. Jahrhunderts. Aus den Schätzen der Plansammlung der Bibliothek des Deutschen Museums. In: Deutsches Museum: Abhandlungen und Berichte 25 (1957), H. 1, S. 42–45; Alfred Opitz: Die Sondersammlungen der Bibliothek des Deutschen Museums in München. In: Der Archivar 22 (1969), Sp. 191–196; Rudolf Heinrich: Die Sondersammlungen und Archive des Deutschen Museums. In: Archiv und Wirtschaft 21 (1988), S. 47–55; Wilhelm Füßl/Eva A. Mayring: Eine Schatzkammer stellt sich vor. Das Archiv des Deutschen Museums zu Naturwissenschaft und Technik. München 1994; Wilhelm Füßl: Das Verwaltungsarchiv des Deutschen Museums. In: Archiv und Wirtschaft 27 (1994), S. 112–116.

können. Dahinter stand die generelle Absicht, Technik als Kulturleistung aufzuwerten.

Frühe Sammlungskonzeptionen

Diese Konzeption war 1903 durchaus neuartig. Vergleichbare Museen in Paris, London oder Berlin (Conservatoire des Arts et Métiers, South Kensington Museum, Urania) besaßen einen solchen kombinierten Sammlungsanspruch nicht. Die bestehenden deutschen Landes-, Staats- und Hofbibliotheken oder auch die Bibliotheken der Hochschulen wiederum sammelten kaum Originaldokumente aus Naturwissenschaft und Technik. Daher gab es für das Archiv des Museums ein weites Betätigungsfeld. Allerdings waren die Intentionen der Museumsgründer in den Aufbaujahren relativ unscharf und durchaus Perspektivwechseln unterworfen. Insgesamt lassen sich in der Gründungsphase von 1903 bis etwa 1913 vier markante Zielrichtungen bei der Sammlung von Archivgut erkennen:

1. Nutzung von Originaldokumenten für museale Ausstellungen;
2. Verknüpfung der archivischen Sammlungstätigkeit mit einem historistisch bestimmten Geschichtsbild von »Männer machen Geschichte«;
3. Aufbau eines Fundus für die historische Forschung;
4. Sammlung von Dokumenten für die praktische Anwendung.

Unschwer ist zu erkennen, dass die Museumsgründer anfangs einen engen Bezug archivischer Sammlungen zu den Ausstellungen sahen. Gemäß dem Anspruch, die Entwicklung von Naturwissenschaft und Technik anhand von herausragenden Meisterwerken und exponierten Persönlichkeiten darzustellen, umschrieb Oskar von Miller den Nutzen des Archivs im Jahr 1904 so:

> »Im Anschluss an die Bibliothek und Plansammlung sollen alte Originalzeichnungen, Urkunden und Autogramme ausgestellt werden, die Zeugnis von dem Schaffen und Wirken großer Männer in vergangenen Zeiten geben sollen. Damit aber das Andenken an die bahnbrechenden Forscher und Techniker im Volk dauernd erhalten bleibe, ist auch die Aufstellung von Büsten und Porträts der hervorragendsten Männer der Naturwissenschaft und Technik in Aussicht genommen [...].«[54]

---

54 DMA, VB 1903/04, S. 26. Die historische Terminologie verwendet die Begriffe »Archiv«, »Plansammlung« oder »Handschriftensammlung« unspezifiziert und teilweise parallel; eine spätere Bezeichnung war »Sondersammlungen«. Zur Vereinfachung wird im Folgenden der heute übliche Begriff des »Archivs« in Abgrenzung zu dem der »Bibliothek« benützt.

Entscheidend war, die Highlights der Technik- und Wissenschaftsentwicklung durch Originaldokumente zu sammeln und diese öffentlich sichtbar werden zu lassen. In den Anfangsjahren spielte der Aspekt der Bedienung der Ausstellungen mit attraktiven Originalhandschriften, Fotografien und Plänen eine mindestens ebenso große Rolle wie die Funktion der Bewahrung zentraler Archivalien; konservatorische Bedenken gegen diese Praxis wurden zurückgestellt. Schon bei der Gründung war für die provisorischen Sammlungen in Alten Nationalmuseum im zweiten Stock direkt neben dem Lese- und Zeichensaal ein »Ausstellungssaal für Urkunden« vorgesehen, der mit herausragenden Einzelarchivalien bestückt werden sollte.[55] Dieser eigene Ausstellungsraum wurde letztlich nicht verwirklicht, da sich die Museumsleitung von der Präsentation herausragender Urkunden in eigenen Schaukästen direkt im Ehrensaal eine noch höhere Publikumsresonanz erwartete (verwirklicht 1906). Auf dem Hintergrund der beabsichtigten Ausstellung von Dokumenten hatte der illustrative Charakter archivischer Sammlungen in den Gründungsjahren hohe Bedeutung, was sich in der umfassenden Einwerbung von Fotos, Porträts, Prachturkunden, Plänen, technischen Zeichnungen und sogar von Medaillen mit Motiven von Personen und Ereignissen zu Naturwissenschaft und Technik niederschlug.

Das Zitat Millers mit den markanten Attributen »bahnbrechend« und »hervorragend« zeigt ebenso die besondere Betonung historischer Persönlichkeiten im Geschichtsbild des Museums. Ähnlich der Absicht, diesen Personenkreis im Museum durch die Präsentation ihrer »Meisterwerke« und durch Büsten oder Porträts besonders zu würdigen, sollte der biografische Ansatz auch die Sammlungspolitik des Archivs bestimmen. Dementsprechend war das Hauptaugenmerk auf die Einwerbung herausragender Einzeldokumente von Wissenschaftlern, Erfindern, Ingenieuren oder Industriellen gerichtet. Dies ist der Beginn der ›Handschriftensammlung‹ des Archivs, die heute rund 21.000 Einzelhandschriften zählt, und der Auftakt zur Sammlung geschlossener ›Nachlässe‹ aus Technik- und Wissenschaftsgeschichte (zur Zeit über 250 Nachlässe). In der Fokussierung auf besonders bedeutende Persönlichkeiten galt das Interesse hochkarätigen Beständen.

Die Erwerbung von Archivbeständen im Bereich von ›Nachlässen‹ und ›Handschriften‹ ist in den entsprechenden Zugangsbüchern gut dokumentiert. Schon in den ersten Jahren konnten so die bedeutenden Nachlässe wie die von Georg Simon Ohm, Georg von Reichenbach oder Heinrich Caro

---

55 DMA, VB 1903/04, Tafel 1 (2. Stock). Bibliothek und Archiv waren räumlich immer eng verbunden. Von 1903 bis 1925 waren sie im Alten Nationalmuseum untergebracht, dann erfolgte der Umzug in das Erdgeschoss der Schwere-Reiter-Kaserne, wo sie bis zur Eröffnung des Bibliotheksneubaus 1932 verblieben; DMA, VB 1925/26, S. 9.

übernommen werden. Wertvolle Einzelstücke aus den Anfangsjahren sind Briefe von Robert Bunsen, Alexander von Humboldt oder von Michael Faraday.[56] Bei der Durchsicht des Zugangsbuchs »Handschriften« wird deutlich, dass bei der Einwerbung das Prinzip der Stiftung dominierte. Von den ersten 4.000 Nummern sind für Ankäufe nur 767 M ausgegeben worden, die restlichen Zugänge waren Schenkungen, ein bis heute gepflegtes Prinzip. In 100 Jahren Museumsgeschichte wurde eine beeindruckende Reihe an Nachlässen ›er‹-sammelt, darunter verschiedene Nobelpreisträger wie Hermann Staudinger, Karl Ferdinand Braun oder Wilhelm Wien. Wichtige Nachlässe sind u. a. die Chemiker Eilhard Mitscherlich, Emil Erlenmeyer und Caro, die Physiker Ohm, Ernst Mach, Arnold Sommerfeld, Jonathan Zenneck, Walter Schottky und Walther Gerlach, die Ingenieure Heinrich Gerber oder Rudolf Diesel sowie aus dem Bereich der Luftfahrt Otto Lilienthal, Hugo Junkers, Alois Wolfmüller und die Pilotin Hannah Reitsch.[57] Die Erwerbung in diesem Bereich wird noch heute intensiv betrieben.

Gerade Handschriften und Nachlässe sind heute zu wichtigen Forschungsressourcen geworden. In den Gründungsjahren wurden diese Bestände für frühe Forschungsarbeiten des Museums eher selten benützt, so für den ersten Forschungsband über Georg von Reichenbach, der aus der Feder des Vorstandsmitglieds Walther von Dyck stammt.[58] Dyck selbst nutzte somit das Archiv im Sinne seines 1904 formulierten Anspruchs einer »Sammlung der wichtigsten Originalwerke zur Naturwissenschaft und Technik aus alter Zeit […] zum Zwecke historischer Studien«.[59]

Eine zur wissenschaftlichen Erforschung konträre, im Verständnis des Museums als umfassender Bildungseinrichtung aber konsequente Zielorientierung war der Aufbau einer eigenen Plansammlung als Teil des Archivs.[60] Auch hier setzte die Sammlungstätigkeit 1903/04 ein. Sammelgebiet waren historisch interessante Skizzen von Naturforschern und Technikern, Original- oder Dispositionspläne von alten Maschinen, Anlagen, Apparaten, Instrumenten oder Bauten, wichtige Abbildungen (Holzschnitte, Stiche etc.) mit Hinweisen auf technisch-wissenschaftliche Entwicklungen sowie schematische Zeichnungen, Diagramme und Fotografien zur Erläuterung kom-

56 DMA, VB 1903/04, S. 20.

57 Eine aktualisierte Liste der Nachlässe findet sich auf den Internetseiten des Archivs: www.deutsches-museum.de/bib/archiv/nachlass.htm (Stand: 1. 8. 2003).

58 Dyck (Anm. 5).

59 Walther von Dyck: Bericht über die Bibliothek und Plansammlung. In: DMA, VB 1903/04, S. 31f., hier S. 31.

60 Hans-Liudger Dienel: Technische Tips aus der Schublade der Geschichte. Die Plansammlung des Deutschen Museums. In: Deutsches Museum: Wissenschaftliches Jahrbuch 1990. München 1990, S. 20–32.

plizierter Maschinen und Bauwerke.[61] Die Zielgruppe, die diesen Bestand nutzen sollte, war weit gestreut: Techniker, Physiker, Ingenieure, Gewerbetreibende, aber auch einfache Arbeiter. Insgesamt gesehen war die Plansammlung nicht für eine breite Öffentlichkeit, sondern für ein Fachpublikum konzipiert, das mit den Vorlagen umgehen konnte und dort praktische Anregungen für eigene Arbeiten und Impulse für technische Neukonzeptionen suchte. Zu diesem Zweck wurden schon im Alten Nationalmuseum separate Lese- und Zeichenräume eingerichtet. Hier konnte der Interessierte die auf Leinwand aufgezogenen Pläne und Zeichnungen studieren und kopieren. Das stark von dem Gedanken der Weiterbildung und der Förderung von Gewerbe inspirierte Projekt scheiterte jedoch an der mangelnden Resonanz. Trotz der obligatorischen Erfolgsmeldungen in den jährlichen Verwaltungsberichten hinsichtlich der Neuerwerbung von Plänen und technischen Zeichnungen blieb der Besuch gering. Letztlich wurden die Zeichensäle schon früh wieder aufgelöst. Ein anderer Grund für die geringe Nutzung der Plansammlung als Mittel der Weiterbildung ist darin zu suchen, dass die Firmen aktuelle und technologisch interessante Zeichnungen lieber in Fachzeitschriften veröffentlichten oder aus Geheimhaltungsgründen unter Verschluss hielten, als sie im Archiv des Deutschen Museums der Öffentlichkeit zugänglich zu machen.[62] Insgesamt blieb die Bereitschaft der Industrie, aktuelle Pläne zu stiften, weit hinter den Erwartungen zurück. Was allerdings gelang, war die Einwerbung von historisch wertvollen Plänen, die bis heute kontinuierlich ausgebaut wurde, so dass inzwischen rund 120.000 Pläne und technische Zeichnungen von herausragender Bedeutung archiviert sind.[63] Insofern ist dieser Bestand ein Musterbeispiel für die unbewusste Verschiebung der ursprünglich auf Aktualität zielenden Bildungsidee hin zur historischen Quellensammlung für die Forschung.

Die Reihe der Rückschläge komplettierte der gescheiterte Versuch zum Aufbau einer Phonographenplattensammlung. Erstmals wurde davon im Verwaltungsbericht 1908/09 gesprochen.[64] Dieser Vorstoß ist in Zusammenhang mit der Eröffnung der Bibliothek und des Archivs im Januar 1908 zu sehen, die man zu einer breit angelegten Sammlungsaktion nutzen wollte. Die Schallplattensammlung sollte Reden bedeutender Persönlichkeiten, Lieder berühmter Sänger, aber auch aussterbende Sprachen und Dialekte enthalten. Vorbildhaft wirkte das 1899 von der Wiener Akademie der Wissenschaften gegründete Phonogrammarchiv, das weltweit viele ähnliche

---

61 Deutsches Museum: Führer durch die Sammlungen. Leipzig (1907), S. 152.
62 Vgl. Opitz (Anm. 53), Sp. 194.
63 Vgl. Eva A. Mayring: Archivbestände im Deutschen Museum: Plansammlung. In: ARCHIV-info 1 (2000), H. 1, S. 4f.
64 DMA, VB 1908/09, S. 28f.

60   Die Plansammlung in der Schwere-Reiter-Kaserne an der Erhardstraße, 1926.
DMA, BN 10604

Vorhaben beeinflusste.[65] Da fast gleichzeitig (1900) in Berlin von Carl Stumpf ein Phonogramm-Archiv begründet wurde, schien es für das Deutsche Museum an der Zeit, sich dieser nationalen Aufgabe anzunehmen. Allerdings verpufften die Bestrebungen wirkungslos, nicht zuletzt deshalb, da in Berlin eine von der Politik geförderte Verbindung des Phonogramm-Archivs mit dem Museum für Völkerkunde bald erste Erfolge zeitigte. Zudem war die personelle Ausstattung des Museums, aber auch das intellektuelle Know-how für ein derartig umfangreiches Arbeitsgebiet, das zudem ausgedehnte Forschungsreisen erfordert hätte, nicht vorhanden. Stillschweigend wurde das Vorhaben begraben. Für die später in »Stimmportraits« umbenannte Sammlung gab es kaum Zuwachs, worüber vereinzelte Neuerwerbungen, so eine Schallaufnahme Ferdinand Graf Zeppelins, nicht hinwegtäuschen können.[66] 1921 war geplant, anlässlich der Jahresversammlung zahlreiche Prominente aufzunehmen, doch konnte dieses Projekt wegen der Kürze der Zeit nicht verwirklicht werden. Im Zuge der Eröffnung der Bibliothek 1932 wollte Oskar von Miller den Gedanken einer Sammlung von Stimmporträts erneut aufleben lassen. Von der Zielsetzung her sollten jetzt nur noch Stimmproben gesammelt werden. Allerdings blieb die vollmundige Ankündigung eines Archivs mit 12.000 Schallplatten und einem eigenen Raum, in dem 50 Schallplattenabspielgeräte öffentlich zugänglich sein sollten, ein Torso.[67] Ohne Zweifel hatte Miller seine Möglichkeiten deutlich überschätzt.

Ein Zwischenresümee muss konstatieren, dass die dem Archiv ursprünglich zugedachte Funktion als Bildungs- und Forschungseinrichtung bis weit in die 1920er-Jahre hinein nicht den Anklang fand, den sich der Museumsvorstand erhoffte hatte. Die Zeichen- und Lesesäle wurden wieder aufgegeben; das Archiv als Forschungsressource fand ebenfalls bedeutend weniger Besucher als erwartet. Erst allmählich, vor allem mit den wachsenden Beständen, wurde dessen Potenzial von den historischen und technischen Wissenschaften entdeckt. Hinzu kam, dass mit der Eröffnung des Bibliotheksgebäudes 1932 räumlich deutlich verbesserte Bedingungen für die Benutzer bestanden. Zudem begann sich die technikhistorische Forschung, vor allem durch die Arbeiten von Conrad Matschoß, Carl Graf von Klinckowstroem oder Franz Maria Feldhaus, zu etablieren. Die Quellen im Archiv des Deutschen Museums fanden zunehmend Eingang in technik- und wissenschaftshistorische Arbeiten. Auch die regelmäßigen Notizen über Neuerwerbungen in der Tagespresse und

---

65 Vgl. Susanne Ziegler: Die akustischen Sammlungen. Historische Tondokumente im Phonogramm-Archiv und im Lautarchiv. In: Horst Bredekamp/Jochen Brüning/Cornelia Weber (Hrsg.): Theater der Natur und Kunst. Essays. Berlin 2000, S. 197–206, mit weiterführender Literatur.

66 DMA, VB 1918–1921, S. 12.

67 DMA, VB 1931/32, S. 30. 1932 waren erst 28 (!) Stimmaufnahmen vorhanden, DMA, VA 1872.

in der hauseigenen Reihe »Abhandlungen und Berichte« trugen zur Verbreitung der Kenntnis über die Quellenbestände des Archivs bei.

Trotz vielfacher Rückschläge hinsichtlich der Zielorientierung des Archivs waren die Aktivitäten zur Erweiterung der Bestände hoch, vor allem aber erfolgreich. Aus den erhaltenen Akten lässt sich erkennen, dass die Museumsleitung und Adolf Moshammer als Leiter der Bibliothek, dem die archivischen Bestände zugeordnet waren, permanent die Einwerbung neuer Bestände betrieben. Parallel zu »Bettel«-Briefen an Wissenschaftler und Ingenieure, ihre Publikationen der Bibliothek zu übersenden,[68] lief die Bitte um Überlassung von Porträtfotos. Durch solche breit angelegten Werbeaktionen wuchs die Porträtsammlung auch mit aktuellen Aufnahmen rasch an. Ähnlich erfolgreich war der Aufbau einer umfangreichen Sammlung von Firmenschriften, die 1941 bereits 79.000 Einzelstücke zählte.[69] Im Bildarchiv wiederum waren zu Beginn der 1950er-Jahre schon rund 50.000 Fotos und Diapositive archiviert.[70]

Während des Zweiten Weltkriegs wurden die wertvollsten Bestände des Archivs verpackt und ausgelagert, während die Hauptbestände in den Kellern des Museums deponiert wurden. Größere Vernichtungen durch Bomben konnten so vermieden werden. Allein die Plansammlung erlitt merkliche Verluste (ca. 10 % des Gesamtbestands), die allerdings hauptsächlich durch Plünderungen in der direkten Nachkriegszeit verursacht wurden. Der Wiederaufbau des Archivs dauerte viele Jahre, besonders da man nach den Zerstörungen des Kriegs die Personalkapazitäten auf die Wiederherstellung der Ausstellungen konzentrierte; auch die räumliche Situation blieb problematisch. Erst der Umzug in den dritten Stock des Bibliotheksgebäudes und die allmähliche Entkoppelung des öffentlich zugänglichen Lesesaalbereichs von separaten Magazinen führten zu einer dauerhaft befriedigenden Lösung.

Die Nachkriegsentwicklung des Archivs wurde beeinflusst von zwei Tendenzen. So differenzierte sich die bundesdeutsche Archivlandschaft immer weiter aus, was die Einwerbung von zentralen Dokumenten zur Geschichte der Naturwissenschaft und Technik für das Deutsche Museum zunehmend erschwerte. Besonders in den Jahren des »Wirtschaftswunders« bildeten sich in der Bundesrepublik zahlreiche Firmenarchive und später überregionale Wirtschaftsarchive, die sich um die Archivierung von Archivgut aus Unternehmen kümmerten. Gleichzeitig wurden Nachlässe bedeutender Ingenieure, Erfinder oder Wissenschaftler verstärkt auch in Universitäts-, Staats- oder Landesbibliotheken gesammelt. Wichtige Beispiele sind dafür die Staatsbib-

---

68 Die Briefe sind gesammelt in DMA, VA 6001–6029.

69 Vgl. DMA, VB 1940/41, S. 8. Unter »Firmenschriften« werden keine Festschriften, sondern Firmen- und Produktbeschreibungen, Prospekte, Kataloge, Anleitungen und Preislisten verstanden.

70 DMA, VB 1953/54, S. 24.

liothek zu Berlin Preußischer Kulturbesitz[71] oder die Staats- und Universitätsbibliothek in Göttingen. Für den Münchner Raum wurde, zweitens, die Entstehung einer starken Luft- und Raumfahrtindustrie prägend, die ihre Interessen auch in die Museumspolitik einbrachte. Für das Archiv bedeutete
dieses Engagement auf der einen Seite die Erwerbung zahlreicher Bestände
aus der Luft- und Raumfahrt – vorwiegend Nachlässe bedeutender Pioniere
oder Ingenieure sowie von Teilarchiven von Firmen, die in diesem Bereich tätig waren (Junkers, Messerschmitt, etc.). Auf der anderen Seite entstand mit
dem Bestreben, am Deutschen Museum ein »Nationales Zentrum für die Geschichte der Luft- und Raumfahrt« zu errichten, eine archivuntypische Luft-
und Raumfahrt›dokumentation‹, für deren Aufbau ursprüngliche Provenien-
zen zugunsten einer sachlichen Ordnung des Archivguts aufgegeben wurden.
Dieses Vorgehen konnte bis heute nicht beseitigt werden.[72]

In jedem Fall brachte die starke Ausrichtung auf die Luft- und Raumfahrt
eine erhebliche Ausweitung des Archivs. Schätzungen gehen dahin, dass sich
der Gesamtbestand in den Jahren zwischen 1970–1990 nahezu verdoppelt
hat. Dies hatte Rückwirkungen auf die Erschließung der Archivunterlagen
insgesamt, da die Flut der Neuzugänge nicht mehr zügig abgearbeitet werden
konnte. Vor allem die Magazinknappheit verschärfte sich erheblich. Zwar
konnten durch einen Teilausbau 1986 rund 2,2 Regalkilometer hinzugewonnen werden, doch war diese Stellfläche Anfang der 1990er-Jahre bereits wieder belegt. Erst ein weiterer Archivausbau, der 2003 in einer ersten Stufe
abgeschlossen worden ist, hat eine vorläufige Entspannung der räumlichen
Situation erbracht; der Zugewinn beträgt rund drei Regalkilometer.

Archiv und Forschung

Zwischen 1950 und 2003 konnten wertvolle Bestände hinzugewonnen werden. Dadurch wurde das Forschungspotenzial des Archivs und des Museums
insgesamt gestärkt. Die zunehmend engere Verbindung zu den Forschungsinstituten der Ludwig-Maximilians-Universität und der Technischen Universität München zog die Erschließung und gleichzeitig die Erforschung von
Beständen nach sich. Auffällig ist, dass das Archiv im letzten Drittel des
20. Jahrhunderts verstärkt herausragende Bestände mit Hilfe der Deutschen
Forschungsgemeinschaft, Stiftungen und Privatspenden für die Benutzung

---

71 Die Berliner Staatsbibliothek hat schon 1907 die umfangreiche Autographensammlung des Che-
    mikers Ludwig Darmstaedter übernommen. Generell fanden Wissenschaftlernachlässe schon frü-
    her Eingang in Archive und Bibliotheken als die Autographen und Nachlässe von Ingenieuren,
    Technikern oder Industriellen.
72 Vgl. den Beitrag von Mayring.

61   Schäden in der Plansammlung durch Krieg und Nachkriegsplünderungen, 1946.
DMA, BN L507a–41

erschlossen hat und so zu einem wichtigen Glied im nationalen Nachweis-
system naturwissenschaftlich-technischer Bestände wurde. Zahlreiche Ausstellungen eröffneten auch dem Museumsbesucher Einblicke in Archivbestände des Deutschen Museums.[73] Parallel zu den Ausstellungen entstanden
teilweise viel beachtete Publikationen.

Einen erheblichen Einschnitt in die Organisation des Archivs bedeutete
eine organisatorische Umstrukturierung im Jahre 1992, als die archivischen
Sammlungen aus der Bibliothek herausgelöst und unter die neu gegründete Hauptabteilung Forschung gestellt wurden. Damit wurde nicht nur dem
engen inhaltlichen Bezug zwischen Forschung und Archiv Rechnung getragen, sondern insgesamt der Einstufung des Deutschen Museums als Forschungseinrichtung auf der damaligen »Blauen Liste«.[74] Mit der gleichzeiti-
gen personellen Verstärkung des Archivs wurde die Basis für eine Neuorien-
tierung gelegt. Im Vordergrund stand der Gedanke einer besonders an
Forschungsinteressen und Forschungsservice orientierten Einrichtung und
deren Neupositionierung im Archivsystem der Bundesrepublik. Eine solche

73 Beispiele sind: »Geheimrat Sommerfeld – theoretischer Physiker. Eine Dokumentation aus seinem
Nachlaß« (1984/85); »Walther Gerlach. Physiker – Lehrer – Organisator« (1989/90); »MAPPAE BA-
VARIAE. Thematische Karten von Bayern bis 1900« (1995/96); »Geheimdokumente zum deutschen Atomprogramm 1938–1945« (2001/02).
74 Vgl. den Beitrag von Mayring in diesem Band.

Orientierung konnte nur dann gelingen, wenn die Ausrichtung des Archivs am forschenden Nutzer verstärkt wurde und die Erwerbungspolitik auf ein klar umrissenes Sammlungsprofil des Archivs zurückgreifen konnte.

Da das Archiv des Deutschen Museums im Gegensatz zu den klassischen Archiven einen Hauptteil seiner Bestände nicht aus einer zugeordneten Verwaltung übernimmt, sondern aktiv seine Bestände sammelt, steht es für den Typus der »sammelnden Archive«, die im Museumsbereich vorherrschen.[75] Die Positionierung des Archivs des Deutschen Museums kann sich also nicht an Kriterien anderer Einrichtungen orientieren, sondern muss aus einer Positivliste der eigenen Zielvorstellungen erwachsen. Sie bildet als ausgearbeitetes und schriftlich fixiertes Sammlungskonzept die konzeptionelle Grundlage der Arbeit des Archivs.

Für die Sammlungspolitik des Archivs des Deutschen Museums lassen sich einige Grundtendenzen festhalten. Vor dem Hintergrund der eigenen Geschichte sollte die Sammlungstätigkeit bestimmt sein von einer historischen wie aktuellen Dimension; dies entspricht der allgemeinen Vorgabe durch die Museumssatzung. Ziel ist dabei, die Entwicklung von Technik und Naturwissenschaft anhand von Schlüsselbeständen nachvollziehbar zu machen und zu erläutern sowie die Wechselwirkungen von Wissenschaft und Technik in historischen und aktuellen Zeiträumen zu veranschaulichen. Einzelkriterien der Sammlungspolitik im Archiv sind:

– Sammlung zentraler ›Original‹dokumente, die für die Entwicklung der Technik und Naturwissenschaft von hoher Relevanz sind;
– Erwerb von Unterlagen mit überregionaler bzw. internationaler Bedeutung;
– Betonung des Forschungsaspekts der Dokumente und damit die Ausrichtung auf den forschenden Nutzer;
– bevorzugte Sammlung geschlossener archivischer Einheiten bei gleichzeitiger Reduzierung der Erwerbung isolierter Einzelarchivalien;[76]
– weiterer Ausbau gut gesammelter Bereiche (Firmenschriften, Nachlässe, Luft- und Raumfahrtdokumentation);
– Pflege traditioneller Sammlungsschwerpunkte (Physik, Chemie, Maschinenbau, Verkehrswesen etc.) und deren Erweiterung um moderne Schwerpunkte (z. B. Informatik, Solartechnik).

---

75 Wilhelm Füßl: Technisch-wissenschaftliche Bestände im Museum. Das Archiv des Deutschen Museums. In: Naturwissenschaften und Archive. Naturwissenschaftliche und technische Überlieferungen wissenschaftlicher Einrichtungen. Frühjahrstagung der Fachgruppe 8 des Verbands Deutscher Archivarinnen und Archivare am 27. März 2001 in Rostock. Rostock 2001, S. 7–15, bes. S. 9.

76 Gemeint sind damit Nachlässe, Archive von Firmen, Verbänden und Institutionen, zusammenhängende Konvolute.

Die Konzentration auf zentrale Dokumente und ausgewählte Technikbereiche hat zur Konsequenz, dass andere Bereiche nicht gesammelt werden können. Bestimmte Technikbereiche, etwa Haustechnik oder Landtechnik, müssen zugunsten prioritärer Bereiche zurückstehen. Die Betonung des Originals schließt ein, dass keine neuen sachthematisch geordneten Dokumentationen aufgebaut werden, da schon aus der Konsequenz knapper personeller Ressourcen eine Doppelarchivierung von Sekundärmaterial (Zeitungsausschnitte, Sonderdrucke, Fotos etc.) im Deutschen Museum und anderen Einrichtungen vermieden werden muss.

Wie das Beispiel »Haustechnik« zeigt, reagiert das Archiv auch auf Entwicklungen in den Ausstellungen und Objektsammlungen. Die »Haustechnik« bildete bis 1945 eine große Abteilung; nach dem Zweiten Weltkrieg wurde sie nicht wieder aufgebaut, und aktuelle Objekte wurden kaum erworben. Für das Archiv bedeutet das, dass es zwischen der eigenen Sammlungskonzeption und den Aktivitäten des Gesamthauses einen engen Zusammenhang geben muss. Die Schwierigkeit liegt allerdings darin, dass zentrale historische Originaldokumente nur in einem kontinuierlichen Prozess eingeworben werden können; es macht daher wenig Sinn, auf kurzfristige Ausstellungs- oder zeitlich befristete Forschungsvorhaben mit der Errichtung eines neuen Sammlungsschwerpunkts reagieren zu wollen. Der Erfolg einer archivischen Sammlungstätigkeit liegt letztlich in der Langfristigkeit und Beharrlichkeit des Sammelns. In diesem Sinne sind rasche und grundsätzliche Veränderungen im Sammlungsprofil des Archivs kontraproduktiv.

Der Blick auf 100 Jahre Archivgeschichte im Deutschen Museum zeigt, dass unklare Vorstellungen über Sinn und Zweck des Archivs zeitweise zur Profillosigkeit geführt haben. In einer ausdifferenzierten Archiv- und Museumslandschaft ist heute aber ein – auch im Außenraum offensiv kommuniziertes – klares Profil notwendig, um in der Erwerbung von wichtigen Beständen erfolgreich sein zu können. Die kurze Rückschau verdeutlicht zudem, dass sich das Archiv von einem »Hilfsinstrument« der musealen Ausstellungen und von einer berufsbildenden Einrichtung hin zu einem »center of excellence« für die historische Forschung im Bereich von Naturwissenschaft und Technik entwickelt hat.[77]

---

77 Wolf Peter Fehlhammer: Editorial. In: ARCHIV-info 1 (2000), H. 1, S. 1.

Das Museum als öffentlicher Raum: Wirkungsdimensionen zwischen Anspruch und Wirklichkeit

Jürgen Teichmann/Annette Noschka-Roos/Traudel Weber

Von der Lehrsammlung zur reformpädagogischen Bildungsstätte

Wissenschaftlich-technische Museen gelten wie Universitäten, Akademien und andere zentrale Forschungsinstitutionen wie etwa die Max-Planck-Gesellschaft als Autoritäten des Wissens in der Gesellschaft. Ihr Einfluss wird verkörpert durch Schriften, Objekte und durch Personalkompetenz. Im Vergleich zu den übrigen genannten Institutionen sind wissenschaftlich-technische Museen in viel stärkerem Maße ›öffentlicher Raum‹. Sie sind wie Universitäten als Bildungsinstitutionen konzipiert, aber nicht nur für Fachstudien, sondern für eine breite Öffentlichkeit. Für Deutschland gilt etwa, dass die Museen (sämtlicher Sparten) insgesamt mehr Besucher aufweisen als alle Sportveranstaltungen. Die Hälfte aller heutigen Museen ist übrigens erst nach 1920 gegründet worden.[1]

Diese Öffentlichkeit von wissenschaftlich-technischen Museen war in deren Ursprüngen nicht vorgesehen und auch nicht im Ursprung von Wissenschaft und wissenschaftlich begründeter Technik. Museen entstanden aus – meist fürstlichen – Privatsammlungen seltener, ungewöhnlicher bis kurioser Objekte. Zwar liegen die Ursprünge solcher Sammlungen schon im Hochmittelalter, doch erst die Renaissance mit ihrer »Entdeckung der Welt und des Menschen« schuf breitere Grundlagen für solche Unternehmungen. In der Spätrenaissance des 16. Jahrhunderts entstanden berühmte Sammlungen etwa am Kaiserhof in Wien, auf Schloss Ambras in Innsbruck und in Dresden. Auch in München wurde, 1563, eine herzogliche Sammlung gegründet und sogar das erste museologische Werk der Geschichte dazu publiziert, das wir kennen. In ihm wurde bereits der Lehraspekt dieser Sammlungen angeschnitten: »Hier wird alles durch das Anschauen der Gemälde, durch die Betrachtung der Materialien und durch den Apparat der Werkzeuge des Ganzen […] klarer und deutlicher.« Dieses Museum, das alles Interessante aus Natur und

---

[1] Sandra Niemann: Wissenschaftskommunikation in Museen. Bildung zum Anfassen. Magisterarbeit FU Berlin 1996, S. 21, 25. Im Jahr 1994 wurden in deutschen Museen 91 Millionen Besucher gezählt, davon 13 Millionen in naturwissenschaftlich-technischen Museen.

Kultur darstellen wollte, war allerdings für Betrachter gedacht, die nicht »völlig ungebildet, sondern in der Methode des Studierens unterrichtet« waren.[2]

Im 17. Jahrhundert, mit dem Beginn der Aufklärung, tauchten vermehrt Schriften auf, die betonten, dass Bücherwissen für Bildung (und Forschung) nicht ausreiche, sondern durch Objektsammlungen zu ergänzen sei. Gottfried Wilhelm Leibniz etwa hob den Lehrcharakter solcher Sammlungen hervor. August Hermann Francke richtete Ende des 17. Jahrhunderts ein Museum für Unterrichtszwecke an seinem berühmten Pädagogium in Halle ein. Anfang des 18. Jahrhunderts war dieser Lehrcharakter von Museen allgemein reflektiert. Gesammelt wurden alle »Raritäten« zum Zweck der »sinnlichen Gemütsergötzung« und der »Fortpflanzung herrlicher Wissenschaften«. Museen wurden nun stärker wissenschaftlich durchorganisiert, fachwissenschaftliche Teilgebiete als selbstständig ausgegliedert.[3]

Das Bürgertum benutzte Naturwissenschaft und Technik als Hebel, den Machtanspruch der Vernunft gegen die privilegierten Klassen der Gesellschaft durchzusetzen. Das galt für viele Unternehmungen der Aufklärung – auch für die Französische Enzyklopädie –, in der Folge dann für das erste für die breite Allgemeinheit konzipierte wissenschaftlich-technische »Museum«, das 1794 während der Französischen Revolution gegründete Conservatoire des Arts et Métiers in Paris. Es stellte, sakral überhöht, den wissenschaftlich-technischen Fortschritt des menschlichen Denkens und Handelns dar. Der geplante, allerdings nie gebaute, riesige Kenotaph Isaac Newtons des französischen Revolutionsarchitekten Etienne-Louis Boullée war öffentlicher Raum in dreifacher Beziehung: Architekturdenkmal für den Begründer der modernen Welt der exakten Vernunft, Kathedrale zur Zelebrierung von Gottesdiensten und museale Symbolisierung des Planetenraums mit Sonnensystem.[4] Im Positivismus von Auguste Comte war schließlich Mitte des 19. Jahrhunderts die erste exakte Naturwissenschaft, die Astronomie (wie sie als Himmelsmechanik von Newton begründet worden war) Vorbild für alles Denken der Gesellschaft überhaupt geworden, Vorbild auch für eine »soziale Physik« als neu zu gründende Wissenschaft über die Gesellschaft.[5]

---

2 Friedrich Waidacher: Handbuch der Allgemeinen Museologie. Wien u. a. ²1996, S. 125; s. auch Friedrich Klemm: Geschichte der naturwissenschaftlichen und technischen Museen. Abhandlungen und Berichte des Deutschen Museums 41, H. 2. München 1973.

3 Vgl. Horst Bredekamp: Leibniz' Theater der Natur und Kunst. In: ders./Jochen Brüning/Cornelia Weber (Hrsg.): Theater der Natur und Kunst. Essays. Berlin 2000, S. 12–19; Gerhard Kaldewei: Museumspädagogik und Reformpädagogische Bewegung 1900–1933. Eine historisch-systematische Untersuchung zur Identifikation und Legitimation der Museumspädagogik. Frankfurt a. M. u. a. 1990, S. 33.

4 Fritz Wagner: Zur Apotheose Newtons – Künstlerische Utopie und naturwissenschaftliches Weltbild im 18. Jahrhundert. In: Sitzungsberichte der Bayerischen Akademie der Wissenschaften, Phil.-Hist. Klasse 1974, H. 10. München 1974.

5 Jürgen Teichmann: Wandel des Weltbildes. Stuttgart u. a. ⁴1999, S. 199f.

Zwar war ›exakte‹ Wissenschaft schon im allgemeinen Grundstudium der sieben artes liberales des Mittelalters enthalten gewesen (als sogenanntes Quadrivium aus Arithmetik, Geometrie, Astronomie und musikalischer Harmonielehre), in Folge der humanistischen Definition von Bildung – rekurrierend vor allem auf die Geschichtlichkeit und Sprachlichkeit von Wissen ab der Renaissance – entstand aber im Laufe des 18. Jahrhunderts eine Zweiteilung von sprachlich-historischem (hermeneutisch-verstehendem) Wissen auf der einen Seite und naturwissenschaftlich/technischem (exakt erklärenden und handelnden) Wissen auf der anderen Seite. Die wissenschaftliche Revolution des 17. Jahrhunderts von Francis Bacon über Galileo Galilei bis Newton hatte noch geglaubt, Einheit wahren zu können. Exakte Wissenschaft erhielt aber im 18. Jahrhundert – mit dem Erstarken des Bürgertums – immer breitere Bedeutung als allgemeingültige Methode des Erkennens. Der Gegensatz war zunächst sehr fruchtbar, auch für die weitergehende Trennung von ›Kunst‹-Kammern, Naturalienkabinetten und Instrumentensammlungen. Aufklärung (und damit auch Sammlungen zu Naturwissenschaften und Technik, wissenschaftlich-technische Kabinette und populäre Vorträge) gab es aber höchstens für das arrivierte Bürgertum. Knechte und Dienstmägde aufzuklären überlasse er den Aposteln, spottete noch Voltaire – und den Jahrmärkten, müsste man hinzufügen. Hier boten fahrende »Physikanten« für ein paar Pfennige ihr Wissen feil, meist naturwissenschaftliches, technisches, magisches und kurioses Wissen miteinander vermischend.[6]

Das erste wirklich für die Allgemeinheit bestimmte Museum überhaupt wurde die Kunstsammlung des Louvre. Es wurde 1793 durch die Revolutionsregierung in Paris begründet, mit chronologisch und nach Malerschulen geordneten Bildern, erstmals also mit kunsthistorischem Anspruch. Die letzten drei Tage jeder Dekade hatte das allgemeine Publikum freien Eintritt.[7] Er blieb bis nach 1900 Kennzeichen des völlig öffentlichen Raums ›Museum‹. Das Conservatoire des Arts et Métiers als naturwissenschaftlich/technisches Schwestermuseum des Louvre war aus älteren Sammlungen zusammengetragen worden. Schon 1806 wurde ihm eine mittlere technische Schule für Handwerkerausbildung angegliedert, später auch für höhere technische Bildung. Das erste für ein breites Publikum konzipierte naturwissenschaftliche Museum in Deutschland, das 1817 gegründete Natur-Museum Senckenberg in Frankfurt am Main, unterrichtete schon ab

---

6 Vgl. Oliver Hochadel: »Martinus Electrophorus Berschütz«. Georg Christoph Lichtenberg und die wissenschaftlichen Schausteller seiner Zeit. In: Lichtenberg-Jahrbuch. Saarbrücken 1998, S. 155–175; ders.: Öffentliche Wissenschaft. Elektrizität in der deutschen Aufklärung. Göttingen 2003, mit weiterführender Literatur.

7 Kaldewei (Anm. 3), S. 35.

1826 »lernbegierige Knaben«.[8] In der zweiten Hälfte des 19. Jahrhunderts entstanden in Deutschland auch erste Gewerbemuseen.

Gegen Aufklärungspädagogik und Positivismus argumentierte im 19. Jahrhundert – insbesondere in Deutschland – immer stärker eine idealistische Bildungsphilosophie, die dem wachsenden linearen Fortschrittsglauben und Monismus, der durch Naturwissenschaft und Technik geprägt schien, das Ideal humanistischer Bildung gegenüberstellte. Es entstand eine Zweiteilung von Bildungswesen und Verständnis, die sich in allen Bereichen des öffentlichen Bildungsraums spiegelte: humanistische Gymnasien versus Realschulen, Universitäten versus Technische Hochschulen, Kultur versus Zivilisation, Naturphilosophie versus Naturwissenschaft, Kunstmuseen versus Naturmuseen, Gesellschaftsstatus von Ingenieur- und Naturwissenschaften versus Kultur- und andere Wissenschaften. Die Neugründung von naturwissenschaftlich-technischen Museen in Europa in dieser Zeit ist auch ein Produkt dieses Konflikts, der ursächlich verknüpft mit der entstehenden Industriegesellschaft war. Auch die Volksbildungsbewegung, die in Deutschland als eine vom Bürgertum getragene Initiative zur Hebung der Arbeiterbildung entstand, sah naturwissenschaftliche Bildung als Mittel der Emanzipation und unterstützte die Gründung und breite Öffnung von Museen. 1871 wurde die »Gesellschaft zur engagierten Verbreitung von Volksbildung« ins Leben gerufen. In der Entwicklung des jungen deutschen Nationalstaats erhielt diese Bewegung wachsende nationalpolitische Erziehungsaufgaben.[9] Die so genannte Reformpädagogik der Jahre 1895 bis 1932 brachte engagierte Vertreter hervor, die unmittelbar auf die Gründung und die pädagogische Aufgabe von Museen Einfluss nahmen. Zu ihnen gehörte der Direktor der Hamburger Kunsthalle, Alfred Lichtwark, der als erster einen intensiven Unterricht vor Kunstwerken auch für Kinder konzipierte. 1903, im Gründungsjahr des Deutschen Museums, formulierte er auf einer Tagung der »Centralstelle für Arbeiter- und Wohlfahrtseinrichtungen« zum Thema »Die Museen als Volksbildungsstätten«:

> »Das 19. Jahrhundert hat den Universitäten, die auf das Mittelalter zurückgehen, und den Akademien, die im Zeitalter des Absolutismus entstanden sind, als neue Bildungsstätten höherer Ordnung die Museen hinzugefügt. […] Die Museen, die dem ganzen Volke offen stehen, die allen zu Dienste sind und keinen Unterschied kennen, sind ein Ausdruck demokratischen Geistes«.[10]

---

8 Karl Heinz Fingerle: Fragen an die Museumsdidaktik am Beispiel des Deutschen Museums. München [4]1992, S. 8.

9 Vgl. Andreas Kuntz: Das Museum als Volksbildungsstätte. Museumskonzeptionen in der Volksbildungsbewegung in Deutschland zwischen 1971 und 1918. Marburg 1976.

10 Fingerle (Anm. 8), S. 7; vgl. Edgar Beckers: Das Beispiel Alfred Lichtwark. Eine Studie zum Selbstverständnis der Reformpädagogik. Diss. Köln 1976; Margrit Dibbern: Die Hamburger Kunsthalle unter Alfred Lichtwark. Entwicklung der Sammlung und Neubau. Diss. Hamburg 1980.

Lichtwark betonte auch, dass die naturwissenschaftlichen Museen schon Vorreiter spielten, als die historischen Museen in Deutschland noch jede »Laien«-Teilnahme ablehnten. 1904 hielt er erneut fest, dass Museen aller Arten als wichtige Ergänzungen zu Schulen mit ihrem »historisch-philologischen Wesen« zu sehen seien, »weil sie zu den Dingen führen oder von den Dingen ausgehen«.[11] Diese These sollte in den 1920er-Jahren, in kunstvollerer Metaphorik, über Georg Kerschensteiner 1925 besonders bekannt werden.

Den Zwiespalt zwischen historisch-philologischer und handwerklich-technisch-naturwissenschaftlicher Bildung, generell zwischen Allgemeinbildung und Berufsbildung, zwischen Kultur und Zivilisation, wollte die Reformpädagogik aufheben. Das Verhältnis zwischen Erzieher und Zögling sollte menschlicher, kameradschaftlicher werden und das selbsttätige Lernen in den Vordergrund rücken. Die Entwicklung des Kindes dachte man stärker zu berücksichtigen.[12] Georg Kerschensteiner, von seiner Ausbildung her Gymnasiallehrer für Mathematik und Physik, und ab 1895 Stadtschulrat in München, wählte 1908 in seiner berühmten Züricher Rede, in der er das Konzept der »Arbeitsschule« zum ersten Mal vortrug, eine naturwissenschaftliche Metapher für die neue Rolle des Kindes. Er zitierte den pragmatistischen amerikanischen Pädagogen John Dewey, der von einer großen Umwälzung des Schulwesens gesprochen hatte, die mit der von Copernicus in der Astronomie vergleichbar sei, und fügte als eigenen Gedanken hinzu: Das Kind werde dann die Sonne sein, um die sich die Einrichtungen der Schule drehen.[13] Von Dewey stammte auch der Ausspruch »learning by doing«, ein Elementarsatz des Arbeitsschulkonzepts, der auch wesentliche Grundlage von Oskar von Millers Deutschem Museum wurde. Der Topos der Astronomie als Vorbild für allen exakten Wissensfortschritt ist übrigens bis in die Fassade des Sammlungsbaus des Deutschen Museums von 1925 wirkungsmächtig geblieben, die im oberen Teil das Baumuster großer dreikuppeliger Sternwarten des 19. Jahrhunderts (insbesondere der Sternwarte von Pulkovo im heutigen Litauen) nachempfand.[14]

Die Gründung des Deutschen Museums 1903 stand so im Schnittpunkt verschiedener ideengeschichtlicher Strömungen: einer museal-demokratischen, die Volksbildung und den öffentlichen Raum betonte, einer reformpä-

---

11 Fingerle (Anm. 8), S. 8. Pikanterweise hat einer der so Gelobten, Oskar von Miller, die Teilnahme an der Tagung abgelehnt, da sie nur eine Versammlung von Arbeiterwohlfahrtseinrichtungen darstelle; s. Walter Hochreiter: Vom Museumstempel zum Lernort: Zur Sozialgeschichte deutscher Museen 1800–1914. Darmstadt 1994, S. 162.

12 Vgl. Hermann Röhrs: Die Reformpädagogik: Ursprung und Verlauf unter internationalem Aspekt. Weinheim u. a. ⁶2001.

13 Kaldewei (Anm. 3), S. 231.

14 Vgl. Gerhard Hartl: Der Refraktor der Sternwarte Pulkowa. In: Sterne und Weltraum 26 (1987), S. 397–404.

dagogischen, die ein neuartiges Lernen an und mit Dingen und ein neues Verhältnis zum Lernen überhaupt propagierte, einer staatsbürgerlich-nationalpolitischen und einer traditionell aufklärerisch-positivistischen, welche die Rolle von Naturwissenschaft und Technik für die Entwicklung moderner Kultur hervorhob. Daraus ergaben sich mehrere Konflikte. Schon im vollständigen Namen des ›Deutschen Museums von Meisterwerken der Naturwissenschaft und der Technik‹ spiegelte sich das Sozialstatusproblem der Naturwissenschaftler und Ingenieure gegenüber dem akademischen Bildungsbürgertum. Wie das für Kunstwerke und kunsthandwerkliche Objekte in deren Museen galt, sollten auch technische Objekte und naturwissenschaftliche Ergebnisse als Meisterwerke angesehen werden und entsprechenden pädagogischen Raum erhalten. Durch ihre historische Zusammenschau erst konnte »ein Bild entstehen von der aus Naturwissenschaft und Technik entspringenden und mit ihnen fortschreitenden Kultur«.[15]

Das Bildungskonzept Georg Kerschensteiners und Oskar von Millers

Das Bildungskonzept des Deutschen Museums wird gemeinhin mit der Person des Münchner Pädagogen Georg Kerschensteiner verbunden. Wenngleich der Einfluss seiner Ideen im zweiten Jahrzehnt nach der Museumsgründung unstrittig ist, darf nicht übersehen werden, dass sie in den ersten provisorischen Ausstellungen im Alten Nationalmuseum und in der Schwere-Reiter-Kaserne noch kaum zum Tragen kamen. Hier dominierten die Ideen Oskar von Millers.

Kerschensteiner interpretierte 1925 den Begriff der Kulturgüter modern um. Er verstand darunter alle aus Werthaltungen entstandenen dinglichen, persönlichen und geistigen Güter.[16] Naturwissenschaft und Technik lieferten dazu einen wichtigen, wenngleich bis dahin wenig geschätzten Beitrag. Die Aufhebung des traditionellen Gegensatzes zwischen Kultur und Zivilisation war schon in der Gründungsphilosophie des Deutschen Museums enthalten.[17] Allerdings blieb auch bei Kerschensteiner der Konflikt zwischen dem pädagogischen Neuansatz einer umfassenden Allgemeinbildung und dem traditionellen linearen Fortschrittsdenken überdeutlich. So fragte er etwa, wie man diejenigen durch das Museum beeinflussen könne, die »nicht an sich erfahren

---

15 Walther von Dyck: Chronik des Deutschen Museums bis zur Grundsteinlegung. In: Deutsches Museum: Amtlicher Führer durch die Sammlungen. München ²1928, S. 2.

16 Georg Kerschensteiner: Die Bildungsaufgabe des Deutschen Museums. In: Conrad Matschoß (bearb.): Das Deutsche Museum. Geschichte, Aufgaben, Ziele. Berlin/München 1925, S. 39–50, hier S. 36.

17 Vgl. dazu Hochreiter (Anm. 11).

62   Druckknopfexperiment in der Abteilung Physik, ca. 1930.
DMA, BN 03726

haben, wie prompt die exakte Wissenschaft und noch mehr die exakte Technik auf alle Unsachlichkeit, Oberflächlichkeit, Bequemlichkeit antwortet, die unter der Einbildung des Wissenskrames leiden und noch keine Seligkeit empfunden haben, wenn sie ein vollendetes technisches Gut in Händen hielten«.[18]

Dahinter steht eine Vorstellung von Naturwissenschaft und Technik als perfekt funktionierende Maschine, deren rational-exakte Methodik als Bildungswert, zum Lehren von Sachlichkeit, Gründlichkeit sowie geistigem und motorischem Eifer unantastbar erschien. Von Irrwegen, Fehlern oder entscheidenden Sozialfaktoren in der Entwicklungsgeschichte der Naturwissenschaft und Technik ist in keiner theoretischen Äußerung der bestimmenden Persönlichkeiten am Deutschen Museum aus dieser Zeit die Rede. Der Fortschritt führte nach deren Ansicht stringent vorwärts. Vorschläge, wirtschafts- und sozialgeschichtliche Faktoren stärker zu berücksichtigen, fanden keinen Eingang in das Konzept.[19] Das betraf jedoch nicht die Darstellung von Ar-

18   Kerschensteiner (Anm. 16), S. 50.
19   Vgl. Maria Osietzki: Die Gründungsgeschichte des Deutschen Museums von Meisterwerken der Naturwissenschaft und Technik in München 1903–1906. In: Technikgeschichte 52 (1985), S. 49–75, sowie den Beitrag von Füßl in diesem Band.

beitssituationen. Sowohl lebensgroße wie auch, in Dioramen, verkleinerte Inszenierungen waren von Anfang an wesentliche Elemente der Ausstellungen und sind noch heute – etwa im Bergwerk – äußerst wirksam. Aber auch hier blieben die pädagogischen Reflexionen Kerschensteiners recht blass. Er betonte nur, dass man den mühevollen Arbeitsprozess erkennen könne als »letzten Sinn aller Naturwissenschaft und Technik«. »Heroisches« sei »nicht Leistung, sondern Ringen um Leistung und Widerstand gegen die Leiden dieses Ringens«.[20]

Das Druckknopfexperiment Millers, das in Anfängen schon bei den berühmten öffentlichen Experimenten der Urania in Berlin ab 1886 vorhanden war,[21] ist der museumsdinglich gewordene Topos dieser Bildungsüberzeugung, wie ›prompt‹ die naturwissenschaftlich-technische Methode beeindrucken könne. Allerdings hat Kerschensteiner diese Wirkung auch skeptisch gesehen:

> »Man darf sich von der pädagogischen Wirkung von Versuchsanordnungen, bei denen der Beschauer nur auf einen Knopf zu drücken braucht, um einen chemischen Vorgang oder eine physikalische Erscheinung vor seinen Augen sich abwickeln zu sehen, nicht allzu viel versprechen, wenn nicht der Beschauer selbst schon grundlegende physikalische und chemische Kenntnisse mitbringt«.[22]

Ein anderer zentraler Begriff Kerschensteiners wird heute mitunter kritisiert, erscheint zumindest missverständlich, muss aber aus seiner Zeit heraus interpretiert werden. Es ist der Begriff der »Ehrfurcht« als Ziel aller Bildung: Ehrfurcht vor den dinglichen und personalen Werten der Kultur als »zeitlosen Werten«, »Ehrfurcht vor der Wahrheit, der Sittlichkeit, der Schönheit«.[23] Kerschensteiner bezog sich in seiner Bildungstheorie dabei auf ein Wort aus Goethes Werk »Wilhelm Meister«. Im Verständnis der Zeit war Ehrfurcht das »Gefühl der Hingabe an dasjenige, was man höher schätzte als sich selbst«.[24] In diesem Sinne sollte das Deutsche Museum ein »Sinngefüge« ergeben, das

---

20 Kerschensteiner (Anm. 16), S. 43.
21 Vgl. Max Wilhelm Meyer: Führer durch die Urania zu Berlin. Zugleich ein illustrierter Leitfaden der Astronomie, Physik und Mikroskopie. Berlin 1892; ders.: Wie ich der Urania-Meyer wurde. Eine Geschichte für alle, die etwas werden wollen. Hamburg 1908; Klaus-Harro Tiemann: Die alte Berliner Urania. 1888–1945. In: Urania 1988, H. 2, S. 62–67; Volksbildungsinstitut Urania. In: Hanno Möbius (Hrsg.): Vierhundert Jahre Technische Sammlungen in Berlin. Von der Raritätenkammer der Kurfürsten zum Museum für Verkehr und Technik. Berlin 1983, S. 111–118.
22 Kerschensteiner (Anm. 16), S. 46. Zur Realisierung von Demonstrationen und Experimenten in der Gründungsphase des Deutschen Museums s. auch Ulrich Menzel: Die Musealisierung des Technischen. Die Gründung des Deutschen Museums von Meisterwerken der Naturwissenschaft und Technik in München. Diss. Braunschweig 2001, S. 166ff.
23 Kerschensteiner (Anm. 16), S. 41.
24 Kaldewei (Anm. 3), S. 212; Zitat nach Brockhaus Konversations-Lexikon, Bd. 5. Leipzig u. a. 1901, S. 677.

mehr als nur Wissen vermittelte – das aus der üblichen Lehranstalt (dem »Gelehrsamkeitsspeicher«, dem »Raritätenkasten« oder der »Schaubude«), die jede Sammlung sein könne, ein »Bildungsinstitut« machte. Die Bildungswirkung sei wesentlich auf »Erkennen« aufgebaut, Erkennen verstanden als »eine Zusammenschau, ein In-Eins-Sehen einer Mannigfaltigkeit zu einer Einheit«.[25]

Kerschensteiner hat schon lange vor diesem berühmten Aufsatz enge Beziehungen zum Deutschen Museum unterhalten. Schon 1905 bauten Münchner Berufsschulen, die ja ein Produkt Kerschensteinerscher Reformpädagogik waren, auf seine Anregung hin Modelle für die Ausstellungen des Museums. 1907 erbat er vom Museum seinerseits Fortbildungsmöglichkeiten für Lehrer, worauf jeden Freitag dreistündige Abteilungsführungen mit einem genauen Organisationsplan eingeführt wurden.[26] Ab 1910 vereinbarten Miller und Kerschensteiner Führungen für Volksschulklassen. Kerschensteiner hielt das Museum insbesondere für Besuche von fünften bis achten Volksschulklassen (das achte Volksschuljahr hatte er zuerst eingeführt) sehr geeignet. So wurde – schon mit seinen provisorischen Ausstellungen vor dem Ersten Weltkrieg – das Museum eine »Unterrichtsanstalt größten Stils«, wie es der Mathematiker Felix Klein lobte. Von Schulklassen und Lehrern wurde diese Art der Ausstellungsgestaltung angenommen. Sie kamen bald auch aus anderen Ländern, so aus der Schweiz oder aus Russland, von wo um 1912 jährlich 400 Volksschullehrer anreisten.[27] Ein begleitender Schweizer Lehrer betonte den Gewinn durch Einsicht in den »historischen Werdegang« und die »fachwissenschaftliche Seite«, zumal Versuche auf der »Mittelschule« »vielfach nicht möglich« seien.[28] Kerschensteiner hat diese Wirkung bildungstheoretisch gefasst: »Die Organisation eines Museums, das durch Erkennen bilden will, ist nichts anderes als eine Lehrplan-Konstruktion, nur dass hier die Konstruktion nicht wie in den Schulen mit den Schatten der Dinge, nämlich mit den Worten, sondern mit den Dingen selbst arbeitet.«[29] Der Erfolg war offenbar so durchschlagend, dass auch die negativen Begleiterscheinungen schon damals überhand nahmen. Miller beklagte 1917 gegenüber Kerschensteiner, dass insbesondere an Sonntagen der Lärm, die Enge und Beschädigungen stark zu-

25 Kerschensteiner (Anm. 16), S. 39, 45. Damit passt auch Kerschensteiners Begriff der »Ehrfurcht« zu Oskar von Miller: »Nicht ein Bewundern, sondern ein Verstehen der Sammlungen hervorzurufen, ist die Aufgabe des Deutschen Museums. […] Wir wollen eben, dass der Besucher das Museum nicht verlässt mit dem offenen Munde des Staunens, sondern mit dem offenen Auge des Verstehens.« Rede zur Eröffnung des Sammlungsbaus, 6. 5. 1925, in: DMA, VB 1923/1925, S. 17f.

26 Kaldewei (Anm. 3), S. 200, 211.

27 Leo Wehrli: Eine Unterrichtsreise nach München. Deutsches Museum. Abhandlungen und Berichte, H. 12, o. J., S. 16; DMA, VB 1912/1913, S. 8.

28 Kaldewei (Anm. 3), S. 202.

29 Kerschensteiner (Anm. 16), S. 45.

nähmen. Die Lehrer sollten doch die Schüler streng »ermahnen«.[30] Das hat sicher so wenig genützt wie in der Gegenwart. Bei einem Jahresbesuch von teilweise mehr als zehntausend Schulklassen zeigen heute Spitzen von bis zu 2000 im Monat Juli, dass das Museum regelmäßig kurz vor den Sommerferien zu einem Wandertagsziel gemacht wird.

Kerschensteiner war von 1910 bis 1913 Mitglied im Vorstandsrat des Museums, ab 1921 saß er – neben Miller und Dyck – im dreiköpfigen Vorstand, ein Zeichen der Wertschätzung seiner Person und seiner Reformpädagogik. Allerdings vollzog Miller – wie andere auch – die tief schürfenden Betrachtungen Kerschensteiners über »Lehren« und »Bilden« nie wirklich nach. 1929 etwa verwendete Miller in einem vielzitierten Vortrag undifferenziert die Begriffe »allgemeine Volksbildung« und »Volksbelehrung«.[31] Seine Ausführungen zeigen noch einmal, wie zentral er die »Volksbelehrung« sah. Viele Ausstellungsgebiete des Museums waren gerade nach ihrer Bedeutung für das alltägliche Leben ausgewählt worden. Fast alle Versuchsanordnungen erforderten neue pädagogische Kriterien, weil die üblichen, in »Mittel- und Hochschulen« verwendeten Versuche einen »geschulten Experimentator«, einen »mit Grundwissen vertrauten Hörerkreis« und entsprechende »mündliche Erläuterungen« vorausgesetzt hätten. Außerdem mussten die Versuche einfach und robust sein. Ergebnisse sollten rasch und sicher beobachtbar sein, die Einrichtungen »kontinuierlich« funktionieren. All diese Kriterien gelten noch heute sowohl von der technischen wie auch von der pädagogischen Seite. Im Laufe der Zeit kamen aber neue Darstellungsmittel hinzu (z.B. regelmäßige Filmvorführungen seit 1928/29,[32] ab den 1980er-Jahren Computersimulationen und Bildplatten). Millers Intention war, das Museum in weitesten Kreisen bekannt zu machen, um eine »intensive Auswirkung des gesammelten Lehrstoffs« zu gewährleisten. Daher sollten die Öffnungszeiten möglichst lang, die Eintrittspreise niedrig, praktische Kataloge vorhanden und ein breites Führungsangebot garantiert sein. Das alte Konzept einer möglichst umfassenden Öffentlichkeit scheint auf, wenn er betonte, dass der idealste Eintrittspreis der kostenlose sei – er wolle aber Kreise gewinnen, die für ihre Ansprüche auch bereit seien, einen »bescheidenen Beitrag« zu liefern. Ebenso wollte auch Kerschensteiner keine Touristenströme, die wie »Heuschreckenschwärme zur Sommerszeit« einfielen »und in wenigen Stunden ›alles gesehen haben müssen‹«. Seine Zielgruppe umfasste fünf Typen von Be-

---

30 Kaldewei (Anm. 3), S. 205.

31 Oskar von Miller: Technische Museen als Stätten der Volksbelehrung. In: Abhandlungen und Berichte des Deutschen Museums 1 (1929), H. 5; s. auch Franz Fuchs: Die pädagogischen Grundlagen des Deutschen Museums. In: Freie Volkserziehung 1 (1947), S. 147–151.

32 Jonathan Zenneck: 50 Jahre Deutsches Museum. München 1953, S. 26; s. auch DMA, VB 1928/29, S. 6.

suchern: den Fachmann, der über sein Fachgebiet hinausschauen wolle, den Lehrer der Volks- und höheren Schulen, den gelernten Arbeiter, den Lehrling der Fachschule und den Schüler allgemeiner höherer Lehranstalten. Volksschüler waren in dieser Aufzählung nicht enthalten.[33]

Die Entwicklung der Bildungsarbeit und Kerschensteiners Prinzipien

Für einen kritischen Rückblick auf die pädagogische Arbeit des Deutschen Museums ist es aufschlussreich, die zentralen Prinzipien Kerschensteiners und Millers aus der Zeit um 1925 mit der Entwicklung zu vergleichen, die das Deutsche Museum in der zweiten Hälfte seiner 100-jährigen Geschichte genommen hat:

Prinzip 1: Das Deutsche Museum will nicht einfach nur lehren, wie das jede Schausammlung könne, sondern Bildung vermitteln.

Prinzip 2: Der Bildungsanspruch hat Vorrang, alle anderen wissenschaftlichen und sonstigen Aufgaben haben sich ihm unterzuordnen. Die Planung der Ausstellungen hat diesem Primat zu entsprechen. Didaktische Zusatzhilfen wie Führungen, Vorträge, Erklärungshefte sind wichtig, aber sekundär.

Prinzip 3: Das Deutsche Museum erfüllt Prinzipien einer »Arbeitsschule«, in der Bildung an dinglichen Objekten erfolgt (durch Eigeninitiative, insbesondere auch anhand von Versuchen, beweglichen Funktionsmodellen, allgemein erklärenden Texten und Grafiken, aber auch durch Führungen) sowie im Aufzeigen der Arbeitsvorgänge aus Handwerk und Industrie.

Prinzip 4: Leitprinzipien sind die »Ökonomie des Denkens« und der »Zusammenhang« oder die »Kontinuität« – Ökonomie entspricht der »Lehrplankonstruktion der Schule«, die Sinnzusammenhänge zwischen den einzelnen Lehrteilen stiftet. Die Kontinuität vermittelt durch sorgfältige Auswahl der Längsschnitte und Querschnitte den zeitlichen Zusammenhang.

Prinzip 5: Das Museum kann nur einen Teil dieser Bildungsaufgabe übernehmen – die »öffentlichen Schulen« müssen entsprechend mitwirken.[34]

Im Deutschen Museum existiert seit 1974 eine eigene Bildungsabteilung (bis 1981 in einer Hauptabteilung »Bildung und Öffentlichkeit«), die Millers

33 Kerschensteiner (Anm. 16), S. 49.

34 Vgl. Rainer Bamberger/Hartwig Holstein: Die Bildungsarbeit des Deutschen Museums – Geschichte, Entwicklung, Darstellung und Beurteilung. Diplomarbeit an der Hochschule der Bundeswehr München. Neubiberg 1978, bes. S. 31f. Die Autoren sehen manche Schwerpunkte anders, formulieren insbesondere stärkere Kritik im Vergleich der jeweiligen Entwicklungen bis in die 1970er-Jahre.

»Volksbelehrung« und »intensive Auswirkung« zusammenfasst. Deren Aufbau war zunächst eine Reaktion auf die zunehmende Bedeutung der Museumspädagogik in deutschen Kunstmuseen, die sich in der Anstellung eigener Museumspädagogen und im Aufbau staatlicher museumspädagogischer Einrichtungen niedergeschlagen hatte. Allerdings führte das Deutsche Museum diese museumspädagogische Debatte nicht explizit in den Raum naturwissenschaftlich-technischer Museen hinein, sondern berief sich auf den umfassenden Anspruch Kerschensteiners.[35] Der Rekurs auf Kerschensteiner wird auch in der Benennung eines als Studienhotel konzipierten Fortbildungsbetriebs sichtbar, der als »Kerschensteiner Kolleg« die Traditionslinie verdeutlicht. Hier sollten die Bildungsinhalte des Deutschen Museums insbesondere Multiplikatoren (Lehrer, Ausbilder, Lehrerbildner, Lehrerstudenten, Museumsexperten, Museumspädagogen etc.) in mehrtägigen Seminaren vermittelt werden.[36]

Unmittelbare Ziele des Kerschensteiner Kollegs waren und sind:
– der Ausblick aus dem jeweiligen Fachgebiet in andere Disziplinen, um Übersicht und transdisziplinäre Erkenntnisse zu gewinnen;
– Naturwissenschaft und Technik im Unterricht mit neuen, aktuellen Impulsen zu versehen;
– Geschichte von Naturwissenschaft und Technik als erweiterten pädagogischen Handlungsraum zu entdecken;
– den Lernort Deutsches Museum besser kennen zu lernen und effektiver für Schüler, Auszubildende und Studierendengruppen einzusetzen.

---

35 Günter Gottmann: Museumspädagogik – zum Bildungsauftrag eines naturwissenschaftlich-technischen Museums. In: Wolfgang Klausewitz (Hrsg.): Museumspädagogik – Museen als Bildungsstätten. Frankfurt a. M. 1975, S. 63–74; ders.: Zum Bildungsauftrag eines technikgeschichtlichen Museums. In: Ingolf Bauer/Nina Gockerell (Hrsg.): Museumsdidaktik und Dokumentationspraxis. München 1976, S. 227–237; ders.: Deutsches Museum und Schule – 1.: Einige Grundsätze und Folgerungen. In: Alfons O. Schorb und Gertraud Simmering (Hrsg.): Lehrerkolleg Lernen im Museum. München 1977, S. 38–42.

36 Lehrerfortbildung in Form von »Einführungskursen für Lehrkräfte« bestanden schon seit 1957; DMA, VB 1956/57, S. 5, sie fanden etwa ein- bis dreimal pro Jahr statt, DMA, VA 2656–2661. An dieser Stelle sollen auch die regelmäßigen Experimentalvorträge in der Ausstellung Chemie (seit 1972) erwähnt werden, die sich allerdings zum größten Teil an Allgemeinbesucher bzw. Schulklassen richten; vgl. Edgar Hunger: Einführungskurs am Deutschen Museum in München. In: Der mathematische und naturwissenschaftliche Unterricht 10 (1958), S. 474/475; Oskar Höfling: Eine Woche im Deutschen Museum. Ebd. 15 (1962/63), S. 423. Zum Kerschensteiner Kolleg: DMA, JB 1975, S. 18; DMA, JB 1976, S. 9f.; Das Kerschensteiner Kolleg – Fortbildungszentrum im Deutschen Museum (Broschüre zum 10-jährigen Bestehen). München 1986; Jürgen Teichmann: Zu Gast im Deutschen Museum. 20 Jahre Kerschensteiner Kolleg – und: neue Bücher, neue Programme, neue Angebote. In: Kultur & Technik 21 (1997), H. 1, S. 4f.; zuletzt Franz J. E. Becker/Christine Füßl-Gutmann/Jürgen Teichmann (Hrsg.): Leben, Erleben, Bilden im Deutschen Museum – Naturwissenschaft und Technik für Studiengruppen. München 2001.

Das Erkennen von Naturwissenschaft und Technik als Entwicklungsprozess wurde dabei im Sinne Kerschensteiners und Millers besonders betont und in Diskussion mit Fachdidaktikern weiter ausgebaut.[37] In diesem Verständnis gilt: Die Entwicklung von Naturwissenschaft und Technik liefert Ideen für Experimente, Beobachtungen und Auswertungen im Unterricht, macht Ähnlichkeiten und Differenzen zwischen dem jeweils gültigen Wissen und dem Fremden besonders deutlich und trägt so zur Problemerkenntnis und Orientierung bei. Gleichzeitig lotet sie diesen Bereich der Kultur als menschlichen Erfahrungsraum aus. Der entwicklungsgeschichtliche Unterricht führt einen Lernenden mitunter zu größerer Klarheit als die systematische Annäherung, weil die Schwierigkeiten in der Geschichte ähnlich gelagert sein können wie die Verständnisschwierigkeiten beim eigenen Lernen. Damit verbunden kann die Erkenntnis sein, dass naturwissenschaftliches und technisches Wissen nicht überzeitlich gültiges Wissen ist, aber auch, wie schwierig es ist, die eigene Gegenwart infrage zu stellen. Geschichtliche Entwicklungen sind ferner für Prognosen brauchbar, da sie Ansätze liefern, die zumindest die Ursachen für Schwierigkeiten einer gegenwärtigen Entwicklung verdeutlichen, und sie können schließlich an instruktiven Beispielen verdeutlichen, dass Naturwissenschaften, Technik und Gesellschaft eng miteinander verknüpfte Bereiche sind.[38] Das ›Be‹greifen von Dingen und Phänomenen (durch Experimente etc.) wurde dabei stets im Kontext der Geschichtsforschung gesehen – eine Aufgabe, die im Verständnis des Deutschen Museums keine andere Einrichtung in Deutschland methodisch so vielfältig und so fachübergreifend leisten könne wie das Münchner Museum.

37 Jürgen Teichmann: Die Verbindung von Naturwissenschaften, Technik und Geschichte als museumsspezifische Aufgabe. In: Schorb/Simmering (Anm. 35), S. 45–48; ders.: Unterschiedliche Ansätze in der Technikgeschichte und ihre didaktische Bedeutung. In: Michael Mende u. a.: Abhandlungen zur Theorie und Praxis des Technikunterrichts und der Arbeitslehre. Hildesheim 1977, S. 275–281; ders.: Technik und Naturwissenschaften als Geschichtsfaktoren (Grundzüge der Bildungsarbeit im Deutschen Museum). In: Wolfgang Hug (Hrsg.): Das historische Museum im Geschichtsunterricht. Freiburg/Würzburg 1978; ders.: Grundsätze, Systematik und Ausstellungstechnik für ein technisches Museum. In: Hartmut Dieterich/Hartwig Junnis (Hrsg.): Von der Allmende bis zum heutigen Privateigentum – Strukturwandel und landvermesserische Realisierung. Stuttgart 1981, S. 129–135; ders.: Geschichtslehrerfortbildung im Kerschensteiner Kolleg des Deutschen Museums. In: Ulrich Kröll (Hrsg.): Geschichtslehrerfortbildung. Perspektiven, Erfahrungen, Daten. Münster 1985, S. 271–279.

38 Jürgen Teichmann: Deutsches Museum, München – Science, Technology and History as an Educational Challenge. In: European Journal of Science Education 3 (1981), S. 473–478; Hunger (Anm. 36); Oskar Höfling: Das Deutsche Museum als pädagogische Institution – historisch/genetisches Lernen am Deutschen Museum. In: Karl-Heinz Wiebel (Hrsg.): Zur Didaktik der Physik und Chemie. Alsbach 1988, S. 72–75; ders./Ernst Ball/Johann Wagmüller: Einfache physikalische Versuche aus Geschichte und Gegenwart. München [7]1999, S. 5.

63   Kursprogramm während einer Tagung im Deutschen Museum, 2000.
DMA, BN L5472–18

Die Wirkung des Kerschensteiner Kollegs war beträchtlich. Zwischen 1976 und 2002 besuchten über 37.000 Multiplikatoren aus dem In- und Ausland das Kolleg.[39] Auch die Reisestipendien für Schüler, Auszubildende und Studierende, die seit 1911 existieren,[40] wurden nun im Kerschensteiner Kolleg angesiedelt. Die Stipendiaten konnten im Gruppenverband gezielter und von besser geschulten Fachkräften unterrichtet werden. Auch der soziale Aspekt der Bildung kam so stärker zum Tragen.

Besonders erfolgreich waren bis in die 1990er-Jahre auch die Seminare für betriebliche Ausbilder. Hier stand weniger der Kerschensteinersche Aspekt der allgemeinen Bildung als der einer engeren Fachbildung im Vordergrund. Diese Seminare entstanden aus einem Drittmittelprojekt, das vom Bundesministerium für Bildung und Wissenschaft von 1978 bis 1983 gefördert wurde. Die politische Unterstützung für Bildungsprogramme war in diesen Jah-

---

39   Zum Konzept dieser Kurse siehe Günter Gottmann: Berufsbildung im Deutschen Museum. In: Der mathematische und naturwissenschaftliche Unterricht 29 (1976), S. 1–4; Jürgen Teichmann u. a.: Ausbilderfortbildung im Deutschen Museum. Ergebnisse und begonnene Zukunft. In: Kultur & Technik 7 (1983), H. 4, S. 244–247.

40   Zenneck (Anm. 32), S. 27, DMA, VB 1911/1912, S. 6 und 33, sowie die folgenden Verwaltungsberichte. Die Satzung der Reisestiftung wurde unter Mitwirkung von Kerschensteiner entworfen. 1945 bis 1952 wurden keine Reisestipendien vergeben.

ren besonders hoch, was sich auch in anderen vom Bund und der VW-Stiftung finanzierten Projekten zeigte.[41] 1995 wurde eine Stelle für Museumspädagogik eingerichtet, die insbesondere Schulklassenprogramme durchführt. 1975 und intensiviert 1995 wurde das gesamte Führungswesen des Museums zentralisiert. 1998 wurden die Ausstellungspädagogik und die Besucherforschung institutionell gefestigt. Damit bekam das Prinzip 2 von Kerschensteiner, der Primat der Bildung, wieder verstärkte Geltung. Freilich muss man einschränken, dass dieses Prinzip schon in den Anfängen des Museums durchbrochen wurde: Fachwissenschaftliche Propädeutik, insbesondere aber auch Gestaltungszwänge des Museums, hatten mitunter ein letztes Wort. Im Übrigen gewann die historische Forschung, auch mit dem Wachsen der Bibliothek, an Umfang und Bedeutung und damit Korrekturmöglichkeiten gegenüber einer fachlich wenig fundierten Darstellung von Entwicklungsprozessen. Demgegenüber steht das Defizit, dass bei der Planung von Ausstellungen in die dazu – meist – berufenen Fachbeiräte keine Pädagogen gebeten wurden. Die Einrichtung eines Textbüros Mitte der 1980er-Jahre, das Ausstellungstexte nach didaktischen Kriterien optimierte, war allerdings eine direkt auf die Ausstellungsgestaltung einwirkende Maßnahme.[42]

Das Bewusstsein, in einer »Wissensgesellschaft« zu leben, von ihr immer stärker beeinflusst zu werden und immer Komplexeres verstehen zu müssen, um politisch-gesellschaftliche Entscheidungen treffen zu können, stärkt die Bedeutung der wissenschaftlich-technischen Museen als Bildungsorte. Allerdings sind damit neue Probleme verbunden: die rasche Veränderung des Wissens lässt Ausstellungen schneller veralten. Seit den 1990er-Jahren bietet das Deutsche Museum deshalb neue Bildungsveranstaltungen für das Allgemeinpublikum an. Zunächst sind die populären wissenschaftlichen Abendvorträge neu begründet worden, die in anderer Form bereits im Winter 1937/38 ins Leben gerufen worden waren und teilweise über 2.000 Zuhörer gezählt hatten.[43]

---

41 Unterrichtsmaterialien zu Naturwissenschaft und Technik; rororo-Reihe »Kulturgeschichte der Naturwissenschaften und der Technik«; s. auch den Beitrag von Mayring in diesem Band.

42 Anne Leopold/Traudel Weber: Verständliche Texte im Museum – ein Leitfaden. München 1993; hrsg. v. Landschaftsverband Rheinland und Deutsches Museum: Texte in Ausstellungen. Pulheim/München 1995.

43 DMA, VB 1937/38, S. 6. Diese »Sondervorträge« fanden im großen Kongress-Saal statt, bis Winter 1943/44 je sieben- bis elfmal pro Jahr. Sie wurden 1949/50 fortgeführt und 1969 eingestellt. Ergänzend begannen 1948/49 Experimentalvortragsreihen in den Vortragssälen des Kongress-Saals, die Hermann Auer bis in die 1970er-Jahre fortführte. In den 1980er-Jahren wurden diese Experimentalvorträge durch externe Wissenschaftler für einige Zeit wiederbelebt. »Wissenschaft für jedermann« findet nun im Ehrensaal des Sammlungsbaus statt, seit dem Jahr 2000/01 von Oktober bis April etwa einmal pro Woche. Zu Führungsvorträgen in den Ausstellungen s. DMA, VA 601ff.; zu Führungsvorträgen in der Gründungsphase des Museums s. auch Menzel (Anm. 22), S. 182f.

Als »Wissenschaft für jedermann« werden seit 1994 Themen aus dem Gesamtspektrum von Naturwissenschaften und Technik durch prominente, pädagogisch versierte Wissenschaftler vorgestellt. Parallel werden seit dem Jahr 2000 verstärkt neue Darstellungsformen von Wissenschaft und Technik erprobt: Wissenschaftstheater, szenische Lesungen, Performances oder auch Märchen für Kinder.[44]

Kerschensteiners Prinzipien 2, 3 und 4 beziehen sich direkt auf die Ausstellungen und ihre pädagogische Wirkung. Das Prinzip 4, die Ökonomie des Denkens und die Kontinuität, ist wissenschaftstheoretisch begründet, wie schon der Verweis auf Ernst Mach in der Begründung der »Denkökonomie« zeigt: Kerschensteiner reflektierte dabei den Aufbau der Mathematik von einfachen Grundrechnungsarten zu komplizierteren Vorgängen. Historische »Kontinuität« und komplexen historischen Wandel richtig zu vermitteln, ist ein wesentliches Problem der Geschichte der Naturwissenschaften als Disziplin. Wie diese Prinzipien mit der Forderung nach aktivem dinglichen Lernen zusammenwirken können und das für verschiedenste Zielgruppen, ist ein zentrales Problem des Deutschen Museums, das von Beginn an – in modernen Begriffen – Science Centre und historisches Museum zugleich gewesen ist. Auf diesem Zusammenspiel von Geschichte und Aktualität beruht auch in der Museumsdidaktik das Alleinstellungsmerkmal des Deutschen Museums und damit seine Zukunftsfähigkeit.

Bildung versus Erlebnis und Informationsshopping: ein Gegensatz?

Das Konzept eines Museums als Lehr- und Bildungsanstalt wurde insbesondere durch die angelsächsische Museumsforschung ab den 1960er-Jahren stark angezweifelt.[45] So werden Museen mitunter als Massenmedien eingestuft, in denen ebenso wie im Zeitschriftenwesen, im Hörfunk oder im Fernsehen Lerneffekte nur dadurch entstehen, dass bereits vorhandenes Vorwissen bestätigt wird. Vorherrschen würde ein ›Informationsshopping‹. Entgegen dem Lernen in der Schule, so die These, fehlen im Museum
- eindeutige Lernziele,
- Aufgeschlossenheit der Teilnehmer diesen Zielen gegenüber,
- eigene auf diese Lernziele ausgerichtete Aktivität der Teilnehmer,
- die Möglichkeit der Rückkopplung zwischen Teilnehmern, Vermittlern und den dazugehörigen Symbolen,

---

44 DMA, JB 2001–2003; s. auch den Beitrag von Mayring.
45 S. dazu Annette Noschka: Bibliographie – Report zu den Gebieten Museologie, Museumspädagogik und Museumsdidaktik. Berlin 1984, sowie die ergänzenden Reporte 1987 und 1989.

– ein durch die Situation geschaffener Lerndruck,
– eine der Lernsituation entsprechend aufbereitete Exponatstruktur und
– eine eindeutige Gruppensituation gleicher Vorbildung.[46]

Schulpädagogen haben allerdings darauf hingewiesen, dass es auch andere Lernanlässe (bezogen auf Lernziele) als nur auf das Schema Mittel/Zweck/Funktion bezogene gebe, dass auch die Schule solch rigide Kriterien oft genug nicht erfülle, dass es Eindrücke gebe, die das Museum, aber gerade nicht die Schule, vermitteln könne und dass Langzeiteffekte durch Besucherforschung meist nicht evaluierbar seien. Als gesichert kann gelten, dass informelles Lernen im Umfeld eines Museums im Vergleich zum formellen Lernen in der Schule im Allgemeinen schwieriger ist. Wie aber steht es dann mit der Bildung? Die Veränderung des Gesamtbilds einer Persönlichkeit ist methodisch noch schwieriger zu erfassen als die Erweiterung von Wissen. Welche Rolle kann ein naturwissenschaftlich-technisches Museum des 21. Jahrhunderts dabei spielen? Abgesehen von Gruppen- oder Einzelbesuchern, die zu klar bestimmten Lernzwecken das Museum besuchen – vor allem diese waren ja im Blickfeld von Oskar von Miller und Kerschensteiner –, wählen die meisten Besucher ihre Mußezeit für einen Gang ins Museum. Die Wirkung des Besuchs auf Letztere ist eine völlig andere als bei den lernmotivierten und -geleiteten, stark selbstständig orientierten Museumsinteressenten.

Generell kann ein Museumsbesuch nach persönlichkeitsbezogenen, sozialen und objektbezogenen Kategorien gegliedert werden.[47] Die ›Persönlichkeit‹ des Besuchers bringt zunächst Voraussetzungen mit, die nur bestimmte affektive, haptische oder kognitive Erfahrungen zulassen. Die Erkenntnis Friedrich Nietzsches, Verstehen heiße Wiedererkennen, ist von der konstruktivistischen Pädagogik zu einer ausführlichen Theorie des Verständnisses beim Lernen ausgebaut worden, die wesentlich auf Vorerfahrungen jedes Lernenden aufbaut. Der ›soziale Kontext‹ ist ferner beim Museumsbesuch genauso wichtig wie der persönlichkeitsbezogene und wird bei Museumsplanungen meist zu wenig berücksichtigt: Wie wirken Gruppen aufeinander, etwa der Freund, der seiner Freundin die Informatik erklärt, oder Vater und Mutter, die ihren Kindern eine Wochenendfreude bieten wollen? Wie wirken Führungen oder Theatervorführungen und wie könnten sie wirken, wenn sie in Dialogform geführt werden? Der ›objektbezogene Kontext‹ schließlich beschränkt sich nicht nur auf die Fachinhalte einer Ausstellung, sondern beinhaltet auch die Wegführung oder die Versorgung der unmittelbaren Bedürfnisse wie Essen und Trinken.

---

46 Bernhard Graf/Heiner Treinen: Besucher im Technischen Museum. Berlin 1983, S. 125f.; s. auch Fingerle (Anm. 8), S. 17f.

47 Vgl. John H. Falk/Lynn D. Diering: The Museum Experience. Washington 1998, S. 2f.

Das Gesamtergebnis einer solchen Mußeunternehmung kann die totale Erschöpfung sein. Doch auch diese hat, wenn sie als großartig empfunden wird, positive Nachwirkungen (sofern sie nicht ein Tourismus-Dauerzustand wird). Das Ergebnis kann jedoch auch eine affektive Befriedigung, d. h. eine des Gemüts sein, welche die gesuchte Muße verstärkt. Es kann auch zum Erlebnis werden, sogar zu einer ›Begegnung‹. Je mehr die sinnliche Erfahrung über Objekte zu der Persönlichkeit des Besuchers und der Augenblicksstimmung und -erwartung passt und je umfassender sie in soziale Kontexte eingebunden wird, desto wahrscheinlicher sind solche intensiven Erlebnisse. Interaktion ist wesentlich – aber nicht immer unbedingt die interaktive »Handson«-Einheit. Auch der Fisch-Ewer »Maria«, die Tante »Ju« oder der Galilei-Raum sind interaktive Objekte: über Fantasie, Nostalgie und Fiktion. Die vielfältige sinnliche Erfahrung fördert vor allem die affektive Komponente der Begegnung: Man ist ›berührt‹, emotional angeregt, hat Spaß, Vergnügen. Die Vielfalt behindert – umgekehrt – kognitiv konsequentes Lernen. Sinnliche Begegnung kann aber zur kreativen Anregung dienen: Kreativität braucht Lernen und Muße, vielleicht auch Mythisches. Sie braucht vielfache Anregungen sowie Leitlinien: vom Bekannten über das Unvertraute zum Überraschenden und Erstaunenden. Die Vielfalt der sinnlichen Erfahrungen darf und kann keine Lehrplankonstruktion sein. Sie darf sich aber auch nicht beliebig oder enzyklopädisch präsentieren. Zudem wird heute der narrative Aspekt betont. Objekte, Inszenierungen, ganze Ausstellungen müssen erzählen können.[48] Am besten wirkt freilich die durch Personen geleistete Wissensvermittlung in Form von Führungen, die möglichst dialogisch angelegt sind, auch dort, wo für das Selbststudium – vielleicht scheinbar – ideale Voraussetzungen bestehen: etwa in der Ausstellung Physik.

Was finden Schulklassen im Deutschen Museum?

Frank Jürgensen nennt eine Durchschnittsmarke von 20 %, die Schulklassenbesuche an der Gesamtzahl aller Museumsbesuche ausmachen, und eine Erhebung des Instituts für Museumskunde zeigt, dass die Museen Schulklassen am häufigsten als ihre Zielgruppe bezeichnen, gefolgt von Touristen und Kindern im Allgemeinen.[49] Aus Museumssicht haben Schulklassen somit den

---

48 Aus der Fülle der Literatur zum »narrative turn« hier bes. Lisa C. Roberts: Analyzing (and intuiting) the affective domain. In: Sandra Bicknell/Graham Famelo (Hrsg.): Museum visitor studies in the 90s. London 1993, S. 97–101, sowie unten.

49 Frank Jürgensen: Cinderellas Kutsche. In: Kirsten Fast (Hrsg.): Handbuch museumspädagogischer Ansätze. Opladen 1995, S. 101–143; Monika Hagedorn-Saupe: Museum Visits in Continental Europe. Statistics and Trends. In: Education as a Tool for Museums. Budapest 2001, S. 66.

64 Bestätigung der Keplergesetze am Potenzialtopfmodell in der Ausstellung Astronomie, 1994.
DMA, BN R3918–8

größten Anteil an Gruppenbesuchen. Im Deutschen Museum spielen die Gruppenbesuche eine im Vergleich zu den genannten Zahlen überproportionale Rolle. Schulklassen sind dabei ein wesentlicher Teil der Öffentlichkeit, die das Museum aus der Kollektivperspektive einer Gruppe wahrnehmen – allein im Jahr 2001 registrierte das Deutsche Museum 7.468 Besuche von Schulklassen.[50] Für diese spezifische Museumserfahrung müssen eigene pädagogische Methoden erarbeitet werden, um das Potenzial eines Technikmuseums auch bei dieser Zielgruppe auszuschöpfen. Ausgangspunkt ist dabei die

50 DMA, JB 2001, S. 126/127; die Zahl berücksichtigt nicht die Besuche von Klassen, bei denen die Schüler den Eintritt individuell bezahlen.

heute unstrittige These, dass der Prozess der Wissensaneignung umso intensiver ist, je selbstständiger er gestaltet wird.[51]

Welche Gründe, welche Erwartungen bewegen Lehrkräfte, mit ihren Schülern einen Gang ins Museum zu unternehmen? Der Mangel an Ausrüstung in den Schulen, um den Schülern naturwissenschaftliche Phänomene in Experimenten anschaulich nahe zu bringen, der zu Zeiten Kerschensteiners ein wichtiger Aspekt war, ist heute wohl kaum mehr in den weiterführenden Schulen wie Realschulen und Gymnasien anzutreffen, gilt aber noch für viele Grundschulen. Der Wunsch nach einer sinnvollen Abwechslung im Schulalltag, nach neuer Motivation durch Eindrücke in einer sich vom Klassenzimmer abhebenden Lernumgebung hat sicher Gewicht. Der gewichtigste Grund für den Museumsbesuch liegt jedoch in der eigenen Qualität dieses Orts, die durch den Schatz zustande kommt, den keine andere Institution zu bieten hat: die Sammlung von realen Dingen. Mit ihren Ausstellungen begünstigen Museen einen Lernvorgang, der im Verständnis moderner Bildungskonzepte nicht mehr in einem linearen Prozess verläuft, bei dem eine Autorität das objektive Fakten-Wissen ›top down‹ weitergibt und der Lernende in einer passiven Rolle verharrt. Vielmehr wird der Lernende aktiv in den Lernprozess eingebunden, der wiederum von vielen Faktoren beeinflusst wird, etwa von der Umgebung, den Erwartungen und vom eigenen Vorwissen. Die Betonung liegt auf konkreten Erfahrungen, der Prozess der Wissensaneignung ist wichtiger als die Anhäufung von Wissen. So betont Hooper-Greenhill, dass »Fähigkeiten, die Lernen ermöglichen sowie erforschendes Lernen« (investigative studies) wichtiger seien als die Wiederholung von Fakten.[52] Für erforschendes Lernen eignet sich ein Lernmilieu am besten, das den Schüler ermuntert zu denken, Zusammenhänge abzuleiten, Hypothesen aufzustellen, Kritik zu formulieren, zu spekulieren, zu bewerten, Vorstellungen zu entwickeln und kreativ zu sein. Interaktive Exponate sind bestgeeignet, diese Prozesse auszulösen.[53] Der erforschende Umgang mit den realen Dingen im Museum gibt den Schülern die Möglichkeit, selbst zu neuen Interpretationen zu kommen und damit eine starke und stärkende Erfahrung zu machen. Hier ist das Deutsche Museum mit der seit den frühesten Ausstellungen entwickelten und gepflegten Palette didaktischer Mittel – Modelle, Schnitte, Druckknöpfe, Experimente, Vorführungen, Dioramen, Multimedia etc. – besonders geeignet, individuelle Entdeckungen zu fördern. Wie schon Kerschensteiner betonte,

51 Eilean Hooper-Greenhill: Museums and the Interpretation of Visual Culture. London/New York 2000, S. 2.

52 Eilean Hooper-Greenhill: Museums in Education: Towards the End of the Century. In: Timothy Ambrose (Hrsg.): Education in Museums, Museums in Education. Edinburgh 1987, S. 43.

53 Gordon Kirk: Changing Needs in Schools. In: Ambrose (Anm. 52), S. 19; Stephen Feber: New Approaches to Science: In the Museum or Outwith the Museum? Ebd., S. 89.

erreicht das Museum einen hohen Grad an Anschaulichkeit, in dem es Dinge als Originale, als gleichgroße Modelle oder als verkleinerte Reproduktion ausstellt.[54] Die Schüler können die Objekte nicht nur sehen, sie können sie riechen (z.B. das Maschinenöl an den Werkzeugmaschinen, das feuchte Holz der Wasserräder) und manchmal sogar befühlen und so die verschiedenen Materialien kennen lernen, aus denen sie gefertigt sind. Die Authentizität dieser realen Dinge bewirkt verschiedene Reaktionen: Bewunderung oder Befremden, Neugier, den Wunsch, das Objekt zu berühren. Darin liegt eine Chance, Lernen durch Entdeckungen zu fördern. Die eigenen Eindrücke werden zum Ausgangspunkt dafür, die ausgestellten Dinge zu verstehen.[55] Die Ausstellungen bieten den Schülern viele Ansatzpunkte, sich mit Objekten und dazu angebotenen Inhalten auseinander zu setzen, nicht für sich allein, sondern in der Gruppe. Wenn ein Kind seine Eindrücke äußert, dann ist das nicht nur eine Gelegenheit, die sprachliche Ausdrucksfähigkeit zu schulen, sondern das Kind präsentiert sich auch als Person. Das Museum ist also ein Ort für kognitive und soziale sowie affektive Erfahrungen gleichermaßen.[56] Demzufolge versucht das Deutsche Museum, mit einem breit entwickelten Instrumentarium die Vorbereitung des Museumsbesuchs durch Programme für Lehrer wie auch den Aufenthalt vor Ort durch eigene Schulklassenprogramme museumspädagogisch zu gestalten.

Viele Lehrkräfte verfolgen mit dem Museumsbesuch bestimmte, mit dem Unterricht verbundene Ziele. Manche legen den Besuch an den Beginn eines neuen Themas im Unterricht und möchten damit die Schüler motivieren, sich stärker auf dieses Thema zu konzentrieren. Der Besuch soll die Neugier der Kinder wecken oder steigern und ihnen die Möglichkeit geben, anhand der ausgestellten Objekte selbst Fragen zu entwickeln, die dann in der Schule weiter diskutiert werden können. Während einer thematischen Unterrichtssequenz kann der Museumsbesuch den Schülern die Gelegenheit bieten, das neue Wissen anzuwenden und die ausgestellten Exponate zu erklären. Sie können das in der Schule Gelernte mit den Aussagen der Ausstellung vergleichen und dabei sowohl Bestätigung finden als auch die Erfahrung machen, dass verschiedene Interpretationen möglich sind, dass es nicht nur eine

---

54 Kerschensteiner (Anm. 16), S. 47.

55 Vgl. Michael Matthes: Einführung. In: Andrea Ferchland (Hrsg.): Schule und Museum. Vom Nutzen des Museums für die Schule. Berlin 1998, S. 9–19.

56 Vgl. Dietmar Larcher: Lernen im Museum – Lernen in der Schule. In: Gottfried Fliedl (Hrsg.): Museum als soziales Gedächtnis. Klagenfurt 1988, S. 158–169. Michael Junge vom Technorama in Winterthur berichtet von Schulen, die mit allen Klassen und Lehrkräften für einen ganzen Tag in die Ausstellungen kommen – nicht nur wegen der naturwissenschaftlich-technischen Inhalte, sondern auch weil man den Besuch als eine Chance begreift, sowohl Schüler als auch Lehrer in einer anderen Umgebung anders zu sehen und vielleicht unbekannte Seiten oder Gemeinsamkeiten zu entdecken, die dann auf den Umgang miteinander in der Schule positiven Einfluss haben können.

Wahrheit gibt. Neue Blickwinkel können sich öffnen und so die weitere Diskussion in der Schule beeinflussen. Am Ende einer Unterrichtssequenz kann der Museumsbesuch dazu dienen, das Gelernte zu wiederholen und im Umgang mit den Objekten zu vertiefen.

Die vom Deutschen Museum seit Ende der 1990er-Jahre entwickelten Schulklassenprogramme richten sich in erster Linie an 8- bis 12-jährige Schüler; die Inhalte sind den verschiedenen Schultypen und Altersstufen angepasst. Jedes Programm konzentriert sich auf ein bestimmtes Thema – z. B. geht es bei »Wo gehobelt wird, da fallen Späne« darum, wesentliche Schritte in der Entwicklung von der Handarbeit zur Maschinenarbeit in den letzten 100 Jahren anschaulich zu machen; »Ellen, Füße, Zentimeter« gibt einen Einblick in die Geschichte und Methoden von Messen und Wiegen. Ein wichtiger Aspekt liegt darin, die Kinder zu motivieren, sich intensiver mit den Exponaten auseinander zu setzen und ihnen Gelegenheit zu geben, selbst Hand anzulegen (hands-on) und praktische Erfahrungen zu machen.

Diese Schulklassenprogramme verbinden so die motivierende Wirkung der realen Dinge, der Originalobjekte, mit der Motivation, die von hands-on-Exponaten ausgeht, um eine aktive Teilnahme auszulösen, die es ermöglicht, selbst etwas herauszufinden. Naturwissenschaft wird dann nicht mehr als statische Sammlung von Fakten erlebt, sondern als lebendiger Prozess der Wissensaneignung. Dieses Erlebnis kann wiederum Motivation für weiteres Lernen sein und das Gefühl vermitteln, »dass die Welt verstehbar ist«.[57]

Ausstellungsdidaktik und Besucherforschung

Neben zielgruppenorientierten Begleitprogrammen wie Lehrveranstaltungen für Schulklassen oder Vortragszyklen für interessierte Laien trat bereits in den Aufbaujahren des Museums eine didaktische Organisation der Ausstellungsinhalte selbst. Sie sollte mit Hilfe damals modernster Medien sowie mit Vorführprogrammen nicht die Zielgruppe der ›Museumsbummler‹ erschließen, sondern Besuchergruppen mit vertieftem Kenntnisstand oder hohem Interessensniveau. Für den Einsatz dieser Maßnahmen befürwortete Kerschensteiner eine »langjährige, sorgfältig durchgeführte und vorurteilsfreie Beobachtung der Wirkungen«.[58]

Wie präsentiert sich diese bereits mehrfach interpretierte Schlüsselpassage in Kerschensteiners Konzeption vor dem Hintergrund der aktuellen Ausstel-

57 Sally Duensing: Science Centres and exploratories: A look at active participation. In: Communicating Science to the public. Chichester 1987, S. 142.
58 Kerschensteiner (Anm. 16), S. 44.

lungsdidaktik und Besucherforschung? Zunächst gilt es zu betonen, dass Kerschensteiner wie alle maßgeblichen Bildungstheoretiker von einer Wechselwirkung des Lern- und Bildungsprozesses ausging und Interesse oder zumindest Basiskenntnisse für ein Bildungsgeschehen im Rahmen des Ausstellungsbesuchs voraussetzte.[59] Ob er deshalb für eine »langjährige, sorgfältig durchgeführte und vorurteilsfreie Beobachtung der Wirkungen« plädierte? Sein Beitrag erschien in einer Zeit, die als erste Phase der Besucherforschung datiert wird, mit einem stark behavioristisch ausgerichteten Hintergrund, vor dem die Besucherreaktionen in einer systematischen Beobachtung als eine von der Ausstellung abhängige Variable analysiert wurden. Gemäß dem Stimulus-Response-Muster sollte die Attraktivität der Exponate und die Effizienz einer Ausstellung durch die Stopzahl und Verweilzeit der Besucher definiert werden, wobei Letztere als Indikator für die Bildungswirkung diente.[60] Kerschensteiner hätte einen solchen Forschungsansatz mit seinen bildungstheoretischen Prämissen wohl nicht in Einklang bringen können.

Die zweite große Phase der Besucherforschung setzte in den Vereinigten Staaten in den 1960er-Jahren ein und führte mit Interviews und Befragungen zu einem Ausbau des erhebungsmethodischen Instrumentariums. Nicht Beobachtungen, sondern Befragungen sollten Aufschluss über die Bildungswirkung einer Ausstellung geben. Schon zu dieser Zeit zeichnete sich eine Abkehr vom Anspruch ab, einen allgemeingültigen Kriterienkatalog für eine bildungswirksame Ausstellung erstellen zu können. Denn die Komplexität des offenen Lernfeldes Museum erschwert mit seinen unterschiedlichen Themen, Objekten, den daraus resultierenden Gestaltungsprinzipien, den je unterschiedlichen räumlichen Kontexten auf der einen Seite sowie den Besuchern mit je unterschiedlichen Interessens- und Besuchsmotivationen auf der anderen Seite generalisierbare Aussagen. Zwar liegen inzwischen für bestimmte Ausstellungselemente wie etwa Texte empirisch gesicherte Aussagen über deren verständlichen und motivierenden Einsatz vor,[61] doch insgesamt hat sich die Besucherforschung mehr auf dem Feld der Ausstellungsplanung etabliert. Insbesondere angeregt durch Chandler Screven sollen parallel zum Planungs- und Aufbauprozess einer Ausstellung Instrumentarien bereitgestellt werden, die auf systematisch kontrollierter Basis planungsrelevante Da-

59 Vgl. Wolfgang Klafki: Das pädagogische Problem des Elementaren und die Theorie der kategorialen Bildung. Weinheim 1959; zu bisherigen Interpretationen siehe die in den Anm. 35 und 38 genannte Literatur sowie Annette Noschka-Roos/Traudel Weber: Das Deutsche Museum und seine Ausstellungsdidaktik. In: SchulVerwaltung Bayern 22 (1999), H. 1, S. 13–18.

60 Hans-Joachim Klein: Zur Forschungsgeschichte der Evaluation an Museen. Vortragsmanuskript. Berlin 1990; Annette Noschka-Roos: Besucherforschung und Didaktik. Ein museumspädagogisches Plädoyer. Opladen 1994, S. 163ff.

61 Die Fülle der Literatur zusammenfassend Andrée Blais: Text in the exhibition medium. Québec 1995.

ten liefern: Die Besucherstrukturanalyse gibt Auskunft über das Besucherprofil des Museums; die Front-End-Evaluation liefert Hinweise auf Missverständnisse oder naive Vorannahmen zu einem geplanten Ausstellungsthema; die formative Evaluation deckt an improvisiert aufgebauten Ausstellungseinheiten rechtzeitig eventuell vorhandene Kommunikationsbarrieren auf; die summative Evaluation schließlich dient nach der Ausstellungseröffnung zur systematischen Bewertung der Ergebnisse.[62]

Den Anstoß für diese zweite Phase der Besucherforschung gab die Bildungspolitik: Ausgelöst durch den Sputnik-Schock bezog die Bildungspolitik in den Reformen der 1960er- und 1970er-Jahren die Museen mit ein, sollte doch der demokratische Bildungsanspruch auch von den bis dahin als elitär geltenden Musentempeln eingelöst werden. Auch in der Bundesrepublik Deutschland wurde Anfang der 1970er-Jahre unter großer gesellschaftlicher Resonanz in einem Appell der Deutschen Forschungsgemeinschaft unter anderem zur »Errichtung eines zentralen Forschungsinstitutes für Museumsmethodik« sowie zu »Untersuchungen zu Öffentlichkeit und Museum« aufgerufen, und die Museumspädagogik stellte ein wichtiges Diskussionsthema unter Museumsfachleuten dar.[63]

Vor diesem nur knapp skizzierten Hintergrund führte das Deutsche Museum 1976 seine erste Besucherbefragung durch, die Auskunft über das Besucherprofil geben sollte. Die Ergebnisse zeigten übrigens auffallende Parallelen zu den ein Vierteljahrhundert später erhobenen Befragungsresultaten: So ist das bundesweite wie internationale Publikum bedeutend stärker vertreten als das lokale und regionale, es ist vorwiegend jung und repräsentiert alle gesellschaftlichen Gruppen. Im Hinblick auf die demografischen Merkmale der Besucher ist das Deutsche Museum keine elitäre Einrichtung, sondern eine – wie es sich Oskar von Miller wünschte – »Volksbildungsstätte«.[64] Doch welche Bildungsprozesse finden statt?

Geradezu ernüchternd waren die Ergebnisse, die Graf und Treinen wenige Jahre später in ihrer Untersuchung vorlegten und kultursoziologisch einordneten. Sie fanden ein vorwiegend »aktiv dösendes« Publikum vor, das sich alles andere als der Systematik folgend durch die Ausstellung bewegte; Lerner-

62 Chandler G. Screven: Uses of evaluation before, during and after exhibit design. In: Visitor Behavior 1 (1990), Nr. 2, S. 36–66; siehe jüngst die Beiträge in Annette Noschka-Roos (Hrsg.): Besucherforschung im Museum. Instrumentarien zur Verbesserung der Ausstellungskommunikation. München 2003.

63 Deutsche Forschungsgemeinschaft (Hrsg.): Denkschrift Museen: Zur Lage der Museen in der Bundesrepublik Deutschland und Berlin (West). Boppard 1974; Klausewitz (Anm. 35); Ellen Spickernagel/Brigitte Walbe (Hrsg.): Das Museum: Lernort contra Musentempel. Gießen 1976; siehe auch die Beiträge von Mayring und Füßl/Hilz/Trischler in diesem Band.

64 Günther Gottmann: Bericht über ein Besucherprofil des Deutschen Museums. In: Museumskunde 42 (1977), S. 29–35.

gebnisse erwiesen sich als stark von den Vorkenntnissen und Interessen abhängig und streuten entsprechend.[65] Dieses hier nur schlaglichtartig ausgeleuchtete Ergebnis einer differenziert angelegten Studie, das in den Grundzügen durch eine weitere Untersuchung über die Automobilabteilung bestätigt wurde,[66] veranlasste das Deutsche Museum auch dazu, mit Unterstützung der Robert Bosch Stiftung 1985 zu einem internationalen Kolloquium mit maßgeblichen Vertretern der Besucherforschung einzuladen. Im Rahmen dieses Kolloquiums sollte die Evaluation als ein Instrument für eine besucherorientierte Ausstellungsplanung diskutiert werden.[67] Im Anschluss daran wurden mehrere Forschungsprojekte initiiert und durch Drittmittel finanziert: Ein Projekt sollte der Ausstellungsplanung ein Instrumentarium zur Seite stellen, das in systematischer Weise die Verbesserung der Kommunikation in Ausstellungen anstrebte; ein weiteres Projekt erprobte dieses Planungsinstrument museumsspartenübergreifend.[68] Im Deutschen Museum hat sich seither vor allem die formative Evaluation an geplanten Ausstellungselementen wie Texten, Neuen Medien oder interaktiven Exponaten bewährt. Sie hat zusammen mit der kritisch-vergleichenden Sichtung der einschlägigen pädagogisch-psychologischen Forschungsliteratur insgesamt zu Methoden und Arbeitsprozessen geführt, die Kommunikationsbarrieren abbauen helfen und einen verständlicheren Zugang zu den Präsentationsthemen erhöhen.[69]

Als das Haus der Geschichte in Bonn ein knappes Jahrzehnt später zu einer Tagung ähnlichen Charakters einlud, hatte sich die Museumslandschaft deutlich verändert.[70] Nun stellte die Verbesserung der Kommunikation in

65 Graf/Treinen (Anm. 46).

66 Der 1985 intern vorgelegte Untersuchungsbericht ist in Auszügen in folgenden Veröffentlichungen zu lesen: Hans Joachim Klein: Vom Meisterwerk zum Werkmeister – Publikumsinteressen und Wahrnehmungsweisen bei der Darstellung von Technik und Industriekultur. In: Museumskunde 56 (1991), S. 148–161; ders.: Tracking visitor circulation in museum settings. In: Environment and Behavior 25 (1993), S. 782–800. Zur Kritik (bzgl. doch vorhandener Lernmöglichkeiten) s. Fingerle (Anm. 8).

67 Bernhard Graf/Günter Knerr (Hrsg.): Museumsausstellungen. Planung, Design, Evaluation. München/Berlin 1985.

68 Anneliese Almasan/Ellen von Borzyskowski/Hans-Joachim Klein/Sigrid Schambach: Neue Formen der Ausstellungsplanung in Museen. Karlsruhe 1993; Annette Noschka-Roos: Evaluationsforschung im Deutschen Museum. In: Museumspädagogik. Kommunikation im Museum. Düsseldorf 1988, S. 83–92; Noschka-Roos (Anm. 60).

69 Traudel Weber/Annette Noschka: Texte im Technischen Museum. Textformulierung und Gestaltung, Verständlichkeit, Testmöglichkeiten. Berlin 1988; Annette Noschka-Roos: Der Einsatz von Bildschirminformationssystemen im Museum. Eine empirische Untersuchung im Deutschen Museum. In: Fast (Anm. 49), S. 375–390; dies.: Bausteine eines besucherorientierten Informationskonzepts. In: Ulrich Schwarz/Philipp Teufel (Hrsg.): Handbuch Museografie und Ausstellungsgestaltung. Ludwigsburg 2001, S. 88–113.

70 Haus der Geschichte Bonn (Hrsg.): Museen und ihre Besucher. Herausforderungen für die Zukunft. Berlin 1996.

Ausstellungen nur noch ein Thema unter vielen dar. Die Knappheit öffentlicher Finanzen verstärkte den Trend zu marktwirtschaftlichem Denken auch in den Museen und damit zu neuen Konzepten der Besucherorientierung. Die Attraktivität des Museums als öffentlicher Raum selbst sollte mit Hilfe der Besucherforschung ausgebaut werden, da sich Museen nun auf einem weiter boomenden Freizeitmarkt behaupten mussten – Marketingstrategien benötigen Besucherstrukturanalysen. Der Museumsbesuch sollte per se zum Erlebnis werden, um neue Besucher zu gewinnen. Der Besucher rückte als Kunde mit seinen Wünschen, Interessen und Neigungen ins Blickfeld, auf den nicht mehr nach fachlicher Systematik organisierte Ausstellungen warteten. Im Kern ging und geht es dabei um eine Perspektivenverschränkung, die durch den Rückgriff auf alltagsrelevante Fragestellungen Laiensicht und Fachsicht zusammenführt und methodisch attraktiv präsentiert. Diese neue Entwicklung setzt nicht mehr nur den fachwissenschaftlich Vorgebildeten voraus, wie Kerschensteiner dies mit seinem ausschließlich nach fachwissenschaftlicher Systematik didaktisch strukturierten Ausstellungskonzept tat. Das Museum ist nicht mehr Bildungsanstalt im Kerschensteinerschen Verständnis, sondern Erlebnisort und nimmt in der demokratisch geöffneten Massengesellschaft konzeptionell alle Besucher ernst, auch die ›Museumsbummler‹.

Der Museumsboom im letzten Viertel des 20. Jahrhunderts und die damit verbundene intensive museumskundliche Diskussion führte zu neuen Entwicklungen, die in dem bei Kerschensteiner noch gemeinhin gültigen, klassischen europäischen Museumsbegriff nicht beinhaltet sein konnten. Zwei Prozesse seien herausgegriffen: Erstens begannen nicht objektorientierte, sondern themenzentrierte Ausstellungen mit ihren der Ästhetik verpflichteten Inszenierungen en vogue zu werden. Die im Rahmen der »Neuen Museologie« formulierte soziale Verantwortung der Museen führte zudem zu neuen Präsentationsinhalten, die nicht nur einer fachlich isolierten Ordnung folgen, sondern in einen gesellschaftlichen Kontext eingebunden sind. Die bis dato üblichen Präsentationen von kategorialen Objektklassen wurden zugunsten themenorientierter Ausstellungen aufgegeben, die in einem mehr oder weniger akzentuierten sozialen Kontext standen. Zweitens änderte sich mit der Entwicklung einer neuen visuellen Sprache und der kontextorientierten Präsentation die Objektsammlung selbst, sind doch Alltagsgegenstände in einer sich technisch rasch entwickelnden Gesellschaft ebenfalls dem Beschleunigungsprozess der Musealisierung unterworfen. Hier handelt es sich um einen Prozess, den Gottfried Korff treffend als Popularisierung des Musealen und Musealisierung des Populären bezeichnet hat.[71]

Wie werden Besucher betrachtet: als Kunden, Zeitzeugen, Dialogpartner oder einfach als Nutzer? Was bedeutet das für das Selbstverständnis der Besucherforschung? Auch auf diesem Gebiet hat sich eine Wandlung vollzogen, die mittlerweile zu einer dritten Phase der Besucherforschung und Ausstellungsdidaktik geführt hat. Wiederum soll auf zwei Entwicklungen kurz hingewiesen werden.

Erstens wird die verstärkte Besucherorientierung durch eine »konstruktivistische Wende« unterstützt, die insbesondere George Hein in die ausstellungsdidaktische Diskussion eingebracht hat.[72] Diese lerntheoretische Position geht im Kern davon aus, dass Besucher vor dem Hintergrund ihrer eigenen Erfahrungen, ihres eigenen Wissens über das Gesehene den Sinn selbst herstellen. Dieser aus bildungstheoretischer Sicht nachvollziehbaren Betrachtung kann das Deutsche Museum in seiner pädagogischen Tradition folgen. Auch bei Kerschensteiner ging Lernen nicht durch die Vermittlung von Einzelfakten vonstatten, sondern musste stets in einen Sinn- und Verwendungszusammenhang eingebettet sein. Zwar ist das Ziel, vorrangig das kulturell bedeutsame Objekt in der Ausstellung zu präsentieren, um Stimmungen wie »Ehrfurcht« vor den »Männern der Technik« zu erzeugen, heute obsolet, doch methodisch gab Kerschensteiner eine Fülle von Anregungen, die nach wie vor Gültigkeit besitzen.

Mit der konstruktivistischen Wende hat sich generell an den ausstellungsdidaktischen Prinzipien und den Besucherforschungsinstrumentarien wenig geändert.[73] Der entscheidende Impuls, der von dieser Wende ausging, liegt darin, Besucher als Dialogpartner zu sehen, den absoluten Wissensanspruch zu hinterfragen und verstärkt nach besucherorientierten Erlebnisinhalten zu suchen, die nicht nur auf die Ausstellung beschränkt sind, sondern das gesamte Museum einbeziehen. Mit dieser Position kreuzt sich ein Anliegen, das zur zweiten Entwicklung führt: die Initiativen des Public Understanding of Science, die auch in Deutschland seit den späten 1990er-Jahren stabile Brücken zwischen Wissenschaft und Öffentlichkeit zu schlagen versuchen. Das Deutsche Museum hat darauf mit zahlreichen Programmen und Projekten reagiert.[74] Unter anderem ist parallel zu den Planungen für ein Zentrum Neue Technologien eine Homepage eingerichtet worden, die die Themen der Ausstellungen dieses Zentrums auch für diejenigen im öffentlichen Raum In-

71 Gottfried Korff: Die Popularisierung des Musealen und die Musealisierung des Populären. Anmerkungen zu den Sammlungs- und Ausstellungstendenzen in den frühen 80er-Jahren. In: Gottfried Fliedel (Hrsg.): Museum als soziales Gedächtnis? Kritische Beiträge zu Museumswissenschaft und Museumspädagogik. Klagenfurt 1988, S. 9–23.

72 George E. Hein: Learning in the museum. London/New York 1998.

73 S. dazu die Debatte von George E. Hein: A reply to Miles' commentary on Constructivism. In: Visitor Behavior 12 (1997), Nrn. 3/4, und Roger Miles: No royal road to learning: A commentary on Constructivism. Ebd., sowie Ewald Terhart: Konstruktivismus und Unterricht. Gibt es einen neuen Ansatz in der Allgemeinen Didaktik? In: Zeitschrift für Pädagogik 45 (1999), S. 629–647.

74 S. dazu die Beiträge von Fehlhammer und Mayring in diesem Band.

ternet aufbereitet, die das Deutsche Museum nicht besuchen (können), aber
an neuesten Entwicklungen im Schnittfeld von Wissenschaft, Technik und
Politik interessiert sind. Gerade bei solchen Themen ist das beschriebene Eva-
luationsinstrumentarium wichtig, um Fragen der Besucher aufzugreifen: In
der realen Ausstellung wie in der virtuellen Präsentation gilt es gleichermaßen, Verständlichkeit und Transparenz des Präsentierten durch den Rückgriff
auf die Ergebnisse der Besucherforschung zu steigern.[75]

Verborgene Zeichen und ihre öffentliche Wirkung

Jeder Dialog zwischen Objekt und Besucher macht Botschaften nötig, die
ausgetauscht werden. Botschaften wirken – insbesondere auch – über die
Zeichenhaftigkeit eines Objekts. Dabei können ›verborgene Zeichen‹ einen
unerwarteten Einfluss bekommen. Moderne technische Objekte dienen ja
in immer größerem Maße nicht mehr der Befriedigung von Grundbedürf-
nissen des Menschen, dem »Bezwingen der Natur«, wie Kerschensteiner es
formulierte. Sie sind vielmehr Zeichen in einem Beziehungsgeflecht von sozialen Bedeutungen geworden: Es ist eben schick und sozial geradezu ›notwendig‹, ein Handy zu haben oder ein sportliches Auto einer ganz bestimmten Marke zu fahren. Auch Klassen von wissenschaftlichen oder technischen
Objekten, Institutionen (etwa Universitäten) oder Zusammenhänge (etwa
die physikalische Relativitätstheorie) können zeichenhaft wirken. Insbesondere gilt das aber für einzelne Artefakte, die eine besondere Aura entwickeln,
Kultobjekte werden, Staunen, Begeisterung, Ergriffenheit und »Ehrfurcht«
auslösen. Sie suggerieren dann Ferne und Nähe zugleich, Verständnis und
trotzdem unbegreifliche Perfektion. Gerade dadurch werden sie zu besonderen Begegnungen. Nehmen wir zunächst als Beispiel einer Institution das
Deutsche Museum selbst, in der Reflexion eines angelsächsischen Philoso-
phen von 1929:

>»Das Deutsche Museum [...] ist in Wahrheit der Schutztempel einer neuen Re-
>ligion und einer neuen Kultur. [...] Es ist ein großer Altar, errichtet den Göt-
>tern des neuen Zeitalters, den Naturwissenschaften und der Maschine. [...] In
>den oberen Stockwerken, die auf der industriellen Basis ruhen, befinden sich
>die heiligen Hallen der Wissenschaft. Dort werden die Naturgesetze, die eine
>solche technische Entwicklung möglich gemacht haben, an beweglichen Mo-

---

75 Inwieweit solche Prinzipien das der Verfremdung eher ergänzen und sich aus lernpsychologischer
Sicht nicht widersprechen, wäre ein eigener Untersuchungsgegenstand. Zum Prinzip der Verfremdung siehe Gottfried Korff: Das Popularisierungsdilemma. In: Landesmuseum für Technik und
Arbeit (Hrsg.): Zauberformeln des Zeitgeistes. Erlebnis, Event, Aufklärung, Wissenschaft. Wohin
entwickelt sich die Museumslandschaft? Mannheim 2001, S. 49–63.

dellen gezeigt. […] In einem hohen Turm [der Mittelkuppel] stehen die Fern-rohre, die die Himmel nach neuen Wahrheiten durchforschen. Vom Himmel hat der Mensch zuerst die Gesetze der Natur gelernt; und wie die hohen Türme der Kathedralen Gott zu den Menschen hinabzuleiten scheinen, so suchen die Wächter dieses modernen Tempels in den Höhen nach neuen Energien, um mit ihnen die vielen hungrigen Maschinen der Erde zu speisen.«[76]

Hier wird also die architektonische Geste der Museumsfront, mit dem Mo-dell Sternwarte als zeitgenössischem Tempel der Wissenschaft, in das Innere des Museums projiziert. Ein Beispiel aus den USA zeigt diese verborgene Zeichenhaftigkeit von naturwissenschaftlich-technischen Objekten oder Ob-jektklassen besonders deutlich.[77] Im National Air and Space Museum in Wa-shington war in den 1980er-Jahren ein Stück Mondgestein am Eingang – in einer Art offenem Schrein – ausgestellt. Der Eintritt war kostenlos, und in ei-ner langen Schlange warteten Besucher, um die Hand auf diesen Mondstein legen zu können und dann weiter in das Innere des Museums zu ›dürfen‹: Der Mondstein symbolisierte die Macht der modernen Wissenschaft und Technik über den gesamten Kosmos, und das Museum erzählte diese Macht. Handauflegen genügte zur Weihe – ein Topos, wie er auch im Gralsstein des Mittelalters und in anderen Mythen vorherrschte. Der Kosmos, die Welt-raumfahrt, Science Fiction und der Fortschritt wurden in einem Akt leben-dig. Diese Weihe war übrigens nur in den USA möglich! Andere Museen, auch das Deutsche Museum, mussten auf Grund strengster amerikanischer Sicherheitsauflagen ihr kleines Stück Mondgestein hinter Panzerglas ver-schlossen halten.

Hier wird eine Charakteristik des Objekts in einem technischen Museum sichtbar, die es grundsätzlich von Objekten in einem traditionellen kunsthis-torischen Museum unterscheidet. Es gibt die Geschichte von der bäuerlichen Besucherin eines Kunstmuseums, die vom Konservator beobachtet wurde, wie sie regelmäßig vor einem Madonnenbild niederkniete und betete.[78] Das Bild hatte zuvor in ihrer Dorfkirche gestanden. Nach Diskussion der führen-den Mitarbeiter wurde ihr das Beten schließlich verboten; das Museum ver-suchte, nach den Kriterien der kritischen Geschichtswissenschaft, wie sie im 19. Jahrhundert entstanden war, Objekte ihres nicht wissenschaftlichen Ge-

76 John H. Randall: Der Wandel unserer Kultur (engl. Original: Our Changing Civilization. London 1929). Stuttgart/Berlin 1932, S. 3.

77 S. hierzu und zum Folgenden ausführlicher Jürgen Teichmann: Das Deutsche Museum. Ein Plädoyer zum Mythos von Objekt und Experiment. In: Günter Bayerl/Wolfhard Weber (Hrsg.): Sozialgeschichte der Technik. Ulrich Troitzsch zum 60. Geburtstag. Münster u. a. 1998, S. 199–208, sowie Robert Bud: Science, meaning and myth in the museum. In: Public Under-standing of Science 4 (1995), S. 1–16.

78 Wolfgang Kemp: Kunst wird gesammelt. In: Werner Bruch (Hrsg.): Funkkolleg Kunst. Eine Geschichte der Kunst im Wandel ihrer Funktionen. Bd. 1. München 1987, S. 185–204, hier S. 185.

brauchs zu entkleiden, historisch einzuordnen und jeden anderen Zugang zu verbieten. Freilich existieren auch Kunstobjekte, die keine solche sakrale Bedeutung haben und auch solche, denen im Museum eine neue, besondere Aura zuwächst, etwa die Mona Lisa im Pariser Louvre.

Im historisch ausgerichteten Technikmuseum verhält es sich zum großen Teil umgekehrt: Objekte stammen im Allgemeinen aus rationalen, oft aus alltäglichen Zusammenhängen, sind teilweise Serienprodukte. Im Museum werden sie – mitunter – zu Symbolen für Universelles: die erste Luftpumpe, das erste Auto mit Benzinmotor, die erste Flüssigkeitsrakete, der Otto-Hahn-Tisch. Solche Objekte suggerieren einerseits, weil ihre Komplexität, Abstraktheit und technische Kühle einen analytisch aufwändigen Zugang notwendig machen würden, unmittelbares Verständnis von großen Entwicklungslinien. Sie haben andererseits auch die Aura der Einzigartigkeit, die den von den Gründungsvätern des Deutschen Museums gewollten Gedanken der Ehrfurcht weiterführt. Dort, wo allerdings ein emotionaler Zugang, über eigenes Erleben, möglich ist und genügt, kann diese verborgene Semiotik und Abstand gebietende Aura auch fehlen: Nostalgie, Entspannung und vertraute Begegnung sind dann wirksame Empfindungsebenen.

Als Beispiel der ›Aura‹-Objekte aus dem Deutschen Museum kann etwa der »Otto-Hahn-Tisch« dienen. Mit den primitiven Geräten auf diesem Tisch (im Wesentlichen eine kleine Neutronenquelle, ein Paraffinblock zur Verlangsamung der Neutronen, Gefäße der analytischen Chemie, eine Geiger-Müller-Zählapparatur) wurde Ende des Jahres 1938 die Kernspaltung des Uran entdeckt. Mehr als diese Geräte sieht man nicht. Besonders nichtssagend ist dabei der Erlenmeyer-Kolben für die wohl wichtigste Leistung des chemischen Umgangs mit winzigsten Stoffmengen. Mittlerweile sind im Text zu diesem Tisch alle drei hauptbeteiligten Wissenschaftler berücksichtigt worden, neben Otto Hahn auch Lise Meitner und Fritz Straßmann. Es findet sich auch der Hinweis, dass hier Geräte aus drei ganz verschiedenen Räumen des Hahnschen Instituts in Berlin zusammengetragen wurden, entsprechend der radioaktiven Bestrahlung durch Neutronen, der chemischen Untersuchungen (fraktionierte Kristallisation) und der Strahlungsmessung. Trotzdem wirkt dieses Objektensemble als geschlossene Entität: die Atomkernspaltung mit all ihren gesellschaftlichen Folgen im statu nascendi. Die – scheinbare – Einheit von Ort und Zeit verdichtet die komplexe Entwicklung auf ein – scheinbar – unmittelbar begreifliches Ereignis: Mit solch primitiver Technik und um so genialerer geistiger Leistung wurde das 20. Jahrhundert erschüttert. Man könnte fragen, warum dieses Objekt nicht – der Historie gemäß – aufgelöst und kommentiert wird. Vielleicht sollte man das tun. Doch ist es von Straßmann und Hahn selbst nach dem Krieg aus den Resten zusammengestellt worden, welche die Zerbombung

Berlins übriggelassen hatte. Die Wissenschaftler selbst haben ihren Mythos komprimiert.

Äußerst wirksam ist die unmittelbare Suggestion von Verständnis auch in umfangreicheren ›Inszenierungen‹. Sie sind ein viel genutztes Gestaltungsmittel moderner Museen. Im Deutschen Museum existiert ein – historisch ebenfalls sehr kritisierbares – Beispiel, das vielleicht gerade deshalb so besonders wirksam ist: der so genannte Galilei-Raum, die Nachbildung eines imaginären Arbeitszimmers von Galileo Galilei. Im Galilei-Raum des Museums werden die Rekonstruktionen vieler Experimente Galileis, auch seines Fernrohrs (das schon in Padua entwickelt wurde), ein voluminöser Schreibtisch zusammen mit historischen Originalen der Zeit (ohne direkten Bezug zu Galilei) gezeigt. Das ist der einzige historische Ort in der Abteilung Physik, vor dem Laienbesucher länger stehen bleiben. Er inkarniert den Experimentator Galilei – den Prometheus oder Ikarus oder Kolumbus einer neuen Zeit. Auch hier suggeriert die Einheit von Ort und Zeit unmittelbares Erfassen dieses großen Genius: Sein Experimentieren versinnbildlicht die haptische Konstruktion der Welt durch die moderne Wissenschaft. Aus der Keule unserer menschlichen Vorfahren wurde die Raumstation, so komprimierte dieses Zeichen der berühmte Filmschnitt aus »Odyssee im Weltraum«. Der Galilei-Raum ist ›History fiction‹ und Science fiction in Perfektion, ein öffentlicher historischer Raum, der das scheinbar Wesentliche der modernen Wissenschaft in einfacher Form vereint.

Wichtig bleibt auf jeden Fall – ob verborgen oder sichtbar –, dass in einem Museum erzählt wird. Das narrative Element kann auch als Folklore, Nostalgie oder Erzählen in Anekdoten in museumsgerechter Form erscheinen. Je geschickter die Zeichenhaftigkeit von Objekten genutzt wird, umso ›selbstständiger‹ können sie Geschichten erzählen.

Erweiterte Bildung im 21. Jahrhundert

Bildung – und wenn nur in dem sehr allgemeinen Sinn des Ideals einer ›offenen‹ Persönlichkeit verstanden, offen für neue Impulse im kognitiven, haptischen und emotionalen Bereich und offen für selbstständige Reflexion dieser Impulse (insofern kann man in dem traditionellen Begriff Bildung doch den modernen Begriff ›Erlebnis‹ vereinnahmen) – wird immer mehr in öffentlichen Räumen vermittelt. Wieweit die eigentlichen Massenmedien dazu beitragen, sei hier dahingestellt; ohne Wirkung bleiben sie sicher nicht, auch und gerade hier spielen ›verborgene‹ Zeichen eine wichtige Rolle. Öffentliche Vortragsveranstaltungen, Volkshochschulkurse, Wissenschaftstage, Technikevents (wie etwa Automobilausstellungen und auch wieder: Weltausstellungen) haben in den letzten drei Jahrzehnten an Bedeutung gewonnen. Technische Museen, die den Blick auf Vergangenheit und Zukunft richten, haben in dieser Phase als öffentliche Wissensautoritäten, durchaus im Unterschied zu den nicht öffentlichen Forschungs- und Bildungsinstitutionen, ihre Reputation gesteigert. Doch gleichzeitig hat das exponentielle Wachstum des Wissens diesen Nimbus angekratzt. Auch das Deutsche Museum muss in immer mehr Bereichen eingestehen, nicht mehr up to date zu sein. Nach wie vor ist es kompetent für Basisinformationen und für historisches Wissen. Daneben kann nur in ausgewählten Bereichen vertieftes Fachwissen oder auch ›nur‹ vertieftes Erlebnis geboten werden. Alle Erfahrungen mit Multiplikatorengruppen in der Fortbildung stärken diese These: Je größer die Lücken für jeden von uns in Spezialbereichen des Wissens werden, um so wesentlicher wird die Funktion des Deutschen Museums, Basis- und Übersichtswissen bereitzustellen. Sie schließt insbesondere die Vermittlung grundsätzlicher Zusammenhänge, Überblicke, interdisziplinärer Anregungen und von Orientierungswissen ein. So wird häufig betont, wie wesentlich man im Museum etwa der Verbreitung von Elektrik und Elektronik in der gesamten Technik nachgehen könne, wie wesentlich man physikalisches und/oder chemisches Grundlagenwissen in unterschiedlichsten Bereichen von Wissenschaft und Technik studieren könne, oder auch wie sehr technische Großobjekte – von Kraftmaschinen bis zu Flugzeugen – vergleichende Reflexionen anregen können. Auch auf die Frage, wie die technische Entwicklung von einfachen, speziellen Objekten zu immer komplexeren, umfassenderen Systemen verlief, lässt sich in einem solchen Museum am besten antworten. Wesentlich ist zudem, die Autorität von naturwissenschaftlichem und technischem Wissen als letztgültige Aussagensysteme in Frage zu stellen. Zu oft noch werden in der Öffentlichkeit Naturwissenschaft und Technik als logisch und empirisch abgesicherte Wissensformen dem scheinbar beliebigen Meinungsstreit auf anderen Lebens- und Wissensebenen gegenübergestellt. Dampfmaschinen, die heute nur als Fossilien bestaunt werden, galten lange Zeit ebenfalls als letztgültiges Wissen, ebenso ein konstantes ewiges Weltall oder die Unzerstörbarkeit des Atoms. Ein historisch orientiertes Technikmuseum konfrontiert den Besucher mit der Vergänglichkeit naturwissenschaftlich-technischer Autorität. Auch dies kann mitunter als Erlebnis vermittelt werden – etwa wenn der in der Vergangenheit einmal selbstverständliche Arbeitsalltag von Bergleuten untertage oder von Stahlarbeitern in ›Puddelhütten‹ präsentiert wird.

Der Erlebnisaspekt – vom Zeichen ›Größe‹ angefangen, über Ensemblebildung, nostalgische Erinnerungen, Inszenierung bis zur haptischen Interaktion – ist in der Tat in einem Museum, das Geschichte, Gegenwart und Zukunft verbindet, am vielseitigsten darstellbar. Dagegen kann ein rein historisches Technikmuseum gründlicher, vielseitiger und differenzierter etwa die sozialgeschichtliche Dimension von Technik verdeutlichen. Science Centres bieten ihrerseits Erlebnis durch ›Interaktion‹ pur. Im Unterschied zu Großbritannien oder den USA sind Science Centres in Deutschland noch viel zu selten vertreten. Sie könnten in unterschiedlichsten Spielarten (auch mit technisch-naturwissenschaftlichen Originalobjekten) dezentrale ›öffentliche Erlebnisräume‹ für Wissenschaft und Technik werden. Das Science Museum in London etwa zielt seit seiner Gründung auch darauf ab, Ausstellungen als Wanderobjekte durch das Land zu schicken, mithin den öffentlichen Raum Wissenschaft dezentral zur Verfügung zu stellen. Neue Medien bieten dafür ganz andere, besser geeignete Möglichkeiten, und nicht von ungefähr geht das Science Museum heute verstärkt in die Richtung, Ausstellungen und Informationen virtuell im Internet anzubieten.

Eine Grundsatzdiskussion nur über die Abgrenzung von Begriffen wie Bildung, Lernen, Erlebnis, Muße, Eindruck, verborgene Zeichen und Informationsshopping zu führen, erscheint zu kurzsichtig. Im Anschluss an neuere Diskussionen über Erweiterungen des Arbeitsbegriffs – Freizeitarbeit, Telearbeit, Hobbyarbeit oder Haushaltsarbeit, ob als Teil volkswirtschaftlichen Wohlergehens oder als Teil des Übergangs zur zivilen Bürgergesellschaft – ist auch eine Ausweitung des Bildungsbegriffs wünschenswert: als gesamtgestaltende Wirkung im privaten und öffentlichen Raum. Die Frage bleibt dabei, ob ein so großes Museum wie das Deutsche Museum in allen relevanten Bereichen Wirkungen von gleichbleibender Qualität auch in Zukunft entfalten kann oder will.

Der Einfluss des Deutschen Museums auf die internationale Landschaft der Wissenschafts- und Technikmuseen

Bernard S. Finn

Der Direktor der American Association of Museums, Charles Richards, bereiste in den Jahren 1923/24 Europa, um sich über die dortigen Industrie- und Technikmuseen zu informieren. Als er nach München kam, war das Deutsche Museum immer noch mitten in den Vorbereitungen für den Umzug der Ausstellungen auf die Museumsinsel. Richards zeigte sich dennoch überaus beeindruckt von der Größe und Komplexität des Unterfangens. Seine sämtlichen Teile – die Objekte, die Modelle und die Gestaltung der Ausstellungsräume – fügten sich ineinander und unterstützten den Bildungsauftrag des Museums, den Richards als das Bemühen verstand, »die Entwicklung der Naturwissenschaften und der Technik zu verdeutlichen und eine lebendige Geschichte des Einflusses der Erfindungen und des mechanischen Fortschritts auf das soziale Leben zu präsentieren«.[1] Für die Besucher ist diese konzeptionelle Kohärenz über all die Jahre hinweg ein zentrales Charakteristikum des Deutschen Museums geblieben. Die Bedeutung seiner Sammlungen, die Qualität seiner Ausstellungsgestaltung und das hohe Niveau seiner Forschungsarbeit haben entscheidend dazu beigetragen, das Münchner Museum zu einer weltweit führenden Einrichtung werden zu lassen; einzigartig aber ist es durch die Art und Weise, wie diese Elemente miteinander verknüpft sind.

Diese konstitutive Besonderheit muss bereits in den provisorischen Ausstellungen im Alten Nationalmuseum zum Ausdruck gekommen sein. Als Julius Rosenwald diese im Jahr 1911 besichtigte, waren er und sein Sohn so fasziniert davon, was sie zu sehen bekamen, dass er schließlich fast 7 Mio. Dollar für die Gründung des Museum of Science and Industry in Chicago spendete, das 1933 (nach seinem Tod) eröffnet wurde.[2] Im Jahr 1928 sandte er Waldemar Kaempffert, den Geschäftsführenden Direktor des noch immer im Aufbau befindlichen Museums nach Europa. Kaempffert unternahm eine »brief survey« engli-

---

1 Charles R. Richards: The Industrial Museum. New York 1925, S. 32. Zum Vorbildcharakter des Deutschen Museums s. jüngst das zu seinem 100. Geburtstag zusammengestellte Büchlein: Best wishes dear older brother. You really don't look your age. 100 Jahre Deutsches Museum. Museumsdirektoren und Wissenschaftler aus aller Welt gratulieren. München 2003.

2 Vgl. Edward P. Alexander: Museums in Motion: An Introduction to the History and Functions of Museums. Nashville 1979, S. 70f.; s. auch das Interview mit Rosenwald in New York Times vom 4. 6. 1930, S. 24; Tracy Marks: Hort der Musen. Das Museum of Science and Industry in Chicago. In: Kultur & Technik 29 (2003), H. 2, S. 44–49.

scher Museen, wobei er etwas ausführlicher mit dem Direktor des Londoner Science Museums, Sir Henry Lyons, konferierte.[3] Er reiste dann weiter nach München, wo er drei Monate in einem Museum verbrachte, das sich nun an seinem eigentlichen Standort befand, in einem für seine Zwecke gebauten Gebäude, in dem die Integration seiner Funktionen durch die Insellage auf einzigartige Weise unterstrichen wurde. Hier besichtigten es angehende Museumsverantwortliche anderer amerikanischer Städte in zahllosen Besuchen.

Auch in der Hauptstadt der USA, in Washington, regten sich Bestrebungen, ein technisches Museum zu gründen. Sie waren beflügelt vom Erfolg des Deutschen Museums, des »größten und modernsten Industriemuseums der Welt«, wie die Washington Post im Oktober 1930 vermeldete.[4] Im selben Jahr eröffnete auch das Museum of the Peaceful Arts, das sich dann in New York Museum of Science and Industry umbenannte, seine neuen Ausstellungen. Zu diesem Anlass betonte Charles Richards, nun als »Vice-president of the Museums«, die Vorbildrolle des Deutschen Museums als eines der »besten modernen Industriemuseen«.[5] Und als 1933 in Philadelphia das Museum of the Franklin Institute eingerichtet wurde, beschrieb es die Presse als »gestaltet nach dem Deutschen Museum«.[6] Ein gutes Beispiel für die hohe Wertschätzung, die das Deutsche Museum in dieser Phase in den USA genoss, lieferte die ›New York Times‹ in ihrem Nachruf auf Oskar von Miller: »Das Museum, das erste seiner Art, galt als Quelle internationaler Inspiration.«[7]

Die letztgenannte Behauptung ist naturgemäß nicht einfach zu belegen, gleichwohl lässt sich generell – und mit großer quellengestützter Evidenz – feststellen, dass sich die Gründung von sammlungsbasierten Technikmuseen in fast allen europäischen Staaten und zahlreichen außereuropäischen Ländern zu einem Gutteil dem Erfolg des Münchner Beispiels verdankt. Edward Alexander hat in seiner Untersuchung über Wissenschafts- und Technikmuseen aus dem Jahr 1979 etwa auf das 1918 eröffnete Technische Museum Wien verwiesen, »das stark vom Deutschen Museum beeinflusst war«; und in einer Beschreibung des Technischen Museums in Prag heißt es, »das Münchner Beispiel wurde ein Modell für andere Einrichtungen [...], besonders für das Technische Museum für Industrie und Gewerbe in Wien [...] und das Technische Museum im Königreich Böhmen (das heutige Nationale Technische

3 New York Times v. 30. 10. 1928, S. 24.
4 Washington Post v. 9. 10. 1930, S. 6; vgl. auch Arthur Molella: The Museum That Might Have Been. The Smithsonian's National Museum of Engineering and Industry. In: Technology & Culture 32 (1991), S. 237–263, hier S. 251.
5 Der Plural (»Vice-president of the Museums«) rührte daher, dass die Einrichtung ursprünglich als Museum mit mehreren Standorten gedacht war; New York Times v. 14. 7. 1930, S. 12.
6 New York Times v. 6. 12. 1933, S. 20.
7 New York Times v. 10. 4. 1934, S. 23.

65   Besuch Oskar von Millers in Schweden anlässlich der Teiltagung der Weltkraftkonferenz und
Grundsteinlegung des Technischen Museums in Stockholm, 1933.
DMA, BN 36421

Museum) in Prag, das bereits 1909 seine ersten Sammlungen öffentlich zugänglich gemacht hat«.[8] Ein historischer Beitrag über das Schwedische Nationale Museum für Wissenschaft und Technik, das 1923 gegründet wurde und
1936 seinen heutigen Standort bezog, weist darauf hin, dass »der Gedanke eines eigenen Museums für schwedische Technik und Industrie – und ihrer Geschichte – seit der Jahrhundertwende vorhanden war und auf Oskar von Millers Gründung des Deutschen Museums in München zurückgeht«.[9] Der
Technikhistoriker Svante Lindqvist hat diese Vorbildrolle des Deutschen Museums für Schwedens Technikmuseum in einem weiterführenden Aufsatz
detailliert aufgezeigt und mit dem Bild des »Olympiastadions für Wissenschaft und Technik« beschrieben.[10]

8   Alexander (Anm. 2), S. 68; Frantisek Jilek/Jiri Majer: National Technical Museum Praha. Prag
    1930, S. 56.
9   National Museum of Science and Technology, Teknorama, Telecommunications Museum – a guide
    to the museums. Stockholm 1992, S. 6.
10 Svante Lindqvist: An Olympic stadium of technology. Deutsches Museum and Sweden's Tekniska
    Museet. In: Brigitte Schroeder-Gudehus (Hrsg.): Industrial Society and its Museums 1890–1990.
    Chur/Paris 1992, S. 37–55.

Der Einfluss des Deutschen Museums auf die internationale Museums-landschaft konzentriert sich besonders auf die Phase zwischen der Eröffnung des Neubaus auf der Kohleninsel und dem Beginn des Zweiten Weltkriegs. Zwar wurden Sammlungskonzeption und Ausstellungsgestaltung des Provi-sorischen Museums (bis 1923) vom Ausland durchaus wahrgenommen, wie das Beispiel von Julius Rosenwald zeigt; seine Wirkungsmächtigkeit entfalte-te das Museum aber erst mit dem Neubau. Häufig gerieten die frühen Samm-lungen geradezu ›in Vergessenheit‹. Mitte der 1930er-Jahre wurden in Kairo, Tokio, Amsterdam, Kopenhagen, San Francisco, Rio de Janeiro oder Moskau technische Museen nach dem Münchner Modell gebaut bzw. konzipiert.[11] Das Deutsche Museum wurde so zum Protagonisten eines Technikmuseums schlechthin.

Als Vorbild wirkte das Deutsche Museum insbesondere als integrierte En-tität, als Enzyklopädie der Naturwissenschaft und Technik. Der breite Über-blick über zahlreiche Gebiete der Naturwissenschaft und Technik beein-druckte die Zeitgenossen zutiefst. Ähnlich wie Richards, der die Komplexität des Museums bewunderte, reagierte eine sowjetische Delegation, die 1932 ei-nen ›Palast der Technik‹ in Moskau plante. A. D. Beresin lobte in einem Bei-trag für die Zeitschrift Sowjetskij Musej 1931 das Deutsche Museum, da es nicht nur wertvolle historisch-technische und naturwissenschaftliche Objek-te zeige, sondern auch in seiner übersichtlichen Aufstellung der neuesten Er-findungen und Errungenschaften des wissenschaftlich-technischen Wissens Bemerkenswertes leistete. Vor allem aber sollte der Bildungsgedanke des Deutschen Museums das künftige sowjetische Museum prägen: »Das Muse-um bildet Massen, erhöht die Qualifikation Tausender von Spezialisten, In-genieuren, Technikern, Studenten und Arbeitern«.[12]

Der Einfluss des Deutschen Museums schlug sich auch darin nieder, dass manche Einrichtungen ganze Teile des Museums kopierten. Bekannt ist, dass Miller das Chicagoer Museum of Science and Industry intensiv beriet und selbst an der Erstellung der Baupläne mitwirkte. Teilweise wurden ganze Ab-teilungen in München fotografiert und die Abzüge in das Ausland ver-schickt.[13]

Kamen die internationalen Museumsmacher nicht nach München, so besuchte sie Miller in ihrem Heimatland. Auf einem seiner zahlreichen Besuchsreisen in die USA wurde er im Dezember 1929 in New York von Fre-deric Pratt, dem Präsidenten des Museum of the Peaceful Arts, mit einem Abendessen geehrt. In seiner Tischrede lobte Miller die damaligen Anstren-

---

11 S. dazu die Aufstellung der Museen in DMA, VA 0883.
12 Übersetzung des Artikels in DMA, VA 2842, hier S. 5.
13 DMA, VA 0358.

66   Miller als Berater des Museum of Science and Industry in Chicago, 1929.
DMA, BN 12033

gungen in New York and Chicago und empfahl Philadelphia, direkt nachzu-
folgen. Die anderen Redner des Abends waren passender Weise die Vertreter
der in diesen beiden Städten geplanten Museen. Im Pressebericht der New
York Times über diesen Abend wurde Miller als »Gründer des Deutschen
Museums, Deutschlands größtes Industriemuseum in München«, vorgestellt.[14]

Ebenso wie der globale Charakter wirkten im internationalen Raum einzelne Abteilungen. Großen Einfluss hatte dabei insbesondere das von Zeiss
nach den Plänen von Miller entwickelte Projektionsplanetarium. Innerhalb
eines einzigen Jahrzehnts wurde es nicht weniger als 18 Mal in Europa und
vier Mal in den USA nachgebaut – darunter auch durch das Hayden Planetarium in New York, das 1935 mit großem Pomp, einschließlich einer expliziten
Referenz an Miller und das Deutsche Museum, eröffnet wurde.[15] Selbst heute, in der Ära der IMAX- und OMNIMAX-Filmtheater, ist das Planetarium

14 New York Times v. 7. 12. 1929, S. 24.
15 New York Times v. 29. 9. 1935, S. 8.

immer noch eine Kernattraktion vieler Technikmuseeen. Ein weiteres Beispiel für die abteilungsbezogene Vorbildwirkung des Deutschen Museums ist das Besucherbergwerk, das ebenfalls in verschiedenen internationalen Einrichtungen Nachahmer fand, darunter wiederum insbesondere in Prag, Wien, Chicago und in Schweden.[16]

Eines der Hauptziele des Deutschen Museum ist es, den Einfluss zu verdeutlichen, den Wissenschaft und Technik auf die Gesellschaft ausüben. Dem Besucher präsentiert sich dieser Zusammenhang am deutlichsten anhand der Auswirkungen auf die Arbeiterschaft, die Produzenten der Güter. Das Bergwerk ist das wohl lebendigste Beispiel dafür. Hier wird der Besucher durch eine Folge von zusammenhängenden Gängen und Strecken geführt, die trotz der besucherfreundlichen Ausgestaltung das Gefühl für die grundlegenden Belastungen und Gefahren bergmännischer Arbeitsverrichtung vermitteln. In anderen Teilen der Ausstellungen kommen die sozialen Auswirkungen von Technik weniger deutlich zum Vorschein. Gleichwohl hat jüngst der amerikanische Technikhistoriker Robert Friedel auf einer Tagung zur Umweltgeschichte in Museen betont, dass dieses Thema im Deutschen Museum in zahlreichen Ausstellungen explizit behandelt wird.[17] Es ist schwierig zu beurteilen, ob dieser Teil des Millerschen Konzepts ebenfalls auf die internationale Museumslandschaft ausgestrahlt hat. Eine Anzahl kleinerer Museen in Europa greift die Auswirkungen der Industrialisierung insbesondere auf die Arbeiter eigens auf; ob hier allerdings direkte Bezüge zum Deutschen Museum bestehen, lässt sich nach dem heutigen Stand der Forschung kaum beurteilen.

Die Zerstörungen des Zweiten Weltkriegs und die Tendenz der Verantwortlichen, die Ausstellungen im Vorkriegsstil wieder aufzubauen, führten dazu, dass das Deutsche Museum nicht nur wertvolle Jahre für die Beseitigung der Kriegsschäden verlor, sondern im direkten Nachkriegsjahrzehnt in mancherlei Hinsicht auch den Anschluss an die dynamische internationale Entwicklung. Gleichwohl sollte betont werden, dass in der Ära, in der überall die neuen Science Centres aus dem Boden schossen, auch sammlungsbasierte Technikmuseen des klassischen Oskar-von-Miller-Typs neu gegründet wurden. In Indien war beispielsweise B. C. Roy sehr beeindruckt von seinem Besuch im Deutschen Museum, und er verstand es, seinen Enthusiasmus in die einflussreiche Birla-Familie und den Council of Scientific and Industrial Research hineinzutragen. Das Ergebnis war das Birla Industrial and Technological Museum in Kalkutta, das 1959 seine Tore öffnete; selbstredend durfte ein

---

16 S. dazu den Beitrag von Freymann in diesem Band.
17 Nicht publizierter Vortrag für die Konferenz »Artefacts and the Environment«. München, 14.–16. 8. 2000.

Besucherbergwerk nicht fehlen.[18] Als die amerikanische Smithsonian Institution in den späten 1950er- und frühen 1960er-Jahren ihr neues Museum für Geschichte und Technik plante, pilgerten zahlreiche ihrer Vertreter von Washington nach Europa und im Speziellen nach München – darunter auch im Juni 1963 der Autor, der daraufhin in seinem Bericht festhielt, dass »die Wirkung dieses Ansatzes eindrucksvoll« gewesen sei. Sowohl die damaligen Diskussionen im Kollegenkreis als auch die darauf folgenden Ausstellungen in Washington zeigen zweifelsfrei, welch großen Einfluss das Deutsche Museum auf die Gestaltung des Museum of History and Technology, das heutige National Museum of American History, hatte.[19]

Aber die institutionelle Innovation der Nachkriegszeit war das Museum ohne Objekte, das Science Centre. Die Wurzeln dieses Typus von Wissenschaftsvermittlung werden bisweilen bis in das späte 19. Jahrhundert zur Urania in Berlin oder bis zum Palais de la Découverte in Paris zurückverfolgt; als Mutter der modernen Science Centres gilt schließlich das Exploratorium in San Francisco. William O'Dea hat jedoch das überzeugende Argument ins Feld geführt, dass diese Bewegung mit dem Deutschen Museum im Jahr 1903 begonnen habe, oder wie Victor Danilov argumentierte: »Im Unterschied zu anderen Technikmuseen enthielt das Deutsche Museum arbeitsfähige Modelle, Demonstrationen und interaktive Geräte, um die wissenschaftliche, ingenieurtechnische und industrielle Geschichte und deren Prinzipien zu illustrieren«.[20] Diesen schon früh entwickelten Ansatz hat das Deutsche Museum in den letzten Jahren mit Nachdruck verstärkt – ohne freilich die Objekte zu opfern. Das Exploratorium in San Francisco und das Ontario Science Center in Toronto mögen zwar eher als die Vorläufer dieses neuen Typus von Technik-›Museen‹ gelten. Gleichwohl haben die zahllosen internationalen Delegationen, die insbesondere auch nach Washington kommen, um Rat und Anregung für die Gründung neuer Science Centres zu suchen, geradezu unvermeidlich das Deutsche Museum an der Spitze ihrer Liste der Museen stehen, die es zu besuchen gilt.

Der gegenwärtige Trend in historisch ausgerichteten, auf Objekten basierenden Technikmuseen geht weit darüber hinaus, in einigen wenigen Ausstellungseinheiten auf Bezüge von Wissenschaft und Technik zur Gesellschaft einzugehen. Deutlicher sichtbar ist dieser Trend zur Kontextualisierung etwa im National Museum of American History, im Henry Ford Museum in Dear-

---

18 Museum of Science. Kalkutta 1984, S. 5.
19 Bernard S. Finn: The Science Museum Today. In: Technology & Culture 6 (1965), S. 72–82, hier S. 76.
20 William T. Dea und L. A. West: Museums of Science and Technology. In: Museum 20 (1967), S. 150; Victor Danilov: European Science and Technology Museums. In: Museum News 54 (July-August 1976), S. 35.

born bei Detroit oder auch in einigen neueren Ausstellungen des Science Museum in London. Dieser Ansatz legt weniger Wert auf die technische Analyse der Objekte und Maschinen – eine der traditionellen Stärken des Deutschen Museums – und geht dabei von der Annahme aus, dass es schwierig, wenn nicht unmöglich sei, eine starke gesellschaftliche Aussage effektiv zu vermitteln, wenn zu viele technische Details enthalten sind. Freilich ist es noch zu früh, belastbare Aussagen darüber zu treffen, welchen Entwicklungspfad die Technikmuseen weltweit letztlich einschlagen werden und welche Rolle dem Deutschen Museum dabei zukommen wird.

Eine weitere, noch nicht endgültig geklärte Frage ist die nach der Rolle der Forschung als dauerhafte Aufgabe der sammlungsbasierten Technikmuseen, im Unterschied zu projektgebundenen wissenschaftlichen Aktivitäten in Verbindung mit einzelnen Ausstellungen.[21] Von Anfang an war die Bibliothek – weniger stark ausgeprägt auch das Archiv – ein zentrales Element in Millers Deutschem Museum. Aber es war eine Bibliothek für die Ingenieure, die Konstrukteure der Technik, und nicht für Historiker der Technik. Es war Friedrich Klemm, ihr kühner Leiter über Jahrzehnte hinweg, der zeigte, dass ihre Bestände auch für eine historische Forschung auf hohem Niveau herangezogen werden können – am überzeugendsten mit seinem Werk »Technik: Eine Geschichte ihrer Probleme«, das 1954 erstmals erschien und in fast alle Weltsprachen übersetzt wurde. Dieser Ansatz wurde verstärkt durch die Gründung des Forschungsinstituts im Jahr 1963. Das Institut entwickelte sich in Verbindung mit den am Museum ansässigen wissenschafts- und technikhistorischen Einrichtungen der beiden Münchner Universitäten nicht nur zu einem Zentrum der einschlägigen Forschung in Deutschland, sondern wurde auch zur zeitweiligen Heimat von Hunderten von Gastwissenschaftlern aus aller Welt.[22] Freilich wirkten die Bibliothek und das Forschungsinstitut lange Zeit weitgehend getrennt vom Museum, und obwohl sie einigen Einfluss auf die Entwicklung der Wissenschafts- und Technikgeschichte als akademische Disziplin hatten, war ihre Wirkung auf das Museum gering. In den letzten Jahren haben sich die Trennlinien zwischen dem Museum auf der einen Seite und der Bibliothek und dem Forschungsinstitut auf der anderen weitgehend verwischt. Die Bibliothek ist zu einer historischen Forschungsbibliothek geworden, und das Forschungsinstitut zum Mittelpunkt der abteilungsübergreifend organisierten Forschung des Museums. Die Leitidee ist ganz eindeutig diejenige, dass historische Forschung inhärent zu den zentralen Museums-

---

21 S. dazu die vorzügliche Darstellung von Robert Fox: Der Vergangenheit eine Zukunft. Wissenschaft und ihre Wahrnehmung in der Öffentlichkeit. In: Kultur & Technik 22 (1998), H. 3, S. 42–45, sowie den Beitrag von Füßl/Hilz/Trischler in diesem Band.

22 Vgl. Menso Folkerts (Hrsg.): Gemeinschaft der Forschungsinstitute für Naturwissenschafts- und Technikgeschichte am Deutschen Museum, 1963–1988. München 1988.

aufgaben des Sammelns und Ausstellens gehört und umgekehrt die Ressourcen des Museums, insbesondere die Objektsammlungen, von hoher Bedeutung für die Forschung sind. Diese Verschmelzung der beiden Bereiche ist nicht neu. In kleineren Wissenschaftsmuseen wie etwa denjenigen in Oxford, Cambridge, Leiden oder Florenz ist sie bereits seit vielen Jahren in vollem Gang, und sie war ein integraler Bestandteil des Museum of History and Technology in Washington, noch bevor dieses im Jahr 1964 offiziell eröffnet wurde. Heute aber befinden wir uns in einer Phase, in der vor allem in den großen Institutionen die Forderung nach populären Ausstellungen den nötigen Freiraum für Forschung beschränkt und gefährdet. Vielleicht kann das Deutsche Museum im zweiten Jahrhundert seines Bestehens beweisen, dass es durchaus möglich ist, die Balance zwischen publikumswirksamen Ausstellungen und solider Forschungsarbeit zu halten, und dass es als forschungsintegriertes Museum auch künftig ein Modell sein kann, das von vielen Einrichtungen weltweit nachgeahmt wird.

ANHANG

CHRONIK DES DEUTSCHEN MUSEUMS

[Die Angaben sind im Wesentlichen den Verwaltungs- bzw. Jahresberichten des Deutschen Museums sowie den Sitzungsprotokollen des Vorstands und des Vorstandsrats entnommen.]

1903

1. MAI

Erstes Rundschreiben Oskar von Millers mit dem Vorschlag der Museumsgründung

28. JUNI

Gründungsversammlung unter dem Vorsitz Prinz Ludwigs von Bayern

28. DEZEMBER

Genehmigung der Satzung durch Prinzregent Luitpold

1904

5. MÄRZ

Überlassung des Alten Nationalmuseums in München (heute: Staatliches Museum für Völkerkunde) als provisorisches Museum durch das Königlich Bayerische Ministerium des Innern für Kirchen- und Schulangelegenheiten

28. JUNI

Erste Ausschuss-Sitzung: Miller und Dyck stellen die Einteilung der Sammlungen in 36 Abteilungen und den Aufbau der Bibliothek und der Plansammlung vor

1905

1. OKTOBER

Umbenennung in »Deutsches Museum«

1906

11. NOVEMBER

Annahme des von Gabriel von Seidl ausgearbeiteten Entwurfs für den Museumsneubau

12. NOVEMBER

Eröffnung der Provisorischen Sammlungen

13. NOVEMBER

Grundsteinlegung zum Museumsneubau auf der Kohleninsel durch Kaiser Wilhelm II.

21. NOVEMBER

Öffnung der Ausstellungen im Alten Nationalmuseum für den allgemeinen Besuch

1908

JANUAR

Eröffnung der Bibliothek und Plansammlung

1909

1. JANUAR

Eröffnung der Abteilung II als Zweigstelle in der Schwere-Reiter-Kaserne (auf dem Gelände des heutigen Deutschen Patent- und Markenamts)

14. JANUAR

Beginn der Bauarbeiten zum Museumsneubau

1911

4. OKTOBER

Errichtung einer »Reisestiftung« für Besuche im Deutschen Museum

5. OKTOBER

Richtfest des Museumsneubaus

1912

6.–29. APRIL

Reise einer Studienkommission in die USA (Besichtigung von Museen und Bibliotheken)

2. OKTOBER

Erscheinen des ersten »Forschungsbands«: Biografie Georg von Reichenbachs von Walther von Dyck

1913

26. MAI

Emanuel von Seidl übernimmt nach dem Tod seines Bruders Gabriel die Bauleitung

30. SEPTEMBER

Verschiebung der für 1915 geplanten Eröffnung des Museums

1914

6. AUGUST

Schließung der Abteilung II infolge des Kriegsausbruchs
Bereitstellung eines Lazarettzugs als Kriegsbeitrag des Deutschen Museums

1917

9. JUNI

Einstellung der Baumaßnahmen für den Neubau aufgrund behördlicher Anordnung

1923

18. SEPTEMBER

Schließung der Abteilung I im Alten Nationalmuseum (einschließlich der Bibliothek) im
Zuge der Vorbereitungen für den Umzug in den Museumsneubau

1925

5. MAI

Festzug anlässlich der Eröffnungsfeierlichkeiten des Museums

6. MAI

Stiftung der »Oskar von Miller-Gedenkmünze« durch Carl Duisberg

7. MAI

70. Geburtstag des Museumsgründers Oskar von Miller
Eröffnung des Museumsneubaus

1928

7. MAI

Eröffnung des zweiten Obergeschosses mit 30 neuen Sälen

4. SEPTEMBER

Grundsteinlegung für den Studienbau, d. h. Bibliotheksgebäude und Saalbau (nach Plänen
von German Bestelmeyer)

1930

7. MAI

Richtfest des Studienbaus

1932

7. MAI

Eröffnung des Bibliotheksgebäudes

1933

7. MAI
    Rücktritt Oskar von Millers

1934

9. APRIL
    Tod Oskar von Millers

NOVEMBER
    Kurz nacheinander versterben die beiden Mitbegründer und langjährigen Vorstände,
    Walther von Dyck und Carl von Linde

1935

7. MAI
    Eröffnung des Kongress-Saals

1938

7. MAI
    Eröffnung der neu gestalteten Abteilungen »Kraftfahrwesen« und »Straßenbau und Reichs-
    autobahnen«, nachdem die Autohalle ein Jahr zuvor eingeweiht worden war

1944

24./25. APRIL
    Schwere Schäden am Museum durch einen Luftangriff

12./13., 21. JULI
    Andauernde Luftangriffe auf das Museum mit großen Zerstörungen führen zur Schließung
    des Museums

17./18. DEZEMBER
    Bislang schwerster Luftangriff (fast alle Abteilungen sind betroffen)

1945

DEZEMBER
    Provisorische Wiedereröffnung der Bibliothek

1946

JANUAR

Wiederinbetriebnahme des Kongress-Saals

1947

25. OKTOBER

Wiedereröffnung des Museums mit der Sonderschau »50 Jahre Dieselmotor«

1948

8. MAI

Neukonstituierung der Museumsorgane

23. NOVEMBER

Einmietung des Patentamts im Bibliotheksgebäude (bis 1958)

1953

7. MAI

50-Jahrfeier des Museums (ca. ein Drittel der Sammlungen sind wiederaufgebaut)
Rücktritt des Vorstandsmitglieds Jonathan Zenneck (seit 1933)

23. MAI

Ernennung von Otto Meyer zum Vorsitzenden des Vorstands (bis 1963)

1957

28. MÄRZ

Vorschlag des Vereins Deutscher Ingenieure zur Errichtung eines Instituts für Technikgeschichte im Deutschen Museum

1960

16. DEZEMBER

(Neu-) Gründung der »Agricola-Gesellschaft beim Deutschen Museum zur Förderung der Geschichte der exakten Naturwissenschaft und Technik«

1962

6. MAI

Beschluss über die Gründung einer eigenen Abteilung »Öffentlichkeitsarbeit«
Erweiterung des Vorstands von fünf auf sechs Personen

1963

7. MAI

Ernennung von Siegfried Balke zum Vorsitzenden des Vorstands (bis 1969)

1. JUNI

Errichtung des »Forschungsinstituts des Deutschen Museums für die Geschichte der Naturwissenschaften und der Technik (Conrad-Matschoß-Institut)«

1964

27. JANUAR

Gründung eines »Planungsausschusses« zur Neukonzeptionierung des Museums

1966

11. JULI

Beschluss, künftig mehr Sonderausstellungen zu zeigen

1969

31. MÄRZ

Mit Auszug der letzten Mieter steht das gesamte Bibliotheksgebäude dem Deutschen Museum wieder uneingeschränkt zur Verfügung
Ernennung von Herbert Berg zum Vorsitzenden des Vorstands

1970

Amtseinführung von Theo Stillger (erster Generaldirektor)

1973

Die Besucherzahl überschreitet erstmals die Millionengrenze

1976

25. NOVEMBER

Gründung des Kerschensteiner Kollegs

1977

Erste Nummer der neuen Museumszeitschrift »Kultur & Technik«

1978

7. Mai

Grundsteinlegung für eine Luft- und Raumfahrthalle

1982

7. Juni

Tod des Generaldirektors Stillger

1983

20./21. März

Brand in der Schifffahrtsabteilung

1. April

Berufung von Otto Mayr zum neuen Generaldirektor (bis 1992)

1984

6. Mai

Eröffnung der neuen Halle für Luft- und Raumfahrt

12. Juli

Schwere Hagelschäden am Museumsgebäude

1988

28. Juni

Richtfest für die historische Flugwerft in Oberschleißheim

1990

7. Mai

Beschluss über Zusammenlegung von Kuratorium (vorher: »Vorstandsrat«) und Museumsrat (früher: »Verwaltungsausschuss«)

8. August

Gründung einer »Forum der Technik Betriebsgesellschaft« zum Betrieb des alten Kongress-Saals

1991

1. JUNI

Einstellung des Betriebs des Kongress-Saals wegen beginnender Umbauarbeiten

29. JUNI

Konstituierende Sitzung des Wissenschaftlichen Beirats als neues Museumsorgan

1992

12. SEPTEMBER

Einweihung der neuen Zweigstelle »Flugwerft Schleißheim«

5. NOVEMBER

Einweihung des »Forums der Technik« im ehemaligen Kongress-Saal

26. NOVEMBER

Vertrag über die Zusammenarbeit der Stadt Bonn mit dem Deutschen Museum, dem Stifterverband für die Deutsche Wissenschaft und dem Land Nordrhein-Westfalen über die Schaffung eines neuen Zweigmuseums im Wissenschaftszentrum Bonn

1993

1. APRIL

Amtsantritt des neuen Generaldirektors Wolf Peter Fehlhammer

1995

13. AUGUST

Start eines eigenen Internet-Auftritts

3. NOVEMBER

Eröffnung des »Deutschen Museums Bonn – im Gespräch mit Wissenschaft und Technik«

1996

2. MAI

Dienstantritt der ersten ehrenamtlichen Mitarbeiter

23. MAI

Regierungserklärung des Bayerischen Ministerpräsidenten Edmund Stoiber: Übertragung der denkmalgeschützten Messehallen auf der Theresienhöhe für eine neue Zweigstelle des Deutschen Museums

1997

5. DEZEMBER

Gründung des »Münchner Zentrums für Wissenschafts- und Technikgeschichte« am Deutschen Museum

1999

9. MAI

Übergabe der denkmalgeschützten Hallen auf der Theresienhöhe an das Deutsche Museum

7. OKTOBER

Start des Modellversuchs »Schulmitgliedschaft«

2000

31. AUGUST

1.000.000ster Besucher in der Flugwerft Schleißheim

13. NOVEMBER

Gründungsversammlung des »Freundes- und Förderkreises Deutsches Museum«

2003

10. MAI

Festakt zum 100-jährigen Jubiläum des Deutschen Museums in der Luftfahrthalle

11. MAI

Eröffnung »Deutsches Museum. Verkehrszentrum« auf der Theresienhöhe

16.–18. MAI

Jubiläumsflugtage in der Flugwerft Schleißheim mit über 40.000 Besuchern

28. JUNI

Tag der offenen Tür zum 100-jährigen Jubiläum

(Zusammengestellt von Wilhelm Füßl)

Ausstellungen und Abteilungen 1906–2003

(Stand: August 2003)

[Die Angaben sind im Wesentlichen den Verwaltungsberichten, Sitzungsprotokollen der Museumsgremien, Ausstellungsplakaten, Museumsführern und der internen Zeitschrift »Die Eule« entnommen.

Es wird jeweils nur der Beginn einer Ausstellung angegeben, auch wenn sich diese über einen längeren Zeitraum erstreckt hat. Soweit festgestellt werden konnte, dass es sich überwiegend um die Sonderausstellung eines Fremdveranstalters handelte, wird dies eigens vermerkt (SF). Die Zweigstelle Deutsches Museum Bonn ist nicht erfasst.]

Abkürzungen:

B = Sonderausstellung im Bibliotheksgebäude

D = Dauerausstellung

S = Sonderausstellung

SF = Sonderausstellung Fremdveranstalter

1906

Eröffnung der provisorischen Ausstellungen im Alten Nationalmuseum (= Abteilung I) (D)

37 Gruppen:

Geologie, Bergwesen, Eisenhüttenwesen, Eisenbearbeitung, Wasserkraftmotoren, Dampfmaschinen und Dampfkessel, Heißluftmaschinen und Gasmotoren, Windmotoren, Straßen- und Eisenbahnbau, Landtransportmittel und Eisenbahnsignalwesen, Astronomie, Geodäsie, Mathematik, Kinematik, Mechanik, Optik, Wärme, Physikalische und Technische Akustik, Elektrizität und Magnetismus, Telegrafie und Telefonie, Schreib-, Zeichen- und Maltechnik, Reproduktionstechnik, Fotografie, Uhren, Spinnerei und Weberei, Landwirtschaft, Kältetechnik, Brauerei, Brennerei und Zuckerfabrikation, Wissenschaftliche Chemie, Chemische Großindustrie und Elektrochemie, Wasserbau, Binnenschifffahrt, Kanalbau, Schiffbau

1909

Eröffnung der Ausstellungen in der Schwere-Reiter-Kaserne (= Abteilung II) (D)

15 Gruppen:

Metallhüttenwesen und Metallbearbeitung, Elektrotechnik, Gaserzeugung, Beleuchtungswesen, Wasserversorgung, Kanalisation, Heizung und Lüftung, Baumaschinen und Baumaterialien, Brückenbau, Städtebau, Luftschifffahrt, Technische Akustik, Kältetechnik, Milchwirtschaft, Meteorologie

1911

Fundation, Straßen- und Tunnelbau (D)

1925

Einweihung des Museumsgebäudes auf der Kohleninsel (D)

32 Abteilungen:

Geologie, Bergwesen, Hüttenwesen, Metallbearbeitung, Kraftmaschinen, Landtransport-mittel, Straßenbau, Eisenbahnbau, Tunnelbau, Brückenbau, Wasserbau, Wasserstraßen, Hafenbau, Flugtechnik, Zeit-, Raum- und Gewichtsmessung, Mathematik, Mechanik, Wärme, Elektrizität, Optik und Akustik, Musikinstrumente, Chemie, Astronomie, Geo-däsie, Textil- und Papierindustrie, Schreib- und Vervielfältigungstechnik, Landwirtschaft, Müllerei, Brauerei und Brennerei

1926

Wasserkraftmaschinen, Dampfkessel und Meteorologie, Schiffbau (D)

1928

Holzbearbeitung, Bausteine, Keramik, Glasherstellung (D)

1930

Bildtelegrafie und Fernsehen (D)

1931–1934

Jährliche Kunstausstellung (SF)

1933–1936

Jährliche Pädagogische Ausstellung (SF)

1934

Senefelder-Ausstellung (S)

Werksteinschau (S)

1935

Neue Werkstoffe – Neue Wege (S)

1936

Otto von Guericke – luftleerer Raum in Naturwissenschaft und Technik (S)
Neuzeitliche Luftfahrtforschung (SF)
Antibolschewistische Ausstellung (SF)

1937

Berufskrankenkassen-Wanderschau (SF)
Fernsehen (S)
Der ewige Jude (SF)

1938

Kraftfahrwesen, Straßenbau und Reichsautobahnen (D)
Zeitung und Anzeige (S)

1939

Fotografie und Tunnelbau (D)
100 Jahre Fotografie (S)
Reichsberufswettkampf (SF)
Internationale Foto-Ausstellung IFA (SF)

1940

Funk- und Fernsehtechnik, Elektrizitätsversorgung (D)
Großdeutschland und die See (SF)
Deutsche Größe (SF)

1941

Gastechnik (D)
Leistungsschau der Deutschen Bautechnik (SF)
Buchausstellung »Deutsches Schrifttum« (S)

1947

50 Jahre Dieselmotor (S)

1948

Physik (D)

1949

Bergwerk; Mathematik; Drahtlose Telegrafie (D)

1950

Chemie (Alchemie und Lavoisier-Laboratorium); Musiksaal (D)
Denkmäler und Dokumente (S)
Fahrrad und Motorrad (S)

1951

Bodenschätze; Geodäsie; Tunnelbau; Metallhüttenwesen (teilweise); Wasserhaltung;
    Textiltechnik; Uhren; Maß und Gewicht; Landverkehr (D)

1952

Eisenhüttenwesen; Kraftmaschinen; Astronomische Kuppel im Westturm mit
    Zeiss-Refraktor (D)

1953

Starkstromtechnik; Meteorologie; Liebig-Laboratorium (D)

1954

Bergwerk, Aufbereitung (D)

1955

Hüttenwesen; Kraftmaschinen; Ehrensaal, Bildersaal (D)
Anlässlich des 100. Geburtstages von Oskar von Miller wird erstmals seit dem Krieg wieder ein
    geschlossener Rundgang ermöglicht.

1956

Astronomie-Planetarium in der Mittelkuppel (D)

1957

Neueröffnung Physik, Raum 1 und 2 (D)
Gedächtnisausstellung zum 100. Geburtstag von Heinrich Hertz (S)

1958

Schifffahrt; Flugtechnik; Astronomie (teilweise) (D)

Pläne und Zeichnungen des 18. und 19. Jahrhunderts (S)

Schriftstücke und Fotografien zum Leben und Schaffen Rudolf Diesels (S)

1959

Straßen- und Brückenbau; Aufbereitung; Zeitmessung; »Frühe chemische Künste«, Glastechnologie (D)

100. Geburtstag von Hugo Junkers (S)

Alte Uhren (S)

1960

Landverkehr; Kernphysik, Kerntechnik (teilweise) (D)

Dokumente zum Leben und Schaffen Alexander von Humboldts (S)

Apparate, Autografen, Porträts und Medaillen zum Leben und Schaffen W. C. Röntgens (S)

Alte chemische Bücher des 16. und 17. Jahrhunderts (S)

Dokumente zum Leben und Schaffen des romantischen Physikers Johann Wilhelm Ritter (S)

Erinnerung an sudetendeutsche Naturforscher und Techniker (S)

Dokumente aus der Anfangszeit der Luftfahrt (S)

1961

Unfallverhütung und Unfallversicherung (D, Fremdausstellung der Berufsgenossenschaften); Textiltechnik; Maß und Gewicht; Galerie für Fahrräder und Motorräder in der Autohalle (D)

Ausgewählte Stücke aus den Sondersammlungen der Bibliothek (S)

Ausstellung von Büchern des 16. und 17. Jahrhunderts über wissenschaftliche Instrumente und Apparate (S)

1962

Dokumente zur Frühgeschichte der Eisenbahn (S)

50 Jahre Röntgen-Interferenzen (1912–1962) (S)

Japanhaus im Freigelände

Wasserbau und Landtechnik, Chemische Technik: Altamira-Höhle (D)

1963

Modelleisenbahn; Physik: Elektrostatik und Wärme (D)

Raketentechnik, Weltraumfahrt und Weltraumforschung (S)

Wasserwirtschaft in Bayern (SF)

1964

Julius Robert Mayer und das Energieprinzip. Zum 150. Geburtstag von Julius Robert Mayer (S)

85. Geburtstag von Igo Etrich (S)

1965

Chemische Technik; Schreib- und Drucktechnik; Fotografie (D)

1966

Elektrodynamik (D)

Gottfried Wilhelm Leibniz zum 250. Todestag (S)

Otto Lilienthal – 1. Gleitflug vor 75 Jahren (S)

Werner von Siemens zum 150. Geburtstag. 100 Jahre Elektrodynamisches Prinzip (S)

Carl Zeiss – sein Werk einst und jetzt (S)

Japanische Plakate in moderner graphischer Gestaltung (S)

Oskar Messter Gedenk- und Sonderschau (S)

1967

Industrie und Hüttenwerke im schlesisch-mährischen Raum um 1850 (SF)

1968

Nachrichtentechnik (D)

Junkers-Erinnerungsschau (S)

Die neue Geschichte Israels, dargestellt in Briefmarken (SF)

Das Kriegsschiff Wasa und seine Bergung (SF)

Friedrich Voith – sein Werk einst und jetzt (S)

Brot gegen Hunger (SF)

Modelleisenbahn – Schau aller Zeiten und Länder (S, B)

HEOS – Sonderschau (SF)

1969

200 Jahre Industrielle Revolution

Mensch und Weltraum (S)

Aus der Geschichte der deutschen Verkehrsluftfahrt (SF, B)

Apollo 8 (S)

Himmelsgloben aus fünf Jahrhunderten (S)

1970

Landverkehr und Landtransport (D)

Ein Stein vom Mond (S)

Biologie und Medizin in Luft- und Raumfahrt (S)

Hans Vogt. Die Erfindung des Tonfilms Triergon (S)

1971

Georg von Reichenbach (S)

Rennwagen-Simulator (S)

Gesetz und Harmonie – Johannes Kepler 1571–1630 (S)

Chemiefasern heute (S)

1972

Wissenschaftliche Chemie (D)

Teppiche (S)

Das Mikroskop in Wissenschaft und Technik (S)

Das Mondauto (SF)

Aloys Senefelder (S)

Josef Ressel – sein Leben und Werk (SF)

Weltraum – Weltmeere. Forschungsziele des Menschen (S)

Hundert Jahre deutsche Ausgrabung in Olympia (SF, B)

Olympia und Technik (SF, B)

Umweltfreundlicher Verkehr (S)

Signal und Schiene. Bundesbahnimpressionen von Ferry Ahrlé (SF)

Schulbücher in Bayern (S)

Apollo 10 (S)

Technik macht Spaß – Technik im Spiel (S)

Luft- und Raumfahrtforschung (SF)

1973

Ausschnitt aus der Münz- und Medaillensammlung des Deutschen Museums (S, B)

Sigill – eine Zeitschrift und ihr Kreis (S, B)

Segelschiffbilder

Flugzeug-Sonderschau zum 75. Geburtstag von Herrn Prof. Messerschmitt (S)

Nicolaus Copernicus – Wandel des Weltbildes (S)

Timna – Tal des biblischen Kupfers (SF)

Aus der Geschichte der Planetarien im Deutschen Museum (S)

1974

Musikinstrumente (Erweiterung) (D)

Die deutsche Seeschifffahrt (SF)

Jugend forscht. Landeswettbewerb Bayern (SF)

Modellautos (S)

Industriedesign aus Dänemark (SF, B)

Opel-Experimental-Sicherheitsfahrzeug (SF)

Industrie-Foto '74 (SF)

Start der Satelliten Helios und Symphonie (SF)

Steroidhormone – Funktion und Gewinnung (SF)

Opel-Modellauto-Wettbewerb (SF)

1975

Jugend forscht. Landeswettbewerb Bayern (SF)

Bundespreis »Gute Form« 1974 – Das Fahrrad (SF)

Flughafen München II (SF)

Zeichnen im Museum. Arbeiten von Architekturstudenten der Technischen Universität München (SF)

Technik und Umwelt – ein schwedisches Modell (SF)

Wilhelm Bauer – Konstrukteur des ersten deutschen tauchfähigen Bootes (S)

Jugend sieht Technik (SF)

Von Abakus bis Computer – Eine Entwicklungsgeschichte der Rechentechnik (SF)

70 Jahre Rolls-Royce (SF)

Türkische Woche (SF)

Seeschifffahrt – Arbeit und Hobby an Bord (SF)

1976

Fotochemie (D)

Bundespreis »Gute Form« 1975 – Griff und Anzeige: Handwerkzeuge und Meßzeuge (SF)

Jugend forscht '76. Regionalwettbewerb (SF)

Der Mensch und das Schwarze Meer (SF)

Jugend forscht '76. Landeswettbewerb Bayern (SF)

Joseph von Fraunhofer – zum 150. Todestag (S)

Licht in der Malerei (SF)

Das Auto – 90 Jahre jung. Mit Karl Benz und Gottlieb Daimler fing es an (SF)

175 Jahre bayerische Landesvermessung (SF)

Die Hill/Adamson Alben. Porträts aus der Frühzeit der Fotografie (SF)

150 Jahre Ohmsches Gesetz (S)

Sammeln – ein Hobby. Briefmarken – Mineralien – Münzen (SF)

Johann Wilhelm Ritter 200 Jahre (S)

1977

Bergbahnen; Erdöl, Erdgas (D)

Umwelt des Menschen im Kosmos (SF)

Jugend forscht '77. Landeswettbewerb Bayern (SF)

Eltern malen ihre Kinder (SF)

Nerven und Gehirn – bioelektrische Signale steuern unser Leben (SF)

Kunst aus Sierra Leone (SF)

Geistig behinderte Kinder malen (S)

Von Horch zu Audi – eine Auto-Union-Traditionsschau (SF)

Jugend und Umwelt (SF)

Fliegende Städte. Lufthansa hier und heute (SF)

100. Geburtstag Wilhelm Filchners

25 Jahre Modellflug im Deutschen Aero Club (SF)

Carl Hermann Julius Krone (1827–1916) (S)

Der menschliche Körper und seine Funktionen (SF)

Anatomische Illustrationen seit 1896 (SF)

1978

Kernphysik und -technik (D)

Bundespreis Gute Form 1976–77 (SF)

Jugend forscht '78. Landeswettbewerb Bayern (SF)

Unsere Welt – ein vernetztes System (S)

Plakatentwürfe für das Deutsche Museum (S)

Herstellungstechniken der Tapisserie (SF)

Medizinische Fotografie. Lennart Nilsson (SF)

… weißt Du noch? – Hausgerät von gestern (SF)

Typografie – Schrift und Grafik mit Letraset (SF, B)

Eisen und Archäologie – Eisenerzbergbau und -verhüttung vor 2000 Jahren in der Volksrepublik Polen (SF)

Vom Glaspalast zum Gaskessel – Münchens Weg in das technische Zeitalter (SF)

Von Edison zu HiFi – eine Geschichte der Tonaufzeichnung (SF)

1979

Keramik; Technische Chemie (D)
Wasserwirtschaft in Bayern (SF)
Jugend forscht '79. Landeswettbewerb Bayern (SF)
Auto in Kunst (SF)
90 Jahre Arbeitswelt Büro (SF)
300 Jahre Feuerwehrgerätetechnik (SF)
Musik erleben (SF)
Der Mensch entdeckt die Erde von oben (SF)
Mit dem Rad durch zwei Jahrhunderte (SF)
Strom für unser Leben (SF)

1980

Nachwuchsfotografen stellen sich vor (SF)
Kunst aus Kohle (SF)
Dänisch wohnen (SF)
Polarphilatelie (SF)
Ars Medica (SF, B)
Trend Textil '80 (SF)
Energie – Motor unseres Lebens (SF)
Schiffsmodelltechnik (SF)
Die deutsche Seeschifffahrt (SF)
Deutsch-Österreichische Jugendbriefmarkenausstellung (SF)

1981

Zukunftsbranche Maschinenbau (SF)
Paul Ehrlich – Forscher für das Leben (SF)
100 Jahre Gestetner – Vervielfältigung, Offset, Kopie (SF)
Fabrik im Ornament (SF)
Keramik aus Westafrika – Einführung in Herstellung und Gebrauch (SF)
Faszination des Lebendigen – Mikrofotografie (SF)
Schreibtechnik im Spiegel der Zeit – Eine Chance für Erfinder (SF)
50 Jahre Frontantrieb im Serienautomobilbau (SF)
Dein Beruf – Deine Zukunft (SF)

1982

Die deutsche Seeschifffahrt (SF)
10 Jahre Fachhochschule München (SF)

Sicher mit der Eisenbahn (SF)

Dampfmodellbau (SF)

Colorado grüßt Bayern mit Land und Leuten (SF)

Forschung – Zukunft für Europa (SF)

500 Jahre Buchstadt München (SF, B)

Sport macht Spaß (SF)

Aussatz – Lepra – Hansen-Krankheit – Ein Menschheitsproblem im Wandel (SF)

Kinder, wie die Zeit vergeht – die letzten 100 Jahre (SF, B)

1983

Energietechnik (D)

Leichter als Luft. 200 Jahre Menschenflug. Zur Frühgeschichte der Ballonfahrt (SF)

Wasser für München 1883–1983 (SF)

Technische Werbeplakate um die Jahrhundertwende (SF)

Mensch, Essen, Trinken, Form und Farbe (SF)

Herausforderung Zukunft (SF)

Marga von Etzdorf. Vorstellung des Nachlasses (S, B)

Udo von Oven zeigt seine Bronzen (SF)

Dampflokomotiven – Bilder von A. L. Hammonds (SF, B)

G. F. Brander 1713–1783. Wissenschaftliche Instrumente aus seiner Werkstatt (S)

Patente nützen allen (SF)

3.5-m-Spiegelteleskop (SF)

Bücher aus der UdSSR (S, B)

Flaschen und Behälter – zur Geschichte des industriellen Markenartikels im 19. Jahrhundert (SF)

1984

Halle für Luft- und Raumfahrt (D)

Holografie. Medium für Kunst und Technik (SF)

Oskar von Miller. Schöpfer des Deutschen Museums (S)

Danner-Preis '84 (SF)

Briefmarkenausstellung zur Eröffnung der Luft- und Raumfahrthalle (SF, B)

Erde und Feuer. Traditionelle japanische Keramik der Gegenwart (SF)

Olivetti: Konzept und Form. Von der Mechanik zur Elektronik (SF)

Neuerwerbungen des Jahres 1983 (S)

Der gläserne Computer (SF)

Geheimnisse der Materie (SF)

Technik nach menschlichem Maß. Dorftechnik für die Frau in Entwicklungsländern (SF)

Geheimrat Sommerfeld – theoretischer Physiker. Eine Dokumentation aus seinem Nachlass (S, B)

Spielen, Bauen, Experimentieren. Technische Welt im Spielzeug (S)

1985

Eisenbahnhalle; Schweißen, Schneiden, Löten; Kraftmaschinen (D)

Mein Feld ist die Welt. Musterbücher und Kataloge 1784 bis 1914 (SF, B)

Jugend forscht. Landeswettbewerb Bayern (SF)

Bionik – Biologie & Technik. Lernen von der Natur (SF)

Wissenschaft und Buchhandel. Der Verlag von Julius Springer und seine Autoren. Briefe und Dokumente aus den Jahren 1880–1946 (SF, B)

Die Fahrkarte. Symbol der Überwindung von Raum und Grenzen (S)

Chancen mit Chips. Innovative Anwendungen der Mikroelektronik (SF)

Fotovoltaik – Strom aus Licht (SF, B)

Christopher Pohlhem 1661–1751. Der Schwedische Dädalus (SF)

Ludwig Boltzmann 1844–1906. Vollender der klassischen Thermodynamik (SF, B)

»Made in Germany«. Forschung und Entwicklung in der deutschen Industrie (SF)

Halleyscher Komet (S)

1986

Straßenverkehr; Starkstromtechnik; Schifffahrt (D)

Alpenübergänge von Bayern nach Italien 1500–1850. Landkarten, Straßen, Verkehr (S, B)

Britische Eisenbahnplakate 1895–1983 (SF)

Zeitverschiebung. Deutsche Lufthansa 1926–1986 (SF)

Vermächtnis Werner Brüggemann. Deutsche Uhren und Automaten des 16. und 17. Jahrhunderts (S)

Jugend forscht. Landeswettbewerb Bayern (SF)

Atlas Tyrolensis. Die Oberperfer Kartografenschule um Peter Anich (1723–1766) und Blasius Hueber (1735–1814) (SF, B)

Bauklötze staunen. 200 Jahre Geschichte der Baukästen (S)

Mathematische Horizonte (SF)

Licht/Spiele mit Holografie und kinetischen Objekten (SF, B)

Technik der Bergrettung – Die Ideen von Ludwig Gramminger (SF)

Hommage à Jean Lurcat. Wirkteppiche im Deutschen Museum – Entwürfe in der Bayerischen Landesbank (SF)

100 Jahre Bosch GmbH – 125. Geburtstag von Robert Bosch (SF)

1987

Moderner (Kohlen-)Bergbau (D)

Science and Technology in 19th Century Germany (S)

20 Jahre Jugend forscht (SF)

Béla Bárenyi, Autopionier (S)

Weiter – höher – schneller. Verkehrsgeschichte auf Marken und Medaillen (S, B)

Kristallzüchtung. Technische Kristalle für die Mikroelektronik (SF)

Qualitätsfaktor Design, z. B. Bosch (SF)

Vom Schriftgießen. Porträt der Firma D. Stempel AG (SF, B)

Telegrafie und Funk (SF)

Plakate – Spiegel des Zeitgeistes 1947–1987 (SF, B)

Feurio – Brände und Brandschutz gestern und heute (SF)

Physik-Nobelpreis 1987 »Supraleiter« (S)

1988

Informatik und Automatik (D)

100 Jahre Ernst Heinkel. Luftfahrtpionier und Unternehmer (S)

Internationaler Glas Design Workshop »Leben mit Glas« (S)

Jugend forscht. Landeswettbewerb Bayern (SF, B)

Bayerischer Staatspreis für Nachwuchsdesigner 1988 (SF)

Architekten-Wettbewerb Nationales Zentrum für Geschichte der Luft- und Raumfahrt in Oberschleißheim. Ausstellung der 99 Entwürfe (SF)

Wandlung. Darstellung der topologischen Transformationen der Whitehead-Kette (SF)

Prix Ars Electronica. Kunst aus dem Computer (SF)

Wenn der Groschen fällt … Münzautomaten gestern und heute (S)

Der Schritt ins Unermessliche. 150 Jahre Nachweis einer Fixsternparallaxe (S)

1989

Mikroelektronik; Geschichte des Deutschen Museums; Optik; Entwicklung des Amateurfunks (D)

Mit Röntgenaugen in eine neue Welt. Von der V2-Rakete zum Röntgensatelliten ROSAT (S)

Ski und Schlitten im Grönlandeis (S)

Kernspaltung. Geschichte einer Entdeckung (SF)

Jugend forscht. Landeswettbewerb Bayern (SF, B)

Bayerischer Staatspreis für Nachwuchsdesigner 1989 (SF)

Isar-Plan (SF)

Zur Frühgeschichte der Fotografie (S)

Walther Gerlach. Physiker – Lehrer – Organisator (S, B)

50 Jahre Turbostrahlflug. Von den Anfängen bis zur Gegenwart (S)

Prix Ars Electronica. Kunst aus dem Computer (SF)

1990

Telekommunikation; Glastechnik; Tagebau; Maschinenelemente (D)

Ein Pionier, der Medizingeschichte machte. Zum 50. Jahrestag der Nobelpreisverleihung an Gerhard Domagk (SF)

Le sens du temps. Fotografie und Perspektiven der Zeit (SF)

Solarer Wasserstoff – Energieträger der Zukunft (S)

Jugend forscht (SF)

Ergebnisse des Fotowettbewerbs zum Isar-Plan (SF, B)

Ein Werkstoff mit Zukunft – Natürlich Papier (SF)

Bayerischer Staatspreis für Nachwuchsdesigner 1990 (SF)

Griechische Vorratsgefäße – gestern und heute (SF)

Jugend und Technik (SF)

Geschichte und Gegenwart tschechoslowakischer Luftfahrt (SF)

150 Jahre Eisenbahn München-Augsburg. Der Münchner Hauptbahnhof in Geschichte und
    Gegenwart (S, B)

Heinrich Focke. Pionier der Luftfahrt, Wegbereiter des Hubschraubers (S)

500 Jahre Portugiesische Fliesenkultur (S)

1991

Werkzeugmaschinen (D)

Textilhandwerk in Indien (SF)

Eurotunnel (S)

Jugend forscht (SF, B)

Ausgezeichnete Arbeiten des »Prix Ars Electronica« 1987–1990 (SF, B)

Otto Lilienthal – Flugpionier, Ingenieur, Unternehmer: Dokumente und Objekte (S)

Historische Farbstoffetiketten (SF)

Reise ins Zentrum der Zeit. Mechanische Uhrmacherkunst aus dem Vallée de Joux (SF)

Wasser, Wehre und Turbinen (SF, B)

Computergrafik & Elektronik Art. William Latham/Walter Giers (SF)

Internationale Lilienthal-Gedächtnis-Ausstellung (SF)

Forschung und Technologie aus Finnland (SF)

Raumfahrt – für die Erde ins All (SF)

Mathematik, Realität und Ästhetik (SF)

1992

Astronomie; Umwelt – Mensch und Technik auf dem Planeten Erde; Flugwerft Schleißheim (D)

Jugend forscht. Landeswettbewerb Bayern (SF, B)

Biotope – Kleinode der Natur (SF)

Der Dom zu Regensburg. Bauforschung und Kunstgeschichte (SF)

Ludwig Bölkow – Initiator, Ingenieur und Unternehmer (S)

iF-Design Auswahl 1992 (SF, B)

Industriekultur in Böhmen. Fotografien und Modelle aus den Jahren 1860 bis 1920 (SF, B)

Aufbruch zum Himmel. Reklamemarken der Luftfahrt – Plakate en miniature (S)

Design Innovationen '92 (SF)

Ausstellung zu den Münchner Weltraumtagen (S)

Wasser ist Leben (SF)

Santiago Calatrava. Brücken und andere Ingenieurbauwerke (S)

1993

Geodäsie – Vermessung und Karte; Textiltechnik (D)

Historische Pharma-Plakate aus aller Welt. Aus der Sammlung des Bayer-Archivs (SF)

Jugend forscht. Landeswettbewerb Bayern (SF, B)

Nähmaschinen. Der Beitrag Frankreichs zur Entwicklung der Nähmaschine (SF)

iF-Design Auswahl 1993 (SF)

Luftfahrt in Berlin-Brandenburg. Stätten deutscher Luftfahrtgeschichte im Wandel der Zeit (SF)

Heinkel-Motorfahrzeuge (SF)

125 Jahre Technische Universität München (S)

Agostino Ramelli (1531–1608): Le diverse et artificiose machine (S, B)

Kunstflug. Große Ausstellung der Bildhauerklasse Prof. Reineking (SF)

Zoologische Buchillustration (S, B)

Melli Beese – Bildhauerin, Pilotin – eine ungewöhnliche Frau (SF)

Chemie – Malerei – Poesie. Das Weltbild der Chemie in der Bildwelt der Kunst (SF)

International Forum and Competition for Youth. Ausstellung von Schülerarbeiten zum Thema »Raumfahrttechnologie für Ökologie und Ökonomie« (SF)

1994

Musikinstrumente (Erweiterung) (D)

Jugend forscht. Landeswettbewerb Bayern (SF, B)

80 Jahre Flugplatz Fürth-Atzenhof (SF)

Schätze des Archivs (S)

Versagte Heimat – Juden in der Isarvorstadt 1914–1945 (SF, B)

Eurotunnel (SF)

Antoine Laurent Lavoisier – ein berühmter Chemiker in einer revolutionären Zeit (S)

100 Jahre Hermann Oberth. Streiflichter aus seinem Leben und Wirken anhand von Zeichnungen, Texten und Zitaten (SF)

Unter uns. Erinnerung und Schwinden der Erinnerung an die verheerenden Auswirkungen der Luftkriege werden künstlerisch dargestellt (SF)

Schüler gestalten Holz (SF)

Ansichten und Einblicke. Elf junge Fotografen sehen Wissenschaft (SF, B)

60 Jahre Reiseflugzeug Messerschmitt Me 108 Taifun (SF)

75 Jahre Luftverkehr in Bayern 1919–1994 (SF)

Anvisiert – Foto-Installationen (SF)

Modellbauausstellung mit Tauschbörse (SF)

400 Jahre Uhrmacherkunst – Blancpain (SF)

Audiblicke – Junge Industriefotografie. Menschen und Maschinen in der Fabrik (SF)

Architectural Visions for Europe (SF)

1995

Metalle; Altamira; Drucktechnik (D)

Grenzschutz-Fliegerstaffel Süd seit 30 Jahren in Oberschleißheim (SF)

Oskar Messter – Filmpionier der Kaiserzeit (S)

Jugend forscht – Kopf an Kopf. Landeswettbewerb Bayern (SF)

Aktuelle Wissenschaft im Deutschen Museum (SF)

Wieviel Wärme braucht der Mensch? (SF)

1895 Paris – Bordeaux – Paris. Automobilrennen vor 100 Jahren. Zur Erinnerung an das erste Langstreckenrennen in der Geschichte des Automobils (S)

Faszination Farbe – Farbstoffe aus Natur und Technik (S)

Ein blaues Wunder – Blaudruck in Europa und Japan (S)

Idee Farbe – Farbsysteme in Kunst und Wissenschaft (SF)

ESA-Ausstellung. Ein Blick zurück in die Zukunft 1975–1995 (SF)

Luftfahrt in Polen. Geschichte der polnischen Luftfahrt (SF)

50 Jahre Süddeutsche Zeitung. Fotoausstellung zur Geschichte der Süddeutschen Zeitung und des Süddeutschen Verlages (SF, B)

Ein Weg zum Schnellflug – 60 Jahre Messerschmitt Me 109 (SF)

Europas Jugend forscht für die Umwelt. 5. Internationaler Wettbewerb (SF)

MAPPAE BAVARIAE. Thematische Karten von Bayern bis 1900 (S)

Mensch und Maschine im Inneren der Erde. Alfred Schmidt (SF)

Hochtemperatur-Supraleiter (Forschungsverbund FORSUPRA) (SF)

1996

Energietechnik (D)

Jugend forscht – Up in die Zukunft. Landeswettbewerb Bayern (SF, B)

Photovoltaic Installation 96. Peter Weiersmüller (SF)

Die Geschichte des Kaffees (S, B)

Erweiterung des Deutschen Museums (SF, B)

Modellbau-Ausstellung. Dieter Rother (SF)

Bayerischer Staatspreis für Nachwuchs-Designer 96 (SF)

Klebstoff verbindet … (SF)

In memoriam Reinhard Raffalt. Journalist und Schriftsteller (S, B)

Die Amerikaner in Schleißheim (SF)

Digitale Welten. Technik und Wissenschaft spielend leicht gemacht!? (S)

Kosmos – im Rückblick (S, B)

Briefmarken-Ausstellung anlässlich des 100. Todestages von Otto Lilienthal (SF)

Neue Forschungsneutronenquelle Garching (S)

Strom statt Lärm. Photovoltaik-Schallschutz-Ausstellung (SF, B)

Zugang und Eingang zum Deutschen Museum (SF, B)

Der Kölner Dom, der Kunstfreund Boisserée und die Neugotik (S, B)

Produktion Zukunft. Prozesse, Innovationen, Perspektiven. BMW-Automobilproduktion im In- und Ausland (SF)

1997

Deutscher Luftverkehr 1919–1945. Erinnerungen eines Flugkapitäns (S)

Neues aus der Forschung von DESY (S)

Jugend forscht. Landeswettbewerb Bayern (SF, B)

Duft. Kulturgeschichte des Parfums (S)

Die neue Dimension – Ein Fungizid nach dem Vorbild der Natur (S)

Kunst und Maltechnik – Bilder geben eine Antwort (SF, B)

Und ich flog. Paul Klee in Schleißheim (S)

Oswalds Klassiker der exakten Wissenschaften. Bausteine zum Gebäude der Wissenschaften – 110 Jahre maßgebliche Editionsarbeit (S, B)

Forschungsauftrag: Schmuck. Schmuck aus dem neu entwickelten Material Hosta-Glas (SF)

Nordische Entdecker (SF)

Sven Hedin, der letzte Forschungsreisende. Ausstellung seiner Bücher und Schriften (S, B)

Expedition ins Labor. Zum 125. Geburtstag von Hermann Anschütz-Kaempfe (S)

Flugmodelle und Plastikmodellbau (SF)

Walter Henn – Nestor der Industriearchitektur – zum 85. Geburtstag (S, B)

Damit Naturereignisse nicht zu Katastrophen werden – Hochwasserschutz für Bayern (SF)

1998

Brückenbau und Wasserbau; Sonnenuhrgarten; Umwelt (D)

Technische Visionen. Der oft geträumte und oft zerronnene Traum von einer herrlichen Zukunft (S, B)

Supraleitender Röntgenlaser. Ein Mikroskop für das 21. Jahrhundert (SF)

Jugend forscht. Landeswettbewerb Bayern (SF, B)

Offroad-Tage. Auch Autos können fliegen (SF)

Die Kunst zu bewahren (SF)

Die andere Welt des Herrn Bühler oder: Die Sammelleidenschaft eines Fabrikanten (S)

Lichtflug. Kunst für das 21. Jahrhundert (mit Ilana Lilienthal) (SF)

Bayerische Flieger im Hochgebirge. Die Geschichte einer bayerischen Fliegerabteilung an der Alpenfront im Ersten Weltkrieg (SF)

Modellbauausstellung »See the planes« (SF)

Faszinierende Brücken aus Holz und Stahl. Modelle und Fotos der Brücken des Münchner Architekten Richard J. Dietrich (S)

Schriftgestaltung von Architekt Professor Franz Hart (SF, B)

1999

Mathematisches Kabinett; Papiertechnik (D)

Über Wasser – Sonderausstellung über die Trinkwasserversorgung (S)

Justus von Liebig. Sonderausstellung zum 125. Todestag des großen Chemikers (S)

Zukunft leben – 50 Jahre Fraunhofer-Forschung (SF)

Wohin geht die Reise? Flugbilder von Uli Schaarschmidt (SF)

Unser Vorbild ist die Natur. Medizinisch-biologische Modelle aus Kunststoff (SF)

Gentechnik und Umweltschutz (S)

Innovationswelt (SF)

Einfach gigantisch – gigantisch einfach. 150 Jahre Faszination Weltausstellung (SF)

Die treibende Kraft – 65 Jahre Triebwerkbau – 30 Jahre MTU München (SF)

Schüler machen Geschichte. Wanderausstellung der Körber-Stiftung (SF)

Goethe und die Naturwissenschaften (S, B)

Der Wald und wir (SF)

Unter die Haut. Reise durch den menschlichen Körper (S)

Alexander von Humboldt (1769–1859) (S)

Flugplätze im Großraum München seit 1890 (SF)

60 Jahre DDT. Kulturgeschichte einer chemischen Verbindung (S)

2000

Flugsicherung; Pharmazie; Zeitmessung (D)

25 Jahre Deutsche Krebsforschung (SF)

Materialien der Zeit (SF)

Pompeji – Natur, Wissenschaft und Technik in einer römischen Stadt (SF)

Rund ums Haar (SF)

Die deutschen Senkrechtstarter (S)

Jugend forscht (SF, B)

Pharmazie für den Untertan (S, B)

Über den Fronten. Französische und deutsche Flieger im Ersten Weltkrieg 1914–1918 (SF)

Clean Energy (SF)

Baugerüst für die Laufkatze wie im 19. Jahrhundert (S)

Pneumatik – Grundlagen der Drucklufttechnik (SF)

Geteilt – Vereint – Gefunden. Orte deutscher Geschichte in den neuen Bundesländern (SF)

Opus Caementitium. Neue Bautechnik der Römer (S)

Deutsches Museum Verkehrszentrum zu Gast

Staubige Träume. Geschichten von Goldsuchern, Mineros und Industriearbeitern in Lateinamerika (SF)

Die Wissenschaft lebt! (SF)

Fotografie@Computer@Internet@ (SF)

2001

Atomphysik (D)

Geheimdokumente zum deutschen Atomprogramm 1938–1945 (S)

Bilder aus Dora. Zwangsarbeit im Raketentunnel 1943–1945 (SF)

Vom Baum der Erkenntnis. 250 Jahre Enzyklopädien (S, B)

Schweizer Eisenbahnbrücken (SF)

EPOS (European Project on the Sun) (SF)

Beneath the Skin. Schnittzeichnungen aus der Luftfahrtzeitschrift »Flight International« von den 1930er-Jahren bis heute (S)

ENVISAT (SF)

Physik und Leben (SF)

nobel! 100 Jahre Nobelpreis (S)

2002

Kinderreich (D)

Zum Beispiel Puebla (S)

Meilensteine. Geschichte, Gegenwart, Zukunft: Rückblick und Ausblick am Ende des 20. Jahrhunderts (SF)

Das zweite Gesicht. Metamorphosen des fotografischen Porträts (S)

Movement – Peter Opsvik (SF)

Welt der Gewürze (S)

Der Europäische Transschall-Windkanal ETW (SF)

Die Königlich-Preußischen Luftstreitkräfte 1884–1918 (SF)

Der Bau der Storebaelt-Brücke (Fotodokumentation) (S)

Wasser – Bad – Design (SF)

Klima. Das Experiment mit dem Planeten Erde (S)

Zur Belustigung und Belehrung. Experimentierbücher aus zwei Jahrhunderten (S, B)

Jung und Mobil (SF)

2003

Deutsches Museum Verkehrszentrum (D)

Geschichte des Deutschen Museums (D)

Wissenschaftliche Instrumente der Bayerischen Akademie der Wissenschaften (D)

Marco Riedel: Das Gestern – ein interstellarer Brückenschlag (Klanginstallation) (SF)

(Zusammengestellt von Wilhelm Füßl und Karen Königsberger)

ENTWICKLUNG DER EXPONAT- UND BUCHBESTÄNDE

(Stand: Mai 2003)

1. Sammlungen – Exponatbestand

[Für die Sammlungsgegenstände von technikgeschichtlichem und kulturhistorischem Wert (Exponate) wurde in den Jahren 1905–2003 die folgende Anzahl von Inventarnummern vergeben. Die im Zweiten Weltkrieg zerstörten oder unbrauchbar gewordenen Exponate sind in der Gesamtzahl der in den Zugangsbüchern geführten Sammlungsgegenstände weiterhin aufgeführt.]

Jahr	Zugang	Bestand	Jahr	Zugang	Bestand
1905	4241	4241	1925	3323	55624
1906	4800	9041	1926	1414	57038
1907	3429	12471	1927	3679	60717
1908	5138	17609	1928	1462	62179
1909	3871	21480	1929	709	62888
1910	5678	27158	1930	547	63435
1911	6536	33694	1931	356	63791
1912	3160	36854	1932	1206	64997
1913	3303	40157	1933	929	65926
1914	2983	43140	1934	662	66588
1915	1186	44326	1935	451	67039
1916	1253	45579	1936	488	67527
1917	433	46012	1937	477	68004
1918	682	46694	1938	727	68731
1919	921	47615	1939	556	69287
1920	1208	48823	1940	213	69500
1921	1090	49913	1941	475	69975
1922	1272	51185	1942	147	70122
1923	326	51511	1943	177	70299
1924	790	52301	1944	26	70325

Jahr	Zugang	Bestand	Jahr	Zugang	Bestand
1945	55	70380	1975	348	79793
1946	11	70391	1976	387	80180
1947	26	70417	1977	460	80640
1948	52	70469	1978	435	81075
1949	133	70602	1979	573	81648
1950	252	70854	1980	706	82354
1951	521	71375	1981	547	82901
1952	509	71884	1982	513	83414
1953	712	72596	1983	705	84119
1954	219	72815	1984	653	84772
1955	337	73152	1985	654	85426
1956	139	73291	1986	849	86275
1957	233	73524	1987	941	87216
1958	370	73894	1988	896	88112
1959	499	74393	1989	1003	89115
1960	230	74623	1990	1155	90270
1961	369	74992	1991	903	91173
1962	315	75307	1992	960	92133
1963	265	75572	1993	793	92926
1964	369	75941	1994	679	93605
1965	485	76426	1995	1322	94927
1966	344	76770	1996	491	95418
1967	368	77138	1997	294	95712
1968	509	77647	1998	348	96060
1969	261	77908	1999	761	96821
1970	338	78246	2000	622	97443
1971	263	78509	2001	1263	98706
1972	402	78911	2002	842	99548
1973	226	79137	2003 (Mai)	220	99768
1974	308	79445			

2. Bibliothek – Buchbestand

[Die Angaben sind im Wesentlichen den Verwaltungsberichten des Deutschen Museums entnommen. Zahl in Bänden, d. h. sowohl Bücher- wie Zeitschriftenbände. Die Angaben sind bis 1976 meistens gerundet.]

Jahr	Bestand	Jahr	Bestand
1905/6	16.000	1947/48	273.000
1906/7	20.000	1948/49	277.000
1907/8	30.000 (einschl. Pläne, Urkunden, Bilder)	1949/50	302.000
		1950/51	313.000
1908/9	34.000 (einschl. Pläne, Urkunden, Bilder)	1951/52	322.000
1909/10	42.000 (einschl. Pläne, Urkunden, Bilder)	1952/53	332.000
		1953/54	343.000
1917/18	50.000	1954/55	354.000
1918/21	80.000	1955/56	365.000
1921/23	90.000	1956/57	377.000
1927/28	100.000	1957/58	388.000
1928/29	115.000	1958/59	400.000
1929/30	124.000	1959/60	412.000
1930/31	131.000	1960	422.000
1931/32	145.000	1961	434.000
1932/33	151.000	1962	447.000
1933/34	158.500	1963	469.000
1934/35	165.600	1964	475.000
1935/36	174.100	1965	488.000
1936/37	191.000	1966	503.000
1937/38	200.000	1967	517.000
1938/39	209.000	1968	533.000
1939/40	219.000	1969	550.000
1940/41	227.000	1970	567.000
1941/42	238.000	1971	581.000
1942/43	248.000	1972	592.886
1943/44	241.952	1973	607.000

Jahr	Bestand	Jahr	Bestand
1974	622.000	1989	774.838
1975	635.000	1990	787.749
1976	597.641	1991	799.533
1977	613.860	1992	808.276
1978	631.897	1993	816.077
1979	644.666	1994	822.965
1980	658.572	1995	829.337
1981	672.774	1996	836.358
1982	690.891	1997	844.525
1983	705.884	1998	850.867
1984	716.859	1999	856.514
1985	731.711	2000	863.112
1986	743.822	2001	867.846
1987	753.904	2002	874.571
1988	766.236		

LISTE DER REFERENTEN

(Stand: 1905)

Bieringer, Emil, München	Telegrafie, Telefonie
Bunte, Hans, Karlsruhe	Chemische Großindustrie, Gaserzeugung
Czapski, Siegfried, Jena	Physikalische und technische Optik
Dietz, Wilhelm, München	Brückenbau
Dyck, Walther von, München	Mathematik
Ebert, Hermann, München	Physikalische und technische Akustik
Finsterwalder, Sebastian, München	Luftschifffahrt
Fleischer, Oskar, Berlin	Physikalische und technische Akustik
Förderreuther, Friedrich, München	Eisenbahnsignale, Weichen
Ganzenmüller, Theodor, Weihenstephan	Kälteindustrie
Gary, Max, Groß-Lichterfelde	Baumaterialien
Gerland, Anton, Clausthal	Maße und Gewichte, Thermometer
Goepel, Friedrich, Schwenningen	Uhren
Graetz, Leo, München	Magnetismus, Elektrizitätslehre
Hartmann, Wilhelm, Charlottenburg	Kinematik, Maschinenelemente
Heyn, Emil, Charlottenburg	Metallhüttenwesen
Hoyer, Egbert, München	Metallbearbeitung, Textilindustrie
Junghans, Arthur, Schramberg	Uhren
Kaiserliches Patentamt, Berlin	Reproduktionstechnik, Schreibmaschinen, Fotografie
Kammerer, Otto, Charlottenburg	Hebemaschinen, Hebewerke
Kraus, Karl, München	Landwirtschaft, Molkereiwesen
Kreuter, Franz, München	Fluss-, Wehr-, Kanal- und Hafenbau
Lautenschläger, Karl, München	Theaterwesen
Lintner, Carl Joseph, München	Zuckerfabrikation, Gärungsgewerbe
Loewe, Ferdinand, München	Straßen-, Eisenbahn- und Tunnelbau
Lynen, Wilhelm, München	Dampfmaschinen, Dampfkessel
Nernst, Walter, Göttingen	Chemie, Elektrochemie
Neureuther, Carl, München	Luftschifffahrt
Oebbecke, Conrad, München	Geologie
Oldenbourg, Rudolf von, München	Reproduktionstechnik, Papierfabrikation
Ossanna, Giovanni, München	Elektrotechnik
Ostwald, Walter, Leipzig	Chemie, Elektrochemie
Pfarr, Adolf, Darmstadt	Wasserkraftmotoren

Prandtl, Ludwig, Göttingen	Physikalische und technische Mechanik
Reverdy, Richard, München	Fluss-, Wehr-, Kanal- und Hafenbau
Riedler, Alois, Charlottenburg	Pumpen, Druckluftanlagen
Rietschel, Hermann, Berlin	Heizung, Lüftung
Röntgen, Wilhelm Conrad, München	Wärme
Schilling, Eugen, München	Gaserzeugung
Schmeer, Franz, München	Muskelkraft und Windmotoren
Schmeißer, Karl, Berlin	Berg- und Salinenwesen
Schmidt, Hans, Berlin	Reproduktionstechnik, Schreibmaschinen, Fotografie
Schmidt, Max, München	Geodäsie, Kartografie
Schoettler, Rudolf, Braunschweig	Heißluft-, Gas- und Verbrennungsmotoren
Scholl, H., München	Funkentelegrafen
Soxhlet, Franz von, München	Landwirtschaft, Molkereiwesen
Stübben, Joseph, Berlin	Städtehygiene
Veith, Rudolf, Kiel	Schiffbau
Vogel, Hermann Carl, Potsdam	Astronomie
Voit, Ernst, München	Gas-, Wassermesser, magnetische und elektrische Messapparate, Fotometer
Wedding, Wilhelm, Charlottenburg	Eisenhüttenwesen
Weiß, Eduard, München	Landtransportmittel
Wiedemann, Eilhard, Erlangen	Physikalische und technische Optik
Wien, Wilhelm, Würzburg	Physikalische und technische Mechanik
Windisch, Friedrich Ritter von, München	Militärwesen
Witt, Otto Nikolais, Charlottenburg	Chemische Großindustrie

Quelle: Gruppenverzeichnis und Referenten, DMA, VA 4014, S. 5/6

LITERATUR ZUM DEUTSCHEN MUSEUM

[Die hier ausgewählte Literatur konzentriert sich auf das Deutsche Museum bzw. auf die Geschichte technischer Museen allgemein. Sie ergänzt die in den Anmerkungen angegebenen Literaturhinweise.]

Adam, Klaus: Ein Ort der Verschwisterung von Kunst und Technik. Musik und anderes im Kongreßsaal des Deutschen Museums. In: Unser Bayern. Heimatbeilage der Bayerischen Staatszeitung 52 (2003), Nr. 4, S. 54–59

Alexander, Edward P.: Museum masters. Their museums and their influence. Nashville 1983

Baer, Ilse: Zur Öffentlichkeitsarbeit der Museen. Referierende Bibliographie 1945–1975. Berlin 1978

Bäßler, Karl: Die Kriegsschäden im Deutschen Museum in München und ihre Behebung. In: Zeitschrift des Vereins Deutscher Ingenieure 90 (1948), S. 235–237

Balsiger, Barbara Jeanne: The Kunst- und Wunderkammern. A catalogue raisonné of collecting in Germany, France and England 1565–1750 (Diss.). Pittsburgh 1970

Bamberger, Rainer/Holstein, Hartwig: Die Bildungsarbeit des Deutschen Museums. Geschichtliche Entwicklung, Darstellung und Beurteilung (Diplom-Arbeit). München 1978

Becker, Christoph: Vom Raritäten-Kabinett zur Sammlung als Institution. Sammeln und Ordnen im Zeitalter der Aufklärung. Egelsbach u. a. 1996

Becker, Franz-Josef E./Füssl-Gutmann, Christine/Teichmann, Jürgen (Hrsg.): Lernen, Erleben, Bilden im Deutschen Museum – Naturwissenschaft und Technik für Studiengruppen. München 2001

Best wishes dear older brother. You really don't look your age. 100 Jahre Deutsches Museum. Museumsdirektoren und Wissenschaftler aus aller Welt gratulieren. München 2003

Broelmann, Jobst: Intuition und Wissenschaft in der Kreiseltechnik 1750–1930 (Abhandlungen und Berichte, Neue Folge 17). München 2002

Chronik des Deutschen Museums von Meisterwerken der Naturwissenschaft und Technik. Gründung, Grundsteinlegung und Eröffnung 1903–1925. München 1927

Deutsches Museum (Hrsg.): Meisterwerke aus dem Deutschen Museum, Bd. I-V. München 1997–2003

Dienel, Hans-Liudger: Ideologie der Artefakte. Die ideologische Botschaft des Deutschen Museums 1903–1945. In: Ideologie der Objekte – Objekt der Ideologie. Naturwissenschaft, Medizin und Technik in Museen des 20. Jahrhunderts. Kassel 1991

Dienel, Hans-Liudger: Das Deutsche Museum und seine Geschichte. München 1998

Durant, John (Hrsg.): Museums and the public understanding of science. London 1994

Dyck, Walther von: Über die Errichtung eines Museums von Meisterwerken der Naturwissenschaft und Technik in München. Festrede zur Übernahme des ersten Wahlrektorates bei der Jahresfeier der Technischen Hochschule zu München, gehalten am 12. Dezember 1903. Leipzig/Berlin 1905

Eckert, Michael: Die »Deutsche Physik« und das Deutsche Museum: Eine Fallstudie über das Verhältnis von NS-Ideologie, Wissenschaft und Institution. In: Physikalische Blätter 41 (1985), H. 4, S. 87–92

Exner, Wilhelm: Der Ehrensaal des Deutschen Museums. In: Deutsches Museum. Abhandlungen und Berichte 2 (1930), H. 2, S. 1–32

Fehlhammer, Wolf Peter: Communication of science in the Deutsches Museum – In search of the right formula. In: Lindqvist, Svante (Hrsg.): Museums of modern science. Canton, MA 2000

Fehlhammer, Wolf Peter (Hrsg.): Deutsches Museum. Geniale Erfindungen und Meisterwerke aus Naturwissenschaft und Technik. München 2003

Fehlhammer, Wolf Peter/Füßl, Wilhelm: The Deutsches Museum – Idea, realization and objectives. In: Technology and Culture 41 (2000), S. 517–520

Findlen, Paula: Possessing nature: museums, collecting and scientific culture in early modern Italy. Berkeley 1994

Fingerle, Karlheinz: Bibliographie Museumspädagogik und Museumskunde. München 1985

Fingerle, Karlheinz: Fragen an die Museumsdidaktik am Beispiel des Deutschen Museums. München 1992

Folkerts, Menso: Gemeinschaft der Forschungsinstitute für Naturwissenschafts- und Technikgeschichte am Deutschen Museum 1963–1988. München 1988

Frieß, Peter/Steiner, Peter M. (Hrsg.): Forschung und Technik in Deutschland nach 1945. Katalog des Deutschen Museums Bonn. München 1995

Füßl, Wilhelm/Mayring, Eva A.: Eine Schatzkammer stellt sich vor. Das Archiv des Deutschen Museums zu Naturwissenschaft und Technik. München 1994

Füßl, Wilhelm u. a.: Dokumente zur Geschichte des Deutschen Museums (CD-ROM), München 2003

Fuchs, Franz: Aus der Entstehungszeit des Deutschen Museums. Zum 100. Geburtstag von Oskar von Miller. In: Physikalische Blätter 11 (1955), H. 5, S. 216–222

Geppert, Alexander C.T.: Welttheater: Die Geschichte des europäischen Ausstellungswesens im 19. und 20. Jahrhundert. Ein Forschungsbericht. In: Neue Politische Literatur 47 (2002), S. 10–61

Gottmann, Günther: Zum Bildungsauftrag eines technikgeschichtlichen Museums. Bericht aus dem Deutschen Museum. In: Bauer, Ingolf/Gockerell, Nina (Hrsg.): Museumsdidaktik und Museumspraxis. München 1976, S. 227–237

Graf, Bernhard/Treinen, Heiner: Besucher im technischen Museum. Zum Besucherverhalten im Deutschen Museum. Berlin 1983

Harten, Elke: Museen und Museumsprojekte der Französischen Revolution. Ein Beitrag zur Entstehungsgeschichte einer Institution (Kunstgeschichte. Form und Interesse 24). Münster 1989

Hashagen, Ulf/Blumtritt, Oskar/Trischler, Helmuth (Hrsg.): Circa 1903. Artefakte in der Gründungszeit des Deutschen Museums (Abhandlungen und Berichte, Neue Folge 19). München 2003

Heyne, Martin: Technische Museen. Stand und Aufgaben. In: Neue Museumskunde 31 (1988), S. 253–261

Hlava, Zdenka: Kleine Zeitgeschichte, gesehen von der Museumsinsel in der Isar. In: Kultur & Technik 5 (1984), H. 1/2, S. 9–98

Hochreiter, Walter: Vom Musentempel zum Lernort. Zur Sozialgeschichte deutscher Museen 1800–1914. Darmstadt 1994

Impey, Oliver/MacGregor, Arthur (Hrsg.): The origins of museums. The cabinet of curiosities in sixteenth and seventeenth-century Europe. Oxford 1985

Joachimides, Alexis: Die Museumsreformbewegung in Deutschland und die Entstehung des modernen Museums 1880–1940. Dresden 2001

Kaldewei, Gerhard: Museumspädagogik und Reformpädagogische Bewegung 1900–1933. Eine historisch-systematische Untersuchung zur Identifikation und Legitimation der Museumspädagogik (Europäische Hochschulschriften XI/436). Frankfurt a. M. u. a. 1990

Karp, Ivan/Lavine, Steven D.: Exhibiting cultures. The poetics and politics of museum display. Washington 1991

Klausewitz, Wolfgang: Museumspädagogik. Museen als Bildungsstätten. Frankfurt a. M. 1970

Klein, Hans Joachim: Vom Meisterwerk zum Werkmeister – Publikumsinteressen und Wahrnehmungsweisen bei der Darstellung von Technik und Industriekultur. In: Museumskunde 56 (1991), S. 148–161

Klemm, Friedrich: Geschichte der naturwissenschaftlichen und technischen Museen. In: Abhandlungen und Berichte 41 (1973), H. 2, S. 1–59

Korff, Gottfried/Roth, Martin (Hrsg.): Das historische Museum. Labor, Schaubühne, Identitätsfabrik. Frankfurt a. M. 1990

Kuntz, Andreas: Das Museum als Volksbildungsstätte. Museumskonzeptionen in der deutschen Volksbildungsbewegung in Deutschland zwischen 1871 und 1918 (Marburger Studien zur vergleichenden Ethnologie 7). Marburg 1980

Kuntz, Andreas: Technikgeschichte und Museologie. Beitrag zu einer Wissenschaftsgeschichte museumspädagogischer Probleme. Frankfurt a. M. 1981

Kupfer, Rainer: Technische Museen: Probleme ihrer historischen Entwicklung. Berlin 1986

Leopold, Anne: Verständliche Texte im Museum. Ein Leitfaden. München 1993

Lindqvist, Svante: An Olympic stadium of technology. Deutsches Museum and Sweden's Tekniska Museet. In: Schröder-Gudehus, Brigitte (Hrsg.): Industrial society and its museums 1890–1990. Chur/Paris 1993, S. 37–54

Liu, Yi-shan: Wunder der Technik. Technikrezeption im frühen 20. Jahrhundert am Beispiel der Stipendiatenberichte des Deutschen Museums München (Magisterarbeit). Göttingen 2002

Macdonald, Sharon: The politics of display: Museums, science, culture. London u. a. 1998

Matschoß, Conrad (Hrsg.): Das Deutsche Museum. Geschichte, Aufgaben, Ziele. Berlin/München 1925 (2. Aufl. 1929, 3. Aufl. 1933)

Mattern, Stefan: Pädagogische Perspektiven einer Theorie des Museums. Überlegungen am Beispiel der Bildungskonzeption eines technikgeschichtlichen Museums. Frankfurt a. M. u. a. 1988

Mayerhofer, Ingrid: Gesellschaftliches und politisches Interesse am Bau eines »Museums für Meisterwerke der Naturwissenschaft und Technik« in München zu Beginn des 20. Jahrhunderts (Magisterarbeit). München 1988

Mayr, Otto: Wiederaufbau: Das Deutsche Museum 1945–1970 (Abhandlungen und Berichte, Neue Folge 18). München 2003

Menzel, Ulrich: Die Musealisierung des Technischen. Die Gründung des Deutschen Museums von Meisterwerken der Naturwissenschaft und Technik in München (Diss. masch.). Braunschweig 2001

Miller, Oskar von: Technische Museen als Stätten der Volksbelehrung. In: Deutsches Museum. Abhandlungen und Berichte 1 (1929), H. 5, S. 1–27.

Miller, Walther von: Oskar von Miller. Nach eigenen Aufzeichnungen, Reden und Briefen. München 1932

Neumeier, Gerhard: Bürgerliches Mäzenatentum in München vor dem Ersten Weltkrieg – Das Beispiel des Deutschen Museums. In: Kocka, Jürgen/Frey, Manuel (Hrsg.): Bürgerkultur und Mäzenatentum im 19. Jahrhundert (Bürgerlichkeit. Wertewandel. Mäzenatentum 2). Berlin 1998, S. 144–163

Noschka, Annette: Bibliographie zu den Gebieten Museologie, Museumspädagogik und Museumsdidaktik. Berlin 1987

Noschka-Roos, Annette (Hrsg.): Besucherforschung in Museen. Instrumentarien zur Verbesserung der Ausstellungskommunikation (Public Understanding of Science 49). München 2003

Osietzki, Maria: Die Gründung des Deutschen Museums. Motive und Kontroversen. In: Kultur & Technik 8 (1984), H. 1/2, S. 1–8

Osietzki, Maria: Die Gründungsgeschichte des Deutschen Museums von Meisterwerken der Naturwissenschaften und Technik in München 1903–1906. In: Technikgeschichte 52 (1985), S. 49–75

Osietzki, Maria: Technikbegeisterung und Emanzipationsstreben. Oskar von Miller und sein Museum für Volk und Eliten. In: Dresdener Beiträge zur Geschichte der Technikwissenschaften 21 (1993), S. 81–89

Pilsak, Angelika: Die Architektur des Deutschen Museums München (Magisterarbeit). München 1989

Poser, Stefan: Museum der Gefahren. Die gesellschaftliche Bedeutung der Sicherheitstechnik. Das Beispiel der Hygiene-Ausstellungen und Museen für Arbeitsschutz in Wien, Berlin und Dresden um die Jahrhundertwende. Münster u. a. 1998

Radkau, Joachim: Zwischen Massenproduktion und Magie: Das Deutsche Museum. Zur Dialektik von Technikmuseum und Technikgeschichte. In: Kultur & Technik 16 (1992), H. 1, S. 50–58

Roth, Eugen/Cordier, Eugen M.: Unser Deutsches Museum. München 1953

Runge, Werner: »… und sie spendeten Millionen!« Die Geschichte des Deutschen Museums in München und seiner Mäzene. Köln 1969

Schaible, Gunter: Sozial- und Hygiene-Ausstellungen. Objektpräsentationen im Industrialisierungsprozeß Deutschlands (Diss.). Erlangen 1999

Science and technology in 19th Century Germany. An exhibition of the Deutsches Museum Munich and the Goethe-Institut London & Manchester 1982/83. München 1982.

Skasa-Weiß, Eugen: Wunderwelt der Technik im Deutschen Museum. München 1980

Stange, Albert: Das Deutsche Museum von Meisterwerken der Naturwissenschaft und Technik. Historische Skizze. München/Berlin 1906

Thoma, Alfons (Hrsg.): Forum der Technik im Kongreßbau des Deutschen Museums. Studie zur Bauwürdigkeit. München 1988

Vaupel, Elisabeth: Chemie für die Massen. Weltausstellungen und die Chemieabteilung im Deutschen Museum. In: Kultur & Technik 24 (2000), H. 3, S. 46–51

Weber, Traudel: Texte im technischen Museum: Textformulierung und Gestaltung, Verständlichkeit, Testmöglichkeiten (Materialien aus dem Institut für Museumskunde 22). Berlin 1988

Weber, Wolfhard: Die Gründung technischer Museen in Deutschland im 20. Jahrhundert. In: Museumskunde 56 (1991), S. 82–93

Wehrli, Leo: Eine Unterrichtsreise nach München. In: Neue Züricher Zeitung, Nr. 895, 901, 907 vom 26., 27. und 28. 6. 1913

Weinreich, Hermann: Vom erzieherischen Beruf des Deutschen Museums. In: Zeitschrift für mathematischen und naturwissenschaftlichen Unterricht 64 (1935), H. 3, S. 106–108

Weitze, Marc-Denis (Hrsg.): Public Understanding of Science im deutschsprachigen Raum: Die Rolle der Museen. München 2001

Wiesmüller, Christian: Bildungsaspekte im Technischen Museum. Untersuchung zum spezifischen Beitrag dieses außerordentlichen Lernorts zur Technischen Bildung von Kindern und Jugendlichen im Rahmen einer Allgemeinen Bildung. Eichstätt 1999

Wolfschmidt, Gudrun (Hrsg.): Popularisierung der Naturwissenschaft. Berlin/Diepholz 2002

Zenneck, Jonathan: Die Anpassung von naturwissenschaftlichen und technischen Museen. In: Technikgeschichte 30 (1941), S. 143–148

Zenneck, Jonathan: Fünfzig Jahre Deutsches Museum 1903–1953. München 1953

Zuschlag, Christoph: »Entartete Kunst«. Ausstellungsstrategien im Nazi-Deutschland. Worms 1995

ABKÜRZUNGSVERZEICHNIS

AEG	Allgemeine Elektricitäts-Gesellschaft
BA	Bundesarchiv
BASF	Badische Anilin- und Sodafabrik
BHSTA	Bayerisches Hauptstaatsarchiv
BMW	Bayerische Motorenwerke
BN	Bildnummer
CD	Bildnummer (digital)
DEMAG	Deutsche Maschinenfabrik AG
DFG	Deutsche Forschungsgemeinschaft
DMA	Deutsches Museum Archiv
DME	Deutsches Museum Exponatverwaltung
DYWIDAG	Dyckerhoff & Widmann AG
EC	European Commission (Europäische Kommission)
ECSITE	European Collaborative for Science, Industry and Technology Exhibitions
EU	Europäische Union
GDNÄ	Gesellschaft Deutscher Naturforscher und Ärzte
HAdT	Hauptamt der Technik
ICOM	International Commission of Museums
JB	Jahresbericht
MAN	Maschinenfabrik Augsburg-Nürnberg
MBB	Messerschmitt-Bölkow-Blohm
MNN	Münchener Neueste Nachrichten
MZWTG	Münchner Zentrum für Wissenschafts- und Technikgeschichte
NMSI	National Museum of Science and Industry
NL	Nachlass
NS	Nationalsozialismus
NSBDT	Nationalsozialistischer Bund Deutscher Technik
NSDAP	Nationalsozialistische Deutsche Arbeiterpartei
PUS	Public Understanding of Science
SA	Sturmabteilung
StAM	Stadtarchiv München
TH	Technische Hochschule
TU	Technische Universität
UNESCO	United Nations Educational, Scientific and Cultural Organizations
UNRRA	United Nations Relief and Rehabilitation Administration
VA	Verwaltungsarchiv
VB	Verwaltungsbericht
VDI	Verein Deutscher Ingenieure
VW-Stiftung	Volkswagen Stiftung
WGL	Wissenschaftsgemeinschaft Gottfried Wilhelm Leibniz
ZNT	Zentrum Neue Technologien

SACHREGISTER

Autorinnen und Autoren

Jobst Broelmann, 1943, Studium der Schiffstechnik in Hannover und Hamburg. Leiter der Abteilung Schifffahrt des Deutschen Museums.

Eve Duffy, 1965, Studium der Geschichte und Politikwissenschaft in München und Chapel Hill, North Carolina. Professorin für europäische Geschichte, Trinity University, San Antonio, Texas. Post-doctoral Fellow, Remarque Institut, New York University, New York.

Wolf Peter Fehlhammer, 1939, Studium der Chemie, 1976–1993 Professor für Chemie an der Universität Erlangen und FU Berlin. Seit 1993 Generaldirektor des Deutschen Museums.

Bernard S. Finn, 1932, Studium der Technischen Physik und Wissenschaftsgeschichte an der Cornell University, N. Y., und an der University of Wisconsin. Seit 1962 Leiter der Abteilung Elektrizität am National Museum of American History der Smithsonian Institution, Washington D. C.

Klaus Freymann, 1956, Studium der Mineralogie in Erlangen, Heidelberg und Würzburg. Leiter der Hauptabteilung I (Technik) und der Abteilung Bergbau und Metallurgie des Deutschen Museums.

Wilhelm Füßl, 1955, Studium der Geschichte und Germanistik in München. Leiter der Abteilung Archive des Deutschen Museums.

Helmut Hilz, 1962, Studium der Geschichte und Volkswirtschaftslehre in München. Bibliotheksreferendariat an der Bayerischen Bibliotheksschule. Bibliotheksdirektor des Deutschen Museums.

Otto Mayr, 1930, Studium des Maschinenbaus und der Geschichte der Naturwissenschaften und Technik. 1983–1992 Generaldirektor des Deutschen Museums.

Eva A. Mayring, 1957, Studium der Geschichte und Anglistik in München. Leiterin der Abteilung Sondersammlungen und Dokumentationen des Deutschen Museums.

Annette Noschka-Roos, 1952, Studium der Pädagogik, Erwachsenenbildung und Kommunikationswissenschaften. Im Deutschen Museum verantwortlich für Besucherforschung und Ausstellungsdidaktik.

Elisabeth Vaupel, 1956, Studium der Chemie, Biologie und Geschichte in Mainz, Freiburg und München. Seit 1989 Leiterin der Abteilung Chemie im Deutschen Museum.

Jürgen Teichmann, 1941, Studium der Physik, anschließend der Geschichte in München. Leitender Museumsdirektor für Bildungsarbeit im Deutschen Museum und Professor für Geschichte der Naturwissenschaften an der Ludwig-Maximilians-Universität München.

Helmuth Trischler, 1958, Studium der Geschichte und Germanistik in München. Forschungsdirektor des Deutschen Museums und Professor für Neuere Geschichte und Technikgeschichte an der Ludwig-Maximilians-Universität München.

Traudel Weber, 1955, Studium der Biologie und Chemie (Lehramt). Im Deutschen Museum verantwortlich für den Bereich Museumspädagogik.

Wolfhard Weber, 1940, Studium in Marburg und Hamburg. Seit 1976 Professor für Wirtschafts- und Technikgeschichte in Bochum.